从统一战线人民政协到协商民主（上）

CONG TONGYI ZHANXIAN RENMIN ZHENGXIE DAO XIESHANG MINZHU

陈惠丰 著

中国文史出版社
CHINA CULTURAL AND HISTORICAL PRESS

《政协委员文库》丛书
编辑委员会

陈惠丰（2008年）

目録

·上　册·

辑一　关于统一战线问题研究

辑一

关于统一战线问题研究

抗日战争的胜利与统一战线的发展*

（1985年8月）

抗日战争，是一百多年来中国人民反对外敌入侵，第一次取得完全胜利的民族解放战争。这个战争的胜利，是国际反法西斯统一战线和国内抗日民族统一战线相结合，共同牺牲奋斗的结果。同时，在这场全民族的斗争中，我国统一战线得到了很大的发展。在此纪念抗日战争胜利四十周年的时候，我们来研究一下中国抗日战争和以国共合作为基础的统一战线的关系，促进第三次国共合作，是十分必要和有益的。

一

中国的抗日战争，是以国共两党合作为基础的全民族统一战线所进行的战争。抗战的实现是靠了统一战线的形成，抗战能够坚持下来，并最后取得胜利，也是靠了统一战线的巩固和发展。

1931年，日本帝国主义发动了侵占中国东北全境的“九一八”事

* 本文与黄铸同志联名发表，是代表中央统战部参加纪念抗日战争胜利四十周年理论研讨会提交的论文。

变。接着，日本帝国主义又向中国内地发动了一系列威胁到整个中华民族生存的进攻。日本帝国主义的侵略，使中国社会的各阶层都面临生死存亡问题，英、美的利益也受到威胁。中国和日本帝国主义之间的矛盾突出起来，成为主要矛盾。中国国内各阶级之间的矛盾，中国同英美等帝国主义之间的矛盾，则相对地降为次要矛盾。这些矛盾的变化，引起了中国的国际关系和中国国内阶级关系的新变动。在国际上，社会主义苏联积极支持和援助中国人民联合起来进行抗日战争。英美也因与日本的矛盾加深，自己的利益受到侵害，赞成中国的统一与和平。在国内，各族、各界、各社会阶层和海外华侨的抗日怒潮高涨。1931年，马占山在黑龙江自发进行了抗战。1932年，陈铭枢、蒋光鼐、蔡廷锴的十九路军在上海自动举行了反击日寇进攻的“一二八”抗战。1933年，冯玉祥率众在察哈尔举起了抗日义旗。1934年，宋庆龄、何香凝等1779人发起和赞助的中国民族武装自卫委员会筹备会，发表了《中国人民对日抗战基本纲领》，号召“立刻停止一切内战”。1935年，北平爆发了声势浩大的“一二九”学生运动，要求“停止内战，一致对外”，在全国范围内掀起了抗日救亡运动的新高潮。

中国共产党走在推动全国抗战的前列。“九一八”事变后，中共首先提出了武装抗战的号召。1933年1月，中国工农红军发表宣言，愿意在停止进攻红军，给民众以自由和武装民众的条件下，与任何国民党部队订立抗日协定。1935年，中共中央发布“八一”宣言，号召各党各派和全国同胞组织抗日联军和国防政府，共同反对日本帝国主义。同年底，中共中央在瓦窑堡会议上，制定了抗日民族统一战线的策略。1936年5月，红军又发表了要求国民党政府停止内战，一致抗日的通电。接着，通过积极主动的教育争取，同当时在西北进攻红军的东北军和西北军达成停战协议，结成了西北“三位一体”的抗日民族统一战线。1936年9月，中共中央改变了“抗日反蒋”的口号。

全国抗日救亡运动的高涨，中共真心实意的民族统一战线政策，深深影响了东北军、西北军的广大官兵。但是，蒋介石仍然坚持“攘外必先安内”的错误政策，对外实行不抵抗主义，对内坚持反共内战。为了迫使蒋介石停止内战，一致抗日，张学良、杨虎城将军发动了西安事变，实行“兵谏”。中国共产党和张、杨两将军一致主张和平解决西安事变。经过工作，终于使蒋介石接受了停止内战、一致对外的要求。西安事变的和平解决，成为时局转换的枢纽和国共第二次合作的起点。此后，中共为了具体地建立两党合作，又在国民党三中全会的前夜，电告该会：要求国民党停止内战，实行民主自由，召开国民大会，迅速准备抗日和改良人民生活等五项；并保证取消两个政权敌对，红军改变名称，在根据地实行新民主制度和停止没收地主的土地等四项，促使该会基本上确定了停止内战和国共合作的原则。1937年“七七”事变后，蒋介石在庐山发表谈话，提出：“如果战端一开，那就是地无分南北，年无分老幼，无论何人，皆有守土抗战之责。”9月23日，又发表谈话，承认中国共产党的合法地位，同意实行第二次国共合作。

抗日民族统一战线的形成，停止了内战，推动了对日抗战。以“七七”事变为起点，轰轰烈烈的全面抗战开始了。以国共合作为基础，工农商学兵各界各族人民，各民主党派、各抗日团体、各社会阶层、各界爱国人士和海外华侨团结一致，并联合国际上一切反法西斯国家一起奋斗，坚持抗战，直到取得抗战的胜利。

抗日战争中军事上的分工是国民党军队担负正面战场作战的任务，共产党领导的军队负担敌后战场。抗战初期，国民党战场是主要的抗日战场；国民党军队抗击了日本侵略军的大部分力量。1937年8月，日军大举进攻上海，国民党先后动员了60万精锐部队，进行了三个月的抵抗，毙伤日军五万人，打破了日本帝国主义企图三个月灭亡中国的妄想。1938年3月，国民党军队20多万人在徐州东北台儿庄与日军激战，毙伤日军万余人。在整个抗日战争中，正面战场会战22次，主要战斗1117次。在与日军的英勇作战中，张自忠、佟麟阁、赵登禹等许多国民党将士壮烈殉国。但是，总的看国民党政府奉行的是单纯依靠政府的片面抗战政策，其败多于胜。在1938年10月武汉失守以后，国民党政府就采取了消极抗战、积极反共的政策，发动了三次“反共高潮”，并且压制国统区的爱国民主人士。

共产党及其领导的八路军、新四军，全力地投入了抗日战争。战争一开始，就适时地提出了“全国人民总动员”“全国军队总动员”和坚持持久战的全面抗战路线。1937年9月山西平型关一战，歼敌千余人，取得了全面抗战的首战胜利，打破了日军不可战胜的神话。挺进华北、华中的八路军、新四军深入敌后，发动群众建立抗日根据地，开展抗日游击战争。在几年之内，我党就开辟一个广大的敌后战场。到1940年，共产党领导的军队发展到50万人，解放区人口9000万人，开始将日军的主力吸引到自己的周围。在抗日战争的头两年，即1937年和1938年，日军重视国民党，轻视共产党，用其主要力量向国民党战线进攻，对它采取以军事打击为主、以政治诱降为辅的策略。国民党在这个时期内，抗战是比较努力的，与我党和人民的关系也比较好。但到1938年日军占领武汉以后，日军就改变了这个策略，改为重视共产党，轻视国民党，以政治诱降为主、军事打击为辅去对付国民党，而逐渐转移其主力来对付共产党。1941年和1942年，日军把这个方针更加强调起来，更加集中其主力于共产党领导的一切根据地周围，进行连续的扫荡，实行残酷的“三光”政策，着重打击共产党。日本侵华军队的60%以上和伪军的90%以上，压在共产党领导的各个抗日根据地身上。这样，从其所抗击的日伪军数量及其所担负的战场的广大来看，从其战斗力来看，从其有广大的人民配合作战来看，从其政治质量及其内部的统一团结情况来看，共产党领导的军队和抗日根据地就成了中国抗日战争的主力军。

抗日战争，激发了全国人民和海外华侨的爱国热情，促进了爱国民主力量的发展。早在1936年5月，全国爱国民主人士就联合起来，在上海成立了全国各界救国联合会。抗战开始后，各界爱国民主人士更是积极组织起来，要求民主，支援抗战。全国各民主党派、民主人士提出，只有实行“全国各阶级共同要求的全面抗战，乃是中华民族图存的最后挣扎，也是中华民族复兴的起点”；[1]主张改革政治，进行全民族的抗战，对支持全面抗战起了重要作用。爱国华侨对祖国抗战做出了重大贡献。他们上至富商、知识分子，下至工人、学生，纷纷组织起来，以财力、物力和人力援助抗战。1940年12月，华侨在海外建立的救亡团体已达2794个。抗战头五年，海外侨胞的义捐和家汇即达50亿余元之巨，其中南侨总会主席陈嘉庚自认常月捐至战争终止，每月两千元。在中国空军飞行员中，华侨几占四分之三。爱国华侨还坚决反对投降分裂，维护民族抗战。抗战初期汪精卫鼓噪“和平”，陈嘉庚电斥其“主和妖言，行同秦桧”；抗战中期顽固派策划第二次反共高潮，陈嘉庚代表海外侨胞函蒋：国共“两党分裂内战，南洋华侨必不同情”。爱国华侨所做的这一切，极大地鼓舞了祖国人民的抗战热情，增强了祖国抗战必胜的信心；对支持以国共合作为基础的民族抗战，起了重要的积极作用。

中国的抗日战争是世界反法西斯战争的重要组成部分。中国人民对日抗战是世界上抗击法西斯侵略最早、坚持抗战时间最长的战争，是东方的主要战场。中国战场长期拖住了大量的日本军队。根据1941年12月至1942年6月太平洋战场形势，日本陆军总兵力210余万人，陷在中国战场的就达140余万人，占日本总兵力的66%以上。中国战场还使日军付出了死亡132万余人的代价。这些都大大地消耗和牵制了日本的军事经济力量，对世界反法西斯战争做出了重大贡献。另一方面，国际反法西斯力量也支持和援助了中国的抗日战争。首先，欧洲反法西斯战争的胜利，消灭了德意法西斯力量，鼓舞了东方反法西斯斗争的士气。其次，苏联、美国等为了支持中国抗战，也给了中国不少援助。在中国抗日战争爆发到苏德战争爆发期间，苏联给了中国作战物资、空军和军事顾问的援助。美国在太平洋战争爆发前，对日本实行绥靖政策，但由于其在华利益受到日本威胁，还是给了中国一定程度的支持和援助。太平洋战争爆发后，美国成为中国抗战的主要援助者。1945年8月，苏联参加同盟国对日作战，出兵中国东北，歼灭日本陆军精锐的67万关东军，决定性地加速了日本侵略者的失败。

广大中国人民和世界人民一道，经过艰苦的奋战，终于打败了日本法西斯。历史证明：1. 抗日战争的胜利，是整个反法西斯统一战线的胜利。世界上一切反法西斯国家互相支援，团结合作，共同努力，才取得了抗日战争的伟大胜利。2. 中国抗日战争的胜利，是中国抗日民族统一战线的胜利。中国的抗日战争，是在全国各族、各界、各社会阶层和海外华侨联合起来，结成抗日民族统一战线的条件下实现的。中国的抗日战争，也是因为有了全国各族、各界、各社会阶层和海外侨胞的共同努力，维护抗日民族统一战线，才得以坚持下来，并最后取得胜利。3. 国共合作，是中国抗日民族统一战线的基础和中心。4. 中国共产党是抗日民族统一战线的倡导者、组织者和政治领导。

二

通过民族统一战线，实现了抗战，坚持了抗战，取得了抗战的胜利。另一方面，在抗战中，我国民族统一战线也得到了大发展。

抗战中统一战线的发展，表现在三个方面。

第一，以中国共产党为代表的进步力量得到了很大的发展。中国共产党在1937年，因为内战时期所受的挫折，仅有四万左右有组织的党员和三万军队。但到抗战结束，共产党员发展到120万人，党领导的人民军队主力发展到了120多万人，民兵发展到220万人，根据地有19块，其人口从150万人发展到一亿人。工农联盟空前壮大，并且有坚强的人民武装作为支柱。共产党在全国人民中的影响空前提高。

第二，主要由民族资产阶级、城市小资产阶级及其知识分子组成的各民主党派大多是在抗日战争中酝酿形成并发展起来的。中国国民党革命委员会成立的过程是：1941年国民党消极抗日，发动反共高潮，制造“皖南事变”。宋庆龄、何香凝等通电严厉指责蒋介石的倒行逆施。其后，王昆仑等国民党内的一部分革命知识分子和左派，便组成了中国民主革命同盟，推动国民党内各抗日反蒋派别的联合。1945年谭平山等在重庆成立三民主义同志联合会。其后不久，蔡廷锴等人又成立了国民党民主促进会。在此基础上，在解放战争时期，组成了中国国民党革命委员会。中国民主同盟则是1941年由第三党、国家社会党、青年党、救国会、中华职业教育社、乡村建设派三党三派组成的中国民主政团同盟改名而来。中国民主建国会最初是抗战时期，重庆的一些资本家经常举行聚餐会和座谈会活动，抗战胜利后在此基础上组织起来的。九三学社是抗战后期，一部分参加爱国民主运动的知识分子在重庆发起组织的，其之所以称为九三学社，就是为了纪念1945年9月3日反法西斯战争的胜利。其他民主党派、社会团体的形成，也或多或少与抗日战争有关。

第三，中国共产党关于统一战线的理论和政策有了很大的发展，达到了成熟和完备。

在抗日战争以前，中国共产党在统一战线工作中虽然取得很大成绩，但又犯了右的和“左”的错误，使革命遭到失败和挫折。在抗日战争时期，中国共产党在以毛泽东同志为首的党中央的正确领导下，实行并始终坚持了一套正确的统一战线政策，保证了抗日民族统一战线的发展和抗日战争的胜利。这些政策主要就是对不同的势力采取正确的政策，正确处理民族斗争和阶级斗争、统一性和独立性、团结和斗争的关系。

（一）对不同的势力采取正确的政策，发展进步势力，争取中间势力，孤立顽固势力。

在抗日战争中，由于各阶级的地位不同，存在着不同的势力。抗日战争中的进步势力，是工人、农民和城市小资产阶级、革命知识分子，他们是抗日的基本力量。只有放手发展进步势力，才有全民的全面的抗战，才能坚持抗日战争到最后胜利。抗日战争中的中间势力，主要是民族资产阶级，他们具有两面性，既有革命性一面，又有动摇性一面。地方实力派也是一种中间力量。对这些中间力量，必须实行争取的政策。抗日战争中的顽固势力，就是抗日派大地主大资产阶级，他们实行消极抗战、积极反共的政策，所以必须采取孤立他们的政策。

（二）正确处理民族斗争和阶级斗争的关系。

在抗日战争中，一切必须服从抗日战争的利益。因此，必须使阶级斗争服从于抗日民族斗争，而不能超过和违背抗日民族斗争，这是统一战线的根本原则。超过或者违背了，就必然要破坏统一战线，不利于抗日战争。但是，阶级斗争的存在是一个事实。在团结抗日的原则下，必须坚持阶级的一定限度的必要的权利，必须实行调节各阶级相互关系的恰当政策，既照顾劳苦大众的利益，又照顾到富有者的利益。

（三）坚持统一战线中的独立自主。

坚持民族统一战线，才能坚持抗日战争，争取抗战的胜利。但是在同时，必须保持加入统一战线中的各党派在思想上、政治上和组织上的独立性，既须统一，又须独立。不论国民党也好，共产党也好，其他党派也好，都是这样。这样才有利于合作，也才有所谓合作。就共产党来说，坚持统一战线中的独立自主，不仅是避免被国民党所融化和消灭的问题，而且是争取和实现自己对统一战线领导权的问题。这就是要独立自主地在敌后开展抗日战争，建立和发展抗日人民武装和根据地；独立自主地争取团结中间势力；独立自主地批评国民党的错误政策。

（四）又联合又斗争，以斗争求团结。

要达到统一战线中独立自主的目的，要实现无产阶级对统一战线的领导权，维护和发展统一战线，必须综合联合与斗争的两个方面，从团结的愿望出发，经过斗争，解决矛盾，在新的基础上达到新的团结。

又联合又斗争是处理统一战线内部关系的一般原则。对不同的对象，运用这一原则有不同的特点。对民族资产阶级，就是根据其两面性，对其革命性一面，适当地实行团结的政策；对其妥协性一面，适当地实行批评或者斗争。总的目的是：坚定其革命性，克服其动摇性，使他们同我们建立联盟，或至少保持中立。对大资产阶级顽固派，因其有抗日和反共的两面性，因此必须以革命的两面政策来对待。对其抗日的方面加以联合，对其反共反人民的方面加以打击和孤立；对其抗日中坚持的一面加以联合，对其动摇的一面进行斗争、孤立；对其反共中不愿根本破裂国共合作的方面加以联合，对其高压政策和军事进攻实行斗争和孤立。对统一战线中的顽固派做斗争，同样不可忘记我们是以斗争求团结，因此必须采取有理、有利、有节的斗争原则。有理，就是自卫的原则，就是斗争的防御性。人不犯我，我不犯人，人若犯我，我必犯人。有利，就是胜利的原则，就是斗争的局部性。不打无准备无把握之仗，不斗则已，斗则必胜；同时不可四面出击，而是利用矛盾，争取多数，孤立少数，各个击破。有节，就是休战的原则，就是斗争的暂时性。斗争适可而止，主动地讲团结，而不是无休止地斗下去。坚持了这种有理、有利、有节的斗争，就能够掌握政治上的主动，取得广大人民的拥护，消释中间派的怀疑，达到发展进步势力，争取中间势力，孤立顽固势力的目的，并使顽固派不敢轻易同敌人妥协，不敢轻易举行大内战。

以上几点，就是中国共产党在抗日战争期间，总结中国革命的历史经验，完备和发展起来的主要的统一战线理论和策略。这些理论和策略，为后来人民民主统一战线的形成与发展，为中国共产党领导全国人民胜利地进行解放战争，提供了正确的指导。

三

回顾抗日民族统一战线的历史，使我们得到一个认识，就是国共两党的合作在当代中国历史上起着重要的作用。第一次国共合作，取得了北伐战争的胜利。第二次国共合作，取得抗日战争的胜利，开始改变了中国对外屈辱的历史。现在，历史又把实行第三次国共合作，实现祖国的统一和富强，提上了议事日程。中国共产党早已向国民党发出了实行第三次国共合作的倡议，并且提出了“一国两制”这一合情合理的构想。

但是，国民党中的一些人，却对两次国共合作的历史做了歪曲的总结，得出所谓“国共合作吃亏论”，用来作为拒绝第三次国共合作的论据。其实，这个论据是完全违背历史事实，颠倒历史是非的。

谁都知道，国民党领导过辛亥革命，这是国民党的光荣历史和功绩。但是，这次革命除了推翻帝制一点而外，遭到了失败。辛亥革命以后，国民党处于走投无路的境地。孙中山先生从俄国十月革命看到了希望，毅然采取联俄、联共、扶助农工三大政策，改组国民党，实行国共合作。依靠国共合作和苏联的帮助，国民党才重新振作起来，取得了东征、北伐的胜利。国民党也因此登上全国的统治地位。但是，正当北伐战争胜利发展的时候，国民党叛变了革命，把屠刀对着中国共产党人和革命群众，妄想把中国共产党人斩尽杀绝，写下了中国历史上最血腥的一页。自此，内战就代替了合作，一直进行了十年的“剿共”战争。但是，国民党从这个血腥的“剿共”战争中，又得到了什么呢？得到的是把东北三省拱手送给日本帝国主义，接着是日本向内地步步紧逼，不但使中华民族，也使国民党面临生死存亡的境地；得到的是国民党内部军阀混战连年不绝，四分五裂；得到的是国民党丧尽民心；最后，是西安事变。亏得中国共产党帮助张、杨两将军正确地和平解决了西安事变，才使中国得以停止内战，实行对日抗战。从这一段历史中，我们看到的是什么呢？是国民党联共则兴，反共则败。这不是什么“国共合作吃亏”，而是反共吃亏。

再说第二次国共合作。由于第二次国共合作，形成了以国共合作为基础的抗日民族统一战线，终于实现一致对日抗战。全国人心振奋，全国人民、共产党、各民主党派都对国民党寄以很大希望。在抗战的头两年，国民党对抗战也比较努力，对共产党和人民的关系也比较好。国民党在全国人民中的威望，可以说达到了最高点。但是，国民党没有放弃反共的方针，并在武汉失守以后，对抗战日益消极，对反共日益积极，先后发动了三次反共高潮，同时对国民党统治区的人民实行高压政策。这样，国民党又逐渐走上下坡路，愈来愈丧失人心，内部愈来愈腐化，军队也因为长期坐山观虎斗而丧失了战斗力。这段历史同样说明了国民党联共则兴，反共则败；同样不是什么“国共合作吃亏”，而是反共吃亏。

诚然，在抗日战争中，中国共产党所领导的力量有很大的发展。但这是在敌后经过苦战奋斗、流血牺牲，跟日本帝国主义打出来的。我们并没有挖国民党的墙脚，侵占国民党的地盘。相反地，正因为共产党领导的敌后抗日武装和抗日根据地日益壮大，在五六年中把日伪军的主力吸引在自己的周围，配合和支持了正面战场，挽救了国民党战场的危机。这也说不上什么国共合作吃亏。

抗日战争胜利以后，全国人民要求和平、民主、建国。中国共产党、各民主党派和全国各界各族人民又一次对国民党寄以很大的希望。希望它改弦更张，改变政策，实现国家的和平、民主、建设。这是国民党复兴的千载良机。但是，国民党却又是下决心彻底反共反人民，要在三个月内彻底消灭共产党，并对全国人民继续高压政策。其结果，就是彻底失败，逃出大陆。国民党确实是吃了亏，但这不是国共合作吃亏，而是反共吃亏。

由此可见，国民党联共则兴，反共则败，这是一条确定不移的历史规律。这不是别的，而是因为中国共产党代表了历史前进的方向，它代表了工人、农民，并且得到了广大中间力量的拥护。谁要反对中国共产党，谁就违背了中国历史发展的方向，脱离了全国人民，谁就一定要失败。

我们希望国民党真正用客观的态度，重新认真总结国共合作的历史经验，认清国民党联共则兴、反共则败的历史规律，毅然抛弃“国共合作吃亏论”这套作茧自缚的论调，同中国共产党携起手来，为国家的统一和富强而奋斗。这是国家民族的大事，国民党也可因此重新恢复应有的历史地位。

注释：

［1］《抗日行动》第六期《中华民族解放行动委员会抗战时期的政治主张》。

关于工人阶级内部的统一战线问题*

（1985年12月）

统一战线的根本问题，是无产阶级解放运动中自身团结统一和同盟军问题。也就是说，除了同盟军问题外，还有一个工人阶级内部的统一战线问题。在国际共产主义运动和中国革命的历史上都存在过工人阶级内部的统一战线，在我国新的历史时期，由于阶级关系的根本变化，很多统战工作对象成为工人阶级的一部分，工人阶级内部统一战线的问题就更加突出了。然而，由于同盟军问题在中国统一战线中长期占有突出的地位，人们对统一战线中的同盟军问题比较熟悉，而对工人阶级内部的统一战线问题则比较生疏。加上多年来“左”的影响，把统战对象和依靠对象简单地对立起来，以至在社会上造成一种印象，似乎一说统战工作对象就是非劳动人民，就不是依靠力量。由于这种种原因，有些同志对工人阶级内部存在统一战线，觉得不可理解，对国际共产主义运动和中国革命历史上是否存在过工人阶级内部的统一战线，也表示怀疑。

---

* 本文由中共中央统战部统一战线研究所所长黄铸同志主持研究，本书作者执笔撰写，以中央统战部统一战线研究所名义发表于中央统战部《统战理论研究》1985年第6期，并被中国社会科学院《政治学研究》等刊物转载。

因此，对于这个问题，有必要进行历史的考察和理论的阐明，以利于正本清源。这对于巩固和发展我国新时期的爱国统一战线，具有重要的意义。

一

马克思、恩格斯提出了一个著名的口号："全世界无产者联合起来！"我们认为，全世界无产者联合起来，就包含着工人阶级内部的统一战线。

早在《哲学的贫困》一书中，马克思就指出，"工人们最初企图联合时总是采取同盟的形式。"[1]起初，工人们为了维护工资超越帮口、职业、地域、宗教信仰和民族等差别，而联合起来。随着斗争的发展，工人们为抵制经常联合的资本而维护自己的联盟，就比维护工资更为必要。这是工人统一战线的雏形。

《共产党宣言》进一步提出了共产党对其他工人政党的统一战线问题。《宣言》的第二章说："共产党人不是同其他工人政党相对立的特殊政党。""共产党人同其他无产阶级政党不同的地方只是：一方面，在各国无产者的斗争中，共产党人强调和坚持整个无产阶级的不分民族的共同利益；另一方面，在无产阶级和资产阶级的斗争所经历的各个发展阶段上，共产党人始终代表整个运动的利益。""因此，在实践方面，共产党人是各国工人政党中最坚决的、始终推动运动前进的部分；在理论方面，他们比其余的无产阶级群众优越的地方在于他们了解无产阶级运动的条件、进程和一般结果。"[2]马克思、恩格斯在这里阐明了：第一，共产党是工人阶级中"最先进的和最坚决"的政党。第二，共产党同其他工人政党不是对立的，而是要去联合他们进行共同斗争。也只有在联合中才能实现自己的领导权。不联合，就谈不到领导。这种共产党对其他工人政党的联合，就是工人阶级内部的统一战线。

1864年，当欧洲工人阶级重新聚集了足以对统治阶级发动另一次进攻的力量的时候，马克思、恩格斯领导组织了国际工人协会，即第一国际。这是国际共产主义运动中国际性的工人组织，也是世界工人阶级各种派别的大联合。恩格斯在《共产党宣言》1888年英文版序言中说："这个协会成立的明确目的是要把欧美正在进行战斗的整个无产阶级团结为一个整体，因此，它不能立刻宣布《宣言》中所申述的那些原则。国际应该有一个充分广泛的纲领，使英国工联，法国、比利时、意大利和西班牙的蒲鲁东派以及德国的拉萨尔派都能接受。马克思起草了这个能使一切党派都满意的纲领，当时是把希望完全寄托于共同行动和共同讨论必然要产生的工人阶级的精神的发展。"[3]恩格斯在1871年7月1日致卡洛·卡菲埃罗的信中又说："在我们协会中有各种各样的人，有共产主义者、蒲鲁东主义者、工联主义者、合作社派、巴枯宁主义者，等等，甚至我们总委员会中也有观点极不相同的人。"[4]这就说明，第一国际是工人阶级内各种派别的统一战线。

1871年的巴黎公社，是无产阶级专政的第一次伟大实践，又是工人阶级统一战线的伟大实践。巴黎公社就是"工人阶级中一切组织和派别的反对资产阶级的联盟。"[5]恩格斯在1891年为马克思《法兰西内战》写的导言中指出："公社委员分为多数和少数两派：多数派是布朗基主义者，他们在国民自卫军中央委员会中也占统治地位；少数派是国际工人协会会员，他们多半是蒲鲁东社会主义学派的信徒。"[6]他们只有很少的人熟悉科学社会主义基本原理，许多人凭着革命的无产阶级的本能才是社会主义者。但令人惊奇的是，当时领导公社的布朗基主义者和蒲鲁东主义者往往超越自己的信条，做出了不少符合整个工人阶级利益的正确决定。尽管公社实现了统一战线，最后还是失败了。它之所以失败的一个重要原因，是在公社这个一切工人组织和派别的联盟中，缺乏一个以马克思主义为指导的无产阶级革命政党来掌握领导权。

19世纪70年代，马克思、恩格斯在指导德国工人运动中，也提出了建立工人阶级统一战线。1875年，在爱森纳赫派和拉萨尔派的合并中，马克思、恩格斯坚决反对拿原则做交易，他们认为既然两派不能达成一个好的纲领，“那就干脆缔结一个反对共同敌人的行动协定好了。”[7]也就是说，不如先建立统一战线。

列宁、斯大林明确提出了工人阶级统一战线。

1920年，列宁在《共产主义运动中的“左派”幼稚病》中指出：无产阶级在外部被那些由无产者到半无产者，由半无产者到小农，由小农到中农等许多形形色色的中间阶层所包围，在内部有乡土、职业，有时甚至宗教等等的区分。“由于这一切原因，无产阶级的先锋队，无产阶级的觉悟部分，即共产党，就必须而且绝对必须对无产者的各种集团，对工人和小业主的各种政党采取机动、通融、妥协的办法。”[8]为什么要对无产者的各种集团，对工人和小业主的各种政党实行“机动、通融、妥协”呢？就是要联合他们去进行共同斗争，也就是同他们建立统一战线。而那些反对“机动、通融、妥协”的“左派”，正是反对工人阶级统一战线的。

1921年，列宁、斯大林和共产国际更明确提出了工人统一战线的口号。这年6月22日至7月12日，共产国际召开第三次代表大会，列宁在会上提出了“争取工人阶级多数”的口号。根据列宁的这一指导思想，共产国际“三大”委托俄共代表团起草了共产国际的《论策略提纲》，其中提出：向资本主义进攻要有两个条件，一是资产阶级阵营内部的斗争在一国和国际范围内的尖锐化，一是“某些主要部门的工人阶级已经群情激昂，因而可望整个工人阶级结成统一战线向资本主义政府采取行动”。[9]

1921年12月，为了保证共产国际“三大”策略方针的贯彻，共产国际执委会起草了《工人统一战线提纲》。列宁审阅并同意了这一提纲，并对其中关于俄国革命中布尔什维克同孟什维克两度分裂、三度联合、半联合的历史，提出了修改、补充意见。[10]与此同时，斯大林在《真理报》上发表《前途》一文，也提出“建立工人的统一战线”，“要求工人阶级中一切或多或少带有革命性的派别（从‘温和的’到‘极端的’）达成协议和联合起来反对共同的敌人。”[11]1922年2月和6月，基于某些国家的共产党提出异议，共产国际执委会两次召开扩大会议，对工人统一战线问题进行充分讨论。1922年11月至12月，共产国际第四次代表大会正式通过了《工人统一战线提纲》，指出：“共产党和整个共产国际完全支持工人统一战线口号。”[12]这次大会通过的《策略提纲》也专门论述了统一战线的策略，明确说明：“统一战线不是别的，而是共产党人为反对资产阶级、保卫工人的切身利益而向所有属于其他各党派组织的工人以及一切无党派工人提出的进行共同斗争的建议。”[13]

1922年4月，第三国际、第二国际、第二半国际的代表在柏林开会，讨论召开“共同行动”的国际工人代表大会问题。第三国际的代表在会上对第二国际、第二半国际做了过多的让步。为此列宁以电话口授了《我们付的代价太大了》一文，一方面批评代表第三国际的拉狄克和布哈林让步太多，另一方面批评了反对统一战线策略的意大利共产党人和部分法国共产党人。列宁明知第二国际、第二半国际是资产阶级的代表，为什么要同他们搞统一战线呢？就是因为他们影响着人数众多的工人，就是为了进入“资产阶级代表向人数众多的工人进行宣传的”“守卫森严、门户紧闭”的会场，去争取工人群众。列宁说：第二国际和第二半国际“希望通过统一战线的策略使工人相信改良主义的策略是正确的，而革命策略是不正确的。我们需要统一战线，因为我们希望工人的看法正好与此相反”。为了帮助工人群众反对资本，“我们采取了统一战线的策略，并且要把这种策略贯彻到底”。[14]这一点，列宁在此前几天，在俄共（布）十一大上提出的《对关于俄共（布）驻共产国际代表团总结报告决议草案的建议》中，讲得更清楚。他说：“统一战线策略的目的和意义在于吸收愈来愈广泛的工人群众参加反对资本的斗争，而不是停留在甚至向第二国际和第二半国际的领袖们再一次发出呼吁，建议他们共同进行这种斗争。”[15]俄共十一大的这个《总结报告》还提到：在政权属于共产党领导的苏维埃俄国，实行统一战线的策略，就是共产党绝对不应关起门来，而应当吸收愈来愈广泛的非党工人群众的代表来讨论国家的最重要的措施和参加国家的管理工作；要求共产党善于及时地满足非党群众的合理要求，向他们做必要的让步，一分钟也不脱离他们，并且逐渐把他们提高到更高的水平。[16]

1935年，在法西斯发动世界战争的威胁日益险恶的形势下，季米特洛夫在共产国际第七次代表大会上提出建立无产阶级统一战线和反法西斯人民阵线的口号，号召“在无产阶级统一战线的基础上建立广泛的反法西斯人民阵线”。他说：“真不能设想，在没有组织工人阶级本身的统一行动的情况下（工人阶级是人民阵线的领导力量），就可以真正实现反法西斯人民阵线。”他特别强调，“在所有无产阶级人数较少，农民和城市小资产阶级阶层占多数的国家里，更需要全力以赴地建立工人阶级本身的牢固的统一战线”，[17]这样，工人阶级才能取得斗争领导权。

总结马克思、恩格斯、列宁、斯大林以上论述和国际共产主义运动的历史，可以看到，在无产阶级解放运动中不仅有，而且必须有工人阶级内部的统一战线。工人阶级内部的统一战线问题，是马列主义统一战线理论的一个重要组成部分。

二

在中国，民主革命时期和社会主义时期都存在工人阶级内部的统一战线。

早在党成立前后，我国职工运动初期，就存在不同派别工人之间的统一战线。1920年，毛泽东同志领导的社会主义青年团争取联合了湖南劳工会。以黄爱、庞人铨等为主要领导的湖南劳工会，是一个具有浓厚无政府主义色彩的工人团体。社会主义青年团积极帮助鼓励他们开展斗争，同时又适当批评了他们的无政府主义思想。经过工作，黄、庞二人及其影响下的部分工人积极分子终于摈弃了无政府主义，转信马克思主义，并参加了社会主义青年团。他们为党领导的初期湖南工人运动做出了杰出的贡献。[18] 1922年5月1日召开的第一次全国劳动大会，就是各种工人派别的广泛的统一战线。据邓中夏同志说："大会代表成分非常复杂。就其大者而言，有共产党派，有国民党派，有无政府派，有毫无主义和信仰的市侩的或流氓的招牌工会派，甚至还有工商合组的团体。"[19] 其中，共产党派人数虽少，但赢得了绝大多数代麦的尊敬。所以，虽然各派之间不可避免地发生矛盾和冲突，但在共产党派的影响之下，大会开得很成功。"打倒帝国主义""打倒军阀""共产党万岁"三大口号，为各派所接受。紧接着，党的第二次全国代表大会进而明确肯定了在开展工人运动过程中，"共产党人随时要与国民党、无政府党甚至基督教合作"的策略方针。[20]

1924年国共合作形成之后，国共两党的统一战线也扩展到工人运动中去。改组后的国民党各级委员会都设工人部，该部的秘书和干事，初期多半由加入国民党的共产党员充任。共产党的职工运动在一定条件下也利用国民党的旗帜去做，如上海利用国民党的名义开办工人补习学校，成立工人俱乐部等。对于国民党控制的工会组织，则引导党领导下的工人群众参加进去，从内部逐步争取掌握领导权。1925年5月1日召开的第二次全国劳动大会，也是有各派工人参加的广泛的统一战线，其中最主要的成分是共产党领导的工会，其次是与国民党有关系的工会，还有不少无党派的工会。不久就爆发了"五卅"运动和省港大罢工。当时香港工会一百多个，派别众多，大多数不是黄色工会，便是行业工会。他们之所以能一致罢工，就是因为在风起云涌的革命高潮推动下，靠了第二次劳动大会创建的中华全国总工会的威信，成功地建立了各派工人的统一战线。[21]

1927年大革命失败后，在国民党的白色恐怖统治下，由国民党和各派改良主义者控制的黄色工会势力居于支配地位。党所领导的赤色工会已不能公开存在，力量微弱，到1931年底赤色工会在全国仅有一千会员的微弱基础。[22]在这种形势下，更有必要在工人运动中发展广泛的统一战线。但是，“左”倾冒险主义却主张“绝不妥协”“绝不让步”，排斥和打击那些可能同我们合作的各派工人的领袖，给工人运动造成很大的损失。1931年“九一八”事变后，党中央提出了建立反蒋抗日的下层统一战线的策略，要求“必须以同志的态度来对待黄色工会普通的会员”，并“在统一的斗争纲领下”，与这些“会员群众进行下层统一战线”。[23]这无疑是前进了一步，它包含了工人阶级统一战线的基本内容。但是，这个口号仍然伴随着反对上层统一战线，特别是把中间力量看作最危险的敌人等“左”的错误。

刘少奇同志在领导党的白区工作期间，明确提出了在黄色工会中建立工人阶级统一战线的策略方针。1932年，他就主张“争取黄色工会下面的群众，同他们建立统一战线。”[24]1936年，他明确提出：“在反对资本家、反对日本帝国主义及卖国贼的口号之下，我们在黄色工会中要与各派工人及其领袖建立统一战线，特别是行动的统一战线（如罢工、示威、抵制日货，参加抗日运动等）。”他还指出：“过去我们排挤和打击那些可能和我们合作的各派工人的领袖，是不对的。我们应在一定的纲领之下，诚意地和他们合作，团结他们，鼓励他们坚决站在工人阶级与抗日反卖国贼的民族立场上去领导群众斗争。对于他们的错误，应采取善意的态度去批评。”[25]1937年6月抗战爆发前夕党召开的白区代表会议，也坚持在工人运动中实行统一战线。张闻天同志代表党中央在会上所做的报告号召白区党：“必须特别注意了建立工人阶级的政治的、经济的统一战线，实行工人阶级的行动统一和组织统一。”[26]到了抗战期间，党中央更明确提出：“我们党在工人运动中的基本方针，是与各抗日党派各抗日团体的工人运动进行统一战线，在统一运动中把工人组织起来，积极参加战争的各方面工作。”“对于各地抗日各党派所领导的工会，我们应当赞助他们，领导工人去参加这些工人团体，赞助他们的扩大与充实，尽我们的一切可能去提高这些工人的政治觉悟。”[27]具体来说：

第一，在沦陷区，为了“积蓄力量，待机而动”，党同各抗日党派密切合作，进行行动，保护、巩固原有的工会组织，并选择各党派或无党派人士中具有强烈的民族意识和阶级意识、富有工会工作经验的人士充当工人领袖，以保证这些工会组织“形成小而精的团结坚固的统一战线的中坚领导机关”。[28]

第二，在国民党统治区，鉴于国民党当局在工人运动中推行“限共、防共、反共”措施，党主要采取加入国民党控制的各种工会里，开展合法斗争，通过工会内部统一战线工作，扶持、壮大进步势力，孤立、分化顽固势力，扩大党的影响，力争掌握领导权。

第三，在陕甘宁边区，一方面坚持“不分党派、不分民族、不分地域、不分帮口、不分宗教与信仰”[29]，吸收一切工人群众加入工会；另一方面，确定“在工会领导机关中，应实行共产党员最多只占三分之一的三三制”[30]原则。

抗日战争期间，党同朱学范等人领导的具有众多工人群众基础的中国劳动协会（劳协）建立了统一战线。劳协成立于1935年，原是国民党建立的一个劳动文化团体。以国共两党为基础的抗日民族统一战线建立以后，在中国共产党统一战线政策的影响下，劳协内部发生了变化。周恩来等同志对劳协领导人做了大量工作，还有不少党员和党的积极分子加入劳协对中下层人员进行工作。结果使以朱学范同志为代表的进步力量掌握了劳协的领导权。他们支持我党团结抗战的主张，积极开展进步的工人运动。1939年，在周恩来同志的建议下，陕甘宁边区总工会加入劳协作为团体会员。其后，劳协冲破国民党的阻难，同陕甘宁边区工会一起开展了一系列颇有影响的国内国际活动。到1945年，劳协成立十周年时，其团体会员达86个，人数60余万人，到1946年6月更达217万多人。1948年，第六次全国劳动大会召开，恢复了中华全国总工会。劳协作为团体会员加入了中华全国总工会，劳协的领导人担任了中华全国总工会副主席等领导职务。1949年底，劳协通过决议结束其组织活动，其成员参加了中华全国总工会所属组织，实现了组织的统一。这是我们党发展工人阶级内部统一战线的一个成功范例。

1950年，在全国第一次统战工作会议上曾发生一个争论：工会有没有统一战线性质？周恩来同志到会讲话时，针对这个争论指出："工会是工人阶级的群众性组织。但有没有统一战线性质呢？应该说有。季米特洛夫同志在共产国际第七次大会上就讲过这个问题。欧洲有许多工会其本身也就是统一战线的组织，它把很多不同政治主张的党派及其分子组织在一起，使他们统一行动。中国的情况较为复杂，早期的工会甚至有宗教性和落后性的派系组织。全国解放以后，中国工会强调阶级教育，不同政治主张的差别并不大，但这里仍有统一战线性质。如劳协也包括在工会之内，同时工会中也有不同政治主张的分子，现在还把知识分子组织进来，民主党派也参加进去。"[31]

三

在新的历史时期，由于阶级关系的根本变化，知识分子已成为工人阶级的一部分。非党知识分子干部既是工人阶级的一部分，依靠对象，在一定意义上又是统战工作对象。这里所说的"一定意义"就是从工人阶级自身团结统一、亦即工人阶级内部的统一战线出发，在工人阶级内部实现党与非党合作、党与非党的联盟。而实现这个联盟，无论对于党的事业，或者对于非党知识分子干部的进步和他们在社会主义现代化建设中积极发挥作用，都是必须的。各民主党派成员大多数也是知识分子，他们同样既是工人阶级的一部分，依靠对象，在一定意义上又是统战工作对象。原工商业者也成为社会主义劳动者，许多人也参加了工会。原来的小商、小贩、小业主也有许多人参加了工会。在大陆的台湾同胞、去台人员家属和归国侨胞中也有不少是工人。这些人现在也没有脱离党的统一战线工作范围。此外，工人阶级中还存在宗教信仰和民族的差别。工人阶级内部的各种宗教徒和少数民族也没有脱离党的统一战线工作的范围。邓小平同志在1979年9月指出："社会主义劳动者之间也有统一战线。"他说的社会主义劳动者就包括工人、农民、知识分子、原工商业者等在内。

在新的历史时期，我国统一战线包括工人阶级内部统一战线、劳动人民内部统一战线（主要是工农联盟）、劳动人民和非劳动人民之间的统一战线三个层次，统战工作对象也包括工人阶级内部的统战工作对象、劳动人民内部统战工作对象、非劳动人民统战工作对象三个层次。现阶段统一战线关系中，有很大一部分已经成为工人阶级内部的统一战线关系。统战工作对象中，很大部分已经属于工人阶级。这是一个历史性的变化。因此，工人阶级内部的统一战线问题，已经成为一个突出的问题，它对于巩固和发展爱国统一战线具有关键性的意义。如果我们不承认工人阶级内部有统一战线，就势必要把统战工作对象统统排除在工人阶级之外，其结果就是要把非党知识分子干部，民主党派、原工商业者、"三小"（小商、小贩、小业主）、在大陆的台湾同胞、去台人员家属和归国侨胞等方面人士中已经属于工人阶级的统战工作对象排除在工人阶级之外，或者把统一战线中已经成为工人阶级的部分统统排除在统一战线工作对象之外。这样，必然造成统一战线的大混乱和大收缩。这当然是十分有害的。

联系到港、澳、台，也有大量工人阶级内部的统一战线工作。以香港来说，有左派工会港九工会联合会，也有右派工会，还有大量中间性的工会。港九工联理事会在二十四届代表大会上的报告提出："香港工人必须扩大和加强本身的团结，扩大工会之间的团结，扩大工人和各阶层之间的团结。""在工人队伍中，会有不同的政治态度，不同的宗教信仰，不同职级和不同的生活爱好，来港也有先有后，但我们都在香港共同劳动，共同生活，有一致的利益。”“我们要不分高级低级，不分蓝领白领，不分青年老年，不分本地外来，都要团结起来，扩大工人的团结。”“工会之间要加强联系。我们希望，各工会在争取工人共同利益，促进香港安定繁荣的目标上进一步联合起来。各工会之间应互相尊重，互相谅解，求同存异，携手合作。”他们提出的就是扩大和加强工人阶级内部的统一战线和工人阶级对其他阶层的统一战线。此外，随着我国对外开放政策的贯彻执行，香港员工到大陆外资企业中工作的人愈来愈多，我们要做好对这些人的统战工作，这也是工人阶级内部的统一战线。

总之，工人阶级自身的团结统一，即工人阶级内部的统一战线问题，是统一战线的根本问题之一。这个结论在理论上完全能够确立，并经过国际共产主义运动和中国革命历史上大量事实的检验，对于我国新时期的统一战线工作尤其具有极为重要的意义。对此，我们必须在思想上有明确的认识，在实践上认真贯彻执行。

注释：

［1］《马克思恩格斯选集》第1卷，人民出版社1972年版，第159页。

［2］《马克思恩格斯选集》第1卷，人民出版社1972年版，第264页。

［3］《马克思恩格斯选集》第1卷，人民出版社1972年版，第235页。

［4］《马克思恩格斯全集》第33卷，人民出版社1973年版，第242页。

［5］《共产国际执委会扩大会议关于法国共产党的决议》，摘自珍妮·德格拉斯选编《共产国际文件》第1卷，世界知识出版社1963年版，第454页。

［6］《马克思恩格斯选集》第2卷，人民出版社1972年版，第332页。

［7］《马克思恩格斯选集》第3卷，人民出版社1972年版，第3页。

［8］《列宁选集》第4卷，人民出版社1972年版，第229页。

［9］库恩·贝拉编：《共产国际文件汇编》第1册，生活•读书•新知三联书店1965年版，第276页。

［10］《列宁文稿》第4卷，人民出版社1972年版，第177页。

［11］《斯大林全集》第5卷，人民出版社1957年版，第96页。

［12］［13］库恩·贝拉编：《共产国际文件汇编》第1册，生活•读书•新知三联书店1965年版，第426、418页。

［14］《列宁全集》第33卷，人民出版社1963年版，第296—297页。

［15］《列宁文稿》第4卷，人民出版社1972年版，第348页。

［16］《苏联共产党代表大会、代表会议和中央全会决议汇编》第二分册，人民出版社1964年版，第152—154页。

［17］中国社会科学院近代史研究所翻译室编译：《共产国际有关中国革命的文献资料：1929—1936》，中国社会科学出版社1982年版，第390、424—425、426页。

［18］胡华主编：《中国革命史讲义》上册，中国人民大学出版社1979年版，第51—53页。

［19］邓中夏：《中国职工运动简史》，人民出版社1949年版，第78页。

［20］中国共产党第二次全国代表大会《关于“工会运动与共产党”的决议案》（1928年7月9日）。

［21］邓中夏：《中国职工运动简史》，人民出版社1949年版，第132、139、177、253—254页。

［22］刘少奇：《1931年职工运动的总结》，载《六大以来》下，人民出版社1981年版，第464页。

［23］《中央为职工运动致同志的信》（1932年3月25日），载《六大以来》下，第478页。

［24］《刘少奇选集》上卷，人民出版社1981年版，第17页。

［25］《刘少奇选集》上卷，人民出版社1981年版，第39页。

[26] 洛甫：《白区党当前的中心任务》，载《六大以来》下，人民出版社1981年版，第126页。

[27]《中央关于职工运动与"五一"工作的指示》（1939年），载《六大以来》下，人民出版社1981年版，第582页。

[28] 张浩：《关于抗战中职工运动的任务》，载《六大以来》下，人民出版社1981年版，第576—577页。

[29] 中华全国总工会中国职工运动史研究室编：《中国工会历史文献》（4），工人出版社1981年版，第102页。

[30]《中共中央关于"五一"节的指示》（1939年），载《中共党史参考资料》（五），人民出版社1979年版，第36页。

[31]《周恩来统一战线文选》，人民出版社1984年版，第173页。

《列宁文稿》中几段关于工人统一战线的论述*

（1985年12月）

在《列宁文稿》第4卷中，有几段鲜为人知的列宁关于工人统一战线的论述。从中可以了解，列宁对工人统一战线问题的一些看法；也可以看到，当初共产国际提出工人统一战线问题，正是在列宁的亲自领导下，在列宁的思想的指导下进行的。现将《列宁文稿》中的这几段论述摘出，并做一些注解，作为大家学习列宁关于工人统一战线的思想的一个索引。

《对共产国际关于策略的提纲的初步意见》，写于1921年6月，不迟于10月。（《列宁文稿》第4卷，第252页）

* 发表于中央统战部《统战理论研究》1985年第6期。

（1）争取工人的多数

（2）直接赞成《公开信》

（3）着重提出在工会争取多数（反对左派）

（4）农业工人的斗争［不象拉狄克那样同小农站在一起，而是站在前面］

（5）回答挑衅？

注：这个意见写在拉狄克1921年6月1日寄给列宁的共产国际三大关于策略的提纲草案的信封上。后来，共产国际三大通过的《论策略提纲》，阐发了列宁关于争取工人多数的思想，提出了“整个工人阶级结成统一战线”是向资本主义进攻的条件之一。

二

《俄共（布）中央政治局关于统一战线的策略的决议草案》，写于1921年12月1日。（《列宁文稿》第四卷，第169页）

赞同季诺维也夫、拉狄克和布哈林提出的路线：即由共产国际的各共产党提出同第二国际的工人共同行动的一系列建议。委托他们于两天内以决议草案形式确切地阐明这条路线，该决议草案分送政治局委员。

注：这个决议草案是为俄共（布）中央政治局在1921年12月1日讨论工人统一战线的策略问题而写的。列宁的建议得到通过。不久，以列宁的建议为基础，共产国际执委会制定了《关于工人统一战线、关于对待参加第二国际、第二半国际和阿姆斯特丹工会国际的工人，以及对待支持无政府工团主义组织的工人的态度》的提纲。这个提纲，对什么是

工人统一战线、共产党对工人统一战线的态度以及各国共产党怎样采取这一策略等，做了原则的规定。1921年12月19日至21日，俄共（布）第十一次全国代表会议做出决议，表示“完全同意”这一提纲。后来，于1922年召开的共产国际执委会第一次扩大会议和共产国际四大，又讨论、批准了这一提纲。

三

《对统一战线提纲的意见》，写于1921年12月6日。（《列宁文稿》第4卷，第177页）

季诺维也夫同志：

提纲草稿已阅，我不反对。

对布尔什维主义历史那一段应作补充和局部改动。说只在1910年有分裂是不对的。应当说，在1905年春和1912年1月同孟什维克的正式分裂，在1906年、1907年，然后是1910年，曾经被半联合和联合所代替，这不仅是由于斗争的波折，也是由于处在基层的压力下，他们要求以亲身体验来进行检验。

关于这一点，我认为有必要用一页篇幅更加确切而具体地谈一谈。

注：这里讲的统一战线提纲草稿，就是1921年12月共产国际执委会起草的《工人统一战线提纲》。列宁说的补充和局部改动，是针对该提纲第十九条关于布尔什维克与孟什维克斗争和联合的经验总结说的。后来，共产国际四大通过的《工人统一战线提纲》，这一条按列宁的指示做了修改。它写道：“在从布尔什维主义为战胜资产阶级而诞生时起经历过的15年期间（1903年至1917年），布尔什维主义没有停止过对改良

主义即孟什维主义的坚决斗争。但同时，在这15年期间，也不止一次同孟什维克达成过协议。同孟什维克实行公开分裂，是在1905年春天。但是，在蓬蓬勃勃的工人运动的影响下，到1905年底的时候，布尔什维克曾暂时跟孟什维克结成了共同的战线。在1912年1月，同孟什维克终于发生了第二次公开分裂。但在1905年至1912年期间，先后出现了1906年至1907年以及1910年的联合和半联合。这几次的联合和半联合之所以出现，不仅由于派别斗争的骤变，而且是由于广大工人阶层的直接压力，这些工人觉醒起来积极地参加政治生活，就其实质说，他们要求使自己能够以亲身经验来检验：孟什维主义道路是否的确同革命道路根本不一致。”由于布尔什维克没有采取“拒绝参加任何统一战线的做法来对待当时工人这种要求统一的意愿”，而是提出了“下层统一”的口号，就使“很大一部分优秀的孟什维克工人逐渐地被争取到了共产主义这方面来”。关于列宁说的布尔什维克同孟什维克斗争和联合的历史，可以参考俄共党史上的下述几次会议来认识。关于分裂：（1）1905年4月至5月，俄国社会民主工党布尔什维克在伦敦举行第三次代表大会，同时，孟什维克在日内瓦也召开代表会议，从而形成“两个代表大会——两个党”（《列宁全集》第36卷，第580页）的局面。（2）1912年1月5日至17日，俄国社会民主工党在布拉格召开第六次全俄代表会议，把孟什维克取消派驱逐出党。关于半联合和联合：（1）1906年4月10日至25日，俄国社会民主工党在斯德哥尔摩召开第四次（统一）代表大会。在这次大会上，布尔什维克和孟什维克在俄国社会民主工党内形式上统一了起来，但实际上二者在革命的最重要的问题上，各有各的观点和纲领。布尔什维克保持了自己在组织上的独立性，保留了自己的领导中心。孟什维克也有自己的独立组织。（2）1907年4月30日至5月19日，俄国社会民主工党在伦敦举行第五次代表大会。这次大会布尔什维克对孟什维克取得了巨大胜利，但二者仍处在形式上统一的俄国社会民主工党内。（3）1910年1月，俄国社会民主工党在巴黎举行既有布尔什维克又有孟什维克参加的中央全会，谴责取消主义和召回主义。在这期间，列宁提出了在捍卫秘密党的原则的基础上，团结一切党的力量的计划，反对召开单独的布尔什维克代表大会。

四

《对关于俄共（布）驻共产国际代表团总结报告决议草案的建议》，写于1922年3月29日至4月2日之间。（《列宁文稿》第4卷，第348—349页）

统一战线策略的目的和意义在于吸收愈来愈广泛的工人群众参加反对资本的斗争，而不是停留在甚至向第二国际和第二半国际的领袖们再一次发出呼吁，建议他们共同进行这种斗争。当大多数工人已经确立了本阶级的即苏维埃的代表机关，而不是“全民的”即同资产阶级共同的代表机关，而且已经推翻了资产阶级的政治统治的时候，统一战线的策略当然就不能要求向孟什维克（“俄国社会民主工党”）和社会革命党人（“社会革命党”）之类的政党发出呼吁，因为他们是苏维埃政权的敌人。在苏维埃政权条件下，为了扩大自己对工人群众的影响，决不能采取向孟什维克和社会革命党人呼吁的办法，而要采取上面所说的办法。

注：1922年3月27日至4月2日，由列宁最后一次出席并直接领导，召开了俄共（布）第十一次代表大会，通过了《关于俄国共产党驻共产国际代表团的总结报告》的决议。这个决议，全部采用了列宁的上述意见，并且还提出了在无产阶级已掌握政权的国家里，如何实行工人统一战线的问题。它指出：“在苏维埃俄国这样一个政权属于共产党领导的

工人阶级的国家里，实行统一战线的策略应当表现为：共产党绝对不应当关起门来，而应当吸收愈来愈广泛的非党工人群众的代表来讨论国家的最重要的措施和参加国家的管理工作。共产党必须记住，只有得到整个工人阶级的支持才能顺利地实行无产阶级专政。共产党必须经常提醒自己的每一个党员：党员的一项极其重要的义务就是吸引全体劳动者参加经济生活和政治生活，而不管他们是不是俄共党员。……在苏维埃国家里实行统一战线的策略时，要求共产党善于及时地满足非党群众的合理要求，向他们作必要的让步，同他们一起评价国家建设和经济建设的每一步骤，一分钟也不脱离他们，并且逐渐地把他们提高到更高的水平。”

论社会主义初级阶段的统一战线*

（1988年3月）

社会主义初级阶段统一战线的特征、功能和任务

十一届三中全会以来，我国统一战线进入了一个新的历史发展阶段，在实践上和理论上有了重大的发展，是新中国成立以来最好的历史时期。十三大以后的统一战线，将是十一届三中全会以来统一战线的继续和发展。

十三大以后的统一战线，是在社会主义初级阶段的社会条件下不断前进发展的统一战线，是在深化改革，扩大开放，大力发展社会主义商品经济，进一步发扬社会主义民主这个大环境中的统一战线，是逐步推行"一国两制"条件下的统一战线。从整个社会主义初级阶段的社会、经济、政治环境来观察统一战线，我们认为有两大特征，或者说两个趋势：一是丰富的多样性，一是广大的包容性。

（一）丰富的多样性：过去长时期在"左"倾错误影响下，盲目求

* 本文由黄铸同志主持研究，本书作者执笔撰写，以中央统战部统一战线研究所名义发表于中央统战部《统战理论研究》1988年第3期。

公、求纯，搞单一性、清一色，违反了社会主义初级阶段的发展规律。社会主义初级阶段随着改革、开放的深化和发展，必然在经济、社会、政治和思想文化上带来丰富的多样性。

第一，经济上的多样性：生产力发展状况和发展水平的多层次性，及其在不同产业、地区、民族之间的不平衡。在所有制结构上，在以公有制为主体的前提下发展多种经济成分。在公有制内部也存在多种所有制形式和多种经营形式。在分配上，在以按劳分配为主体的前提下实行多种分配形式，在共同富裕的目标下鼓励一部分人通过诚实劳动和合法经营先富起来。这些就带来在根本利益一致的基础上，具体利益的多样性。

第二，上述经济结构的多样性，必然带来社会结构的多样性。除了存在不同民族、不同阶级（工人阶级和农民阶级）、不同党派之外，还会产生不同的社会阶层、不同的社会群体、不同的社会集团，并从它们中产生不同的社团，不同的代表人物。

第三，反映在政治上和思想上，阶级、阶层的意识，民主意识，政党意识，集团意识，民族意识等将不断增强，人民内部各种不同的思想、观点、政治要求将不断表现出来。

上面这些都是就大陆范围内说的，加上将来在祖国大陆和港、澳、台之间实行“一国两制”，更将带来复杂的多样性。

上述社会主义初级阶段丰富的多样性意味着：第一，统一战线有广泛的社会基础，除了原有的十种统战工作对象之外，还会不断产生新的统战工作对象。第二，统一战线将更加活跃，更加生动活泼、丰富多彩，更加充满活力。第三，多样性也包含着复杂性，统一战线内部包含着复杂的矛盾，需要妥善地、审慎地加以处理。其中，还会有某些消极的东西，以至对立的东西。

（二）广大的包容性：社会主义初级阶段经济、社会、政治和思想文化上的丰富的多样性又包含有共同点和统一性，这就要求统一战线具有广大的包容性。

第一，生产力标准具有广大的包容性。社会主义初级阶段把生产力作为最根本的标准。“一切有利于生产力发展的东西，都是符合人民根本利益的，因而是社会主义所要求的，或者是社会主义所允许的。”根据这个根本标准，一切有利于生产力发展的经济成分、社会阶层、社会群体、社会集团及其代表人物，都可以而且应当包容在统一战线之内。

第二，建设有中国特色的社会主义和统一祖国、振兴中华的爱国主义两面旗帜，具有广大的包容性。在这两面伟大旗帜下，形成了大陆范围内全体劳动者和爱国者以社会主义为政治基础的联盟，和广泛团结台湾同胞、港澳同胞、国外侨胞的以拥护祖国统一为政治基础的联盟。这两个范围的联盟将互相促进，不断巩固和发展。

第三，建设富强、民主、文明的社会主义现代化国家，是社会主义初级阶段我国人民的共同理想，这个共同理想具有广大的包容性。正如中共中央《关于社会主义精神文明建设指导方针的决议》所指出的，“这个共同理想集中了我国工人、农民、知识分子和其他劳动者、爱国者的利益和愿望，是保证全体人民在政治上、道义上和精神上团结一致，克服任何困难，夺取胜利的强大的精神武器。为了实现这个共同理想，一切有利于建设四化、振兴中华、统一祖国的积极思想和精神，一切有利于民族团结、社会进步、人民幸福的积极思想和精神，一切用诚实劳动争取美好生活的积极思想和精神，都应当加以尊重、保护和发扬。这样，才能在团结一切可以团结的力量来建设社会主义的问题上，真正克服长期造成严重危害的狭隘观点，使共产党员和非共产党员，马克思主义者和非马克思主义者，无神论者和宗教信仰者，国内同胞和国外侨胞，总之，使全体劳动者和爱国者，都紧密地团结起来，积极地行动起来，为实现共同理想而奋斗。”

这个在丰富多样性基础之上的广大包容性，意味着社会主义初级阶段的统一战线在促进生产力发展、建设有中国特色的社会主义和实现祖国统一的大业中，具有强大的生命力；统一战线的范围将更加广泛和扩大，团结的人将更多；统一战线内部生活将更加民主，也更加和谐和亲密。

除了上述两大特征之外，还可以举出一些特点，如统一战线的必要性、重要性、长期性、广泛性、复杂性等。但是，联系社会主义初级阶段来考察，我们应当着重把握丰富的多样性和广大的包容性两大基本特征。其他的一些特点都可以包含在这两大特征之中，并从这两大特征得到说明。

我国统一战线在长期的发展中形成了八大功能：（一）反映民意；（二）政治协商；（三）咨询服务；（四）民主监督；（五）推动社会力量贯彻党和国家的方针政策；（六）安排人事，合作共事；（七）调整关系；（八）自我教育。在社会主义初级阶段，这些功能将更加充实和完善。

统一战线历来是为党的总路线总任务服务的。社会主义初级阶段统一战线的战略任务就是要：高举社会主义和爱国主义两面旗帜，团结一切可以团结的力量，调动一切积极因素，并尽可能地化消极因素为积极因素，坚持党在社会主义初级阶段的基本路线，维护安定团结的政治局面，为改革、开放，进行现代化建设，发展生产力服务；为完善社会主义民主政治和法制建设服务；为社会主义精神文明建设服务；为实现“一国两制”、统一祖国服务，把我国建设成为富强、民主、文明的社会主义现代化国家。

社会主义初级阶段工人阶级内部统一战线和非党知识分子问题

工人阶级从来不是铁板一块，而有阶层、集团、派别、政党等的区别。所以，从有共产主义运动以来，就有工人阶级内部的统一战线问题。《共产党宣言》就指出：“共产党人不是同其他工人政党相对立的特殊政党。”马克思、恩格斯领导组织的国际工人协会，即第一国际，便是当时国际共产主义运动中各工人派别的大联合（包括共产主义者、蒲鲁东主义者、工联主义者、合作社派、巴枯宁主义者、拉萨尔派等）。列宁在《共产主义运动中的“左派”幼稚病》中指出，无产阶级在外部被形形色色的中间阶层所包围，在内部有阶层、乡土、职业、宗教等等的区分，“由于这一切原因，无产阶级的先锋队，无产阶级的觉悟部分，即共产党，就必须而且绝对必须对无产者的各种集团，对工人和小业主的各种政党采取机动、通融、妥协的办法。”1921年，列宁和共产国际更明确提出了工人统一战线的口号，并制定了《工人统一战线提纲》。1935年，季米特洛夫在共产国际第七次大会上号召“在无产阶级统一战线的基础上建立广泛的反法西斯人民阵线”。

在我国，从工人运动初期起，就有工人阶级内部的统一战线。1922年和1925年的第一、第二次全国劳动大会，就是共产党派、国民党派、无政府派和其他派别的工人的广泛的统一战线。著名的省港大罢工也是各种工人派别的统一战线运动。抗日战争期间，中国共产党中央明确提出：“我们党在工人运动中的基本方针，是与各抗日党派各抗日团体的工人运动进行统一战线”，并成功地同中国劳动协会建立了统一战线。1950年，在第一次全国统战工作会议上曾发生一个争论：工会有没有统一战线性质？周恩来同志到会讲话时，针对这个争论指出：“工会是工人阶级的群众性组织。但有没有统一战线性质呢？应该说有。”“如劳协也包括在工会之内，同时工会中也有不同政治主张的分子，现在还把知识分子组织进来，民主党派分子也参加进去。”

社会主义初级阶段具有丰富的多样性和广大的包容性，工人阶级也不例外，其内部同样具有丰富的多样性和广大的包容性。因此，工人阶级内部统一战线更加扩大，更加丰富，更加发展了。

第一，随着社会主义改造的完成和阶级关系的根本变化，许多社会成分被包容到工人阶级队伍中来。知识分子成为工人阶级的一部分，并且队伍愈来愈壮大，其中大多数是非党知识分子。民主党派成员大多数也是知识分子，不能否认他们也属于工人阶级的一部分。原工商业者已经成为社会主义劳动者，许多人参加了工会；原来的小商、小贩、小业主和一部分手工业者也参加了工会，他们都理所当然地成为工人阶级的一部分。此外，工人阶级内部还有台湾同胞和去台人员家属，有归国侨胞和侨眷，有民族、宗教的区分，等等。所有这些都没有脱离统一战线的范畴。

第二，随着改革、开放的进程和社会主义商品经济的发展，社会经济结构产生新的变动，工人阶级内部结构也出现了新的变化。首先，工人阶级内部出现了不同的层次，如国家社会事务管理者层，企业家层（其中包括科技企业家），智力劳动者层，体力劳动者层，等等。与多种所有制和经济成分相联系：有全民所有制经济中的工人，集体所有制经济中的工人，个体所有制经济中的工人，私营经济中的工人，“三资”企业中的工人等区分。与不同层次的生产力相适应，有手工劳动工人，有产业工人，有高科技工人等。这些不同层次、不同经济成分、不同劳动方式的工人，在根本利益一致的基础上，又有具体利益的差异，需要建立工人阶级统一战线。

第三，随着现代化建设和新技术革命的进展，我国产业结构和智力结构将发生大变化。按照现代化和新技术革命的一般规律和趋势，我们可以预见，第一产业将大为缩小，第二产业的比重也将降低，第三产业，特别是与高科技相联系的第三产业将大大发展。与这个长过程相适应，传统工人（即“蓝领工人”）将大为减少，而“白领工人”特别是高科技工人将大大增加。在这二者之间，可能还有一些过渡性的工人。工人阶级的这种变化，是当代共产主义运动特别是西方发达国家的共产主义运动所面临的一个根本问题，说明工人阶级内部统一战线在当代共产主义运动中占有极端的重要性，我国也不会例外。

第四，由于我国实行“一国两制”的方针，在大陆社会主义制度和香港、澳门、台湾资本主义制度之间，工人阶级存在巨大的差别。在港、澳、台内部，工人阶级中也存在多种多样的差别。所以，在大陆和港、澳、台之间，在港、澳、台内部，都需要建立广泛的工人阶级统一战线。

统一战线问题是工人阶级自身团结统一和同盟军问题。在社会主义初级阶段，我国统一战线存在三个层次，即工人阶级内部统一战线、劳动人民内部统一战线（主要是工农联盟）、同非劳动人民的统一战线，而以工人阶级为领导，工农联盟为基础。正因为工人阶级处在国家和统一战线的领导地位，做好工人阶级内部统一战线，加强工人阶级自身的团结和统一，具有极大的重要性。只有工人阶级内部的统一战线搞好了，才能做好其他两个层次的统一战线。

在工人阶级内部统一战线中，对非党知识分子的统战工作具有极大的重要性。党的十三大把科学技术和教育放在经济发展战略的首位，这说明了知识分子在现代化建设中的极其重要的地位，而知识分子中大多数属于非党知识分子。因此，加强知识分子的工作，加强党与非党知识分子的联盟，直接关系到现代化建设的进程和民族振兴的大局。同时，知识分子在劳动方式和利益关系上，同一般工人有很大差别，存在不少矛盾，而我们对知识分子的工作，由于受“左”倾思想造成的影响，也存在不少问题。这些都需要引起重视，经常给予适当的调整和改进。因此，我们应当把非党知识分子的统战工作提到更高的地位，主要做好三个方面的工作：第一，反映知识分子的情况，反映全貌；第二，发现、培养、安排非党知识分子的代表人物；第三，宣传贯彻党对知识分子的政策，提出调整关系的意见。

社会主义初级阶段的工农联盟和农村统一战线

工农联盟是我国统一战线的基础。在长期的革命斗争中，我们建立和发展了亲密的、强大的工农联盟，对我国统一战线的建立和发展起了决定的作用。十一届三中全会以来，党采取三大步骤，对农村政策和工农关系做了重大的调整，使我们伟大的工农联盟在新的基础上更加巩固，更加发展了。

第一，是推行以家庭经营为主的多种形式的联产承包责任制，并以家庭经营为基础逐步发展适度规模经营，纠正了长期以来超越农村生产力状况，追求“一大二公”的“左”的错误，解决了影响工农关系和使农村长期停滞不前的一大问题，大大调动了农民的积极性，促进了农村经济的发展。

第二，是逐步对工农业产品实行等价交换的原则，改变长期以来对农产品实行平价统购，靠工农业产品之间的剪刀差来积累资金，发展重工业的情况。这样，用价值规律来对待农民，把工农之间的关系建立在等价交换的基础上，对于巩固工农联盟和发展农村经济，都有其重大意义。这个步骤尚未完成，仍在继续贯彻实施的过程中。

第三，是在农村开始了传统产业革命和新技术革命相结合的过程。这是一个长期的过程，需要几十年以至上百年的时间。现在这个过程刚刚开始，但已经开始给农村带来深远的变化。可以想见，随着这个过程的深入发展，农村将产生翻天覆地的变化，使我国工农联盟和农村统一战线建立在全新的基础上，得到空前未有的巩固和加强。

随着这三大步骤的逐步实施，我国农村社会经济结构开始出现了前所未有的变化。一方面，有近亿的农民（将来会有几亿农民）转到非农产业，即转到第二产业和第三产业。出现了大批乡镇集体企业、合作企业、个体企业、合伙企业和雇工经营的私营企业。于是就有大批由农民转变过来的工人（不少还未完全脱离农民的脐带），有个体工商业者，有农民企业家和私营企业者，有大批推销员和其他经营管理人员，有科学教育工作者，等等。另一方面，农业本身在逐步走向现代化的生产和经营。涌现了一大批专业户和重点户，还出现了家庭农场和雇工经营的私营农场。不少农户成为农兼工或工兼农的兼营户。上述社会经济结构的变化还在发展之中，各地的发展情况也很不平衡，但已经根本改变了过去土地改革和合作化时期依靠贫农、团结中农的农村统一战线格局。在社会主义初级阶段丰富多样性和广大包容性的基础上，全新的农村统一战线的阵容正在形成和发展之中。这是崭新的课题，尚待我们深入调查研究。

农村社会经济结构的变化，带来了小城镇的勃兴。在农村涌现了大批专业市场和星罗棋布的小城镇。小城镇是农村政治、经济、文化、信息的中心，是城乡结合的联结点。小城镇也是农村统一战线的集结点，集中了原有的不少统战对象和新出现的大批统战对象。小城镇又是城市统一战线和农村统一战线的联结点和交叉点。几年来，各地统战部门对小城镇的统战工作进行了大量调查研究，并逐步把统战工作延伸到小城镇和农村。特别是有些地方调动统一战线中各方面的力量，大力为发展乡镇企业服务，如进行人员培训、经济技术咨询，帮助引入资金技术等，开创了小城镇和农村统战工作的新局面。这些都是很有成绩的，应当坚持和深入开展下去。

社会主义初级阶段私营企业和外商投资企业的统战工作问题

私营企业和外商投资企业，是统一战线工作的两个新领域。

私营企业在我国正方兴未艾。截至1987年底，雇工在八人以上的私营企业115000户，加上挂合作或集体名义的私营企业，约有二三十万家。在发展商品经济的过程中，在社会上存在大量个体企业和剩余劳动力的情况下，私营企业的一定程度的发展是不可避免的。它们起着发展生产、活跃商品经济、扩大就业、积累资金（通过税收和公积金）、培养人才等多方面的作用，是社会主义公有制经济的必要的和有益的补充。但是，私营企业一般在经济上技术上还比较落后，并存在某些消极的作用。所以宪法修正案规定，“国家保护私营经济合法的权利和利益，对私营经济实行引导、监督和管理。”

对于有雇佣劳动关系的私营企业的性质，理论界有不同的看法。我们认为，对私营企业必须联系它存在的历史条件来观察，在不同的历史条件下，有不同的性质和作用。在我国，在新中国成立前，有雇佣劳动关系的私营企业，显然是资本主义性质的，但又分为官僚资本主义和民族资本主义，二者所起的作用有很大的不同。新中国成立之后，我们没收了官僚资本，使之成为社会主义公有制企业。民族资本主义的私营企业仍然存在，但已处在无产阶级国家的管理，国营社会主义经济的领导和工人监督之下，被纳入国家资本主义的轨道之中（有初级形式、高级形式之分），从而生产了不同程度的社会主义因素。其中，高级形式的国家资本主义，按照列宁的说法，已是百分之九十的社会主义。

现在的私营企业，是在社会主义初级阶段的历史条件下产生和发展的，是在社会主义公有制经济占有绝对优势，资本主义和社会主义谁战胜谁的问题已经解决，我们面临的主要矛盾是人民日益增长的物质文化需要同落后的社会生产力之间的矛盾这样历史条件下产生和发展的。所以，不同于新中国成立前的私营企业，与新中国成立初期的私营企业也有不同。它们一方面存在雇佣劳动关系，就能够在一定程度上无偿占有工人的劳动，即有某种程度的剥削。另一方面，它们又处在社会主义国家的引导、监督和管理之下，同占绝对优势的社会主义公有制经济相联系，并受社会主义公有制经济的巨大影响。因此，就必然有不同程度的社会主义因素。就企业的净产值的分配来说，私营企业虽然要为私营企业主生产一定的股息红利，但同时它要为工人生产工资，为国家生产税收，为企业生产公积金。如果国家按企业利润的35%征所得税，税后利润一半（占利润的32.5%）作为公积金，再投入生产，余下32.5%还须提取一定的奖励金和福利金，则股息红利可能还占不到企业利润的25%。可见，私营企业工人大部分是为国家、社会和自己生产，只有一小部分是为私营企业主生产。还有些私营企业，税后利润全部投入再生产和用于改善群众生活，私营企业主工资也不太高，这样的私营企业就很难说它有多少剥削。

私营企业的发展和国家对私营经济实行保护、引导、监督和管理的方针，为统一战线工作提供了一个相当广阔的新领域。对私营企业的统战工作，就是要用统一战线的方法，贯彻执行国家对私营经济的保护、引导、监督、管理的方针，促进它们的健康发展。主要是物色、联系、培养他们中的代表人物，反映他们的合理意见和要求，参与制定有关政策，帮助他们调整关系，同时引导他们实行自我管理和自我教育，兴利抑弊，发挥积极因素，克服消极因素，为振兴中华服务。

我国实行对外开放以来，中外合资、中外合作、外商独资等多种形式的外商投资企业逐步增多，目前已签约的约一万多家。随着我国对外开放的扩大、沿海发展战略的实施、海南特区的设置，外商投资企业还会有很大的发展。

外商投资企业，是社会主义国家中的国家资本主义性质的企业，其中，中外合资企业一半以上是社会主义因素。外商投资企业对于我们引进国外的资金，引进先进的技术和管理经验，发展外向型经济，打开国际市场，具有重要的作用，也是社会主义公有制经济必要的和有益的补充。

来我国投资的外商，有港澳同胞和国外侨胞，也有外籍人员。所以，对外商投资企业的统一战线工作兼有国内统战和国际统战二重性质。几年来，各地统战部门已经逐步开展了对外商投资企业的统战工作，主要是：第一，对引入外资实行牵线搭桥，如广东引入四十多亿美元外资中，通过统战系统牵线搭桥引入的就占了一半以上。第二，对现有外商投资企业进行调查研究，反映外商的意见和要求，并参与制定有关政策，帮助它们调整内部关系和改善投资环境。第三，通过以上工作，广交朋友。但是，这方面的统战工作刚刚起步，更大量的工作还在后头。第一，对于办好现有三资企业还有大量工作要做。第二，可以预见，随着开放的扩大，外商投资企业还会迅速大量增加。第三，尤其沿海发展战略的实施，对这方面的统战工作提出了更高的要求。我们一定要积极赶上这种发展形势，千万不要落后于形势。

工商业联合会在对私营和外商投资企业的统战工作中能起重要作用。几年来，工商联已经在这两方面开展了不少工作，应当继续积极地开展下去，做出更大的成绩，发挥更大的作用。

社会主义初级阶段共产党领导下的多党合作和协商制度

十三大报告把共产党领导下的多党合作和协商制度作为我国基本政治制度之一，这是社会主义民主政治的重大发展。报告明确指出："人民代表大会制度，共产党领导下的多党合作和政治协商制度，按照民主集中制的原则办事，是我们的特点和优势，决不能丢掉这些特点和优势，照搬西方的'三权分立'和多党轮流执政。"今后，我们要坚持"长期共存、互相监督，肝胆相照、荣辱与共"的方针，完善共产党领导下的多党合作和协商制度，进一步发挥民主党派和无党派爱国人士在国家政治生活中的作用。

几年来特别是十三大之后，民主党派的许多同志提出定性、定位、功能和工作等问题，这是完善共产党领导下的多党合作和协商制度需要解决的几个重要问题。

（一）定性，就是要明确各民主党派在社会主义时期的性质。邓小平同志在1979年就明确指出，各民主党派已经成为各自所联系的一部分社会主义劳动者和一部分拥护社会主义的爱国者的政治联盟，都是在中国共产党领导下为社会主义服务的政治力量。这就表明，它们的成员是社会主义劳动者和拥护社会主义的爱国者；它们的政治纲领和政治实践是为社会主义服务；它们的领导核心是坚持社会主义道路的。历史证明，各民主党派不但是我党在民主革命中的友党，也是我党在社会主义建设中的友党，它们已经成为维护社会主义社会的安定团结，发扬社会主义民主，进行社会主义现代化建设的一支重要力量。我们应当承认，它们已经是共产党领导下的社会主义性质的政党。共产党和各民主党派之间的关系已经是社会主义的新型政党关系。

承认各民主党派已经是社会主义性质的政党，会不会同共产党混淆？共产党是以马克思列宁主义为指导的工人阶级的先锋队，是中国社会主义事业的领导核心。党的最终目标，是实现共产主义的社会制度。这些都是同各民主党派不同的，也是不能混淆的。

承认各民主党派已经是社会主义性质的政党，是不是要把它们搞得很单纯，很狭窄？恰好相反，各民主党派必须适应社会主义初级阶段多样性和包容性的特点，在致力于社会主义事业的大目标下，广泛团结它们各自所联系的社会阶层和一些新出现的社会成分，反映和代表他们的合法利益和合理要求，有各具特色的纲领，有不同的声音，发挥共产党员不能起的作用。这样，才有利于社会主义。

（二）定位，就是明确各民主党派在国家政治制度和政治生活中的地位。这地位，就体现在共产党领导下的多党合作和协商制度中。这就是共产党领导，多党亲密合作，共同致力于社会主义事业。这种社会主义的新型政党关系，是我国政治制度的特点和优点，根本不同于西方国家一党在朝执政，一党在野反对，各党轮流执政的制度。在共产党领导下的多党合作和协商制度中，各民主党派参加国家政权，参与国家事务的管理，参与国家大政方针和群众生活重大问题的协商讨论，包括从参与决策（包括决策咨询）到参与执行，到参与监督检查。具体环节包括参加政协，参加人大，参加政府工作和有关基层单位的管理，与共产党和政府协商对话。现在的问题，是要在这四个环节上分别做出适当的规定，使各民主党派参政进一步制度化。

（三）各民主党派作为政党，要发挥政党参政议政的功能，在政治协商、民主监督中发挥积极作用。这同各民主党派积极为社会主义建设服务，不是对立的。正如十三大报告指出的，中国一切政党的政策和实践在中国人民中所表现的作用的好坏、大小，归根到底，看它对于中国人民的生产力的发展是否有帮助及其帮助之大小。十一届三中全会以来，各民主党派正因为积极为四化建设服务，走出了新路子，做出了显著成绩，大大提高了它们的社会声誉。今后，各民主党派也只有继续积极为四化建设和统一祖国服务，才能在参政议政中有真正的发言权，做出更大的贡献。如果脱离四化建设和祖国统一大业，参政议政就会流于空谈，不能真正发挥积极作用。

社会主义初级阶段的民族问题

十三大重申，维持祖国统一，坚持民族平等、民族团结和促进各民族的共同繁荣，是关系到国家命运的重大问题。这是从我国是一个多民族国家，民族地区占全国总面积60%以上这个基本国情出发的。

用社会主义初级阶段的理论来观察民族问题，我们看到：第一，我国各民族都已经走上社会主义道路，各民族社会都已经是社会主义社会，各民族之间已经建立平等、团结、互助的社会主义民族关系。第二，少数民族社会主义社会大多数还处在更加初级的阶段（有的同志说是社会主义初级阶段低层次），因为它们大多数脱胎于更加落后的社会发展阶段（包括原始社会末期、奴隶社会、封建农奴社会、封建地主社会）。因此，少数民族地区的现代化建设就包括两重任务，一是要赶上比较先进的民族，即我们常说的消除历史上遗留下来的民族间事实上的不平等；二是实现现代化。这是一个更加艰巨、更加长期的过程。

在少数民族地区，有一个改革、开放，发展社会主义商品经济，进行现代化建设的问题，这是同其他地区相同的；又有一个民族问题（并且还往往同宗教问题交织在一起），这是同其他地区不同的。这两个问题，相互联系，密切不可分离。所以，观察和处理民族地区的问题，决不可忽视民族问题。

在社会主义初级阶段，民族问题上存在两种发展趋势：

一方面，随着现代化建设和商品经济的发展，少数民族地区封闭状态愈来愈被打破，各民族之间经济、文化的交往和交流愈来愈频繁和密切，逐步形成全国统一的经济体系和统一的市场。在有些民族地区，民族之间的经济、文化联系之密切程度甚至会超过民族内部的经济、文化联系（如广大藏族地区）。这样，"汉族离不开少数民族，少数民族也离不开汉族"的关系将更加增强。

另一方面，现代化建设将带来民族的繁荣，而不是民族的融合和消亡。民族的融合和消亡是遥远的事情。在社会主义初级阶段以至整个社会主义历史阶段，虽然随着民族关系亲密性的加强而逐渐有民族融合的因素产生和发展，但总的说来，不是民族融合和民族消亡的历史阶段，而是民族繁荣的历史阶段。我国少数民族原来大多数处在不发达状态，随着现代化建设的进程，将逐步改变这种不发达状态而逐步走向发达。在民族走向繁荣和发达的过程中，民族意识、民族感情、民族自尊心和民族自豪感将逐步增强而不是减弱。也可以说，民族自我意识将有一个由朦胧的、不发达的状态逐步走向发达的、自我觉醒的过程。同时，民族文化将在民族传统、民族特色同现代化结合的基础上，推陈出新，更加绚丽多彩，万紫千红，成为全国人民以至世界人民的共同财富。在语言文字方面，由于各民族互相学习对方的语言文字将出现语言融合的因素，汉语文将逐渐成为全国各族人民通用的语文，但是，一般说来，现在通用的民族语言文字特别是较大民族的语言文字将随着现代化而得到丰富、发展和繁荣，并受到本民族人民的珍视。

总之，在社会主义初级阶段，我们决不能忽视民族问题。必须注意民族差别、民族特点，坚持民族平等，尊重民族感情和民族语言文字，珍惜和发扬优良民族文化，并且必须认真执行《民族区域自治法》，进一步完善民族区域自治制度。在这方面，必须防止和克服大民族主义。另一方面，必须注意进行民族团结的教育，继续巩固和加强各民族之间的大团结。在这方面，必须注意防止和克服地方民族主义，以至某些分裂主义。

民族区域自治是我国解决民族问题的基本政策和制度，是民族平等、民族团结和民族繁荣的根本保证。只有搞好民族区域自治，才能巩固国家的统一，防止和克服民族分裂。在同达赖集团分裂活动斗争中，我们提出以自治对抗分裂，这个原则同样适用于其他民族地区。为了搞好民族区域自治，必须解决好两大问题，一是干部和人才问题，一是政策问题。新中国成立以来，我们已经培养了大批民族干部，但是素质不够高，并且比较缺少经济管理和科学技术人才。今后应很好培训现有民族干部，并继续培养大批民族干部和人才。民族干部既要坚持祖国统一和民族团结，又要密切联系本民族群众，代表本民族利益，反映本民族群众的意见。这是搞好区域自治一个重要环节。

政策问题，就是我们的政策必须适合民族自治地方的民族特点和地区特点，不能“一刀切”。十三大报告指出：“少数民族自治地方和边远地区的改革，应当采取更为稳妥的切合当地实际的步骤。”改革是这样，建设也应当这样。在现代化建设中，如何把国家对少数民族地区资源的开发同当地少数民族人民的利益结合起来，是一个很大的问题。过去没有同少数民族人民利益很好结合，甚至使少数民族人民不能得利反受其害的事，在林业、农垦、水利电力、工矿等方面都是不少的。对此，少数民族是很有意见的。如何结合好东西部之间的利益，也是一个很大的问题。这方面除了国家将逐步加快中部和西部地区的发展外，几年来东西部之间在平等互利的基础上发展横向联合，是一个很好的经验，应当继续开展。此外，动员统一战线中各方面力量智力支边，帮助少数民族，也是很好的经验，应当继续推广。

社会主义初级阶段的宗教问题

1982年，中共中央发出了《关于社会主义时期宗教问题的基本观点和基本政策》，这些观点和政策是正确的，适用于整个社会主义初级阶段。

宗教问题，首先是信仰问题。这是一个长期的问题，不但在社会主义初级阶段存在，而且还会在整个社会主义阶段存在，到共产主义社会也还可能有某些残余。正如中央《关于社会主义时期宗教问题的基本观点和基本政策》所指出的，这种信仰上的差异只是次要的差异。对此，我们只能实行宗教信仰自由政策，而不能实行别的政策。过去急于消灭宗教，甚至企图用行政手段和强力去消灭宗教，不仅无效，而且适得其反，只能刺激宗教狂热。

但是，在社会主义初级阶段，宗教问题还不可能完全脱离社会政治问题。宗教具有很大的群众性，它掌握了群众，就在一定条件下转化为一种社会政治势力。美国国务卿舒尔茨1983年10月18日在美国国务院召开的“共产党国家民主化”会议上说，“从宗教信仰到政治行动，只有一小步距离”，就明白地道出了宗教和政治的联系。在我国的条件下，宗教可以起截然相反的两种作用：一方面，爱国的拥护党拥护社会主义的宗教人士和宗教团体，透过宗教发挥团结信教群众维护祖国统一和社会安定、建设社会主义的积极作用。另一方面，我国社会上还有一些人利用宗教来进行反对党和人民政府，反对社会主义、分离祖国的敌对活动和诈骗钱财、伤害人民生命、侮辱妇女等违法活动。国外敌对势力也千方百计利用宗教对我进行政治渗透。喇嘛教两个领袖，达赖用宗教进行分裂祖国的活动；而班禅大师，则透过宗教维护祖国的统一。这就说明，在社会主义初级阶段，宗教问题还不可能成为单纯的信仰问题或者纯粹的个人私事。党和国家还必须关心和过问宗教问题。关心的主要点不在于信教不信教，或者信教的人多一点少一点，而是看宗教掌握在谁的手里，看它是有利还是有害于国家的统一，有利还是有害于社会的安定团结，有利于还是有害于社会主义建设。也就是说，宗教必须与社会主义社会发展相适应。

目前在宗教工作中存在一种情况：对爱国的宗教人士和宗教组织管得过死，干预过多，而对那些地下的、违法的、敌对的宗教势力则放任不管。这种情况必须纠正。爱国的、拥护党和人民政府、拥护社会主义的宗教人士和宗教组织，是我们的依靠力量，应当放开他们的手脚，让他们放手进行正常的宗教活动，满足信教的或要求信教的群众的宗教需要，把群众吸引、团结到我们一边来。在有宗教需要的群众中，不存在真空地带，爱国的宗教力量不去占领，那些地下的、违法的、敌对的宗教势力，就会去占领。对于地下的、违法的、敌对的宗教势力，决不应当放任不管。我们应当同爱国的宗教力量一道，对这些势力进行坚决的斗争，该取缔的要坚决取缔，该打击的要坚决打击，该分化瓦解的要坚决分化瓦解，以便把他们影响下的群众尽可能争取、团结到爱国宗教力量一边来。

社会主义初级阶段选拔、培养、安排、使用党外人士问题

选拔、培养、安排、使用大批党外人士代表人物，实行共产党员与党外人士长期合作，是我国统一战线的优良传统，也是统一战线工作的一项战略任务。1949年，毛泽东同志就在党的七届二中全会上指出：“我党同党外民主人士长期合作的政策，必须在全党思想上和工作上确

定下来。”“每一个大城市和每一个中等城市，每一个战略性区域和每一个省，都应当培养一批能够同我们合作的有威信的党外民主人士。”新中国成立初期，我们从中央到地方都团结了一大批在长期革命斗争和各项事业中涌现出来的，在不同程度上同我党合作过的，各方面的党外代表人物，对他们进行了比较恰当的安排，搞好同他们的合作共事，使我国统一战线呈现出群星灿烂、阵容宏伟、生机勃勃的景象，被誉为黄金时代。

可惜，后来由于“左”倾错误的影响，选拔、培养、安排、使用党外代表人物的工作受到严重干扰。对党外人士的安排，尤其是政府实职工作的安排，受到削弱；对选拔、培养新的代表人物的工作更是受到了严重的忽视。结果是，一方面老一辈代表人物逐渐衰老或者故去，另一方面新的代表人物又没有及时发现、培养和成长起来，形成了巨大的断层。人大、政协换届，物色新的代表人物就遇到困难。这种情况，同我国社会主义民主制度的发展和统一战线的发展，都是不相适应的。如果不及时加以改变，我们同党外人士长期合作的政策就受到很大的损害，甚至中断。

鉴于这种情况，我们必须坚决克服“左”的影响，大大加强选拔、培养、安排、使用各方面党外代表人物的工作，不但要注意对现有党外代表人物的适当安排，特别是要加强新一代党外代表人物的选拔和培养。不论在民主党派方面，无党派人士方面，少数民族人士方面，宗教界人士方面，都是这样。这是战略的需要。

同时，我们应当看到，在社会主义初级阶段，随着改革、开放的进程，我国社会上已经出现了并且还正在继续出现着新的社会阶层、社会群体、社会集团，新的各种各样的党外代表人物正从各方面涌现出来。我们应当去发现他们，选拔、培养他们，并逐步给以适当的安排。要为他们创造必要的阶梯，帮助他们健康成长。要放宽视野，从多种渠道去发现、选拔他们，培养他们。要大力办好社会主义学院，作为培养党外人士的学校。这样，经过一段时间，新一代党外代表人物又会像雨后春笋一般成长起来，我们的统一战线又会呈现出群星灿烂的景象。

毛泽东同志早就说过：“只要社会上还有党存在，加入党的人总是少数，党外的人总是多数，所以党员总是要和党外的人合作。”他还说：“国事是国家的公事，不是一党一派的私事。因此，共产党员只有对党外人士实行民主合作的义务，而无排斥别人、垄断一切的权利。”“共产党的这个同党外人士实行民主合作的原则，是固定不移的，是永远不变的。”我们决不能认为，中华民族的优秀人物都已集中在共产党内，党外就没有优秀人物了。事实是，党外确有大批优秀人才涌现出来，只是由于这样那样的原因而没有入党。也没有必要使所有的优秀人才都加入共产党。在社会主义初级阶段，除了中国共产党要发展之外，党外还将保留大批的优秀人才，形成党内党外，优秀人才齐生并长的局面。我们一定要树立共产党员同党外人士长期合作的战略思想，做好选拔、培养、安排、使用党外人士的工作。

社会主义初级阶段与“一国两制”

“一国两制”的理论基础有两个，一个是社会主义和资本主义和平共处原则，一个是社会主义初级阶段理论。

邓小平同志在1984年10月的一次谈话中说：“和平共处原则用之于解决一个国家内部的问题，恐怕也是一个好办法。根据中国自己的实践，我们提出‘一个国家、两种制度’的办法来解决中国的统一问题，这也是一种和平共处。”邓小平同志在另一次谈话中还指出，我们提出香港资本主义制度50年保持不变，这是考虑到中国接近发达国家的水平需要到下世纪中叶。这是同社会主义初级阶段的时间相吻合的。十三大提出社会主义初级阶段理论后，一些原来对“一国两制”持疑虑态度的人，感到放心了。这都说明，和平共处的原则和社会主义初级阶段的理论，构成了“一国两制”的坚实理论基础。

但是，国内外总有些人把“一国两制”看作权宜之计。这当然有种种原因。其中，有一个问题即资本主义的历史地位和资本主义与社会主义的关系问题，没有讲透，可能是一个重要的原因。

列宁说，帝国主义是垂死的资本主义。列宁这话是在俄国十月革命前讲的。从十月革命以来，资本主义先后在世界上一大片地区包括苏联、东欧、中国和其他社会主义国家内被社会主义所取代。但是，第二次世界大战以后，资本主义又表现出相当大的生命力。其表现：一是西方发达的资本主义国家经济和科学技术有很大发展，人民生活提高。二是一部分不发达的国家和地区，如亚洲“四小龙”、巴西、墨西哥等，通过资本主义道路，逐步走向发达。当然，还有一大片不发达的国家，要想走资本主义道路达到发达，看来是很困难的。这种情况，一方面，证明了从资本主义到社会主义的过渡是社会历史发展的客观规律。另一方面，也证明了从资本主义到社会主义的过渡需要一整个历史时代。现在看来，一百年是不行的，需要更长的时间。

在中国，从19世纪中叶以来一百多年的历史证明，资本主义道路走不通，唯一的道路是走社会主义道路。就中国的主体，即大陆范围来说，这无疑是正确的。但是，在小部分地区，即香港、澳门、台湾，历史却走过了另一条道路。在这些地区，由于特殊的历史条件，通过走资本主义道路，达到了中等发达水平。资本主义在这些地区还有相当大的生命力。

上述历史情况，在世界范围和我国范围内，都提出了社会主义和资本主义和平共处的问题，利用资本主义来建设社会主义的问题。所以，我们在世界范围内实行对外开放，吸收国外的资金、技术、管理经验和人才来进行社会主义现代化建设；在国内实行“一国两制”。实行“一国两制”，即在统一的国家内，在大陆上坚持社会主义制度的同时，允许香港、澳门、台湾地区长期保存资本主义，不仅是实现祖国统一的最合理的构想，而且可以在中华民族的振兴大业中，充分发挥资本主义的历史作用，把两种制度的优势结合起来，为把我国建设成为富强、民主、文明的社会主义现代化国家而奋斗。

第一，在经济上，结成“中国经济圈”。世界和中国的许多经济学者展望未来世界经济发展趋势，都认为21世纪将是太平洋世纪，环太平洋的国家和地区的经济将迅速崛起，形成在世界经济中占首要地位的“太平洋经济圈”。其中，中国大陆和香港、澳门、台湾联合起来，又可以形成一个在“太平洋经济圈”中举足轻重的“中国经济圈”。所谓“中国经济圈”，就是通过“一国两制”把大陆丰富的资源、劳动力、广大的市场和较强科学技术力量，同香港、澳门、台湾较雄厚的资金、适用的技术、先进的管理经验和对世界市场的适应能力，结合起来。这样，一方面发挥社会主义经济的优越性，另一方面吸收资本主义经济的长处，两种制度取长补短，互相合作，必然会大大增强中国经济的实力，尤其是增强中国经济的国际竞争能力。

第二，在文化上，加强大陆与香港、澳门、台湾的文化交流，结成文化共同体，在新的基础上复兴中国文明。中华民族有悠久的历史和灿烂的文化，只是到了近代，由于封建制度的腐朽和帝国主义的侵略而落后了。辛亥革命、五四运动和中国共产党领导的人民大革命，带来了中国历史的巨大变化。新中国的成立，在社会主义的基础上开始了伟大的中国文明的复兴。同时，香港、澳门、台湾也通过吸收资本主义文化，取得了一定的成就。世界许多著名学者和中国海内外许多学者都认为，中国文化只要同时代精神相结合，批判地继存其历史传统，将重新光耀世界。现在大陆和港台以及许多海外学者，都在致力于弘扬中国文化。但是，中国文化的母体在大陆。香港、澳门尤其是台湾，长期与中国文化母体分隔，不能直接吸收来自文化母体的养分，必然陷于文化艺术的贫弱与空虚。要弘扬中国文化，就必须加强大陆同香港、澳门、台湾之间的文化交流，结成文化共同体。一方面使香港、澳门、台湾与文化母体直接贯通，扩大视野，拓展怀抱，摆脱依赖他人，走中华民族自己的文化大道；另一方面使大陆同胞能分享香港、澳门、台湾的文化成就，共同为中国文明的复兴而奋斗。

结成了“中国经济圈”和文化共同体，祖国的统一就不仅有主权和历史文化、血统的基础，不仅因为我们都是炎黄子孙，血浓于水，而且有现实的经济、文化基础。以台湾来说，与祖国分隔已经多年，台湾的资本主义和资产阶级是在与祖国分隔的情况下发展起来的，与祖国的经济、文化联系很少，这是产生台湾意识以至分离意识的重要原因。台湾有所谓“中国结”和“台湾结”之争，就是反映祖国意识和台湾意识、分离意识之争。结成了“中国经济圈”和文化共同体，通过经济的合作和文化的交流，就能化解仇恨，消除敌对，增进了解，发展祖国意识，抑制台湾分离意识，为和平统一奠基。所谓“中国结”和“台湾结”的争论，也就会自然化解。

第三，在政治上，加强两种民主制度的合作，扩大和完善社会主义民主政治。实行“一国两制”，在我国将同时存在两种社会制度，也将同时存在两种民主政治，即在大陆实行社会主义民主政治，在香港、澳门和台湾实行的本质上是资本主义民主政治。但大陆是中国的主体，是中央政府所在地，大陆的社会主义民主政治也必然是中国民主政治的主体。香港、澳门、台湾的各界人士的代表要到中央政治机构，如人大、政协中来参政，他们必然要把资本主义的民主政治带到这些机构中来。所以，我们不但要在大陆上扩大和完善社会主义民主政治，而且要在社会主义民主政治中包容资本主义的代表人物和资本主义的民主政治的内容，搞好同这些代表人物的合作。这是建设有中国特色的社会主义民主政治的一个内容。

※　※　※

做好社会主义初级阶段的统战工作，一要依靠专职机构，二要依靠全党动手，三要依靠广大党外人士和有关社会团体。

专职机构，主要是统一战线工作部门。统战部门是统管党的统战工作的方针、政策和理论的专门机构。这是统战工作不可缺少的一个机构和队伍。

全党做统战工作，这是我们党的优良传统。统战工作渗透在各个方面，光靠专职机构是做不过来的，必须依靠全党来做，实行全党动手。

光是全党动手还不够，还要广泛动员各方面党外人士和有关社会团体共同来做。我们统一战线的一个优良传统，就是我们团结了广大的各方面代表人物和有关的社会团体，又通过他们去联系和影响更多的人。只有这样，才能真正调动千军万马。这些党外人士既是我们统战工作的对象，我们要向他们做好统战工作，又是统战工作的依靠力量，我们要依靠他们去争取、联系、影响更多的人士。这二者不是对立的，而是统一的。我们一定要破除只有共产党员才能做统战工作的偏见。

社会主义民主与统一战线*

（1988年8月）

社会主义与民主

民主按其本意说，就是人民的权力，人民的统治。民主属于上层建筑，为一定的经济基础服务，受一定的经济基础制约。民主问题包括民主权利、民主作风、民主方法、民主秩序等一系列问题，从根本上说是国家制度问题。因此，民主因其经济基础的不同，因掌握国家政权的阶级的不同，分为不同类型。在资本主义私有制度下，资产阶级掌握国家政权，人民虽然享有某些民主权利，但归根到底，它的民主是少数有钱人的民主，是为维护资本主义剥削制度服务的民主。社会主义建立在公有制基础之上，无产阶级和广大人民以不同的形式享有对生产资料的占有权和支配权，享有管理国家和社会事务的权利。因此，民主成为社会主义的本质特征。没有民主就没有社会主义，没有社会主义也没有为广大劳动人民享有的真正的民主。社会主义民主是绝大多数人享有的民

* 本文与黄铸同志联名发表于中央统战部《统战理论研究》1988年第8期。

主，是有物质保障的民主。它具有资产阶级民主无法比拟的优越性，是比资产阶级更高类型的民主。

民主有类型之分，但各类民主之间也存在着批判与继承的关系。资产阶级民主和社会主义民主比较，有其狭隘、残缺不全的一面，但同封建专制比较，却是一个历史性的大进步。民主制在资本主义时代才开始真正完备起来。马克思主义肯定："在人类历史上，在新兴资产阶级和劳动人民反对封建专制制度的斗争中，形成民主和自由、平等、博爱的观念，是人类精神的一次大解放。"[1]

社会主义民主也有一个发展和完善的过程。在一些发达资本主义国家，资产阶级民主经过几百年的发展，今天已经达到了比较完善的程度。社会主义民主的历史很短，至今还有许多地方需要改善。在中国，曾经有几千年的封建专制统治，近代沦为半殖民地半封建社会。中国共产党领导人民经过新民主主义革命和社会主义革命，消灭了阶级压迫和剥削，建立了社会主义制度，建立了人民民主制度，为充分实现人民当家作主，把民主推向新的历史高度开辟了道路。十一届三中全会以后，中国共产党吸取历史的经验教训，把建设高度的社会主义民主作为自己的一个根本目标，一项战略任务提了出来，决定进行政治体制改革，使高度民主在中国的实现具有了广阔的前景。然而，中国今天还处于社会主义初级阶段，经济文化比较落后，人民群众缺乏民主生活的锻炼，封建残余的影响很大，在政治体制等方面也存在一些弊端。因此，中国今天已经有了社会主义民主，但在一些方面还不完善，建设高度民主还必须经历一个长期的发展过程。

今天我国的社会主义民主主要包括三个部分，建设我国的高度社会主义民主也必须从这三个部分来努力。

第一，共产党党内的民主。这是建设高度社会主义民主的关键。共产党是执政党，在整个国家社会生活中处于领导地位，社会主义民主建设也要由共产党来领导。新中国成立以来的历史说明，我们整个国家、整个社会的民主生活遭到破坏，首先是因为共产党党内的民主遭到了破坏，我们整个国家、整个社会的民主生活得到恢复和发展，首先也是因为有了共产党党内民主的恢复和发展。社会主义初级阶段党面临的任务更加复杂、艰巨，党的领导责任也更加重大。因此，不断地完善和发展共产党党内的民主，加强党的民主集中制，就成为我国社会主义民主的根本保证，对于我国社会主义民主的发展具有关键性的意义。

第二，工人和农民等广大基本劳动群众的民主。这是建设高度的社会主义民主的基础。社会主义民主是最大多数人的民主，而占人口大多数的就是工农等基本劳动群众。我国社会经济不发达，工农基本劳动群众更是占人口的绝大多数。因此，工农基本劳动群众的民主是我国社会主义民主的基础。脱离了这个基础讲民主，就不是社会主义民主，所谓建设高度的民主也将成为一句空话。

第三，统一战线中的民主。这对于我国的社会主义民主建设具有特殊意义，也体现出中国社会主义民主的特色。我国的国情决定了我国必须采取人民民主专政的国家制度，而这一制度的特点就是与统一战线紧密相连。由于统一战线，我国在工农联盟的基础上形成了最广泛的政治联盟，大大扩大了民主的范围，正确地把工人阶级和民族资产阶级的矛盾作为人民内部矛盾来处理。由于统一战线，我国把共产党领导下的多党合作制度和政治协商制度作为国家的一项基本政治制度，成为具有中国特色的社会主义民主形式。在我国社会主义改造完成，国家进入新的历史时期以后，统一战线发生了巨大变化。但其范围没有缩小，而是愈加广大，共产党领导下的多党合作、人民政协等民主形式也没有削弱，而是日益巩固、完善起来。目前统战工作对象包括民主党派、无党派人士和非党知识分子干部等十多个方面，他们一般比较有知识，有广泛的社会联系，有较丰富的政治阅历和为国出力报效的愿望，因此，在国家政治生活社会主义民主建设中起着特殊的重要的作用。

社会主义民主建设与统一战线

统一战线在社会主义民主建设中具有八大功能，形成八大功能系统：

（一）反映民意的系统。社会主义民主是最广大的人民享有的民主。实现社会主义民主，必须让最广大的人民的意愿都能在国家生活中得到反映。而统一战线具有极大的广泛性，包括了各民主党派、各人民团体，囊括了各个方面的代表人物，很多人是各方面的政治活跃分子，因此能够较为灵敏地反映各个方面的呼声，较为敏锐地反映一定时期的政治气候，起到一种政治寒暑表的作用。在社会主义初级阶段，社会上还存在着不同的民族、阶级和阶层，在改革、开放不断深入发展的形势下，还不断涌现出新的社会群体、社会集团。这些民族、阶级、阶层、群体、集团有自己的特殊利益、特殊要求，并希望通过统一战线在国家社会生活中得到反映。保持这个反映民意渠道的畅通，对于党和国家正确地运用政策和策略，实现国家的长治久安，也就具有重要的意义。今后我们要与各民主党派、各人民团体、各方面的代表人士建立更加紧密和更加经常的关系，使这条渠道得到进一步巩固，进一步加强。

（二）政治协商的系统。政治协商制度是我国统一战线的一个优良传统，也是我国社会主义民主的一个优良传统。它的好处是：经过平等、真诚、充分的协商讨论，能够集思广益，广泛反映各方面的意见，沟通思想，达到真正的而不是形式上的一致。同时，实行协商一致的原则，有利于充分听取少数人的意见，尊重少数人的民主权利，避免忽视有时真理掌握在少数人手里的失误。新中国成立以来，我国从基层到中央已经建立了一整套政治协商制度，形成了政治协商的系统。十一届三中全会以后，政治协商更是生气勃勃。国家的大政方针和重大问题大都经过了与各方面代表人士的协商。党的十三大又提出了建立社会协商对话制度，使统一战线的政治协商融汇了进去。今后，我们必须在统一战线中继续发扬政治协商的民主传统，并使之经常化、制度化。

（三）咨询的系统。社会主义民主，最重要的一个内容是决策的科学化和民主化。在现代社会，各种现象千变万化，各种关系错综复杂，要正确地领导与决策，仅靠某一个或某些个领导人自己动脑筋已难以做到，而必须依靠咨询系统的帮助。统一战线从事这方面工作具有很大的优越性。统一战线人才荟萃，学科齐全，经验丰富。统战工作对象有各个方面、各个层次的代表人物，带来了各种见解和经验，有各门、各类的专家学者，带来了广博的知识，有连接海内外、国内外的各种渠道，带来了大量的信息，这就为从事咨询工作创造了极好的条件。十一届三中全会以后，统一战线在各个领域、各个层次的咨询工作已迅速展开，并且取得了许多成功的经验。我们今后的任务是，进一步地组织、协调统一战线各方面的力量，使之逐步成为一个有组织的“智力库”“智囊团”，使咨询工作逐步系统化，既有具体工作咨询，又有重大政策咨询、战略咨询，为我国的社会主义民主建设做出更大的贡献。

（四）民主监督的系统。监督是社会主义民主的重要内容。共产党是执政党，尤其需要监督。新中国成立以来，我们在许多问题上产生失误，一个重要原因就是缺乏有效的监督。目前我国体制的自我调节机能还不完善，官僚主义现象很严重，封建主义等有害影响远未肃清，还出现了许多腐败现象。我国的社会主义民主建设，必须解决建立监督体系，完善监督机制的问题。监督的种类很多。《中共中央关于社会主义精神文明建设指导方针的决议》提出，要“建立和健全党内监督制度和人民监督制度”，统一战线的民主监督就属于人民监督。这种监督就是在“共同政治准则的基础上，互相提意见，作批评”[2]，让各种批评、建议和意见都充分反映出来。统一战线的民主监督不具有国家权力的性质，它更有利于广开言路，畅所欲言，“能够对于我们党提供一种单靠党员所不容易提供的监督，能够发现我们工作中的一些我们所没有发现的错误和缺点，能够对于我们的工作作出有益的帮助”[3]。加强监督是我国社会主义民主建设亟待解决的重要问题。我们要增强统一战线民主监督的作用，把它建设成为我国监督体系中的有机组成部分。

（五）合作共事的系统。统一战线中的共产党与党外人士的合作共事，就是选拔安排党外优秀人才参加人大、政府、学校和企事业等单位的工作，参加国家事务的管理。合作共事也是统一战线的优良传统。抗日战争时期有著名的“三三制”。新中国成立后我国实行人民民主专政的国家制度，组成了四个阶级联盟的国家政权。社会主义时期，共产党的共事对象都已成为社会主义劳动者和拥护社会主义的爱国者，大多数是属于工人阶级一部分的非党知识分子，共事双方成了同志关系。我国有十亿人口，处在社会主义初级阶段，社会结构十分复杂。在我国建设社会主义，不能没有党与非党群众的联盟，党与党外人士的合作共事。共产党是执政的大党，但相对于全国人口来说共产党员还是少数，在知识分子干部中，非共产党员也占大多数。这就要求党必须坚持与党外人士的合作共事。正如毛泽东同志所说：“国事是国家的公事，不是一党一派的私事。因此，共产党员只有对党外人士实行民主合作的义务，而无排斥别人、垄断一切的权利。”[4]实行党与非党合作共事可以吸收各方面的人才管理国家，使贤者在位、能者在职，还可成为政治协商、民主监督的一条重要渠道，对于克服党和国家领导体制中的家长制作风、官僚主义、党政不分、以党代政、权力过分集中等弊端，都有不可替代的作用。新中国成立以后，我们曾经安排各方面的代表人物参加政府工作，形成了良好的合作共事局面。可惜这种局面被“文化大革命”破坏了。现在我们要把它恢复过来，逐步恢复到新中国成立初期的局面。

（六）推动社会力量，贯彻党和国家方针政策的系统。我国是一个人口众多、情况复杂、处在社会主义初级阶段的大国。在我们这样的国家发扬社会主义民主，不但要充分反映民意，使下情上传，而且要很好地贯彻落实党和国家的方针政策，使上情下达，以充分调动人民的积极性。而为了贯彻党和国家的方针政策，我们不但要依靠党的系统和政权系统，还需要充分发挥统一战线的作用。统一战线包括各民主党派、各人民团体，汇聚着各个方面的代表人物，通过他们，去向他们所联系和代表的人们宣传、贯彻党和国家的方针政策，能够起党政系统所不能起的作用。我们重视政治协商，不仅为了吸收各方面意见，集思广益，而且为了经过协商，达成共识，从而把各方面党外人士的积极性都调动起来，协助党和国家顺利地推行各项方针政策。新中国成立以后，我们党和国家的重大方针政策都是经过在统一战线内部充分协商，达成一致，然后由各民主党派、各人民团体、各方面党外人士共同贯彻执行的。今后我们要继续这样做下去。

（七）协调关系的系统。统一战线是各个民族、阶级、阶层、集团和党派在共同目标下的大联合，为此，就必须协调各个民族、阶级、阶层、党派和集团之间不同的利益及矛盾。我国处在社会主义初级阶段，实行改革、开放，发展商品经济，这决定了我国将会出现利益结构的大变化，在根本利益一致的基础上产生利益的多样性，从而给我们带来了协调关系的任务。我们要实现“一国两制”，大陆社会主义制度与台港澳资本主义制度之间也会出现利益摩擦和矛盾，也要求我们协调处理。协调关系已越来越成为统一战线一项突出的任务和我国社会主义民主建设的一个极为重要的方面。我们应当充分发挥统一战线协调关系的功能，使各种利益各得其所，使各种矛盾得到妥善解决，为中国各族人民的大团结、大统一做出贡献，为维护国家的安定团结做出贡献。

（八）自我教育的系统。自我教育是统一战线的又一优良传统，也是发展社会主义民主的重要内容。早在新中国成立前夕，毛泽东就在《论人民民主专政》一文中指出：人民要“用民主的方法，教育自己和改造自己”[5]。中国共产党十二大政治报告又提出：民主应当成为人民群众进行自我教育的方法。我国统一战线曾经在社会主义改造过程中，发挥了自我教育、自己改造的强大作用。现在，社会主义改造早已完成，但人类实践是不断向前发展的，人们的认识也要不断向前发展。

每个人在改造客观世界的同时，也必须改造自己的主观世界，也就必须进行自我教育。在社会主义初级阶段，我们改造客观世界的活动更为复杂，经常开展自我教育也就更加重要。只有不断实行自我教育，解放思想，提高觉悟，更新知识，开阔视野，我们才能适应社会发展的需要。

中国共产党领导下的多党合作制度

中国共产党领导下的多党合作制度，同人民代表大会制度、民主集中制一样，是我国的一项基本政治制度，也是我国社会主义民主的一个突出的特色。

中国共产党领导下的多党合作制度，是一种社会主义的新型多党制度，与西方国家的两党制或多党制有根本的不同。第一，两者的经济基础不同。西方国家的多党制是资本主义制度下的多党制，建立在生产资料的资本主义私人占有的基础上，反映着各种垄断资本集团利益的竞争和冲突。而我国共产党领导下的多党合作制度则是社会主义制度下的多党制，建立在生产资料公有制占绝对优势和全体人民根本利益一致的基础上。第二，上述经济基础的不同，决定了其中各党之间的关系不同。西方国家的多党制受资本主义私有制的制约，其中各个政党都不可能真正代表人民的利益，而必然为一些相互竞争的垄断资本集团所左右，在国家政治生活中各个政党之间就不可能真诚合作，而必然是彼此倾轧的关系。我国共产党领导下的多党合作制度，建立在生产资料公有制占绝对优势的基础上，其中各个党派之间在根本利益上是一致的，因而各党派之间就必然是通力合作而又互相监督的关系，是诤友关系。第三，由于上述原因，西方资本主义国家各党在国家政治生活中，划分为在朝与在野的对立面貌出现，一个或几个是执政党，另一个或几个就是反对党；而我国各党派则是在共产党领导下的亲密合作，各党派都参加国家政权，参与国家事务管理，共同协商、讨论国家的大政方针与群众生活的重大问题。各党在国家政治生活中没有在朝在野之分，也没有执政党与反对党之别。共产党是居于领导地位的执政党，民主党派也通过多种渠道参政议政。第四，中国的历史发展和社会主义制度，形成了中国共产党在国家政治生活和多党合作制度中的领导地位。中国是一个有十亿人口的大国，在这样一个大国中，没有中国共产党的领导，不但不能取得民主革命的胜利，更不可能建成社会主义。各民主党派在民主革命时期同中国共产党并肩战斗，在社会主义时期又同中国共产党一道致力于社会主义事业，它们深深体会到没有中国共产党的领导，便没有中国革命的胜利和社会主义，中国就会四分五裂，所以它们自觉地承认和维护中国共产党的领导地位。这同各民主党派在宪法权利和义务范围内享有政治自由、组织独立和法律地位平等，并不矛盾。西方国家的多党制由于反映垄断资本集团的竞争和争夺当然不可能有领导党的存在。我国各党派之间在目标上是完全一致的，都致力于社会主义事业，为统一祖国、振兴中华而斗争，不存在争权夺利的问题，但这绝不意味着我国各民主党派在国家政治生活中所起的作用就小。恰恰相反，它们在我国政治生活里具有重要的地位和作用。在我国社会主义改造完成以前，它们联系和代表着民族资产阶级和城市小资产阶级，反映这些阶级和阶层的意见、要求和利益。在社会主义改造完成，我国进入社会主义初级阶段以后，民族资产阶级和城市小资产阶级作为阶级已经不存在了，但我国社会上仍然存在不同的民族，不同的阶级、阶层，不同的社会群体和社会集团，还存在并且还不断产生着各种利益差别，出现具体利益多样化的趋势。各民主党派除了继续联系和代表它们原来联系和代表的人们以外，还可能联系和代表新出现的一些社会利益、群体和社会集团，反映他们的利益和要求。这就使我国共产党领导下的多党合作制度具有长期存在的社会基础。我们要坚定不移地贯彻执行“长期共存、互相监督、肝胆相照、荣辱与共”的方针，坚持、丰富、充实这个制度，进一步发挥它固有的政治优势。当前，必须进一步发扬社会主义民主，扩大各民主党派和党外人士对国家大政方针的决策、执行和监督检查的参与。

中国人民政治协商会议和我国政治协商制度

中国人民政治协商会议是中国共产党领导下中国人民爱国统一战线的组织形式，也是“发扬人民民主，联系各方面人民群众的一个重要组织”[6]。人民政协在我国社会主义民主制度中占有特殊的地位，起着独特的作用。

人民政协与人大不同，它不是国家权力机关。正因为它不是国家权力机关，它能够在社会主义民主建设中发挥独特的作用，其特点是：

第一，人民政协不是国家权力机关，政协委员就可以不按区域选举产生，而是按方面经协商产生，广泛包容各民主党派、各人民团体、各界人士，体现大团结、大统一的精神。

第二，政协也不同于人大那样工人、农民的代表占多数，而这就能够网罗各方面的优秀人才，集中社会精英，发挥自己“综合人才库”“综合智力库”的作用。

第三，人民政协不是国家权力机关，各级政协对同级政府当然不具有人大那样的权力，就在政协内部，对参加政协的各党派、各人民团体也不是领导关系，而是协商关系。参加政协的党派、团体和个人就可以遵守政协章程，同时在组织上保持独立性。

第四，人民政协不是国家权力机关，它的决议不具有法律效力，它主要发挥协商、咨询、建议、批评、监督的作用。正因为这样，它的活动可以更活泼，谈话可以更自由，议论的问题可以更广泛，可以注意为人们所不注意的事物，听到别处听不到的意见。

1954年，周恩来在政协二届一次会议的《政治报告》中提出，人民政协的任务根据毛泽东主席的意见可以归纳为五条：“第一，协商国际问题。第二，对全国人民代表大会代表和地方同级人民代表大会的候选人名单以及中国人民政治协商会议各级组织组成人员的人选进行协商。第三，协助国家机关，推动社会力量，解决社会生活中各阶级间相互关系问题；并联系人民群众，向国家有关机关反映群众的意见和提出建议。第四，协商和处理政协内部和党派团体之间的合作问题。第五，在自愿的基础上，学习马克思列宁主义和努力进行思想改造。”今天，人民政协工作的内容更加广泛、更加充实和丰富了，发挥着前面所述的八大功能。从国家的大政方针，到各地方、地区的政策和规划；从综合性问题，到专业问题；从政治领域，到经济建设、文化教育、群众生活等各个方面，都纳入了人民政协工作的范围。

人民政协是我国政治协商制度中的一个重要的组织形式，但不是唯一的形式。除了人民政协以外，党中央同各民主党派、各人民团体和各界党外人士的政治协商，各级政府同各民主党派、各人民团体和各界党外人士的政治协商，都起着重要的作用。

我国人民政协和政治协商制度已经显示了很大的优越性。随着政治体制改革的逐渐展开与深入，我们要继续发展和完善人民政协和政治协商制度，让它在我国社会主义初级阶段中发挥更大的作用，作为中国社会主义民主制度中的独特的特色而大放异彩。

注释：

［1］《中共中央关于社会主义精神文明建设指导方针的决议》，人民出版社1981年版。

［2］邓颖超：《发扬统一战线的优良传统和作风》，1984年5月12日在中国人民政治协商会议第六届全国委员会第二次会议上的讲话。

［3］邓小平：中共八大《关于修改党章的报告》。

［4］《毛泽东选集》第三卷，人民出版社1966年版，第767页。

［5］《毛泽东选集》四卷合订本，人民出版社1968年版，第365页。

［6］邓小平：《新时期的统一战线和人民政协的任务》，1979年6月15日在中国人民政治协商会议第五届全国委员会第二次会议上的讲话。

加强社会主义民主政治建设的一个重大步骤*

——中国共产党领导的多党合作和政治协商制度的新发展

（1990年2月）

最近，中共中央制定并颁布实施《中共中央关于坚持和完善中国共产党领导的多党合作和政治协商制度的意见》，这是我国政治生活中的一件大事，是推进政治体制改革、加强社会主义民主政治建设的一个重大步骤。这个文件始终贯穿了两条主线：一要坚持四项基本原则，特别要坚持共产党的领导。这是我国多党合作的政治基础，决不能有丝毫的动摇。二要充分发挥民主党派参政议政及履行监督的职责。这是发扬我国社会主义民主决不可少的重要内容。这个文件的制定和实施，充分表明以江泽民同志为核心的党的第三代领导集体对统一战线工作的高度重视，标志着我国的多党合作和政治协商制度将进一步完善和发展，对健全我国社会主义民主政治建设，无疑具有重大的意义。

---

* 本文与李青同志联名发表于1990年3月中央党校《理论动态》第886期；中央统战部《统战理论研究》1990年第2期。

共产党领导的多党合作是中国近现代历史发展的必然选择

近现代各国政治绝大多数都是通过政党进行的。列宁说："在以阶级划分为基础的社会中，敌对阶级之间的斗争（发展到一定的阶段）势必变成政治斗争。各阶级政治斗争的最严密、最完全和最明显的表现就是各政党的斗争。"由于各国的国情不同，各国的政党斗争有着不同的特点。中国的政党斗争因其特殊的社会历史条件，则有与欧洲各国政党斗争迥然不同的特点。

半殖民地半封建中国社会的主要矛盾是中华民族同帝国主义的矛盾，人民大众同封建主义的矛盾。

这一情况决定了近代中国在20世纪20年代之后最终发展、演化出三种不同类型的政党：一类是代表帝国主义和封建买办的大地主大资产阶级政党，其代表是1927年蒋介石发动"四一二"政变后蜕化变质而来的国民党；一类是代表无产阶级、农民阶级和全国广大人民根本利益的无产阶级政党，即中国共产党；一类是介于上述二者之间的代表民族资产阶级、一部分城市小资产阶级及其知识分子的政党，其代表就是成立于20世纪30—40年代的中国各民主党派。而在这三类政党中，能够形成强大政治势力的，只有前两类。各民主党派虽然身受帝国主义、封建主义和官僚资本主义的压迫，具有爱国与革命的要求，但因为中国民族资产阶级的软弱性和小资产阶级的散漫性，因为大地主大资产阶级政党在中国实行法西斯专制统治，不给人民以任何民主自由权利，因为在我国的具体内外条件上，只有无产阶级领导人民大众经过新民主主义革命，走社会主义的道路才能救中国，这一切社会历史条件，决定了各民主党派不可能形成一支独立的、强大的政治力量。他们要生存、发展，取得斗争的胜利，就必须向无产阶级寻求支持，成为中国共产党的同盟者和合作者。

旧中国20世纪20年代之后特殊的政党状况形成了中国革命中政党斗争的特殊内容和形式：

第一，中国的政党斗争主要是在国民党与共产党之间进行的。国共两党的联合与斗争、国共双方力量的消长变化，对中国政局的演变、发展有着决定性的影响。

第二，这一斗争极其复杂、激烈。由于大资产阶级政党坚持法西斯一党独裁统治，武装斗争成为中国革命的主要斗争形式。这样，中国政党斗争的场所主要是战场而不是议会会场，在战场决定斗争的胜负。

第三，国民党一贯坚持一党专政，不容许其他政党合法存在，直到抗日战争以后，才拉拢青年党、民主社会党于其周围，不过是为着装点一些民主门面。中国共产党对各民主党派一贯坚持统一战线政策，联合他们一道进行反帝爱国和争取民主的斗争。各民主党派因中共民主革命阶段的政治纲领与其要求民主、反帝、爱国的政治主张基本一致，而与中共结成联盟。在抗日战争时期，各民主党派同中国共产党一道，坚持抗战、团结和进步，反对国民党顽固派的投降、分裂和倒退。抗日战争胜利后，各民主党派同中国共产党一起，反对国民党的内战独裁政策。1948年，中国共产党领导的人民解放战争转入战略反攻以后，各民主党派公开宣告站在人民革命一边，为推翻国民党的反动统治与中国共产党一起共同奋斗。1949年9月，中国共产党领导的、有各民主党派和各界民主人士参加的中国人民政治协商会议在北平胜利召开，各民主党派宣布接受中国共产党的领导，并参与制定了具有临时宪法性质的《中国人民政治协商会议共同纲领》，选举产生了以毛泽东主席为首的中央人民政府，庄严宣告了中华人民共和国的诞生。它标志着中国历史进入了一个新纪元，也标志着我国的多党合作进入了一个新阶段。

中国共产党领导的多党合作是我国政治制度的一个特点和优点

马克思主义认为，人们只能在历史已准备的现实条件范围内选择自己的前进道路。

中国革命胜利后，我国建立了工人阶级领导的、工农联盟为基础的人民民主专政。经过新民主主义有步骤地转变为社会主义，是中国历史的必由之路。这一政治现实使在中国建立资产阶级共和国及资产阶级的两党制或多党制宣告破灭，并且为在中国实行共产党领导的、致力于社会主义事业的多党合作制开辟了广阔的前景。这种多党合作制并且在实践中已成为中国社会主义政治制度的一个特点和优点。在去年制止动乱和平息北京反革命暴乱期间，尽管出现了极为复杂的政治形势，各民主党派和无党派爱国人士从总体上仍然是顾全大局的，许多同志在十分困难情况下做了大量工作，对稳定局势起了积极作用。所有这些说明，共产党领导的多党合作作为社会主义中国的政党制度已经深深根植于中国的土壤之中。任何人企图改变中国这个多党合作的大格局是不可能的。

我国共产党领导的多党合作制根本不同于西方的两党制或多党制，有着西方两党制或多党制无法比拟的优越性。

第一，我国的多党合作制以中国共产党为领导。

中国革命的历史奠定了中国共产党在整个国家政治生活中的领导地位。新中国成立后社会主义实践正反两方面的经验以及去年的政治风波都不断证明，进行社会主义革命和社会主义现代化建设必须有共产党坚强正确的领导。否则，中国就将陷入一盘散沙，就会四分五裂。各民主党派从自己的切身经历中深深地体会到这一真理，因此都自觉地承认和拥护共产党的领导，要求全国人民有统一意志和统一行动。

资本主义各国实行私有制，各政党实质上代表着互相竞争和冲突的各个垄断资本集团的利益，当然不可能有统一意志和行动，不可能有领导党。在垄断资本集团的操纵下，各政党之间进行政治角逐、政治竞选，不论它们表演得多么热闹、多么民主，本质上都要屈从于一小撮大财团的意志和金钱统治。根本上它们谁也不代表广大劳动人民的利益，只能是资产阶级统治的装饰品。

第二，我国各政党共同致力于社会主义事业。

我国各政党有着共同的根本利益，因而必然有共同的目标、共同的事业。新中国成立以来，各民主党派就以国家在不同历史时期的总任务为自己的奋斗目标，为社会主义服务。这个服务，不仅表现在他们参政议政、行使民主监督权利上，而且表现在他们直接投身于社会主义物质文明和精神文明建设以及祖国和平统一的宏伟事业之中。多年来，各民主党派从事改革开放、科技教育、医卫文化等各个方面为社会主义服务的社会实践活动，支援少数民族地区、贫困地区和小城镇的建设，做出了重要贡献，赢得了社会各界和人民群众的赞誉。

而在资本主义国家，在资产阶级两党制或多党制下，各党为激烈竞争的垄断资本集团所左右，只能为支持它的垄断资本集团争权夺利。为捞取选票，有的党在竞选纲领中可能也提出一些堂而皇之的目标和诺言，但实际做的是另一回事，本质上还是为资产阶级利益服务。

第三，我国各政党之间是通力合作、互相监督，不存在反对党、在野党的问题。

资本主义国家实行三权分立、轮流执政的制度，各政党要为其所代表的垄断资本集团进行政治角逐，因此各政党之间必然是互相拆台、彼此倾轧的关系。在国家政权中，一党或几个党是执政党，另一个党或几个党就是反对党、在野党。

而在我国，实行共产党领导的人民民主专政制度，各党的根本利益一致，共同致力于社会主义事业，因此必然结成通力合作、互相监督的关系。在我国人民民主政权中，中国共产党是社会主义事业的领导核心，是执政党。各民主党派是接受中国共产党领导的、同中共通力合作的亲密友党，是参政党。他们参加国家政权，参与国家大政方针和国家领导人选的协商，参与国家事务的管理，参与国家方针、政策、法律、法规的制定执行。这是我国多党合作同西方国家政党制度的一个根本区别。新中国成立后，许多民主党派领导人和成员参加了国家政权机关的工作，被选为各级人民代表大会的代表，担任国家和各级政府的领导职务。这一局面将在新的历史条件下继续实行和完善。

第四，我国各政党都得到宪法的承认和保护，享有宪法规定的权利和义务范围内的政治自由、组织独立与法律地位平等。

在我国，中国共产党和各民主党派都必须以宪法为根本活动准则，负有维护宪法尊严、保证宪法实施的职责。各民主党派享有政治自由、组织独立和法律地位平等与其接受共产党的领导不是矛盾的。共产党的领导是政治领导，即政治原则、政治方向和重大方针政策的领导。中国共产党尊重民主党派独立自主地处理自己内部事务的权利，帮助他们改善工作条件，支持他们开展各项活动，维护本组织成员及其所联系群众的合法利益和合理要求。本着互相监督的精神，民主党派可以对共产党的方针政策和各项工作提批评、做建议、提出自己的意见；中共也可以诚恳和负责的态度给民主党派以帮助。

坚持和完善中国共产党领导的多党合作和政治协商制度的重大措施

社会主义制度需要在自身基础上不断改革和完善，改革的目的是为充分发挥社会主义内在的活力和生机，这同某些国家实行的私有化、多党制的所谓“改革”是根本不同的两回事。

坚持和完善中国共产党领导的多党合作和政治协商制度，是我国政治体制改革的一项重要内容。立足于保持和发展我国多党合作的特点和优势，中共中央经过反复研讨、同各民主党派领导人多次协商，决定坚持和完善共产党领导的多党合作和政治协商制度必须从以下几个方面进行：

（一）加强和完善中国共产党同各民主党派之间的合作与协商。

对中共中央将要提出的大政方针和有关重要人事安排，中共要与民主党派、无党派人士进行协商，听取他们的意见和建议。中共要与各民主党派互通信息、交流重要情况。总结新中国成立以来行之有效的经验，主要采取以下几种协商形式：（1）中共中央邀请各民主党派领导人、无党派人士举行民主协商会；（2）中共中央主要领导人不定期地约请民主党派主要领导人和无党派人士举行高层次、小范围的谈心活动；（3）中共召开民主党派、无党派人士座谈会。这些协商活动，将形成制度，并予以充实和完善。

（二）进一步发挥民主党派成员、无党派人士在人民代表大会中的作用。

人民代表大会是我国人民行使国家权力的机关，也是民主党派成员、无党派人士参政议政和发挥监督作用的重要机构。要保证民主党派成员、无党派人士在全国人大代表、人大常委会和人大常设专门委员会委员中应占有适当比例。在省、自治区、直辖市的人大中同样应占适当比例。可以组织民主党派成员、无党派人士中的人大代表或专家，参加人大、人大常委组织的关于特定问题的调查委员会，参加人大各专门委员会组织的调查研究。

民主党派成员、无党派人士中的人大代表依照《宪法》及《全国人民代表大会组织法》《全国人民代表大会议事规划》等法律规定在人大进行活动，不在人大设立议会党团。

（三）举荐民主党派成员、无党派人士担任各级政府及司法机关的领导职务。

民主党派成员和无党派人士担任国家和政府的领导职务，是实现共产党领导的多党合作的一项重要内容。要选配民主党派成员、无党派人士担任国务院及有关部委和县以上地方政府及其有关部门的领导职务。但这种选配应坚持德才兼备原则和干部“四化”的方针，应该是选贤任能而不是像西方国家各政党那样瓜分席位、争夺名额。

还要发挥我国多党合作的特点和优势，为民主党派成员、无党派人士开辟多层次、多形式的参政议政渠道。如：国务院和地方政府召开会议讨论有关工作时，可视需要邀请民主党派、无党派人士列席；政府及其有关部门可聘请民主党派成员、无党派人士兼职或任顾问；各级政府和有关部门可成立常设的或临时的顾问、咨询组织，吸收民主党派、无党派人士中的有关专家参加；政府的监察、审计、工商等部门吸收民主党派成员、无党派人士参加重大案件的调查以及税收、财务大检查；还可以聘请符合条件、有专门知识的民主党派成员和无党派人士，担任特约监察员、特约检察员、特约审计员等。这一切措施，都是为了充分发挥民主党派成员、无党派人士在政府工作中参政和监督的作用。

（四）进一步发挥民主党派在人民政协中的作用。

人民政协是我国爱国统一战线组织，也是中国共产党领导的多党合作和政治协商的一种重要组织形式。国家的大政方针、地方重要事务、政策法令的实施、群众生活和统一战线中的重大问题，某些全国人民普遍关心的重大问题，要提请政协讨论，加强政治协商和民主监督。在政协的各种会议上，要切实保障政协委员提出批评和发表不同意见的自由。在政协会议上，民主党派可以政党名义发言、提提案。尊重政协委员包括民主党派和无党派政协委员的观察、举报及参与调查和检查活动的权利。民主党派、无党派人士在政协常委和政协领导成员中应占有一定比例。总之，在我国政治生活中，政协作为爱国统一战线的组织要充分发挥它的政治协商和民主监督的职能，它的发展趋向不应该成为西方国家的“上议院”或“半权力”机关。

（五）为了保证我国多党合作沿着正确的方向不断发展下去，民主党派要加强思想建设、组织建设，首先是各级领导班子的建设。要发扬自我教育的传统，对成员加强思想政治工作，深入进行坚持四项基本原则和反对资产阶级自由化的教育、爱国主义和社会主义的教育、国情教育以及民主党派同中共长期合作的优良传统的教育。各民主党派要注意提高成员的素质。吸收新成员要注意政治质量、德才并重，决不可盲目追求数量，更要防止顽固坚持资产阶级自由化立场的分子混入。民主党派只有加强自身建设，才能坚持正确的政治方向，才能在国家政治生活、四化建设各个方面发挥重要的积极作用。

我国正处在社会主义初级阶段。随着各项事业的迅速发展，我国社会必将发生深刻的变革。我国人民在根本利益上将更加一致，同时在具体利益上也将更加多样。我国人民民主意识、参政议政的要求将日益活跃。所有这些，为我国共产党领导的多党合作和政治协商制度提供了长期存在的社会基础，也要求它发挥愈益重要的作用。在党的基本路线的指引下，我国共产党领导的多党合作和政治协商制度将不断完善和发展，日益显示出自己强大的生命力和优越性！

充分发扬社会主义民主，密切联系党外人士*

（1990年5月）

既要坚持四项基本原则，坚持党对统一战线的领导权，又要大力发扬社会主义民主，充分发挥民主党派、无党派人士参政议政和民主监督的积极作用，这是我们党加强统一战线工作的两条主线。二者相辅相成，缺一不可。江泽民同志的重要讲话和全国统战工作会议文件，鲜明地体现和贯穿着这两条主线。我们领会《讲话》和全国统战工作会议文件的精神实质，贯彻落实文件的各项规定，要紧紧地抓住这两条主线，把握这两条主线的辩证关系。坚持党的领导与发扬社会主义民主是有机统一的。坚持党的领导就要在统一战线中充分发扬社会主义民主，健全各项民主制度，听取各种意见，集中正确的意见，调动全国人民包括各民族、各民主党派和各界人士的积极性，切实保证全体人民当家作主的权利。

---

* 本文与李青同志联名发表，是《努力发展最广泛的爱国统一战线》一书中的一章，北京燕山出版社1990年7月出版。

没有民主就没有社会主义，就没有爱国统一战线的巩固和扩大

建设高度的社会主义民主，是我国社会主义现代化建设的一个重要目标和任务。民主是社会主义的本质特征，也是巩固和发展爱国统一战线的一项根本保证。

马克思主义认为，任何民主，都是在一定的经济基础上产生，为一定的经济基础服务，并受一定的经济基础制约。在阶级社会，民主具有鲜明的阶级性。民主问题包括民主权利、民主作风、民主秩序等一系列问题，但有决定意义的是国家制度问题。在资本主义制度下，资产阶级掌握国家政权，民主建立在生产资料的私有制和市场经济基础之上，尽管它经过长期发展演变形成了完备精致的政治体制和运行机制，但本质上只能是资产阶级用以维护资本主义经济制度和政治统治地位的工具，是把广大劳动人民排斥在外的少数资产者的民主。社会主义消灭了作为阶级的剥削阶级，国家政权掌握在人民手中。社会主义民主是建立在生产资料公有制基础上的政治制度，是历史上新型的民主。广大人民以不同形式享有对生产资料的所有权和支配权。这就决定了广大人民必然具有在经济上和政治上的平等地位，决定了广大人民真正成了国家的主人。没有民主就没有社会主义，没有社会主义也就没有为广大人民享有的真正的民主。

社会主义使民主有了崭新的内容。但社会主义民主也有一个发展和完善的过程。马克思说："权利永远不能超出社会的经济结构以及由经济结构所制约的社会的文化发展。"[1]在我国，中国共产党领导人民经过新民主主义革命和社会主义革命，消灭了阶级剥削和阶级压迫，建立了社会主义的民主制度。但是，由于我国还处于社会主义初级阶段，经济文化比较落后，人民群众缺乏民主生活的锻炼，政治体制需要完善，

封建主义的影响和资产阶级自由化的影响长期存在。因此，我国的社会主义民主建设还必须有一个长期的、循序渐进的发展、完善过程。从我国进入社会主义时期起，我们党就致力于高度社会主义民主的建设。1956年，我们党在领导人民经过社会主义改造在我国大陆范围内建立了社会主义制度后，及时召开八大提出了发扬人民民主、加强民主建设的战略任务。此后一段时间，由于“以阶级斗争为纲”的“左”的指导思想影响，我国的民主政治建设一度遭到挫折，尤其是在十年“文革”期间，人民的民主权利受到极大摧毁。1978年党的十一届三中全会以来，我们党拨乱反正，实现工作重点向社会主义现代化建设的战略转移，提出了以经济建设为中心、坚持四项基本原则、坚持改革开放的基本路线，同时又把建设高度的社会主义民主摆到了工作日程上来。1980年8月，邓小平同志发表了对我国民主政治建设具有重要指导意义的关于《党和国家领导制度的改革》的讲话。1987年，党的十三大提出了我国政治体制改革的总体设想。1989年的政治风波之后，我们党成立了以江泽民同志为核心的第三代领导集体，江泽民同志在庆祝国庆四十周年大会上代表党中央重申：“建设高度的社会主义民主和完备的社会主义法制，是我国社会主义现代化建设的一个重要目标和任务，是党和人民群众的共同愿望。”

民主与社会主义密不可分。建设高度的社会主义民主是社会主义制度的内在要求和奋斗目标。在我国，社会主义民主与统一战线紧密相连。无论是在新中国成立初的社会主义革命和建设时期，还是在党的十一届三中全会后的新的历史时期，我国社会主义民主的发扬和扩大，都离不开统一战线的巩固和发展，我国统一战线的巩固和发展，也有赖于社会主义民主的发扬和扩大。

随着统一战线的发展，我国的人民民主范围不断扩大。今天，民主包括了全体社会主义劳动者，也包括拥护社会主义的爱国者和拥护祖国统一的爱国者。爱国统一战线与社会主义民主更加相得益彰，互相促进。中国共产党领导的多党合作和政治协商作为我国的一项基本政治制度，同时也是一项适合我国国情，具有中国特色的社会主义民主制度。人民政协作为我国多党合作、政治协商的一种重要组织形式，也是发扬社会主义民主的重要渠道。

新时期的统一战线是高举社会主义和爱国主义两面旗帜，包括各个民族、阶级、阶层、党派和集团的最广泛的爱国统一战线。只有充分发扬社会主义民主，才能不断改善和融洽党与党外各方面人士的关系；只有充分发扬社会主义民主，才能调动广大统一战线组织和成员的积极性与创造性，发挥他们在建设四化、统一祖国、振兴中华大业中的作用，只有充分发扬社会主义民主，才能使各项事业的发展符合统一战线各方面成员的意志，利益和要求，增强他们主人翁的责任感，巩固和发展爱国统一战线，促进中华民族的大团结、大统一，保证社会的安定团结，国家的长治久安，促进社会主义现代化宏伟事业的发展。

爱国统一战线在我国社会主义民主政治建设中的作用

我国统一战线和人民政协汇集了各个方面、各个层次的党外代表人物，他们具有较高的文化素养，有比较广泛的社会联系，有为国出力的愿望，历来是我国发扬民主、联系各界党外人士的重要渠道，在我国的社会主义民主政治建设中具有不可替代的重要作用。这些作用主要表现在如下几个方面：

第一，反映民意。社会主义民主是最广大的人民享有的民主。集中和反映社会各阶层、各方面人民群众的意愿，是完善社会主义民主的必然要求。爱国统一战线包括了各个党派、各种团体、海内外中华儿女各个方面的代表人物，其中许多人有着丰富的政治阅历和社会经验，能够及时地、比较全面地反映各方面和各阶层的利益与要求，较为敏锐地反映一定时期的政治气候，起到一种社会政治寒暑表的作用。我国是一个多民族、多党派的社会主义国家。我国各民族、阶级、阶层、集团、党派之间有共同的根本利益，也有某些不同的具体利益。只有让人民内部的各种不同的利益、意见和要求都在国家生活中畅通无阻地反映出来，才能使党和国家及时地觉察各方面的社会动向，适时地采取正确的政策和策略，协调各种社会矛盾，保证社会的稳定和国家的长治久安。保持统一战线反映民意渠道的畅通，全面、准确、如实地反映社会各方面的意见和要求，是我国社会主义民主政治建设不可缺少的重要方面。

第二，政治协商。政治协商是对国家的大政方针和各族人民生活中的重大问题进行平等、真诚、充分的协商讨论，提出意见和建议，参与决策。它是我国统一战线的一个优良传统，也是我国发扬社会主义民主的一个重要方式。人民政协是我国多党合作和政治协商的重要组织形式。通过政治协商，不仅能够沟通思想，集思广益，达到真正的而不是形式上的一致，而且有利于充分听取少数人的意见，尊重少数人的民主权利，有利于集中群众的智慧，促进决策的民主化和科学化，避免决策的失误。周恩来同志早在1949年新政协成立时就指出："新民主主义议事的特点之一，就是会前经过多方协商和酝酿，使大家都对要讨论决定的东西事先有个认识和了解，然后再拿到会议上去讨论决定，达成共同的协议。"[2]这种协商是民主的、平等的、真诚的，不敷衍应付，不强加于人，而要经过反复商量讨论，充分交换意见，真正达到政治上的一致或基本一致。这是我国民主的重要特点。按照协商原则产生的人民政协，要保证民主党派与无党派人士在政协委员、常委及领导成员中占适当的比例，要使参加政协的各个党派、团体和个人在遵守政协章程的前提下，在组织上保持独立性；参加政协的各个党派和团体可以本组织的名义发言、提出提案；要切实保障政协委员提出批评的自由和发表不同意见的自由。新中国成立以来，统一战线内部关系的各种问题经过政治协商进行调整，国家事务中的重要问题经过协商成熟而做出决定，国家和各级政府领导人选也是经过协商而后提名。实践证明，坚持政治协商的方法，对扩大社会主义民主有着重要的意义。

第三，咨询服务。社会主义民主的一个最重要的内容是实现决策的科学化和民主化。咨询是为党和国家领导机关在决策时提供可选择的意见、建议、设想或方案。依靠咨询是现代各国为应付千变万化、错综复杂的社会情况，保证决策正确，避免或减少决策失误而广泛采取的有效手段。统一战线中各方面的代表人物、各种门类的专家学者，通达海内外的各种渠道，具有学科齐全、经验丰富、信息灵通的咨询优势，能够在这方面发挥很好的作用。十一届三中全会以来，各民主党派和各界党外人士，开辟了为社会主义咨询服务的广阔领域。他们开展了国是咨询、经济咨询、科技咨询、教育咨询等多方面、多层次的咨询服务工作，取得了大量有益的经验，受到党和政府以及广大群众的赞誉，为我国决策的科学化和民主化做出了贡献。

第四，民主监督。监督是社会主义民主不可缺少的内容。江泽民同志指出：我们党作为执政党，始终需要接受多方面的监督。新中国成立后我们在许多问题上产生失误，目前我们还有许多官僚主义现象，腐败现象难以克服，与缺乏有效的监督有着密切的关系。建立健全门类齐全的监督体系，完善监督机制，是我国社会主义民主政治建设迫切需要解决的重要问题。我国有国家权力机关的法律监督，政府机关的行政监督，统一战线的民主监督，司法机关的司法监督，新闻机构的舆论监督，以及来自基层的群众监督等。各种监督各有其不同的作用。统一战线的民主监督是在共同政治准则的基础上，互相提意见，做批评。我们要大力支持人民政协、各民主党派广开言路，活跃思想，畅所欲言，使各方面的意见、要求、批评和建议充分反映出来。这种民主监督虽然不具有国家权力的性质，没有法律的约束力，但它同样受到共产党和政府的尊重和重视，同国家权力机关的监督是相辅相成的，可以更广泛地发挥各民主党派、各界党外人士的监督作用。这种民主监督，“能够对于我们党提供一种单靠党员所不容易提供的监督，能够发现我们工作中的一些我们所没有发现的错误和缺点，能够对于我们的工作作出有益的帮助。”[3]

第五，推动社会力量贯彻党和国家的方针政策。我国是一个幅员辽阔、人口众多的大国。在我们这样的国家发扬社会主义民主，不仅要充分反映民意，使下情上传，而且要切实贯彻党和国家的方针政策，使上情下达。只有上下结合，达成共识，才能充分调动广大人民群众的积极性，才能激发他们的主人翁的责任感。贯彻党和国家的方针政策是一项十分重要但又非常复杂的工作，它需要发动党的系统、政府系统、统一战线系统等各个方面共同努力，密切配合，才能做好。我国统一战线有着联系面广，代表性强，包容性大的特点，汇聚着国内外一切热爱中华民族的儿女。这种优势，使它在贯彻党和国家方针政策方面能发挥其他系统所不能替代的重要作用。许多政策动员统一战线各方面的成员去贯彻，可以收到更好的效果。我们要充分认识和运用统一战线的这些特点和优势，配合党和国家机关，促进各项大政方针和法令的贯彻实施。

第六，协调关系。在社会主义初级阶段，在根本利益一致的基础上还存在着众多具体利益关系。改革开放和社会主义现代化建设的深入发展，我国的社会结构和具体利益关系将进一步发生变化和调整。随着“一国两制”的逐步实施，使我国社会主义大陆和台湾、港澳之间，也发生了日益密切的利益关系，要求我们给予妥善的协调和处理。在目前治理整顿、深化改革的阶段，我国各种利益之间的摩擦和矛盾更不可避免，协调关系的工作也更为突出、繁重。协调关系已成为我国社会主义民主建设中越来越重要的问题。贯彻党和国家统筹兼顾的方针，既保证国家和全体人民的整体利益，又兼顾各方面社会成员的具体不同利益，并且使两者恰当地结合起来，历来是统一战线的重要职能。近年来，统一战线运用其独特的优势和民主的方法，努力协调民族关系、党派关系、党和国家与宗教界爱国团体与爱国人士的关系，等等，妥善解决了许多社会矛盾，为维护国家的安定团结，为发扬社会主义民主，促进现代化建设，做出了重要的贡献。今后还要在这方面发挥更大的积极作用。

密切联系党外人士，在统一战线中创造团结、民主、和谐的气氛

发扬社会主义民主对于统一战线来说包含着两层含义：其一，是指统一战线是我国社会主义民主政治建设的一支重要力量，它必须也能够在我国社会主义民主政治建设中发挥重要的作用；其二，是指在我国统一战线中必须充分发扬社会主义民主。统一战线中的民主生活是整个国家社会主义民主生活不可缺少的重要组成部分。没有统一战线中的广泛民主，广大统一战线组织和成员的积极性就不能调动，统一战线的作用和优势就不能充分发挥，甚至我们党领导的统一战线也不能得到巩固和发展。

我们要努力在国家政治生活中真正造成又有集中又有民主，又有纪律又有自由，又有统一意志，又有个人心情舒畅、生动活泼的政治局面。在统一战线中要创造团结、民主、和谐的气氛，活跃统一战线工作，增强党对各民主党派、各人民团体、各界人士的凝聚力，进一步调动他们的积极性。广大党员，尤其是各级党政领导干部和统战部门的干部，应继承和发扬党的密切联系党外人士的优良传统。

第一，要团结一切可以团结的人，与党外人士广交朋友，深交朋友。

为了最大限度地团结一切可以团结的人，党的各级领导干部和统战干部要善于同党外人士广交朋友，深交朋友。要对党外人士多拜访，多接触，推心置腹，坦诚相见。要在交往中学会善于交朋友。要有平等待人的民主精神，真心实意地同党外人士商量办事。要在政治上、生活上关心他们，满腔热情地为他们排忧解难。要同党外人士谈心交心，交敢讲逆耳之言，能互相规过的诤友，交患难与共的知心朋友。广交、深交朋友是在统一战线中贯彻党的群众路线的重要内容。我们一定要深刻

懂得，一个党外朋友的身后可能联系着一个阶层或一个界别的一群人，正如毛主席所说，看上去是一根头发，实际上是一把头发。我们广交、深交党外朋友，统一战线工作才能大大活跃起来。过去毛泽东、周恩来等老一代无产阶级革命家，都交有一批能推心置腹、坦诚相见的党外朋友。我们一定要把这个优良传统大力继承和发扬光大。

第二，贯彻肝胆相照、荣辱与共的方针，对党外人士广开言路，倾听他们的意见。

党外人士是反映党外群众意见的重要渠道。他们之中拥有许多有识之士，能够对我们的工作提出中肯的、有益的批评和意见，各民主党派和各界党外人士，是同我们根本利益一致的同志。广开言路，虚心听取他们的意见，是我们社会主义事业兴旺发达的体现。必须积极支持、鼓励党外人士对国家的大政方针和我们的工作提出意见、批评和建议，充分发挥他们参政议政、政治协商和民主监督的作用。为了使党外人士的意见能够畅快地、有效地发表出来，我们肯定要鼓励他们反映真实情况，讲真心话，勇于坚持正确的意见。要听得进逆耳之言，择善而从。要注意创造条件，经常向党外人士通报情况，以利于他们了解党的政策，知情出力。我们还要对党外人士提的意见采取一种正确的态度，这就是江泽民同志指出的，凡是合埋的批评意见，就要虚心接受，努力改正，一时办不到的，加以解释，取得谅解，不合理的，就去做工作，说明道理。只要我们能够认真、广泛地倾听并且听得进来自各个方面、各个层次的党外人士的各种不同意见，我们就会耳聪目明，我们就一定能把工作做得更好、更卓有成效。

第三，与党外人士真诚合作，亲密共事，进一步巩固党与非党联盟。

党内外合作共事，是统一战线中最普遍，最经常的关系。实行党同党外人士的民主合作，是中国共产党长期坚持的一项根本政策。江泽民同志指出：发展党内外的合作共事，是增进党和党外人士团结、做好各方面工作的重要条件。加强党内外的合作共事，有利于克服党和政府中的家长制作风和官僚主义弊病，有利于清除各种腐败现象，有利于改进党和政府各方面的工作，对保持国家和社会的稳定与发展，调动各方面的积极性，具有重要的意义。在长期的革命和建设当中，广大党外人士同我们党风雨同舟，一道经受了各种严峻的考验。今天我们同党外人士已是志同道合的同志关系，合作共事已比过去有了更加坚实的政治基础。我们一定要尽力地去把这项工作做好，同党外人士真诚合作，亲密共事。

第四，在统一战线中要重视自我教育。

经常开展自我教育，是保持和发展统一战线中健康、正常的民主生活的重要一环。我们党在统一战线内部一贯倡导自我教育的方法，这是因为人民群众是历史的主人，重视人民群众在创造历史过程中的巨大主观能动作用，重视人的因素在巩固和发展统一战线中的决定作用，是唯物史观必须遵循的原则。要努力引导广大统一战线成员在自愿的基础上努力学习马列主义、毛泽东思想，逐步掌握马克思主义的立场、观点和方法，提高认识水平和辨别能力。也只有坚持自我教育这种民主的方法，才能推动学习的深入，收到切实的效果。

注释：

［1］《马克思恩格斯选集》第3卷，人民出版社1972年版，第12页。

［2］《周恩来统一战线文选》，人民出版社1984年版，第129页。

［3］《邓小平文选》（一九三八—一九六五年），人民出版社1989年版，第213页。

关于我国社会主义政党制度的若干问题*

（1991年1月）

中共中央制定、颁布的《中共中央关于坚持和完善中国共产党领导的多党合作和政治协商制度的意见》（下文简称《意见》），提出了建设有中国特色的社会主义政党制度问题，在国内乃至海外引起了很大反响。国内理论界及党内外的一些同志，提出了若干有关这一政党制度的理论和实际问题。研究这些问题，对于完整、准确地领会《意见》精神和社会主义政党观，进一步坚持和完善我国的社会主义政党制度，是十分必要的。

我国社会主义政党制度的基本特征

我国的社会主义政党制度，扎根于中国土壤，来源于我国丰富生动的社会主义实践。把握我国的社会主义政党制度，既要注意作为政党制度所固有的一般特点；更要从我国国情出发，注意其社会主义性质。不

* 本文与李青同志联名发表于《中央社会主义学院学报》1991年第1期。

能用西方资产阶级的政党观来看待中国的政党问题，也不能照搬书本，指望从马克思、恩格斯、列宁的著作中找到解决中国政党问题的灵丹妙药。我们只有把马克思主义的基本原理同中国的具体实际相结合，并比较鉴别当代世界各国的其他政党制度，才能得出正确的结论。

就一般意义而言，政党是代表一定阶级、阶层或政治集团为实现其政治主张而奋斗的政治组织。当代世界上存在着多种多样的政党，也存在着多种政党制度。撇开不同社会制度国家政党制度的不同性质和内容抽象起来讲，所谓政党制度指的都是一个国家中政党掌握、行使政权，参预、影响政治的方式、方法、原则、规范和程序等。它们主要是讲两方面的关系：一是政党与政权之间的关系；一是政党与政党之间的关系。这两方面的关系被固定下来，规范化，就形成了政党制度。从这两方面关系，可以看出一个政党在其国家政权和政治生活中的地位，也可以看出一个国家政党制度的基本内容和特点。

西方资本主义国家政党制度是建立在私有制基础之上，为巩固资产阶级统治的工具，其基本内容和特点就是：在政党与政权的关系方面，各党在资本主义宪法秩序范围内通过和平自由竞选，参加议会，争夺执政。在政党关系方面，各党处在互相竞争，彼此倾轧的状态。一个或几个党在朝执政，另一个或几个党就在野反对。

我国是工人阶级领导的人民民主专政的社会主义国家，与这一基本国情相适应，我国社会主义政党制度具有与资本主义国家政党制度根本不同的本质特征，其基本点是：

第一，从政党与政权的关系看，中国共产党是社会主义国家的领导核心，是执政党；各民主党派是参政党，即参加国家政权，参与国家大政方针和国家领导人选的协商。参与国家事务的管理，参与国家方针、政策、法律、法规的制定执行。在我国，不存在反对党、在野党或轮流执政问题。

第二，我国的多党合作制以中国共产党为领导，以坚持四项基本原则为政治基础。中共对各民主党派实行政治领导，坚持“长期共存、互相监督、肝胆相照、荣辱与共”的方针。各民主党派是接受中共领导、同中共通力合作的亲密友党。这是我国多党合作制同西方国家的多党制的一个根本区别。

第三，我国社会主义政党制度实质上是社会主义制度。实行这个制度必须充分发扬社会主义民主，发挥民主党派参政议政和民主监督的作用。民主党派发挥监督作用，是在坚持四项基本原则的基础上，发扬民主，广开言路，对党和国家的方针政策，各项工作提出意见、批评和建议；并要勇于坚持正确的意见。

第四，我国各政党共同致力于社会主义事业，以统一祖国、振兴中华，建设有中国特色的社会主义为共同的奋斗目标。现阶段，民主党派同中共一道正在为实现党的“一个中心、两个基本点”的基本路线而共同努力。

第五，在新的历史时期，我国各民主党派已经成为各自所联系的一部分社会主义劳动者与一部分拥护社会主义爱国者的政治联盟，实质上是以一部分社会主义劳动者为主体的政党。我国的多党合作，实质上是工人阶级政党同一部分社会主义劳动者为主体的政党之间的既亲密合作，又互相监督。彼此间出现矛盾，力求通过民主协商，运用“团结—批评—团结”的公式加以解决。这种多党合作和互相监督是共同服务于社会主义事业的新型社会主义政党关系。它与资本主义国家各政党之间争夺执政、彼此倾轧是全然不同的。

第六，我国各政党都得到宪法的承认和保护，都享有我国社会主义宪法规定的权利和义务范围内的政治自由，组织独立和法律地位平等，并负有维护宪法的庄严责任。

我国政党制度的上述基本点反映了我国社会主义政党制度的本质与核心。只有坚持这些基本点，我国共产党领导的多党合作制度才能不断巩固与完善。偏离这些基本点，我国的多党合作就会受到损害，丧失正确的方向。我国这种社会主义政党制度的形成和发展，不是偶然的。它是我国近现代社会历史进程的必然选择，是我国无产阶级领导的新民主主义革命胜利发展的必然结果，特别是新中国成立四十多年来社会主义事业前进发展的必然产物，是完全适合我国社会主义国情的一种新型的政党制度。

政党制度与社会经济、政治结构的联系和我国政党制度的现实必然性

马克思说："物质生活的生产方式制约着整个社会生活、政治生活和精神生活的过程。"[1]政党制度属于上层建筑范畴。一定的政党制度必然与一定的经济结构相联系，而且也与一定的政治结构相联系。

从与经济结构的关联看，不同社会的生产方式尤其是生产关系对其政党制度有重大影响。恩格斯曾经指出："代议制是以资产阶级在法律面前平等和法律承认自由竞争为基础的。"[2]西方国家政治领域资产阶级的多党竞争与其经济领域资本主义私有制基础上的市场竞争相适应。以雇佣劳动制为内容的资本主义生产关系，必然要求资产阶级的各个阶层、集团有自由组党，平等竞争的权利，而劳动人民的组党要求和政治权利，受到极大的压抑和限制。在充满利益冲突和竞争的资本主义经济制度下，任何资产阶级政党说到底都是为垄断资本集团服务的，多党竞争对于劳动人民来说只是欺骗，正如恩格斯揭露美国两党制实质时指出，在那里可以看到两大帮政治投机家，他们轮流执掌政权，表面上是替国民服务，实际上却是统治和掠夺国民。同时，由资产阶级互相倾轧的竞争状态所决定，各资产阶级政党之间必然是同床异梦，钩心斗角，不可能出现"领导党"。尽管他们在对付劳动人民方面有共同的需要，但在他们内部却不可能有共同的理想。因此，其典型政党制度只能是一党或几党在朝执政，一党或几党在野反对，各党自由竞争，轮流执政。

我国社会主义政党制度与我国经济领域社会主义公有制和有计划的商品经济相适应。在公有制为主导的社会主义社会经济制度下，我国各个阶级、阶层和社会集团的人们，一方面有各种不同的具体利益和要求，另一方面又在根本利益上一致。我们全国人民有着建设社会主义现代化并最终实现共产主义这一共同的崇高理想。这就决定了我国各政党之间可以并且必须是一种目标一致下团结合作、互相监督的关系，可以并且必须是由共产党在多党合作中起领导作用，由共产党执政、多党参政；同时也决定了在我国以解放全人类为己任、全心全意为人民服务的无产阶级政党，可以并且必须代表全社会绝大多数人民的根本利益和愿望，可以并且必须领导整个国家的政治生活。

从与政治结构的关联看，政党制度是国家制度的一个组成部分，是整个政治体制的一部分，它要受其国家制度的制约，受其他政治体制部分的制约，西方资本主义国家制度说到底是资产阶级民主、资产阶级专政，其政党制度说到底是资产阶级民主和专政的组成部分。西方国家的政治体制包括议会制度、政党制度和竞选制度等几部分，其政党制度与议会制度和竞选制度紧密联系，不可分割。历史上这几个制度就是互相促进发展起来的。在英、法等国，资产阶级政党最早是资产阶级在议会与封建君工争夺权利中逐渐形成，以后随着选举权扩大，为取得议会选举胜利需要有比较严密的组织争取选民支持，资产阶级政党才发展建立起比较完善的组织机构。西方政党在组织上大多呈现出联系松散、派别林立，议会党团、执政集团居于核心决策地位，地方组织有很大的独立性等特点，也是与议会和竞选活动的需要相适应。在今天的西方，政党制度是议会制度得以运行的基础，议会制度是政党制度发挥作用的条件。在议会制的西方国家，能够实行相互竞争的政党制度，一个重要原因是它实行内阁向议会负责的责任制。所谓“责任”，就是执政党政府失去议会信任，议案得不到通过，可以由其他政党即在野党取代。同样，议会制的西方国家能够实行内阁向议会负责的责任制，一个重要原因是在议会中有可以平等竞争的政党存在，反对党可以合法地进行反对在位政府成员及其政策的活动，并随时取而代之。这种政党角逐不论其外貌表现得如何民主、平等，都不过是维护和巩固资产阶级统治的精巧方式，根本上损害不了资产阶级统治的丝毫利益。

我国的国家制度是人民民主专政，是绝大多数人的民主和对极少数人的专政。这个国家制度决定，在我国人民内部，不仅经济上没有根本的利益冲突，政治上也没有根本的利害冲突。因此在政治体制上，我国不可能也不需要实行西方那种三权分立、相互制衡的政治体制，而是实行议行合一的民主集中制的人民代表大会制度。与此相适应，在政党制度上，我国也不可能并且不需要实行西方那种竞争角逐的多党制，而是实行共产党领导多党合作的政党体制。

政党制度与社会经济和政治结构的联系说明，我国的社会主义政党制度不仅有其历史原因，而且有其深刻的现实必然性，而我国社会主义政党制度的合理性，就深含于这种必然性之中。

参政党的含义

参政党是《意见》对民主党派在我国政权和政治生活中地位的科学概括，反映了我国民主党派参政的特点。认清参政党的含义，是正确认识我国政党制度和贯彻实施《意见》的关键问题之一。

在西方国家也有政党参政之说。如某些西方国家，有的政党在与其对手竞争中由于不能凭自己一党的力量取得执政地位，便联合某些较弱的政党联合执政。那些参与联合执政的政党也可视之为参政。然而，西方国家这些政党的所谓参政与我国各民主党派的参政，从性质、内容到形式都根本不同。

第一，在性质上，我国各民主党派参政是我国人民当家作主的一种体现。我国人民民主专政的社会主义国家的性质决定了，在我国不但需要有无产阶级对于国家机关的坚强领导，而且需要有最广大的人民群众对于国家机关的积极参加。民主党派参政，就是代表我国一部分人民群众即其各自所联系的一部分社会主义劳动者和拥护社会主义的爱国者参政。而西方国家的一些政党参政，实质上是相互竞争的资产阶级各集团在争夺执政相持不下的情况下，通过妥协，联合瓜分权力。

第二，在内容上，我国民主党派参政的内容比起西方联合执政中政党参政要广泛得多。西方政党参政是参加执掌国家政权，而且主要是国家政权中的一个部分——行政权。而在我国，民主党派参政：（一）不限于参加政权，除此之外它还有三个“参与”；（二）参加政权也不限于行政权，它还包括立法、司法各政权机关；（三）西方政党参政一般只在中央国家政权，不延伸到地方政权。而我国民主党派参政则包括从中央到地方的整个政权系统。并且，由于我国民主党派参政还有在政权之外的广泛内容，其参政还能够以适当的内容和方法延伸至相关的基层组织。

第三，在形式上，我国民主党派参政有着多种多样的渠道和方式。西方国家政党参政形式主要就是进议会和入阁占席位。而在我国，它可以是以人民代表身份参加国家权力机关和以人民公务员身份参加各级政府与司法机关工作的方式来实现，也可以是通过与中国共产党商讨大政方针等重大问题，通过其成员参加我国的统一战线的组织——人民政协，通过参加基层单位的民主管理等多种其他方式来实现。

比较西方政党参政，我国参政党的特点是：（一）稳定性。我国的政党制度不是各党互相竞争、轮流执政。我国民主党派的参政地位是稳固的，没有被取代的问题。（二）长期性。我国民主党派的参政地位由我国社会制度的性质、政权的性质和民主党派本身的性质所决定，这一地位是长期不变的，不像西方国家一些政党的参政地位，在政治角逐中随时都有被替代改变的可能。（三）广泛性。我国民主党派参政不限于国家政权，更不限于其中的行政权，而是涉及以政权为中心的我国社会政治生活各个重要方面和领域，有着广泛的内容和丰富多样的形式。

参政党是我国独创的概念。这个概念有马克思主义的科学依据，也符合实际。多年来，在我们11亿人口的国家中，民主党派成员只有三四十万人，但在各级人民代表大会及其常委会中却一直占有适当比例；有许多民主党派成员担任了政府和司法机关的领导职务；中国共产党也经常同它们举行民主协商会和座谈会，商讨各种重大问题。国内国外一些人对民主党派的参政党地位不理解，以至怀疑、否定，以为受中国共产党领导的各民主党派，不过是“花瓶”“摆设”，其原因是脱离中国的历史和现实看问题，片面用西方的政党观看问题，这当然只能得出歪曲的结论。

民主党派的自身建设

我国社会主义政党制度的发展，民主党派参政党地位的确立，使民主党派肩负的历史责任和任务日益重大。但当前民主党派的状况还不完全与此相适应。因此，各民主党派领导人在《意见》颁布之后，纷纷把加强自身建设作为紧迫而且具有战略意义的任务提了出来。民主党派的自身建设是坚持和完善我国共产党领导的多党合作和政治协商制度不可缺少的一环，与各民主党派肝胆相照、荣辱与共的中国共产党有责任支持民主党派搞好自身建设。

民主党派的自身建设包括思想建设和组织建设，涉及许多原则和实际问题。这里只就民主党派自身建设的几个原则性问题谈一些看法。

第一，一个政党的自身建设，要与它的性质、它在国家政治生活中的地位相适应，要继承和发挥其历史形成的特点。民主党派在历史上从来不是单一阶级的政党而具有阶级联盟的性质。在现阶段，民主党派是各自所联系的一部分社会主义劳动者和一部分拥护社会主义的爱国者的政治联盟。根据在中国革命和建设斗争实践中的切身体验，选择接受中国共产党领导，从爱国主义走到社会主义，是我国各民主党派共同走过的光辉历史道路。只有坚持这些特点和历史传统，民主党派才能更好地影响并率领其成员及其所联系的群众适应社会主义社会发展的需要，为国家建设服务，积极地发挥参政和监督的作用。

第二，在组织规模上，民主党派应保持一定的数量，发展要适度，特别是发展成员要注意质量。鉴于十年来民主党派已经发展到一定的组织规模，今后两三年内，工作的着眼点、着重点应在组织巩固及成员的思想教育方面。这是从民主党派的历史和现状出发，是为了提高民主党派的参政水平和保持长期合作，完全是一条积极的方针。

民主党派从来就是由主要集中于大中城市的有一定代表性的人士组成的政党。从过去到今天，民主党派享有较好的社会声誉，能发挥参政党的积极作用，更多的是因为它的政治质量，是因为它集中了各行各界尤其是知识界的许多代表人物。代表性是民主党派组织上的一个特点，也是其优势。单纯追求数量，只会使民主党派失去自己的特点和优势。

第三，民主党派作为参政党，要发挥参政党的功能，需要相应地加强自己的组织机制。现在民主党派同志提出要适当改革和调整组织机构，增设或加强调研机构，是必要的和有意义的。但民主党派的自身特点和任务决定了民主党派发挥作用既需要注意群体优势，也需要注意发挥个人的影响力，使两方面结合起来。

第四，民主党派的自身建设首先是各级民主党派领导班子的建设。民主党派的同志反映，当前民主党派不少领导班子年龄老化，参政议政能力不足。因此，妥善实现民主党派领导班子新老交替和合作，选拔充实一批拥护四项基本原则、拥护改革开放、同中国共产党真诚合作的德才兼备的优秀人物，提高其参政议政能力，是当务之急。在年龄结构上，民主党派的领导班子需要有一批年富力强的新人，以不断保持、增强其活力；同时，也需要德高望重的老党员，以发挥其号召力、影响力。在知识结构上，民主党派的领导班子需要有具备敏锐政治观察力和实践能力的社会政治活动家，以充分发挥其参政党的作用；同时，也要有一批兼专职的专家学者。我国社会主义政治以社会主义现代化建设为中心。民主党派的活动不仅包括围绕政权的政治实践，而且还有大量的为社会主义物质文明和精神文明服务的社会实践。新老结合，社会政治活动家和专家学者结合，民主党派就能在参政、监督和各方面建设中不断保持、发挥自己的独特优势和积极作用。

第五，加强思想建设，对于民主党派健全组织有着极其重要的意义。民主党派要发扬自我教育的优良传统，长期不懈地对成员进行坚持四项基本原则和反对资产阶级自由化的教育、爱国主义和社会主义的教育、国情教育以及民主党派同中共长期合作的优良传统的教育。

我国社会主义政党制度的发展趋势

我国政党制度建设是我国整个政治建设的一部分，是我国政治体制改革的一项重要内容。它的发展趋势就是建设有中国特色的高度社会主义民主政治。从长远看，它必须为建立高度民主、法制完备、富有效率、充满活力的社会主义政治体制服务；从近期看，它必须为建立有利于提高效率、增强活力和调动各方面积极性的领导体制服务。我国社会主义政党制度始终贯穿着坚持中国共产党的领导和发扬社会主义民主两条主线。这两条主线相辅相成，不可偏废。从我国政治建设的根本任务和根本目标看，它必须也只能是致力于建设我国高度的社会主义民主政治的一个重要方面。这是由我们国家的性质、中国共产党的性质决定的。我国社会主义民主建设必须由中国共产党领导，同时，中国共产党总是把自己当作人民公仆；认为人民是国家和社会的主人。中国共产党领导的本质内容，就是组织和支持我国广大人民当家作主。忽视社会主义民主，不注意发挥民主党派参政、监督的作用，我国的多党合作就会丧失其旺盛的活力。

我国的政党制度建设是在国内外复杂的环境中进行的。回顾过去，展望未来，它必然要在克服重重障碍、排除各种干扰中前进发展。

首先，在改革开放的形势下，由于国际反对社会主义的势力不会放弃改变我国社会制度的企图，由于国内不可能杜绝一些人对西方政治制度的向往，由于我国政党体制还有不完善的地方，而西方发达国家的政党制度经过长期发展已经达到了较完备的形态。在这种情况下，西方国家的价值观、政党观不可避免地会对我国一些人产生影响。因此，我国政党制度未来发展的一个重大问题，就是要加强马列主义和中国国情的教育，加强社会主义政党传统的教育，抵御西方多党制的影响。

其次，由于旧中国留给我们的封建专制传统比较多，民主法制传统很少；由于我国目前政治体制还存在某些缺陷；由于长期以来形成的"左"的错误影响也不可能在短期内消除。因此，坚持发扬社会主义民主，发挥各民主党派参政议政和监督作用，反对把我国多党合作视为"无关""无用""摆设"等错误倾向，是我国社会主义政党制度今后发展中需要注意的又一个重大问题。

最后，随着"一国两制"的逐步实施和实现，随着我国统一的逐步完成，我国将出现两种不同类型政党制度并存的局面：一种是共产党同各民主党派合作的社会主义政党体制，另一种是中共、各民主党派同台湾国民党及其他拥护祖国统一的爱国党派之间的合作，主要是国共两党的合作。由于国共两党的阶级基础、政治主张等的不同，后一种类型的政党合作必然会与现在我们的多党合作有很大不同。然而在爱国和祖国统一的前提下，仍然可以求同存异，可以在统一的国家范围内长期共存、互相监督。因此，在我们坚持和完善中国共产党领导的多党合作和政治协商制度下，还要对未来妥善处理与另一种政党制度的关系，做些探索和研究。

注释：

［1］《马克思恩格斯选集》第2卷，人民出版社1972年版，第82页。

［2］《马克思恩格斯选集》第1卷，人民出版社1972年版，第215页。

中国特色的社会主义政党制度的若干理论问题*

（1991年3月）

中国社会主义政党制度存在和发展的必然性

马克思主义的历史唯物主义认为，人类历史上任何一种社会经济和政治制度的存在与发展，都不是偶然的，而有其历史和现实的必然性。要全面地、深刻地认识一个事物，不能停留在其表面上，而必须揭示事物的内在必然性。只有这样，才能真正认识、理解它所包含的全部内容和生命力。

我国社会主义政党制度是我国近现代社会历史进程的必然选择，是我国无产阶级领导的新民主主义革命胜利发展的必然结果，同时，它也是新中国成立40多年来社会主义事业前进发展的必然产物。中国共产党领导的多党合作和政治协商制度之所以能够在社会主义中国扎根并发展，是由我国具体的历史条件和现实条件决定的，有它的深刻的历史和

* 本文由本书作者撰写，是李青同志主编、本书作者为副主编的《中国特色的社会主义政党制度》一书中的一章，中共中央党校出版社1991年5月出版。本书获全国党建丛书评比一等奖。

现实的必然性。

（一）近代中国的革命是反帝反封建的民主革命。中国民主党派身受帝国主义、封建主义和官僚资本主义的压迫，具有爱国与革命的要求。同时，由于其所联系和代表的民族资产阶级和小资产阶级自身的软弱性与动摇性，由于国民党独裁统治不给人民以任何民主自由的权利，由于中国只能走无产阶级领导的人民大众的新民主主义革命道路，这一切社会历史条件，决定了各民主党派不可能形成独立的、强大的政治力量，必须向无产阶级及其政党寻求支持，成为中国共产党的同盟者和合作者。在中共统一战线政策的教育和影响下，各民主党派在民主革命斗争中同中共一起奋斗，进而逐步接受中共的领导，走上新民主主义革命道路。中国共产党领导的多党合作就是在反帝反封建反官僚资本主义的伟大斗争中建立和发展起来的。它是中国近现代历史发展的必然选择。

（二）中华人民共和国成立后，我国建立起以工人阶级为领导的、以工农联盟为基础的人民民主专政的国家政权，建立并发展了社会主义公有制和有计划的商品经济。我国社会主义政治制度和经济制度的巩固和发展，使在中国建立资产阶级的两党制或多党制的幻想宣告破灭，并为在中国实行共产党领导的多党合作制奠定了基础，开辟了广阔的前景。

马克思说："物质生活的生产方式制约着整个社会生活、政治生活和精神生活的过程。"[1]政党制度属于上层建筑的范畴。归根到底，它是受经济基础制约和决定的。我国共产党领导的多党合作的政党体制，同样是由我国以公有制为主体的社会主义经济基础所决定的。我国实行生产资料的公有制，从根本上消除了人剥削人、人压迫人的制度，使全体人民都成为社会的主人。在公有制为主导的社会主义经济制度下，我国各个阶级、阶层和社会集团的人们，一方面有各种不同的具体利益和要求，另一方面又在根本利益上一致。我国各民主党派代表和反映它们所联系的社会阶层和一部分群众的具体利益和要求。但这种不同的具体利益，只有在维护和发展全体人民共同的根本利益的基础上才能真正实现。我国各种不同具体利益带来的冲突和矛盾，一般不具有截然对立的对抗性质。它可以在共产党领导下通过统筹兼顾、合作协商、批评与自我批评等手段去解决。这就决定了在政党制度上，我国必然是共产党领导、多党合作的格局。

（三）社会主义公有制产生社会主义的社会结构。这种社会结构也只适应于共产党领导的多党合作而不适应于多党竞争。第一，我国社会主义制度建立后，作为阶级的剥削阶级已经消灭，阶级斗争已经不是社会的主要矛盾，只在一定范围内存在。因此，我国没有对抗性的阶级，从而也没有产生对抗性政党的社会基础。第二，与公有制相联系，我国有两大基本阶级，即工人阶级（包括知识分子）和农民阶级，而工人阶级居于领导地位。改革开放以后，我国社会主义社会呈现出多样性趋势。在公有制为主体的前提下，我国发展了多种经济成分，与此相应我国出现了个体劳动者阶层和私营企业主阶层，但它们不是也不可能成为我国社会的基本阶级。我国社会各种具体利益的差别，大量的是产生于公有制内部不同所有制形式、不同经营形式以及不同生产力层次和劳动方式，及与其相联系的不同的社会阶层和社会集团。这种社会结构，决定了在我国只有共产党领导、多党合作的社会基础而没有多党对立、互相倾轧的社会基础。

（四）政党制度是国家政治制度的一个组成部分，是整个政治体制的重要构成之一。一个国家的政党制度，要受其国家制度和其他政治体制部分的制约，并为巩固其国家制度、完善其政治体制服务。

我国是人民民主专政的国家，是绝大多数人的民主和对极少数人的专政。我国政权是无产阶级领导的、工农联盟为基础的、同各民主党派通力合作的，包括全体社会主义劳动者、拥护社会主义的爱国者和许多拥护祖国统一的爱国者在内的全体人民的政权，是无产阶级同人数众多的非无产阶级的劳动阶层和爱国者的联盟。因此，它一方面需要无产阶级及其政党的正确的领导，另一方面又需要各族人民、各民主党派、各人民团体和无党派人士的代表广泛的积极参与。在我国，一切权力属于人民，以议行合一的人民代表大会制度为根本政治制度。人民行使国家权力的机关是全国人民代表大会和地方各级人民代表大会。它们由人民选举，对人民负责，受人民监督。人民代表大会制度包括了以人民代表大会为基础产生的国家行政机关、国家审判机关、国家检察机关、国家军事机关等全部国家机构。这种政体结构是广泛的民主与高度的统一的结合。与这种社会主义政治体制相适应，为完善这种政治体制服务，我国也必须实行共产党领导的多党合作的社会主义政党制度。

总之，无论从社会历史条件和现实的经济结构、社会结构与政治结构来说，我国都必须实行中国共产党领导的多党合作和政治协商制度。我国社会主义政党制度与我国社会主义的经济、社会和政治结构存在着密切的内在联系。这种联系说明了我国政党制度不仅有其历史原因，而且有其深刻的现实必然性，而我国社会主义政党制度的合理性，也就深含于这种必然性之中。

中国社会主义政党制度的政治基础

任何一种政党制度，都有其赖以存在的社会环境、政治基础。不同的社会环境、政治基础决定了政党制度的不同内容和面貌。在中国，多党合作和政治协商制度的政治基础，就是坚持社会主义道路、坚持人民民主专政、坚持中国共产党的领导、坚持马克思列宁主义毛泽东思想这四项基本原则，特别是坚持中国共产党的领导。四项基本原则是我国的立国之本，是我国整个社会主义事业必须遵循的原则，也是我国政党制度建设必须遵循的原则。它决定我国政党制度的根本内容和形式，决定我国政党制度的发展轨道和方向，是我国多党合作得以坚持和完善的根本保证。

一、中国共产党在我国多党合作和政治协商制度中的领导地位

中国共产党是我国社会主义事业的领导核心，也是我国多党合作和政治协商制度的领导核心。我国的多党合作和政治协商制度在中国共产党领导下建立，也必然要在中国共产党领导下完善和发展。

中国共产党的领导地位不是自封的，也不是强加的。它是中国历史的选择，是中国新民主主义革命胜利发展的结果，同时也是由中国诸多客观现实条件所决定：

（一）坚持中国共产党的领导，是我国社会主义国家制度和政权性质的必然要求。

我国是人民民主专政的社会主义国家。社会主义国家制度同以往一切剥削阶级国家制度的根本区别是，它使国家权力第一次同最广大的人民群众连接在一起，而不是为某一个阶级、某一个阶层或某一个集团所私有。在我国，尽管仍然存在着阶级、阶层、社会集团以及民族、党派等的区分，存在着各种具体利益的差别，但是，我国全体人民在根本利益上是一致的，在政治上、经济上没有根本的利害冲突，而有着共同的利益要求和建设社会主义现代化并最终实现共产主义的崇高理想。我国社会主义国家制度和政治体制这一本质，必然要求国家权力具有高度的统一性和整体性，也必然要求在我国社会有一个能够代表、反映各方面共同利益和愿望的领导核心。

（二）中国共产党的领导，是建设有中国特色的社会主义、实现社会主义现代化的需要。

我国是有11亿多人口、情况复杂的大国，处于一个由农业人口占多数、手工劳动为基础的农业国向非农产业人口占多数的现代化工业国的转变阶段。在这个阶段，一方面社会上存在大量的人民内部矛盾，另一方面阶级斗争在一定范围内还存在，资产阶级自由化的影响和封建主义的影响不可忽视，国内外敌对势力互相勾结对我进行颠覆、破坏与和平

演变的危险还存在。在这样一个错综复杂的国内外环境下进行社会主义现代化建设，不能没有社会政治的稳定，不能没有在高度民主基础上的高度集中，不能没有一个坚强的领导核心。旧中国军阀混战，各霸一方，结果被人视为一盘散沙，受尽欺凌。中国共产党成为全国人民的领导核心和执政党后，才结束了这种四分五裂、国弱民穷的局面，走上统一、建设和发展的道路。今天，如果没有中国共产党的领导，没有中国共产党从我国各族人民的根本利益、全局利益和长远利益出发总揽全局、兼顾四方，就不可能妥善、正确地协调和处理我国各种复杂的社会关系与社会矛盾，就不可能坚决抵制、反对国内外敌对势力的颠覆、渗透、和平演变和分裂活动。正如邓小平同志指出："中国由共产党领导，中国的社会主义现代化建设由共产党领导，这个原则是不能动摇的，动摇了中国就要倒退到分裂和混乱，就不可能实现现代化。"[2]中国1989年春夏之交发生的政治风波以及东欧一些社会主义国家剧变的教训，都说明要保持国家的稳定和发展，就必须坚持共产党的领导，这是一条颠扑不破的真理。

（三）中国共产党的领导，是工人阶级政党的性质及其在长期的革命和建设斗争中形成的强大的不可取代的实际力量决定的。

中国共产党是工人阶级的先锋队，它以马克思主义的科学世界观和方法论为指导。中国共产党的领导地位从根本上讲，来源于其所代表的工人阶级的阶级特性、阶级地位及其所承担的远大历史使命。工人阶级是社会化生产力的代表者。在剥削制度下，工人阶级一无所有，消灭一切剥削和压迫是其自身解放的条件。因此，工人阶级最富于革命的彻底性。在社会主义制度下，工人阶级成为社会主义生产方式的体现者，是最先进、最有前途、最有远见的阶级。中国共产党之所以能够并且必须担当起领导中国社会主义事业的重任，说到底，就是因为它代表了工人阶级和广大人民的根本利益，它所追求的奋斗目标符合中国历史发展规律和社会发展的客观需要。

半个多世纪以来，中国共产党把马克思主义的普遍原理同中国革命和建设的具体实际相结合，全心全意为人民服务，为了全国人民的利益不怕牺牲，艰苦奋斗，培植了深厚的群众基础，建立了高度的组织纪律性，形成了理论联系实际、密切联系群众和批评与自我批评的优良传统和作风。今天，中国共产党已经发展成为一个拥有4900万党员的大党，有几百万久经考验的干部和几百万人民军队，牢牢掌握着国家政权，在社会各领域起着支配作用。它在我国社会和政治生活中的作用，是任何其他政治力量无法比拟和取代的。中国共产党理所当然地是中国社会主义事业的领导核心。

二、中国共产党在我国多党合作和政治协商制度中的领导作用及其实现的条件

我国多党合作和政治协商必须有中国共产党的领导。但是，这个领导是政治领导，即政治原则、政治方向和重大方针政策的领导，它决不意味着中国共产党可以随意地去控制、支配和指使民主党派组织的活动。无产阶级的历史使命决不是谋取特权而是要消灭特权。中国共产党领导的本质内容是组织和支持人民当家作主。各民主党派是联系、代表一部分社会主义劳动者和一部分拥护社会主义爱国者的政治组织，是我国人民群众的一部分。因此，中国共产党的领导不是阻碍而是支持各民主党派独立自主地开展活动，发挥自己的积极作用。

有些人把中国共产党的领导说成是共产党“专政”，这种看法如果不是出于无知就是别有用心的曲解。专政是依靠暴力进行统治，是政权的基本职能。中国共产党是政党，它不拥有这种职能。中国共产党作为执政党，也和中国其他政党一样必须遵守宪法，在宪法范围内活动。它对国家政权实施政治领导，是使党的主张经过法定程序变成国家意志来实现，而不意味着党本身具有国家权力。因此，一些人攻击中国共产党的领导是“一党专政”，是根本站不住的。

中国共产党要实现对民主党派的政治领导，必须具备以下条件：

（一）制定正确的路线、方针和政策，并坚决地、模范地贯彻执行之。

中国共产党之所以能成为领导者在于它的先进性，在于它能代表全中国人民共同的根本利益，在于它的奋斗目标符合中国社会历史发展的客观要求。共产党的先进性和正确性，是通过党的路线、方针和政策来表现的。共产党制定的路线、方针和政策应当是以马克思主义的科学世界观和方法论为指导，切合中国国情，而不能脱离中国的实际：应当是反映全国各个民族、各个阶层人民包括各个民主党派的根本利益和愿望，而不能只反映共产党一党的利益和愿望；应当是体现了时代精神和中国当代社会发展的趋势，而不能背离这个趋势。中国社会主义革命和建设的长期历史证明，只要中国共产党制定并模范地执行这样一套正确的路线、方针和政策，就一定能够得到各民主党派的自觉拥护。因为这样的路线、方针和政策，不仅是中国共产党集体智慧的结晶，而且也集中了各民主党派的智慧，反映了包括各民主党派在内的全国人民的希望和要求。

（二）与各民主党派平等、坦诚地进行政治协商，帮助他们理解和接受中国共产党的正确主张，同时接受民主党派的监督。

中国共产党实现对各民主党派的政治领导，只能采用说服的方法而不能压服。政治协商、互相监督是说服各民主党派接受中共主张的行之有效的方法。政治协商要求中国共产党在对重大问题决策的过程中，与各民主党派和无党派人士平等对话，真诚讨论，反复商量，交换意见，努力达到政治上的一致或基本一致。它不是敷衍应付，也不是强加于人，有不同意见可以保留，因而能够最大限度地做到各抒己见，畅所欲言，有利于决策的科学化和民主化，避免或减少决策失误，是保证中共制定正确的方针政策的好方法。在政治协商的同时，要自觉地接受民主党派的监督。中国共产党只有率先垂范，坚持原则同时又接受监督，虚心听取各种意见，创造一个团结、民主、和谐的气氛，才能使协商不流于形式，真正产生好的效果。邓小平同志特别强调接受民主党派监督对执政的共产党的重要意义，指出："由于我们党的执政党的地位，我们的一些同志很容易沾染上主观主义、官僚主义和宗派主义的习气。因此，对我们党来说，更加需要听取来自各个方面，包括民主党派的不同意见；需要接受各个方面的批评和监督，以利于集思广益，取长补短，克服缺点，减少错误。"并且热诚地希望，"各民主党派和工商联都以主人翁的态度，关心国家大事，热心社会主义事业，就国家的大政方针和各方面的工作，勇敢地、负责地发表意见，提出建议和批评，做我们党的诤友，共同把国家事情办好。"[3]

（三）尊重民主党派和无党派人士的合法权益，积极帮助它们解决理应解决的问题。

我国各民主党派在根本利益上与中国共产党和广大人民是一致的，但它作为独立的政党，又有自己的独特利益和要求。对民主党派的合法权益必须给予尊重，不能抹杀，不能把它视为一个负担。马克思主义从来认为，事物的矛盾是具体的。只有把矛盾的普遍性和特殊性恰当地统一和结合起来，才能正确地解决矛盾，推动事物的发展。社会整体利益由社会各个局部利益所组成，社会长远利益由社会各种当前利益所组成。共同的根本利益只有通过各种不同的特殊具体利益才能表现出来。抹杀各党派之间的利益差别，不尊重民主党派的具体利益，也就无所谓共同的根本利益，没有多党合作和共产党的领导。尊重各民主党派的合法权益，是实现共产党领导的一个不可缺少的前提条件。

（四）积极开展对民主党派的思想政治工作，支持他们加强自身建设。

毛泽东曾指出："领导的阶级和政党，要实现自己对于被领导的阶级、阶层、政党和人民团体的领导，必须具备两个条件：（甲）率领被领导者（同盟者）向着共同敌人作坚决的斗争，并取得胜利；（乙）对被领导者给以物质福利，至少不损害其利益，同时对被领导者给以政治教育。没有这两个条件或两个条件缺一，就不能实现领导。”[4]实现共产党的领导，在过去首先是率领被领导者向着共同敌人坚决斗争并取得胜利，在今天则是率领被领导者为实现社会主义现代化这一共同目标努力奋斗。同时，还要尊重民主党派的合法利益，并积极开展社会主义与爱国主义的教育等思想政治工作。不能因为强调尊重同盟者的利益而放弃政治原则，把自己降低到同盟者的水平。马克思主义认为人民群众是社会的主人和历史前进的动力，同时也认为人民群众不能自发产生或达到科学社会主义的先进思想。中国共产党是用马克思主义思想武装的工人阶级政党。它了解实现无产阶级历史使命的整个过程、条件和发展方向，它比一般群众站得高，看得远，能够引导广大人民透过眼前利益和局部利益为长远利益和整体利益而斗争。因此，向广大人民包括各民主党派和人民团体进行思想政治教育，不断引导、帮助他们健全组织、提高觉悟、把握方向，是中国共产党义不容辞的政治责任，是实现中国共产党领导的必然要求。

中国民主党派的性质、特点、地位和作用

我国社会主义政党制度的核心是共产党一党领导、多党合作，其要点是领导与合作两个方面的结合。要识透中国政党制度的奥秘，必须深入体察这两个方面的内容，即不但要深刻理解为什么必须坚持中国共产党的领导，而且要深刻理解为什么需要多党合作。而理解多党合作的关键，就要搞清中国民主党派的性质、特点、地位和作用。

一、中国民主党派的性质和特点

1979年，邓小平同志在中国人民政治协商会议第五届全国委员会第二次会议上的开幕词中指出：我国各民主党派“已经成为各自所联系的

一部分社会主义劳动者和一部分拥护社会主义的爱国者的政治联盟，都是在中国共产党领导下为社会主义服务的政治力量。”[5]这段话，说明了中国民主党派的性质，也说明了中国民主党派的特点。从性质看，它指明民主党派是以一部分社会主义劳动者为主体的为社会主义服务的政党，强调了社会主义，从特点看，它指明民主党派是一部分劳动者与爱国者的政治联盟，不是单一阶级或阶层的政党，强调了广泛性。

近年来，对我国民主党派的性质问题争议较多。不少人认为，民主党派成员主要是知识分子，现在知识分子已经成为工人阶级一部分，因此民主党派的性质应该是一部分工人阶级的政党。这种看法是不确切的。因为考察一个政党的性质，需要从它的纲领和实践、它的领导核心及它的成员构成等多方面综合加以研究，而不应只根据其成员的状况来确定。列宁在评论西方工党时，曾明确指出：“当然，工党大部分是由工人组成的。但是，一个党是不是真正的工人政党，不仅要看它是不是由工人组成的，而且要看是谁领导它以及它的行动和政治策略的内容如何。只有根据后者，才能确定这个党是不是真正的无产阶级政党。”[6]科学意义上的工人阶级政党指的是以马克思主义为思想指导，为社会主义、共产主义事业和理想而奋斗的政党。具备这种条件的政党，在我国就是中国共产党。各民主党派的成员虽然主要是由知识分子所组成，但作为政党它们还不具备马克思主义的世界观和为共产主义事业奋斗的最终理想。显然，我们不能以这种工人阶级政党的先进性、彻底性来要求民主党派，正如江泽民同志所指出的，“我们叫共产党领导的多党合作制。但是，又不能要求民主党派跟我们共产党一样，那还要民主党派干什么？要把民主党派都变成跟共产党完全一样，它就没有作用了。”[7]现阶段我国民主党派均由一部分社会主义劳动者和一部分拥护社会主义的爱国者组成，有接受共产党领导、走社会主义道路的领导核心，其政治纲领是实现四化、统一祖国、振兴中华，其政治实践是为社会主义事业服务。因此，可以说民主党派是一部分社会主义劳动者为主体的为社会主义服务的政党。这是对现阶段民主党派性质的科学界定。认为民主党派仍然是代表民族资产阶级、小资产阶级的政党，显然是错误的；反之，认为民主党派已经成为工人阶级政党，向它们提出过高的要求，也是不符合实际的。

阶级分析是马克思主义分析政治问题的基本方法。阶级观点是马克思主义的基本观点。说民主党派是一部分社会主义劳动者为主体的为社会主义服务的政党，是否脱离了阶级分析方法和阶级观点呢？当然不是。马克思主义的阶级观点不是不分条件、不分场合、对任何事情都要穷究出其阶级性。在我国社会主义初级阶段，剥削阶级作为阶级已经消灭，阶级斗争只在一定范围内存在，它已经不是社会的主要矛盾。从总体看，从发展的趋势看，我国的阶级差别是在逐渐缩小而不是扩大。正是从我国社会主义时期阶级关系发生了根本变化以及由此而来的民主党派性质也发生了变化这些基本事实出发，我们得出民主党派已是一部分社会主义劳动者为主体的为社会主义服务的政党的结论。这样说不是背离而是正确地坚持了马克思主义的阶级分析观点。在分析我国政党时，我们一定要注意不能把阶级斗争占主导地位的环境下的政党问题与社会主义条件下的政党问题混为一谈。

我们讲民主党派性质时突出社会主义，讲民主党派特点时又突出其是广泛的政治联盟，这两方面是统一的而不是对立的。有些同志担心，会不会因为强调社会主义而抹杀了广泛性？这种担心是不必要的。

因为第一，社会主义不是简单划一、纯而又纯的，而是包含着丰富的多样性。经济结构上，存在以公有制为主体的多种经济成分和以按劳分配为主体的多种分配形式；社会结构上，剥削阶级作为阶级已不存在，但不同的民族、不同的阶层和不同的社会集团将长期存在；思想文化上，以马克思主义为指导，同时存在着多种不同的思想意识和思想观点。社会主义的这种丰富多样的内涵，为我国各民主党派和人民团体的长期存在、发展和发挥作用，提供了客观的社会基础和广阔的活动天地。第二，社会主义与爱国主义本质上是统一的。社会主义是比爱国主义更高的范畴。一个爱国者可能也可以不赞成社会主义，但一个社会主义者必然是一个爱国者。我们讲民主党派是一部分社会主义劳动者为主体的为社会主义服务的政党，是就事物的性质是由事物的主要矛盾的主要方面决定而言的，并不排斥其联系、发展某些爱国者。

二、中国民主党派的地位与作用

（一）民主党派的地位

政党主要是围绕政权进行政治活动的政治组织。民主党派的地位就是指它们在国家政权和政治生活中的地位。中共中央1989年14号文件已经明确指出：中国共产党是我国社会主义事业的领导核心，是执政党，各民主党派接受中国共产党的领导，同中国共产党通力合作又互相监督，是参政党。民主党派参政的基本点是：参加国家政权，参与国家大政方针和国家领导人选的协商，参与国家事务的管理，参与国家方针、政策、法律、法规的制定执行，共同致力于建设有中国特色的社会主义的宏伟事业。参政党这个科学概括，鲜明地体现了中国民主党派在我国政治生活中的地位。

政党参政并非我国所独有，在世界其他国家也有政党参政的现象。如某些西方国家，有的政党在与其对手竞争中由于不能凭自己一党的力量取得执政地位，便联合某些较弱的政党联合执政。那些参与执政的政党也可视之为参政。然而，西方国家这些政党的所谓参政，与我国各民主党派的参政从性质、内容到形式，都根本不同：

第一，在性质上，我国各民主党派参政是我国人民当家作主的一种体现。我国人民民主专政国家政权的性质决定了，在我国不但需要有无产阶级对于国家机关的坚强领导，而且需要有最广大的人民群众对于国家机关的积极参加。民主党派参政，就是代表我国一部分人民群众即其各自所联系的一部分社会主义劳动者和拥护社会主义的爱国者参政。而西方国家的政党参政，实质上是相互竞争的资产阶级各集团在争夺执政相持不下的情况下，通过妥协、联合瓜分权力。

第二，在内容上，我国民主党派参政是指：参加国家政权，参与国家大政方针和国家领导人选的协商，参与国家事务的管理，参与国家方针、政策、法律、法规的制定执行。这个内容比起西方联合执政中政党的参政要丰富、广泛得多。西方政党参政仅仅是参加执掌国家政权，而且主要是国家政权中的一个部分——行政权。而在我国民主党派参政，（1）不限于参加政权，除此之外它还有三个“参与”；（2）参加政权也不限于行政权，它还包括立法、司法各国家机关；（3）西方政党参政一般只在中央国家政权，不延伸到地方政权。而我国民主党派参政则包括从中央到地方的整个政权系统。

第三，在形式上，我国民主党派参政有着多种多样的渠道和方式。西方国家政党参政形式主要就是进议会和入阁占席位。而在我国，它可以是以人民代表身份参加国家权力机关和以人民公务员身份参加各级政府与司法机关工作的方式来实现，也可以是通过与中国共产党商讨大政方针等重大问题，通过参加我国的统一战线组织——人民政协，通过参加基层单位的民主管理等多种方式来实现。

比较西方政党参政，我国参政党的特点是：（1）稳定性。我国的政党制度不是各党互相竞争轮流执政。我国民主党派的参政地位是稳固的，没有被取代、取消的问题。（2）长期性。我国民主党派的参政地位由我国社会制度的性质、政权的性质和民主党派本身的性质所决定，是长期不变的，不像西方国家一些政党在政治角逐中随时有被替代改变的可能。（3）广泛性。我国民主党派参政不限于国家政权，更不限于其中的行政权，而是涉及以政权为中心的我国社会政治生活各个重要方面和领域，有着广泛的内容和丰富多样的形式。

参政党是我国独创的概念。这个概念有马克思主义的科学依据，也符合实际。多年来，在我们11亿人口的国家中，民主党派成员虽然只有几十万人，但在各级人民代表大会和人大常委会中却一直占有适当比例，有许多民主党派成员担任了政府和司法机关的领导职务，中国共产党也经常同它们举行民主协商会和座谈会，商讨国家大政方针及各种重大问题。

国内外一些人对民主党派的参政党地位不理解，以为接受中国共产党领导的各民主党派不过是“花瓶”“摆设”，是不符合实际的。至于有些人把参政党与执政党对立起来，对民主党派只是参政党而不能取代共产党成为执政党感到不理解，更是缺乏根据。我国是人民民主专政的国家。我国政权从根本上讲不过是达到消灭一切阶级和阶级差别的社会的过渡。这个政权只能由无产阶级的先锋队——共产党来执掌。在这个政权中也需要其他党派的参加，但它们不可能取代共产党的执政地位。因为，只有共产党才能担负起无产阶级最终消灭阶级和阶级差别、实现共产主义的伟大历史使命。追根究底各种对参政党的错误看法，都是脱离中国的历史和现实看问题，片面用西方的政党观看问题，这当然只能得出歪曲的结论。

（二）民主党派的作用

民主党派的性质和地位决定了民主党派的作用。现阶段我国民主党派的作用可以概括为四个服务，即为维护安定团结的政治局面服务，为推进社会主义现代化建设和改革开放服务，为健全社会主义民主、完善社会主义法制服务，为促进一国两制、和平统一祖国服务。具体说，我国民主党派的作用主要体现在以下三个方面：

第一，政治协商，参政议政。就是民主党派以参政党的身份参加国家政权，参与国家大致方针和国家领导人选的协商，参与国家事务的管理，参与国家方针、政策、法律、法规的制定执行。具体环节包括其成员参加人大，参加政府与司法机关工作，其组织参加中国人民政治协商会议，同中国共产党实行政治协商，共商国是。至1989年底，全国担任县以上政府领导职务的非共产党干部已有781人，有14人担任了省部级的领导职务。长期以来，民主党派、无党派人士积极参政议政，发挥了重大作用，做出了重要贡献。

第二，民主监督。在我国，中国共产党处于核心领导地位。共产党的路线、方针和政策正确与否，工作做得好坏，直接关系到社会主义事业的成败和国家民族的前途。因此，接受来自各方面的批评和监督，对于共产党来说是非常需要的。

我国有各种监督。民主党派的民主监督有着不可替代的作用。民主党派监督的总原则，是在四项基本原则的基础上发扬民主，广开言路，对中共和国家的方针政策、各项工作提出意见、批评、建议，做到知无不言，言无不尽，并且勇于坚持正确的意见。这种监督决不是西方那种各党之间为争夺执政而进行的互相攻讦。它可以是“唱对台戏”，但不是搞反对派。监督的目的，是为了更好地团结合作，更好地建设有中国特色的社会主义。各民主党派的民主监督，虽然不具有国家权力的性质，没有法律的约束力，但这并不降低它的重要性，相反更能发挥它的独特作用。民主党派的民主监督在内容上很广泛，可以对各种问题不受拘束地发表意见，在形式上很灵活，可以通过多种渠道、多种方式不拘一格地表达建议和批评。这种民主监督可以使共产党和政府兼顾各方面不同的意见和声音，及时地察觉各方面的动向，主动纠正工作中的缺点和失误，有利于防微杜渐，防患未然，有利于广开言路，集思广益，实现决策的民主化和科学化，也有利于调动各方面的积极性，共同把国家和群众的事情办得更好。

第三，开展为社会主义物质文明、精神文明和祖国和平统一服务的社会实践。政党是政治组织。无论在哪一个国家、哪一种社会制度下，政党的作用主要在政治方面，这是无疑的。我国民主党派的作用也主要表现在政治方面。但是，在社会主义国家，政治决不仅仅限于政权或权力领域。政治属于上层建筑，是经济的集中表现。政治的内容随着社会历史阶段的发展变动而变动。在无产阶级取得了政权，尤其是在完成了生产资料的社会主义改造之后，政治的中心任务就逐渐转移到经济文化建设方面来。列宁早在1920年就指出，政治包括“建设任务”，或称“国家建设的政治”“经济方面的政治”。[8]在我国，当前最大的政治就是建设社会主义现代化。现阶段各政党的共同目标是为建设有中国特色的社会主义这一宏伟事业而奋斗。因此，各民主党派参加社会主义物质文明和精神文明建设，为实现社会主义现代化和祖国和平统一做贡献，是中国历史发展的必然要求。

在实现中华民族新的腾飞的伟大转折时期，中国共产党坚定不移地把工作重心转到了以经济建设为中心的社会主义现代化建设方面来。中共十三大报告重申，中国一切政党的政策及其实践在中国人民中所表现的作用的好坏、大小，归根到底，看它对于中国人民的生产力的发展是否有帮助及其帮助之大小。十多年来，各民主党派与中共工作重心转移相呼应，积极发挥自身优势，大力开展了经济、科技、文教、法律、医卫等各方面的社会实践活动。他们对政府改革开放、搞活经济的决策提供咨询，就区域性社会经济发展规划做调查、提建议，兴办各类学校和讲习培训班，开发智力，培养人才，组织力量从科学技术、文教医卫、经济管理等多方面支援少数民族地区、贫困地区和小城镇的建设，做出了显著的成绩。民主党派的社会实践活动，不仅支援了国家建设，而且赢得了社会声誉，促进了参政议政的深入开展，提高了自身参政议政的素质。在1990年11月26日召开的民盟全国社会服务工作会议上，民盟中央常务副主席高天深有体会地说：作为参政党，民主党派应对国家大政方针和现代化建设中的重大问题提出建设性的意见。只有组织和推动盟员参加社会主义现代化建设的实践，参加到改革开放的实践中去，才能使我们真正了解一个地区乃至整个国家的情况。经过分析研究，才可能提出有助于共产党和政府决策以及改进工作的意见与建议。也只有这样，才能使民盟在参政议政和民主监督中更有发言权。[9]

有中国特色的社会主义政党制度

一、中国社会主义政党制度的本质特征

当代世界上存在着多种多样的政党，也存在着多种多样的政党制度。各种政党制度与各自的国情相适应，有不同的内容和本质特征。只有把握各种政党制度的本质特征，才能认识不同政党制度的实质区别。

中国共产党领导的多党合作和政治协商制度是扎根于中国土壤、符合中国国情的新型的社会主义政党制度。它根本不同于西方资本主义国家的两党制、多党制，具有以下本质特征：

（一）从政党与政权的关系看，中国共产党是我国社会主义事业的领导核心，是执政党；各民主党派是参政党。当代世界各国政党都是以政权为中心开展活动的，我国也不例外。但是，我国政党在政权中的活动具有鲜明的特色。第一，在我国，中国共产党居于核心领导地位，各民主党派接受中共领导，同中共一道参加国家政权及国家事务的管理。它们不是反对党或在野党，不存在轮流执政的问题。第二，中国共产党执政和各民主党派参政，都不是为了各自党派的私利，而是代表我国广大人民行使当家作主的权利。第三，我国政权实行民主集中制的原则，既有高度民主，又有高度集中。与此相适应，在我国政权中，共产党处于核心决策的地位，同时，又同各民主党派通力合作，同心治国。我国政党在政权中活动的这些特点，使我国得以避免西方国家分权制衡体制下各种力量相互牵制和抵消的弊端，使我国政权既充满活力又富有效率。

（二）我国的多党合作制以四项基本原则为政治基础。在我国，四项基本原则是立国之本，也是多党合作的基石。我国各民主党派作为政党，必然要反映各自所联系的成员和群众的利益与要求，必然有各自的政治见解，必然存在政党意识、民主意识和自主意识。这是正常的政治现象。但我国各民主党派的政治见解、政党意识、民主意识和自主意

识，都以四项基本原则为基础，都是为了巩固而不是背离四项基本原则的。这是中国共产党与各民主党派经过几十年的革命和建设实践所得出的共识和共同行动准则。各民主党派都深刻理解：只有接受中国共产党的领导和帮助，民主党派才能不断成长和进步，否定中国共产党的领导，就等于否定中国革命和建设的一切成果，否定民主党派走过的光荣的历史道路。

在我国，决不允许反对四项基本原则、危害国家政权的政治组织存在。

（三）我国的社会主义政党制度，实质上是社会主义民主制度。实行这个制度从根本上讲，是为了建设有中国特色的高度的社会主义民主政治。没有民主就没有社会主义。我国实行多党合作制度，说到底就是为了使我国各方面、各阶层人民群众更好地参政议政，使他们的利益和愿望，都能充分地反映，表达出来并得到实现。中国共产党领导的本质内容是组织和支持人民当家作主。因此，实行多党合作制，必须注意不断发扬社会主义民主，坚持“长期共存、互相监督、肝胆相照、荣辱与共”的方针，充分发挥民主党派参政议政和民主监督的作用，鼓励民主党派对党和国家的方针、政策、各项工作提出意见、批评和建议并勇于坚持正确的意见。

邓小平同志在新中国成立初就指出：“宪法上规定了党的领导，党要领导得好，就要不断地克服主观主义、官僚主义、宗派主义，就要受监督，就要扩大党和国家的民主生活。”“有监督比没有监督好，一部分人出主意不如大家出主意。共产党总是从一个角度看问题，民主党派就可以从另一个角度看问题，出主意。这样，反映的问题更多，处理问题会更全面，对下决心会更有利，制定的方针政策会比较恰当，即使发生了问题也比较容易纠正。”[10]只有不断发扬社会主义民主，我国的政党制度才有蓬勃的生机和活力。

（四）我国各政党共同致力于社会主义事业，以统一祖国、振兴中华、建设有中国特色的社会主义为共同的奋斗目标。我国各政党有着共同的根本利益，因而必然有共同的事业和共同的奋斗目标。目标一致是我国多党合作前进、发展的基本条件。民主革命时期，中国共产党与各民主党派在反帝、爱国和要求民主的共同目标下，结成了反对帝国主义、封建主义和官僚资本主义的革命同盟。新中国成立后，中国共产党与各民主党派一起制定共同纲领，遵循国家宪法，带领广大群众由新民主主义有步骤地转变到社会主义，形成了“长期共存，互相监督”的局面。新的历史时期，中国共产党与各民主党派的共同目标，就是要全面贯彻社会主义初级阶段“一个中心、两个基本点”的基本路线，努力为实现社会主义现代化、统一祖国、振兴中华、建设有中国特色社会主义宏伟事业而奋斗。

（五）我国各政党之间已经结成了通力合作、互相监督、肝胆相照、荣辱与共的新型社会主义政党关系。这与西方国家两党制、多党制下各党之间彼此倾轧、尔虞我诈、钩心斗角的政敌关系是根本不同的。中共同各民主党派之间的互相监督是在目标一致、事业相同的基础上的亲密合作，而不是彼此攻击、互相拆台。我国各政党之间出现矛盾，应当通过民主协商，运用“团结—批评—团结”的公式加以解决。这种新型的社会主义政党关系是资产阶级政党关系无法比拟的。

（六）我国各政党都得到社会主义国家宪法的承认和保护，享有宪法规定的权利和义务范围内的政治自由、组织独立与法律地位平等，负有保卫国家安全、维护社会稳定和宪法秩序的庄严责任。在我国，中国共产党和各民主党派都以宪法为根本活动准则，都必须在宪法范围内进行活动。民主党派的政治自由，是适应社会历史发展规律必然性的自由，与中国共产党的领导是一致的。中国共产党的领导与民主党派的政治自由、组织独立和法律地位平等是矛盾统一的辩证关系。把它们割裂开来或对立起来，都是错误的。充分发挥民主党派的作用，支持民主党派维护本组织成员及其所联系群众的合法利益和合理要求，有利于坚持和改善共产党的领导。同时，中国共产党以诚恳和负责的态度给民主党派以帮助和领导，也有利于民主党派加强思想建设、组织建设和发挥作用。历史证明，只有既坚持中国共产党的政治领导又尊重民主党派的组织独立，我国的多党合作才能沿着正确的轨道不断前进和发展。企图摆脱中国共产党的政治领导追求独立，或者超越政治领导的界限干预民主党派的内部事务，都将使我国的多党合作遭到损害。

二、中国共产党领导的多党合作和政治协商制度是我国的一项基本政治制度

我国社会主义政党制度在我国政治体制和政治生活中，具有重要的地位和作用。《中共中央关于坚持和完善中国共产党领导的多党合作和政治协商制度的意见》提出："中国共产党领导的多党合作和政治协商制度是我国的一项基本政治制度。"这是对我国社会主义政党制度在我国政治体制和政治生活中地位与作用的集中概括，是总结了我国多党合作长期发展的丰富经验做出的科学论断，具有丰富的内容：

（一）这个论断说明，我国社会主义政党制度是我国政治体制的重要组成部分，是我国必不可少的一项政治制度。

政党是民主政治的产物。在奴隶制和封建制时代，自给自足的自然经济造成整个社会政治生活的落后、狭小和闭塞。社会被划分为不同的等级，权力天然地不平等。封建君主独揽国家权力，其他人只能唯君命是从，没有受保护和从事政治活动的权利。因此，不可能有为共同政治目的而组织起来进行政治活动的政党。而到了近现代，生产力的发展使社会各个部分发生了紧密的、复杂的联系，政治的范围大大扩大，当封建专制逐渐被打破，需要动员和组织数量众多的人参加政治活动的时候，就必然地产生了政党。当代大多数国家的阶级、阶层或社会集团要执掌政权、参加政权或干预政治，都需要有代表自己的政党，现代世界各国政治大都通过政党进行。我国是人民当家作主的社会主义国家，最

广大的人民群众享有最广泛的参政议政民主权利，更需要有政党去组织和领导。我国共产党领导的多党合作的政党制度，是我国社会主义民主政治建设的一个重要方面。对于这项制度，我们只能坚持、巩固，不能削弱，只能完善、发展，不能后退。

（二）这个论断说明，我国社会主义政党制度在我国政治体制和政治生活中，决不是无足轻重的，而是具有重要的意义和作用。

我国多党合作涉及我国社会政治生活的众多方面和领域，是事关我国政治全局的一项重要政治制度。在中国共产党同各民主党派之间，在国家最高权力机关、在政府、在人民政协中，都要实行多党合作。坚持和完善这项制度，是我国政治体制改革的一项重要内容。它对于巩固、扩大爱国统一战线，发扬社会主义民主，促进全国各族人民大团结，实现我国建设有中国特色社会主义的战略任务，具有重要意义。

（三）这个论断说明，我国实行的共产党领导、多党合作的政党体制，是符合中国国情的社会主义政党制度，是我国政治制度的一个特点和优点。

我国共产党领导、多党合作的政党制度，根本不同于西方资本主义国家的多党制或两党制，也有别于一些社会主义国家的一党制。它既保证了我们国家的团结、集中和统一，又能够充分发扬社会主义民主，有利于我国政局稳定，也有利于调动各方面的积极因素。这对于一个有着11亿人口，经济文化发展还比较落后又很不平衡，并且正在进行改革开放和社会主义现代化建设的大国来说，是非常必要的。

（四）这个论断还说明，我国实行共产党领导的多党合作，是一项有着深远意义的战略方针，而不是临时措施或权宜之计。

社会主义政党制度是我国的一项将长期实行的政治制度。在我国进入社会主义初级阶段以后，阶级关系发生了根本变化，剥削阶级作为阶级已不存在，但不同的社会阶层和社会集团仍将长期存在，各个党派所联系和代表的社会阶层和集团也会长期存在，这就使我国多党合作制度具有了长期存在的社会基础。“长期共存、互相监督、肝胆相照、荣辱与共”，是中国共产党对民主党派的基本方针，也是各民主党派的共同愿望。

在我国，人民代表大会制度是根本政治制度，中国共产党领导的多党合作和政治协商制度是基本政治制度，两者相辅相成，互为补充。人民代表大会是我国政权的组织形式，是我国的政体。它与我国人民民主专政的国体相适应，集中反映了我国人民当家作主，一切权力属于人民的性质。而我国多党合作的政党制度，则是对我国宪法范围内政党活动的规范，是体现和保证我国人民当家作主、参政议政得以实现的一个重要途径和方式。人民代表大会制度和中国共产党领导的多党合作与协商制度，二者所涉及的领域不同，在国家政治生活中的地位作用不同，但它们都是我国社会主义民主政治制度不可缺少的重要组成部分。

西方资产阶级政党制度不适合中国国情

新中国成立以来，中国共产党领导的多党合作和政治协商制度在我国革命和建设各个方面发挥了重要作用，但不少人对这一制度的优越性和必要性还缺乏应有的了解。一些人向往西方的两党制、多党制，有的坚持资产阶级自由化立场的人甚至企图在中国照搬西方的议会政治和多党制，以资产阶级民主取代社会主义民主，这更是完全错误的。因此，科学考察西方资产阶级政党制度的内容和实质，认清西方两党制、多党制的弊端，说明西方两党制、多党制不适合中国国情的根本理由，对于发展我国社会主义民主，坚持和完善我国社会主义政党制度，牢固树立社会主义政党观，是十分必要和有意义的。

一、西方资产阶级政党制度的基本形式

西方资产阶级政党制度，是西方资产阶级在反对封建专制制度斗

争中建立起来的民主政治，是西方资本主义政治制度的重要组成部分。它形成于19世纪30年代的英国，后来逐渐推广被各资本主义国家普遍采用。经过了100多年的发展演变，目前在一些发达资本主义国家资产阶级政党制度已比较成熟，形成一套比较完备的形式和运行机制。它一方面是资产阶级内部不同阶层、集团和政党之间用以协调各自的利益矛盾和冲突的工具，保障资产阶级的共同利益不受损害；另一方面给人以民主的外观，形式上承认全体公民享有同等的民主权利，从而更有效地巩固资产阶级的统治。

资产阶级政党制度是资产阶级通过议会或总统竞选的方式，以资产阶级的两个或几个政党轮流执政或联合执政的方式，来实行资产阶级的政治统治。按照传统的通常的分类，资产阶级政党制度根据一个国家里实际掌握政权的政党的数目，划分为两党制、多党制和一党制三种基本形式。

（一）两党制

两党制是指一个资本主义国家里两个最大的资产阶级政党，以互相对立的角色交替组织政府、轮流执政的政党制度。在两党制下，可以有很多政党，但事实上可能执政的政党只有两个。这两个政党通过每隔几年进行一次的议会选举或总统选举，由在议会选举中获得多数议席或当选为总统的一个政党组织政府，成为执政党，而另一个在议会选举中获得少数席位或在总统竞选中遭受失败的党，就成为反对党或在野党。反对党或在野党不参加政府，但可以监督和牵制执政党的活动。

在当今资本主义国家，英国、美国、加拿大、澳大利亚、新西兰等国，都实行两党制，而其中英国和美国的两党制又最为典型。

英国实行的是议会内阁制的两党制。它的特点是在议会中尤其是下议院中获得多数议席的政党为执政党。执政党掌握行政权力，也掌握立法权力。获得议席较少的是“英王陛下忠诚的反对党”。反对党在台下不但可以批评监督政府，甚至可以组成“影子内阁”准备随时取代政府。英国早在17世纪时就在议会中产生了两个党，一个是代表新兴资产阶级和新贵族利益的辉格党，一个是代表地主阶级和封建贵族利益的托利党。19世纪30年代英国对选举制度进行改革之后，这两个党逐渐演化成为两个全国范围性的资产阶级政党——自由党和保守党。20世纪初，自由党逐渐衰落，其地位被工党所取代。现在英国两党制中互相竞争、轮流执政的两个政党就是保守党和工党。

美国实行的是总统制的两党制。它的特点是由在总统选举中获胜的一个政党为执政党。执政党掌握行政权，但不一定同时掌握立法权。因为在总统选举中失败的政党有可能在国会选举中取胜，获得多数席位而掌握立法权。在美国，竞选总统失败的是在野党，但没有英国那样明确的议会中的反对党。在美国国会中一般称多数党与少数党。多数党与少数党并非执政党和反对党的关系。美国在建国之初国会中就有联邦党人和反联邦党人的政治派别，以后逐渐形成了民主党和共和党两大全国性政党。美国历届总统除开国总统乔治·华盛顿外，都分属于当时对立的两党。国会中两院的议席，也由两党垄断。

不论英国的内阁制还是美国的总统制，互相竞争的两党并没有根本的利害区别，而是资产阶级不同集团的政治代表。在两党制下，广大劳动群众依然处于被剥削、被压迫的地位，只能在两党所提出的候选人中间选择谁来执政。这种两党制的实质，正如恩格斯所指出的："可以看到两大帮政治投机家，他们轮流执掌政权，用最肮脏的手段为最卑鄙的目的运用这个政权，而国民却无力对付这两个大的政客集团，这些人表面上是替国民服务，实际上却是统治和掠夺国民的。"[11]

（二）多党制

多党制是指在一个资本主义国家里，多党并立，而且实力相当，许多党可以单独或联合竞选和执政的政党制度。在多党制下，往往议会中的席位被许多政党分别掌握，一个政党很难控制多数席位从而单独组织政府。这样，只好以某一个主要政党为中心，联合其他一些政党，来争取获得多数议会席位或总统的多数票数，并联合组织政府。多党制国家也有议会制和总统制之分。由于多党制下各资产阶级政党之间的矛盾，当执政联盟中政党之间发生意见分歧，达到不可调和时，就会导致联盟破裂、政府倒台。因此，西方议会制多党制国家有一个比较显著的特点，就是政局不稳，政府更迭频繁。

现在大多数西方资本主义国家都实行多党制。其中法国是最早实行也是最有代表性的多党制国家。法国从1870年建立法兰西第三共和国始，就政党众多，纷争不已。当时法国实行议会制，各党为获得议会多数，组织政府，相互利用，分分合合，变化无常。在1946年至1958年的第四共和期间，法国竟更换了20届政府，每届平均不过半年左右。政局动荡引起法国上下不满，促使戴高乐1958年重新当政后修改宪法，扩大总统权力，规定了总统任免总理，总统可以直接掌握政府的组成和活动，并有权解散国民议会，使议会的权力和作用大大削弱，法国政体出现总统制内容的重大变化，这才结束了政府危机频仍的局面，逐渐稳定了政局。

有人以为在多党制的国家，人民可以真正享有民主选举的自由。这是一种肤浅的看法。在多党制国家，虽然政党众多，但真正有实力参加政治角逐的仍然是代表资产阶级利益的各政党，代表劳动人民利益的政党往往被种种苛刻条件的限制而被剥夺竞选权利或者参加了竞选也难以取胜。这样，不管多党制的选举扮演得多么热闹、多么民主，人民仍然只能在资产阶级的各政党提出的候选人中被迫进行选择。这种多党制，同样是资产阶级民主和资产阶级专政的一种精巧的手段。对广大劳动人民来说，是毫无自由民主权利可言的。

（三）一党制

一党制是指长期由一个政党掌握政权的政党制度。一党制有两种情况。一种是实行资产阶级民主制下的一党制。在这种一党制下，也有许多政党，所有政党也可以在选举运动和议会活动中与执政党竞争，但由于政治力量对比差距太大等因素，实际上绝大多数政党很难获得多数上台执政，而只有一个党长期执政。资产阶级内部各个集团之间的竞争和冲突不是表现在不同政党之间，而是表现在一个政党内部的不同派系之间。日本是这一类国家的典型。第二次世界大战后日本一度实行多党制，但从1955年11月自由党与民主党合并建立自由民主党以来，它就一直是国内的第一大党，稳获议会多数，执掌政权。日本的各垄断资本集团，通过支持自民党内的不同派系进行竞争，达到自己的目的。由于日本没有违背资产阶级多元民主的基本原则，因此西方一些人又把它区别于一党独裁制称为一党多元制。

一党制的另一种情况就是第一次世界大战后在某些资本主义国家出现的法西斯政党独裁制。在这种一党制下，资产阶级民主也被废弃，由一个垄断资产阶级支持的法西斯政党实行一党专制，公开依靠暴力进行血腥恐怖统治，不允许其他政党存在，或者使其他政党只作为自己法西斯政治统治的陪衬。这种法西斯一党制产生的原因，主要是当时所在国出现政治危机，垄断资产阶级不能以多党议会制或总统选举的办法来维持其统治，便撕掉民主的伪装而直接依赖于暴力。第一次世界大战后意大利、德国、日本、西班牙等国都出现过法西斯一党制，旧中国蒋介石实行的国民党一党独裁也属于这种一党制。

这种一党制带给人民的只能是无穷的灾难和痛苦。这是显而易见的。

二、西方资产阶级政党制度的基本特征

政党制度指的是一个国家中政党掌握、行使政权，参与、影响政治的方式、方法、规范和秩序等。资产阶级政党制度的基本特征，反映在资产阶级政党的参政方式、资产阶级政党与政权的关系以及各政党之间相互关系上。

（一）西方资产阶级政党的参政方式

资产阶级政党的参政方式也就是资产阶级政党的职能。它主要有

三项：

第一，参加组织竞选。资产阶级政党首先是选举的工具。在西方资产阶级民主制的国家，政党通过选举获得在国家政权和政治生活中的合法地位。代议机关和政府中的重要职位都通过选举产生。因此，西方资产阶级政党最重要的职能就是倾尽一切手段，使出浑身解数，来参加组织竞选、操纵竞选。有的国家选举法明确规定只有政党才有权提出候选人。有的国家无此明确规定，或规定一定数量的选民也可提出候选人，但事实上没有政党背景的候选人受到种种限制，很难同政党提出的候选人相抗衡。美国的共和党与民主党都公开宣称自己是“选举的组织”，“一切为了竞选”。其政党组织机构也根据竞选需要设置：没有固定的政纲，甚至没有固定的党员。党员根据四年一次的总统选举中支持哪一党的竞选纲领来确定。党的组织实际为松散的竞选联盟。

西方国家的选举是被政党操纵的。而西方政党的背后，都有垄断资本集团的操纵和支持。许多资本主义国家都规定，候选人必须交纳一笔保证金才有资格参加竞选。在美国，竞选费用高得惊人。一名国会议员在竞选中要花费的费用在20世纪50年代为1.5万至2.5万美元，70年代已超过10万美元。因此，所谓竞选不过是金权政治的角逐把戏而已。

第二，制定和推行政策。在西方竞争执政的政党组织内部，一般都有研究和制定党的纲领与政策的专门机构和人员，政策制定后，通过发表竞选演说和传播媒介，广为宣传，争取选票。在竞选胜利取得执政地位后，便利用其所掌握的政府或议会多数加以推行。须看清：（1）西方国家政党制定和推行的政策，是以维护资本主义政治、经济制度的基本原则，基本价值观念为准则的，决不能损害或触犯资本主义私有制度。（2）西方国家政党制定的政策有很大的虚假性，往往与其执政后实际推行的政策并不一致。有些是竞选中为击败对手出于策略考虑提出的。有些是为讨好选民、争取选票而许愿，上台后根本不准备执行的。有些政策则因为受在野党牵制而必须做出妥协和让步。

第三，执掌政权。西方国家政党执政通过争夺议会和政府的席位的方式来实现。选举过后，政党继续在议会和政府中活动。在议会设立议会党团，以控制议会活动，协调政党关系，平衡政治权力。许多国家议会的重大决议形式上由议员大会通过，实际上早在议会党团会议上就已决定。在政府，选举出来的总统或总理、首相就是执政党的领袖。他把自己党内的要员及支持他的富豪家族成员安插到政权机关担任要职，把本党的纲领、政策设法提升为国家法令、政策。一般地讲，作为执政党领袖的总统或总理、首相虽然要同其党组织的领导人磋商，听取意见，并争取支持，但作为国家领导人，他不受其党组织的约束和领导。在西方国家，执政党首脑和议会党团在国家政治生活中起着重要的作用。

（二）西方资产阶级政党与政权的关系

西方资产阶级民主制国家实行立法、行政、司法三权分立，军队国家化，以及公务员制度（文官制度）。其司法权独立，公务员不随政党的进退而进退；国家国体及政体的基本结构与运行相对稳定，不受政党更迭的影响。所谓西方国家政党与政权的关系，主要局限在政党与议会和政府的关系上。西方国家政党这种在政权中活动的有限性，说明资产阶级政权的某些最基本的东西是不可侵犯、不容触动的。这一方面保证了其国家机器运行的稳定性和连续性，另一方面也表明其国家政权为整个资产阶级所掌握，保证了资产阶级的统治利益。

西方国家的执政党、反对党或在野党都与政权发生某种联系。

在议会内阁制国家，一个政党或政党联盟经过竞选获得议会过半数席位，成为议会多数党，可上台组阁，执掌国家行政权力。一般由议会的多数党领袖担任首相，提出内阁各部部长名单，负责组织政府。这个政府向议会负责。如果议会过半数通过了对政府的不信任案，政府就需辞职，或者解散议会实行重新选举。在议会内阁制下，也有议席不过半数的政党组成所谓少数政府的情况，但它通常得到议会某些在野党的默许。由于通常情况下议会是被选举取得执政地位的多数党控制的，因此所谓内阁向议会负责实际上是多数党政府向多数党议会负责，即自己向自己负责。这里民主的狭隘性是不言而喻的。在总统制国家，如美国，总统选举与议会席位的选举是分别举行的，总统的产生不取决于国会中政党所获议席的多少。因此，一个政党能否取得执政地位与其能否获得议会多数没有必然关系。在总统制国家，政府向总统负责。总统与政府均不向议会负责，而且有权否决议会通过的提案。但是，总统不能解散议会，而且议会拥有弹劾总统以及批准总统任命高级官员的权力。由于总统制下执政党在议会中可能处于少数地位，甚至两院的多数都可能分属不同的政党，因此往往党政关系不尽协调。美国总统与国会之间常常互相扯皮，发生摩擦，原因就在于此。邓小平同志揭露资产阶级三权分立的实质和民主的虚伪性，指出："我们讲民主，不能搬用资产阶级的民主，不能搞三权鼎立那一套。我经常批评美国的当权者，说他们实际上有三个政府。当然，美国资产阶级对外用这一手来对付其他国家，但对内自己也打架，造成了麻烦。这种办法我们不能采用。"[12]

在议会内阁制国家，反对党有受到国家保护的牵制和监督执政党活动的政治权力，同时也承担一定的义务。在英国，获议会席位仅次于执政党的最大的在野党，被称为"法定的反对党"，按照宪法惯例可以组织"影子内阁"。在总统制的国家，竞选总统职务失败的在野党，同样有牵制和监督执政党活动的权力，所不同的是它还可能在议会选举中获得多数而掌握立法权。因此在美国这样的总统制国家，在国会中只区分多数党和少数党。应当指出，西方国家的反对党或在野党同样是以维护和巩固资本主义制度为目的，既不反对现政权，也不反对现存制度，而仅仅是反对执政党的某些主张。因此即使他们取代执政党上了台，仍然是资产阶级统治的工具，阶级本质不会有丝毫的改变。所谓执政党与反对党、在野党的轮流执政，不过是资产阶级实行统治的换马术而已。在西方国家，反对现政权和制度的政党被视为体制外的非法政党，受到法律的禁止，也受到包括执政党和反对党的所有所谓体制内政党的攻击和排斥。例如，联邦德国宪法法院就曾在1952年10月和1956年8月分别以散布违法言论为名，取缔了极右的社会帝国党和革命的德国共产党。西方国家反对党或在野党的活动集中在议会，通过议会与政权发生关系，通过在议会中的纵横捭阖达到自己的政治目的。由于反对党或在野党对政府的政策制定和执行同样具有很大影响，因此一定意义上可以说，它既同执政党有所区别，又以不同方式参与执掌政权。这种政党制度，恰恰便于调节资产阶级不同集团之间的利益纷争，更好地实现资产阶级的统治。

（三）西方资产阶级政党与政党之间的关系

西方政党关系是互相独立，互相竞争，彼此倾轧。为了达到执政或影响、干预政治的目的，西方各政党便在各种选举中展开激烈的斗争。为取得选举胜利，各党无所不用其极，从互相谩骂、互揭丑闻到金钱收买、造谣恐吓，均不足为怪。选举结束后，各党之间的竞争转入议会和政府中，通过质询，投不信任票以至弹劾等手段继续进行角逐。

西方国家各政党之间的互相竞争、彼此倾轧的状况，是由资产阶级内部存在不同的互相竞争的集团决定的。竞争是资产阶级政党关系的主旋律。但是，这并不等于说西方政党之间就没有合作。在下面两种情况下，西方国家的政党之间就常常表现为合作的关系：

第一，当面临来自外部的挑战时，西方各资产阶级政党之间就出现合作。如当其国家遭到外部威胁或者面临战争情况时，各党常常能团结合作，一致对外。再如当其国内出现威胁资本主义基本制度和政治体制的所谓极端组织或个人时，各党也态度一致，共同压制。这个情况表明，西方政党制度中的各政党被相互竞争的各垄断资本集团所左右，它们之间虽然存在着矛盾、冲突和竞争，但在维护资本主义制度这个根本问题上是完全一致的。西方各党各有其利，各有主张，但没有根本的分歧。它们之间的竞争是资产阶级内部的竞争，是在资本主义体制允许范围内的竞争，是适应资产阶级根本利益需要的资产阶级自我调节手段。

第二，在西方多党制国家，一些政党之间进行合作也比较常见。其中包括在选举中几个政党结成联盟联合提出竞选纲领和候选人或互相投票支持，在议会中几个政党实行联合组成一个议会党团以反对另一个或另几个党，在政府中几个政党共同组阁联合执政等。但是，这些情况下的合作只是现象而非本质。因为这些合作是建立在竞争基础上的，这些政党之间进行合作只是为了各自竞争的需要。资产阶级各党之间彼此冲突的利益总是使它们难以维持长久的合作关系。这是导致西方多党制国家政治持续动荡、政权频繁更迭的根本原因。

三、西方国家的资产阶级政党制度不适应中国国情

一个国家实行何种政党制度，由各国的特定社会历史和现实条件所决定。西方国家的政党制度在中国行不通，因为这种制度是适应西方的社会历史和现实条件产生的，中国没有也不可能有类似西方国家的那种社会历史和现实条件。

（一）我国是无产阶级领导的人民当家作主的国家。在我国，政党只能是代表、反映人民的利益，为人民服务。而西方国家政党制度中的政党，无论其如何标榜代表民意，但实质上它从来都是代表资产阶级利益，为资产阶级的政治需要服务的。

从历史看，西方国家的政党制度是随着资本主义生产方式的发展，资本主义生产关系的逐步确立，新生的资产阶级与没落的封建贵族阶级进行斗争并取得胜利的结果。西方政党在其产生伊始就是代表资产阶级，尽管在当时它作为新兴社会力量的代表，也反映了人民的某些要求，有一定的历史进步性。最早出现两党制的英国，早在1679年斯图亚特王朝复辟时期，就开始有两党竞争的雏形。当时议会在讨论国王查理二世的继承人时，代表工商业资产阶级和新贵族的议员们为维护新兴资产阶级的利益提出“排斥法案”，反对天主教徒詹姆士继承王位，而代表地主贵族利益的议员则反对“排斥法案”，双方展开了激烈斗争。在

互相争吵中前者斥后者为“歹徒”（英文即“托利”），后者骂前者为“强盗”（英文即“辉格”），英国最早的两个政党——辉格党和托利党即由此而来。以后，英国发生了1688年“光荣革命”，资产阶级统治逐步巩固，议会权力不断扩张，根据许多“惯例”，逐渐形成议会中多数党组阁执政的局面。适应相互竞争的资产阶级的统治需要，英国原代表不同阶级利益的辉格党和托利党，逐步演变为代表资产阶级内部不同集团利益的自由党和保守党，逐渐形成了现代西方政党制度。

从现实看，当代西方国家的政党从根本上、总体上讲，也是代表资产阶级而不是广大人民，其制度也是为资产阶级服务而不是为广大人民服务的。在资本主义私有制下，政治权力必然与金钱相联系，产生“金权政治”。政治权力的大小、多寡往往最终取决于财产的多少。因此，政治权力最终只能被掌握西方国家钱袋的资产阶级所控制，广大人民不可能有真正的管理国家、管理社会的民主权利，以获取国家政治权力为目的的西方国家政党也只能代表资产阶级。现在西方国家各主要参与竞争执政的政党，都是垄断资本集团所支持的。例如日本，自民党能够长期执政，与日本大财阀、大财团组织的“国民政治协会”为其提供“特别政治资金”等巨额捐款分不开。据日本政府每年公布的数字统计，自民党从1971年至1980年全部收入为1300多亿日元，而“国民政治协会”的捐款即为1000多亿日元，占80.9%。西方国家政党通过选举获取政治权力，而西方国家的选举几乎是用金钱堆出来的。最近日本第39届众院议员大选，据日本一个选举咨询机构估计，每个候选人平均费用为9亿日元，900多名候选人总费用高达2700亿日元。如此巨额的竞选经费，是普通国民根本无法弄到的，只能来自垄断资本集团的捐助和支持。而捐助和支持必然是干预、操纵政治的一种手段。在美国，金钱对政治也至关重要，以至被看成是“政治活动的母乳”。美国众议院前院长奥尼尔毫不掩饰地说：“任何一个竞选都包括四个方面：候选人、候选人的观点、竞选组织以及竞选用的钱。没有钱，你干脆就不要想其他三个方面。”

显然，这种依靠垄断资产阶级集团的捐助来干预政治的金权统治，同我国人民民主专政的国家体制与广大人民的根本意志是相违背的，从而是绝对不容许的。

（二）我国是以公有制为主体的、以全体人民共同富裕为目标的社会主义国家。在我国，政党制度必须与社会主义公有制相适应，为完善、发展社会主义公有制这一经济基础服务。而西方国家的政党制度，是建立在资本主义私有制基础之上，为资本主义私有制服务，与公有制是格格不入的。

在私有制基础上形成的资本主义生产关系和商品经济的发展，必然导致资产阶级为追逐最大利润而进行自由竞争，而这种竞争的结果，必然在资产阶级内部产生有不同利益的各种垄断资本集团，产生资产阶级内部各集团之间的矛盾、对立、彼此倾轧、钩心斗角。资产阶级彼此倾轧的竞争状态反映到政治上，就决定了它实行平等竞争、相互牵制、轮流执政的政党制度。由此可见，西方国家政党制度的实质，一方面是平衡、协调各垄断资本集团的利益满足资产阶级内部各个集团、派别“利益均衡”的要求，并防止某一个集团的独裁专制，维持资产阶级各个集团的“和平竞赛”。另一方面是“利用它们之间虚张声势的毫无内容的决斗来欺骗人民，转移人民对切身利益的注意”[13]，进一步巩固资产阶级对劳动人民的统治。在现代任何西方国家，财产私有是神圣不可侵犯的。它不仅是资产阶级不可动摇的经济原则，也是资产阶级坚决维护的政治原则。西方国家许多政党之间可能有这样、那样的政见分歧，但在承认和维护私有制这一点上，从来立场是共同的。因为私有制是资本主义整个经济、政治制度大厦的基础，也是其政党制度存在和发展的基础。

显而易见，这种以维护资本主义私有制为基础的政党制度，同我国以社会主义公有制为基础的社会经济和政治制度，是根本不相容的。

（三）我国是以绝大多数人民的民主和对极少数人民敌人的专政为国体，以民主集中制的人民代表大会制度为政体。在我国，政党制度必须适合这种国体和政体，必须为完善社会主义的政治体制服务，而西方国家的政党制度，是西方国家资本主义政治体制的组成部分，是资产阶级民主和专政的一部分，离开了现行西方的政治结构，它就没有立足之地。

西方国家制度实质上是资产阶级民主和资产阶级专政。适应这个国家制度，它在政治体制上采取立法、行政和司法三权分立，实行议会制度、多党竞争制度、竞选制度等。这各种政治制度是紧密联系、互相需要、不可分割的。历史上西方国家的政党制度与议会制度和竞选制度的形成就互为因果，是在互相促进中发展完善起来的。如在英、法等资本主义制度发源的国家，早在资产阶级革命胜利以前就有议会组织，资产阶级政党的前身就是在议会中活动的政治派别。议会为资产阶级政党的产生创造了条件，而资产阶级政党的活动，也使议会逐渐摆脱封建君王的控制，发展成为适应资产阶级统治的基本形式。资产阶级政党产生于议会，而其发展、完善到形成制度，则与选举有关。随着选举权的扩大，为取得竞选胜利需要有比较严密的组织来争取选民支持，资产阶级政党才逐渐建立起比较完善的组织机构，逐步发展出全国性的政党。今天，西方国家政党的主要活动仍然是竞选和在议会中角逐。今天西方国家的政治体制靠议会制度、政党制度、竞选制度等相互配合才能运行起来。这其中主要的政治制度都互为基础、互为条件、相互关联。例如，没有政党去组织、动员选民，去搜集各方意见制定竞选纲领，推出候选人，西方国家的竞选制度就难以进行。同样，西方国家的政党也是在选举运动中提出自己的纲领，推出自己的领袖，甚至确认自己的党员。再如，没有合法竞争、轮流执政的不同政党存在，就无所谓责任内阁制。因为所谓“责任”，就是执政党政府失去议会信任时必须辞职，其他政党即反对党、在野党可以取而代之。同样，如果没有责任内阁制，政党没有轮流执政的机会，相互竞争的政党制度也就失去了意义。由此可见，西方国家的政党制度只能存在于西方国家的政治结构中。离开了现行西方政治结构，它就无法运转，就没有生存、发展的余地。

（四）我国是一个正在进行改革开放和现代化建设、处于社会转型中的发展中国家，社会矛盾错综复杂、纵横交错，非常需要政局稳定。只有实行以中国共产党的领导为坚强核心的多党合作和政治协商制度，才能保证我国的政局稳定。而西方国家的那种互相竞争、分庭抗礼的政党制度，只能导致政局动荡、政党纷争和社会混乱。这不仅为中国的历史所证明，而且也为现在世界上许多发展中国家实行竞争性的多党制产生的后果所证明。从国外研究比较政体的学者提供的数据可见，在现代世界众多的发展中国家，凡是实行竞争性多党制的，几乎都政局不稳。在这些国家政变的次数与政党的数量成正比。这种现实使西方的政治学者也得出这样的结论："在低度现代化国家，一党制可强可弱，但多党制却毫无例外都是软弱的。""在现代化中国家，多党制与高水平的政治制度化和政治安定是不能共存的。在现代化中国家，多党制是软弱的政党制度。"[14]

邓小平同志曾经对西方国家资产阶级政党制度的弱点和我国社会主义政党制度的优越性做了精辟的论述，指出："资本主义国家的多党制有什么好处？那种多党制是资产阶级互相倾轧的竞争状态所决定的，它们谁也不代表广大劳动人民的利益。在资本主义国家，人们没有也不可能有共同的理想，许多人就没有理想。这种状况是它们的弱点而不是强点，这使它们每个国家的力量不可能完全集中起来，很大一部分力量互相牵制和抵消。我们国家也是多党，但是中国的其他党，是在承认共产党领导这个前提下面，服务于社会主义事业的。我国全国人民有共同的根本利益和崇高理想，即建设和发展社会主义，并在最后实现共产主义，所以我们能够在共产党的领导下团结一致。我们党同其他几个党长期共存，互相监督，这个方针要坚持下来。"[15]

总之，西方国家的两党制或多党制是产生于西方土壤，适应西方各国国情的政党制度，其实质是资产阶级的统治方式，它在社会主义中国是根本行不通的。

注释：

［1］《马克思恩格斯选集》第2卷，人民出版社1972年版，第82页。

［2］《邓小平文选》（一九七五——一九八二年），人民出版社1983年版，第232页。

［3］《新时期统一战线文献选编》，中共中央党校出版社1985年版，第84页。

［4］《毛泽东选集》第4卷，人民出版社1967年版，第1216页。

［5］《新时期统一战线文献选编》，中共中央党校出版社1985年版，第46—47页。

［6］《列宁全集》第31卷，人民出版社1963年版，第225页。

［7］参见江泽民同志1990年1月11日在全国统战部长座谈会上接见各省、自治区、直辖市和计划单列市党委统战部长时的讲话。

［8］《列宁选集》第4卷，人民出版社1972年版，第370—371页。

［9］《人民日报》1990年11月27日。

［10］《邓小平文选》（一九三八——一九六五年），人民出版社1989年版，第258、261页。

［11］《马克思恩格斯选集》第2卷，人民出版社1972年版，第335页。

［12］《建设有中国特色的社会主义》增订本，新华出版社1987年版，第150—151页。

［13］《列宁全集》第18卷，人民出版社1959年版，第397页。

［14］亨廷顿：《变革社会中的政治秩序》，华夏出版社1988年版，第408、410页。

［15］《邓小平文选》（一九七五——一九八二年），人民出版社1983年版，第231—232页。

略论中国统一战线的基本经验*

（1991年9月）

统一战线历来是中国共产党总路线总政策的组成部分，在党的事业中具有重要的战略地位。中国革命和建设的进程，始终同中国共产党领导的统一战线息息相关，紧密相连。这是中国革命的一个重大特点，也是中国社会主义建设的一大特色。

70年来，我们党领导的统一战线在曲折发展中积累了极其丰富的经验。这些经验，不论以正面或反面形式出现，都是中国革命发展规律的反映，是中国革命人民的无价之宝。总结起来，中国统一战线的基本经验，主要有以下六条：

中国革命和建设要胜利，必须联合一切可以联合的力量，建立最广泛的统一战线

无产阶级只有解放全人类才能最后解放自己。这是无产阶级及其政

* 本文与李青同志联名发表于中央党校《党校论坛》1991年第9期。

党实行统一战线的根本指导思想。为了实现各个阶段的革命任务和解放全人类的远大目标，无产阶级政党任何时候都必须争取团结一切可以争取团结的力量，坚持和发展最广泛的统一战线。任何忽视以至排斥统一战线的观点和做法，都是错误的、极其有害的。

团结一切可以团结的力量，调动一切积极因素，化消极因素为积极因素，为中国的革命和建设事业服务，是我们党一直遵循的基本方针。

为了实现最广泛的团结，必须根据客观形势和历史条件的变化，极仔细、极慎重地分析社会阶级关系，正确地区分敌和友。历史上，“左”倾机会主义者把朋友误认为敌人，右倾机会主义者把敌人误认为朋友，这两种极端都是敌友不分的表现，都给革命招致了严重的损失，应当从中吸取教训。还应该看到，敌对营垒也不是铁板一块，是具有两重性的。在一定的历史条件下；敌人内部是可以分化的。因此，革命者应当保持清醒的、辩证的认识，不能把昨天是敌人而今天可以成为朋友的人仍然当作敌人。总之，一切以时间、地点、条件的变化为转移，科学地准确地把握形势和对象的变动，决不可思想僵化。

我国统一战线在长期发展中形成了两个联盟：一个是工人阶级同其他劳动人民的联盟，主要是工农联盟，这是基本的联盟；一个是工人阶级同可以合作的非劳动人民的联盟，这是辅助的又是必不可少的联盟。中国统一战线的历史经验指明，必须巩固壮大第一个联盟，才可能建立和发展第二个联盟；有了第二个联盟，才有最广泛的革命统一战线。在新的历史时期，爱国统一战线进一步发展形成了两个范围的联盟：一个是大陆范围内以爱国主义和社会主义为政治基础的、团结全体劳动者和爱国者的联盟；一个是大陆范围外以爱国和拥护祖国统一为政治基础的团结台湾同胞，港澳同胞和国外侨胞的联盟。第一个范围的联盟是主体，主体安定团结、坚强有力，第二个范围的联盟才能巩固、扩大，第二个范围的联盟发展、扩大了，整个统一战线才能蓬勃兴旺。我们要正确地认识和处理两个范围联盟的关系，团结爱国力量，调动一切积极因素，为建设四化、统一祖国、振兴中华这个总目标服务。

统一战线的本质是团结大多数。要在爱国主义旗帜下，联合中华民族海内外一切有爱国心的人们。只要有利于建设四化、统一祖国、振兴中华，只要有利于民族团结、社会进步、人民幸福，只要有利于挫败国内外敌对势力的渗透、颠覆与和平演变，不论哪一个阶级、阶层，哪一个党派、集团，哪一个人，我们都要团结。这种团结愈广泛，对社会主义建设愈有利。

坚持共产党对统一战线的领导权

统一战线是不同的阶级、阶层、党派、集团在共同目标下的联合活动。要使这种联合活动协调一致、坚强有力，必须坚持中国共产党对统一战线的核心领导。因此，任何时候，领导权问题都是统一战线最根本的问题。中国共产党是中国工人阶级的先锋队，是全心全意为人民服务没有任何私利的政党，是中国唯一敢于并善于带领全国各族人民战胜艰难困苦、创造美好未来的政党。我国统一战线70年曲折发展的历史证明，只有在共产党的坚强领导下，统一战线才有正确的方向、蓬勃的生机和光明的前途。如果放弃或者削弱党的领导，那么统一战线不是受到挫折、遭到失败，就是走入歧途。

共产党对统一战线的领导主要是政治领导，即政治原则、政治方向和重大方针政策的领导。党的领导必须通过艰苦细致的政治工作以至必要的斗争来实现。党的领导权的实现，在不同历史时期有着不同的内容和要求。民主革命时期，大地主、大资产阶级是当时的统治阶级；敌强我弱，党对统一战线的领导权很大程度上是依靠自己政策的正确和斗争的坚定性，同大地主、大资产阶级争夺来的。社会主义时期，我们党成为领导国家政权的执政党，仍然有巩固党的领导权问题，这就是必须不断地加强和改善党的领导。我们要靠党的正确路线和政策，靠自己的政治坚定性，靠共产党员的先锋模范作用，去吸引、影响和提高广大同盟者；团结他们在爱国主义、社会主义旗帜下胜利前进；同时还要正确处理同党外人士的关系，尊重他们的意见和权益，充分发挥他们的积极性和创造性。

共产党的领导是统一战线沿着正确的航道前进、发展的根本保证。加强党的领导与发展最广泛的统一战线决不是对立的而是统一的。没有广大的同盟军，党就成了“孤家寡人”“空军司令”。在当前国际风云变幻，国内诸种社会矛盾交织存在的情况下，我们党的旗帜愈鲜明，态度愈坚定，路线方针愈正确，就愈能赢得同盟者的拥护和支持，愈能巩固和扩大爱国统一战线，同时，我们愈努力发展最广泛的爱国统一战线，争取最广大的同盟者，我们党的领导才愈坚强、愈有力。

统一战线必须为党的基本路线服务

我国统一战线历来是中国共产党总路线的重要组成部分。党在各个时期的基本路线，是该时期统一战线的行动指南。70年来，我国统一战线都是紧紧围绕各个时期党的基本路线，为完成党的总任务、实现当时的战略目标服务的。民主革命时期，统一战线的中心任务是为推翻帝国主义、封建主义和官僚资本主义在中国的统治，争取人民革命的胜利服务。社会主义革命时期，统一战线致力于完成社会主义改造和发展社会主义建设。新的历史时期，爱国统一战线的根本任务是贯彻党的“一个中心、两个基本点”的基本路线，努力为实现四化、统一祖国、振兴中华、建设有中国特色社会主义的宏伟事业服务。中国统一战线的历史发展表明，只有紧密地为党的基本路线服务，统一战线才能永葆强大的凝聚力和生命力。

坚持发展统一战线与巩固人民民主专政相结合

在我国，党领导的统一战线和党领导的人民政权是相辅相成发展起来的。民主革命时期，统一战线与武装斗争、与人民政权一直是相互支持，相互依赖，密切配合，共同发展的。在艰苦的战争年代，巩固的革命根据地政权为统一战线的发展提供了坚强依托；而革命统一战线的发展又使革命根据地政权获得了广泛的社会支持和坚强的群众基础。抗日根据地实行的著名的“三三制”政权，就是依照统一战线原则组成的。1949年，我国建立起工人阶级领导的、工农联盟为基础的人民民主专政的国家政权。这个政权，是随着党领导的统一战线与革命战争相配合取得全面胜利发展而来的。新中国成立后，我们党继续坚持统一战线的方针，依靠人民民主专政，团结全国各族人民、各民主党派和一切爱国力量，胜利地开展了反对国内外敌人的斗争；在坚强的工农联盟的基础上保持了同民族资产阶级的联盟，成功地推进了社会主义改造，把工人阶级同民族资产阶级的矛盾作为人民内部矛盾来处理，取得了社会主义改造和建设事业的伟大胜利，也极大地巩固了我国人民民主专政的国家政权。在新的历史时期，随着国内阶级状况的根本变化，剥削阶级作为一个阶级已经消灭，我国政权中四个阶级的联盟不再存在。但是，新时期爱国统一战线包容的全体社会主义劳动者、拥护社会主义的爱国者同拥护祖国统一的爱国者的联盟，仍然是人民民主专政的重要社会基础。在人民民主专政下，我们实行人民代表大会制度，同时实行共产党领导的多党合作和政治协商制度。我国有许多各民族、各党派、各人民团体和各界人士的代表人物参加各级政权机关的工作。这对于巩固加强人民民主专政和发展最广泛的统一战线，都是必要的、有利的。

人民民主专政与统一战线紧密结合，由我国国情所决定，是我国政治体制的一个鲜明特点和优点。我们必须继续保持和发扬这个特点和优点，而不能丢掉或削弱这个特点和优点。

正确制定和运用政策，严格区分和妥善处理统一战线内部的各种矛盾

政策和策略是党的生命线。统一战线既然包容着不同的阶级、阶层、党派和集团，必然存在着复杂的社会矛盾和社会关系。根据政治形势和实际情况正确地制定和运用政策，妥善处理统一战线内部的各种矛盾，对于巩固和发展统一战线有着极端重要的意义。

我们党在建立和发展统一战线的长期斗争中，提出了一系列卓有成效的政策和策略，如民主革命时期对资产阶级又团结、又斗争，以斗争求团结的策略原则。社会主义时期阶级关系根本变化以后，把正确处理人民内部矛盾作为统一战线的主题，用团结—批评—团结的方法去解决统一战线中的政治是非和思想认识问题，在对民主党派关系上，实行长期共存、互相监督，肝胆相照、荣辱与共的方针；在民族问题上，实行民族平等、民族团结，共同繁荣和坚持民族区域自治的政策；在宗教问题上，实行宗教信仰自由的政策；在祖国统一问题上，实行“一国两制”、和平统一的方针，等等。这些方针政策，是我们党对我国统一战线长期实践经验的科学总结，是对马列主义统一战线思想宝库的贡献和发展。

既要正确地制定政策，还要正确地掌握和运用政策。这就要科学地分析当前统一战线中的各种矛盾，分清哪些是主要的方面，哪些是次要的方面，哪些是现象，哪些是本质，根据不同的具体情况，采用相应的政策妥善地加以解决。在新的历史时期，我国大陆范围内阶级斗争已经不是主要矛盾，统一战线内部大量存在的是不属于阶级斗争范围的矛盾，这些矛盾只能采取不同于阶级斗争的方法来解决，否则就会破坏统

一战线，危害安定团结。“文化大革命”十年，这方面的深刻教训决不能忘记。同时，也必须看到，由于国内的因素和国际的影响，阶级斗争还将在一定范围内长期存在，在某种条件下还可能激化，并且不可避免地要在统一战线内部反映出来，对此，必须保持高度的警觉。两年前政治风波的教训必须记取。

正确掌握政策、妥善处理矛盾的关键，是必须摒弃形而上学的思维方式，坚持辩证法，坚持“两点论”：既要寻求共同性，又要看到差异性；既要有原则性，又要有灵活性；既要讲团结、合作、友谊、人情，又要有善意的帮助和教育；既要有批评，又要有自我批评；既要反对关门态度或敷衍态度，又要反对迁就态度。

继承和发扬统一战线的优良传统与作风

政治协商、民主监督、合作共事、广交朋友和自我教育，是我国统一战线在长期实践中形成的一套优良传统和作风。这些优良传统和作风，是正确贯彻执行统一战线方针政策的保证，是保持统一战线凝聚力、号召力和战斗力的源泉，我们必须永远地继承和发扬。

继承和发扬这些优良传统和作风，要经常就国家大政方针和有关重大问题同民主党派、各人民团体以及各民族和各界的代表人士进行商量，广开言路，交流思想，倾听意见，集思广益；要大力发扬社会主义民主，积极鼓励和支持党外人士对党和国家的方针政策与各项工作提出批评和建议，知无不言，言无不尽，并且讲真心话，反映真实意见，勇于坚持正确的意见；要积极培养和选拔党外代表人物，举荐符合条件的党外干部在政权机关、人民政协以及有关人民团体和企事业单位中担任适当的职务，并热情支持他们工作，与他们真诚合作，亲密共事；要善于结交朋友，注意经常拜访、接触党外人士，谈心交心、坦诚相见，交敢于讲逆耳之言、互相规过的诤友，交能患难与共的挚友；还要认真做好思想政治工作，提倡并鼓励各民主党派组织和各界人士加强自身建设，在自愿的基础上学习马列主义、毛泽东思想，开展爱国主义和社会主义教育，在改造客观世界的同时，改造自己的主观世界。

统一战线中的“同”和“异”*

（1992年12月）

统一战线是一定的社会力量为实现一定的共同目标组成的政治联盟，是同和异的矛盾统一体。“同”是指参加统一战线的诸方面在共同目标和共同利益基础上的同一性、一致性。“异”是指参加统一战线的诸方面的利益和要求的差异性。如果各种社会力量缺乏共同的政治目标和共同的利益，不去寻求和增进共同性，就不会有共同的联合和共同的行动，就不会有统一战线。反之，如果不承认彼此之间的利益和要求的差异性，同样不会有统一战线。统一战线中的同与异，是互相联结、互相依存的。

求同存异，是统一战线的一项原则。统一战线工作首先要善于寻求和增进共同点，这是统一战线的出发点和目的，不求同就不可能建立起统一战线。而存异是为了更好地求同，为了更好地巩固和发展共同的政治基础。异是客观存在的，反映着统一战线中存在的不同的利益、立场、主张和要求。存异同样是统一战线的题中应有之义。不承认或不允

* 本文由本书作者撰写，是中央统战部政策理论研究室编著的《统一战线工作方法论》一书中的一节，北京燕山出版社1993年2月出版。

许存异的“清一色”思想，不利于统一战线的巩固和发展。在不同历史时期，统一战线中求同存异的内容是不同的。例如，抗日战争时期，民族矛盾上升为主要矛盾，国内阶级矛盾处于从属地位，为了求抗日之同，从反蒋的统一战线改变为国共合作共同抗日的民族统一战线。又如，在当前新的历史时期，大陆范围内爱国统一战线的“同”，就是共同建设有中国特色的社会主义；“异”就是统一战线成员的具体利益以及思想政治认识方面的差异。在大陆范围以外，就是求爱国和赞成祖国统一之同，存社会制度、意识形态和生活方式之异。用“一国两制”的原则完成和平统一祖国大业，这是求同存异原则在新的历史条件下的创造性发展。

马克思主义的辩证法告诉我们，对立的统一，是事物发展的根本规律，事物中包含的矛盾方面的相互依赖和相互斗争，推动事物的发展。我们贯彻统一战线的求同存异原则，不但不应妨碍对有条件解决的异做好转化工作。相反，求同存异这一原则本身也包含有长同消异的内容。例如，在党的领导下，我国民主革命、社会主义革命和建设不断发展的历史，也是统一战线内部求同存异、长同消异、增强团结的历史；在长期革命斗争实践中形成的党领导的多党合作的政党关系，也是经过求同存异和长同消异的努力，从新民主主义进入社会主义，合作的基础更加坚固。过去，同我们合作的民主人士中，有许多人最初在政治上是资产阶级和小资产阶级的代表，在合作的过程中他们的立场逐渐向社会主义方面变化，在社会主义改造取得决定性的胜利以后，他们的立场和我们的立场比以前更加接近。在新时期，统一战线内部的爱国主义和社会主义的一致性大大增强，形成了共产党领导的长期共存、互相监督、肝胆相照、荣辱与共的新型政党关系。

当然，对于统一战线中的各种不同性质的异，要做具体分析。一种异是具有对抗性的矛盾，既有共同利益，又存在阶级对抗，如抗日战争时期的国民党顽固派。还有一种异是属于人民内部非对抗性矛盾，有共同的根本利益，也有不同的具体利益，有共同的政治目标、政治基础，也有不同的具体政治见解和思想认识。这种异，在以经济建设为中心的新的历史时期是大量的。对于那些具有对抗性矛盾的异，则必须坚持又团结、又斗争的策略原则，绝不能听之任之，否则，就会破坏统一战线，甚至导致统一战线的破裂。例如，抗日战争时期针对国民党顽固派消极抗日、积极反共，妄图破坏统一战线的阴谋，我们党提出了“坚持抗战，反对投降，坚持团结，反对分裂，坚持进步，反对倒退”和“有理、有利、有节”的斗争方针，从而推动了抗日民族统一战线的发展。对于属于人民内部非对抗性矛盾的异，要善于求大同存小异，就是说在涉及共同目标、政治基础等根本问题上必须求同，同时又要善于协调和正确处理矛盾，并在一定条件下促进矛盾的解决，以推动共同事业的发展。

应当指出，统一战线中有同有异是客观存在的，我们所说的长同消异绝不是要尽同无异，对于那些并不损害共同政治基础，不影响实现共同目标的差异，一定要正确对待，存而不论。勉强“消”之，只能激化矛盾或造成假象，对统一战线的巩固和发展是有害无益的。而且，在人民内部，有时候有些差异的存在对统一战线来说也是十分必要的。正确处理和协调统一战线内部一些不同的认识和意见，能够给统一战线增添生机和活力。这就是说，在求同的同时，又善于兼容并蓄，统筹兼顾，以异促同，互相补充，互相启发，使之各得其所，各展其长，相得益彰。正如邓小平同志所指出的：“一部分人出主意不如大家出主意。共产党总是从一个角度看问题，民主党派就可以从另一个角度看问题，出主意。这样，反映的问题更多，处理问题会更全面，对下决心会更有利，制定的方针政策会比较恰当，即使发生了问题也比较容易纠正。”[1]我国已经进入了以经济建设为中心的新的历史时期，正确处理人民内部矛盾已成为统一战线工作的主题，统一战线中大量的主要的是不属于阶级斗争范围的人民内部矛盾。认真听取各界党外人士提出的不同意见和声音，对于推动社会主义民主政治建设，促进党和国家决策的民主化、科学化，改进我们的工作，推进又有集中又有民主，又有纪律又有自由，又有统一意志，又有个人心情舒畅的生动活泼的政治局面，具有重要的意义。

注释：

［1］邓小平：《共产党要接受监督》，《人民日报》1957年4月8日。

社会主义市场经济与统战工作*

（1993年9月）

社会主义市场经济体制的提出对统战工作的意义

中共十四大提出建立社会主义市场经济体制，这将不仅在我国经济生活、经济领域，而且将在我国社会政治以至思想领域带来深刻变革，对统一战线和统战工作也势必产生深远的影响。

社会主义市场经济体制的提出，进一步深化了我们对三个根本问题的认识：

（一）进一步深化了我们对十一届三中全会以来我们党开创统战工作新局面，统一战线进入新阶段重大意义的认识。以社会主义市场经济体制为目标模式表明，我国的改革开放是社会主义制度的自我完善和发展，但又绝非原有经济体制细枝末节的修补，而是根本性的变革。经济基础决定上层建筑。由此可及，新时期统一战线是过去统一战线的继续，但它又与过去统一战线有很大的不同，具有重大的开创意义。我们

---

* 发表于中央统战部《中国统一战线》1993年第9期。

党领导的统一战线经历过新中国成立前服务于、服从于革命战争的统一战线和新中国成立后服务于、服从于社会主义改造和社会主义建设的统一战线。社会主义市场经济是适应未来现代化中国的经济模式，它将伴随着建设社会主义现代化，建设有中国特色的社会主义、实现中华民族伟大复兴的全过程。因此，无论是从其带来变化的广度和深度看，还是从其所将经历的时间跨度看，社会主义市场经济对统一战线的影响都更具有本质性、长期性和深刻性。认识这一点对于统战工作正确地总结过去、把握现在、开辟未来，是非常必要和重要的。

（二）进一步深化了我们对新时期统战工作大思路、大格局的认识。“建立社会主义市场经济体制涉及我国经济基础和上层建筑的许多领域，需要有一系列相应的体制改革和政策调整”（十四大报告）。社会主义市场经济给统战工作带来的影响和变化不是局限于某一个方面、某一个层次的，而是全方位、全局性的。因此，它势必要对整个统战工作带来影响。新时期统战工作与过去的一个主要不同点，即其是围绕着为经济建设服务这个中心展开的。但在社会主义市场经济提出之前，我们对如何进行经济建设是不甚明了或者缺乏统一认识的。这必然要影响到统战工作对如何为经济建设服务难以有统一、明确的认识。现在问题明了了，我们对于如何围绕经济建设中心开展统战工作，对于统战工作的大的思路和格局，也必然会比较清楚起来。

（三）进一步深化了我们对今后统战工作的走向和趋势的认识。随着市场经济的逐步确立，未来统战工作将愈来愈处于市场经济条件之下。现在统战工作的许多内容、形式和方法都是在计划经济下形成的，今后势必将有所改变，朝着适应社会主义市场经济体制的方向发展。

社会主义市场经济对统战工作的影响

我国市场经济体制还处在交替转换的过渡进程中，市场经济对统战工作的影响也尚未全面、充分地表现出来，目前比较明显的有以下几个方面：

（一）对象增多，团结面扩大。市场经济引起我国社会经济结构新变动，以公有制为主体的多种经济成分、多种经营形式和多种分配方式都进一步发展，新的社会阶层和利益群体逐步形成，新的代表人物不断涌现，给统战工作不断带来新的对象：（1）私营、个体经济增长迅速，不仅人数大增，而且出现集团化和政治诉求的倾向，作为一个利益集团已渐趋形成，成为统战工作日益突出的新对象。（2）港澳台侨同胞来大陆投资的越来越多，同时由国内到国外定居成为新华侨或华人的人数也在增多。随着对外开放扩大和港澳将要回归祖国，海外统战工作对象的面也扩大了。（3）知识分子队伍出现分流。一部分从大中城市流向新兴城镇，受聘于乡镇企业；一部分离开原科研和文教医卫等全民所有制单位，“下海”经营，加入非公有制经济队伍；还有不少人进入民办科研、教育、医卫、文化等领域，出现许多独立开业的自由职业者。（4）市场竞争的不确定性、自发性和风险性增加了人们的拜神、信教心理，使信教群众和宗教界人士增多。

（二）范围扩大，工作地域和领域进一步拓宽。进入新时期后统战工作出现了从大陆扩展到海外，从政治领域扩展到经济、文化等领域，从中上层发展到基层，从大中城市延伸到小城市和乡镇的趋势。在市场经济影响下，这个趋势更加发展：（1）市场经济产生了一批新兴城市，成为新的统战工作重点地区。（2）市场经济促进了人才流动，原来集中于大中城市中上层的许多统战工作对象如民主党派成员、党外知识分子等，进一步流向乡镇和各种企事业基层单位，使统战工作进一步向乡镇和各种企事业基层单位延伸。（3）现个体、私营企业主等新的统战工作对象大量聚集在乡镇，也散布于广大农村，这就使统战工作的地域更加扩大了。（4）海外三胞大量深入到内地投资，使我们同海外同胞的合作由境外扩展到境内，工作领域也拓展到工商、金融、交通、科技、法律、新闻、文教、体育、慈善事业等各个方面，出现大陆统战工作与海外统战工作交织在一起、互相促进的局面。

（三）利益矛盾突出。市场经济的流动性、开放性、竞争性，使各种关系远比计划经济下要复杂。而现在两种经济体制又处于转换过渡中的状况，更进一步加剧了这种复杂性。在不同地区之间，不同民族之间，不同经济成分之间，不同社会阶层、团体和个人之间，都产生了纵横交错的复杂关系和矛盾。这些矛盾主要的、大量的是不属于阶级斗争范围和性质的人民内部矛盾，但又不同于思想政治范围的是非矛盾，而是社会全体成员在根本利益一致前提下各社会群体具体利益差别拉大引起的利益矛盾，这些矛盾一般不具有对抗性质，但处理不好可能带来大的问题，甚至导致激化，影响稳定。因此，随着市场经济的发展，协调关系将愈来愈成为统战工作的一项突出、经常和繁重的职能和任务。

（四）统战工作与经济建设结合得更加紧密了。这不仅因为新时期统战工作的重点已转到为经济建设这个中心服务上来，而且也因为新时期统战工作的对象和内容出现了新变化，决定了它不同于一般的政治工作，可以也能够与经济建设结合得更紧一些。近年来许多地方开拓统战工作的一条共同经验，就是寓统战工作于经济工作之中，由此密切往来，交上朋友，打开局面。当然这当中也有要注意选好角度，找准位置的问题。

（五）市场经济引起人们的价值观念、思维方式发生了深刻变化，人们的市场观念、平等观念、竞争观念、效益观念等大大增强。这种思想观念的变化对统战工作有着有利的、积极的影响，比如提高了统一战线为经济建设服务的自觉性和积极性；提高了人们的民主意识、参与意识等。另一方面，它也带来一些不利的、消极的因素，比如对统战工作也片面强调经济效益，以至忽视、轻视政治工作等。对于市场经济的双重效应我们应当有清醒的认识。

在社会主义市场经济条件下进一步做好统战工作

（一）同建立社会主义市场经济体制相适应，统战工作的布局和政策要做出相应的调整。例如，该拓宽的要拓宽：不仅要进一步做好个体、私营企业、三胞投资企业等非公有制经济的统战工作，还要去做民办科技、民办医卫、民办文教等领域的统战工作；海外统战工作要扩展到新一代。该加强的要加强：加大对非公有制经济人士统战工作的分量并提高其地位；加大经济领域统战工作和直接为经济建设服务的力度；加强对非党知识分子的统战工作；加强新兴城镇统战工作；加强海外统战工作等。该突出的要突出：突出发挥协调关系的职能，注意解决各种利益纠纷带来的矛盾等。

（二）同建立社会主义市场经济体制相适应，要进一步发挥统一战线在社会主义民主政治建设中的作用。市场经济增强了人们的民主意识、参与意识。以建立社会主义市场经济体制为目标的经济体制改革，要求伴随以发展社会主义民主政治为目标的政治体制改革。十四大已把完善共产党领导的多党合作和政治协商制度列为政治体制改革的一项主要内容。我们应当把它作为统战工作的一项突出的战略任务切实抓起来。

（三）同建立社会主义市场经济体制相适应，还要更新观念，改进工作方式和方法。当前须注意的是：（1）要学习一些市场经济和法律知识，尽快学会运用经济手段、法律手段、利益杠杆，来协调处理统战工作面临的日益增多的利益关系和矛盾。（2）市场经济下统战工作渗入到各社会领域，同时各种社会中介组织又大量出现，而随着由计划经济转向市场经济，党政机构还要精简，行政手段要减少。这种情况就要求我们，今后不仅要依靠全党，而且要依靠各种社会组织，发动各种社会力量，才能做好统战工作。必须学会用社会化的方式来开展统战工作。（3）市场也有其自身的弱点和消极方面。市场不可能解决所有问题，如许多教育、思想领域的问题等。在促进市场经济对统战工作积极影响的同时，还要注意引导和克服其消极的影响，对于市场经济不能解决的问题，必须继续坚持已被实践证明是行之有效的思想政治工作方法，发扬统战工作在团结人方面的特殊优势，积极去处理解决。

毛泽东统一战线理论及其在新时期的发展*

（1993年10月）

毛泽东把马列主义关于统一战线的理论和策略，同新民主主义革命的实践相结合，同人民民主专政和社会主义改造和建设的实践相结合，形成了具有中国特色、独创性的统一战线理论。

毛泽东统一战线理论是毛泽东思想的重要组成部分，是党的集体智慧的结晶。毛泽东统一战线理论有丰富的内涵，具有完整的思想体系和严密的逻辑结构。毛泽东统一战线理论作为科学的思想体系，应加强对其整体性的研究，了解其产生发展的客观必然性、内在的逻辑联系和对今天统一战线工作的影响。本文拟从毛泽东统一战线理论的形成、发展和重要内容、邓小平对毛泽东统一战线理论的继承与发展这两方面展开研究，试图在毛泽东统一战线理论的整体性研究上有所进展。

---

* 本文由本书作者撰写，以佟彦笔名发表于中央统战部《中国统一战线》1993年第10期。

毛泽东统一战线理论的形成、发展和主要内容

毛泽东统一战线理论是在漫长曲折的中国革命和建设的实践中，在总结我们党统一战线工作的成功经验与失败教训的基础上，逐步形成和发展起来的。毛泽东统一战线理论的发展，反映了党的统一战线实践的发展，也反映了党对统一战线认识水平和领导能力的提高。

毛泽东统一战线理论的形成、发展经历了三个时期：

（一）从党的成立到1935年遵义会议召开以前是第一个时期

1921年中国共产党在上海成立。中国共产党成立之初，对半殖民地、半封建社会的民主革命认识不深，对统一战线的重要性认识不足。一大认为，中共对现有各政党应采取独立、攻击和排斥的态度，不准与其他党派建立任何关系。中国共产党首先集中力量进行工人运动，在工人阶级中扎了根。不过，中国共产党人很快从实际斗争中，特别是从京汉铁路大罢工失败的事实中认识到：中国是个半殖民地半封建国家，工人阶级尽管有坚强的革命性，但人数较少，如果不团结一切可以团结的力量，结成最广泛的统一战线，党就不可能取得反帝反封建的胜利。[1]正是在这个时期，列宁关于民族和殖民地问题的理论传入中国，对中国共产党制定当前阶段的革命纲领给予了正确的指导。中共二大决定同国民党及其他革新团体建立民主联合战线。中共三大做出建立国共合作统一战线的决策，同时指出共产党在国民党内应保持自己政治上、思想上和组织上的独立性。中国共产党同孙中山为首的国民党建立了第一次国共合作，结成了工人、农民、城市小资产阶级和资产阶级的反帝反封建的统一战线，工人运动、学生运动和农民运动也蓬勃发展，形成了全国大革命的高潮。然而我们党建立统一战线的实践并不是一帆风顺的。我们党在大革命后期出现了陈独秀的右倾机会主义，对资产阶级一味迁就

退让，放弃了无产阶级对统一战线的领导权，让大资产阶级篡夺了领导权，使大革命归于失败，统一战线也破裂了。在土地革命时期出现了三次“左”倾机会主义。党的五大和五大以后反对民族资产阶级，特别是在以王明为代表的“左”倾冒险主义统治期间，这种政策发展到极点。“左”倾冒险主义，不利用一切机会争取同盟者，却把可以争取的同盟者推到敌人方面，使党处于孤军作战的险地。右倾机会主义是一切团结，否认斗争；“左”倾机会主义则是一切斗争，否认团结。“左”和右的结果都放弃了党对统一战线的领导，使党和革命受到损害。

这个时期，毛泽东对统一战线问题有许多重要的论述，代表了党内的正确主张。毛泽东所写的《中国社会各阶级的分析》《湖南农民运动考察报告》，从理论上解决了革命中的同盟军等问题。他还分析了民族资产阶级对中国革命的矛盾态度，预见到他们在革命高潮时将要分化，“其右翼可能是我们的敌人，其左翼可能是我们的朋友”。毛泽东敏锐地看到了掌握统一战线领导权和掌握政权及枪杆子之间的关系。他在党的“八七”会议上指出：“须知政权是由枪杆子中取得的。”[2]但是由于中国革命的复杂性以及我们党尚处于幼年时期，毛泽东关于统一战线的认识并不为当时党的主要领导人所接受。

中国共产党人在成功与失败的比较中，认识了毛泽东，选择了毛泽东。1935年1月遵义会议确立了毛泽东在红军和党中央的领导地位。1935年12月23日至25日，中央政治局召开了具有历史意义的瓦窑堡会议。这之前，从共产国际回来的张浩向中共中央传达了共产国际第七次代表大会的精神，传达了季米特洛夫在大会上关于建立反法西斯统一战线的报告。这就为瓦窑堡会议的召开做了思想准备。瓦窑堡会议通过了《关于目前政治形势与党的任务决议》，确定了抗日民族统一战线的策略方针。过了两天，毛泽东在一次党的活动分子会议上做了《论反对日本帝国主义的策略》的报告，提出了组织千千万万的民众，调动浩浩荡荡的革命军的统一战线策略，批判了关门主义、宗派主义的策略，着重阐明建立抗日民族统一战线的可能性和必要性，强调党和红军在统一战线中的领导作用。毛泽东纠正了党内在很长一个时期把民族资产阶级混同于官僚买办资产阶级的错误，批评了党内那种认为中国民族资产阶级及其他中间阶级不可能和中国工农大众联合抗日的错误观点。在毛泽东正确主张指导下，建立了抗日民族统一战线。

（二）1935年至1949年中华人民共和国成立是第二个时期

抗日战争时期，毛泽东以马列主义统一战线理论为依据，认真吸取历史上“左”右倾错误的教训，总结统一战线实践中的经验，提出了一整套统一战线理论、方针和政策。1937年，毛泽东写了《中国共产党在抗日时期的任务》《为争取千百万群众进入抗日民族统一战线而斗争》等文章。毛泽东深刻阐述了民族资产阶级的两面性，明确把民族资产阶级包括在抗日民族统一战线内，制定了保护民族工商业的政策。毛泽东还论证了大资产阶级参加抗日的可能性，肯定了国民党五届五中全会政策的转变，把大资产阶级包括在抗日民族统一战线中。1938年至1940年，毛泽东陆续发表《统一战线中的独立自主问题》《目前抗日统一战线中的策略问题》《论政策》，全面系统地阐述了党在抗日民族统一战线中的策略原则和策略方针，主要有：关于统一战线中的独立自主原则；关于对资产阶级实行又联合又斗争的总政策；关于发展进步势力，争取中间势力，孤立顽固势力的方针；“有理、有利、有节”及“利用矛盾，争取多数，孤立少数，各个击破”的斗争策略等。这里特别值得指出的是他把又联合又斗争的政策作为抗日民族统一战线的总政策提出来。他指出，现在的抗日民族统一战线政策，既不是一切联合否认斗争，又不是一切斗争否认联合，而是综合联合和斗争两方面的政策。

在《〈共产党人〉发刊词》中，毛泽东系统地总结了中国革命的经验，指出：“十八年的经验，已使我们懂得：统一战线，武装斗争，党的建设，是中国共产党在中国革命中战胜敌人的三个法宝，三个主要的法宝。”“正确地理解了这三个问题及其相互关系，就等于正确地领导了全部中国革命。”[3]毛泽东关于抗日民族统一战线的理论政策，正确指导了抗日民族统一战线的实践，保证了中国共产党在全民族抗战中起了政治领导作用。

抗日战争胜利后，国民党蒋介石政府以全国人民为敌，发动了反革命战争，将全国各阶层人民推到饥饿和死亡的境地。在这种形势下，1947年毛泽东在《迎接中国革命的新高潮》《蒋介石政府处在全民的包围中》《目前形势和我们的任务》等文章中，提出将抗日民族统一战线转变为人民民主统一战线的新任务。他指出，这个极其广泛的统一战线包括工人、农民、城市小资产阶级、民族资产阶级，开明绅士，其他爱国分子，少数民族和海外华侨在内。毛泽东强调指出：“中国新民主主义的革命要胜利，没有一个包括全民族绝大多数人口的最广泛的统一战线，是不可能的。不但如此，这个统一战线还必须是在中国共产党的坚强领导之下。没有中国共产党的坚强的领导，任何革命统一战线也是不能胜利的。”[4]这个时期，毛泽东同志关于统一战线的论述，除了使全党明确了建立、发展人民民主统一战线的任务外，还起了两方面的作用：第一，帮助各阶层人民（包括中间阶层）认识到，这场战争不只是国共两党谁胜谁负的问题，而是几代中国人所要求的独立、自由、统一、富强的中国能否最终实现的问题；第二，在国民党统治区内开辟了第二条战线。从1946年底开始，国民党统治区人民掀起了声势浩大的爱国民主运动，逐步形成了配合人民解放战争的第二条战线。

（三）1949年中华人民共和国成立以后是第三个时期

当新中国的晨曦刚刚露出东方地平线时，毛泽东就注意到了统一战线在新中国建设中的地位、作用问题。他在新中国成立前夕召开的七届二中全会的报告中强调：“我党同党外民主人士长期合作的政策，必须在全党思想上和工作上确定下来。”[5]毛泽东在《论人民民主专政》

中指出："在国内，唤起民众。这就是团结工人阶级、农民阶级、城市小资产阶级和民族资产阶级，在工人阶级领导之下，结成国内的统一战线，并由此发展到建立工人阶级领导的以工农联盟为基础的人民民主专政的国家。"[6]人民民主专政在全国范围的建立，是中国共产党领导的人民民主统一战线的胜利发展及其在国家政权上的表现。新中国成立初，由于夺取了全国政权，党内一部分同志增长了以功臣自居的思想，他们看不起党外人士。针对这种关门主义和宗派主义的思想倾向，1950年3月，毛泽东依据《共产党宣言》的基本思想，概括提出"无产阶级只有解放全人类，才能最后解放自己"是统一战线的根本指导思想。无产阶级之所以建立统一战线，是由无产阶级的历史使命所决定的。消灭阶级剥削和阶级压迫及产生这些现象的根源，是无比艰巨的任务，中国的工人阶级光求得自己的解放不行，必须求得四个阶级的共同解放。[7]同年6月，在中共七届三中全会上，毛泽东做了《不要四面出击》的重要讲话，指出："全党都要认真地、谨慎地做好统一战线工作。要在工人阶级领导下，以工农联盟为基础，把小资产阶级、民族资产阶级团结起来。"只要"多少有点可能团结的人，我们也要团结。"[8]我们不要四面出击，绝不可树敌过多，这样才能孤立主要敌人。毛泽东的这些论述，及时纠正了轻视统一战线工作的倾向。

在新民主主义到社会主义的转变过程中，毛泽东提出了人民民主统一战线包括两个联盟和与资产阶级保持统一战线及和平改造资产阶级的思想。1953年8月，毛泽东提出，现在有两种统一战线，两种联盟。一种是工人阶级和农民的联盟，这是基础。一种是工人阶级和民族资产阶级的联盟。毛泽东提出过渡时期国内的主要矛盾是无产阶级同资产阶级的矛盾，他同时认为，在我国具体条件下，工人阶级和民族资产阶级的矛盾，除了对抗性的一面外，还有非对抗性的一面。可以和资产阶级保持统一战线，和平改造资产阶级。毛泽东领导我们党成功地运用马克思关于赎买和列宁关于国家资本主义的理论，开辟了经过统一战线，对资本主义工商业进行和平改造，把资本主义所有制改造成为社会主义所有制的道路。

我国生产资料社会主义改造完成之后，民主党派工作方面提出了两个亟待解决的问题：第一，民主党派还有没有必要存在？第二，民主党派在社会主义政治体制中处于什么地位？毛泽东在《论十大关系》中，提出了共产党与民主党派“长期共存、互相监督”的方针。他说：“在我们国内，在抗日反蒋斗争中形成的以民族资产阶级及其知识分子为主的许多民主党派，现在还继续存在，在这一点上，我们和苏联不同。”“究竟是一个党好，还是几个党好？现在看来，恐怕是几个党好。不但过去如此，而且将来也可以如此，就是长期共存、互相监督。”1957年，毛泽东在《关于正确处理人民内部矛盾的问题》一文中，进一步阐述了这个思想，他指出，“长期共存、互相监督”是我国具体的历史条件的产物。各党派互相监督就是互相提意见，做批评。他说：“一个党同一个人一样，耳边很需要听到不同的声音。大家知道，主要监督共产党的是劳动人民和党员群众，但是有了民主党派，对我们更为有益。”毛泽东提出的“长期共存，互相监督”的方针，为社会主义时期巩固、发展党领导的多党合作奠定了政策基础，对形成我国的独具特色的政治体制有深远的影响。

1956年9月，党的八大胜利召开。八大指出无产阶级同资产阶级的矛盾已经基本解决，宣布了中国由革命到建设的转变。毛泽东认真总结了我国和苏联的经验和教训，于1957年2月在最高国务会议上发表了《关于正确处理人民内部矛盾的问题》的重要讲话，提出了正确处理两类社会矛盾的学说。毛泽东在讲话中，全面分析了社会主义社会的矛盾，认为在社会主义制度下，人民的根本利益一致，但人民内部还存在各种矛盾，必须严格区别和正确处理敌我矛盾和人民内部矛盾。他指出，现在我们的根本任务已经由解放生产力变为在新的生产关系下面保护和发展生产力。这就需要正确处理人民内部矛盾，以便团结全国各族人民向自然界开战，发展我们的经济和文化，巩固我们的新制度，建设我们的新国家。毛泽东系统地阐述了如何正确处理人民内部矛盾，提出了正确处理人民内部矛盾的原则和方针：在人民内部要在政治上实行“团结—批评—团结”；在经济工作中对城乡各阶层人民要采取“统筹兼顾，适当安排”和兼顾国家、集体、个人三方面利益的方针；在共产党和民主党派关系上采取“长期共存，互相监督”的方针；在科学文化工作方面采取“百花齐放，百家争鸣”的方针。毛泽东关于正确处理人民内部矛盾的学说，对社会主义时期统一战线工作具有重要指导意义。

当然也应当看到，1957年后，毛泽东在统一战线方面也有重大失误。在反右派斗争中，毛泽东对形势做了过于严重的估计，造成反右斗争严重扩大化；1962年在八届十中全会上他发展了在1957年以后提出的无产阶级同资产阶级的矛盾仍然是我国社会的主要矛盾的观点，把社会主义社会中一定范围内存在的阶级斗争扩大化和绝对化。在这种思想指导下，在中央统战部错误地开展了对所谓“投降主义、修正主义路线”的批判。“文化大革命”中这种“左”的错误更发展到极端。但是，毛泽东的这些错误和他的历史贡献相比，是第二位的。毛泽东同志对统一战线的伟大贡献，远远超过他晚年在统一战线问题上的失误。

毛泽东统一战线理论具有丰富的内容，概括起来讲，主要内容是：

1. 统一战线是中国共产党夺取革命胜利的一个法宝，也是社会主义改造和社会主义建设的一个法宝。单凭无产阶级自己一个阶级的力量，要取得中国革命的胜利是不可能的。在革命胜利后，要取得社会主义改造和建设的成功，也是不可能的。中国共产党必须在各种不同的情形下团结一切可能的阶级和阶层，组成占全民族人口绝大多数人的统一战线。

2. 发展广泛的统一战线，建立两个联盟。第一个联盟是工人阶级同农民阶级、广大知识分子及其他劳动者的联盟。这是统一战线的基础。第二个联盟是工人阶级、农民阶级和全体劳动者同一切可以联合的非劳动者的联盟。这也是重要的不可缺少的联盟，这个联盟的中心问题是正确处理同资产阶级的关系。有了这个联盟，有利于我们党争取一切中间力量和可以合作的朋友，达到最大限度壮大自己和孤立主要敌人的目的。

3. 坚持共产党对统一战线的领导权。党的领导主要靠正确的路线、方针、政策和共产党员的模范先锋作用，要争取团结各种不同的同盟者，照顾同盟者的利益，同时给以政治教育，提高同盟者。在统一战线中与无产阶级争夺领导权的是资产阶级，对资产阶级要又联合又斗争，既防只斗争不联合的“左”的错误，又防只联合不斗争的右的错误。要对统一战线中的不同势力做正确的分析，采取正确的政策。没有中国共产党的领导，任何革命统一战线也是不能胜利的。

4. 坚持原则性与灵活性相结合。统一战线是由不同的阶级、阶层、政党和集团组成的广泛联盟。在统一战线内部，既有在共同利益和要求的基础上的联合，又有因各自不同的利益和要求而产生的矛盾和斗争。无产阶级政党在统一战线中必须保持自己政治上和组织上的独立性，坚持党的纲领、路线和战略目标。但为实现党的纲领和目标而采取的方法步骤，则需要根据具体情况灵活运用。统战工作的原则性必须是坚定的，但也要有为了实现原则性的一切许可的和必需的灵活性。

5. 区分敌我和人民内部两类不同性质的矛盾，性质不同，解决的方针也不同。人民内部也有阶级矛盾和非阶级矛盾两种，同民族资产阶级的矛盾属于人民内部矛盾。凡属人民内部矛盾，都坚持团结—批评—团结的方式去处理，即从团结的愿望出发，经过批评或者斗争使矛盾得到解决，从而在新的基础上达到新的团结。

邓小平对毛泽东统一战线理论的继承和发展

以党的十一届三中全会为标志，我国进入了新的历史时期。在深刻总结社会主义建设正反两个方面经验的基础上，以邓小平为核心的第二代党的领导集体提出了以经济建设为中心，坚持四项基本原则，坚持改革开放的基本路线，我国统一战线也随之进入一个新时期。邓小平继承了毛泽东的统一战线理论，把它与走向现代化阶段的中国具体实际和时代特征相结合，创造性地、系统地提出新时期统一战线的理论、方针和政策，成为建设有中国特色的社会主义理论的重要组成部分。

邓小平对毛泽东统一战线理论的继承和发展主要有八个方面：

（一）深刻揭示统一战线的本质，阐明统一战线的战略地位和作用

邓小平在新中国成立初期主持中共中央西南局工作时，就以一个政治家的深邃战略眼光来看待统一战线问题。他指出：统战工作包括“团结一切可能团结的人，中立一切可能中立的人，分化敌人营垒中一切可能分化的人。”[9]统一战线的本质，就是“团结大多数孤立敌人。”[10]“统战工作有其策略性，但更主要的是它的战略性，就是要广泛地团结工人阶级、农民阶级、小资产阶级、民族资产阶级和社会各阶层人民。”[11]正是从这种高度的战略性出发，邓小平深刻阐明了统一战线的重要性、必要性和长期性，全党都要重视做统战工作。我国进入社会主义现代化建设新时期后，邓小平提出，统一战线仍然是一个重要法宝，不是可以削弱，而是应该加强，不是可以缩小，而是应该扩大。

（二）科学分析我国阶级关系的根本变化和统一战线内部结构相应发生的变化，明确新时期统一战线的性质、对象和范围

在全国政协五届二次会议的开幕词中，邓小平提出我国社会阶级状况发生了根本变化，“我国的统一战线已经成为工人阶级领导的、工农联盟为基础的社会主义劳动者和拥护社会主义的爱国者的广泛联盟。”[12]1979年9月他听取第十四次全国统战工作会议情况汇报，又进一步指明：“统一战线的对象，清楚得很，顾名思义，是把一切能够联合的都联合起来，范围以宽为宜，宽有利，不是窄有利。”“统一战线的性质，叫

革命的爱国的统一战线，就是社会主义劳动者和爱国者的联盟。”他还提出了“社会主义劳动者之间也有统一战线”[13]的重要论断。邓小平的这些论述，对新时期统一战线具有根本性的理论问题做了回答，是对马克思主义统一战线理论的发展。

（三）适应党和国家工作重点的转移，提出新时期统一战线的根本任务是为以经济建设为中心的社会主义现代化建设服务

在全国政协五届二次会议上，邓小平指出：“新时期统一战线和人民政协的任务，就是要调动一切积极因素，努力化消极因素为积极因素，团结一切可以团结的力量，同心同德，群策群力，为把我国建设成为现代化的社会主义强国而奋斗。”[14]把统战工作的重点转到以为经济建设为中心的社会主义现代化建设服务上来，这是一个重大的战略性转变，是我国统一战线进入新的历史发展阶段的一个重要标志。在社会主义改造完成之后，我国所要解决的主要矛盾是人民日益增长的物质文化需要同落后的社会生产之间的矛盾。与此相适应党和国家工作的重点必须转移到发展社会生产力上来，统一战线的工作重点也必须转移到为发展社会生产力服务上来。经济能否发展，现代化能否实现，关系到全国各族人民的根本利益，是全党全国的最大的政治，也是统一战线在新的历史条件下发展的根本条件。事实证明，围绕现代化建设，我们才得以团结一切可以团结的力量，新时期统一战线才开拓发展出一个蓬勃兴旺的新局面。

（四）提出“一国两制”的构想，为和平统一祖国提供了基本方针和原则，也为新时期统一战线开辟了一个广阔的新天地

“一国两制”，尊重历史，尊重实际，也照顾到国际现实，是中华民族政治智慧的伟大创造。实行“一国两制”，不仅两个制度之间要长期和平共处，同时在经济文化等方面还要长期交流与合作，共同为中华

民族的振兴而奋斗。这样，它的提出，就不但为实现祖国统一提供了切实可行的途径，为解决某些国际争端提供了新方法，也为我们建立、发展同海外“三胞”的爱国统一战线提供了坚实的理论基础和广阔的活动天地。“一国两制”伟大构想的提出和实施，使新时期统一战线发展形成了两个范围联盟的战略格局：在大陆，以爱国主义和社会主义为政治基础，团结全体劳动者和爱国者；在大陆外，以爱国和拥护祖国统一为政治基础，团结台湾同胞、港澳同胞和国外侨胞。

（五）发展毛泽东中国共产党与各民主党派“长期共存、互相监督”的思想，提出共产党领导的多党合作是我国政治制度的一个特点和优点

邓小平根据新时期民主党派的实际状况，指出它“已经成为各自所联系的一部分社会主义劳动者和一部分拥护社会主义的爱国者的政治联盟，都是在中国共产党领导下为社会主义服务的政治力量。”[15]共产党领导的多党合作和政治协商制度是我国的一项基本政治制度，坚持和完善这项制度是我国社会主义民主政治建设的一个重要内容。邓小平提出“在中国共产党的领导下，实行多党派的合作，这是我国具体历史条件和现实条件所决定的，也是我国政治制度中的一个特点和优点。”[16]1989年，根据邓小平的指示，中国共产党经与民主党派协商制定颁布了《中共中央关于坚持和完善中国共产党领导的多党合作和政治协商制度的意见》。

邓小平提出实行共产党领导的多党合作制度的含义是十分深刻的。1980年他在《目前的形势和任务》中一方面揭露了西方多党制的弱点，并通过比较西方多党制阐明了我国多党合作制的优越性；另一方面揭示了在共产党领导下实行多党合作的深刻蕴含。只有这样，才能保证我们国家的统一和稳定，才能保障我国改革开放和现代化建设大格局的顺利发展。

（六）提出知识分子是工人阶级的一部分，科学技术是第一生产力，为新时期党的知识分子政策奠定理论基础

粉碎“四人帮”后邓小平首先意识到知识分子问题的重大意义，对此进行拨乱反正。1977年他提出：“我们要实现现代化，关键是科学技术要能上去。”[17]“一定要在党内造成一种空气：尊重知识，尊重人才。要反对不尊重知识分子的错误思想。”[18]1978年，在全国科学大会上，他正式做出知识分子是工人阶级的一部分，是我们党的一支依靠力量的科学论断。1988年在世界科学技术迅速发展并向现实生产力迅速转化，愈来愈成为生产力中最活跃的因素和最主要的推动力量的形势下，他又极富远见地提出科学技术是第一生产力。邓小平的这一系列论述，为新时期党和国家的知识分子政策提供了基本依据，对于调动广大知识分子为社会主义现代化建设服务的积极性起了巨大作用。由于新时期统一战线工作对象大多数是知识分子，贯彻党的知识分子政策，团结、调动广大知识分子的积极性，成为新时期统一战线的一项基础性工作。

（七）强调马列主义同中国实践相结合能够解决民族问题，提出发展团结友爱、互助合作的社会主义新型民族关系

1950年邓小平在《关于西南少数民族问题》一文中说：“在世界上，马列主义是能够解决民族问题的。在中国，马列主义与中国革命实践相结合的毛泽东思想，也是能够解决这个问题的。”[19]用这个思想来指导、解决当时西南地区的民族问题，他强调，必须搞好民族团结，消除民族隔阂。为此，要从政治、经济、文化上诚心诚意地帮助少数民族；要反对大民族主义和狭隘民族主义，首先汉族要抛弃大民族主义，要认真实行民族区域自治，提高民族地区的经济文化水平。进入新时期以后，邓小平指出：“我国各兄弟民族经过民主改革和社会主义改造，早已陆续走上社会主义道路，结成了社会主义的团结友爱、互助合作的

新型民族关系。各民族的不同宗教的爱国人士有了很大的进步。在实现四个现代化过程中，各民族的社会主义一致性将更加发展，各民族的大团结将更加巩固。”[20]当前世界民族宗教矛盾非常尖锐复杂，而我国在这方面却能保持一个比较团结稳定的局面，这充分说明，我们党把马克思主义与中国具体实际相结合解决民族问题是成功的。

（八）提出在社会主义民主政治建设中充分发挥统一战线作用的思想

早在新中国成立前，邓小平就看到统一战线与民主有着密切关系。1941年他在《党与抗日民主政权》一文中说：“三三制政权的实质是民主问题。”并提出中国是一个半封建的缺乏民主的国家，共产党员一般缺乏民主的习惯，缺乏民主政治斗争的常识与锻炼。我们反对国民党的一党专政，尤要反对国民党“以党治国”的遗毒传播到我们党内来。[21]新中国成立后，根据我们党已成为执政党这一情况，他特别强调统一战线在监督方面能够发挥重要作用，指出党外人士“能够对于我们党提供一种单靠党员所不容易提供的监督”。[22]进入新的历史时期后，他总结正反两方面的经验，更加重视社会主义民主政治建设，提出“没有民主就没有社会主义，就没有社会主义的现代化”。[23]他热诚地希望，“各民主党派和工商联都以主人翁的态度，关心国家大事，热心社会主义事业，就国家的大政方针和各方面的工作，勇敢地、负责地发表意见，提出建议和批评，做我们党的诤友，共同把国家事情办好”。[24]邓小平关于在社会主义民主政治建设中发挥统一战线作用的思想，提出了新时期统一战线的一个突出特点和优点。新中国成立以来，尤其是新时期以来，统一战线与发扬民主相互促进，相得益彰。发扬民主使统一战线充满了生机和活力。同时，我国人民民主专政因为统一战线获得了最广泛的社会基础，我国社会主义民主因为统一战线扩大到空前的范围。统一战线愈益成为中国社会主义民主政治的一个鲜明特色。

以江泽民为核心的党中央继承毛泽东、邓小平的统一战线理论，党的十四大肯定了建设有中国特色的社会主义，必须依靠广大工人、农民、知识分子，必须依靠各民族人民的团结，必须依靠全体社会主义劳动者、拥护祖国统一的爱国者的最广泛的爱国统一战线。

在纪念毛泽东诞辰一百周年的时候，认真研究毛泽东统一战线理论，认真研究邓小平对毛泽东统一战线理论的继承和发展，对于深刻理解统一战线的重要性、必要性和长期性，调动一切积极因素，团结各民族、各党派和一切爱国的同胞，为建设有中国特色的社会主义，统一祖国、振兴中华而奋斗，具有重要意义。

注释：

［1］《中国共产党的七十年》，中共党史出版社1991年版，第28页。

［2］1927年8月7日中共中央紧急会议记录。

［3］《毛泽东选集》，人民出版社1964年版，第569页。

［4］同上书，第1201页。

［5］同上书，第1437页。

［6］同上书，第1472页。

［7］《历次全国统战工作会议概况和文献》，档案出版社1988年版，第7页。

［8］《毛泽东选集》第五卷，人民出版社1977年版，第23页。

［9］《邓小平论统一战线》，中央文献出版社1991年版，第62页。

［10］同上书，第67页。

［11］同上书，第85页。

［12］同上书，第156页。

［13］同上书，第158、159页。

［14］同上书，第156页。

［15］同上书，第155页。

［16］同上书，第165页。

［17］同上书，第124页。

［18］同上书，第125页。

［19］同上书，第124页。

［20］同上书，第72页。

［21］同上书，第2—5页。

［22］同上书，第99页。

［23］《邓小平文选》（一九七五—一九八二年），人民出版社1983年版，第154页。

［24］《邓小平论统一战线》，中央文献出版社1991年版，第165页。

非公有制经济代表人士队伍状况调研报告*

（1996年4月）

为了做好非公有制经济代表人士的统战工作，引导非公有制经济人士队伍健康发展，中共中央统战部和中华全国工商业联合会于1995年联合举行了对非公有制经济代表人士队伍的调查研究。这次调研，采取中央与地方相结合、典型解剖与问卷调查相结合的方法进行。由中央统战部和全国工商联联合组成了总课题组，广东、福建、浙江、江苏、安徽、山东、江西、北京、天津、河北、山西、吉林、黑龙江、四川14个省市和广州、深圳、海口、温州、大连、武汉、成都、西安8个重点城市成立了地方课题组。按随机抽样的方法发放问卷2123份，回收有效问卷1992份。调查的相关内容的截止时限为1994年底。这次调研从工作需要出发，以摸清非公有制经济代表人士队伍的基本状况、得出一些基本结论、提出有关政策建议为目的，但限于条件，在实际调查中主要是以有代表性的私营企业主、部分乡镇企业主和民营科技企业的企业主为对象。

---

* 本文由本书作者执笔撰写，是1995年中央统战部与全国工商联联合开展的关于非公经济大调研形成的调研主报告。

目前非公有制经济代表人士队伍的基本状况

新时期非公有制经济代表人士队伍是自十一届三中全会我们党实行改革开放方针后，随着非公有制经济的出现和发展而逐步产生、成长起来的。1985年邓小平同志从社会主义初级阶段必须大力发展社会生产力这一根本需要出发，提出了在坚持公有制为主体、坚持共同富裕为目标的原则下，允许非公有制经济发展的思想，指出："我们吸收外资，允许个体经济发展，不会影响以公有制经济为主体这一基本点。相反地，吸收外资也好，允许个体经济的存在和发展也好，归根到底，是要更有力地发展生产力，加强公有制经济。"根据邓小平同志的这一思想，我们党在一系列文件中肯定了非公有制经济对公有制经济具有必要的、有益的补充作用，并且在1988年的《宪法修正案》中明确规定："国家允许私营经济在法律规定的范围内存在和发展。私营经济是社会主义公有制经济的补充。国家保护私营经济的合法的权利和利益，对私营经济实行引导、监督和管理。"1992年党的十四大提出建立社会主义市场经济体制，在所有制结构上，要"以公有制包括全民所有制和集体所有制为主体，个体经济、私营经济、外资经济为补充，各种经济成分长期共同发展"。党的十四届三中全会又在进一步明确这一方针的同时，提出："就全国来说，公有制在国民经济中应占主体地位，有的地方、有的产业可以有所差别。"1995年9月在党的十四届五中全会上，江泽民总书记再次指出："以公有制为主体、多种经济成分共同发展，是我们必须长期坚持的方针。"我们要"在积极促进国有经济和集体经济发展的同时，允许和鼓励个体、私营、外资等非公有制经济的发展，并正确引导、加强监督、依法管理，使它们成为社会主义经济的必要补充"。

我们党的这一系列方针政策，使我国的非公有制经济在一个新的基础上得到迅速发展，出现了一个新的局面。根据国家工商行政管理局统计，1994年底，私营企业为43.2万户，从业人数648.4万人，注册资金1447.8亿元，共创产值1154亿元，实现销售总额758.5亿元，商品零售额512.6亿元。个体工商户为2186.6万户，从业人数约3775.9万人，注册资金1318.6亿元，总产值1637.5亿元，实现营业额6123.2亿元，商品零售额4211.4亿元。外商投资企业实有户数为20.6万户，投资总额4907.2亿美元，注册资本3122.8亿美元，其中外方认缴出资额1963.1亿美元。1995年底，私营企业有65.5万户，投资者人数134万人，雇工人数822万人，注册资金2621.7亿元，总产值2295.2亿元，销售总额或营业收入1499.2亿元，社会消费品零售额1006.4亿元；个体工商户为2528.5万户，从业人员4613.6万人，注册资金1813.1亿元，总产值2791.2亿元，销售总额或营业收入8972.5亿元，社会消费品零售额5355.4亿元；外商投资企业为23.4万户，投资总额6390亿美元，注册资本3991.2亿美元，其中外方出资额2568.8亿美元。私营经济发展的主要特征是：

第一，发展速度较快。私营企业的户数、从业人数和注册资金总额，1993年比1992年分别增长70.4%、60.7%和207.6%，1994年比1993年又分别增长81.5%、74%和112.8%。1995年三项指标仍保持了较快的发展势头。我们调查的数据表明，私营企业开业时注册资金中位数为19万（由于私营企业差距较大，数据呈偏态分布，在很多情况下平均数没有代表性，故在分析中较多采用中位数，即用数据中居中的数来代表一般水平），而1994年底，注册资金中位数已达50万，平均增加了2.6倍。私营企业开业之初每户雇工人数的中位数为20人，1994年增至40人，增加一倍。

第二，私营企业分布在第一、第二和第三产业的各个行业中，但又相对集中在第二产业的制造业、建筑业和第三产业的商业、饮食服务业中。国家工商局统计，1994年底，第二产业的私营企业有23.1万户，其中制造业和建筑业19.7万户，约占私营企业总户数的45%；第三产业的私营企业共计19.8万户，其中商业、饮食业、服务业17.4万户，约占私营企业总数的43%。目前，私营经济的发展有向第三产业倾斜的趋向。1994年从事第三产业的私营企业户数、雇工人数、投资者人数分别比上年增长了86.79%、82.7%和78.8%，高于私营企业平均增长水平5至10个百分点。我们的调查数据也表明，私营企业中工业、建筑业、交通运输业等行业的产值平均年增长率为33.8%，商业、服务业、饮食业等行业的营业额平均每年增长104%。私营企业的发展向第三产业倾斜，主要是受国民经济发展水平、政策导向和市场配置三方面因素影响，向投资少、见效快、市场容量大、利润高的方向发展。

第三，私营企业的整体规模扩大，效益增加，并在发展中明显出现大、中、小的分化，呈金字塔型。注册资金100万元以下的小企业为41.3万户，约占私营企业总数的95%；100万至1000万的中型企业为1.8万户，约占私营企业总数的4.3%；1000万元以上的大型企业为880户，约占私营企业总数的0.2%。经营状况明显划分出盈利、微利或保本、亏损以至关门歇业三个档次。根据我们问卷调查和典型调查综合分析表明，私营企业在经营中30%盈利较多，30%微利或不盈不亏，30%经营困难，另有10%歇业停产。总起来看，私营企业人均产值约3.3万元，人均营业额约8.8万元，人均创利税3000元左右，明显高于其他所有制的企业。

第四，在东、中、西部地区分布上呈现出较大的差异。东、中、西部地区的私营企业数量分别为29.15万户、9.54万户和4.52万户，分别占全国私营企业总数的67.5%、22%和10.5%。在发展总量上，东部地区远高于中西部地区。

第五，在深圳、北京、武汉、西安等一些地区，民营科技企业迅速崛起。目前民营科技企业在整个私营经济中所占比重不大，仅为2%左右，但是表现出很强的生命力，在一些地区发展很快，带动和促进了所在地区经济的发展。如1994年底，深圳市经市科技局认定的民营科技企业已达328家，资产总额13.4亿元，职工总数5700余人，实现利税13.4亿元，上缴税金6648万元，分别比上年增长179%、15.4%、207.59%、

168.8%，并且开发了一批有较高知名度的高科技产品。

非公有制经济对发展经济、安排就业、纳税创汇、安定社会起到了重要作用，成为公有制经济的必要的有益的补充。从发展前景看，由于中央政策明确、地方政府支持、市场经济逐步成型、人们思想观念更新，非公有制经济还会进一步发展，但是非公有制经济尤其是私营经济中95%是100万元以下的小企业，大多数属于劳动密集型，不影响国家的经济命脉，产品多集中于下游区域，在激烈的市场竞争中，自身具有很大的脆弱性。因此，在整个国民经济中只能处于辅助地位。

随着非公有制经济的发展，非公有制经济人士队伍成长起来，并逐步形成了一个新的社会群体。据国家工商局统计，1994年底我国共有非公有制经济人士约2294.9万人，其中个体工商户2186万，私营企业主88.9万，“三胞”投资者20万。就我们重点问卷调查的私营企业主的一般状况看：性别，男性占90.6%，基本上是一个男性世界。年龄，平均41岁，其中35岁以下的占26.6%，35岁至50岁的占57.2%，50岁以上的为16.2%，以中青年人为主。文化程度，文盲占0.3%，小学占8.8%，初中占34.6%，高中、职业高中和中专占38.4%，大专以上占18%。与1993年全国在业人口文化程度统计数（文盲16.9%、小学37.8%、初中32.2%、高中专11.1%、大专以上1.9%）相比，整体文化素质比较高。原职业，被调查的私营企业主开业前从事的工作为：农民14.5%，工人18.4%，专业技术人员11.3%，企业干部14.9%，机关事业单位干部7.7%，商业服务业员工5.9%，专业户8.6%，个体户10.3%，军人0.7%，其他7.5%。政治面貌，中共党员17%，共青团员4.7%，民主党派成员为4.9%，参加个体劳动者协会的有24.7%，参加私营企业主协会的有42.5%，参加工商联的有75.2%，另有6.7%参加了同业公会。财产与收入，77.8%的私营企业主拥有自己的住宅或房产，其价值的中位数为20万元；1994年个人拥有证券和存款平均数为15.7万元，企业内收入（包括工资和分红）中位数为14万元左右。日常生活费支出，平均每户每月为3358元，其中伙食费占38%，服装费约占17%，娱乐费占2%，共计57%，另有43%的应酬费。

在我国社会条件下，私营企业主群体表现出独特的行为特征：

在经营方面，他们的经营观和经营行为有很强的一致性。调查表明，他们的绝大多数都把企业的经营和发展作为日常思虑的中心和活动的重点。他们的主要精力、时间和资金基本上用于企业的各种经营活动，包括企业重大问题的决策、管理和发展措施。他们反映最多的意见是：贷款难，征地难，出境经营业务难，不能享有进出口权，以及一些地方各种名目的收费太多，不胜负担，等等。从问卷调查情况看，绝大多数私营企业主愿意守法经营，但是客观上一些人在利益诱惑下，存在偷税漏税、经营假冒伪劣商品等不法行为。

在社会方面，他们的社会观及社会行为有较大的趋同性。随着经济实力的增强，他们开始注重自身的价值和社会形象，并且努力改善和提高自己的社会声望和社会地位。在问卷调查中，大多数人认为在社会地位方面自己处于中间位置。对于这种地位，他们一方面表示接受，另一方面又认为有待提高。问卷调查显示，在关于提高自己社会地位的多项选择中，他们依次的选择是：尽量扩大企业的规模83%，在生活中树立良好形象60.4%，多支持社会公益事业55.8%，担任人民代表和政协委员33.2%。随着自我意识的不断增强，他们普遍要求建立自我保护和自我服务的社会性组织。问卷调查表明，80.7%的人认为有必要建立非公有制经济及企业家自己的同业公会，62.8%的人认为这种组织的作用应是保护同业权益及发挥协调经营作用。从1993年开始，广东等省市一些地区的私营企业主自发组织了民间企业家公会，以“五自”原则入会，即入会自愿、组织自立、公务自理、经费自筹、会长自选；实行“四自”方针，即自我教育、自我管理、自我约束、自我服务。这种组织对私营企业主有一定的吸引力，对其合法权益的保护起了一定的作用，与党和政府保持联系，相互之间关系也是好的。私营企业主在致富后，许多人并没有忘记回报社会。问卷调查表明，有86%以上的私营企业主捐助过社会福利事业。根据问卷调查统计，私营企业主认为最大的社会问题分别是：权钱交易；乱收费、乱摊派、乱罚款；社会治安状况恶化。

在政治方面，问卷调查显示，私营企业主群体很关心政治，关注中央政策及舆论界、理论界的走向。许多人订有十几份中央和地方的报刊，认真阅读和分析。他们绝大多数拥护党的改革开放政策，许多人表示是党的富民政策使他们发了家，这是过去做梦也想不到的，因而靠拢党和政府。问卷调查的近2000名私营企业主中，有33.2%的人想担任人大代表和政协委员，有26.6%的人想加入中共，另外还有4.6%的人想通过选举担任社区领导人、10.6%的人想加入民主党派。随着经济实力的增长，私营企业主在政治上也提出了一些相应的要求：要求党和政府对私营经济发展的政策保持稳定，担心政策多变；要求完善社会主义法制，尽快由国家立法机关制定《私营企业法》，在法律上明确私营企业的产权归属，使其有法可依，安心守法经营；希望有良好宽松的发展环境，害怕受歧视等。但他们的参政意识有很大差别，其中真正想参与政治的人尚不多，大多数人满足于现有状况。有一些人想通过加入中共和担任一定的政治职务来提高自己的政治地位和社会声誉；另有一些人只是想通过参加党政部门举办的活动和结交党政要员以维护自己的利益。在问卷调查中，大多数私营企业主认为自己的社会政治地位处于中间位置。基本上他们对这种中间位置也是认可的。一些具有一定经济实力的私营企业主则有进一步提高自己的社会政治地位的欲望。问卷调查表明，想担任人大代表和政协委员的私营企业主人数比例，资产在30万元以下的为25.3%，在30万—100万元之间的为30.7%，在1000万元以上的为40.1%，后者比前两者分别高出14.8和9.4个百分点。

总体上看，目前在私营企业群体中确实已有政治要求，但还没有产生作为代表一个利益群体的自觉、完整的政治要求。其整体政治素质和参政议政能力也比较弱。少数人可能具有自己的政治见解和主张，个别人甚至不满社会主义制度，但大多数私营企业主寻求政治参与的主要目的，是获取企业的保护和业务发展，并且也主要是立足于在国家和社会现有政治体系内寻求表达其政治要求的渠道和方式。

私营企业主作为一个正在形成的新的社会群体，已经具备了一些基本的共同的特征，同时也表现出非常复杂的情况。其内部差异之大，以至于可以对这支队伍做出某种类型的区分。这种区分对于比较全面、准确、生动地把握这支队伍的内涵与面貌，从而有针对性地提出对他们的方针政策，也是十分必要和有益的。根据我们典型调查和问卷调查的情况综合分析，私营企业主群体可按地区和职业来源的不同，分成五种类型：

（一）农民型

农民型私营企业主一般原来都是土生土长的农民，是农村中的能人。他们利用改革开放的机遇，通过跑运输、承包建筑和与外来资本合作进行“三来一补”等积累了资金，逐步发展起来。他们的特点是，头脑活、能吃苦、肯学习，但文化素质不高，其企业经营管理层多由家庭或家族成员组成。在问卷调查的277名农民私营企业主中，65%的人是初中以下文化程度，在有些地区甚至80%以上是小学文化程度。生产经营范围主要集中在运输、建筑、加工制造及饮食服务等行业。在市场经济的不断锤炼下，他们中的一部分人也开始向现代企业家转变。如广东省南海市石湾镇的冯季强，原是建筑承包商，积累一些资金后转搞建材生产，现已拥有资产几千万元。他不仅自己注重学习技术、管理、财务等知识，而且广泛聘用科技人才和管理人才，还花了300万元搞计算机管理。该厂生产的制砖模具已在广东基本取代了国外同类产品。但是，从总体上看，在激烈的市场竞争中，他们中的许多人在生产经营方面显得较艰难。

（二）社队干部型

他们主要是一些在改革开放中“弃官办厂”的原社队干部和社办

企业干部。他们的主要特点是：由于原有的文化素质较高和管理能力较强，以及有较广泛的社会关系，因此在经营上都比较成功。其中一些人是中共党员，对党的政策和工作方法都比较熟悉，容易成为私营企业主中的代表人士或积极分子。

（三）市民型

这部分人主要是一些原城市工人、推销人员、商业服务业员工、无业人员等。他们是从干个体户、跑买卖、办饭店、搞推销、承包工厂等方式起家的。特点是，能工巧匠多，靠一技之长，从小本经营开始，逐步发展起来。他们支撑能力较强，也有市场应变能力，但是多数文化程度不高。他们在发展中出现三种情况：一是少数自身文化素质较好的，业务上开拓进取，政治上靠拢党和政府，并积极从事社会活动，成为这类人中的佼佼者。如深圳黄金灯饰有限公司总经理夏春盛，原是江苏射阳县城居民，1984年随其兄在南京创立新公司，经过几年时间的发展，现已拥有固定资产3亿元，能生产十三大系列1380多个品种的灯饰，立志要创立世界一流的灯饰公司。他积极参加社会活动和政治活动，现担任深圳市政协委员和全国青联委员。二是一些自身素质不高，又不能不断提高自己，靠小作坊式的管理手段和小商品生产者的经验经营，甚至以假冒伪劣产品和偷税漏税牟取暴利，结果在日益规范的市场经济激烈竞争下，陷入每况愈下之中。如安徽省芜湖市的“傻子”年广久，因生产经营“傻子瓜子”而发家出名。但出名后，不注意自身素质提高，不注重企业向现代管理体制转变，甚至在经营中以次充好、偷税漏税，在商场上几经起伏，渐渐落伍。三是想多赚钱有发展，但不愿冒风险，求稳怕变，希望比较平稳地经营，平稳地过日子。

（四）机关企事业干部型

他们中有些是利用工作之便下海经商发展起来的，有些是离退休后发挥余热开公司办厂，另有极少数是炒股票发起来的。这部分人的特点主要表现在：一是较有胆识和能力，有广泛的社会关系，尤其与社会中上层接触较多，信息比较灵通，因此在经营上成功的较多。问卷调查表明，从机关和企事业下海的干部中，有51.2%的人结识科级以上的干部，并与他们结成朋友，而在工人和普通农民型的私营企业主中，仅有22.9%和23.2%的人与科级以上干部有朋友关系。二是一般能遵纪守法，既注重经济效益，也比较注重社会效益。其中确有一些人经营的目的不是纯粹为了赚钱，而是想为社会做些贡献，想在某方面做出成绩。深圳胡士琪从市公安局长位置上退下来后，创办了云海集团，定下的目标是：致力于高新技术，促进技术进步；创高效益，依法纳税，当好纳税人；探索有中国特色社会主义条件下发展私营经济的道路；培育人才，造就二批优秀的企业家与工程技术专家。三是对政治比较感兴趣，乐于参加政治和社会活动。其中一些人原是领导干部或中共党员，常常成为统战部门做私营企业主群体工作的积极分子。

（五）科技知识分子型

他们大多数是1990年以后下海，从事民营科技企业。但事业发展很快，资产积累也十分迅速，许多是逐年成倍增长，如珠海的巨人集团、深圳的索贝公司、南京的天地集团等。他们是私营企业主队伍中很独特的一部分人，与一般的个体工商户和私营企业主的不同之处在于：一是文化素质高，一般都具有中高级职称，懂技术；二是事业心强，不满足于现状，没有“小富即安”的思想，而是致力于不断创业和发展；三是有头脑，能研究问题，对当前的经济政策和政治政策都有自己的见解，有一定的参政议政能力。民营科技企业的情况，可能反映出某种带有趋向性的东西，值得我们特别关注。

做好非公有制经济代表人士工作必须正确认识的几个问题

改革开放以来非公有制经济的发展，是社会主义发展史上从来没有遇到过的一个崭新的课题，触及许多重大、基本的理论和政策问题，必然会产生各种不同的认识。我们这次调查反映出，这些认识上的差异和分歧，深刻地影响着非公有制经济的健康发展，也深刻地影响着我们做好对非公有制经济代表人士的工作。因此，经过深入地调查研究、分析探讨，需要首先对一些基本问题逐步取得共识、统一思想。这是做好非公有制经济代表人士工作的必要前提。

（一）非公有制经济在我国国民经济中的地位和作用

以公有制为主体、多种经济成分共同发展，是我们党和国家一条长期坚持的基本方针，也是邓小平建设有中国特色社会主义理论的重要内容。我们党制定并且在实践中大力贯彻落实这样一个基本方针，以及在现实生活中非公有制经济对公有制经济所起的必要的、有益的补充作用，实际上已经说明了非公有制经济在我国国民经济以至建设有中国特色社会主义事业中的地位和作用。现在有些人感到这个问题并未解决，这其中有多种原因。而一个很重要的原因，是对我们党为什么制定这样一个方针，对非公有制经济在我国社会主义初级阶段存在和发展的客观必然性，缺乏透彻的理解。

非公有制经济是社会主义初级阶段发展社会生产力的需要。社会主义初级阶段是一个相当长的社会历史阶段，需要我们几代人、十几代人甚至几十代人的努力奋斗。这个阶段的主要特征是生产力总体水平比较低，且发展不平衡。这个阶段我国社会的主要矛盾，是人民日益增长的物质文化需要同落后的社会生产之间的矛盾。因此，在这个阶段，必须把发展生产力摆在首要位置，必须以是否有利于发展社会主义社会的生产力、是否有利于增强社会主义国家的综合国力、是否有利于提高人民的生活水平，作为判断是非得失的根本标准。在我国社会主义初级阶段，社会上存在大量剩余劳动力，也或多或少存在其他生产要素，社会又有需要，私营经济的产生和一定程度的发展，有其不以人的意志为转移的客观必然性。党的十一届三中全会以来，特别是十四大以来，非公有制经济在发展经济、安排就业、纳税创汇、安定社会等方面发挥了积极作用，外资经济还在引进外资，引进先进技术和经营管理方法以及发展外向型经济、打开世界市场等方面起了重要作用。事实证明，在今天我们党领导全国人民进行社会主义现代化建设取得的举世瞩目的伟大成就中，包含着非公有制经济做出的一份贡献。

非公有制经济不仅可以适应社会主义初级阶段发展生产力的需要继续存在，而且可以在国家的引导、监督和管理下继续获得发展。因为这个发展是建立和完善社会主义市场经济体制的必然结果，是与我国国民经济和社会发展的远景目标提出的经济发展战略相一致的。在未来15年，我们要逐步建立、完善社会主义市场经济体制，要在国家的宏观调控下，使市场对资源配置起基础性作用，使经济活动遵循价值规律，实现资金和劳动力等各种生产要素的自由流动、重新组合，流向效益较好的地方和单位。这就为比较适应市场经济经营机制的非公有制经济的发展，提供了广阔的空间。调查表明，凡是市场经济比较活跃的地区，如广东、福建、浙江省等，非公有制经济的补充作用也发挥得比较充分，非公有制经济也就有较大的发展余地。甚至在一些国家投资少、人民生活相对贫困的地区，经济发展也主要得益于非公有制经济。

要正确认识非公有制经济在我国存在和发展的必然性，有一个问题必须搞清楚，就是在社会主义初级阶段发展非公有制经济与坚持公有制经济为主体不是对立的。首先，非公有制经济中包含个体经济和混合经济，不存在与公有制经济截然对立的关系。其次，这当中的私营经济，是存在雇佣劳动关系的经济形式，毫无疑问，在这一点上它与社会主义公有制经济根本不同，我们也的确应当清醒地认识到由此可能带来的深刻的矛盾，不能忽视非公有制经济发展中暴露出来的种种问题。但是，必须看到，在我国整个政治、经济条件下，由于社会主义公有制经济居于主体地位，由于人民民主专政的国家政权能够保障社会主义制度，由于非公有制经济始终受到国家的引导、监督和管理，这些问题和矛盾可以受到有效的限制。而只要有这种限制，非公有制经济的存在和发展，就不仅不会冲击公有制经济的主体地位，动摇社会主义的基本制度，而且还会在与公有制经济的联系、竞争和合作中，有益于公有制经济的发展。在我国，非公有制经济不可能无限制地追逐、获取利润用于自己消费，而必须把很大一部分用于扩大再生产，为国家、社会做出贡献。据我们这次调查，私营企业每年用于扩大再生产的资金占纯利润的68.8%。非公有制企业与公有制企业存在着广泛的联系。仅以国有企业作为直接购销对象的私营企业，就有35.7%。在某些地方，已开始有非公有制经济企业与国有经济、集体经济在自愿的基础上实行联营、合作，形成了一些新的财产混合所有的股份制和股份合作制公司等，并通过发挥各自优势，共同发展，取得了较好的成效。就总体上看，改革开放以来非公有制经济的发展是正常的、健康的。事实证明，我们党提出的坚持公有制为主体、多种经济长期发展的方针是正确的。我们的党和国家过去能够今后也一定能够继续坚持这一方针，并引导非公有制经济健康发展。

（二）私营企业主群体在我国社会中的地位和作用

私营企业主队伍是随着非公有制经济的产生出现的一个新的社会群体。从根本上讲，非公有制经济的地位和作用是什么样，就决定了这支队伍的地位和作用是什么样。在我国，私营经济是与公有制经济相联系的，是公有制经济的必要的、有益的补充，私营企业主群体是工人阶级、农民阶级的盟友，是我国社会主义现代化建设的一支积极力量。

确定私营企业主群体在我国社会中地位的一个引起人们关心和疑虑

的问题，是它究竟是不是或者会不会发展成为新的资产阶级。这是一个关系到改革开放方向和我国社会主义前途的重大问题，也是决定我们做非公有制经济代表人士工作立场和方向的根本问题。对这个问题，邓小平同志早就做出了科学的预见和回答。邓小平同志在1985年就指出：社会主义有两个非常重要的方面，一是以公有制为主体；二是不搞两极分化。我们在改革中注意坚持了这两条。吸收外资也好，允许个体经济的存在和发展也好，都是为了更有力地发展生产力，最终体现社会主义的优越性。在这个过程中会带来一些资本主义的腐朽东西，但是我们的社会主义政策和国家机器有力量去克服这些东西。因此，“个别资产阶级分子可能会出现，但不会形成一个资产阶级”（《邓小平文选》第3卷，第139页）。在这个问题上，有两点需要认识区别清楚：一是一部分人先富起来不等于两极分化；二是个别资产阶级分子的出现不等于新的资产阶级的形成。“只要我国经济中公有制占主体地位，就可以避免两极分化。”（《邓小平文选》第三卷，第149页）只要我们保持清醒的头脑，进行有效的引导、监督和管理，个别的资产阶级分子就不可能发展形成为一种政治势力，不可能产生新的资产阶级。目前非公有制经济的发展导致了一定程度和范围的社会分配不公，从某一个局部看，这种收入差别可能还比较大。但是，只要有正确的引导和管理，从社会总体看，从长远看，它不会导致两极分化。实践证明，只有通过一部分地区、一部分人先富起来，才能带动和帮助其他地区、其他人摆脱贫困，进而最终达到共同富裕。在我们的调查当中，就接触到许多出一个能人、富一方百姓的事例。

当然，应当看到，私营企业主群休既不同于一般的工人、农民、知识分子，又不同于原民族资产阶级，在现实生活中呈现出非常复杂的情况，常常表现出“两重性”。一方面他们是党的改革开放政策的受益者、拥护者，另一方面他们中的某些成员又对一些国家政策和正确的管理有抵触；一方面他们热心社会公益事业，希望有一个良好的社会环境，另一方面其内部又潜藏着一些不安定的因素，甚至有的做出不利于社会稳定的事情；一方面他们积极寻求法律保护，希望健全法制，依法办事；另一方面其某些成员又往往有法不依，进行不法经营活动，甚至出现知法犯法的行为；一方面他们深受“三乱”之苦，痛恨腐败现象和社会丑恶现象，期盼社会公正、公平；另一方面其某些成员又为谋取自身利益采取不正当的手段破坏公正和公平，为腐败的滋生推波助澜。私营企业主群体中的确存在着一些消极面，在某些时候、某些问题上，这种消极面甚至表现得比较严重，需要给予重视。但是，不能也不应当因此否定其居于主流的总体上的积极地位，不能也不应当否定其对公有制经济的必要的、有益的补充作用。

（三）做好非公有制经济代表人士工作在新时期统一战线工作中的地位和作用

1991年中共中央15号文件指出：“非公有制经济成分作为公有制经济的有益补充，将在相当长的历史时期内存在和发展。”“做好非公有制经济代表人士的思想政治工作，对巩固和发展爱国统一战线具有重要意义。”中央的这个指示明确了非公有制经济代表人士是新时期统一战线的重要对象。几年来的工作实践和我们这次的调查证明，这个指示是十分及时和富于远见的，是具有战略眼光的重大正确决定。非公有制经济人士是在改革开放、发展社会主义市场经济过程中我国社会新出现的一个特殊的社会群体。这一群体在价值取向、思想观念、利益要求、政治愿望以至生活方式等各方面，都有别于其他社会群体，具有鲜明的特点。只有充分地考虑到这些特点，才能有效地开展对他们的工作，引导这支队伍健康发展。这就要求我们必须把做非公有制经济人士工作纳入党领导的统一战线范围中来。通过统一战线，贯彻落实国家的有关方针政策，并反映他们的合理意见和要求，帮助他们调整关系、兴利抑弊，为社会主义现代化建设服务，为振兴中华服务。

统一战线主要是做代表人士工作的。随着非公有制经济的发展，非公有制经济人士队伍的壮大，必然会从他们中产生代表人物。我们要积极去发现、选拔、培养一批能够同我们党团结合作的代表人物，选择、举荐其中一些人进入人大、政协等国家权力机关和统一战线组织，通过各种渠道和方式，把非公有制经济人士的政治意愿和要求，纳入社会主义民主和法制的轨道中来。这次调查显示，非公有制经济人士队伍中已涌现出许多代表人物，他们绝大多数拥护党和政府，在人大、政协中参政议政的表现基本上是好的，我们党必须也完全能够通过统一战线把他们及其所联系的人士团结在自己的周围。

非公有制经济代表人士工作是统一战线的新领域。今天对非公有制经济代表人士的统战工作，不同于20世纪50年代对民族资产阶级的统战工作。首先，对象不同。现在的非公有制经济人士包括私营企业主、个体工商户和三胞投资者。无论是从其外部条件还是内部关系看，现在的非公有制经济与新中国成立初期的民族资本主义经济以及个体经济都有很大差别。私营经济在外部受我国社会主义经济、政治条件的制约和影响，与公有制经济相联系，成为社会主义市场经济的有机组成部分；在内部它对剩余价值的占有也受到社会主义条件的限制。在政治上雇工同私营企业主更是完全平等的。因此，私营企业主不是社会主义建设的异己力量。第二，政策不同。总的方针是坚持公有制为主体，多种经济成分共同发展。国家在积极促进国有经济和集体经济发展的同时，允许和鼓励个体、私营、外资经济发展，并给予引导、监督和管理。对非公有制经济代表人士，坚持团结、帮助、引导、教育的方针，不采取50年代对民族资产阶级的利用、限制、改造政策。第三，目的不同。50年代我们国家要向社会主义过渡，建立社会主义制度，因此有对民族资本主义经济的改造问题。而目前，我们已经建立起了巩固的社会主义制度，我国进入了社会主义初级阶段，摆在我们面前的首要任务是发展社会生产力。今天允许和鼓励非公有制经济发展的根本目的是加速发展社会生产力，加快社会主义建设，不存在50年代那种非进行社会主义改造不可的问题。

非公有制经济的存在和发展不是短期的，而是长期的，所以我们应当从战略的眼光极其慎重、极其稳妥地对待和处理这件事情。国家要搞好引导、监督、管理，党也要高度重视和加强这方面的工作。在统一战线方面，特别要注意两头的情况：一头是代表人士和积极分子。要切实培养、发现一批有一定的经济实力、社会影响和参政议政能力的非公有制经济代表人士，并努力建立一支思想道德境界比较高，社会责任感比较强，致富不忘社会，同我们党真正团结合作的积极分子队伍，成为党的统一战线工作的助手。通过他们的表率作用，带动同行共同进步。另一头是这支队伍中的某些消极现象。非公有制经济队伍内部构成复杂，思想素质差异较大，稳定性也较差。其中确有一些人唯利是图、见利忘义。经营中，坑蒙拐骗，偷税漏税；生活上，挥金如土，吃喝嫖赌；极少数甚至拉拢腐蚀国家干部，在基层贿赂选举，抵触国家的监督、管理。这类人虽然只是极少数，但影响很坏，不仅可能造成社会对其整个群体产生扭曲的认识，而且可能引起一些人对我们党和国家这方面基本方针政策产生怀疑或动摇，因此决不能小视。必须运用国家法律、政策、社会舆论等各种办法对这些消极现象加以有力地限制和抵御，以保证这支队伍长期健康发展。

（四）统战部门和工商联组织在做好非公有制经济代表人士工作中的地位和作用

统战部是党委在统一战线方面的职能部门。在非公有制经济代表人士已成为新时期统一战线重要工作对象的情况下，统战部门应当大力加强这方面的工作。首先是明确其工作职能和任务。总结几年来的工作经验及这次调查了解的有关情况，统战部主要应做好以下几项工作：

第一，参与制定、掌握和贯彻党对非公有制经济代表人士的政策。

要经常进行调查研究，综合反映这方面情况，及时提出政策性建议，当好中央和地方党委这方面工作的参谋和助手。

第二，联系、物色、培养代表人士。要团结、教育非公有制经济代表人士，推动开展思想政治工作，并努力建立一支接受党的领导、与党真诚合作的积极分子队伍。

第三，做好政治安排。要根据非公有制经济代表人士的特点，选择适当人选，举荐其进入人大、政协、工商联等机构和组织，建言献策，参政议政，反映要求，维护权益。

第四，协调关系。要协调同有关部门的关系，指导有关团体组织的工作，及时、妥善处理非公有制经济人士队伍中出现的矛盾和问题。

新时期工商联是党和政府联系非公有制经济代表人士的桥梁和纽带，是具有统战性、经济性、民间性的人民团体，有着统一战线和民间商会两方面的职能。工商联在50年代曾为完成社会主义改造、促进社会主义建设做出了不可磨灭的历史贡献。新时期工商联适应情况的变化和党的要求，发展成为主要联系、做好非公有制经济代表人士工作的组织，为贯彻党的有关方针、政策，提高非公有制经济人士爱国、敬业、守法的自觉性，引导非公有制经济健康发展等，做了大量工作，显示了不可替代的优势。在非公有制经济人士工作任务更加突出和繁重的形势下，工商联的地位和作用应当进一步加强而不能削弱。调查显示，当前工商联的作用尚未得到充分的发挥，在一些地方甚至发挥较差，问题主要是对工商联的性质和职能需要进一步明确和落实。应当明确，工商联的“三性”是统一的整体。以统战性为主是指其工作目的主要是联系、团结非公有制经济代表人士，做好他们的思想政治工作，充分发挥他们在社会生活中的积极作用，引导他们健康成长。同时，统战性与经济性、民间性是不能割裂、互相分离的。经济性是统战性的载体，民间性是其组织特点和优势。要达到统战工作的目的，就必须落实其经济性和民间性的职能。寓思想政治工作于经济工作之中，是我们党做经济界人士统战工作的一条重要经验。党中央之所以把做非公有制经济代表人士思想政治工作的任务交给工商联，就是因为它能够把这两方面统一、结合起来。加强工商联的工作，一方面要注意克服片面强调工商联的经济性，忽视其统战性，从而放松做好对非公有制经济人士思想政治工作的倾向；另一方面也要注意防止只看到工商联的统战性，忽视其经济性，从而否定其民间商会职能的倾向。随着社会主义市场经济的发展，要有效地开展统战工作，必须进一步充实、完善工商联民间商会的职能，比如，建立、吸收一些行业协会、同业公会作为团体会员，发挥市场中介组织作用；改变某些不适宜的行政化的工作方式，学习借鉴国外一些商会的组织形式、活动手段，等等。

非公有制经济的健康发展是涉及面很广的工作，光靠统战部门和工商联来做是远远不够的，还必须发动党政其他有关部门和有关社会组织一起来做。统战部门、工商联积极努力，各方面、各部门各司其职，互相配合，齐心协力，我们就一定能够推动这项具有战略意义的重要工作达到一个新水平，开创一个新局面。

关于加强对非公有制经济代表人士工作的几点政策建议

由于特殊的社会历史背景，在我国，政策因素对于非公有制经济的发展具有非同寻常的影响。调查显示，非公有制经济人士目前对改革开放以来党在这方面的基本方针政策是拥护、肯定的，但仍有种种疑虑和担心。在一些具体政策上，还有许多意见和要求。有38.7%和29.1%的调查对象认为，如果私营企业陷入无法维持的状态，主要是因为政策上歧视和政策不稳定。非公有制经济是一个发展很快的新生事物。要引导非公有制经济人士队伍的健康成长，需要不断地提出、补充、完善有关的政策措施。现根据统战工作的实际需要，结合调查中遇到的突出问题，提出如下几点政策建议：

1. 科学界定非公有制经济代表人士的概念内涵。对非公有制经济代表人士的概念给予科学界定，统一关于这一对象范围的认识，是开展非公有制经济代表人士统战工作的基本前提和基础。这几年在实际工作中，一般主要是把拥有一定的经济实力、社会影响和参政议政能力，政治上能与我党团结合作、热心社会公益事业的一部分私营企业主和三胞投资企业的资产所有者或实际控股人，作为非公有制经济代表人士。总结几年来的工作经验，我们以为，非公有制经济代表人士须具备以下一些特点和条件：（1）有较强的事业心和较强的经营管理能力，经营守法、照章纳税，企业具有一定规模，在本行业中具有较高的知名度，成为当地非公有制经济健康发展的带头人。（2）具有一定的社会责任感，热心帮助一方群众脱贫致富，热心社会公益事业和社会活动，在社会上产生了较大和较好的影响。（3）能积极反映、表达其所联系的非公有制经济人士的合理意见和要求，维护非公有制经济人士的合法权益，在当地非公有制经济人士中具有较高威信。（4）具有一定政治觉悟，接受共产党的领导，与党团结合作，有一定的参政议政能力。这四点概括起来包括经济与社会政治两个方面，其中经济实力对于地方性的代表人士，应该允许具有相对的地域与地区差异，其标准可随不同地方非公有制经济发展程度的不同而有所差别。此外，根据1991年中央15号文件，非公有制经济代表人士也可以是一些表现突出的个体工商户，对他们在经济实力上应与私营企业主和“三胞”投资者区别对待。

2. 坚持、落实“团结、帮助、引导、教育”八字方针。团结、帮助、引导、教育是新时期党对非公有制经济代表人士开展统战工作的基本方针。它根本不同于50年代的对资改造方针。近几年的实践证明，这一方针是完全正确的，广大非公有制经济人士是拥护的，也收到了很好的成效，标志之一是初步建立了一支较有影响的、与我们党团结合作的非公有制经济代表人士队伍和积极分子队伍。因此，对这一方针必须始终坚持，不能怀疑和动摇。但是如何使这个方针得到真正贯彻、落实，又确是一个有待进一步努力的问题。这次问卷调查专门设计了关于八字方针的问题，结果值得引起我们注意。统计显示，在有关这个问题的23项分解回答中，认为做得“较好”的只有“政治上一视同仁”一项超过半数，达到56.9%，其余几项的较好率均在30%—40%之间，有的甚至在20%左右。鉴于此，在今后一个时期，必须下大力气贯彻落实八字方针，特别要注意抓好以下几项重点工作：

——提高全党对八字方针的认识，加大对八字方针的宣传力度。要使全党同志能完整准确地把握与理解这个方针，把这个方针与党的坚持公有制为主体、多种经济成分共同发展的基本方针联系起来，从我们国家整个改革开放、现代化建设的战略全局去加以领会。既要注重团结和帮助，又加强教育和引导，克服诸如对非公有制经济人士讲“团结”而不是“改造”忧心忡忡，或者把非公有制经济代表人士等同于一般劳动者，否认对他们进行统战工作的重要意义等种种错误认识，努力营造有利于贯彻八字方针的社会政治环境和舆论环境。

——保护非公有制经济代表人士的合法权益，切实帮助他们解决生产、生活中遇到的一些问题和困难。要在积极促进国有经济与集体经济发展的同时，把非公有制经济的发展纳入当地整个社会经济发展的总体规划当中，为他们创造公平竞争的政策环境，统筹解决其在诸如征地、信贷、税收、人才等方面遇到的问题。问卷调查显示，在希望如何贯彻“团结”非公有制经济代表人士方针的多项选择中，最多的是“经济上一视同仁”。对关于“帮助”做得如何的选择，在八字方针中是评价最低的，其中只有“保护合法权益”一项超过30%，达到39.5%，其他四项都低于30%，依次为“在经营中提供方便”23.2%，“建立市场规范”17.3%，“提供经济信息”13%，“保护人身安全”7.9%。在希望“帮助”的多项选择中，要求保护合法权益的呼声仍然最高，达到38.6%。

——兴利抑弊，引导非公有制经济及其人士在建设社会主义现代化、建设有中国特色社会主义的大目标下健康发展。调查显示，“引导”须从经济和社会政治两方面进行。在经济方面，要使社会主义市场经济的宏观调控能够覆盖非公有制经济，使其发展符合国家的总体经济发展和社会进步战略要求。同时，在微观上，要促其企业上档次、上水平，提高技术及经营管理水平，向现代企业方向发展，并努力限制和逐步解决其内部的种种问题。在社会政治方面，要注意分析、引导非公有制经济代表人士的政治要求，对错误的帮助纠正，对合理的给渠道、搭舞台，及时、适当调整政治安排的面和比例，把他们的政治参与欲望纳入我们党领导的社会主义政治体制中来。调查显示，在这方面比较得到他们认可的工作是“评优树典型”，有43.8%的人认为这方面工作做得较好，而他们最大的要求是“在政治上给渠道”，有39.1%的人表达了这种愿望。

——加强对非公有制经济代表人士的教育。非公有制经济人士构成复杂，文化素质与政治思想状况差别较大。要有效地对他们进行教育，必须分层次、有针对性。当前应加强对他们开展爱国主义、社会主义、法律法规、职业道德等方面的教育，但在内容上要注意切合他们的各自特点与需要；在方法、形式上灵活多样，为他们所喜闻乐见。就问卷情况看，他们最希望的是“专业培训”，有21.45%的人提出了这个要求，这和他们随着企业规模的扩大而感到自身能力不足有直接关系。而最受他们欢迎的教育方式是“交流谈心”，在所提供的教育方式的选择中，交流谈心高居榜首，达31.8%。从这几年的经验看，组织考察与典型教育比较受欢迎，效果也比较好。扶贫助困的“光彩事业”是一项惠及百姓、功在千秋的事业，也有益于他们发展经营，是寓教育、引导于活动之中的好方法，要积极支持、大力提倡。

3. 健全、完善有关法律、法规，加强对非公有制经济特别是私营经济的依法管理。对私营经济已有明确的法律条文。1988年4月七届人大一次会议通过的《宪法修正案》及1988年6月国务院颁发的《中华人民共和国私营企业暂行条例》，对此都做了明确规定。但是，私营经济发展中反映出的种种问题表明，这方面的法律、法规尚有待完善，行政监督机制还需要健全。非公有制经济是受行政管理和计划影响较少、受市场影响较大的经济成分。私营企业主担心政策会变，反映“三乱”得不到治理，雇工反映劳动条件差，缺乏劳动、社会保障，以及劳资纠纷得不到有效处理等问题，从根本上讲，都必须通过健全、完善有关法律、法规，加强这方面的依法管理来解决。

当前在完善私营经济法律、法规方面的一个突出问题，是对其财产和产权须做出进一步明确规定。调查显示，私营企业主在这方面存有后顾之忧。因为担心财产得不到保护，出现不少不愿把经营所得用于扩大再生产，而是搞畸形消费甚至购买外国护照、资金外流的现象。一些当初为了保险而以集体名目登记注册的私营企业，在发展到一定程度后，出现了愈来愈多的因产权不清引起的纠纷。无论是从抑制其消极作用讲，还是从引导其健康发展讲，对私营企业的财产和产权做进一步明确的规定，都是必要和有益的。我国《宪法》规定：“国家保护私营经济的合法的权利和利益。”《中华人民共和国私营企业暂行条例》规定：“私营企业投资者对其财产依法享有所有权，其财产可以依法继承。”对私营企业主的财产和产权进一步给予明确，是上述宪法和法律条款的进一步配套、完善，有利于使私营企业主在占有和使用其财产时更加规范，使其消极面得到限制，从而保证私营经济成分始终在公有制占主体的社会主义市场经济框架内正常运营和健康发展。

4. 加强统一领导，理顺各方关系，实行综合管理。非公有制经济目前已经发展到了相当的规模，非公有制经济人士队伍也已是一支几千万人的大军，成为我国经济生活、社会生活以至政治生活必须面对的一个现实。而且从趋向看，只要我国继续改革开放，继续发展社会主义市场经济，非公有制经济及其人士队伍就还会继续存在和发展下去。如何对这支队伍加强领导，保证党的有关方针政策的落实，已成为一个愈来愈突出的问题。50年代，我们党动员了很大的力量来完成对民族资本主义改造这个历史变革。党中央、毛主席亲自过问。周总理经常听取汇报。国务院为此专门成立了“八办”，由中央统战部长李维汉兼主任，统筹整个对资改造。现在的私营企业主不能同过去的工商业者简单地类比和等同，但是面对一个如此规模、实力的非公有制经济，面对这样一支队伍，要保证其健康发展和成长，决非某一个部门所能承担，加强党的统一领导是完全必要的。

为了加强领导，对非公有制经济的行政监督和管理要完善，对非公有制经济人士的教育、引导和思想政治工作更要加强，而且要使这两个方面互相配合、协调统一起来。目前同非公有制经济人士打交道的部门、单位和组织很多。做非公有制经济代表人士思想政治工作的部门有统战部和工商联。对非公有制经济进行行政管理的则包括：主要对私营、个体经济的工商局和个体劳动者协会、私营企业协会，对外商投资企业的经贸委和外商企业协会，对民营科技企业的科委和民营科技实业家协会，还有一些“假集体”由乡镇企业局和乡镇企业协会联系管理。我们在调查中了解到，现在各部门大多从本部门的工作需要和利益去处理同非公有制经济的关系，往往出现政出多门、互相脱节甚至扯皮的现象。非公有制经济人士反映，平时收费要钱的多，遇事能够做主反映要求、保护合法权益的少。15号文件规定个协和私协可作为团体会员参加工商联，在一些地方得不到落实。由于统战部门、工商局以及工商联、个体劳动者协会、私营企业协会等党政机关和群众组织之间关系不顺，形成了行政监督管理和思想政治工作“两张皮”的局面。

目前这种关系不顺状况的形成有历史的原因。如最初个协和私协是由工商局帮助建立并实行管理的，应当肯定工商局在这方面所发挥的积极作用。但是，随着非公有制经济的发展，非公有制经济人士队伍的壮大，党对非公有制经济代表人士加强思想政治工作要求的提出，这种局面就不宜再继续下去了。我们建议，对这个问题应全面规划，完善体制。首先是理顺关系。个协和私协应根据1991年中央15号文件精神加入工商联；统战部与工商局也应经常联系，加强合作，努力使思想政治工作与行政监督管理相互配合，相辅相成，协调统一。同时，要推动实行综合管理。据调查了解，现在有的地方建立了由党委、政府主要领导牵头负责，统战部、工商局、乡镇企业局、工商联等有关部门和组织领导参加的对非公有制经济的领导小组，统筹协调各有关单位的关系，对于加强这方面的工作，实行综合管理，起了很好的作用，应予支持和肯定。这也是加强党对这方面统一领导的一种途径。

论邓小平新时期统一战线理论*

（1997年4月）

邓小平建设有中国特色社会主义理论是全党全国的指导思想，是我国各族人民进行有中国特色社会主义现代化建设事业的强大思想武器。邓小平新时期统一战线理论是建设有中国特色社会主义理论的重要组成部分，是继承与发展毛泽东统一战线思想的光辉成果。这个理论，不仅对新时期统一战线的发展壮大起了决定性作用，而且对于整个建设有中国特色社会主义的伟大事业，都具有极其重要的意义。

邓小平新时期统一战线理论形成的历史过程及其对毛泽东统一战线思想的继承与发展

邓小平新时期统一战线理论产生于中共十一届三中全会以后的改革开放时期，是随着其建设有中国特色社会主义理论的形成而形成的。但作为一个本身具有内在联系、严密完整的理论体系，其思想渊源则来

---

* 本文获1997年共青团中央举办的全国青年统战工作理论论文评比一等奖。

自马列主义，特别是毛泽东统一战线思想。早在20世纪40年代初，邓小平就深刻地认识到毛泽东大力倡导的统一战线对巩固根据地的极端重要性，他指出："我们敌后抗日民主根据地的巩固，还要看统一战线巩固的程度，这也是一个决定条件。"[1]在发动群众与巩固统一战线问题上，问题的中心是"如何把群众斗争约束于统一战线范围之内的问题，是照顾到既能发动群众又能巩固各阶层团结的问题"。[2]当跃进中原、我军胜利在望时，邓小平又及时提出要注意贯彻正确的工商业政策，针对要搞垮工商业的做法与说法，他说"不让资本家剥削，听起来是革命思想，一算账就知道这不是革命思想，并可使革命遭受失败"。[3]进入50年代，随着我党成为国家政治、经济及社会生活的领导力量，邓小平敏锐地意识到统一战线在社会主义建设时期的重要性，并提出了许多今天读起来仍发人深省的重要观点，归纳起来有：

统战工作是我们党的总路线、总政策的一部分，是要贯彻到底的。统一战线的本质是团结大多数，孤立敌人。统一战线有其策略性，但更主要的是它的战略性。过去需要统一战线，今后同样需要，而且还要进一步巩固。在我们党成为执政党后，党要领导得好，就要受监督，就要扩大党和国家的民主生活；民主党派和无党派民主人士的监督是监督基本方面之一，它能够提供一种单靠党员所不容易提供的监督。各党派的"长期共存、互相监督"和思想上的"百花齐放、百家争鸣"这十六个字的方针，对我们国家有深远的影响，对我们党有极大的好处，对发展马克思列宁主义有很大的好处。[4]

邓小平坚持和贯彻了毛泽东统一战线思想的基本观点，同时对毛泽东同志晚年的失误，进行了实事求是的纠正。统一战线由于"左"的指导思想的错误，在1957年之后特别是"文革"十年中，遭到了严重破坏。当历史推进到中共十一届三中全会召开前后，我国面临重大转折的历史关头，邓小平以巨大的政治勇气、理论勇气及敢于面对中国实际的魄力和敏锐把握时代特点的眼光，对什么是社会主义、怎样建设社会主义这个根本问题进行了再思考，创造性地提出了建设有中国特色社会主义的理论。与此同时，与这一主题相联系，他也提出了一整套统一战线的新的理论观点和方针、原则，逐步形成了邓小平新时期统一战线理论。

1977年5月24日，尚未复职的邓小平在同中央两位同志谈话中就指出，“‘两个凡是’不符合马克思主义”。“不论是脑力劳动，体力劳动，都是劳动。从事脑力劳动的人也是劳动者。”[5]不久，他又说，毛泽东同志曾经把知识分子看作是资产阶级的一部分，“这样的话我们现在不能继续讲”。[6]复职后，面对知识界备受摧残、知识分子心有余悸的现状，邓小平主管科技与教育工作，开始了在知识分子问题上纠正“左”倾错误的不懈努力。1978年3月在全国科学大会的讲话中，邓小平明确指出：知识分子的“绝大多数已经是工人阶级和劳动人民自己的知识分子，因此也可以说，已经是工人阶级自己的一部分。”“从事体力劳动的，从事脑力劳动的，都是社会主义社会的劳动者”。[7]从而实现了在知识分子问题上的拨乱反正。新时期统战工作对象大多数是知识分子，给知识分子正名为新时期统一战线创造了良好的开端。

1979年6月，全国政协五届二次会议在北京召开，五届全国政协主席邓小平做了《新时期统一战线和人民政协的任务》的重要讲话，指出：“我们的国家进入了以实现四个现代化为中心任务的新的历史时期，我们的革命统一战线也进入了一个新的历史发展阶段。”[8]这篇讲话全面分析、阐明了我国社会阶级状况的根本变化和由此带来的我国统一战线内部结构发生的深刻变化，对我国统一战线的性质、对象、范围和方针、任务等重大问题，做出了一系列的科学论断，成为我们党在新时期统一战线工作的纲领性文件，也成为邓小平阐述新时期统一战线理论的奠基性的著作。

邓小平在统一战线问题上有两个最重要的贡献，一个是重新确定了新时期统一战线的性质、方针、任务，再一个就是提出“一国两制”的伟大构想，把统一战线与祖国统一问题联系起来。1979年元旦，邓小平指出，随着国际国内形势的变化，解决台湾问题实现祖国统一大业提到具体日程上来了。该年9月他在听取第十四次全国统战工作会议情况汇报时明确提出：“现在最大的统一战线问题，是台湾归回祖国，实现祖国统一问题。”[9]进入80年代，逐步形成了“一国两制”的构想。1983年6月26日，邓小平在会见美国新泽西州西东大学教授杨力宇时说：“问题的核心是祖国统一。和平统一已成为国共两党的共同语言，但不是我吃掉你，也不是你吃掉我。”“祖国统一后，台湾特别行政区可以有自己的独立性，可以实行同大陆不同的制度。”[10]1984年2月22日，邓小平进一步明确了“一国两制”的内涵，指出，“统一后，台湾仍搞它的资本主义，大陆搞社会主义，但是是一个统一的中国。一个中国，两种制度。香港问题也一样，一个中国，两种制度。”[11]邓小平“一国两制”的构想，为实现祖国和平统一奠定了理论和政策基础，也为新时期统战工作开辟了新的领域，使新时期统一战线的范围大大拓宽，给统一战线思想宝库增添了极其重要的新内容。

邓小平新时期统一战线理论是对马列，特别是毛泽东统一战线思想的继承和发展。邓小平与毛泽东统一战线思想比较，既有基本的共同点，又有自己鲜明的特征。

从共同点来看，第一，邓小平新时期统一战线理论与毛泽东统一战线思想，都是建立在马克思主义世界观与方法论基础之上的，都是科学社会主义的组成部分。当英国首相撒切尔夫人赞扬“一国两制”是个天才的构想时，邓小平回答说：“如果‘一国两制’的构想是一个对国际上有意义的想法的话，那要归功于马克思主义的辩证唯物主义和历史唯物主义。”[12]

第二，邓小平新时期统一战线理论与毛泽东统一战线思想，都是创造性地将马列主义基本原理与中国具体实际相结合的产物，具有鲜活的中国特色和中国气派。毛泽东把马列主义关于统一战线的原理运用于中国革命和建设的实践，使之成为中国革命的三大法宝之一。邓小平把统一战线运用于当代中国改革开放的伟大实践，使之进一步成为中国社会主义现代化建设的一大法宝。

第三，邓小平新时期统一战线理论与毛泽东统一战线思想，都提出了一整套具有时代特色的统一战线理论观点和方针、政策，形成了一个具有内在联系、科学严谨的理论体系。

从特征看：第一，邓小平统一战线理论，特别强调从战略高度把握统一战线，注意使统一战线为时代主题服务。如前所述，邓小平在他还是第一代中央领导集体成员时，就强调统一战线固然有其策略性，但更主要的是它的战略性。新时期以来，作为第二代领导集体的核心，他更是以一个伟大的无产阶级革命家、政治家的战略视角来看待统一战线问题，始终是放眼大局，把发展新时期统一战线与改革开放和现代化建设、与整个建设有中国特色社会主义的伟大事业紧紧联系在一起。为了实现四化、统一祖国、振兴中华，他提出要把一切能够联合的力量都联合起来；1992年初他视察南方，提出要用“三个有利于”作为判断是非得失的标准，都体现出他的宏大战略眼光。

第二，邓小平统一战线理论，特别强调爱国主义与社会主义的结合、统一，注意发展最广泛的爱国统一战线。应该说，在社会主义制度已经确立，我党成为领导者、执政者之后，能否始终高举爱国主义旗帜、正确理解并处理好爱国主义与社会主义的关系，是影响与制约统一战线能否具有“空前的广泛性”的关键因素之一，在这一点上，邓小平同志是一个光辉的榜样。他始终把建设有中国特色社会主义与中华民族的振兴联系起来考虑。为了团结一切可以团结的人，实现社会主义现代化，建设有中国特色的社会主义，就必须突破意识形态与社会制度的局限，将爱国与否作为要求与衡量统一战线各方面人士的首要标准。60年代初他就坚持在提拔工程师工作中，“提拔的条件主要是根据专业技术水平，政治条件是不反对共产党，忠于祖国”。[13]1977年在《尊重知识，尊重人才》的谈话中，他又提出，对科技系统中尖子人才的“政治要求要适当。他们在政治上要爱国，爱社会主义，接受党的领导”[14]。1979年为了把统一战线扩大到海外，他更明确指出海外同胞“热爱祖国不等于热爱社会主义”。“爱国者的范围是很宽广的，包括蒋经国在内，只要台湾归回祖国，他就做了爱国的事”[15]。后来他又提出“未来香港政府的主要成分是爱国者”。“爱国者的标准是，尊重自己民族，诚心诚意拥护祖国恢复行使对香港的主权，不损害香港的繁荣和稳定。只要具备这些条件，不管他们相信资本主义，还是相信封建主义，甚至相信奴隶主义，都是爱国者”[16]。之所以观点如此鲜明、彻底，是因为邓小平透彻地了解爱国主义与社会主义是相统一的，本质上是一致的。在当代中国，爱国主义的大团结越广泛，对建设社会主义事业越有利。

第三，邓小平统一战线理论，特别强调充分发扬社会主义民主，注意以正确处理人民内部矛盾为新时期统一战线的主题。民主是中国共产党人革命时期凝聚力量的旗帜之一，而邓小平很早就将民主提升到制度层面去理解，认为抗日战争时期中国共产党在陕甘宁边区和各敌后抗日根据地创立的“三三制”政权的实质，是民主问题。新中国成立后他又强调扩大党和国家民主生活的重要性，强调党外人士对共产党进行监督的重要性。进入新时期以来，邓小平总结了我国几十年来正反两方面的经验教训，更加重视社会主义民主政治建设，并将民主与社会主义的本质联系起来。他说“没有民主就没有社会主义，就没有社会主义现代化”。[17]在这个思想指导下，他特别注重在统一战线中发扬民主问题，反复强调要广开言路，广开才路，坚持不抓辫子、不扣帽子、不打棍子，让各方面的意见、要求、批评和建议充分反映出来、表达出来。他特别注意从制度上来保证统一战线的民主，提出在中国共产党领导下实行多党派的合作，是我国政治制度中的一个特点和优点。

邓小平新时期统一战线理论的内容和本质

邓小平新时期统一战线理论是一个完整、科学的体系，内容涵盖统一战线的各个方面，其要点有：

（一）科学地分析我国阶级状况的根本变化，阐明新时期统一战线的性质。

1979年6月邓小平指出：在我国，工人阶级地位已大大加强，农民已经是有20多年历史的集体农民，广大知识分子已经成为工人阶级的一部分，各兄弟民族早已陆续走上社会主义道路，各民族的不同宗教的爱国人士也有了很大进步，资本家阶级中有劳动能力的绝大多数人已经改造成为自食其力的劳动者，我国的各民主党派也都已经成为各自所联系的一部分社会主义劳动者和一部分拥护社会主义的爱国者的政治联盟，都是在中国共产党领导下的为社会主义服务的政治力量。这些情况表明，我国的统一战线已经不是过去意义上的阶级联盟，而“已经发展成为全体社会主义劳动者，拥护社会主义的爱国者和拥护祖国统一的爱国者的最广泛的联盟”。[18]这三者的联盟“是最广泛的爱国统一战线”。[19]邓小平同志关于新时期统一战线性质的科学阐述，为制定新时期统一战线的方针政策奠定了基础。

（二）深刻阐明统一战线的战略地位和作用，指出在社会主义现代化建设新时期统一战线仍然是一个重要法宝。

邓小平同志早在新中国成立初期就认识到统一战线不仅在革命时期而且在社会主义建设时期都将具有极其重要的作用。并因此而提出“加强统一战线是我党长期的工作，并涉及各个方面，不仅仅是统战部门的事”。[20]进入社会主义现代化建设新时期后，他又进一步指出：“统一战线仍然是一个重要法宝，不是可以削弱，而是应该加强，不是可以缩小，而是应该扩大。”[21]邓小平同志的这些论述，特别是关于新时期统一战线仍然是一个重要法宝的论断，是新的历史条件下对毛泽东同志关于统一战线是中国革命一大法宝论断的新发展。

（三）适应党和国家工作重点的转移，提出新时期统一战线要担负新的历史任务。

统一战线历来是为党的总路线、总任务服务的。过去统一战线主要是为阶级斗争服务的。在新的历史时期，随着中国共产党和国家的工作重点转移到社会主义现代化建设上来，统一战线的任务也必然随之转变，邓小平指出："新时期统一战线和人民政协的任务，就是要调动一切积极因素，努力化消极因素为积极因素，团结一切可以团结的力量，同心同德，群策群力，维护和发展安定团结的政治局面，为把我国建设成为现代化的社会主义强国而奋斗。"[22]"还要为促进台湾归回祖国，完成祖国统一大业而共同努力。"[23]统一战线任务的重新确定，是一个重大的战略性转变，是我国统一战线进入新的历史时期的重要标志。正是因为实行了这一转变，统一战线才得以在社会主义现代化建设的今天继续巩固和发展，才能最大限度地团结起一切可以团结的力量，开创出蓬勃兴旺的新局面。

（四）明确新时期统一战线的工作对象和范围。

邓小平指出："统一战线的对象，清楚得很，顾名思义，是把一切能够联合的都联合起来，范围以宽为宜，宽有利，不是窄有利。""新时期的统一战线，可以称为社会主义劳动者和爱国者的联盟。""热爱祖国，不等于热爱社会主义。"并且，"社会主义劳动者之间也有统一战线。"[24]

邓小平这些论述包含着极其丰富的内涵。首先，他在统一战线的总体思路上放眼整个中华民族，强调大团结、大联合，体现了为党和国家总战略和长远目标服务的宏大气魄。其次，他强调统一战线的范围要宽，只要爱国，拥护祖国统一，都要联合，突破了不同社会制度和意识形态的界限。最后，关于"社会主义劳动者之间也有统一战线"的论断，是对阶级关系根本变化以后建立和发展大陆范围内爱国统一战线具有重大意义的新概括。长期以来，我国统一战线的工作重点一直是资产阶级，特别是民族资产阶级及与其相联系的政党、团体、人物，随着国内阶级关系的根本变化和改革开放的深入，原来统战工作对象的绝大多数已经成为社会主义劳动者，而在广大人民中又不断产生出许多需要统一战线去做工作的新的利益群体和代表人士，只有在理论上明确社会主义劳动者之间也有统一战线，统一战线才能适应工作对象的变化，发展道路才会越走越宽广。

（五）科学界定新时期民主党派的性质，提出中国共产党领导的多党合作是我国政治制度的一个特点和优点。

邓小平根据新时期阶级关系的新变化，指出我国各民主党派“已经成为各自所联系的一部分社会主义劳动者和拥护社会主义爱国者的政治联盟，都是在中国共产党领导下为社会主义服务的政治力量”。[25]这个论断，既纠正了把社会主义时期各民主党派当作资产阶级政党的错误，又指出其仍然是一种“政治联盟”，具有为社会主义服务的进步性与广泛的代表性相统一的特点，对民主党派的性质做出了科学的界定。邓小平继承了毛泽东1956年提出的中国共产党要与各民主党派“长期共存、互相监督”的思想，同时又从建设有中国特色的社会主义政治制度出发，把中国共产党领导的多党合作发展成为我国的一项基本政治制度，成为我国政治体制的一个有机组成部分。他指出：“在中国共产党的领导下，实行多党派的合作，这是我国具体历史条件和现实条件所决定的，也是我国政治制度中的一个特点和优点。”与资本主义国家的多党制相比，“我们国家也是多党，但是，中国的其他党，是在承认共产党领导这个前提下面，服务于社会主义事业的。我们全国人民有共同的根本利益和崇高理想，即建设和发展社会主义，并在最后实现共产主义，所以我们能够在共产党的领导下团结一致”。[26]为了更好地发挥各民主党派的参政和监督作用，他批示要拟定民主党派成员参政和履行监督职责的方案。根据他的批示，1989年以江泽民同志为核心的党中央经与民主党派协商，制定颁布了《中共中央关于坚持和完善中国共产党领导的多党合作和政治协商制度的意见》这一我国多党合作的纲领性文件，有力地推动了这一制度的实践和发展。

（六）在知识分子问题上提出一系列具有深远意义的重要观点，为新时期党的知识分子政策提供了基本理论依据。

第一，科学技术是第一生产力，是实现现代化的关键。邓小平敏锐地洞察到科学技术在当代社会实践和未来社会发展中的重要作用，深刻地指出："马克思讲过科学技术是生产力，这是非常正确的，现在看来这样说可能不够，恐怕是第一生产力。"[27]这一重要的论断，不仅揭示了科学技术与当代社会发展的本质关系，而且使团结和依靠知识分子在新的历史时期具有了特殊重要的意义。

第二，知识分子是工人阶级的一部分，是社会主义现代化建设的一支依靠力量。1978年邓小平在全国科学大会上明确宣布，在社会主义制度下，知识分子"绝大多数已经是工人阶级和劳动人民自己的知识分子，因此也可以说，已经是工人阶级自己的一部分"。[28]这就彻底否定了长期把知识分子当作资产阶级知识分子的"左"的观点，肯定知识分子是社会主义现代化建设的基本依靠力量。

第三，要尊重知识，尊重人才，充分调动广大知识分子为社会主义现代化建设服务的积极性。邓小平最关心人才，他强调："有了人才优势，再加上先进的社会主义制度，我们的目标就有把握达到。"[29]在邓小平的倡导下，尊重知识，尊重人才成为新时期党的知识分子政策的核心。

第四，强调统一战线要做好党外知识分子的工作。知识分子工作涉及方方面面，统一战线是其中的一个重要方面。1979年邓小平在听取全国统战工作会议情况汇报时指出："知识分子问题，统战部应注意。知识分子的安排、待遇，包括政治的、生活的，别的单位不能从总的方面去考虑……统战部要研究，要管，要综合反映这方面的情况，反映全貌。”[30]

（七）提出搞建设要发挥原工商业者的作用。

1979年1月，邓小平与胡厥文、胡子昂、荣毅仁等工商界领导人谈话时说：“要发挥原工商业者的作用，有真才实学的人应该用起来，能干的人就当干部。”他还提出，要落实对原工商业者的政策，有钱的可以办工厂。“总之，钱要用起来，人要用起来。”[31]邓小平的这一谈话，提出了调动一切积极因素进行现代化建设的思想，也为新时期继续做好原工商业者的统战工作指明了方向。

（八）明确公有制经济为主体，其他经济成分为补充的我国社会主义所有制结构模式，开辟了新时期统一战线对非公有制经济人士工作的新领域。

进入新时期以来，邓小平对于什么是社会主义，如何建设社会主义进行大胆探索，得出了一系列新结论。在所有制问题上，他提出以公有制为主体，其他经济成分为补充。“我们吸收外资，允许个体经济发展，不会影响以公有制为主体这一基本点。相反地，吸收外资也好，允许个体经济的存在和发展也好，归根到底，是要更有力地发展生产力，加强公有制经济”。[32]他指出只要坚持公有制为主体，走共同富裕的道路，并对非公有制经济进行正确的引导，“个别的资产阶级分子可能出现，但不会形成一个资产阶级。”[33]邓小平的这一新的观点，极大地促进了我国生产力的发展，也向统一战线提出了如何引导非公有制经济人士沿着建设有中国特色社会主义的道路健康发展这样一个意义重大的新课题，为统战工作开辟了新的领域。

（九）提出发展团结友爱、互助合作的社会主义新型民族关系，立足民族平等，实行民族区域自治，着眼于把民族地区发展起来，促进各民族的共同繁荣。

邓小平一贯认为，解决民族问题必须搞好民族团结，消除民族隔阂，反对大汉族主义和地方民族主义，重点是反对大汉族主义，要真心实意地帮助少数民族。进入新时期后，邓小平指出，“我国兄弟民族经过民主改革和社会主义改造，早已陆续走上社会主义道路，结成了社会主义的团结友爱、互助合作的新型民族关系”。要巩固各民族的大团结。[34]我们的民族政策是立足于民族平等，着眼于把民族地区发展起来。“观察少数民族地区主要是看那个地区能不能发展起来。”[35]他还提出，要真正实行民族区域自治。这个制度适合中国的情况，“这是我们社会制度的优势，不能放弃”。[36]邓小平的这些论述，概括了我们党几十年来解决民族问题的具有中国特色的历史经验和基本方针政策。

（十）指出各民族不同宗教的爱国人士有很大进步，要坚持宗教信仰自由政策，扩大同爱国宗教界的统一战线。

我国是多宗教国家。邓小平十分重视宗教问题。1950年他在谈到处理西南少数民族问题时就提出要注意“尊重藏民的风俗习惯、宗教信仰”。[37]进入新时期后，他又特别强调指出：“各民族的不同宗教的爱国人士有了很大进步。”[38]指出：对于宗教，不能用行政命令办法，但宗教方面也不能搞狂热，否则同社会主义，同人民利益相违背。邓小平的这些论述，为党和政府制定正确的宗教政策，提供了科学的理论依据。

（十一）提出中国人民政治协商会议是新时期爱国统一战线的重要组织，也是我国政治体制中发扬社会主义民主，实行多党合作、政治协商和民主监督的重要形式。

人民政协是我国独具特色的政治组织。1978年十年动乱刚结束不久，邓小平当选为第五届全国政协主席，为新时期人民政协的恢复和发展做了许多开创性的工作。他指出：新时期人民政协的工作任务和方针发生了重大变化。人民政协是巩固和扩大爱国统一战线的重要组织，是在中国共产党领导下实现各党派和无党派人士团结合作的重要组织，也是我国政治体制中发扬社会主义民主、实行政治协商和民主监督的重要形式。人民政协能够在建设富强、民主、文明的社会主义现代化中国和统一祖国的宏伟事业中发挥重要作用，但不要把政协搞成国家权力机关。邓小平的这些论述，明确了新时期人民政协的性质、任务、基本职能及其在国家政治生活中的地位和作用等重要问题，为新时期人民政协开创新局面提供了基本的理论依据。

（十二）提出“一个国家、两种制度”的构想，为实现祖国和平统一确立了指导方针，也为新时期统一战线开辟了一个新天地。

“一国两制”的构想是体现中华民族政治智慧的伟大创造。实行“一国两制”，“不是我吃掉你，也不是你吃掉我”，而是两个制度在统一的前提下长期和平共处，这就不仅为实现祖国统一提供了切实可行的解决途径和实现方式，同时也为最大限度地团结台湾同胞、港澳同胞和国外侨胞以及一切热爱祖国的中华儿女，建立和发展同海外“三胞”的爱国统一战线，提供了坚实的理论基础和广阔的天地。十几年来，这一方针指导我们与英、葡两国政府达成了港澳地区回归祖国的协议，推动了我们的对台工作及两岸同胞间交流、交往与合作的不断发展，也使新时期统一战线迅速扩展到海外，形成了大陆范围内以社会主义和爱国主义为政治基础，团结全体劳动者和爱国者，大陆范围外以爱国主义和拥护祖国统一为政治基础，团结台湾同胞、港澳同胞和国外侨胞的两个范围的联盟。

邓小平新时期统一战线理论的本质是大团结、大联合。他指出社会主义劳动者之间也有统一战线；指出统一战线的范围以宽为宜；提出把那些即使不赞成社会主义但热爱祖国的人也联合起来，等等，都是为了实现大团结、大联合。调动一切积极因素，团结一切可以团结的力量，把一切能够联合的都联合起来，是邓小平新时期统一战线全部思想的出发点和落脚点。

大团结、大联合之所以成为邓小平新时期统一战线理论的核心内容，有其深刻的原因。第一，它是实现新时期党和国家总战略、全国人民长远奋斗目标所必需的。在新的历史时期，我们党和国家的奋斗目标是实现社会主义现代化、建设有中国特色的社会主义，这是一项宏伟而艰巨的历史使命。只有把一切共产党员和非共产党员、马克思主义者和非马克思主义者、无神论者和宗教信仰者、汉族群众和少数民族群众、国内同胞和海外侨胞，总之把全民族一切可以联合的力量、意志和智慧都凝聚起来，形成千军万马共图大业的局面，才能完成这一历史使命。第二，它是我党历史经验的总结。围绕大目标，实现大联合，历来是我党取得胜利的历史经验。抗日战争时期，在救亡图存的大目标下，我们结成最广泛的抗日民族统一战线，实行全民抗战，打败了日本侵略者。解放战争时期，在推翻国民党反动统治的大目标下，我们动员全国各族人民，联合一切爱国民主力量，建立了新中国。今天要实现建设有中国特色社会主义的大目标，同样需要最广泛的大团结、大联合。第三，它也是现阶段我国社会发展客观现实的需要。当前我们所进行的社会主义市场经济体制改革是一场伟大的社会变革，必然引起社会关系的深刻变化、社会利益格局的全面调整，出现许多利益以及多种意见、观念共存的局面。人们局部利益的冲突、思想观念的矛盾在所难免。在这种时刻，特别需要一种机制能够协调各种不同的关系，把人民在根本利益一致的基础上最大限度地团结起来前进。大团结、大联合的统一战线正是这样一种机制。它以整个中华民族的最大利益为出发点，以爱国主义为号召，具有强大的凝聚力和感召力。每一个爱国的人，热爱中华民族的人，都可以在这条统一战线中找到自己的位置，形成最大的合力，保障我们的事业顺利前进。上述种种，正如李瑞环同志在全国政协八届一次会议闭幕讲话中所指出的："伟大的任务需要广泛的团结，广泛的团结创造伟大的业绩。只有不断巩固和扩大团结，才能充分利用时间进行建设，抓住机遇发展自己；才能挖掘蕴藏的潜力，充分发挥中国人民的聪明才智；才能振奋民族精神，凝聚海内外各方面的力量。"

回顾邓小平新时期统一战线理论的各项具体内容可以看出，其所有的方面都是围绕着大团结、大联合展开的，每一项都体现着这一思想本质的要求。它决定了新时期统一战线工作的基本思路，推动爱国统一战线的不断拓展，形成了今天包括全体社会主义劳动者、拥护社会主义的爱国者和拥护祖国统一的爱国者的最广泛联盟的生动局面。今后，我们要继续巩固和发展爱国统一战线，不断形成新气势，开创新局面，仍然必须继续坚持以大团结大联合的思想为指导。

邓小平新时期统一战线理论在建设有中国特色社会主义理论中的重要地位

邓小平新时期统一战线理论与建设有中国特色社会主义的理论紧密相连，是建设有中国特色社会主义理论的重要内容，在建设有中国特色社会主义理论体系中占有极其重要的地位。它的形成，标志着马克思主义统一战线思想发展到了一个崭新的阶段。

党的十四大报告指出，建设有中国特色社会主义的理论，“是马克思列宁主义基本原理与当代中国实际和时代特征相结合的产物，是毛泽东思想的继承和发展，是全党全国人民集体智慧的结晶，是中国共产党和中国人民最可珍贵的精神财富”。“这个理论，第一次比较系统地初步回答了中国这样的经济文化比较落后的国家如何建设社会主义、如何巩固和发展社会主义的一系列基本问题，用新的思想、观点、继承和发展了马克思主义。”邓小平建设有中国特色社会主义的理论，从总体上为我国建设社会主义事业廓清了迷雾，指明了航向，勾勒出时代画卷的基本轮廓和内容，阐明了决定中国特色社会主义伟大实践和理论的发展过程，对包括统一战线领域在内的我国社会各个领域，对包括统一战线工作在内的党的各项工作，产生了极其深远的影响。因为有建设有中国特色社会主义的伟大实践，才为党的新时期统一战线工作提供了开创新局面的历史机遇；因为有建设有中国特色社会主义理论的成功探索，才给新时期统一战线理论的形成和发展提供了一种宏观背景、理论依托和理论发展空间。正是在建设有中国特色社会主义的大环境下，邓小平适应新的实践的需要，根据新的时代特点，对新时期统一战线的一系列基本问题做出了新概括，逐渐形成了内容丰富、系统完整的新时期统一战线理论，成为建设有中国特色社会主义理论的重要组成部分。

邓小平新时期统一战线理论内容涉及建设有中国特色社会主义理论的若干重大方面。统一战线不是一项局部性的工作，而是事关全局，牵涉到方方面面，与建设有中国特色社会主义事业中起主导作用的一系列重大问题紧密联系在一起。党的十四大把建设有中国特色社会主义理论的主要内容归纳概括为九条。这九条内容，无论是关于社会主义的发展道路、发展阶段、根本任务、发展动力，还是社会主义的领导力量和依靠力量、祖国统一问题等，都与统一战线有着直接、间接的联系，其中有的条目讲的就是统一战线问题，有的包含了统一战线的内容。比如：

（一）在社会主义的根本任务问题上，提出“判断各方面工作的是非得失，归根到底，要以是否有利于发展社会主义社会的生产力，是否有利于增强社会主义国家的综合国力，是否有利于提高人民的生活水平为标准”，这对于拓宽统一战线工作范围，进一步做好统一战线工作，具有重要的意义；提出“科学技术是第一生产力，经济建设必须依靠科技进步和劳动者素质的提高”，这是对新时期统一战线进一步做好知识分子工作，充分调动广大知识分子的积极性提出的要求。

（二）在社会主义的发展动力问题上，强调改革是中国现代化的必由之路，其中“政治体制改革的目标，是以完善人民代表大会制度、共产党领导的多党合作和政治协商制度为主要内容，发展社会主义民主政治”。这是把完善中国共产党领导的多党合作和政治协商制度这项重要的统一战线工作，汇入到改革的事业中，使之成为其中的一个重要内容。坚持和完善共产党领导的多党合作和政治协商制度，抵御和防止西方“两党制”“多党制”的影响，事关我们党的执政地位和人民政权的巩固，它对于加强和改善共产党的领导，维护国家和社会的稳定，促进民主和法制建设，均具有极其重大的意义。

（三）在社会主义的领导力量和依靠力量问题上，指出中国共产党是社会主义事业的领导核心，同时明确提出了建设有中国特色的社会主义，“必须依靠工人、农民、知识分子，必须依靠各民族人民的团结；依靠全体社会主义劳动者、拥护社会主义的爱国者和拥护祖国统一的爱国者的最广泛的统一战线”。把爱国统一战线作为建设有中国特色社会主义的依靠力量之一，这在理论上是一个新的发展，为赋予统一战线广泛团结、凝聚人心，成为完成新时期总任务基本保证的社会职能，提供了强有力的理论依据。

（四）在祖国统一问题上，提出“一个国家、两种制度”的创造性构想。正如邓小平指出，这是最大的统一战线问题。以“一国两制”的方式实现祖国和平统一，就需要两个制度在统一的前提下长期和平共处；就需要双方彼此容纳，在两个制度之间求祖国统一之同，存社会制度、意识形态和生活方式之异；就需要广泛团结台湾同胞、港澳同胞和国外侨胞以及一切热爱祖国的中华儿女，在统一前为促进祖国统一服务，在统一后为维护和巩固祖国统一服务。

邓小平新时期统一战线理论，把我们党的统一战线理论、政策推进到一个新高度，是我们党统一战线理论发展的一个新阶段。统一战线是马克思列宁主义的战略策略，毛泽东把它发展为一整套系统的统一战线思想和政策，成为中国革命和建设的一大法宝。邓小平坚持和继承了马列主义、毛泽东思想关于统一战线的基本原理，纠正了毛泽东晚年的失误，并结合新的历史条件，创造性地提出了一系列新观点，解决了新时期统一战线的一系列根本问题，为我们党的统一战线理论宝库增添了崭新的内容。实践证明，我们党的新时期统战工作之所以获得如此巨大的发展，之所以能形成今天的良好局面，都是邓小平新时期统一战线理论指引的结果。

总之，邓小平新时期统一战线理论及其指导下我们党统一战线实践的发展，对于建设有中国特色的社会主义具有极为重要的意义。正如江泽民同志1990年6月在和出席全国统战工作会议的代表座谈时指出的："建设有中国特色的社会主义，我国的统一战线就是一大特色，诸如党领导的多党合作和政治协商制度、'一国两制'、民族区域自治、宗教的'三自'爱国道路和独立自主、自办教会的原则，等等，都是把马列主义原理运用到中国的创造。"

建设有中国特色社会主义的理论是在不断研究新情况、解决新问题的过程中不断丰富、完善和发展的。新时期统一战线理论也需要在实践中不断地丰富、完善和发展。中共十四届三中全会以后，以江泽民同志为核心的党中央坚定不移地贯彻执行邓小平统一战线理论，继续发展党的统一战线事业。当前，统一战线各个领域出现了许多新情况，向统一战线提出了许多必须认真研究和回答的重大而紧迫的新课题。实践的发展呼唤着理论的突破。我们要在以江泽民同志为核心的党中央领导下，坚持以邓小平建设有中国特色社会主义理论，特别是以邓小平新时期统一战线理论为指导，努力探索和回答统一战线实践提出来的各种新问题，不断深化、丰富、发展党的新时期统一战线理论和政策，推动爱国统一战线不断前进！

注释：

［1］［2］［3］［13］［20］，《邓小平文选》第1卷，人民出版社1994年版，第67、70、106、292、187页，

［4］参阅《克服目前西南党内的不良倾向》《全党重视做统一战线工作》《关于修改党的章程的报告》《共产党要接受监督》等文章，《邓小平文选》第1卷。

［5］［6］［7］［8］［14］［17］［18］［21］［22］［23］［25］［26］［28］［31］［34］［38］，《邓小平文选》第2卷，人民出版社1994年版，第38、43、89、185、41、168、203、203、187、

203、186、205、89、156、186、186页。

[9][15][19][24][30][37]，《邓小平论统一战线》，中央文献出版社1991年版，第158、158、250、158、159、72页。

[10][11][12][16][27][29][32][33][35][36]，《邓小平文选》第3卷，人民出版社1993年版，第30、49、101、61、275、120、149、139、247、257页。

关于如何坚定不移地坚持邓小平新时期统一战线理论的几个问题*

（1997年5月）

邓小平同志逝世后，党中央号召，要更高地举起邓小平建设有中国特色社会主义理论的伟大旗帜，更加自觉地用这个理论武装头脑。邓小平新时期统一战线理论是邓小平建设有中国特色社会主义理论的重要组成部分。如何更高地举起邓小平新时期统一战线理论的旗帜，坚定不移地坚持这个理论，成为当前做好党的统战工作的一件十分重要的事情。对此，我以为，有三个问题需要特别地注意把握好。

深刻认识邓小平新时期统一战线理论的本质

要正确地运用一个理论指导实践，关键是要认识、掌握这个理论的本质。邓小平新时期统一战线理论的本质是什么？简言之，就是邓小平

* 发表于中央统战部研究室《调研参考》1997年第18期。

同志在全国政协五届二次会议开幕词这篇新时期统一战线的纲领性文献中指出的："要调动一切积极因素，努力化消极因素为积极因素，团结一切可以团结的力量，同心同德，群策群力，维护和发展安定团结的政治局面，为把我国建设成为现代化的社会主义强国而奋斗。"（《邓小平文选》第2卷，第187页）

小平同志的上述一段话，直接地是对新时期统一战线的任务而讲的，其实也深刻地揭示了他所创立的新时期统一战线理论的本质内容。这里面根本的几点是：第一，强调团结。统战工作就是团结人的工作。团结始终是统一战线的主题。在任何时候，统一战线都是为了实现一个大目标，本着求同存异的原则，把各个方面的人团结起来共同奋斗。早在20世纪50年代初邓小平同志就提出："统战工作有其策略性，但更主要的是它的战略性，就是要广泛地团结工人阶级、农民阶级、小资产阶级、民族资产阶级和社会各阶层人民。"（《邓小平文选》第1卷，第187页）统一战线的本质是"团结大多数，孤立敌人"。（《邓小平文选》第1卷，第155页）新时期他又明确指出："统一战线的对象，清楚得很，顾名思义，是把一切能够联合的都联合起来，范围以宽为宜，宽有利，不是窄有利。"（《邓小平论统一战线》，第158—159页）正因为始终把统一战线放在最广泛地团结一切可以团结的力量这样一个战略位置上，所以在新时期邓小平同志能够适应国内社会阶级状况的根本变化和党的中心任务的根本转移，适时地提出"社会主义劳动者之间也有统一战线"这样的对马克思主义统一战线理论的新突破，提出统一战线要打破社会制度、意识形态、生活方式的界限，把那些即使不赞成社会主义但拥护统一祖国、振兴中华的人都联合起来等一系列重要论断，从而推动统一战线无论在广度还是深度上都得到前所未有的新发展。第二，强调稳定。邓小平同志在改革开放伊始就提出新时期统一战线要"维护和发展安定团结的政治局面"，体现了维护稳定在邓小平新时期统一战线理论中具有特殊重要的意义。在作为阶级斗争特殊形式的革命统一战线实践中，统一战线一方面要团结大多数，另一方面要孤立、分化敌人。始终注意两方面，讲“两点论”，是我国统一战线从长期实践中总结得出的宝贵经验。在新的历史时期，仍然要讲“两点论”，但必须适应新的形势，注入新的内容。强调维护稳定，就是小平同志根据新的形势赋予这方面的新内容。之所以讲维护稳定而不讲对敌斗争，主要是这样提能够反映新时期统一战线随着国内阶级关系的根本变化和工作重点的战略转移，已具有不同于以往为阶级斗争服务的新职能；另外，它也可以包括要注意一定范围内的阶级斗争，警惕敌对势力“西化”“分化”我国的图谋等内容。同时，它还有更深广的内涵。比如，改革开放和现代化建设的发展带来深刻的社会变革，带来利益格局的大调整和错综复杂的利益矛盾。这些矛盾处理得不好，同样会影响群众情绪，成为社会不稳定因素。因此就要求统一战线把协调关系、化解矛盾作为一项重要的社会职能。新时期以来统一战线的实践发展进程表明，统一战线在维护稳定方面的作用日益重要，充分显示了小平同志在这个问题上的远见卓识。第三，强调建设。在我国进入改革开放和现代化建设新时期以后，统一战线就从过去围绕着革命，围绕着争取民族解放、国家独立、阶级斗争，转到围绕着经济建设中心，围绕着建设有中国特色的社会主义上面来。小平同志强调建设，突出的是强调为促进社会主义现代化建设服务，包括为改革开放服务，为社会主义物质文明建设服务，为社会主义精神文明建设服务，为社会主义民主和法制建设服务，也包括为“一国两制”、和平统一祖国服务。小平同志指出，建设有中国特色的社会主义的一个很重要的内容，就是“一国两制”。强调建设，反映了我国社会主义事业前进的客观要求，体现了我们党领导的统一战线发展的内在规律。随着由革命统一战线向建设统一战线过渡、转变的实现，我国统一战线不仅在工作目标、内容方法和方针任务上已大大不同于过去，而且也导致统一战线在内部构成和对象范围上出现根本的变化。因此，也可以说这个转变的实现，标志着我国统一战线进入了一个新的历史阶段。这是我国统一战线在新的基础上获得新的生机和活力，又一次蓬勃发展的阶段；是我国统一战线以邓小平建设有中国特色社会主义理论为指导，为实现建设四化、统一祖国、振兴中华、建设有中国特色的社会主义宏伟目标而努力奋斗的阶段。

邓小平新时期统一战线理论的一个鲜明特色，是紧紧抓住时代主题。1950年毛泽东同志在接见参加第一次全国统战工作会议的部分代表时，提出了统一战线的根本指导思想，即无产阶级只有解放全人类才能最后解放自己。这个指导思想阐明了共产党人做统战工作应有的伟大胸怀、远大眼光和坚定立场，但它主要还是从做统战工作的基本理论依据和最终理想的角度提出问题的。而邓小平新时期统一战线理论，则始终立足于社会主义初级阶段的实际，使统一战线的巩固和发展服从于、服务于改革开放和现代化建设的现实实践。在目前我国社会，尽管有具体利益的不同，尽管在价值观念、生活习惯、思维方式甚至对某些社会思想问题的观点上，存在着种种的差异，但是，各个民族、各个阶层、各个社会团体和人士都希望我们的国家强盛起来，都希望中华民族实现新的振兴。改革、建设、发展、实现现代化是当代中国最大多数人的最大共识。有了这个共识我们就能把各方面的人都联合起来，有了这个共识我们就能满怀信心地克服各种困难、排除各种干扰、战胜各种风险、不断取得胜利。在我国建设有中国特色社会主义的伟大事业中，建设社会主义现代化是我们必须牢牢把握的大目标，稳定是实现这一大目标必不可少的前提条件，团结则是保持稳定、促进建设的重要保证。团结、稳定、建设，环环相扣，互相联系，构成了邓小平新时期统一战线理论的本质内容。只有深刻理解、准确把握这一本质内容，才能深刻理解、准确把握邓小平新时期统一战线理论的全部思想，才能坚定不移地把邓小平同志开创的新时期统一战线事业不断推向前进。

联系邓小平建设有中国特色社会主义的理论，准确把握邓小平新时期统一战线理论的各项内容

邓小平建设有中国特色社会主义的理论，第一次比较系统地初步回答了中国这样的经济文化比较落后的国家如何建设社会主义、如何巩固和发展社会主义的一系列基本问题。这个理论，从总体上为我国建设社会主义事业廓清了迷雾，指明了航向。因为有建设有中国特色社会主义的伟大实践，才为党的新时期统一战线工作提供了开创新局面的历史机遇；因为有建设有中国特色社会主义理论的成功探索，才给新时期统一战线理论的形成和发展提供了一种宏观背景、理论依托和理论发展空间。因此，只有在建设有中国特色社会主义理论的大背景下，才能准确、透彻地理解邓小平关于新时期统一战线的各个基本观点。比如，关于“一国两制”。这个观点的提出，就不仅考虑到台港澳的现实情况，出于和平统一的需要；而且也考虑到我们建设有中国特色社会主义的大局，出于社会主义现代化建设的需要。在“一国两制”观点的背后，蕴涵着对和平与发展这一时代潮流的清醒把握，蕴含着我们建设社会主义现代化，必须大胆吸收和借鉴发达资本主义国家和地区的一切现代人类文明成果这样一个深刻认识。正因此小平同志才把对港澳台实行“一国两制”政策与我们建设有中国特色的社会主义联系在一起，指出这是建设有中国特色社会主义的一个重要内容。又比如，关于共产党领导的多党合作制是我国政治制度的一个必须坚持的特点和优点。之所以能提出这个问题，这当然首先是因为民主党派与我们党有着长期合作的优良传统，民主党派在新时期已经发展成为各自所联系的一部分社会主义劳动者和一部分拥护社会主义的爱国者的政治联盟，成为在中国共产党领导下为社会主义服务的政治力量。另外，它也是小平同志总结历史教训，深刻认识到没有民主就没有社会主义，就没有社会主义现代化；提出必

须在保持政局稳定、大力推进经济体制改革的同时，逐步推进政治体制改革的结果。坚持和完善共产党领导的多党合作和政治协商制度，有利于抵制西方多党制的影响，从根本上讲，它是建设有中国特色社会主义民主政治的一项重要内容。再比如，关于以公有制为主体，其他经济成分为补充，多种经济成分共同发展。这个观点的提出和实践，为新时期统一战线开辟了做非公有制经济代表人士思想政治工作的新领域。这一思想不仅有坚实的现实基础，而且有科学的理论依据。它是建筑在对社会主义的重新认识和中国社会主义现实状况深刻理解的基础上的。小平同志总结国际国内的历史教训指出，贫穷不是社会主义，两极分化也不是社会主义，“社会主义的本质，是解放生产力，发展生产力，消灭剥削，消除两极分化，最终达到共同富裕。”（《邓小平文选》第3卷，第373页）我国目前还处于社会主义初级阶段。与这个阶段的社会生产力发展水平相适应，社会主义社会的所有制结构必须坚持以公有制为主体，但不可能是单一的、纯粹的，不是越大越公越好。社会主义在任何时候都必须为最广大的人民群众谋利益，但平均主义不可能达到共同富裕，为了发展生产力，要允许一部分地区、一部分人先富起来，以先富带后富，先富促后富，逐步实现共同富裕。（十多年的实践证明，这一政策是成功的，当然也要看到这个过程是极其复杂的，在这整个过程中，必须注意宏观调控，注意不偏离我们的根本目标，注意在相对的不平衡中保持总体的平衡。）坚持以公有制为主体，其他经济成分为补充，多种经济成分共同发展，是建设有中国特色社会主义理论的必然结论。这一观点与小平同志关于社会主义本质的理论，关于社会主义初级阶段的理论，关于以先富带后富、达到共同富裕的发展不平衡的理论，以及关于建立特区、利用外资、加快发展等的理论，有着内在的本质的联系。只有充分地认识和把握这些联系，才能充分地认识和把握这个观点所包含的全部内容，才能正确地坚持和贯彻这一观点，积极主动地做好对非公有制经济代表人士的工作。

中央召开的全国统战工作会议提出，邓小平新时期统一战线理论是邓小平建设有中国特色社会主义理论的重要组成部分。这个论断，一方面明确了新时期统一战线理论是建设有中国特色社会主义理论的重要内容，在建设有中国特色社会主义理论体系中占有重要地位；另一方面也意味着，要学习把握好邓小平新时期统一战线的理论，必须学习把握好整个邓小平建设有中国特色社会主义的理论，必须把邓小平新时期统一战线理论的各个观点与邓小平建设有中国特色社会主义的各个观点联系起来进行考察。当前对于从事其他领域工作的同志来说，要注意着重认识这个论断的前一方面的内容，以充分领会统一战线仍然是一大法宝的重要意义；而对于统战工作者来说，则必须特别注意认识后一方面的内容，以进一步深入、准确地领会邓小平新时期统一战线理论的各个观点，切实做好统战工作。

坚持实事求是，联系实际，不断研究新情况，解决新问题，在实践中坚持和发展邓小平新时期统一战线理论

实事求是是邓小平建设有中国特色社会主义理论的精髓，也是邓小平新时期统一战线理论的精髓。坚持实事求是，才有拨乱反止，才有今天的改革开放和现代化建设，也才有统一战线的新局面。

统一战线科学是一门政治性、政策性很强的科学，统战理论研究不同于一般的学术研究。对于统一战线来说，坚持实事求是，必须掌握科学的理论方法，掌握切实可靠的实际材料，同时还需要有政治远见、政治敏锐性和政治胆略，需要随着社会实践的发展，不断研究新情况，勇于解决新问题，这就必然有一个又坚持，又发展，在坚持中发展，在发展中坚持的问题。目前我国正处在一个承前启后、继往开来的重要时期，统一战线的各个领域必将会出现许多需要认真研究和解答的新课题。举例说来，我们很快就将面对的一个新情况是，随着我国对香港恢

复行使主权，“一国两制”变为现实，必然给统一战线带来重大、深远的影响。首先是随着香港回归，将向我们提出一个既不同于大陆范围的统一战线，也不同于一般经济特区的统一战线，而具有全新内容的香港地区的统一战线问题。同时，香港回归还将影响到整个统一战线的内部结构和统一战线工作的战略格局。将来在统一战线两个范围的联盟中，第二个范围的联盟需要进一步加以区分；我们海外统战工作的内容、方法以至名称内涵，也需要进一步区分、确定。所有这些都需要进行深入的研究。适应实践的需要学习理论、掌握理论、发展理论，已经成为摆在我们面前的具有战略意义的紧迫任务。我们要在以江泽民同志为核心的党中央领导下，以邓小平建设有中国特色社会主义的理论为指导，以高度的历史责任感，努力探索和回答统一战线实践提出来的各种新问题，不断深化、丰富、发展党的新时期统一战线理论政策，推动爱国统一战线不断前进！

坚定不移地团结和依靠大多数*

——学习李瑞环同志《务实求理》一书的一点体会

（2010年6月）

我是在瑞环同志到中央分工负责统战政协工作后，在中央统战部工作期间被吸收参加其文稿起草工作的。后来为了工作方便，又在他的关心下调入全国政协机关工作。在此之前，我也常参加中央领导同志的文稿起草工作。参加瑞环同志文稿起草感到不一样的是，确实如他本人在本书代序中所言，其讲话、文章几乎每一篇都是经过他自己认真思考、亲自动手的。瑞环同志可以说是从实践中磨炼成长起来的中央领导，但令常人想不到的是他对自己的讲话、文章却极其重视，从立题立论、谋篇布局直至遣词造句都反复琢磨，并且始终与起草组的同志一起敞开思想，深入讨论。正因为有这样的亲力亲为，其讲话、文章具有一种言简意赅、贴近群众、个性鲜明的特点。很多人说，李瑞环同志的讲话广受欢迎就在于其个性特点。而我以为，瑞环同志的讲话、文章之所以能够

* 原载于《务实求理谱华章》，中国人民大学出版社2010年版。

产生广泛影响，除了特点鲜明、文风好外，更重要的还是因为有深刻的思想性和现实针对性，体现出一种对国家、对人民、对历史的强烈责任感。下面我就举统一战线方面的例子，特别是他有关新时期统一战线本质问题的论述，谈一点这方面的体会。

正确理解统一战线的本质是切实做好统一战线工作的前提。统一战线是中国共产党为了实现共同的大目标，在共同利益基础上与不同社会政治力量结成的政治联盟，因此毫无疑问统一战线就是做团结工作的，无论是在革命时期还是建设时期都是如此。然而，中国革命和建设是不断发展的，统一战线也是不断发展的，虽然任何时候统一战线都要做团结工作，但不同历史时期其团结的内涵是变化的。要真正理解不同时期统一战线的本质，不仅要牢牢把握统一战线的团结主题，而且要准确认识不同时期其团结内涵的变化和特有的新要求。瑞环同志对涉及新时期统一战线本质问题论述的深刻性就在于：他不仅提出了“团结是统战工作的主题。统一战线讲本质和宗旨，讲功能和地位，讲范围和对象，说到底，都离不开团结”（1996年12月25日同全国统战部长会议座谈时的讲话）；而且还敏锐地看到，新时期统一战线发生了很大变化，呈现出一些与过去根本不同的新特点，并对此做了深入浅出、富有创见的阐述。其中，我感到突出的有三点：

第一，他明确提出了“大团结、大联合是邓小平新时期统一战线理论的核心”，并且结合历史经验和现实变化，深刻论述了“邓小平新时期统一战线理论是对毛主席关于团结大多数人的思想的进一步发展。”（《务实求理》（上），第250、251页）

1998年在《邓小平新时期统一战线理论学习纲要》出版座谈会上，瑞环同志明确提出：“大团结、大联合是邓小平新时期统一战线理论的核心。”他还提到，过去毛主席也十分重视团结大多数，经常讲要团结95%以上的干部群众，在民主革命时期运用统一战线团结大多数也非常成功，但为什么在20世纪50年代末以后却发生了严重失误？毛病就出在搞运动太多。由于运动太多，即使每一次团结了95%，丢掉5%，一次次加起来就不止5%了。而邓小平同志阐述的新时期统一战线，是全体社会主义劳动者、拥护社会主义的爱国者和拥护祖国统一的爱国者的联盟。这个联盟有两个标准，一个是拥护社会主义，一个是拥护祖国统一。对海外三胞即使不赞成社会主义，只要拥护祖国统一和民族振兴也要团结。这样就大大拓宽了统一战线的范围，进一步发展了毛泽东同志关于团结大多数人的思想。瑞环同志这里总结新中国成立以来统一战线问题上的历史教训，分析新时期统一战线发生的新变化，不仅是在清除统一战线问题上“左”的影响，也是在阐明新时期统一战线具有不同于过去的新特点。

过去的作为阶级联盟的革命统一战线，本质上是为阶级斗争服务的。新民主主义革命时期是为了推翻“三座大山”，社会主义革命时期是为了消灭剥削制度、完成社会主义改造。所以，新中国成立初期曾一度提出统一战线就是“阶级斗争的一种特殊形式”。应当肯定过去的革命统一战线为创立新中国、建立社会主义制度做出了重要贡献，但也应当看到由于这种统一战线是为阶级斗争服务的，很容易受到阶级斗争扩大化的影响。搞运动其实就是搞阶级斗争。搞阶级斗争团结的面就只会越来越小，而不会越来越大。新时期邓小平同志对统一战线的新发展，不仅在拨乱反正，纠正了“以阶级斗争为纲”的错误，恢复了统一战线的优良传统；而且在明确我国阶级状况已发生根本变化，党的工作重点必须实行战略转移，在此基础上我国统一战线也从过去主要为阶级斗争服务的阶级联盟，发展成主要为社会主义现代化建设和祖国统一服务的政治联盟。正是因为进入新时期，我们党和国家结束了过去那种热衷于“无谓争论、无限上纲、无穷折腾”的搞阶级斗争的历史，使搞建设、求发展、重实际成为新的社会潮流和人们追求的目标；同时，统一战线也“从过去主要为阶级斗争服务转变为主要为经济建设服务，无论是工作范围还是工作内容都发生了重大变化。”（同上，第265页）所以，统一战线才能在改革开放新的历史条件下仍然是一个重要法宝，不是可以削弱，而是应该加强，不但没有缩小，而且更加扩大，焕发出新的生机和活力。

第二，他在结合历史和现实阐明新时期统一战线的新变化、新特点的同时，还通过对统一战线的理论基础给予新的阐释，进一步从理论上论述了新时期统一战线的发展依据。

早在20世纪80年代，当时的理论工作者就提出，新时期统一战线的理论基础需要厘清。因为过去统一战线是建立在阶级分析的理论基础之上的，即认为：现实社会是由不同的阶级所组成，既有代表先进生产力的先进阶级，又有阻碍社会进步的落后反动阶级，还有算不上先进但一定时期仍有进步性的中间阶级。统一战线就是根据这种阶级分析区分敌我友，明确谁是依靠、团结和打击对象，使先进的阶级及其政党能够在实现自身团结的基础上，联合一切中间力量，孤立、反对反动势力。应当说，我们过去的革命统一战线确实是建立在阶级分析理论基础之上的。马克思主义的阶级分析方法也曾经为我们建立和发展革命统一战线提供了正确的理论指导。毛泽东同志这方面最早的著作就是《中国社会各阶级的分析》。但进入新时期，随着确认我国阶级关系已发生根本变化，阶级斗争已不是党和国家的工作重心，这时如果再以阶级分析作为统一战线的理论基础，显然就不合适了。新时期的统一战线需要有新的理论说明。新时期以来理论界对此也做了许多探索，但一直没有一个公认的答案。难能可贵的是，瑞环同志对这个问题也没有回避，而是以其一贯坚持的对重大问题不仅要知其然而且要知其所以然的精神，在这方面也做了能够体现其思想特点、富有创见的研究阐释。他的阐释就是用历史唯物主义的基本观点——群众观点，来分析说明统一战线问题。

1999年11月，在邓小平新时期统一战线理论研究班的座谈会上，瑞环同志明确提出了马克思主义的群众观点是“统一战线理论的一个基石”。后来在2001年中央工作会议上的讲话中，他又阐述了这个观点。

他指出：按照马克思主义的群众观点，人民群众是创造历史的动力。在不同的历史时期，人民这个概念有着不同的内容，其范围是会改变的，但人民创造历史这一基本观点不能改变。人民总是既有社会基本群众，又有其他方面的人群。这些其他方面的人群在大目标上同我们是基本一致的，但在信仰上、在具体利益和要求上又同我们不尽一致。这些人虽然总体数量不是很多，但是有相当的社会能量和政治影响，对实现大目标具有特殊的作用。我们所说的“人民”包括他们，“人民创造历史”包括他们，“一切为了人民，一切依靠人民”也包括他们。如果少了他们，我们的“人民”就构不成一个整体，我们的团结就够不上“大团结”。而要实现同他们的团结，不能采用共产党内的办法，也不能采用一般的群众工作方法，只能采用同他们结成统一战线的办法。（同上，第264、265、295页）这里，瑞环同志继承了从民主革命到新中国成立初期毛泽东同志把统一战线各方面纳入“人民”的范畴加以分析的理论思路，但又没有像毛泽东同志那样用不同的阶级来划分组成“人民”的统一战线各方面成员，而是用“社会基本群众”和在信仰及具体利益要求上不尽一致的“其他方面的人群”来进行区分。特别是他还把团结那些有不同信仰及具体利益要求的“人群”，与贯彻我们党所强调的“一切为了人民，一切依靠人民”的群众观点紧紧联系在一起。这种分析，不仅结合新的历史条件，坚持了马克思主义的基本立场；而且非常“管用”，具有很强的现实意义。例如，新时期在已明确知识分子是工人阶级一部分的情况下，一段时间有些同志包括一些理论工作者不赞成把非党知识分子作为统战工作对象。为了在理论上说清这个问题，我们曾经提出不能把统战对象等同于改造对象，在工人阶级内部也有统一战线，非党知识分子既是依靠力量又是统战工作对象。但不少人对这个解释始终感到难以接受。而之所以难以接受，说到底就是因为这个解释没有彻底解决过去统一战线是建立在阶级分析的理论基础之上，与阶级斗争具有内在联系这个问题。许多人不愿当统战对象，其实反映的是对搞阶级斗争心有余悸。而瑞环同志用群众观点来分析说明统一战线问题，把今天的统战工作对象也放在历史主人的位置上，使他们成为我们必须坚定团结和依靠的力量，这就从根本上解决了上述问题。正是因为坚持用群众观点认识统一战线问题，使开展统战工作不但是社会主义初级阶段现实发展的需要，更成为与中国共产党世界观、方法论相联系的要求。所以，瑞环同志在论述统战工作的必要性时，首先并且反复强调的总是领导者的责任，而不是先从统战对象身上去找问题。经常讲“领导者的作用，就在于把多数人的积极性充分调动起来并合理发挥出去”。并且说“如果领导者的积极带来周围的人都不积极，这个积极就值得怀疑，这个积极就不如不积极。”（同上，第257页）

第三，基于上述对新时期统一战线本质的认识，他还对统一战线的工作原则做了进一步阐发，特别是提出了“求同存异、体谅包容”的原则。

统战工作是政治性、政策性很强，有着特殊要求的一种工作。毛泽东同志曾经提出统战工作要出专家。周恩来同志等老一辈革命家提出过一整套后来成为统一战线优良传统的工作原则和方法。瑞环同志十分重视继承这些工作原则和方法，并结合新时期的新情况，对这些原则也做了富有创见的阐发，其中最值得一提的就是“求同存异、体谅包容”。

统一战线是“同”和“异”的矛盾统一体，因此有统一战线就会有求同存异。实行求同存异首先要“求同”，没有共同的目标和要求就建立不起统一战线；但统一战线建立起来以后能否巩固和发展，关键则在如何“存异”。而且在不同的历史时期，如同统一战线的构成、任务会发生变化一样，求同存异的内容也会发生变化。瑞环同志对求同存异的新阐释就是，在强调“求同”是统一战线的首要任务，放弃“求同”就是放弃方向、放弃领导、放弃工作的基础上，深入论述了“存异”的问题，并对新时期如何正确理解和把握“存异”，提出了一些十分重要、很有意义的新观点。

在1993年全国统战工作会议上，瑞环同志就论述了求同存异原则，提出要具体分析、区别对待统一战线中的各种“异”。强调：“有的异，无关宏旨，无碍大局，可以存而不论。有的异，其是非长短还有待反复比较和实践检验，可以长期讨论。有的异对改进工作、减少失误大有好处，与其说允许存在，毋宁说应当欢迎。有的异涉及重大是非、重大原则问题，要旗帜鲜明地坚持正确的立场，做好思想引导工作。对严重危害国家利益和社会稳定的错误行为，决不能迁就、妥协和退让，要进行必要的斗争。”（同上，第217页）在1999年邓小平新时期统一战线理论研究班座谈会上，他又特别把“求同存异”和“体谅包容”联系起来，对如何“存异”做了进一步阐释。指出：“从我们党的历史看，从统一战线的历史看，有忽视‘求同’的错误，但主要的还是不能‘存异’的错误，因为追求‘清一色’‘纯而又纯’，给我们带来巨大损失。能不能‘存异’，敢不敢‘存异’，会不会‘存异’，很重要的一条，在于能否体谅包容。做统战工作，就要宽容一点、谅解一点、豁达一点、‘糊涂’一点，就要听得进、容得下、想得开。”（同上，第267页）这里，瑞环同志首次将“体谅包容”与“求同存异”联系起来论述，有着很深的含义。一方面，从现实意义来看，新时期不仅统一战线构成、统战工作对象有很大变化，而且我们党许多统战工作经验丰富的老同志也逐渐离去。在党和政府机关甚至统战、政协部门，一些同志对令行禁止、步调一致的一般机关工作规律比较熟悉，对求同存异、商量办事的统战工作要求则比较生疏。而统战工作的特殊性主要就体现在能不能、敢不敢、会不会“存异”上。瑞环同志提出“体谅包容”，用通俗易懂的语言讲清楚了统战工作的特殊要求，对帮助了解和把握统战工作特点能够起到积极和有益的作用。另一方面，从深层次看，瑞环同志把“求同存异”和“体谅包容”联系起来加以论述，与其对新时期统一战线本质的认识一脉相承，不仅是对我们党在统一战线问题上历史教训的深刻总结，也是建立在对新时期统一战线新变化深刻理解的基础上的。过去毛泽东曾经提出统战工作不仅要讲“求同存异”，还要讲“求同克异”。将“存异”与“克异”相联系，我理解这是与当时统一战线为社会主义改造服务的历史任务相适应的。但在我国社会阶级状况已发生根本变化，而且已明确我国将长期处于社会主义初级阶段，公有制为主体、多种所有制经济共同发展是基本经济制度，多党合作、政治协商是基本政治制度，各民族平等、团结、互助、和谐和宗教信仰自由是受到宪法保护的国家基本政策的情况下，尽管有些“异”还可以通过工作加以限制、缩小乃至转化，统一战线中也还会出现矛盾和问题需要我们教育、引导甚至批评、斗争，然而从根本上讲，统一战线中的许多“异”，比如党派之间的差异、信仰之间的差异、民族之间的差异、多种经济成分之间的差异等，是应当而且可以长期存在的。对统一战线中遇到的矛盾和问题，也应当根据其本身的性质、从有利于共同发展的角度来分析解决，而不能再回到过去用已经被证明是走不通的阶级斗争的方法去解决。今天，多样性基础上的和谐统一已经成为中国特色社会主义的本质特征。因此，将“体谅包容”与“求同存异”相联系，更符合当前我们国家的总体面貌和发展趋势，也更能够体现我们社会和新时期统一战线的本质要求。

瑞环同志关于统一战线的论述十分丰富，除了上述还有包括多党合作、民族宗教、非公经济、“一国两制”等许多内容。但我体会较深，感到对统战工作影响面较大，特别需要我们认真领会把握的，主要是这三点。

辑二

关于人民政协和协商民主问题研究

关于人民政协的团结和民主问题*

（1997年9月）

人民政协是我们国家体制中独具特色的政治组织，是其他国家所没有的，因此关于它的性质、地位和作用，关于它究竟是什么、干什么的，虽然有明文规定，却常常不为人所完全理解。近年来，以江泽民同志为核心的中共中央提出：团结和民主是人民政协工作的两个主题。我以为，这个论断有助于人们进一步弄清人民政协是什么和干什么的问题。把团结和民主作为政协工作的主题具有深刻的内涵。必须全面、正确地认识和把握团结与民主在政协工作中的特殊意义，全面、正确地认识和把握在政协工作中团结与民主的内在联系和相互关系，才能充分地认识和把握这个论断所具有的全部蕴涵，才能对政协的工作有一个较全面、深入的了解。

---

* 本文是本书作者参加1997年人民政协理论和实践研讨会提交的论文，原载于《人民政协的理论与实践研究论集》，人民出版社1998年版。

人民政协工作中团结的含义

人民政协的团结不是一般意义上的团结，而是具有统一战线性质的。人民政协是中国共产党领导的最广泛的爱国统一战线组织，必须最大限度地团结一切可以团结的力量。人民政协的组成、工作及一切活动，都要适应于、有利于这种团结，而不能妨害、不利于这种团结。

比如，为了实现广泛的大团结，人民政协就应具有组织上最广泛的代表性和政治上最大限度的包容性。在共同的目标基础上，不同的阶级、阶层，不同的党派、团体，以及不同的民族、宗教信仰，各个方面、各个界别的代表人物，都应在政协中有自己的位置。

又比如，适应中国共产党与党外人士团结合作的需要，人民政协组成人员的比例，非中共人士应占多数。政协委员也是按方面通过协商产生，而不是按地区或人口比例通过选举产生。

再比如，为了有利于团结，在工作原则、活动方式和方法上，政协也应强调平等协商，反复讨论，广开言路，集思广益，坚持不抓辫子、不扣帽子、不打棍子的“三不主义”，尽量让各种意见都充分表达出来。

人民政协是中华民族大团结的象征，其一系列组织特点和工作特点都是由其必须致力于统一战线的广泛团结而来。同时，正因为须团结，就需要有领导。团结必须有主体，必须围绕一个核心。我们讲的统一战线是中国共产党领导的统一战线，人民政协既然是统一战线组织，因而保持和巩固中国共产党在人民政协中的核心领导地位，便成为政协工作的题中应有之义。

人民政协工作中民主的含义

人民政协是中国共产党领导的实现中华民族大团结的组织，另外，它又是我国政治体制中发扬社会主义民主的一种重要形式，是我国人民实现当家作主的一种重要方式。

民主渗透在人民政协的各个方面。人民政协的历史是对民主追求的历史。在1946年召开的政治协商会议上，中国共产党就与各民主党派、无党派民主人士一起，为结束国民党一党独裁专制统治，建立一个和平、民主、独立的新中国而奋斗。中国人民政治协商会议是近现代中国人民爱国民主运动胜利的果实。人民政协的各项工作都体现着民主精神。人民政协会议总是与人民代表大会同时召开，以便政协委员能够列席人大，参与国是。人民政协的政治协商就是民主协商。协商的目的，是吸收更多的人来商量事情，通过广泛的民主、更大的民主来最后决策。多年来，不仅我国统一战线的内部关系经过政治协商进行调整，国家事务中的重要问题也经过协商成熟而做出决定，国家和各级政府的领导人选也是经过协商而后提名。人民政协的民主监督更毫无疑问是民主。民主监督的内容包括对宪法和法律实施等国家重要事务和国家机关人员的监督。民主监督在统一战线内部，尤其是中国共产党与各民主党派之间的互相监督，主要是民主党派监督处于执政地位的中国共产党。毛泽东当年回答黄炎培的提问，指出要靠民主，靠人民监督，来摆脱一个政权由盛而衰的历史周期率。周恩来曾经阐述中国共产党与各民主党派“长期共存、互相监督”方针的意义，指出这个方针实际上是扩大民主。邓小平更明确提出，扩大党和国家的民主生活就要接受监督，党外的民主人士能够对于我们党提供一种单靠党员所不容易提供的监督，能够发现我们工作中的一些我们所没有发现的错误和缺点，能够对于我们的工作做出有益的帮助。

民主表现为民主作风、民主方法、民主形式、民主秩序等许多方面，而首要的、根本的是国家制度，即社会各阶级在国家中的地位，哪些人在国家中当家作主。在人民政协中，民主当然包括一系列体现为中国共产党领导的统一战线优良传统的民主作风、民主方法和民主形式，比如政治协商、民主监督、合作共事、自我教育等等。但首先说来，从根本上说，它表现了我国人民当家作主的国家本质。人民政协既是中国共产党领导的最广泛的统一战线组织，又是我国实现人民当家作主的一个重要机关，这两者是统一的而不是矛盾的。1980年邓小平在政协章程修改委员会第一次全体会议上的讲话中指出：人民政协是巩固和扩大我国革命的爱国的统一战线的重要组织，也是我国政治体制中发扬社会主义民主和实行互相监督的重要形式。这个论断，完整、准确地揭示了人民政协的本质属性。深刻地认识这一论断，就必须看到两个方面：对于中国共产党而言，人民政协是密切党同各方面组织和人士联系的桥梁、纽带，是最广泛的统一战线组织；对于国家制度而言，人民政协就是各党派、各人民团体、各界代表人物参政议政、当家作主的重要场所，是我国发扬社会主义民主的一种重要形式。任何只看到一面而忽视另一面的观点都是不全面的。人民政协作为我国独具特色的政治组织，其性质、特点可以从不同的角度、不同的侧面做出许多概括，比如统战性、党派性、协商性、民主性、广泛性及代表性，等等，但从根本上说，人民政协的最本质的属性，就是上述两个方面。其他一些特点、属性都可以包含在这两个方面中，都可以从这两个方面得到说明。团结和民主是人民政协的两个工作主题，也是人民政协的两个理论基点。

在我国，为了充分发扬社会主义民主，不仅需要有广大人民群众通过选举自己的代表行使当家作主权利的人民代表大会制度，还需要有广泛吸收各民主党派和无党派人士参政议政的中国共产党领导的多党合作和政治协商制度。中国共产党领导的多党合作和政治协商制度从本质上说是一项具有中国特色的社会主义民主制度。

人大是实现我国人民民主的主要机关，但我国的人民民主不仅限于人大，还要进一步扩大，还需要有政协，正如毛泽东早在1954年第一届全国政协结束其代行人民代表大会职权后指出的，人大的代表性当然很大，但它不能包括所有的方面，所以政协仍有存在的必要。

与统一战线相结合，是我国人民民主政权的显著特点。早在新中国成立前的革命根据地里，中国共产党就创造了几个革命阶级的联合专政的“三三制”政权。邓小平鲜明地指出，“三三制政权的实质是民主”。新中国成立后我国建立了人民民主专政的国家政权，也具有工人阶级领导的、以工农联盟为基础的团结各民主阶级的统一战线的联合政府的性质。新时期我国阶级关系和统一战线内部关系发生了根本变化，但在国家政权机关、政府机关和其他机关中，仍有各民主党派和其他党外人士参加。中国共产党领导的统一战线把一切可以团结的人都团结起来，使人民的范畴得到尽可能的拓宽，从而也使尽可能多的人们能够享有人民民主。

由中国共产党领导，切实贯彻人民代表大会制度和共产党领导的多党合作和政治协商制度，按照民主集中制的原则办事，同时在农村、工厂、学校及企事业单位实行群众基层民主，构成了体现我国广泛的人民民主国家制度的本质内容，构成了我国社会主义民主政治的根本特点和优点。

团结与民主的关系

在人民政协中，团结与民主的关系简言之就是互相联系、互相渗透、互相促进、不可分离。

团结与民主在人民政协中是相互联系、渗透、依存在一起的。比如人民政协的政治协商，从团结的角度看，它是中国共产党领导的统一战线的一个优良传统；从民主的角度看，它是我国发扬社会主义民主的一个重要方法。对于人民政协，政治协商一方面发挥着协调关系、化解矛盾等统一战线的功能，另一方面也发挥着对国家和地方的大政方针和重大问题在决策前广泛征求意见、充分讨论、集思广益的民主的功能。

在人民政协中既需要加强团结，又需要发扬民主，这两方面是既相互依存又相互促进的。从民主方面看，发扬民主对于人民政协来说包含着两层含义：其一是指人民政协是我国社会主义民主政治建设的一支重要力量，它必须也能够在我国社会主义民主政治建设当中发挥重要的作用；其二则是指人民政协包括了我国各个方面的重要组织和人士，为了使这些组织和人士的积极性和创造性充分地调动起来并发挥出去，必须在人民政协内部也大力发扬民主。在人民政协内部发扬民主，使大家能够畅所欲言，心情舒畅，充满生机和活力，创造更加和谐、更加亲密的气氛，从而有效地促进了人民政协的团结。

从团结方面看，在人民政协中加强、扩大和促进团结对于发扬民主也具有十分重要的意义。第一，它使民主更加广泛。人民政协的爱国统一战线的大团结，包容了包括海内外中华民族各个方面、各个层次的代表人士，使我国民主扩大到最大限度的范围。第二，它使民主更加充分、彻底。适应统一战线的团结的需要，在政协会议上，广大委员有充分的发表各种意见的自由，各党派可以本党派的名义发言和提出提案，并且坚持求同存异的原则，在表决后允许保留不同意见，既尊重多数人的共同意愿，又照顾少数人的合理要求。第三，它使民主更加切实有效。促进团结，要求发扬一种平等、真诚、和谐的议事精神，不重在最后的表决，而主要在于事前的协商和反复的讨论；不是彼此指责，互相攻讦，而是取长补短，互相学习，共同提高，力求真正达到政治上的一致或基本一致。第四，集而言之，可以说，正由于有了中国共产党领导的统一战线的大团结，才赋予人民政协的民主一种鲜明的中国特色。人民政协的民主，不仅反映了我国人民当家作主的社会主义民主的本质特点，而且反映了我国统一战线的优良传统，反映了中国历史文化的优良传统。人民政协的民主，因而根本区别于西方的三权分立的两院制民主；中国共产党领导的多党合作和政治协商制度，因而也根本区别于西方各党竞争、角逐的两党制或多党制。中国共产党因而能够保持对国家政治生活的领导，避免西方两院制、多党制可能造成的互相倾轧的混乱状态，保证我们能在一个较长的时间里一心一意进行社会主义现代化建设，保证我们能够在一个稳定的环境中循序渐进地推进社会主义民主政治建设。

论作为一种民主形式的人民政协*

（2003年2月）

研究作为一种民主形式的人民政协问题，在当前具有重要的理论意义和实践意义

长期以来，人们对于作为统一战线组织的人民政协了解较多、认识较深，而对于作为一种民主形式的人民政协知之不多、认识较浅。尽管中央有关文件已明确提出，人民政协是我国人民统一战线的组织，是共产党领导的多党合作和政治协商的重要形式，但不少理论工作者包括政协工作者仍习惯于仅用统一战线理论去理解或说明全部的政协问题。新时期以来，人民政协作为一种民主形式的作用日益增强，许多地方在这方面创造了宝贵的经验，但由于对政协民主理论研究的缺乏，能够把这些经验上升到理论层次加以充分阐释、说明的却很少，有时甚至还引起一些疑问，出现了政协的理论研究滞后于实践发展，政协的理论与实际

* 发表于《中国政协》2003年第2期。

工作在某种程度上不相适应的状况。当前政协工作中遇到的许多问题，都与对政协民主研究不够、认识不够有关。只有不仅从统一战线而且从民主的角度深入研究、阐明人民政协的问题，才能从根本上弄清楚人民政协在我国社会政治生活中的地位和作用，进而对政协的当前工作和长远发展有一个清晰、透彻的了解。

人民政协是近现代以来中国民主进程的产物，从诞生之日起它就是新中国的重要民主机构

自从鸦片战争以来，中国社会各个方面就不可阻挡地开始向现代社会演进，其中政治演进的基本轨迹就是从封建专制转向现代民主。但是，由于特殊的社会历史条件，这个演进走过了一条曲折的道路：在推翻封建帝制步入现代政治进程的起始阶段，议会民主就遭到了扼杀，接着很快从军阀割据演变成为以国民党和共产党为代表的两大政治势力之间的激烈角逐，并且由于这两大势力的截然对立，这种角逐迅速发展成为大规模的武装斗争，从而驱使中国的所有政治力量别无选择地发生两极分化，或者聚集在国民党的周围反对共产党，或者与共产党结成统一战线反对国民党，最终中国共产党联合自己的政治同盟者，以革命的方式推翻了国民党在中国大陆的统治。

新中国成立前夕毛泽东曾经提出过一个著名的论断，认为中国人民从中国革命的经历中取得的一个主要的和基本的经验，就是“团结工人阶级、农民阶级、城市小资产阶级和民族资产阶级，在工人阶级领导之下，结成国内的统一战线，并由此发展到建立工人阶级领导的以工农联盟为基础的人民民主专政的国家”。通过建立并不断发展中国共产党领导的统一战线，把最大多数人纳入人民的范畴共同奋斗，并且在新中国成立后使之享有人民民主成为国家和社会的主人，这是中国现代民主的发展道路。正是因为经历了这样一条独特的发展道路，人民政协这个统

一战线组织成为中国人民当家作主的最早的政治形式。人民政协从它的诞生之日起，就是统一战线与人民民主相结合的组织，具有“代表全国人民”的民主性质，因此它才能够一度代行全国人民代表大会职权，决定新中国的国体、政体，选举中央人民政府及其领导人，完成创立新中国的历史使命。

在新中国成立和第一届全国人民代表大会召开后，人民政协作为一种民主形式继续在国家政治生活中发挥着重要作用

人民政协在代行全国人大职权期间，曾代表全国人民的意志审议通过一系列法案，确立了涉及社会改革、巩固政权、发展经济等诸多方面的国家制度和政策。1954年第一届全国人民代表大会召开后人民政协不再代其行使职权，但它作为统一战线组织继续存在，同时仍然是实现我国人民民主的一种重要形式。对这一点阐述最清楚的莫过于当时仍任全国政协主席的毛泽东。针对人大召开后一些人对政协的性质、地位和作用提出疑问，毛泽东一方面指出政协不能搞成人大那样的国家权力机关，否则就成为二元了，民主集中制就讲不通了；一方面又强调有了人大并不妨碍成立政协进行政治协商，人大的代表性当然很大，但它不能包括所有的方面，所以政协仍有存在的必要。毛泽东这里对政协存在必要性的阐释，恰恰是在政协的民主作用方面。

正是因为新中国和人民政协的创立者赋予政协上述性质，使人民政协在全国人大召开后作为国家的一种不可缺少的民主形式，继续发挥了重要作用。在第二届全国政协期间，许多国家法律、法规都曾拿到政协进行协商，一些法规还先在政协协商然后再在人大通过。1955年11月，全国人民代表大会常务委员会第二十五次会议与政协全国委员会常务委员会第八次会议举行联席会议，通过了毛泽东提议的人大代表和政协委员共同进行视察工作的决定。1956年毛泽东提出了中国共产党与各民主党

派“长期共存、互相监督”的方针，政协二届三次会议为此专门做出政治决议，提出“我们必须根据中国共产党和各民主党派‘长期共存、互相监督’的方针，继续发扬民主，健全国家政治生活”。为了方便政协委员列席人大、参与国是，从政协三届一次会议起，政协大会与全国人大代表大会同时召开，政协委员和人大代表一起听取政府重要报告并逐渐形成惯例，政协委员和人大代表还时常互相列席对方的会议。1962年6月中共中央批准的《中央统战部关于全国统战工作会议向中央的报告》也明确提出：“人民政协、各民主党派和有关团体包罗了各方面的代表人物，能够广泛地反映阶级关系和民族关系的动向和意见。它们同样是发扬人民民主的重要组织形式。”回顾历史可以看到，1954年后人民政协作为一种与人大相辅相成的民主形式一直发挥了重要作用，这个作用本来可以不断发挥下去，但后来由于受到“左”的错误影响，这方面的作用确实遭到了削弱。1962年下半年后，在日益强调阶级斗争的形势影响下，以阶级教育为中心的各种学习逐渐成为政协的主要活动，到1966年“文化大革命”爆发，政协被迫停止了办公。

新时期以来人民政协作为一种民主形式的作用日益增强，受到党和国家的高度重视和社会各方面的充分肯定

中共十一届三中全会后，我国进入改革开放新时期，人民政协也发展进入了一个新的历史阶段。新时期人民政协在两个方面经历了具有重大、深远意义的发展：一个是在改革开放和社会主义现代化建设的大背景下，人民政协适应国内阶级关系的根本变化和全党、全国工作重点的战略转移，实行拨乱反正，把工作中心从过去主要为阶级斗争服务，转到为建设社会主义现代化强国和完成祖国统一大业上来，这个发展可以说主要是在统一战线方面。还有一个就是在发展社会主义民主政治、建设社会主义法治国家的大背景下，中国共产党领导的多党合作和政治协

商制度被确定为我国的基本政治制度，政治协商、民主监督、参政议政被确定为人民政协的主要职能，团结和民主成为政协工作的两大主题，这是涉及政协自身工作和建设的重大发展，这个发展主要就体现在政协的民主作用上。

政协民主是随着我国社会主义事业和政协事业的发展而不断拓展、扩大的。政协的政治协商、民主监督、参政议政这三项主要职能的形成过程，在某种意义上反映了政协民主的发展过程。人民政协成立初期，政协民主主要体现在政治协商上。当时毛泽东说，政协是各党派的协商机关，政协的主要任务就是协商国是。周恩来也强调，政治协商是新民主的一个特点。就是普选的全国人民代表大会召开之后，政协会议还将对中央政府的工作起协商、参谋和推动作用。1956年，在我国社会主义制度确立后，贯彻毛泽东提出的中国共产党要与各民主党派“长期共存、互相监督”的方针，人民政协开始把民主监督作为发挥政协民主作用的一项重要内容。1957年周恩来指出，“长期共存、互相监督”的方针，实际上是扩大民主。新时期以来，人民政协的民主作用进一步增强。1980年邓小平明确提出：“人民政协是巩固和扩大我国革命的爱国的统一战线的重要组织，也是我国政治体制中发扬社会主义民主和实行互相监督的重要形式。”也就是在邓小平任主席的五届政协期间，政治协商、民主监督被正式确定为政协的两项主要职能。到八、九届政协时期，参政议政被列为政协的又一项主要职能，政协的工作内容更加广泛丰富，活动形式更加灵活多样，各级政协积极实践、开拓探索，在推进民主方面的工作日益活跃，特别是在围绕国家中心任务进行专题调研、开展决策咨询，深入各界群众反映社情民意方面，取得了丰硕的成果，越来越受到党和政府、社会各界及广大群众的高度重视与充分肯定。

正确认识政协民主在我国政治体制中的地位

人民政协的发展历史表明，政协不仅作为统一战线组织，而且作为一种民主形式，在我国社会政治生活中发挥了重要作用，但至今仍有一些同志对政协的地位和作用感到迷茫，这里的问题不是出在政协本身，在这方面应该说政协章程和有关文件的规定是清楚的，而是出在政协作为一种民主形式在我国政治体制中的地位需要进一步明确。民主首先是国家制度，是一种政治体制，它规定了国家各政治机构、社会组织和成员在社会政治生活中的地位与作用。人民政协是我国政治体制的重要组成部分。只有把政协放到整个国家的政治体制中，搞清楚政协与我国政治体制其他部分的关系，才能够搞清楚其究竟处于何种地位、有什么样的作用。

刚刚闭幕的中共十六大提出，要按照党总揽全局、协调各方的原则，规范党委与人大、政府、政协以及人民团体的关系。十六大的这个要求为解决上述问题创造了条件。要搞清楚政协在我国政治体制中的地位，就必须厘清、规范政协与党委、人大、政府和人民团体的关系，特别是与党委和人大的关系。关于政协与党委的关系一直是清楚的，作为统一战线组织政协必须接受党的领导，同时党委也要支持政协围绕团结和民主两大主题履行职能。关于政协与人大的关系则有进一步厘清的必要。现在有些同志似乎不愿将政协与人大相提并论。但从政协成立以来的历史实践来看，从党和国家领导人的有关论述看，这个关系可以理清楚。政协与人大的关系简言之就是互为补充、相辅相成。江泽民同志指出："人民通过选举、投票行使权利与人民内部各方面在选举、投票之前进行充分协商，尽可能就共同性问题取得一致意见，是我国社会主义民主的两种重要形式。""两种形式比一种形式好，更能真实地体现社会主义社会里人民当家作主的权利。"人民代表大会制度是我国的根本政治制度，人大是人民行使国家权力的机关。共产党领导的多党合作和政治协商制度是我国的基本政治制度，人民政协是实施这一制度的政治形式和组织形式。在体现人民民主这一点上，人大和政协是相同的。正因此周恩来说，两会只有权力之分，无高低之别，政治地位上是平等的。中国是一个幅员辽阔、人口众多的包括多民族、多党派的社会主义国家，要实行广泛的人民民主，就既需要有人大，也需要有政协。没有政协这个各党派团体和各界人士协商国是、参政议政的场所，我国的人民民主就缺了一块，就是不完整的。人大与政协互为补充、相辅相成，不仅应当在原则上明确，而且应当在政策上配套，在制度上规范。这样，才能使我国广泛的人民民主得到充分体现，人民政协在国家政治体制中的地位和作用也才能进一步明确。

正确认识政协民主的特点

人民政协作为一种民主形式在我国社会政治生活当中之所以有着不可替代的作用，因为它具有许多其他民主形式所没有的特点：

1. 政协民主是党派民主。人民政协作为实施宪法规定的中国共产党领导的多党合作和政治协商制度的组织机构，是我国各政党参政议政和互相监督的重要场所，各党派的许多意见、主张需要通过政协这个渠道来表达。2. 政协民主是界别民主。人民政协由界别组成，政协委员是各界别的代表，集中了各个民族、各个阶层、各个团体、各个方面的代表人物，我国社会各界的民主权利需要政协来体现。3. 政协民主是协商式民主。它提倡广开言路、集思广益，坚持求同存异、体谅包容，注意尊重多数、保护少数，鼓励平等地、真诚地、不强加于人地交换意见、协商讨论，有利于各方面加强沟通、增进理解、扩大共识。4. 政协民主具有极大的广泛性。它与最广泛的爱国统一战线相结合，不仅包括了国内社会主义制度下的各党派团体和各界人士，而且包括了海外许多代表人物，可以不受地区限制地吸收海内外中华民族的各方面代表参与国是，使我国人民民主扩大到最大的范围。5. 政协民主继承了中国优秀文化传统，具有浓郁的中国特色，也符合时代潮流。周恩来曾经说过，民主党派是从中国的土壤中生长出来的，不能用西方政党的标准去衡量他们。政协这种民主形式也是从中国的土壤中生长出来的，包含了中华民族崇尚兼容并包、和而不同、和衷共济等文化理念和价值追求。当今世界人类文明进步越来越要求和睦相处、和谐共存、协调发展，中华民族的这种文化理念和价值追求也日益成为时代发展的需要。

正确认识政协中统一战线和民主的关系

由于人民政协兼有统一战线组织和民主形式的性质、作用，在一些从事政协工作的同志中间产生了或者强调统一战线一面，或者强调民主一面的现象，因此对政协中统一战线和民主的关系需要有一个正确的认识和把握。

政协中统一战线与民主的关系，总体上说就是相互联系、相互渗透、相互促进、不可分离。对于中国共产党而言，人民政协是联系、团结各党派团体和各界人士的桥梁与纽带，是党领导的最广泛的统一战线组织；对于国家制度而言，人民政协则是各党派团体和各界人士当家作主、参政议政的重要场所，是体现我国人民民主的一种重要形式。政协的许多工作，比如平等议事、协商讨论、民主监督、合作共事等，从一个角度看，可以说是统一战线的工作要求和传统作风，从另一个角度看，则是发挥政协民主作用的重要途径和方法。在政协巩固和扩大统一战线，有利于促进民主的充分实现和健康发展；同时在政协充分发扬和推进民主，也有利于统一战线充满生机、更加巩固。

在政协工作中统一战线和民主是有机统一的，不能把它们割裂开来甚至对立起来。特别是随着中国共产党清除“以阶级斗争为纲”的影响，明确统一战线内部构成发生了根本变化，统一战线之间基本是人民内部的关系，统战和民主在政协工作中更加相互渗透、交织、结合到了一起。在新时期，调动一切积极因素，发挥各党派团体和各界人士的作用，从本质上讲，已经是一个必须尽可能创造条件，保证他们能够充分行使宪法赋予的民主权利的问题，而不能仍简单看成是一个给予他们一定的物质利益，需要你“调”我才“动”的问题（当然这里并不否定统战工作的作用）。因此，当前许多统战工作要求，必须在发扬民主的过程中去实现。只有切实履行政治协商、民主监督、参政议政职能，让参加政协的各党派团体和广大委员能把想要表达的意愿都表达出来，充分发挥人民政协的民主作用，才能够达到统一战线团结各界、调动各方的目的。

加强制度化、规范化、程序化建设是今后一个时期推进政协民主的一项紧迫而重大的任务

制度带有根本性、全局性、稳定性和长期性。要实现政治体制、政治关系、政治生活的民主化，关键在于制度建设。中共十六大提出“要着重加强制度建设，实现社会主义民主政治的制度化、规范化和程序化”，这对于推进我国的民主政治进程，充分发挥政协的民主作用，具有极其重要的意义。

统一战线从民主革命时期就是中国共产党的一大法宝，长期以来形成了一整套理论政策、原则方法和工作作风，毫无疑问这些理论政策、原则方法和工作作风是一笔宝贵财富，今天我们仍然必须坚持、继承和发扬。但应当看到也正是因为这些因素，使作为统一战线发展产物的人民政协容易成为保留过去东西较多的工作领域，在政协工作中容易自觉不自觉地受到传统思维方式和工作方式的影响。随着社会主义市场经济日益发展，人们的民主意识、法治意识不断增强，国家的民主和法治环

境逐渐健全，我们必须逐步学会并且善于运用民主的、法治的方法去开展政协工作，学会并且善于在尊重各党派团体和各界人士应有民主权利的基础上，在宪法和法律规定的框架内，通过制度设计、制度安排、制度创新，按照一定的规范和程序，去组织进行各种活动、推动做好各项工作。

政协的制度建设需要从四个方面来加强：1. 完善中国共产党领导的多党合作和政治协商制度。中国共产党领导的多党合作和政治协商制度已经被写入宪法，但作为国家基本政治制度，其在各个方面、各个环节上，特别是中央有关文件已有原则规定的若干方面，还需要进一步制度化、规范化、程序化，充分发挥人民政协作为实施中国共产党领导的多党合作和政治协商制度重要机构的作用。2. 规范政协与我国政治体制中其他组织机构的关系，特别是与党委、人大的关系，明确政协在我国政治体制中的地位。3. 推进人民政协履行政治协商、民主监督、参政议政职能的制度化、规范化、程序化，使政协的政治协商真正成为党和国家科学决策的一个重要环节，民主监督成为我国监督体系不可缺少的一个重要部分。4. 政协内部开展活动和工作，如举行各种会议，进行视察、调研和提案，政协组织机构的设置和运转以及机关工作等方面，也要加强制度建设。人民政协必须在这些方面切实有所前进、有所突破，才能适应形势发展的需要，把各项工作提高到一个新水平。

政协民主前程远大、大有作为

十六大已经把发展社会主义民主政治、建设社会主义政治文明确定为全面建设小康社会的一个重要目标。以协商的方式处理国家政治生活中的各种关系，对各种重大问题进行充分讨论，是具有鲜明中国特色的一种民主形式，是具有极大发展潜力的一种政治机制，是我国政治文明的重要组成部分。建设社会主义政治文明目标的确立，必将有力地促进政协工作发展，为人民政协事业开辟广阔的前景；同时，在这当中人民政协也担负着不可推卸的历史责任，人民政协应当也可以为发展社会主义民主政治、推进社会主义政治文明建设做出自己的贡献。

充分发挥人民政协在社会主义政治文明建设中的作用*

（2003年6月）

胡锦涛总书记在中共十六届二中全会上指出："人民代表大会制度是我国的根本政治制度。中国共产党领导的多党合作和政治协商制度是我国的一项基本政治制度。中国人民政治协商会议是实行中国共产党领导的多党合作和政治协商制度的重要组织形式。它们集中体现了我国社会主义民主政治的特色和优势。""发展社会主义民主政治，建设社会主义政治文明，最重要的是要坚持和完善人民代表大会制度，要坚持和完善中国共产党领导的多党合作和政治协商制度。"胡锦涛总书记这里提出了建设社会主义政治文明的基本途径和方向。沿着这样一条途径和方向发展社会主义民主政治、建设社会主义政治文明，对于人民政协来说，必须首先在以下三个问题上加以明确和落实：

---

* 发表于中央政策研究室杂志《学习与研究》2003年第6期。

人民政协不仅是中国人民爱国统一战线的组织，而且是我国政治体制中发扬社会主义民主的重要形式

人民政协是中国革命统一战线发展的产物，也是近现代以来中国民主进程的产物，从诞生之日起它就是我国统一战线与人民民主相结合的组织。对于中国共产党而言，人民政协是联系、团结各党派团体和各界人士的桥梁与纽带，是党领导的最广泛的统一战线组织；对于国家制度而言，人民政协则是各党派团体和各族各界人士当家作主、参政议政的重要场所，是体现我国人民民主的一种重要形式。因为从一开始人民政协就具有“代表全国人民”的民主性质，因而它才能一度代行全国人民代表大会职权，决定新中国的国体、政体，选举中央人民政府及其领导人，完成创立新中国的历史使命。1954年第一届全国人民代表大会召开后，人民政协作为统一战线组织继续存在，同时仍然作为实现我国人民民主的一种形式在国家政治生活中发挥着重要作用。在全国人大召开后的第二届全国政协期间，许多国家法律、法规都曾拿到政协进行协商，一些法规还先在政协协商然后再在人大通过。为了方便政协委员列席人大、参与国是，从政协三届一次会议起，政协大会与全国人民代表大会同时召开，政协委员和人大代表一起听取政府重要报告并逐渐形成惯例，政协委员和人大代表还时常互相列席对方的会议。新时期以来，吸取历史经验教训，在没有民主就没有社会主义、没有社会主义现代化的新的认识基础上，中共中央更加重视发挥人民政协的民主作用。1979年当时任五届全国政协主席的邓小平指出：“人民政协是发扬人民民主、联系各方面人民群众的一个重要组织。中国的社会主义现代化建设事业，继续需要政协就有关国家的大政方针、政治生活和四个现代化建设中的各项社会经济问题，进行协商、讨论，实行互相监督，发挥对宪法和法律实施的监督作用。”1980年他又指出：“人民政协应当在我们国家政治生活中充分发挥它的重要作用。人民政协是巩固和扩大我国革命的爱国的统一战线的重要组织，也是我国政治体制中发扬社会主义民主和实行互相监督的重要形式。”1991年，江泽民同志提出了“人民政协工作涉及范围很广，但主题是两个，这就是团结和民主”。他还提到，“党中央特别强调人民政协在发扬社会主义民主方面的作用，要求通过这条民主渠道经常倾听各方面的意见”。正是在中共中央这些精神的指导下，人民政协确定了政治协商、民主监督、参政议政的主要职能，各级政协在发挥民主作用方面的工作也更加广泛、活跃，特别是在围绕国家中心任务进行专题调研、开展决策咨询，深入各界群众反映社情民意方面，取得了丰硕的成果，越来越受到党和政府、社会各界及广大群众的高度重视与充分肯定。

人民政协是我国政治体制的重要组成部分，必须把政协放到整个国家的政治体制中，理顺政协与我国政治体制其他部分的关系

民主首先是国家制度，是一种政治体制，它规定了国家各政治机构、社会组织和成员在社会政治生活中的地位与作用。既然肯定人民政协是我国共产党领导的多党合作和政治协商制度的重要机构，在发展社会主义民主政治、建设社会主义政治文明中应当发挥重要作用，就必须首先对人民政协在我国政治体制中的地位有一个明确的界定，肯定人民政协是我国政治体制的重要组成部分，理顺人民政协与我国政治体制其他部分的关系。

中共十六大提出，要按照党总揽全局、协调各方的原则，规范党委与人大、政府、政协以及人民团体的关系，支持人大依法履行国家权力机关的职能，支持政府履行法定职能、依法行政，支持政协围绕团结和民主两大主题履行职能。从十六大的这些论述可以看出，十六大是把

人民政协作为我国政治体制的一个重要组成部分来看待的。而明确人民政协在我国政治体制中的地位，理顺人民政协与我国政治体制其他部分的关系，最主要的就是要规范政协与党委、人大、政府和人民团体的关系。由于人民政协作为一种民主形式长期以来与人大之间存在着相辅相成的关系，因此对政协与人大的关系更需要首先加以规范。1954年，在第一届全国人大召开后，毛泽东曾对这个问题做出过清楚的阐述，他一方面指出政协不能搞成人大那样的国家权力机关，另一方面又强调要继续发挥政协在民主方面的作用，指出有了人大并不妨碍成立政协进行政治协商，人大的代表性当然很大，但它不能包括所有的方面，所以政协仍有存在的必要。1991年，江泽民同志进一步提出了人大与政协是“互为补充、相辅相成”的关系，指出：“人民通过选举、投票行使权利与人民内部各方面在选举、投票之前进行充分协商，尽可能就共同性问题取得一致意见，是我国社会主义民主的两种重要形式。这是西方民主无可比拟的，也是他们所无法理解的。两种形式比一种形式好，更能真实地体现社会主义社会里人民当家作主的权利。”中国不能搞两院制，但必须是两会制。人民代表大会制度是我国的根本政治制度，人大是人民行使国家权力的机关。中国共产党领导的多党合作和政治协商制度是我国的基本政治制度，人民政协是实行这一制度的重要组织形式。在体现人民民主这一点上，人大和政协是相同的。正因此周恩来说，两会只有权力之分，无高低之别，政治地位上是平等的。中国是一个幅员辽阔、人口众多的包括多民族、多党派的社会主义国家，要实行广泛的人民民主，就既需要有人大，也需要有政协。没有政协这个各党派团体和各族各界人士协商国事、参政议政的场所，我国的人民民主就缺了一块，就是不完整的。

明确人民政协在我国政治体制中的地位和作用，是走中国自己的政治发展道路，是坚持和发扬我国政治制度的特点和优势。只有明确人民政协在国家政治体制中的地位，才能使我国广泛的人民民主得到充分体现，也才能推动政协切实加强履行职能的制度化、规范化和程序化建设，使政协的政治协商真正成为党和国家科学决策的一个重要环节，政协的民主监督真正成为我国监督体系不可缺少的一个重要部分，充分发挥人民政协在发展社会主义民主政治、建设社会主义政治文明中的作用。

人民政协具有我国许多其他民主形式所没有的特点，应当也能够在发展社会主义民主政治、建设社会主义政治文明中发挥重要的作用

1. 党派性。人民政协是党派性的机关。在我国，政党的目的与西方国家不同，不是为了通过竞选争取执政，而是致力于共同目标、着眼于建设。我国政党制度区别于西方政党制度的特点就在：它的主旋律是合作而不是竞争，互相监督也是为了更好地合作而不是破坏合作。正因为以合作为主，各党派的活动主要不在竞选上，而是政治协商。各党派对国家事务的看法以及各党之间关系的处理要靠协商，中共与各民主党派之间的互相监督也主要是通过平等的、经常的协商讨论、交换意见来实现。在我国实施中国共产党领导的多党合作和政治协商制度有多种渠道、多种方式，但只有人民政协是实施这一制度的组织形式和重要机构。人民政协以党派和团体为基础组成，民主党派、工商联和无党派人士在政协委员中要占有一定比例，在政协的领导成员中也要占有一定比例。民主党派成员在人民代表大会中是以人民代表的身份出现，担任政府部门领导干部是以国家公务员的身份履行公务，都不是以党派的名义活动的。而在人民政协，各民主党派可以本党派的名义提出提案、在会上发言、开展调研及反映社情民意等活动，我国各党派的许多意见、主张需要通过政协这个渠道来表达。

2. 界别性。人民政协由界别组成，政协委员是各界别的代表。在政协组织中除了八个民主党派，还包括其他诸多界别，集中了我国各个民

族、各个阶层、各个团体、各个方面的代表人物。通过合理设置政协组织的界别，根据界别的特点和要求开展活动，反映我国社会各界的愿望和呼声，维护社会各界的民主权利，是政协组织区别于我国政治体制中其他组织的一个显著特征。

3. 协商性。人民政协是我国各党派团体和各界别代表人士的协商机关。这种协商提倡广开言路、集思广益，坚持求同存异、体谅包容，注意尊重多数、保护少数，鼓励平等地、真诚地、不强加于人地交流讨论，有利于增进理解、扩大共识，广泛听取各方面意见，真正达到政治上的一致或基本一致。这种协商式民主在很多方面能够起到选举表决式民主所难以起到的作用，是人民政协民主形式的突出特点和优势。

4. 广泛性。人民政协是中国人民爱国统一战线的组织。与最广泛的爱国统一战线相结合，使政协组织不仅囊括了国内社会主义制度下的各党派团体和各族各界人士，而且包括了海外许多代表人物，可以不受地区限制地吸收海内外中华民族的各方面代表参与国事，使我国人民民主扩大到最大的范围。

人民政协继承了中国优秀文化传统，具有浓郁的中国特色，也符合时代潮流。周恩来曾经说过，民主党派是从中国的土壤中生长出来的，不能用西方政党的标准去衡量他们。人民政协也是从中国的土壤中生长出来的，包含了中华民族崇尚兼容并包、和而不同、和衷共济等文化理念和价值追求。当今世界，人类文明进步越来越要求和睦相处、和谐共存、协调发展。人民政协是我国社会主义民主制度的一大特点和优势，是我国政治文明的重要内容，它应当也能够为发展社会主义民主政治、推进社会主义政治文明建设做出自己的贡献。

充分认识毛泽东关于协商式民主的思想*

（2003年12月）

毛泽东是新中国的缔造者，也是人民政协的创始人。毛泽东探索创造了一条中国式的革命发展道路，同时对建设中国式的社会主义也进行了艰辛的探索。这种探索不仅表现在经济方面，而且表现在政治方面，包括探索建立一个富有中国式的政治体制。而在中国建立人民政协，实行协商式民主，就是其中最富创意、最具特色的一部分。如果说，我国在建立社会主义制度的过程中，或多或少地在一些方面受到当时苏联模式的影响，那么可以说，人民政协完全是中国独创的东西。人民政协是中国新民主主义革命胜利的直接成果，是中国共产党领导的统一战线发展的产物。在人民政协中，不仅贯穿着马克思主义的基本原理，而且凝聚着中国共产党长期革命和建设的政治经验和智慧，凝结着中华民族几千年来政治实践的经验和智慧。

从政治制度、政治体制的层面看，与人民政协相关毛泽东提出了两个极富中国特色而又具有深远意义的思想。一个是中国既不搞西方的多

---

* 发表于《人民政协报》2003年12月30日。

党制，也不搞当时苏联那样的一党制，而是实行中国共产党与各民主党派长期共存、互相监督的多党合作制；再一个就是中国不光要实行以全体公民选举为基础的人民民主，同时还要实行在各党派团体和各族各界代表人士中广泛听取意见、充分协商国是的协商式民主。对毛泽东的这两个涉及我国政治制度、政治体制的重要思想，必须充分、深入地认识领会。随着1989年中共中央关于坚持和完善中国共产党领导的多党合作和政治协商制度意见的制定和实施，这一制度被确定为我国的基本政治制度并载入宪法，应当说对于毛泽东的前一个思想，现在各方面认识是比较深刻的，但对于其后一个思想，尽管中央历届领导都有过这方面的论述，我认为许多人对此的认识还有不足。有些同志对我国这项基本政治制度的理解仅限于多党合作一面，而对其中涉及人民政协的政治协商一面常常忽视。还有些同志一谈到民主就认为必须与选举相联系，把选举视为民意和合法性的唯一基础。应当承认，选举是现代民主不可缺少的重要基础，选举也应当是我国人民民主的主要形式。但也必须看到，民主具有广泛的内涵，不能认为没有经过选举就不是民主。政协委员由协商举荐产生，只要这种协商举荐是严格按照各方赞成的程序进行的，得到了有关党派、团体或界别人士的同意，就应当承认他们是我国各党派团体和各族各界的代表，应当享有政协委员应有的各项民主权利，而不能说他们没有民意和合法性的基础。1954年，在人民政协不再代行人大职权后，毛泽东曾就政协的地位和作用专门说过一段话，他一方面指出政协不能搞成人大那样的国家权力机关，否则就成为二元了，民主集中制就讲不通了；一方面又强调有了人大并不妨碍成立政协进行政治协商，人大的代表性当然很大，但它不能包括所有的方面，所以政协仍有存在的必要。细心体察毛泽东这段对政协存在理由的阐释，可以看出他对协商式民主给予充分肯定的思想。

应当充分认识毛泽东提出的协商式民主思想的重大深远意义。协商式民主强调广开言路、集思广益，加强沟通、增进理解，求同存异、体谅包容，尊重多数、保护少数，是一种采取平等的、不强加于人的，商量讨论方式进行的民主。这种民主包含了中华民族崇尚兼容并包、和而不同、和衷共济等文化理念和价值追求，继承了中国优秀历史文化传统，同时它也符合当今时代越来越要求和睦相处、和谐共存，协调发展的世界潮流。今天随着全球化的迅速发展，世界各国各种文明之间的联系日益紧密，人类面临的许多复杂关系、矛盾和问题，特别是那些涉及文化、信仰、价值观念、民族习惯等方面的问题，不仅靠武力难以解决，而且靠“刚性”的选举和表决也难以化解。许多问题都需要人们之间的相互尊重、相互理解、相互妥协、相互包容。协商越来越成为人们解决难题的一种重要选择。前不久举行的中共十六届三中全会提出，要坚持以人为本，树立全面、协调、可持续的发展观。我认为，在促进我国经济和社会发展时坚持“以人为本”和强调“协调”，是中国共产党总结改革开放经验和适应时代潮流得出的重大的新观点。我们不仅要用这个观点去看待、解决经济领域中的诸多问题，而且要用这个观点去看待、解决社会政治领域中的诸多问题。协商式民主过去为新中国的成立做出过历史性的贡献，今天在我国社会政治生活中仍然可以发挥重要的作用，特别是它对于促进我国社会的协调发展，对于发展社会主义民主政治、建设社会主义政治文明，应当也可以做出史大的贡献。

中国政党制度的发展完善与人民政协*

（2004年4月）

发展完善我国政党制度的指导思想和目标模式

随着在21世纪头20年建设社会主义政治文明目标的提出，发展完善我国政党制度成为一项紧迫而重大的任务。而要完成这一任务，首先必须搞清楚两个问题：一是指导思想，即理论的问题；二是目标模式，其中涉及实际操作、可行性的问题。

中国的政党制度经历了一个发展过程。中国政党制度建设的指导思想与目标模式也有一个发展过程。任何政党制度都有其理论基础。我国的政党制度不同于西方的政党制度，它是以马克思主义为指导建立起来的。但指导我国建立和发展政党制度的不是一般的马克思主义，而是中国化的与时俱进的马克思主义。马克思主义在中国的发展至今经历了毛泽东思想、邓小平理论、“三个代表”重要思想三个发展阶段。与此相适应，我国政党制度在指导思想和目标模式上实际也体现出三个阶段。

---

* 发表于《中央社会主义学院学报》2004年第4期。

第一阶段，即新中国成立初期，在毛泽东思想指导下我国政党制度建立雏形的阶段。具体说，其指导思想主要是毛泽东的人民民主专政理论。按照这个理论，我国要建立工人阶级领导的、以工农联盟为基础的，包括城市小资产阶级、民族资产阶级的各革命阶级联合专政的政权。而民主党派在民主革命时期有与共产党合作的历史，当时又是代表城市小资产阶级、民族资产阶级的政党，因此实行中国共产党领导的多党合作，并且广泛吸收他们参加政权和政府工作，就成为合情合理的选择。1956年，毛泽东又提出中共与各民主党派“长期共存，互相监督”的方针，进一步从国家长治久安的角度来考虑这个问题。但当时主要是从吸取一些社会主义国家搞一党制的教训，防止一党执政可能犯错误角度提出的，其着重点在互相监督，明确在整个社会主义时期中共与民主党派的关系，而各民主党派在国家政权中的地位尚未完全明确，因此就基本政治制度而言，还不能说已经确立。从整个国家看，这时我国的政治体制是与计划经济体制相适应的，因此吸收民主党派成员和无党派人士参加政权和政府工作，也是注意有计划、有目的地给予政治“安排”，还没有从建设体现中国特色的社会主义民主政治上去考虑。

第二阶段，即改革开放新时期，在邓小平理论指导下我国政党制度作为国家基本政治制度确立的阶段。“文化大革命”后实行拨乱反正，中国共产党领导的多党合作得到了恢复并进一步发展。这时邓小平除继承了毛泽东有关这方面的基本思想外，还适应我国改革开放和现代化建设的需要，在推进我国政党制度建设方面提出了一些新的指导思想。其中特别值得注意的几点有：一是摈弃“以阶级斗争为纲”，明确我国阶级关系发生了根本变化，各民主党派已经成为一部分社会主义劳动者和一部分拥护社会主义的爱国者的政治联盟。正是在对民主党派性质这一新的判断的基础上，才使我们在新时期不仅能够继续坚持中国共产党与各民主党派的“长期共存、互相监督”，并发展成为“肝胆相照、荣辱与共”的关系，而且进一步明确了各民主党派在国家政权中的地位，即明确了各民主党派是参政党。二是提出没有民主就没有社会主义，没有社会主义现代化；提出与经济体制改革相适应，必须推进政治体制改革。正是在这样的大背景下，中共中央开始从政治体制、政治制度的角度，考虑坚持和完善政党制度的问题，明确了中国共产党领导的多党合作和政治协商制度是我国的一项基本政治制度。三是在这一时期，适应党和国家工作重点实现向以经济建设为中心的社会主义现代化建设战略转移的需要，邓小平特别强调以经济建设为中心，强调发展经济是最大的政治，各项工作都必须服从、服务于这个中心，政党制度建设也不例外。因此，他在论述我国政党制度时，除了继承毛泽东提出的长期共存、互相监督思想外，还着重强调了我国政党制度在团结合作、维护稳定方面的作用，强调要注意避免西方多党竞争可能带来的相互牵制、相互掣肘以至失序混乱。1989年，按照邓小平的指示，中共中央经与各民主党派协商，制定了《中共中央关于坚持和完善中国共产党领导的多党合作和政治协商制度的意见》。这个《意见》总结了长期以来中国共产党与各民主党派团结合作的历史经验，体现了邓小平的上述指导思想。但当时考虑实施这一制度的目标模式，主要还是参照50年代的做法，尤其在参政方面主要是以当时民主党派参加政权和政府工作形成的阵容为理想蓝图的。

第三阶段，即当前我国改革开放和现代化建设的新阶段，必须以中共十六大确立的“三个代表”重要思想为指导，进一步发展完善我国政党制度。从总体上看，第二阶段我国政党制度建设是服从、服务于经济建设中心的。在第三阶段当然我们仍必须坚持以经济建设为中心。但我们已提出了要树立以人为本，全面、协调、可持续发展的科学发展观，已经明确了发展社会主义民主政治、建设社会主义政治文明是21世纪头20年全面建设小康社会的一个重要目标。因此，这时建设我国政党制度就应当与此相衔接，有一个更加全面、系统、周密的考虑。

以“三个代表”重要思想为指导，根据中共十六大确定的有关精神，目前发展完善中国共产党领导的多党合作和政治协商制度，至少有以下四个问题需要深入研究：一是目标模式问题。与新中国成立初期不同，当前我国经济社会环境已发生深刻变化，在社会主义市场经济条件下，十六大提出了要建设中国共产党领导、人民当家作主和依法治国相统一的社会主义政治文明。因此，在实施我国政党制度的目标模式上，也必然要求有相应的新内容。当前我国社会主义市场经济尚处于建设完善的过程中，其对政治生活的影响更有一个逐渐显露的过程。在这种情况下，如何使我国的政党制度与社会主义市场经济体制相适应，与依法治国方略相协调，还需要逐步研究明确。但对于到十六大提出的全面建设小康社会目标完成时，我国多党合作、民主党派参政要达到什么样的规模和程度，应当有一个基本的估计。二是共产党领导的问题。在我国政党制度中，中国共产党的领导居于关键地位。我国政党制度实行得好不好，能不能充分发挥其特点和优势，说到底要看中国共产党领导得如何。中共十六大提出了要改革和完善中国共产党的领导方式和执政方式，其内容包括按照党总揽全局、协调各方的原则，规范党委与人大、政府、政协以及人民团体的关系，它必然也要涉及与各民主党派的关系。随着中国共产党执政方式的改革，对民主党派成员参政势必产生影响，民主党派成员参加政权和政府机关工作的方式和途径可能需要有相应的变化，必须统筹进行研究。三是互相监督的问题。当初毛泽东提出中国共产党与各民主党派“长期共存”，目的就是“互相监督”。在我国，各政党之间没有“在朝”“在野”之分，不存在西方式的反对党，但正因此更必须有“互相监督”。没有“互相监督”，“长期共存”就失去了意义。不能把监督与合作对立起来。从大的方面讲，合作属于更高层次，是本质属性，而监督则是本来意义。对于政党，如果只有参政，没有互相监督，势必造成其官僚化、权力化，导致政党制度变质。由于种种原因，我国政党制度在运行过程中互相监督一直比较薄弱，必须切实予以加强，特别是要注意使之与十六大提出的规范化、制度化、程序化建设结合起来。程序是一种约束，有程序就有监督。此外，还可以开辟新的监督途径，如可以设立或指定专门机构听取对方的意见等。四是民主党派的自身建设问题，特别是代表性的问题。民主党派曾被称为干部型的集团。民主党派不是群众性的政党，民主党派作用的大小，不在其人数多少，而在其是否能够集中一些社会精英，具有社会影响力，也就是说有没有代表性。民主党派成立时，集中了中国社会的各界著名爱国人士，其代表性是不言而喻的。但随着各民主党派的一批具有较大社会影响力的领导人逐渐故去，加上我国社会已经发生了巨大变化，各民主党派存在和发展的社会基础也与其成立时有很大不同，在新的社会条件下，民主党派如何保持其代表性，就成为一个需要认真考虑的问题。刚刚通过的政协章程修正案，在原提到民主党派组成的一段文字中增加了“社会主义事业的建设者”的内容，即各民主党派“已经成为各自所联系的一部分社会主义劳动者、社会主义事业的建设者和拥护社会主义的爱国者的政治联盟”。这是一个对民主党派发展具有重要意义的补充。各民主党派必须把真止具有代表性的人士吸收到自己的组织中来，必须有自己的社会活动家、政治家。如果各党派不能保有得到社会承认的代表性，就不可能有真实的社会影响力，我国政党制度也将因此而失去意义。

发展完善我国政党制度与人民政协

我国政党制度有着鲜明的中国特色，这个特色不仅表现在以合作为主旋律，而且表现在政治协商。从体现民主方面来说，我国政治体制的一个突出特点，就是既有通过选举产生的人民行使国家权力的机关——人民代表大会，又有通过协商产生的各党派团体和各族各界代表人士发扬民主的重要形式——人民政协。我国政党制度与别国不同的一个鲜明特色，就是各党派不仅能够互相监督，参加国家政权和政府机关的工作，而且还有人民政协这种独特的能够充分发挥党派组织作用的重要机构。

把党派与政协联系在一起是我国政党制度的创立者一开始就明确的。1954年人民政协不再代行人大职权后，毛泽东继续强调：政协“是各党派的协商机关，是党派性的机关”。但是，把政治协商与多党合作正式放在一起作为我国政党制度的一个突出特征加以明确，把人民政协作为实施我国政党制度的组织形式和重要机构加以确定，则是随着我国民主政治的发展而逐步明确的。改革开放初期，我国政党制度尚被称为“中国共产党领导下的多党合作制”，并没有“政治协商”四个字。1987年，邓小平开始把“政治协商”与“多党合作”连在一起称呼我国政党制度。1989年，中共中央制定关于坚持和完善我国政党制度的《意见》，正式提出了“中国共产党领导的多党合作和政治协商制度”这个规范表述。1993年通过的宪法修正案，写入了“中国共产党领导的多党合作和政治协商制度将长期存在和发展”。1994年通过的政协章程修正案，据此对人民政协的性质做了进一步补充，明确规定“中国人民政治协商会议是中国人民爱国统一战线的组织，是中国共产党领导的多党合作和政治协商的重要机构”。今年政协章程修改，又增加了“是我国政治生活中发扬社会主义民主的重要形式”。过去讲政协性质只讲统一战线组织，而不讲它作为中国共产党领导的多党合作和政治协商重要机构以及发扬社会主义民主的重要形式一面，这有其历史原因。新中国成立初期，我国实行党政不分、高度集中的领导体制，后两点内容也可以包含在前一点中而不加表明。但随着我国社会主义民主政治的发展，特别是随着政党制度作为我国一项基本政治制度的确立以及建设社会主义政治文明目标的提出，在政协性质中对后两点也加以明确就成为必然要求。只有对政协性质的三方面内涵都做出规定，表明政协工作不仅是中国共产党的统一战线工作的一部分，而且是我国发展社会主义民主政治、建设社会主义政治文明的重要内容，才能进一步明确政协在我国政治体制和政治生活中的地位和作用，避免在理论上认识不清，实践中引起混乱。

应当看到，把政治协商与中国共产党领导的多党合作一起作为我国政党制度的一个特征提出来，对于全面深入地理解和贯彻我国政党制度，对于建设体现中国特色的社会主义政治文明，具有十分重要的意义。

从坚持和完善我国政党制度的方面看，政治协商作为我国政党制度的一个特征是不可或缺的。在我国，政党的目的与西方国家不同，不是为了通过竞选争取执政，而是致力于共同目标，着眼于建设。我国政党制度区别于西方政党制度的特点就在：它的主旋律是合作而不是竞争，互相监督也是为了更好地合作而不是破坏合作。正因为以合作为主，各党派的活动主要不在竞选上，而是政治协商。各党派对国家事务的看法以及各党之间关系的处理要靠协商，各党派之间的互相监督也主要是通过平等的、经常的协商讨论、交换意见来实现。政治协商是实行我国多党合作、互相监督的主要形式。共产党领导、多党合作、政治协商是我国政党制度的三大要素、三大特点，丢掉其中的任何一项都是不完整的。对我国政党制度的科学表述，就是中国共产党领导的多党合作和政治协商制度。

政治协商对于坚持和完善我国政党制度不可缺少，而要实现郑重的、经常的、制度化的政治协商，就需要有人民政协这个协商组织。在我国实行中国共产党领导的多党合作和政治协商有多种渠道、多种方式，但只有人民政协是实施这一制度的组织形式和重要机构。作为组织形式，人民政协以党派和团体为基础组成，各民主党派和无党派人士在政协委员中要占有一定比例，在政协的领导成员和专门委员会中也要占有一定比例。作为重要机构，人民政协的工作必须贯彻中国共产党与各民主党派“长期共存、互相监督、肝胆相照、荣辱与共”的方针，实行各党派合作协商的原则。在政协会议上，民主党派可以以本党派的名义发表意见和主张，可以提出代表本党派组织的提案，可以以党派的名义开展调研、反映社情民意等各种活动。刚刚通过的政协章程修正案，增写了有关政党制度的一段内容，进一步明确了政协与坚持和完善我国政党制度密不可分的关系。政协作为实施我国政党制度的组织形式、重要机构应当也可以发挥重要的作用。

从建设体现中国特色的社会主义政治文明方面来看，发展与我国政党制度相联系、以政协为载体的协商式民主，是一项具有重要意义的制度创新。从世界范围看，目前以议会和竞选为依托的民主已越来越显露出其局限性，特别是在非西方文明的国家，在思想、文化领域，在民族宗教关系复杂、多种文明交织的情况下，更是暴露出其难以克服的不足和缺陷。而协商式民主正能够弥补其中的一些不足和缺陷，在某些方面起到选举式民主所难以起到的作用。它既可以适应变革时期权威流失、政治制度尚不稳固完善、难以承受突然爆发的巨大政治诉求社会条件下政治发展的要求，又是一种新的政治模式的选择。民主是对专制的否定。选举式民主强调的是分权，其作用一是选举，二是纠错。就纠错而言，对于通过选举产生的权力机关来说主要就是权力制约。毫无疑问选举是实现民主的根本保证，没有选举就没有现代民主。但西方那种选举式民主与竞争相伴，在形成制约的同时也容易导致彼此攻击、互相倾轧、相互掣肘，甚至带来金钱交易、社会失序。而协商式民主强调的是整合，其作用主要在凝聚、包容，它提倡求同存异、相互理解，能够尊重多数、保护少数，广泛听取各方面意见，有利于形成和谐的氛围，维护稳定的局面。协商式民主也可以发挥纠错的作用，如开展民主监督，但其监督形式主要是不具有法律强制性的批评、建议，在一般情况下它的着眼点是在弥补不足、帮助改善，所以总体上也可以算作包容、整合的范畴。协商式民主有其不可替代的特点和优势，当然也有其局限，正因此我们强调它必须与选举式民主相互补充、相辅相成。

中国是一个有着悠久历史传统和深厚文化积淀的大国。中华民族的伟大复兴必然要求其对人类文明做出自己的贡献。协商式民主体现了我国兼容并包、和而不同、和衷共济等优秀文化传统，也符合当今时代潮流。我们应当十分珍惜、高度重视这一民主形式，不仅要在当前把它充分用好，还要努力使之随着时代的发展不断发展、完善，为推进社会主义民主政治、建设社会主义政治文明以至人类文明进步，做出应有的贡献。

切实保证政协民主监督的效力*

（2005年2月）

加强对权力的制约和监督是当前发展社会主义民主政治、建设社会主义政治文明的一个重要课题。切实加强人民政协的民主监督已成为形势发展的迫切要求，而这首先就需要对一些有关政协民主监督的根本理论和实践问题有一个清晰的认识。

政协的民主监督，主要是通过建议和批评进行，有制度和组织的保证，受到党和国家的尊重和保护

新修订的政协章程规定："中国人民政治协商会议是中国人民爱国统一战线的组织，是中国共产党领导的多党合作和政治协商的重要机构，是我国政治生活中发扬社会主义民主的重要形式。"按照以上规定，政协不是国家权力机关，但也不同于社会团体；政协是我国政治体制的重要组成部分，在我国政治生活中具有不可替代的作用。根据对政

* 发表于《人民日报》2005年2月25日。

协性质和地位的这样一种界定，认识和把握政协民主监督的性质关键要把握两点：（一）政协的民主监督不同于一般的群众监督、社会监督，它是与我国共产党领导的多党合作和政协协商这一基本政治制度相联系的属于我国政治民主的一种监督；（二）政协的民主监督也不同于人大的法律监督、政府的行政监督以及司法机关的监督，它是以人民政协为载体、以批评和建议为主要形式进行的一种监督。政协民主监督的性质决定了其特点，即政协民主监督主要是通过建议和批评进行的，常常与协商、讨论、提意见联系在一起；它没有法律的强制性，但有制度和组织的保证，在政治和社会生活中有很大的影响力，对于促进党和政府决策的科学化、民主化，能够发挥重要的作用。

有一个问题需要澄清：政协的民主监督不是权力监督，但不能由此推论出政协没有监督权。讲民主监督不是权力监督，仅仅是指其监督效力不带有法律的强制性，它与政协组织和政协委员的监督权利是两个概念。有监督就有监督权。不能因为政协章程不是法就得出政协民主监督的权利没有保证。政协章程不同于一般社会团体的章程，在我国它具有一般社团章程所没有的权威性。政协章程规定的政协组织和政协委员的权利与义务，历来受到党和国家的尊重和保护。

政协民主监督没有法律的强制力不等于没有约束力，政协民主监督的广泛性、灵活性不等于随意性

长期以来特别是新时期以来，人民政协履行民主监督职能取得了重要成果，但还是有许多人感到政协民主监督效果得不到保证，缺乏效力。这里既有诸多确实需要解决的实际问题，也有一个按照什么样的标准去衡量的认识问题。为了保证政协民主监督的实效，有的人认为应当赋予政协民主监督以法律地位；也有人不赞成，认为这样容易使政协的民主监督变成法律监督，有悖于政协的性质。按照十六届四中全会《决

定》的要求，我以为当前解决政协民主监督的效力问题，关键是要找准政协民主监督在我国监督体系中的位置，与其他监督形成相互配合的关系，发挥自己的优势进行民主监督。应当明确，政协民主监督没有法律的强制力不等于没有约束力，政协民主监督的广泛性、灵活性不等于随意性。必须保证人民政协的民主监督具有与其地位相适应的权威性和影响力，有效地发挥对权力运行的制约和监督作用。

从实践上看，当前加强政协民主监督的一个主要问题，就是推进政协履行这项职能的制度化、规范化、程序化。加强制度建设，是保证政协充分发挥民主监督作用的一个有效途径。通过制度建设，一方面，要对各级政协开展民主监督行之有效的经验加以总结，建立健全与政协章程相配套的各项制度，使政协自身履行民主监督职能的行为更加规范、有序；另一方面，要进一步完善和落实中共中央关于要求全党认真贯彻执行全国政协履行职能规定的文件，切实保证政协组织和政协委员进行民主监督的权利，使政协的民主监督与其他监督协调配合，真正成为我国监督体系中的一个有机组成部分。

推进政协民主监督的制度化、规范化、程序化，应当主要是针对那些涉及重大问题、具有庄重的形式、以组织名义进行的监督

政协民主监督的特点是既有郑重、规范的要求，又有广泛、灵活的一面。而实现制度化、规范化、程序化与坚持广泛性、灵活性在要求上是不尽相同的。政协的民主监督，从实施主体看，既可以是政协组织或参加政协的党派团体，也可以是委员个人；从内容上看，既可以是党和国家的重大问题，也可以是群众关心的具体问题；从形式上看，既有庄重的方式，也可以采取灵活的方法。推进政协民主监督的制度化、规范化、程序化，应当主要是针对那些涉及重大问题、具有庄重的形式、

以组织名义进行的监督，比如以政协全体会议、常委会议或主席会议的名义，就某些重大决策向党和政府领导机关提出建议案等；当然对于像委员提案这样已经形成了制度和程序的，也要进一步加以健全完善。而对于那些涉及内容广泛，并且需要发挥委员个人积极性和主动性经常开展的监督，比如委员在政协会议上和活动中就有一些社会热点问题提意见、做批评等，则应当保持广泛性、灵活性的特点，坚持和发扬广开言路、畅所欲言、知无不言、言无不尽的优良传统。

全面准确地认识把握我国共产党领导的多党合作和政治协商制度的内涵*

（2005年6月）

最近，中共中央经与各民主党派协商，制定颁布了《中共中央关于进一步加强中国共产党领导的多党合作和政治协商制度建设的意见》。这是新世纪新阶段指导我国多党合作和政治协商的纲领性文件，具有丰富的内容和重大的意义，各级党委、统一战线、人民政协都要认真学习贯彻。这里，我没有准备就全面学习贯彻《意见》进行阐述，只是想从与人民政协有关的方面谈一点认识，提出一个当前学习贯彻《意见》时需要注意把握的问题，即必须全面准确地认识把握我国多党合作和政治协商制度的内涵。

之所以提出这个问题，因为长期以来许多同志包括不少理论界研究这个问题的学者，常常把我国共产党领导的多党合作和政治协商制度作为一种政党制度、政党政治去认识，在解读这次《意见》时不少人仍然

* 发表于全国政协办公厅研究室《研究与参考》2005年第6期。

抱着这样一种认识。应当说这种看法一般地讲并没有问题。这项制度的核心内容就是规范中国共产党领导、多党派合作，中国共产党执政、多党派参政，中国共产党与各民主党派团结合作的关系。这次《意见》也明确提出了“社会主义政党制度”的概念。但是，不能把我国共产党领导的多党合作和政治协商制度仅仅理解为规范政党行为及其关系，再进一步说，不能把这一制度简单类比于西方政治学中所说的政党制度或政党政治。而应当看到，我国多党合作和政治协商制度是近现代中国特殊历史条件下政治发展的产物，这一制度作为我国的一项基本政治制度具有丰富、独特的内涵。在这一制度中，不仅政党的组织、行为及其关系有不同于西方政党的显著特点，而且这一制度所涵盖的范围、规范的对象也比西方政党制度要更广泛，内容要更丰富。首先，它所涵盖的范围和对象不只是中共和八个民主党派，还包括无党派人士和工商联这样的具有特殊性质的团体；其次更重要的是，它还包括由各党派团体和各族各界代表人士所组成的、在我国政治体制中具有独特地位的人民政协，要求发挥人民政协在国家政治生活中的重要作用。

对于上述特点，在今年中共中央制定颁布的《意见》以及其他有关文件中都有清楚的表达。比如，在我国多党合作和政治协商制度的第一个纲领性文件——中共中央1989年14号文件中，就把人民政协作为专门的一方面，提出要发挥人民政协作为“各党派、各团体、各界代表人物团结合作、参政议政的重要场所”的作用。在中共十六大报告和十六届四中全会的决定中，也把人民政协放在发展社会主义民主政治、建设社会主义政治文明的部分，作为坚持和完善我国多党合作和政治协商制度的一项重要内容加以阐述。今年的《意见》更进一步明确提出坚持和完善这项制度，要支持人民政协围绕团结和民主两大主题履行政治协商、民主监督、参政议政职能，推进人民政协履行职能的制度化、规范化、程序化建设。从《意见》的整个内容来看，共有7条36款，而其中有6条7款直接提到了人民政协。如：（一）在总论这项制度的第1条第1款，提出了“1949年人民政协的成立，标志着这项制度的确立”。（二）在该条的第8款，吸取政协章程修改的最新成果，对人民政协的性质、职能和作用做了全面阐述。（三）在关于政治协商的第2条总第11款，第一次明确了政治协商的两种基本方式，即“中国共产党同各民主党派的政治协商”和“中国共产党在人民政协同各民主党派和各界代表人士的协商”，并提出“要完善人民政协的政治协商”。（四）在关于参政议政的第3条总第14款中，提出了要“充分发挥民主党派和无党派人士在人民政协的作用”，即要保证发挥民主党派组织在政协的作用，保证民主党派成员、无党派人士在各级政协中占有较大比例，在政协的领导机构和工作机构中有代表参加。（五）在关于民主监督的第4条总第21款，提出了发挥民主党派在政协的民主监督作用问题，即“通过在政协大会发言和提出提案、在视察调研中提出意见或其他形式提出批评和建议”。（六）在关于合作共事的第5条总第25款，提出要做好政协党外干部的选配工作。（七）在关于党的领导的第7条总第32款，提出了各级党委要加强对同级政协的领导，及时研究并统筹解决人民政协工作中的重大问题，支持人民政协依照章程开展工作，充分发挥政协党组的领导核心作用和党员干部的先锋模范作用。由以上可见，在这个《意见》中，除了关于支持民主党派加强自身建设的第6条外，各条都有关于人民政协的论述，有关人民政协的内容贯彻于《意见》的始终。而在关于人民政协的论述中，既有对加强多党合作、充分发挥各民主党派和无党派人士在政协作用的规定，也有对加强整个政协工作、充分发挥整个人民政协作用的要求。

从历史和现实实践看，人民政协与中国共产党领导的多党合作和政治协商制度的形成与发展也一直是紧密相连的。人民政协一开始就是以党派和团体为基础组成的。1949年人民政协的成立，标志着这项制度的确立。新中国成立初期，人民政协作为党派的联合、党派性机关，多党合作的许多活动都在政协中进行。比如，在全国政协中不仅要贯彻中国共产党对各民主党派的“长期共存、互相监督”的方针，搞好中共与各民主党派、无党派人士的团结合作，组织好各党派通过政协参政议政、协商国是，而且还通过召开由全国政协秘书长、副秘书长、各工作组组长和副组长等组成的政协全国委员会工作会议等形式，协商讨论各党派的共同性事务。新时期以来，随着中国共产党领导的多党合作与政治协商制度被确定为我国的一项基本政治制度，人民政协被进一步明确为实行这一制度的组织形式和重要机构。最近新修订的政协章程，进一步增写了这方面的内容，使坚持和完善我国多党合作和政治协商的基本政治制度成为对各级政协的要求。现在有些地方没有民主党派却有政协，但我们不能说这些没有民主党派参加的地方政协，不属于基本政治制度的范围。

中国是一个人口众多、幅员辽阔、社会关系十分复杂的大国，作为中国的基本政治制度，必须具有广泛的代表性和影响力，其覆盖面应当越宽越好，越宽越有利于我们发展社会主义民主政治、建设社会主义政治文明。发展社会主义民主政治，坚持和完善我国多党合作和政治协商制度，毫无疑问要进一步加强、搞好中国共产党与八个民主党派、无党派人士和工商联的合作与协商，但除此之外还要进一步加强有着广泛代表性和包容性的人民政协的建设，进一步明确人民政协在我国政治体制中的地位，依托有完整组织系统、聚集了社会各界代表人士的人民政协，在全国上下形成人民代表大会制度——各级人民代表大会，中国共产党领导的多党合作和政治协商制度——各级人民政协，这样一种政治架构。中共中央这次制定颁布的《意见》提出，坚持和完善我国多党合作和政治协商制度，要“扩大各界人士有序的政治参与，拓宽社会利益表达渠道”。要切实做到这一点，也必须充分发挥囊括社会各界代表人士的人民政协的重要作用。

归结起来，我国多党合作与政治协商制度是一种崭新的政治运行机制和发展模式，是一个有着丰富内容的制度体系。认识、研究、把握、贯彻这一制度，必须结合时代要求和中国国情，具有崭新的视角和宽广的视野。坚持和完善这项制度，体现其特点和优势，不仅要充分发挥各民主党派、无党派人士在国家政治生活中的作用，包括重视发挥各民主党派、无党派人士、工商联在政协中的作用，保证他们在政协各参加单位中占较大比例，在领导机构和工作机构中有代表参加，健全完善各种协商形式，使他们能够通过政协组织经常广泛地参与国是、参政议政，经常开展中国共产党与各民主党派、无党派人士之间的合作协商，以及对各党派的共同性事务进行协商讨论；而且还必须高度重视、充分发挥由各党派团体和各族各界代表人士所组成的整个人民政协在国家政治生活中的作用，切实贯彻中共十六大、十六届四中全会和《意见》有关人民政协的精神，认真总结新时期以来特别是中共中央批转《政协全国委员会关于政治协商、民主监督、参政议政的规定》10年来各级政协的工作经验，积极推进人民政协履行职能的制度化、规范化、程序化。

注：

本文是作者在参加北京市人民政协理论与实践研究会召开的“学习贯彻《中共中央关于进一步加强中国共产党领导的多党合作和政治协商制度建设的意见》”研讨会上的发言。

顺应时代潮流，走中国自己的政治发展道路*

——从人民政协看我国的多党合作和政治协商制度的内涵、特点、文化渊源及中国民主政治的发展走向

（2006年1月）

加强多党合作和政治协商制度建设，是中国共产党适应全面建设小康社会的要求推进民主政治建设的一项重要举措。从这一举措可以看出在新世纪中国进行社会主义政治文明建设的大方向、大格局，因而引起了各方广泛关注，有必要对其内容及其所包含的意义做出全面准确的解读。本文试从人民政协的角度，对我国多党合作和政治协商制度的内涵、特点、文化渊源及中国民主政治的发展走向做一解读。

从人民政协看中国多党合作和政治协商制度的内涵

中国共产党领导的多党合作和政治协商制度是近现代以来中国政治

* 发表于《中央社会主义学院学报》2006年第1期，并被中国人民大学复印报刊资料《中国政治》转载。

发展的产物，具有丰富、独特的内涵。这一制度的核心内容，是规范中国共产党领导、多党派合作，中国共产党执政、多党派参政。就此说，可以把它称为“社会主义政党制度”。但是，在肯定这项制度是与我国人民民主专政国体相适应的政党制度的同时，不能把它简单类比于西方政治学中所说的政党制度或政党政治。全面准确地考察其内涵可以看到，在这一制度中不仅政党的组织、行为及其关系具有不同于西方政党的显著特点，而且这一制度所涵盖的范围、规范的对象也比西方政党制度要更广泛，内容要更丰富。它所涵盖的范围和对象不仅包括中国的各个党派，还包括在我国政治体制中具有独特地位的中国人民政治协商会议这一政治组织。

考察我国多党合作和政治协商制度形成与发展的历史，这项制度始终与人民政协紧密相连。人民政协一开始就以党派和团体为基础组成。1949年人民政协的成立，标志着这项制度的确立。新中国成立初期，多党合作、政治协商的许多活动都在人民政协中进行。新时期以来，随着这项制度被确定为我国的一项基本政治制度，人民政协被进一步明确为实行这一制度的重要机构。2004年3月修订的政协章程，特别增写了这方面的内容，规定人民政协负有促进参加政协的各党派、无党派人士的团结合作，充分体现和发挥这一制度特点和优势的职责。

对于人民政协与多党合作和政治协商制度的关系，新时期以来中共中央的许多重要文件都有清楚的表述。1989年中共中央制定的《中共中央关于坚持和完善中国共产党领导的多党合作和政治协商制度的意见》，就把人民政协作为专门的一方面加以阐述。2005年中共中央制定的《中共中央关于进一步加强中国共产党领导的多党合作和政治协商制度建设的意见》（以下简称《意见》），进一步系统阐述了加强这项制度建设必须支持人民政协履行职能。《意见》提出的七条内容，除了关于支持民主党派加强自身建设的一条外，各条都有关于人民政协的论述。《意见》要求“扩大各界人士有序的政治参与，拓宽社会利益表达渠道”。要真正做到这一点，就必须充分发挥囊括了社会各界代表人士的人民政协的作用。

中国是一个人口众多、幅员辽阔的大国，作为中国的基本政治制度必须具有广泛的代表性和影响力，其覆盖面应当越宽越好，越宽越有利于我们发展社会主义民主政治、建设社会主义政治文明。现在理论界有一种观点，把多党合作和政治协商看作是两个相互独立的制度，但从其形成的历史及现状看，从这一制度所包含的内容和特点看，应当说它们是一个相互联系、不可分离的完整的制度。中国多党合作和政治协商制度是一种崭新的政治运行机制和发展模式，是一个有着丰富内容的制度体系。认识、把握这一制度必须结合时代要求和中国国情，具有崭新的视角和宽广的视野。加强这项制度建设，要进一步加强中国共产党与八个民主党派和无党派人士之间的合作与协商，同时要进一步加强人民政协建设。只有依托有着完整组织系统、聚集了各党派团体和社会各界代表人士的人民政协，在全国形成人民代表大会制度——各级人民代表大会，中国共产党领导的多党合作和政治协商制度——各级人民政协，这样一种政治架构，才能充分发挥这一制度在我国政治生活中的重要作用。

中国多党合作与政治协商制度的特点

（一）这一制度所规范的组织具有鲜明特点

这一制度中的政党具有不同于西方政党的鲜明特点。无论是中国共产党还是各民主党派，其性质、纲领、组织原则、活动方式以及在国家政治生活中的作用等都迥异于西方政党，而根本的一点不同，是中国共产党与各民主党派都以广大人民的利益为依归，没有自己政党的特殊利益。在中国，各政党不存在为了争取选民而进行竞选的问题，因而也就没有西方政党那样的作为竞选组织的特征。

从行为主体上看我国多党合作和政治协商制度的特点，在这一制度中活动的除了政党还有人民政协这一独特的组织。人民政协是中国共产党与各民主党派和无党派人士团结合作的场所，也是各党派团体和社会各界代表人士协商议政的机构。中国的各政党、各主要社会团体以及各界代表人士发表对国家重大事务的看法，需要通过人民政协这一渠道来实现。

（二）中国各政党有着共同的奋斗目标

正因为中国各政党没有自己政党的特殊利益，因此其活动的目标指向与西方政党不同，不是为了通过竞选争取执政，而是共谋发展，共同致力于民族振兴和建设中国特色的社会主义。中国共产党执政、各民主党派参政、人民政协履行职能，都把促进国家的发展作为第一要务。

把发展作为多党合作和政治协商的根本任务有着深刻、丰富的内涵，特别是现在强调要树立和落实科学发展观，这就意味着：一方面，它要求实行多党合作和政治协商必须服从国家总体发展目标，服务改革发展稳定的大局，加强这项制度建设也要从实际出发，不能超越阶段、盲目推进；另一方面，按照科学发展观，发展包括社会主义物质文明、政治文明、精神文明的协调发展和人的全面发展，发展社会主义民主政治是其中应有之义，因此把发展作为根本任务绝不是说在推进民主方面裹足不前，而必须把坚持和完善多党合作和政治协商制度作为建设社会主义政治文明的重要内容，并适应国家总体发展要求适时地把这方面建设推向前进。

（三）中国共产党与各民主党派和党外人士长期合作

中国多党合作和政治协商制度所说的合作，从广义上讲，它是指在国家政治生活的各个领域中国共产党与党外人士的合作，包括在国家权力机关、政府机关、司法机关和重要社会组织中，要保证有非中共的代表人士参加，中国共产党要搞好与这些单位中党外人士的合作共事。但从狭义上讲，它是指我国各政党之间是合作而非竞争的关系，在中国不存在西方国家政党之间的那种彼此倾轧、相互反对的现象。

实施中国共产党与各民主党派和党外人士之间的合作有多种渠道、多种形式，基本的途径有两条：一是在中国共产党与各民主党派之间直接进行的合作，包括中共中央与各民主党派中央之间的合作以及中共地方党委与地方民主党派组织的合作；二是在人民政协组织中进行的合作。在中国，作为国家权力机关的人民代表大会中没有议会党团。民主党派人士参加人大以及在政府、司法机关担任职务都是以个人身份。因此，在这些机关中都不存在党际间的协商合作、互相监督的关系，只有在人民政协中各民主党派人士可以政党的身份加入并开展活动。在政协组织中，不仅能够实行中国共产党与各民主党派的合作，而且还能够对各个党派的共同性事务进行经常协商讨论，在各个党派之间实行合作；能够广泛听取各界代表人士的意见，实行中国共产党与各方面党外人士的合作。

（四）中国共产党执政、各民主党派和各界代表人士广泛参政

在中国，共产党是执政党，各民主党派是参政党。但中国共产党执政、各民主党派参政与西方的政党执政或在联合执政中的参政，有着完全不同的内容。第一，中国的政党执政与参政在性质上完全不同于西方。中国共产党执政和各民主党派参政是中国新民主主义革命的成果。中国共产党的执政地位和各民主党派的参政地位，是由新中国宪法确立的中国社会制度的性质及国家政权的性质所决定的。因此，中国的各政党没有在朝在野之分，没有轮流执政的问题。第二，中国共产党执政、各民主党派参政在内容和形式上也完全不同于西方，突出的特点是它具有极大的广泛性，包括了以政权为中心的国家政治生活的各个方面，而不是像西方那样只涉及政权系统的一部分。在国家政治生活中，中国共产党处于统揽全局、协调各方的地位，在国家权力机关、政府机关、司

法机关及重要组织中都设有党组，在政治上、思想上、组织上进行全面的领导；各民主党派也广泛地参加国家权力机关、政府机关、司法机关的工作。第三，这种参政的广泛性还通过各党派团体和各界代表人士参加人民政协表现出来。人民政协虽然不是国家权力机关，但却是中国政治体制的重要组成部分，其工作与国家机关有着密切的联系。通过政协组织各党派团体可以本组织的名义发表对国家大政方针、重要事务的意见和主张，各界代表人士也可以经常、广泛地参与国是，参政议政。

（五）政治协商是中国多党合作的实现方式和运行机制，也是中国的一种重要的民主形式

由于中国政党活动的主旋律是合作而不是竞争，互相监督也是为了更好地合作而不是破坏合作，因此，各政党的活动不像西方政党那样主要在竞选和相互牵制上，而是在政治协商。中国各党之间关系的处理要靠协商，中共与各民主党派之间的互相监督也主要是通过平等的、经常的协商讨论、交换意见来实现。

政治协商作为中国多党合作的实现方式和运行机制，不仅表现为各党派对国家事务的看法以及各党之间关系的处理主要是通过政治协商，而且表现为在我国还有一个专门实施多党合作与政治协商的机关——人民政协。正因为有了这样一个构成国家政治体制重要组成部分的协商机关，不但使我国多党合作有了能够经常、郑重进行的组织保证，并且使政治协商从处理各政党之间关系的方式和方法，进一步拓展为各界代表人士广泛参与国家政治生活的途径和渠道，从而使政治协商进一步上升到国家政治制度层面，成为与通过选举表决行使民主权利相辅相成地体现我国广泛人民民主的又一种重要形式。

中国多党合作和政治协商制度的文化渊源

中国多党合作与政治协商制度是中国共产党把马克思主义基本原理同中国具体实践相结合的产物，凝聚着中国共产党从事革命和建设的政治经验和智慧。同时，这项制度也是我国基本政治制度中最富于中国特色的一项制度，它扎根于中国土壤，具有深厚的思想文化渊源，体现了中华民族的优秀历史文化传统。

追溯中国多党合作与政治协商制度的思想文化渊源，可以看到至少在三个方面它与中国的传统历史文化有着密切的关系：一是崇尚和谐的价值取向；二是提倡兼容、中庸的处世方法；三是注重联系、整体的思维方式。

崇尚和谐是中华文明比较西方文明的一个最突出的特征。早在三千多年前中国最古老的文字甲骨文中就有“和”字。到了公元前五世纪前后，在世界几大义明几乎同时出现一批伟大思想家的西方学者所谓的“轴心时代”，中国的诸子百家已开始从各种角度、不同层面系统阐发关于“和”的思想，形成了在人与人的关系上主张推己及人、和睦相处，在人与社会的关系上主张合群济众、和衷共济，在国与国的关系上主张亲仁善邻、协和万邦，在人与自然的关系上主张天人调协、天人合一等一整套后来被中华民族长期尊崇、普遍接受的价值观念。中国先贤提出这种“和”的思想，与当时古希腊思想家柏拉图、毕达哥拉斯等提出和谐思想完全不同，它们不是形而上的哲学理念，而是现实伦理意义上的行为指南。正因为把现实社会中不同方面的共存、共荣视为当然，因此待人处事就要求兼容并蓄、求同存异，遇到问题或冲突主张相互尊重、相互理解，提倡通过协商讨论、寻求各方都能接受的适中的办法去解决，而不是用强制的方法企图压服对方、搞垮对方、吃掉对方。

这种贵和尚中、遇事商量的价值取向和处世方式，从更深的层次看，体现的就是一种注重联系、整体的思维方式。中国文化自古认为，不仅“天”和“人”、人与自然是相互关联、相互依存的，而且个人与集体、社会与国家、精神世界与物质世界也是紧密联系、不可分离的。中国儒家讲的“格物、致知、诚意、正心、修身、齐家、治国、平天下”，集中体现了这种把个人、家庭、社会、国家以及精神世界与物质世界看作是可以互相影响的统一整体的特点。几千年来，这种注重联系、整体的传统连绵不断，并且渗透到中国社会的各个领域，从各个方面反映出来：在政治领域，其主流一直重“王道”、远“霸道”，赞成统一、反对分裂，强调“民惟邦本”。以知识分子为主体的“士”阶层，则历来认为“天下兴亡，匹夫有责”，主张“先天下之忧而忧，后天下之乐而乐”。在精神生活领域，不同于西方的上帝与皇帝、教会与国家、精神权威与世俗权威一直是相互独立、平行发展，在中国这两方面是统一、结合在一起的。中国的皇帝乃“天子”，但作为神的“天”，却始终服从、服务于“天子”的需要。中国的“士”阶层也主张“敬鬼神而远之”，其精神层面的至高追求，是通过读圣贤书修身立德，而非宗教信仰。至于中国的民间信仰，更常常带有祈福消灾、医病驱鬼的功利色彩，很少真正的宗教情怀。正因为存在这样一种社会文化环境，使宗教极端主义缺乏产生的土壤，中国历史上从未发生过大规模的宗教战争，各宗教得以长期和谐相处、兼容并存。

中国是一个人口众多、人均资源相对紧缺的大国。在中国，众多的人口面对客观存在的利益竞争，要想很好地生存并发展，就必须有一种相互之间的尊重、理解、忍让和宽容。中华民族之所以能够在中国这块土地上绵延不绝、聚而不散，并在一个很长的时期走在世界的前列，一个重要原因就是我们的祖先注重整体和谐，以整体为先妥善地处理了人与人、人与集体、人与环境之间的关系。应当看到，这种主张个人服从集体、融入社会、服务国家的思想，适应当时中国社会的发展需要，反映了中国封建统治者的意识形态，但不能把它看作是仅仅根据封建统治者的需要制造出来的。这种思想能够在漫长的岁月中为大多数中国人所接受，成为中华民族普遍认同的行为准则和社会习尚，必有其深刻的存在理由，必然凝聚着广大人民长期生产和生活实践的丰富经验。也正是因为这些思想已经渗透到中国人民的生产和生活之中，构成了我们民族精神的一个组成部分，所以直至今天它仍然影响着中国社会的方方面面，不仅从多党合作和政治协商制度，而且在当代中国整个政治生活中鲜明地表现出来，如在中国，党的利益、国家的利益和人民的利益历来被看作是统一的。中国共产党把自己视为最广大人民根本利益的代表，把群众观点作为必须坚持的最基本的观点。党要密切联系群众，国家要统筹兼顾人民的各方面需要，同时个人必须服从组织，党和国家的利益高于个人利益。中国政治生活的理想目标就是努力形成一种既有集中又有民主、既有纪律又有自由、既有统一意志又有个人心情舒畅的政治局面。今天建设社会主义政治文明，也强调实行中国共产党领导、人民当家作主、依法治国相结合的原则。毫无疑问，这些方针和原则都是在马克思主义理论的指导下制定的，但显而易见它们也继承了中国历史上个人与集体、社会与国家联系统一的文化传统。

比较而言，西方政治则与中国完全不同。从思想文化上看，西方民主不是建立在个人与集体、社会与国家相统一而是相分离的理念之上的，它提倡的是保护、张扬个人的权利，以个人主义为核心的自由权利构成了现代西方民主的基础。从文艺复兴提倡天赋人权，到新教改革提出个人可以直接与上帝沟通，反映了西方有着深厚的个人主义传统。正因为把个人自由当作上帝赐予的天赋权利，是一切品德的基础和权利的源泉，所以在政治上便认定权力的行使必须基于被统治者的同意，社会与政府的目的只是保护个人自由。为了保证个人的自由、权利和利益不受侵犯，在政治体制上就要求实行以自由选举为基础的多党轮流执政和相互制衡的“三权鼎立”，并以法律对权力的行使加以限制。

无度的个人自由、强调竞争，虽然创造了工业文明，但也导致社会和谐、人与自然和谐的破坏。早在20世纪初，英国著名学者罗素在其《中国问题》一书中就指出，中国的崇尚和谐的品质现代世界极为需要。欧洲人生观所推崇的永不知足的竞争、开发，最终只能导向破坏、毁灭。“我希望我能够期待中国人给我们一些宽容的美德、深沉平和的心灵，以回报我们给他们的科学知识。”在全球化迅速发展、世界各国联系日益紧密的今天，人类面临的许多问题特别是涉及价值观念、精神信仰、民族特点、文化差异等方面的问题，越来越要求人们之间相互尊重、相互理解、相互沟通、相互包容。摒弃无约束的个人主义，借鉴整体性领悟世界的东方智慧，实现人类的和谐共存、协调发展，已成为越来越多东西方思想家的共识。我们应当十分珍惜、善加利用我们祖先留下的关于和谐的宝贵思想，使它在中国的现代化建设以及维护世界和平、促进共同发展中发挥重要的作用。

顺应时代潮流，走中国自己的政治发展道路

在中国这样的大国建设社会主义政治文明，需要有远大的眼光，有自己的根基、自己的理念。我们应当继承我国的优秀传统，看到自从人类进入文明社会以来，人与人之间就既有相互竞争与冲突，也有相互依存与合作。不能把个人与集体对立起来，把崇尚社会和谐、注重整体利益等同于封建专制，把民主进程简单视为个人解放的过程。特别是中国的现代政治进程起步于半殖民地半封建社会，不可能像西方国家那样走首先争取获得个人自由进而不断扩大个人权利的道路，而只能走一条首先通过社会革命争得民族解放和国家独立，也就是中华民族在国际社会的民主权利，然后再进一步发展每一个公民民主权利的道路。但同时也应当看到，正由于中国所走的是这样一条政治发展道路，又使新中国的民主建设不能不在一个封建专制的影响尚未彻底清除，平等、自由等民主政治的基本要素尚未发育成熟的社会条件下进行。因此，在中国发展

民主政治，必须既要注意把体现我们民族精神的历史文化与封建糟粕区分开来，继承中华民族的优秀传统，又要注意把西方民主政治中反映政治活动客观规律的内容与其中体现资产阶级本质需要的成分区别开来，高度重视保护人权。只有既继承民族传统，扎根于中国土壤，又顺应时代潮流，吸收借鉴人类一切文明成果，才能走出一条中国特色的社会主义政治发展道路。

我国的民主政治建设要做到既继承民族传统又吸收人类一切文明成果，并且使这两方面结合、统一起来，必须妥善地处理好三个关系：

一是坚持统一领导与保证公民依法行使个人权利的关系。任何国家都要维护其整体利益。社会稳定、国家发展是个人权利得以实现的前提和条件。在我们这样一个地广人多、社会关系极其复杂的发展中国家，更需要有强有力的统一领导。所谓“领导”就是相对于“群众”而言，就是关注、代表广大人民的整体利益、长远利益、根本利益。我们的历史传统和现实情况决定了，中国发展民主政治只能走一条个人与集体、社会与国家相统一而不是相分离的道路。但与此同时必须看到，社会主义的最终目标是实现每个人的自由、全面发展。国家和社会的发展归根结底要落实到个人身上。在注重整体的同时必须保证个人的民主权利。特别是我国封建主义的影响很深，以抽象的国家利益、集体需要虚化、湮灭个人权益的现象曾长期反复发生，因此更要注意防止以整体之名侵害个人的权益。要在政治上划出一条个人权益不受侵犯的底线，建立健全一系列法律和制度，以保障每个公民的自由、平等及其他宪法规定的民主权利在国家政治生活中得到充分实现。

二是坚持统一行使国家权力与保证权力的行使必须受到制约和监督的关系。在我国一切权力属于人民。由人民选举的人民代表大会是国家最高权力机关。政府机关、检察机关、司法机关都由人大产生，对人大负责，受人大监督。统一行使国家权力是我国政治体制的特点和优势，也是社会主义制度的本质要求，要始终加以坚持。但在坚持这一原则的同时也应当看到，世界各国政治实践的历史都表明，权力的行使必须受到制约，不受制约的权力必然导致腐败。我国政治体制长期存在的一个主要弊端，也是权力过于集中，缺乏制约和监督。因此，要发展民主政治就必须建立有效的权力制约和监督机制。不仅要不断健全国家权力机关对政府及检察、司法机关的制约监督机制，而且要充分发挥人民政协等政治组织的民主监督作用。只有使拥有权力的一切机构、组织和个人都处在相互制约和监督之中，才能保证人民的权力始终掌握在人民手中。

三是在扩大政治参与的进程中完善选举形式的民主与加强协商式民主的关系。选举是民主政治的基本要求，也是体现和保证我国人民当家作主的主要形式。没有广大人民参加的自由、平等、公正的选举，就谈不上民主。实行并且不断完善各种选举是我国发展民主的主要任务。但是，在肯定选举是民主的主要形式的同时，还应当看到民主具有广泛的内涵。选举不是民主的唯一形式。在我国，不仅实行以全体公民选举投票行使权利的民主，同时还实行在各党派团体和各族各界代表人士中广泛听取意见、充分协商国是的协商式民主。这种协商式民主强调广开言路、平等议事、求同存异、集思广益，与选举形式的民主比较具有无法替代的作用：第一，它使我国的民主更加广泛，为难以按照选区和人口比例产生的各党派团体和社会各界代表人士参与国是、参政议政，提供了畅通的渠道；第二，它体现了保护少数的民主原则，为维护占我国人口比例不大的各少数民族和阶层、群体的权益，为保证知识分子、专家学者的意见在国家政治生活中得到充分表达，提供了制度保障；第三，它使我国的民主更加充分，协商不仅可以实行于决策之前，而且可以实行于决策的实施、检查、监督、反馈等各个阶段，使民主参与能够贯穿于决策的整个过程，从而弥补选举表决只能对不同的结果进行选择而无法参与决策的全过程的不足；第四，它还能使发扬民主与加强团结有机地统一起来，协商的过程能够加强沟通、增进理解、扩大共识，有利于形成既生动活泼又和谐稳定的社会局面。

当今世界人类面临的许多矛盾和问题，不仅靠武力难以解决，而且靠“刚性”的选举和表决也难以化解。协商作为一种民主形式的独特优势和重要作用，已经被许多国家关注、研究民主问题的学者和政治家所认识。以人民政协为载体的协商式民主，继承了中华民族崇尚和谐、兼容并蓄的优秀文化传统，又适应时代进步的潮流，是具有鲜明中国特色的一种民主形式，是有着极大发展潜力的一种政治机制。中国大力发展、完善这种民主形式，不仅对我国的社会主义民主政治建设具有重要意义，而且可以对推进人类文明进步做出自己应有的贡献。

论周恩来关于协商民主的思想*

（2006年6月）

最近，中共中央颁布的《中共中央关于加强人民政协工作的意见》，提出了选举和协商是“我国社会主义民主的两种重要形式”的论断。这是中国共产党经过长期探索在建设中国特色民主政治理论和实践方面取得的重要成果。早在人民政协成立初期，周恩来就提出过关于协商民主的思想。研究周恩来的这些思想，有助于我们了解中共中央提出协商民主这一论断的由来，也有助于我们准确把握并结合新的形势切实贯彻这一重要论断。

提出政治协商是新民主的一个特点，阐述了协商民主的性质和内涵

人民政协成立前后，周恩来就提出政治协商是新民主的一个特点，并从四个方面对此做了阐述：

---

* 本文与王文京同志联名发表于《人民政协报》2006年6月25日。

第一，通过与“旧民主主义”议会民主相比较，提出创立新中国的协商民主是一种不同于“剥削阶级政党间互相争夺”的新民主。他指出：“到开会的时候才把只有少数人了解的东西或者是临时提出的意见拿出来让大家来讨论决定，这是旧民主主义议会中议事的办法。新民主主义议事的特点之一，就是会前经过多方协商和酝酿，使大家都对要讨论决定的东西事先有个认识和了解，然后再拿到会议上去讨论决定，达成共同的协议。”新中国实行的新民主，是全国各民族、各民主阶级、各民主党派、各人民团体和各界民主人士享有的人民民主，而旧民主主义议会制度“只是便于剥削阶级政党间互相争夺，互相妥协，共同分赃的制度”。

第二，通过对不同的议事方式进行比较，论述了这种着眼于协商的新民主的特点。他提出：新民主主义的议事精神不在于最后的表决，而主要是在于事前的协商和反复的讨论。“凡是重大的议案不只是在会场提出，事先就应提出来或在各单位讨论。新民主的特点就在此。因此不是只重形式，只重多数与少数。凡是重大的议案提出来总是事先有协商的，协商这两个字非常好，就包括这个新民主的精神。”

第三，在1956年毛泽东提出中国共产党与各民主党派“长期共存、互相监督”的八字方针后，时任全国政协主席的周恩来又将实行互相监督作为政协工作的一项重要任务，进一步丰富、深化了协商民主的内涵。他在谈及中国共产党颁布八字方针的意义时说：“长期共存、互相监督的方针，实际上是扩大民主。我们是六亿人口的国家。要把六亿人的生活搞好，建设社会主义，没有互相监督，不扩大民主，是不可能做得好的。”他还指出：长期共存、互相监督的方针“必须由共产党提出，而且必须要共产党真正做到”。“互相监督，首先应该由共产党请人家监督。因为共产党是领导的党。”

第四，周恩来还通过对人民政协发扬民主与加强团结关系的分析，进一步阐述了协商民主的特点和优势。他提出人民政协是统一战线组织，要广泛听取各方面意见，只有发扬民主、广开言路，才能增进共识、加强团结。他说，在政协会议上“应该允许有不同的意见提出来，这使我们的会场在讨论中更和谐，更知道各方面的意见。这个和谐一致不是大家都说一种相同的话，而是大家说出不同的话，然后取得一致。这是最有力的一致，是最有力的团结”。

明确人民政协与人大和政府的关系，阐述了人民政协在我国政治体制中的地位和作用

民主首先是国家制度，是一种政治体制。协商民主也首先是制度安排，是一种国家层面的民主形式。在论述协商民主时，周恩来一开始就注意从制度安排的角度，阐明人民政协在我国政治体制中的地位和作用，明确了人民政协与人民代表大会和人民政府的关系。

1949年9月，周恩来在中国人民政治协商会议第一届全体会议召开前向政协代表做的报告中就指出：“人民政协全国委员会，便是同中央人民政府协议事情的机构。一切大政方针，都先要经过全国委员会协议，然后建议政府施行。”即使人民政协不再代行人大职权了，“国家大政方针，仍要经过人民政协进行协商”。其后，由周恩来主持起草，在政协一届全体会议上通过的具有临时宪法性质的《中国人民政治协商会议共同纲领》，又明确规定：“在普选的全国人民代表大会召开以后，中国人民政治协商会议得就有关国家建设事业的根本大计及其他重要措施，向全国人民代表大会或中央人民政府提出建议案。”

1954年全国人大召开后，一些人曾对人民政协是否还有存在必要产生疑问，为此，毛泽东专门召集参加政协二届一次会议的部分党内外人士座谈，指出：人大的代表性当然很大，但它不能包括所有的方面，所以政协仍有存在的必要。与此同时，周恩来也在多种场合、从不同方面对这个问题进行了分析说明。一方面，他从组织构成上分析了政协

与人大的不同，强调人民政协是由各党派团体和各界代表人士组成的统一战线组织，而人大“主要的是区域”，因此政协在国家政治生活中是“不可缺少的”。另一方面，他还从政治、法律的角度指出：人大是权力机关，而人民政协是“协商的机关”，是一种“参谋机关”“策划机关”“建议机关”。人大、政协“两会只是有权力之分，无高低之别。……政治地位上是平等的”。新中国成立后的很长一段时期，周恩来兼任政务院总理和全国政协主席。在领导政府的工作中，他高度重视加强与人民政协的联系，发挥人民政协的作用。政务院成立不久，他就主持制定了《关于与党外人事合作的意见》，提出政府要加强与全国政协党外人士的联系，支持政协全国委员会各工作组的工作。新中国成立初期，政务院颁布的许多重要法案和政策都曾拿到政协征求意见。全国人大召开后政府提出重要法律草案和重大问题决定，仍然坚持先拿到政协进行协商，然后才由国务院或提交人大做出决策。比如，新中国成立初政务院发行公债，就曾先送政协全国委员会财政经济组进行讨论，并向政协常务委员会提出报告。1955年1月国家文字改革委员会提出“汉字简化方案”，也先交政协全国委员会座谈征求意见，再由国务院颁布试行。1956年至1958年间国家设立宁夏回族自治区和广西壮族自治区，也先在政协进行了协商，周恩来还亲自主持了有全国政协副主席和全国人大民族委员会、国家民委、全国政协民族组等单位负责人参加的座谈会。

提出人民政协必须有良好的民主作风和氛围，阐述了人民政协实行协商民主必须遵循的原则

实行协商民主必须在国家政治生活中建立相应的制度机制，同时，人民政协作为实行协商民主的机构必须有良好的氛围、有效的方法。周恩来在担任政协主席期间，探索确立了一系列实行协商民主必须遵循的原则，并身体力行创造形成了一整套开展政协工作的优良作风和方法，

主要有：

（一）平等相待，民主协商

周恩来认为在政协工作的同志必须具备一个前提条件，就是要学会民主协商，善于运用民主协商的方式解决问题，开展工作。为此，他在1950年6月全国政协一届二次会议的中共党组会上，就对共产党在政协的工作提出了三条要求：一是“对共产党员与党外人士应一视同仁”；二是“要上下一致，内外一致”；三是“要让党外人士做到知无不言，言无不尽”。他强调对民主党派和党外人士共产党要真诚坦白、主动沟通，“不要使人感觉我们对外是一套，内部又是一套，内外不一致”。为了搞好民主协商，他还对党的领导与平等相待的关系做了分析，指出：“共产党的领导是指党的集体领导，党的中央和党的各级领导机构的领导。起领导作用的，主要是党的方针政策，而不是个人。个人都是平等的。”“在政协里边，在我们个人的来往当中，没有领导与被领导的关系。”

（二）求同存异，兼容并蓄

周恩来认为，“同”和“异”在我们的社会里是不可避免的。人民政协作为统一战线组织更是“同”和“异”的集合体。因此，在政协进行政治协商就有一个求同存异的问题。首先，要会求“同”，善于找到“同”、增进“同”。他强调，在统一战线内部虽然各阶级的利益和愿望有不同，但在共同要求和主要政策上是能够取得一致的，统一战线内部的各个方面，都要从共同的目标、共同的利益去考虑问题，自觉爱护共同性的一面。同时，还要会存“异”，善于包容各种观点、各种信仰。他指出，我们同党外人士合作存在差别是允许的，那种寻求没有差异的想法是简单而有害的，差异的存在对政协来说不是坏事反而有好处。他在说明第二届全国政协委员名单人选时就强调：“有人批评政协名单里面什么人都有，我觉得好处就在这里。政协不是一盆清水，如果是一盆清水就没有意思了。政协就是要团结各个方面的人。”为了做到求同存异、兼容并蓄，他还提出必须学会妥协，甚至把善于妥协同事先协商一样视为新民主的一个特点，指出：“新民主还有一个特点，即除非是最原则的问题争论不会妥协外，凡是有极大可能采纳的问题，最终可以取得妥协。新民主的这一原则也是值得重视的。”

（三）倾听意见，互相监督

早在1951年周恩来在谈到共产党与民主党派的关系时就指出：“我们的党员只占全国人口的百分之一，要做好工作，就需要听取各方面的意见。”并特别提到，正是感觉和党内同志在一起听到的意见总是差不多，不同的意见不容易听到，毛泽东才每月总有几次要找民主党派人士谈一谈。他还对如何做到倾听党外意见、搞好互相监督提出了要求，强调能够听不同意见不是一件容易的事，“需要有两个条件：第一，要有听得进去的胸怀；第二，要有辨别是非的本领”。中国共产党对待不同意见，要抱着“与其说应该允许，毋宁说我们欢迎”的态度。

（四）合作共事，广交朋友

中国实行协商民主强调的是合作而不是竞争。中国共产党同党外人士的合作共事是统一战线中最普遍、最经常的一种关系。在政权、政府和政协组织中都有这种合作共事。作为长期担任政府和政协主要领导职务的周恩来，一直高度重视合作共事。首先，他要求妥善、全面地安排各方面党外人士。政府工作要尽可能吸纳党外民主人士参加，人民政协更必须充分体现其统一战线性质，坚持广泛的代表性，注意照顾到各个方面，保证党外人士占有较大比例。其次，在安排党外人士后，还要搞好与他们在工作中的合作，保证有职有权有责，做到相互尊重、相互学习，并主动地搞好关系。为了能够搞好关系，实现真诚合作，他提出：“党内外应该相互多交朋友，特别是共产党员应该主动多交党外的朋友。”而且要交在关键问题上能够互相提醒，敢于提出不同意见的畏友、诤友。在主持政协工作期间，周恩来是执行党的统战政策的典范。他不仅以其远见卓识，而且以其高风亮节，赢得了大量党外朋友。党外人士感叹同他在一起“如沐春风”。正是因为受到他的感染，许多党外人士即使在“文革”逆境中仍然矢志不移，坚信社会主义中国一定能够走出曲折，迎来美好的明天。

试析协商民主的含义*

——对中共中央提出选举和协商是“我国社会主义民主的两种重要形式”的解读

（2007年1月）

2006年中共中央颁布的《中共中央关于加强人民政协工作的意见》（以下简称《意见》），提出了选举和协商是“我国社会主义民主的两种重要形式”的重要论断。其中协商民主是一个引起广泛关注的新论断。为了全面准确地把握和贯彻这一论断，首先需要弄清《意见》提出的协商民主有什么含义，中共中央这时提出这个论断究竟有何意义？联系当前我国和政协工作的大局以及《意见》的总体内容，我理解《意见》提出协商民主的论断至少包括三个方面的内涵，或者说主要有三个层次上的意义：

第一，中共中央颁布这个文件旨在加强人民政协工作，提出协商民主也是为了推进政协工作，这个论断进一步明确了人民政协在我国政

---

* 本文是提交2006年12月20日成立的中国人民政协理论研究会成立大会暨理论研讨会的论文，并被推举作了大会发言，发表于中国人民政协理论研究会会刊2007年第1期。

治体制中的地位，以及作为一种民主形式在我国政治生活中的作用，表明了协商民主是与我国多党合作和政治协商基本政治制度相联系、与我国“两会制”的政治体制基本架构相对应的一种国家民主形式。人民政协从成立起就既是最广泛的统一战线组织，又是实现我国人民民主的一种重要形式。但长期以来，人民政协一直仅被定性为统一战线组织，直到改革开放后政协作为一种民主形式在性质上才逐步明晰起来。20世纪90年代初，中共中央正式明确了团结和民主是人民政协的两大主题。之后，政协章程经过两次修改，对政协性质的表述予以完善，在“中国人民政治协商会议是中国人民爱国统一战线的组织”后，增加了是我国“多党合作和政治协商的重要机构”与“发扬社会主义民主的重要形式”的内容。

应当看到，在政协性质中明确人民政协在民主方面的作用是十分必要的。人民政协作为统一战线组织当然也可以发扬民主，但统一战线毕竟是中国共产党的一项重要工作，强调的是协调处理中国共产党与其他党派和党外人士的关系。而民主首先是国家制度，是一种政治体制，发挥人民政协在民主方面的作用，首先需要从国家制度的角度明确人民政协在我国政治体制中的地位，人民政协与政治体制其他部分的关系。同时，从人民政协自身来看，政协中不仅有我国的各个党派，还包括诸多人民团体和各界代表人士；在政协的各界代表人士中，不仅有非中共人士，还有许多共产党员；发挥人民政协作为一种民主形式的作用，不仅要求重视发挥各民主党派和无党派人士的作用，而且也要发挥参加政协的各人民团体和各界代表人士的作用。特别是新时期以来，随着改革发展我国社会日益呈现出多样性的特点，人民政协作为保障和扩大我国社会各界有序政治参与的界别组织的特点日益突出。因此，如果说在新中国成立初期，在我国实行党政不分、高度集中的领导体制的状况下，人民政协的团结和民主两大主题尚可以在“统一战线”中一并包括而不加表明，但随着新时期强调从制度上推进社会主义民主政治，强调中国共产党要科学执政、民主执政、依法执政，就有必要在这方面进一步加以规范和区分。1994年，多党合作和政治协商制度被确立为我国的一项基本政治制度并载入宪法，为了明确人民政协与我国这一基本政治制度的关系，人民政协在对其性质的表述中增加了“是中国共产党领导的多党合作和政治协商的重要机构”一句。多党合作和政治协商制度实质上是社会主义民主制度，但就其强调中国共产党与各民主党派和无党派人士之间的合作而言，着眼的仍然是统一战线关系。为了更加清晰地表明，不仅包括各党派而且包括各团体和各族各界代表人士的整个政协组织在我国民主政治建设中的作用，2004年通过的政协章程修正案对政协性质的表述又做出补充，增写了“是我国政治生活中发扬社会主义民主的重要形式”一句。

2006年中共中央提出两种民主形式的论断，更进一步从国家政治体制的角度明确了人民政协在我国社会主义民主政治建设中的地位和作用。在我国，人民代表大会制度是根本政治制度，中国共产党领导的多党合作和政治协商制度是基本政治制度。我国政治体制的一个突出特点，是既有通过选举产生的人民行使国家权力的机关——人民代表大会，又有通过协商产生的各党派团体和各族各界代表人士发扬民主的重要形式——人民政协。仔细研读《意见》可以看到，《意见》讲的“协商”是我国社会主义民主的一种重要形式，而不是政协的一项具体职能。把协商与选举并列为我国的两种民主形式，是与我国坚持人民代表大会制度、多党合作和政治协商制度以及“两会制”的政治体制基本架构相对应的，表明了协商民主是与我国基本政治制度相联系的一种国家民主形式。正是为了明确人民政协作为一种国家民主形式在我国政治体制中的地位和作用，《意见》在论述两种民主形式的第三条，首先就提出“人民政协是我国政治体制的重要组成部分，在我国政治生活中具有不可替代的作用”。并且最后落在“发展社会主义民主政治，建设社会主义政治文明，要善于运用人民政协这一政治组织和民主形式”。

第二，两种民主形式的主语是“人民”，因此《意见》讲的“协商”不仅限于人民政协而具有广泛的内涵，协商民主讲的不是民主的具体形式而是我国社会主义民主的基本形式，中共中央提出这个论断是着眼于整个国家的社会主义民主政治建设，使我国最广大的人民享有最充分的民主。在现代社会，协商和选举存在于社会的众多领域和众多社会政治组织中，从这个角度说协商和选举一样作为民主形式具有普遍意义。在我国，由于社会主义民主性质的要求和国情的原因，协商作为一种民主形式更是广泛地存在于社会政治生活的各个方面、各个层次。在党派之间、社会政治组织与国家机关之间以及党派、社会政治组织和国家机关内部都有协商。从多党合作和政治协商制度来看，协商民主所涵盖的范围就不仅限于人民政协，它还包括中国共产党与八个民主党派和无党派人士之间的各种协商和互相监督。并且，由于各民主党派作为参政党还广泛地参加国家权力机关、政府机关和司法机关的工作，在这些国家机关以及一些重要企事业单位、社会组织中，也有中国共产党与民主党派和党外人士的合作共事，因此也有党内外间的协商。从整个国家的政治生活看，协商也广泛地存在于人民代表大会制度、民族区域自治制度、中国共产党的党内民主以及基层群众自治等各个领域。比如，我国人大代表、党代会代表的产生，从代表候选人的推荐提名，到确定代表候选人预备人选、初选名单，都要经过上下结合、反复酝酿，广泛听取意见。我国政治生活中实行民主集中制，要有效地实现民主基础上的集中，也需要有充分的协商。在国际领域，我国奉行和平外交，协商更是维系国际关系民主化的主要方式。可见，《意见》所讲的协商民主不是指一种具体的民主形式，而是指一个民主的类型，是一种以协商为特点、具有广泛适用性的基本民主形式。

提出两种民主形式势必涉及两者之间的关系，对此需有一个正确的认识：

首先，应当看到这两种民主形式在我国政治生活中相辅相成、相互补充，都是不可缺少的。选举是民主政治的基本要求，没有广泛的选举就没有民主。但选举不是民主的唯一形式。协商可以包容各方、平等交流、理性讨论，能够使我们的民主更广泛、更充分、更充满活力又保持和谐。

其次，这两种民主形式又常常是互相联系、互相渗透、交织在一起的。在我国不仅选举中有协商，而且协商中也有选举表决。比如在人民政协，包括政协常委等一些人选的产生，政协一些决议的通过，也需要经过选举表决。

最后，不能简单地给这两种民主形式划分高低，而应看到它们之间是平等的。1954年周恩来就曾指出：人大、政协“两会只是有权力之分，无高低之别。……政治地位上是平等的”。给两种民主形式划分高低实际含有一种以权为贵的思想，是与民主的基本精神相违背的。

第三，协商民主是马克思主义基本原理同中国具体实际相结合的一个创造，它不仅凝聚着中国共产党在长期革命和建设中积累的政治经验和智慧，而且体现了中华民族的优秀文化传统，具有鲜明的中国特色，表明了中共中央坚持顺应时代潮流又扎根于中国土壤，走中国特色社会主义政治发展道路的战略选择。

在中国这样的大国要走出一条自己的政治发展道路，必须既顺应时代潮流，有远大的眼光；又扎根于中国土壤，有自己的根基、自己的理念。两种民主形式特别是协商民主的论断，就是一方面准确把握时代特点，基于对我国社会主义社会发展规律和时代特点的科学认识；另一方面准确把握中国国情，基于对中华民族优秀传统的继承发扬和当代中国现实的深刻理解提出来的。

关于协商民主与中国传统文化的关系，《意见》指出，人民政协这种民主形式“既符合社会主义民主政治的本质要求，又体现了中华民族兼容并蓄的优秀文化传统”。强调协商，直接地说它传承了中国传统文化“贵和尚中”的思想精华，更深一层看它还包含着中华民族长期形成的注重整体的思维方式和行为习惯等。正因为把现实社会中不同方面的共存、共荣视为当然，待人处事要求相互尊重、求同存异，遇到问题才会主张通过协商交流、寻求各方都能接受的适中的办法去解决。中国文化历来认为个人与集体、社会与国家是联系统一的。直到今天，我们仍然要努力形成一种既有民主又有集中、既有自由又有纪律、既有统一意志又有个人心情舒畅的政治局面，建设社会主义政治文明也强调要坚持中国共产党领导、人民当家作主、依法治国的有机统一。比较而言，西方民主提倡的则是保护、张扬个人自由和权利的个人主义理念。从“五四运动”伴随着“打倒孔家店”的呼声喊出民主与科学的口号，到今天中共中央提出发展社会主义民主要弘扬优秀文化传统，这是一个巨大的变化，这个变化的最深刻的意义，就是表明中国不仅在民主革命而且在民主建设上也要走出一条自己的发展道路。

协商民主不仅传承了中华民族优秀传统，更是建立在中国共产党对社会主义社会和时代特征的新认识的基础之上。

中国共产党关于协商民主的思想早已有之。早在人民政协成立前后毛泽东、周恩来就曾明确提出，注重事前协商而不是最后表决是新中国新民主的一个特点，并且阐述了人民政协作为实施这一民主的机关在我国政治体制中的地位以及工作中应当遵循的原则和方法。《意见》提出两种民主形式的论断与老一代革命家当年提出协商民主的思想可以说是一脉相承的。但在肯定这一点的同时还应当看到，今天中共中央提出两种民主形式也包含有适应时代要求的发展创新，其中一个带有突破性的重大创新，就是当年老一代革命家提出协商民主的思想，主要是与当时坚持的革命统一战线相关联；而今天中共中央提出协商民主的论断，则是建立在新时期中国共产党对社会主义社会和时代发展新认识的基础上，特别是与得出构建社会主义和谐社会这个重大历史结论紧密相连的。

统一战线是不同的社会政治力量为了实现一定的共同目标在共同利益基础上结成的政治联盟。政治协商是不同方面的代表通过商量讨论在一些重大问题上求得一致。因此有统一战线就会有政治协商。由于统一战线在中国革命中获得了极大发展，成为中国共产党的一大法宝，而作为统一战线组织的人民政协在成立后又担负起了创建新中国的历史使命，就必然地要求把政治协商从协调统一战线关系的方式方法，进一步发展成为体现我国人民民主的一种重要形式。协商民主之所以能在20世纪中叶就在中国提出并付诸实行，是与中国特殊的社会历史条件及其所决定的中国革命的特点密切相关的。协商民主是中国新民主主义革命胜利的成果，是中国革命统一战线发展的产物。但是，也正由于新中国成立初期的协商民主是与革命统一战线联系在一起的，又使之难免带有历史的局限性。在中国革命中产生的统一战线是建立在阶级分析的理论基础上的，目的是为了联合一切革命阶级孤立和反对极少数反动阶级，实质上是一种“特殊形式的阶级斗争”。因此，与这种统一战线相连的协商民主就很容易受到阶级斗争的影响。新中国成立初期人民政协实施协商民主曾有过蓬勃发展的黄金时期，但1957年后随着阶级斗争的扩大化便开始受到冲击，“文化大革命”时期更被迫停止办公，直到十一届三中全会后才又发展进入了一个新的历史时期。

新时期协商民主不仅得到恢复并且有了新发展。而之所以有这个新发展，就是因为这个时期中国共产党对社会主义社会又有了新认识，在思想上、实践上有了新突破。回顾新时期的历史，中国共产党对社会主义社会的认识经历了两个具有深远意义的思想飞跃：第一个飞跃是在新时期刚刚开始，中共中央总结历史经验教训，果断纠正“以阶级斗争为纲”的错误，确认我国的社会阶级状况发生了根本变化，阶级矛盾不再是主要矛盾。正是在这一认识的基础上，实现了我国从长期搞阶级斗争到改革开放和现代化建设的伟大转折，统一战线和人民政协也发展进入了新时期。经过二十多年的改革和发展，中国社会又发生了翻天覆地的变化，在系统总结这些新变化同时科学分析时代新特点的基础上，中国共产党对社会主义社会的思想认识又产生了一个新飞跃，这个飞跃就是：确定社会和谐是中国特色社会主义的本质属性，构建社会主义和谐社会是建设中国特色社会主义的一项重大战略任务。过去很长一段时期，我们对社会主义社会曾经有两个僵化、片面的认识：一个是认为社会主义社会既然是向“无阶级社会的过渡”，就是一个可以通过加速发展很快度过的阶段，在实践中便急于求成，追求不断“跃进”，直到提出社会主义初级阶段的理论才彻底纠正了这一错误；还有一个片面认识则是认为社会主义社会既然最终要“消灭一切阶级”、消灭“三大差别”，就是一个经济社会结构随着发展日趋简单化的社会，在实践中便盲目求“纯”，追求“一大二公”，这一错误直到经过二十多年的改革发展得出构建和谐社会的结论，才真正得到了纠正。按照今天我们的认识，社会主义社会如同所有现代社会一样，不是随着发展社会结构日趋简单而是日趋丰富、复杂，社会面貌日益呈现出多样性；同时，由于社会主义制度从根本上消除了导致阶级对立的根源，社会主义社会在本质上是和谐的，社会主义社会的多样性之间可能产生矛盾但没有根本的利害冲突。正是由于社会主义社会具有这种多样的和谐统一的特征，社会各方面成员既有各自不同的要求又能够和谐相处，所以他们之间才需要也能够实现协商对话。社会主义和谐社会与协商民主有着内在的、本质的联系。构建社会主义和谐社会的理念和任务的提出，为发展协商民主提供了坚实的理论和现实实践的基础。

总之，协商民主在中国是一种与多党合作和政治协商基本政治制度相联系、与“两会制”的政治体制基本架构相对应的国家民主形式，是体现我国广大人民当家作主、具有广泛适用性的社会主义基本民主形式，是适应时代潮流又传承了中华民族优秀文化传统、有着鲜明中国特色的民主形式，提出协商民主表明了中共中央坚持走中国特色社会主义政治发展道路的坚定决心和战略选择。

长期以来，我们对民主问题的认识主要是强调其性质、本质和内容，而对民主的制度、形式、程序等问题则常常忽视。我国以及世界其他社会主义国家的历史和实践都证明，如果没有一套系统的制度、形式和程序，民主将不仅难以保障而且无法运行。两种民主形式的提出对于切实推进我国社会主义民主政治具有至关重要的意义。我们要深刻认识、准确把握协商民主的内涵，并且努力将其进一步落实为一系列可操作的具体制度、形式和程序，以扎实稳步地把我国的民主政治建设推向前进。

协商民主与人民政协*

（2007年9月）

2006年颁布的《中共中央关于加强人民政协工作的意见》（以下简称《意见》）提出："人民通过选举、投票行使权利和人民内部各方面在重大决策之前进行充分协商，尽可能就共同性问题取得一致意见，是我国社会主义民主的两种重要形式。"这是中共中央第一次在文件中提出中国有两种基本民主形式。这个论断提出后不仅在人民政协和统一战线系统，而且在学术界、理论界引起了广泛关注，特别是其中关于协商民主的论断，更是被视为对人民政协理论和我国社会主义民主理论的一个创新和发展。由于这个论断是在《意见》中提出来的，因此把握这个论断首先需要对协商民主与人民政协的关系有一个认识，下面我就从三个方面对这个问题谈一点认识。

---

* 原载于罗豪才主编的《软法与协商民主》，北京大学出版社2007年12月版。

协商民主在中国的形成和发展

协商民主的正式提出，应当说是在2006年中央颁布的《意见》中提出来的；但说到我国协商民主思想和实践的由来，可以说从人民政协一成立就有了。考察我国协商民主形成和发展的历史，其大体可以分为四个阶段：

第一个阶段，从1946年抗日战争胜利后的旧政协到1949年的新政协，这是协商民主在我国的产生形成期。

如果不问性质和内容单就其形式而言，协商民主在中国的历史可以追溯到新民主主义革命时期的旧政协。抗日战争胜利后，根据中国共产党与国民党在重庆谈判时签订的《政府与中共代表会谈纪要》即《双十协定》，国民党当局承认了“和平建国的基本方针”，同意召开各党派代表和社会贤达参加、讨论和平建国方案的政治协商会议。1946年1月政协会议在重庆召开，参加会议的有国民党、共产党、民主同盟、青年党和社会贤达五个方面38位代表，其中起主要作用的是国民党、共产党、民主同盟三个方面。据考证，“政治协商”几个字是当时国民政府的外交部部长王世杰提出来的，究其来源可能与第二次世界大战后强调国际事务要协商有关。在这次会议上，共产党与民盟团结合作，经过与国民党的协商和斗争，通过了关于政府组织、国民大会、和平建国纲领、宪法草案、军事问题等五项协议。应当看到，当时中国共产党确曾希望通过建立联合政府、采用政治方式解决国内的问题，为此中共中央还专门发出了指示，提出了“和平、民主、团结”的口号。但是，由于蒋介石坚持独裁统治，发动内战，政协协议后来没有实现。然而虽然政协协议被撕毁了，政治协商会议作为各政党协商国是的一种民主形式却在当时中国产生了很大影响。因此，在1948年4月30日人民解放战争即将取得全国胜利时，中共中央在宣布自己建国大计的《纪念“五一”劳动节口号》中，就提出："各民主党派、各人民团体及社会贤达，迅速召开政治协商会议，讨论并实现人民代表大会，成立民主联合政府。"1949年6月新政协筹备会召开，并决定正式将新政协定名为中国人民政治协商会议。1949年9月中国人民政治协商会议在北平隆重举行。人民政协的成立标志着中国共产党领导的多党合作和政治协商制度的确立，也标志着新中国协商民主思想的形成和实践发展的开始。

进一步分析中国革命的历史可以看到，协商民主之所以能在20世纪中叶就在中国提出并付诸实行不是偶然的，它是由近现代以来中国特殊的社会历史条件及其所决定的中国革命的特点决定的。从大的历史轨迹来看，自从1840年鸦片战争打破了绵延两千多年的中国封建统治秩序后，中国社会各个方面就不可阻挡地开始向现代社会演进，其中政治演进的基本轨迹就是从封建专制转向现代民主。但是，由于特殊的社会历史条件，这个演进在中国走过了一条曲折的道路：在推翻封建帝制步入现代政治进程的起始阶段，议会民主就遭到了扼杀，接着很快从军阀割据演变成为以国民党和共产党为代表的两大政治势力之间的激烈角逐。并且由于这两大势力的截然对立，这种角逐很快发展成为大规模的武装斗争，从而驱使中国的所有政治力量别无选择地发生两极分化，或者聚集在国民党的周围反对共产党，或者与共产党结成统一战线反对国民党，最终中国共产党联合自己的政治同盟者，以革命的方式推翻了国民党在中国内地的统治。

新中国成立前夕，毛泽东在其总结中国革命历史经验的《论人民民主专政》一文中曾经提出过一个著名的论断，认为中国人民从中国革命的经历中取得的一条主要的和基本的经验，就是"团结工人阶级、农民阶级、城市小资产阶级和民族资产阶级，在工人阶级领导之下，结成国内的统一战线，并由此发展到建立工人阶级领导的以工农联盟为基础的人民民主专政的国家"。[1]毛泽东的这段话表明，近现代以来中国人民追求民主是与建立和发展革命统一战线联系在一起的。由于中国进入近现代后逐渐演变出一种两头小、中间大的社会阶级结构，占人口少数的工人阶级要想战胜强大的敌人必须团结广大的中间力量，这种状况就使统一战线在中国革命中获得了极大发展，成为中国共产党夺取革命胜利的一大法宝。随着中国革命的胜利以及在这一进程中形成了中国共产党领导的包括四个革命阶级的人民民主统一战线，并由此发展到建立人民民主专政的国家，同时作为统一战线组织的人民政协在成立后又担负起了创建新中国的历史使命，这就必然地要求把政治协商从协调统一战线内部关系的方式方法，发展成为体现我国人民民主的一种重要形式。统一战线是不同的社会政治力量为了实现一定的共同目标在共同利益基础上结成的政治联盟，政治协商是不同方面的社会政治代表通过商量讨论在一些重大问题上求得一致，因而有统一战线就会有政治协商。按照毛泽东提出的人民民主理论，新中国的国体是对人民民主和对反动派专政的统一，而人民具有广泛的内涵，包括了参加革命统一战线的一切爱国、民主、进步的阶级和阶层。人民政协的成立使统一战线组织与人民民主形式有机地结合在了一起。因此可以说，协商民主在中国的产生，是中国共产党通过建立和发展革命统一战线追求人民民主的结果。

第二个阶段，从1949年到1954年，这是人民政协执行全国人民代表大会职权的时期，也是奠定关于协商民主的基本思想的时期。

在这个阶段，人民政协执行全国人民代表大会职权，决定了新中国的国体、政体，选举了中央人民政府及其领导人，完成了创立新中国的历史使命。应当说，这个阶段从政协执行人大职权看，发挥的并不全都是协商民主的作用。但是人民政协的成立，必然要涉及许多不仅事关当前工作，而且事关政协长远发展的重大问题。就是在对这些问题最初的探索中，毛泽东、周恩来等老一代革命家提出了一系列关于协商民主的基本思想。

人民政协一成立毛泽东就提出，人民政协是团结全国各民族、各民主阶级、各民主党派、各人民团体及各界民主人士的统一战线组织，具有“代表全国人民”的民主性质，所以它能够执行全国人民代表大会职权，完成创建新中国的历史使命。而周恩来更是比较系统地提出了协商民主的思想。第一，他指出政治协商是新中国新民主的一个特点，新民主主义的议事精神不在于最后的表决，不是只重形式，只重多数与少数，而主要是在于事前的协商和反复的讨论。协商这两个字非常好，就体现了新民主的精神。因此，“凡是重大的议案不只是在会场提出，事先就应提出来或在各单位讨论。新民主的特点就在此。”[2]第二，他通过与“旧民主主义”议会民主相比较，揭示了这种新中国的新民主具有不同于资产阶级议会民主的特征。他说：“到开会的时候才把只有少数人了解的东西或者是临时提出的意见拿出来让大家来讨论决定，这是旧民主主义议会中议事的办法。新民主主义议事的特点之一，就是会前经过多方协商和酝酿，使大家都对要讨论决定的东西事先有个认识和了解，然后再拿到会议上去讨论决定，达成共同的协议。”[3]第三，他还论述了人民政协在实行这种协商民主中的作用，特别是从国家政治制度的层面明确了人民政协与人民代表大会和人民政府的关系，阐明了人民政协在我国政治体制中的地位和作用。在政协第一届全体会议召开前向政协代表做的报告中，周恩来就提出：“人民政协全国委员会，便是同中央人民政府协议事情的机构。一切大政方针，都先要经过全国委员会协议，然后建议政府施行。”就是在普选的全国人民代表大会召开之后，人民政协不再代行人大职权了，政协会议还将对中央政府的工作起协商、参谋和推动作用。“国家大政方针，仍要经过人民政协进行协商。”[4]其后由周恩来主持起草通过的具有临时宪法性质的《中国人民政治协商会议共同纲领》明确规定：“在普选的全国人民代表大会召开以后，中国人民政治协商会议得就有关国家建设事业的根本大计及其他重要措施，向全国人民代表大会或中央人民政府提出建议案。”第四，周恩来还从人民政协作为统一战线组织必须有良好的民主作风的角度，阐述了人民政协必须坚持平等相待、民主协商的原则，注意听取党外人士的意见。政协成立不久他在谈到共产党与民主党派的关系时就指出："我们的党员只占全国人口的百分之一，要做好工作，就需要听取各方面的意见。"[5]1950年6月，为了搞好民主协商，他在全国政协一届二次会议的中共党组会上专门对共产党在政协的工作提出了三条要求：一是"对共产党员与党外人士应一视同仁"；二是"要上下一致，内外一致"；三是"要让党外人士做到知无不言，言无不尽"。[6]他还分析了在政协中党的领导与平等相待的关系，指出："共产党的领导是指党的集体领导，党的中央和党的各级领导机构的领导。起领导作用的，主要是党的方针政策，而不是个人。个人都是平等的。""在政协里边，在我们个人的来往当中，没有领导与被领导的关系。"[7]

人民政协在代行全国人大职权期间，代表全国人民的意志审议通过了一系列的法律、法案，同时经过协商制定了许多重要的制度和政策，为建立新中国，为中国共产党与各民主党派和无党派民主人士的团结合作在新中国成立后保持并发展下去，做出了不可磨灭的历史贡献。

第三个阶段，从1954年到1966年，这是协商民主的思想和实践在中国进一步发展，但到了后期由于"左"的错误影响又遭受曲折的时期。

1954年第一届全国人民代表大会召开后，人民政协不再代行其职权，而作为统一战线组织继续存在，同时它仍然是实现我国人民民主的一种重要形式。这个时期老一代革命家关于协商民主思想的论述，着重在发展中国共产党与各民主党派和无党派民主人士的协商合作，但这期间人民政协作为我国政治体制重要组成部分的民主作用继续保持了下来，并得到进一步的确立。

1954年10月17日，针对一些人在全国人大召开后对人民政协是否还有存在必要产生的疑问，毛泽东写了《关于政协的性质和任务的谈话提纲》，12月19日他又专门召集参加政协二届一次会议的部分党内外人士座谈，就人大召开后政协的性质、地位、作用、任务等关系到人民政协长远发展的重要问题，谈了自己的意见。

首先，关于政协的性质。毛泽东指出：不能把人民政协搞成国家机关，因为人大和国务院是国家权力机关和国家管理机关，如果把政协也搞成国家机关，那就成为二元了，这样就重复了，分散了，民主集中制就讲不通了。政协不仅是人民团体，而且是各党派的协商机关，是党派性的机关。其次，关于政协存在的必要性。毛泽东提出：人民代表大会是权力机关，有了人大，并不妨碍我们成立政协进行政治协商。各党派、各民族、各团体的领导人物一起来协商新中国的大事非常重要。宪法草案就是经过协商讨论使得它更为完备的。人大的代表性当然很大，但它不能包括所有的方面，所以政协仍有存在的必要。值得注意的是，这里毛泽东正是通过比较人大、政协具有广泛的代表性，从政协作为我国政治体制的组成部分具有不可替代的协商民主作用方面，对人民政协存在的必要性给予了肯定。而在这期间，周恩来也多次阐发了类似思想。早在1949年8月的新政协筹备会上，周恩来就分析了人大和政协各自具有不同的组织特点，指出政协是“各党派统一合作”的统一战线组织，而人民代表大会“主要的是区域”，所以政协在国家政治生活中是“不可缺少的”；人大召开后政协“仍是一个和政府协商的机关”，是一个“参谋机关”“策划机关”“建议机关”。[8]1954年人大召开后，他又针对当时出现的一些轻视政协的现象强调：人大、政协两会只是有权力之分，并无高低之别，政治地位上是平等的。[9]最后，关于政协的任务。毛泽东提出人大召开后政协仍有五大任务：一是协商国际问题；二是协商候选名单；三是提意见；四是调整关系；五是学习马列主义。这五项任务中既有协调处理统一战线关系方面的内容，也有政协作为我国政治体制的组成部分参与国是、发挥协商民主作用方面的内容。比如，周恩来解释“协商候选名单”就不仅包括协商政协的名单，还包括协商人大代表的候选名单；“提意见”一方面要协助国家机关推动社会力量，解决社会生活中的相互关系问题，另一方面又要向国家机关反映群众的意见建议。在1956年中共八大会议上，当时主持政协日常事务的政协副主席、中央统战部部长李维汉也明确提出："政治协商是我国实现人民民主的重要方法。我国人民民主统一战线的内部关系是经过协商来调整的，国家事务中的重要问题是协商成熟而后决定的，国家的选举也是经过协商提名的。""中国人民政治协商会议全国委员会和地方委员会是政治协商机关，又是统一战线组织，在统一战线和国家政治生活中起着重要作用。"[10]这里，李维汉清楚地表明了人民政协具有作为统一战线组织和国家政治生活中的政治协商机关这两个方面的作用。

可以说正是因为有上述指导思想，使人民政协在结束代行人大职权后不仅作为统一战线组织而且作为一种民主形式，继续在国家政治生活中发挥了重要作用。在第二届全国政协产生后，许多国家的重要法律草案和重大问题决定仍然拿到政协进行协商，一些法律、法规还先在政协协商然后再在人大通过。从全国政协三届一次会议起，全国政协大会与全国人民代表大会同期召开，政协委员和人大代表开始一起听取政府工作报告和其他重要报告，并逐渐形成惯例。

在这个阶段对协商民主的发展除了进一步明确政协的性质、地位、作用，还有一件重要的事情就是提出了中国共产党与各民主党派"长期共存、互相监督"的方针。1956年随着我国社会主义改造基本完成，根据当时国内以及国际形势的新变化，毛泽东极富远见地开始探索走中国自己的社会主义建设道路，在《论十大关系》中他首次放眼整个社会主义历史时期，提出："究竟是一个党好，还是几个党好？现在看来，恐怕是几个党好。不但过去如此，而且将来也可以如此，就是长期共存，互相监督。"新中国成立初期所说的多党合作主要还是新民主主义的政党关系，这里毛泽东进一步明确了在建立社会主义制度后我国仍将长期保持多党合作的格局，已含有建立社会主义政党制度的思想；并且他把"长期共存"和"互相监督"联系在一起，实际上提出了在社会主义制度下执政党也要接受监督和制约这个重要问题。这不仅对协商民主在中国的长期存在与发展，而且对建设中国特色的社会主义民主政治都具有深远的意义。正因此当时周恩来在谈及毛泽东提出这个思想的重要意义时指出，“长期共存、互相监督”的方针实际上是扩大民主。邓小平当时也说毛泽东提出这个思想是看得很深很远的。为了贯彻毛泽东提出的这八字方针，全国政协二届三次会议专门做出了政治决议，提出“我们必须根据中国共产党和各民主党派‘长期共存、互相监督’的方针，继续发扬民主，健全国家政治生活”。

协商民主在新中国成立初期经历了蓬勃发展的黄金时期，如果坚持贯彻上述方针协商民主本可以不断发展下去，但后来却因“左”的错误影响，这个进程受到了干扰以至中断。由于新中国成立初的协商民主还是与革命统一战线相联系的，而革命统一战线是建立在阶级分析基础之上的，按照刘少奇的说法是一种“特殊形式的阶级斗争”，因此很容易受到阶级斗争的影响。1957年后随着阶级斗争扩大化，统一战线、人民政协便首当其冲开始受到冲击，到了1966年“文化大革命”爆发更被迫停止办公，直到十一届三中全会后才得以发展，进入了一个新的历史时期。

第四个阶段，从1978年至今，这是新时期多党合作、政治协商发展成为我国的一项基本政治制度并载入《中华人民共和国宪法》，并且协商民主作为我国社会主义民主两种重要形式之一得到确立的时期。

1978年12月十一届三中全会召开，我国进入了改革开放的新时期，人民政协也发展进入了一个新的历史阶段。邓小平曾经谈到新时期我国采取的新政策主要有两条，一是经济上坚持以经济建设为中心，发展社会生产力，推进以建立社会主义市场经济为目标的经济体制改革；二是政治上逐步完善社会主义制度，推进以健全社会主义民主和法制为目标的政治体制改革。与此相适应，进入新时期人民政协也在两个方面经历了具有深远意义的发展变化：一个是适应国内阶级关系的根本变化和工作重点的战略转移，我国统一战线由过去四个阶级的阶级联盟，发展成为由全体社会主义劳动者、拥护社会主义的爱国者和拥护祖国统一的爱国者（2004年修宪后又增加了社会主义建设者）组成的政治联盟，统一战线和人民政协的中心任务也从过去主要为阶级斗争服务，转到为建设社会主义现代化和实现祖国统一、振兴中华服务上来。再一个就是大力加强中国共产党领导的多党合作和政治协商的制度建设，把这一制度确定为我国的一项基本政治制度并载入宪法，同时确认人民政协是实行这一制度的重要机构，团结和民主是人民政协的两大主题。

上述两个方面的发展变化应当说对协商民主在新时期的新发展都具有重大意义。特别是在新时期初确认我国社会阶级状况发生根本变化的基础上，最近中共中央又提出构建社会主义和谐社会的战略任务，得出社会和谐是中国特色社会主义的本质属性，赋予了社会主义社会一种多样性统一的特点，这就使统一战线和人民政协彻底摆脱了“阶级斗争为纲”的影响，为新时期协商民主的新发展奠定了坚实的理论基础。但是，就与协商民主有直接关系的发展变化而言，主要还是多党合作和政治协商基本政治制度的确立，以及人民政协被确认为我国发扬社会主义民主的重要形式。所以下面主要从这两点上考察一下协商民主的新发展。

一是中国共产党领导的多党合作在新时期的新发展。十一届三中全会后邓小平总结历史经验教训，得出了“没有民主就没有社会主义，就没有社会主义现代化”的结论，中共中央开始重视从制度上推进社会主义民主政治建设。1979年6月邓小平在全国政协五届二次会议上的讲话中提出，各民主党派已经成为各自所联系的一部分社会主义劳动者和一部分拥护社会主义的爱国者的政治联盟，都是在中国共产党领导下为社会主义服务的政治力量。就是在对民主党派性质做出这一新判断的基础上，中国共产党把与各民主党派、无党派人士合作的八字方针，发展成为“长期共存、互相监督、肝胆相照、荣辱与共”的十六字方针，并且进一步提出了“在中国共产党的领导下，实行多党派的合作，这是我国具体历史条件和现实条件所决定的，也是我国政治制度中的一个特点和优点”[11]。1987年10月，坚持中国共产党领导的多党合作和政治协商制度被写入了中共十三大报告。1989年1月，邓小平在一份民主党派成员关于加强共产党领导的多党合作问题的建议上批示，要求拟定一个民主党派参政和履行监督职责的方案，在一年内实行。据此中共中央经与民主党派协商，在1989年12月制定颁布了《中共中央关于坚持和完善中国共产党领导的多党合作和政治协商制度的意见》。这个文件第一次在我国长期形成的多党合作政党关系的基础上，明确了我国各政党与国家政权之间的关系，即中国共产党是执政党、各民主党派是参政党，同时进一步确立了中国共产党领导的多党合作和政治协商制度是我国的一项基本政治制度。不久，1993年宪法修正案将“中国共产党领导的多党合作和政治协商制度将长期存在和发展”载入了宪法。随后，1994年通过的政协章程修正案对人民政协的性质也做了进一步充实，在统一战线组织后增加了“是中国共产党领导的多党合作和政治协商的重要机构”的内容。2005年和2006年，中共中央又接连颁布了《中共中央关于进一步加强中国共产党领导的多党合作和政治协商制度建设的意见》《中共中央关于加强人民政协工作的意见》。这两个文件对新世纪新阶段加强我国多党合作和政治协商制度建设进一步做出了全面部署。就与人民政协有关的新内容看，前一个文件首次明确了中国共产党同各民主党派和无党派人士的政治协商主要有两种方式：一种是中国共产党同各民主党派直接进行的政治协商，一种是中国共产党在人民政协同各民主党派和各界代表人士的协商；而后一个文件则首次明确了人民政协是实行我国多党合作和政治协商制度的重要政治形式和组织形式。

二是人民政协作为一种民主形式在新时期的新发展。新时期以来适应国家形势发展的需要和各级政协实践的要求，人民政协的民主作用不断增强。早在1980年全国政协五届三次会议的开幕词中，邓小平就明确提出人民政协是巩固和扩大我国统一战线的重要组织，也是我国政治体制中发扬社会主义民主和实行互相监督的重要形式。进入20世纪90年代，人民政协确立了团结和民主两大主题，中共中央更加强调人民政协在我国民主政治建设中的地位和作用。1990年江泽民提出了政协与人大、政府互为补充，相辅相成，在我国政治生活中具有不可替代的作用，并指出这种政治体制集中体现了我国广泛的人民民主。1991年江泽民首次提出了选举投票和充分协商是我国社会主义民主的两种重要形式。世纪之交中共十六大提出要按照党总揽全局、协调各方的原则，规范党委与人大、政府、政协以及人民团体的关系。以胡锦涛同志为总书记的党中央，明确提出要支持人大、政府、政协和司法机关依照法律和章程独立负责、协调一致地开展工作，推动政协履行职能的制度化、规范化、程序化建设。胡锦涛总书记还把支持人民政协履行职能与加强党的执政能力建设联系起来，第一次概括了人民政协作为发扬社会主义民主的重要形式具有的四个特点。正是根据新世纪中共中央对人民政协的新要求，在总结人民政协历史和现实经验的基础上，2004年通过的政协章程修正案在关于政协性质的表述中，又增加了人民政协“是我国政治生活中发扬社会主义民主的重要形式”的内容。2006年中共中央颁布《中共中央关于加强人民政协工作的意见》，正式提出并科学论述了我国社会主义民主有选举投票和充分协商两种重要形式。

总结协商民主形成和发展的整个历史进程可以看到，中国共产党关于协商民主的思想与实践既一脉相承又与时俱进，协商民主的形成是中国新民主主义革命胜利的成果，是中国革命统一战线发展的产物；而协商民主今天在中国的发展，则是社会主义中国实行改革开放推动我国社会向现代化迈进的必然要求，是建设中国特色社会主义民主政治的必然结果。归结人民政协在中国的产生和发展，中共中央在《意见》中得出了一个历史结论，即人民政协是中国共产党把马克思列宁主义统一战线理论、政党理论和民主政治理论同中国具体实践相结合的伟大创造。这个结论也同样适用于协商民主。

协商民主的内涵、外延和意义

（一）协商民主的内涵

关于《意见》提出的协商民主的内涵用一句话概括，就是：与中国共产党领导的多党合作和政治协商基本政治制度相联系，与我国“两会制”的政治体制基本架构相对应，以协商讨论为特点的一种国家民主形式。这里包含四点内容：（1）它与我国多党合作和政治协商这一基本政治制度相联系；（2）它与我国人大、政协“两会制”的政治体制基本架构相对应；（3）它以协商讨论、广泛听取各党派团体和各族各界代表人士的意见为特点；（4）它是一种国家民主形式。在这四点中关键的是前两点。因为这两点决定了我国协商民主的性质和特点，也决定了我国的协商民主是一种以人民政协为制度渠道和载体的国家民主形式。

下面，我通过六个观点对上述协商民主的内涵做些解释。

（1）中国共产党领导的多党合作和政治协商制度实质上是社会主义民主制度。这一制度是统一战线与人民民主的有机结合。从统一战线看，它强调了共产党领导、多党派合作，中国共产党同各民主党派是亲密合作的友党关系；从民主方面看，它强调了共产党执政、多党派参政，各民主党派不是在野党和反对党，而是参政党。

（2）中国的政党关系是根本利益一致基础上的社会主义政党关系，中国的政党制度是社会主义政党制度，这个性质决定了与这一制度相联系的协商民主属于社会主义民主范畴，是社会主义协商民主。中国各政党的目的不是像西方那样争取执政，中国的协商民主也不是建立在多党竞争民主的基础上，而是各方广泛参与，共同致力于国家发展、民族振兴、建设中国特色社会主义的大目标。

（3）我国政党制度的主旋律是合作而不是竞争，互相监督也是为了更好地合作而不是破坏合作。这种强调合作的特征，决定了中国各党派的活动不是像西方政党那样主要集中在竞选上，而是重在政治协商；也决定了中国的协商民主不同于西方一些学者为了弥补竞选民主缺陷提出的协商民主，其特点主要是重大决策前在人民内部进行充分协商，通过这种协商广泛听取各党派团体和各族各界代表人士的意见建议。政治协商是我国开展多党合作以及各界代表人士参与国是的实现方式和运行机制。

（4）我国实行多党合作和政治协商有多种渠道，包括中国共产党与各民主党派之间直接进行的协商合作，在国家权力机关、行政机关、司法机关以及一些企事业组织中的协商合作等。但是，只有人民政协是实行这一制度的重要政治形式和组织形式。因为在我国人民代表大会中没有议会党团，民主党派成员参加人大是以人民代表的身份进行活动，担任政府及司法机关的领导职务也是以国家公务员的身份履行公务。而中国共产党和各民主党派都是政协的参加单位，在政协，中国共产党要贯彻同各民主党派和无党派人士“长期共存、互相监督、肝胆相照、荣辱与共”的方针，民主党派也可以以本党派的名义进行活动。人民政协中不仅包括我国的各党派团体，还包括各族各界代表人士；人民政协不仅实行多党合作和政治协商，还包括搞好中国共产党同各界代表人士的协商。因此，只有依托有着完整组织系统，聚集了各党派团体和社会各界代表人士的人民政协，同时在全国从中央到地方形成人民代表大会制度——各级人民代表大会、中国共产党领导的多党合作和政治协商制度——各级人民政协这样一种政治架构，才能充分发挥这一制度在我国政治生活中的重要作用。

（5）人民政协既是最广泛的统一战线组织，又是实现我国人民民主的一种重要形式。人民政协作为统一战线组织当然也要发扬民主，但统一战线毕竟是中国共产党的一项重要工作，究其自身目的是协调处理中国共产党与其他党派和党外人士的关系，实现和发展中国共产党领导的大团结大联合；而民主是指人民当家作主，对政协来说，就是要组织参加政协的各党派团体和各族各界人士参政议政、共商国是。民主包括民主意识、民主作风、民主形式、民主方法等广泛的内涵，但首先是国家制度，是一种政治体制。发挥政协的民主作用不仅要求在政协组织内部发扬统一战线历来强调的广开言路、平等议事、求同存异、集思广益等民主作风和民主方法，更重要的是首先要从国家制度的角度确立人民政协在国家政治体制中的地位，明确人民政协作为我国政治体制的重要组成部分与政治体制其他部分的关系，在此基础上组织好政协的各参加单位和政协委员共同参与国是。

（6）中国共产党领导的多党合作和政治协商制度是我国的一项基本政治制度，选举投票与充分协商是我国社会主义民主的两种重要形式，这两个论断决定了协商民主在我国是一种以人民政协为主要渠道和载体的、属于国家制度层面的民主形式。所谓国家民主形式，就是体现国体、有宪法保障、由国家基本政治制度规定、构成国家政治体制组成部分的民主形式。与我国人民民主专政的国体相适应，我国实行人民代表大会制度、中国共产党领导的多党合作和政治协商制度以及民族区域自治制度。这三项制度都是我国的基本政治制度，体现这三项制度的民主形式都是国家民主形式。为了保障广泛的人民民主，我国政治体制的一个突出特点，就是既有通过选举产生的人民行使国家权力的机关——人民代表大会，又有通过协商产生的各党派团体和各族各界代表人士发扬民主的重要形式——人民政协。两种民主形式是与我国这种“两会制”的政治体制基本架构相对应的。《意见》在论述两种民主形式的条款中，首先就提出“人民政协是我国政治体制的重要组成部分”，并最后落在发展社会主义民主政治要善于运用人民政协这一民主形式。因此，《意见》关于两种民主形式的论断，进一步从政治体制的角度，明确了以人民政协为制度渠道和载体的协商民主是一种国家民主形式。

讲到协商民主与中国共产党领导的多党合作和政治协商制度的关系，有一个问题需要讲清楚，即多党合作和政治协商是一个制度还是两个制度。有一种观点把我国的多党合作和政治协商看成两个制度而不是一个制度。应当说这种看法也是有根据的。新时期开始多党合作和政治协商确曾一度被视作两个制度，邓小平最早从制度上讲多党合作也是称其为“中国共产党领导下的多党合作制”。但是，在我国多党合作和政治协商制度作为一项国家基本政治制度已经确立并载入宪法的今天，还继续抱着这样一种看法就站不住脚了。从这一制度形成的历史看，最早把多党合作和政治协商制度连在一起讲的是中共十三大报告，而十三大报告之所以这样提是邓小平亲自定的。据我所知，十三大报告在定稿前曾经送邓小平审阅，而邓小平最后对报告稿少数几个地方做了修改，其中一处就是在原报告稿中“共产党领导下的多党合作制”的“多党合作”后加上了“和协商”。后来，就是根据十三大报告的这个提法，在中共中央有关这项制度的第一个纲领性文件——1989年14号文件中，正式提出了“中国共产党领导的多党合作和政治协商制度”，并把它确定为我国的一项基本政治制度。其中与十三大报告稍有不同的，只是听取民主党派的意见去掉了“共产党领导下”的“下”字。

在多党合作和政治协商基本政治制度已经确立并写入宪法的情况下，就不能再把它看成是两项制度或者仅仅看成是政党制度了，因为这项制度已经把人民政协包括在内。按照现在的政协章程，人民政协是我国多党合作和政治协商的重要机构，各级政协都要坚持和完善多党合作和政治协商制度。但现在的人民政协不仅包括我国的各党派团体，而且还包括各族各界代表人士，并且在有些没有民主党派的地方也有政协组织。所以，现在如果再把政治协商与多党合作分割开来，或者把这项制度仅仅看成是政党制度，就可能会把人民政协排除在宪法规定的基本政治制度之外，使人民政协作为实施这一基本政治制度的机构失去宪法依据，进而不仅在理论上而且在实践中造成混乱。从“中国共产党领导下的多党合作制”到“中国共产党领导的多党合作和政治协商制度”，体现了中国共产党在这个问题上的与时俱进，体现了我国社会主义民主政治的新发展。就这项制度的核心内容即“共产党领导、多党派合作，共产党执政、多党派参政”来看，可以称之为社会主义政党制度，但就其作为一项基本政治制度所包含的全部内容来看，准确地称呼这一制度应当称之为社会主义政治制度和政党制度。

综上所述，联系协商民主在中国形成和发展的历史，可以看到贯穿于其中有两条主线：一条主线是坚持中国共产党与各民主党派、无党派人士的协商合作，由这种协商合作发展到确立中国共产党领导的多党合作和政治协商是我国的一项基本政治制度，而人民政协则是实行这一制度的重要政治形式和组织形式。这一条线反映了贯穿于协商民主发展进程中的统一战线的传统，可以说由统一战线发展而来。再一条主线就是坚持人民政协是我国政治体制的重要组成部分，中国不搞西方那种相互制衡的两院制，但必须实行相互补充的“两会制”。这一条线反映了人民政协作为我国政治体制的有机组成部分、作为一种民主形式的传统，强调了人民政协作为协商机关既不同于国家权力机关，又与国家机关的工作紧密联系，可以在国家政治生活中发挥与人大、政府相辅相成的重要作用。考察我国的协商民主必须看到贯穿于其中的两条主线而不能只看到一条主线。

（二）协商民主的外延

2006年中共中央颁布《意见》旨在加强人民政协工作，毫无疑问，《意见》提出两种民主形式的论断主要也是为了推进政协工作。但是，中央文件毕竟不同于政协的文件，中央考虑政协工作也不可能是只就政协讲政协，而必然是站在党和国家工作的全局，从我国整个社会主义民主政治建设的大局来筹划。就《意见》关于两种民主形式的具体论述来看，它强调的是“人民通过选举、投票行使权利和人民内部各方面在重大决策之前进行充分协商”，这里的主语是“人民”，因此它所讲的“协商”不仅限于人民政协或各个党派，而应当包括更广泛的内容。现代社会协商和选举投票存在于社会的众多领域和众多社会政治组织中，我国由于社会主义民主性质的要求和国情的原因，协商作为一种民主形式更是广泛地存在于社会政治生活的各个方面、各个层次。不仅多党合作和政治协商制度中有协商，而且在人民代表大会制度、民族区域自治制度、中国共产党的党内民主以及基层群众自治等各个领域都有协商。比如我国人大代表、党代会代表的产生，从代表候选人的推荐提名，到确定代表候选人预备人选、初选名单，都要经过上下结合、反复酝酿，广泛协商听取意见。我国政治生活普遍实行民主集中制的原则，而要实现民主基础上的集中也需要经过充分的协商。我国一些地方政府现在也有实行协商民主的试点，如2000年中央编译局和中央党校有关单位发起了“中国地方政府改革与创新”研究和奖励计划；2003年浙江省温岭市开展了具有协商民主特点的“民主恳谈”，获得了第二届“中国地方政府创新奖”优胜奖。

由此可见，协商民主既具有与我国多党合作和政治协商制度相联系的特定内涵，又有着宽广的外延。适应当前我国的发展要求，中共中央不仅提出要“扩大各界人士有序的政治参与”，而且提出要“从各个层次扩大公民有序的政治参与”，保障公民的知情权、参与权、表达权、监督权。与前一个“参与”相关联的是协商民主的内涵，与后一个“参与”相关联的就是协商民主的外延。从总体上看，协商民主不是指一种具体的民主形式，而是一个民主的类型，是一种以协商为特点、具有广泛适用性的社会主义基本民主形式。中共中央提出这个论断是着眼于实现社会主义民主政治的制度化、规范化、程序化，力图通过健全民主制度、丰富民主形式、拓宽民主渠道，使我国最广大的人民享有最充分的民主。

（三）协商民主的意义

联系协商民主的内涵和外延，对《意见》所提出协商民主的意义也可以从两个方面看，一方面是对发展完善我国多党合作和政治协商制度的意义，一方面是对推进我国社会主义民主政治、建设中国特色社会主义的意义。

首先，对于第一个方面我主要联系人民政协来讲。协商民主对人民政协的意义用一句话概括，就是进一步明确了政协章程规定的人民政协作为发扬社会主义民主重要形式的性质、特点和地位、作用，也就是解决了政协作为一种民主形式的定性、定位问题。

关于政协作为一种民主形式的定性问题。一段时间以来，对人民政协的民主作用一直较为含糊，讲得较多的主要是人民政协作为统一战线组织的作用，讲到政协的民主作用也是强调要在政协这个统一战线组织中发扬民主作风的问题。而当讲到政协在国家政治生活特别是政治体制中的民主作用时，常常会遇到一个问题，即不能搞“两院制”，要防止人民政协向权力机关演变。协商民主的提出，进一步明确了人民政协作为一种民主形式，不是那种在国家政治生活中行使国家权力的民主，而是通过协商讨论广泛听取各党派团体和各族各界人士意见建议的民主，这就把政协的民主与人大的民主科学地区分开来，消除了有些人担心政协发挥民主作用会向权力机关演变的疑虑，使人民政协两大主题中的民主主题更加鲜明、更加确定下来，为人民政协充分发挥民主作用开辟了广阔的空间。

对政协的协商民主作用应当多从积极方面去看。从积极方面去看，就是要看到政协民主虽然没有权力的性质，但在国家政治生活中具有如《意见》所说的“不可替代”的作用，这种“不可替代”性至少有五点：第一，它使我国的民主更加广泛，为难以按照选区和人口比例产生的各党派团体和各界代表人士参与国是、参政议政，提供了畅通的渠道。第二，它体现了保护少数的民主原则，为维护占我国人口比例不大的各少数民族和阶层、群体的权益，为保证知识分子、专家学者的意见在国家政治生活中得到充分表达，提供了制度保障。第三，它使我国的民主更加充分，协商不仅可以实行于决策之前，而且可以实行于决策的实施、检查、反馈等各个阶段，使民主参与能够贯穿于决策的整个过程，从而弥补选举票决只能对不同的结果进行选择而无法参与决策的全过程的不足。第四，它既能够反映社会各界的不同利益要求，又能够通过立足于公共利益的广泛交流和理性讨论，达到一种真正的而不是形式上的一致，促进我们的决策建立在更加科学、民主的基础上。第五，它还可以使发扬民主与加强团结有机地统一起来，协商的过程能够加强沟通、增进理解、扩大共识，有利于形成既生动活泼又和谐稳定的氛围，避免造成由于恶性竞争相互攻讦、相互掣肘以致社会失序的局面。

西方的竞选民主常常被利益集团所左右，竞选过程也常常失去理性，而且选举结束很大程度上就意味着大众政治参与的完结，一些西方学者正是为了弥补竞选民主的这些缺陷也提出了协商民主的主张。在我国虽然选举票决民主也尚未完善，还需要加强，但我们完全可以坚持优良传统，借鉴有益成果，在推进选举票决民主的同时积极搞好协商民主。

关于政协作为一种民主形式的定位问题。从两种民主形式的角度提出协商民主，实际上着眼的是政治制度建设。提出协商民主对政协更加重要的积极意义，就是从政治制度的高度，进一步确立于人民政协在国家政治生活中的地位和作用。

关于人民政协在国家政治生活中的地位和作用可以从多个角度去认识理解，比如政协作为统一战线组织，就可以从统一战线是中国共产党总路线、总政策的重要组成部分，是我们党的一大政治优势、一大法宝的角度来阐述。但是随着中共十六大把发展社会主义民主政治、建设社会主义政治文明确立为全面建设小康社会的一个战略目标，并且把坚持完善多党合作和政治协商制度明确为实现这个目标的一项重要内容，就特别需要我们从国家的总体政治发展战略出发，从政治制度、政治体制上去把握和确立人民政协在国家政治生活中的地位。从政治制度上把握人民政协在国家政治生活中的地位，就是要确立多党合作和政治协商制度是我国的一项基本政治制度，人民政协是实行这一制度的重要政治形式和组织形式；从政治体制上把握政协在国家政治生活中的地位，就是要确立人民政协是我国政治体制的重要组成部分，与政治体制的其他部分存在着互为补充、相辅相成的关系。

在我国政治体制中人民政协是协商机关。政协没有人大那样的立法权、重大事项决定权、重要人事任免权和带有法律强制性的监督权，但可以列席人大会议，听取并讨论政府工作报告和其他重要报告；可以对国家和地方的大政方针和重要问题、重要法律草案及重要人事任免进行协商；可以对宪法、法律和法规的实施、重大方针政策的贯彻执行、执政党和国家机关及其工作人员的工作通过建议和批评进行监督。政协与政府之间不存在人大与政府之间的那种权力机关和执行机关的关系，没有对政府工作进行质询、对政府官员予以弹劾之类的权力，但政协可以对政府的重大决策进行协商，可以对政府机关及其工作人员的工作进行民主监督，可以围绕政府的中心工作和群众关心的重要问题进行调查研究、建言献策，可以向党和政府反映社情民意。我国的这种政治体制既能够保证国家权力的统一行使，避免西方政体的那种“三权鼎立”、互相掣肘，又能够在执政党、国家机关和社会各界代表及人民群众之间形成密切的联系，使公权力的运行不仅受到法律、权力的制约，而且处于人民政协这样的非权力机关的民主监督之下，体现了中国共产党领导、人民当家作主和依法治国的有机统一。

在中国的政治体制中保持一个人民政协这样的政治组织，是新中国缔造者们的一大政治创造。如果说在最初建立社会主义制度的过程中，我国在许多方面或多或少受到当时苏联模式的影响，那么可以说人民政协完全是中国独创的东西。人民政协作为我国政治体制的重要组成部分在中国已经实行五十多年了，而且发展到现在对此已经有系统的理论阐述并载入了国家宪法，但是直至今天仍然有许多人在讲到中国的政治体制时把人民政协排除在外。这种现象一方面说明我们政协做的工作还不够，在研究宣传方面还要进一步加强；另一方面也说明现在不少人还是不习惯从中国国情、中国特色出发来看中国的政治体制问题。因此，这就要求我们在理解把握、宣传阐释中央提出协商民主对人民政协的意义时，更要注意强调其政治制度、政治体制方面的内容。

其次，关于提出协商民主对发展社会主义民主政治，建设中国特色社会主义的意义，根本体现在坚持走中国特色社会主义政治发展道路上。

在这一点上《意见》的一个引人注意之处，是第一次在中央文件中明确了发展社会主义民主与弘扬中国优秀传统文化的关系。《意见》指出，人民政协这种民主形式“既符合社会主义民主政治的本质要求，又体现了中华民族兼容并蓄的优秀文化传统，具有鲜明的中国特色”。这个论断不仅对发挥人民政协的民主作用，而且对走中国特色社会主义的政治发展道路具有深远的意义。之所以这样说，因为在中国这样的大国建设社会主义政治文明，不可能照搬别国的政治模式，只能走一条自己的政治发展道路。而要走出一条自己的政治发展道路，就必须既顺应时代潮流，有远大的眼光；又扎根于中国土壤，有自己的根基、自己的理念。《意见》关于政协民主的论述就体现了这种顺应时代潮流与扎根中国土壤的统一。

《意见》关于政协民主“体现了中华民族兼容并蓄的优秀文化传统”的论断有着丰富的蕴含。就协商民主与中国传统文化的关系来说，直接地看它传承了中国传统文化“贵和尚中”（崇尚和谐、提倡中庸）的思想精华，更深一层看它还包含着中华民族长期形成的注重整体的思维方式和行为习惯等理念。正是因为把不同方面的和谐共存视为当然，遇到问题总是先从整体上去考虑，努力寻求各方都能接受的适中的办法去解决，才会要求彼此之间相互尊重、协商对话。中国文化历来强调个人与集体、社会与国家是联系统一的。（如儒家强调“修身、齐家、治国、平天下”）直到今天我们仍然要努力形成一种既有民主又有集中、既有自由又有纪律的政治局面。比较而言西方则完全不同。从思想文化上看，从文艺复兴提倡天赋人权，到新教改革提出个人可以直接与上帝沟通，西方有着深厚的个人主义传统，贯穿于西方文化传统中的不是强调个人与集体、社会与国家相统一而是相分离的个人主义理念，今天西方民主提倡的也是保护、张扬个人的权利。正因为把个人自由当作天赋权利，政府只能保护而不能侵犯个人自由，所以政治上必然要求实行以自由选举为基础的多党轮流执政和相互制衡的“三权鼎立”，并以法律对权力的行使加以限制。

民主政治离不开个人自由。社会主义的最终目标就是要实现每个人的自由、全面发展。我国发展社会主义民主政治当然需要借鉴人类文明的有益成果，包括尊重人权、自由平等、民主法治等这些西方民主政治中反映政治发展客观规律的内容。并且由于我国的封建专制影响很深，以抽象的国家需要虚化、湮灭个人权益的现象曾长期反复发生，更需要注意在坚持统一领导的同时强调依法治国、建立权力制约、保障个人权益。但是，他人的有益成果只能生长在他人的土壤上，没有自己的根基和理念就不可能走出一条自己的发展道路。况且现在各国的实践已经表明，当今世界面临的许多矛盾不仅靠武力难以解决，靠“刚性”的选举表决也难以化解，西方那种以竞选为依托的民主已越来越显露出其局限性。摒弃无约束的个人主义，借鉴整体性领悟世界的东方智慧，加强相互之间的尊重、理解、沟通、包容，实现人类的和谐共存、协调发展，已经成为越来越多东西方思想家的共识。因此，今天我们发展社会主义民主政治，应当大力发展传承了中华民族优秀文化传统的协商民主。以人民政协为制度渠道和载体的协商民主，既可以适应社会转型变革时期权威流失、政治制度尚不稳固完善、难以承受突然爆发的巨大政治诉求社会条件下政治发展的要求，又是一种具有广阔发展前景的新的政治模式的选择。

协商民主与人民政协履行职能和自身建设

这个问题我主要讲一点协商民主与政协履行职能和自身建设的关系，或者说协商民主对政协履行职能和自身建设提出的新要求。

（一）协商民主与人民政协履行职能

这方面需要注意三点：

第一，《意见》讲的协商民主是我国社会主义民主的一种基本形式，而不是政协的一项具体职能。因此，不能把协商民主等同于人民政协的政治协商职能。对于人民政协来说，政治协商、民主监督、参政议政三项职能都属于协商民主的范围。

第二，协商民主进一步明确了人民政协履行职能的特性，即其主要是通过开展调查研究、提出意见建议、进行协商讨论的方式进行的。明确这一点有助于政协发挥自身的特点和优势，澄清一些模糊认识。比如，对于政协的民主监督职能，不少人认为发挥得不够好，要求增强实效。政协的民主监督还需要加强是毋庸置疑的。但在致力于加强政协监督作用的同时需要注意的一点是，政协的民主监督属于协商民主范畴，加强政协的民主监督要立足于发挥其特点和优势。政协的监督作用不是体现在法律的强制性上，而是通过广泛听取意见使执政党能够听到不同的声音，能够发现党和国家工作中一些没有发现的错误和缺点，发挥一种政治警示的作用。不能认为政协的这种监督没有作用，而应当看到正是因为政协的监督是属于协商民主的非权力性的政治监督，才使它有了一种极大的广泛性和灵活性，可以采取灵活多样的方式及时发现各种问题。2006年媒体突出报道了“两会”关注的一个焦点是民生问题，其实早在2004年、2005年政协会议就已经开始高度关注民生问题，这就是政协民主监督作用的体现。当然，讲政协民主监督没有强制性不等于说它没有约束性。政协民主监督是有制度和组织保障的监督，制度就具有约束力。这次《意见》对加强政协民主监督做出了许多制度性规定，比如要求完善民主监督机制，在知情环节、沟通环节、反馈环节上建立健全制度；要切实发挥政协提案和建议案在民主监督中的作用，有关方面对政协的提案和建议案要认真办理、及时答复等。

讲到政协履行职能的特性还有一个问题需要正确理解，就是《意见》提出政协的民主监督是政治监督，以及政协履行政治协商、参政议政职能中“政治”的含义问题。有一种说法，认为政协现在的参政议政实际是“参经议经”，回避了政治问题。对这个问题我的理解是，这里讲的“政治”不是政协履行职能的内容而是属性。也就是说政协是政治组织，是我国政治体制的重要组成部分，将一些问题拿到政协来讨论，就是上升到国家政治生活的层面来讨论，就体现了政治性。至于协商、监督和议政的内容，政协章程和有关文件都规定得很清楚，既可以是政治问题，也可以是经济、社会、文化及群众关心的各种问题。而且，因为人民政协总是围绕党和国家的中心任务履行职能，各个时期党和国家的工作重点、中心任务是变化的，所以政协履行职能的内容也会有相应的变化。新中国成立初期人民政协承担的建国任务主要是政治性的，当时协商议政的内容政治性就强一些；而现在以经济建设为中心，强调构建和谐社会，这方面的内容自然就更加突出起来。

第三，发展协商民主既要在政协组织中坚持和发扬广开言路、畅所欲言等统一战线的民主作风、民主传统，更要重视切实推进人民政协履行职能的制度化、规范化和程序化建设。这方面我想重点谈一点程序化的问题。现代民主是制度民主、程序民主，过去一个时期我们对民主的认识曾经只强调其性质或本质，而对制度、程序则常常忽视。实践证明如果没有一套系统的制度和程序，民主将不仅难以保障而且无法运行。这次中央《意见》在政协履行职能上的一个重要变化，就体现在制度建设、程序建设上。比如，这次《意见》提出要“把政治协商纳入决策程序”，并从协商的议题提出、活动安排、对决策部门的要求、成果报送及反馈处理等五个环节，对人民政协进行政治协商的程序做出了规定。这是把人民政协的政治协商纳入党和国家决策程序迈出的重要一步。当然，制度建设、程序建设是一个需要不断总结经验、不断推进的发展过程，对这次《意见》已经做出规定的政治协商程序化问题，也还可以继续研究、完善。比如，中央文件规定的只是一个主要程序或一般程序，而人民政协的政治协商具有多种形式。就文件规定的程序看，对政协一些大型的、综合性的协商活动，如政协全委会议、常委会议等应该是基本适用了，但对于一些较小型的、专项具体的协商形式如专题协商会等，则还可以进一步具体、细化。严格地讲，程序就应当是具体的，只有具体才可以操作，才能够遵守。所以要进一步推进政治协商的程序化建设，除了有一般的程序规定外，还要对专门具体的协商活动做出专门具体的程序规定。而这种具体协商程序的制定，就需要有协商各方特别是决策方的参与。只有这样制定出来的程序，才能被协商务方切实遵守，才能使政协的政治协商真正成为党和国家决策不可缺少的重要一环。

程序是一种约束机制，要求参与各方按照一种共同约定的规程进行协商活动；程序又是一种筛选机制，要求对各种问题在提交协商前先按照一定的原则进行筛选。从作为筛选机制的效用看，不断推进程序化建设在当前也有着紧迫的现实意义。从全国政协看，过去委员提交的提案、发言、信息比较少，因此一直提倡、鼓励委员多提；但现在情况发生了很大变化，委员提交的提案、发言、信息等大量增加，国务院有的部门甚至仅提案，一年收到的就达数千件。试想，现在政府部门自身的工作已很繁重，而需要答复处理的不仅有政协提案还有人大的议案等，这种状况下怎么能够件件都有周到的答复？为了解决这个问题我们强调要提高质量、区分重点，应当说这是在当前情况下能够采取的较好的办法，但判断质量和重点主观选择性较大，所以解决这个问题最终还是要靠推进程序化建设。从长远看，或许政协将来可以建立一个程序委员会。

推进程序化是政协工作的一个创新。在开展这项工作时必须妥善地处理好开拓创新与坚持传统的关系。应当看到程序化的要求与统一战线历来坚持的广开言路、畅所欲言、知无不言、言无不尽的民主传统是不尽相同的。程序化要求对协商活动给予约束、筛选，就不同于广开言路、畅所欲言、多多益善。这就要求推进程序化必须首先仔细地研究、区分、确定哪些协商活动需要并且可以实现程序化。政协履行职能既可以是政协组织或参加政协的党派团体，也可以是委员个人；既可以有庄重的形式，也可以采取灵活的方法。推进政协履行职能的程序化建设，主要应是那些以组织名义进行或者具有庄重形式的活动，比如政协组织召开的正式的协商会议、提出的建议案和委员提案等，而对于那些需要委员广开言路、畅所欲言的活动，则仍然应当坚持统一战线的优良传统。

（二）协商民主与人民政协的自身建设

中共中央的《意见》提出了加强人民政协“四位一体”自身建设的新概括，协商民主与政协四个方面的自身建设都有关系。

第一，关于促进党派合作。我国协商民主的一个特点就是坚持中国共产党与各民主党派和无党派人士的合作协商。人民政协是我国多党合作、政治协商的重要机构，因此充分认识各民主党派和无党派人士是人民政协的重要组成部分，尊重和保障他们在政协参政议政、开展活动的权利，既是政协自身建设的重要内容，也是政协实施协商民主的必然要求。人民政协成立以来，各民主党派在政协中一直发挥着突出的作用，作为政协组织的重要参加单位不仅在参加人数上，而且在政协开展诸如提出提案、大会发言、进行调研视察以及反映社情民意等各项活动中，都占有较大比重。人民政协已经成为各民主党派履行参政党职责，经常性参政议政的一个重要平台。随着《意见》把促进党派合作列为加强政协自身建设的首要任务，各民主党派和无党派人士在政协的作用将会更加得到重视。

第二，关于突出界别特色。我国协商民主的特点就是能够听取、反映各个方面的意见，政协在实施协商民主方面的价值就是能够保障和发挥各界人士的作用。人民政协的界别特点，一方面体现在政协的组织构成上，一方面体现在政协的界别作用上。从组织构成看，人民政协由界别组成，它包括了参加政协的各党派团体和各族各界人士等所有参加单位；而讲到发挥政协的界别作用，现在又常常特指发挥政协中非党派团体的社会各界代表人士的作用。

人民政协的界别特点突出反映了政协组织的一个新变化，是政协工作的一个新课题。按照1954年通过的第一部《中国人民政治协商会议章程》的规定，人民政协“以各民主党派、各人民团体为基础组成”，只“在有必要的时候”特邀少数个人参加。周恩来对二届政协组成的说明就体现了这一点。当时他指出：“参加政协第二届全国委员会的有11个党派、17个团体和特邀代表。”其中11个党派包括中国共产党、8个民主党派、无党派民主人士和新民主主义青年团，而17个团体则不仅包括工会、妇联、青联、工商联等8个团体单位，还包括了现在被视为界别的自然科学界、教育界、医药卫生界、宗教界、少数民族等9个单位。应当看到周恩来的上述说明不仅符合当时政协章程的规定，也符合当时政协组织的指导方针。当时的一个指导思想就是政协的参加单位都应当有组织，“因为统一战线的构成是集体的不是个人的”，所以“个人参加就只有特邀”。正是出于这样一个指导思想，一届政协曾经“照顾到还不能立刻组织团体”的自由职业者，但到了二届政协其作为参加单位就被取消。政协成立时确立的这种组织思想在此后的二届、三届直至四届政协期间都基本保持未变，但是到了组建第五届政协时开始发生了变化。由于“文化大革命”刚结束有大批被“打倒”的老干部复出需要安排，因此在组建五届政协时吸收了许多老干部参加，这就导致在政协的组织构成中不是党派和团体的各“界”人士的数量大增，这类的“界”从四届政协的6个发展到五届政协的10个，并且与这种变化相适应的政协章程也进行了修改。1978年通过的第二部政协章程，第一次把“界”与党派、团体一起列为组成政协的一个主体。而这一修改在1982年由邓小平主持修改通过的新时期政协章程中又基本被保持了下来，最近章程修改在关于人民政协组成的表述中又增写了“设若干界别”的内容，从而正式形成了现在的人民政协由各党派团体和各族各界人士组成的格局。

由以上回顾可见，最初在政协组成中增加“界”的设置是由于当时历史条件下的特殊人事安排需要。因此，过去对于“界”能否与党派团体一起成为政协的组成主体曾经有过不同看法，认为新时期刚开始的这种安排只是一种权宜之计，把“界”作为政协的组成主体违背了建立政协组织的初衷。但是，经过新时期近三十年的新发展今天来分析这个问题，就不宜再这样看了，而应当看到这个变化有其客观的、历史的必然性：一方面，随着我国社会从以计划经济为基础的单一社会结构向以市场经济为基础的多元社会结构过渡，社会经济成分、组织形式、就业方式、生活方式日益多样化，新的社会阶层不断产生，这在客观上就要求“扩大各界人士有序的政治参与，拓宽社会利益表达渠道”；另一方面，随着我国社会的变化、新时期统一战线的构成也发生了深刻变化，许多来自新的社会阶层包括不参加任何党派团体的各界代表人士成为新的统战工作对象，同时人民政协的性质和作用也得到进一步完善，特别是政协在发挥广泛听取社会各界意见的协商民主方面作用的确立，这就势必要求人民政协从新中国成立初期主要是统一战线组织、“各党派的协商机关”，进一步发展成为保障和扩大我国社会各界有序政治参与的政治组织和民主形式。因此，突出界别特色可以说是人民政协适应中国社会发展的必然结果，也是中国推进社会主义民主政治建设的必然要求。只有在政协组织中增设代表社会各界的参加单位，使人民政协不仅能够反映各党派团体而且能够反映社会各界的要求，才能充分体现其作为协商民主机关的价值。

第三，关于发挥政协委员的主体作用。政协委员是政协工作的主体，政协实施协商民主就要充分发挥政协委员的作用。2004年修改政协章程增加要求政协委员密切联系群众、认真履行职责的内容，以及中共中央的《意见》提出“要尊重和依法保护政协委员的各项民主权利”，都体现了这种要求。

协商民主是广泛听取社会各界意见的民主。发展协商民主自然要求政协委员能够反映本界别的利益、愿望。许多地方政协深化政协工作都提出了委员要有界别意识。但也有不少人认为，人民政协的协商应当站在公共利益的立场，不能为利益集团所左右。这就提出了一个如何处理反映本界别的愿望同坚持维护最广大人民根本利益这一政协工作原则的关系的问题。对这个问题我认为应当采取一种辩证的态度。站在政协组织的立场当然要求政协委员能够反映、维护广大人民的利益。但是广大人民的利益或公共利益不是抽象的，而是由众多具体的、不同的利益组成的；公共利益也不是具体利益的简单堆积组合，而是各种不同利益的共同性要求。因此，要真正把握、实现公共利益，首先需要了解、反映社会各界的不同利益，并且通过各种不同利益进行充分的交流讨论，才能够弄清楚哪些是社会各方面的共同性要求。在此基础上，才能对各种不同的利益加以统筹协调，形成和把握公共利益，并且把各种不同利益之间的差别和矛盾转化为动力，调动各个方面的积极性维护、促进公共利益。

让社会各界的要求呼声在政协组织中有序、顺畅地表达出来比任其在社会上泛滥好。它有利于党和政府及时、如实地了解掌握社会各个方面的愿望要求，制定符合民意和社会实际的方针政策，也有利于在各个界别之间加强沟通、增进理解，协调关系、化解矛盾。政协委员反映自己所联系的社会界别的利益愿望同维护广大人民的利益不是矛盾的，而是统一的。现在政协委员自觉反映自己所联系界别愿望的意识还不强，而如果缺乏生动具体的社会各界的利益愿望做基础，所谓广大人民的利益愿望就可能成为一种空泛的抽象。因此，我们既要坚持维护、实现最广大人民根本利益这一政协工作的根本原则和立场，也应当要求政协委员增强界别意识。实际上，适应形势发展的要求现在政协委员的界别意识已经开始显露出来。比如2005年全国政协的大会发言，一个委员谈到看病难、看病贵的问题，一方面在许多委员中引起了共鸣，另一方面也引起一些委员包括医卫界委员的不满。我感到这件事具有一种标识性的意义，它表明我国社会上的多元化的利益要求已经反映到政协中来，也表明政协委员界别意识的产生、觉醒。当然，在政协委员中既有狭义的社会各界的代表，也有不少专家、学者和党政领导干部，有些委员还兼有界别代表、专家学者或党政领导干部的身份。作为专家学者还是应当提倡他们站在公共利益的立场理性、负责地发表意见，作为党政领导干部更应当自觉坚持党的路线、政策，维护广大人民的根本利益。

第四，关于加强政协机关建设。最后这个问题我只简单提一下。过去政协机关比较强调服务，强调思想作风建设，这些方面当然还需要继续强调。但适应发展协商民主的要求，还要注意加强制度、组织建设。现代民主是一个复杂的制度体系，要形成、运作这样的制度体系，就需要建立规范的工作制度和机制，建立相配套的组织机构，以及组建一支掌握相应专业知识的干部队伍。因此，人民政协应在继续抓好政治思想和工作作风建设的同时，适应新形势大力加强制度和组织建设，逐步建立一支高素质、专业化的政协工作干部队伍。

注释：

［1］毛泽东：《论人民民主专政》，载《毛泽东选集》第四卷，人民出版社1991年版，第1472页。

［2］中国人民政治协商会议全国委员会研究室、中共中央文献研究室第四编研部编：《老一代革命家论人民政协》，中央文献出版社1997年版，第17页。

［3］同上书，第45页。

［4］同上书，第53页。

［5］同上书，第151页。

［6］同上书，第110—112页。

［7］同上书，第284页。

［8］同上书，第43页。

［9］《当代中国》丛书编辑部编：《当代中国的人民政协》，当代中国出版社1993年版，第154页。

［10］中国人民政治协商会议全国委员会研究室、中共中央文献研究室第四编研部编：《老一代革命家论人民政协》，中央文献出版社1997年版，第222—223页。

［11］邓小平：《各民主党派和工商联是为社会主义服务的政治力量》，载《邓小平文选》第二卷，人民出版社1994年版，第205页。

全面准确认识把握十七大精神对人民政协的意义*

（2008年2月）

十七大精神是当前及今后一个时期做好政协工作的指南。对于十七大有关人民政协的精神，必须有一个全面准确的认识。关于这个问题，需要从三个方面去认识把握：

要从总体上认识把握十七大精神对政协工作的意义

中共十七大提出了一系列重大理论观点、重大战略思想、重大工作部署，具有明显的宏观性、综合性、方向性。因此，从总体上认识和把握十七大精神，对于政协工作明确中心、把握大局至关重要。其中特别要注意把握十七大提出的关于坚持中国特色社会主义道路和理论体系、关于深入贯彻落实科学发展观、关于实现全面建设小康社会奋斗目标的新观点和新要求。人民政协事业是中国特色社会主义事业的重要组成部分，人民政协工作必须紧紧围绕党和国家的中心和大局来开展。走中国

* 发表于《中国政协·理论研究》2008年第1期。

特色社会主义道路、贯彻落实科学发展观、实现全面建设小康社会的奋斗目标，就是当前和今后一个时期人民政协工作必须紧紧围绕的中心和大局。

坚持中国特色社会主义的道路和理论体系，为人民政协指明了发展方向、提供了指导思想。这个方向和指导思想就是，推进人民政协事业可以借鉴别国有益的经验，但首先必须从自己的国情和实际出发，坚持走中国特色社会主义政治发展道路，不照搬别国的政治模式。人民政协是我国政治体制中极富中国特色的政治组织和民主形式。人民政协的发展必须始终保持并发扬其固有的特点和优势。

科学发展观是十六大以来我们党提出的最重要的战略思想。为了贯彻落实科学发展观，十七大进一步确定了以人为本、“四位一体”的全面建设小康社会奋斗目标。人民政协贯彻科学发展观，必须坚持“一个中心、两个基本点”的社会主义初级阶段基本路线，坚持把促进发展作为履行职能的第一要务，为推进我国经济、政治、文化、社会建设以及生态文明的全面发展服务。在这个过程中需要注意的是，发展社会主义民主政治是科学发展的一个重要方面，因此推进人民政协事业本身也是我国科学发展的一项重要内容。科学发展观要求经济、政治、文化、社会“四位一体”协调发展，也就是说，发展社会主义民主政治必须与我国经济、文化、社会建设的总体进程相适应。人民政协是我国政治体制的重要组成部分，发展人民政协事业也要审时度势，把握恰当时机，有领导、有步骤地向前推进。政治体制改革、民主政治建设实际上是对上层建筑的改革完善，牵一发而动全身，要十分慎重、稳妥。按照科学发展观的要求发展民主政治就是要求政治体制改革既不能停滞不前，也不能盲目冒进。

要全面把握十七大报告中涉及政协工作的各项内容

由于人民政协履行职能涉及经济、政治、文化、社会以及生态文明等各方面建设，因此全面地看，整个十七大报告特别是其中对各方面建设提出的新观点、新要求，都与人民政协有关，都是做好政协工作必须把握的，而具体地看，就直接与人民政协有关的内容讲，这次十七大报告也做了充分的论述。

报告的十二个部分中有四个部分直接涉及了政协工作：一是在报告的第一部分关于“过去五年的工作”回顾总结中，将“中国共产党领导的多党合作和政治协商制度”不断完善，作为“我国民主法制建设取得新进步”的一个内容给予肯定，这其中就包含了人民政协的贡献和人民政协做的工作；二是在报告的第六部分关于“坚定不移发展社会主义民主政治”中，集中论述了对统一战线、人民政协的新要求；三是在报告的第十部分关于“推进‘一国两制’实践和祖国和平统一大业”中，有关促进和平统一、联系团结对港澳台胞，也是人民政协工作的重要任务；四是在报告的第十一部分有关外事工作的论述中，还首次写入了要加强政协的“对外交往，增进中国人民和各国人民的相互了解和友谊”。

由此可见，无论是从数量上还是从具有实质意义的新要求上看，十七大报告关于人民政协的论述都是比较多的。可以说，在新时期以来历次党代会报告中，这次是论述政协内容最多的一次。

要深入把握十七大报告对人民政协提出的新要求

十七大报告对人民政协的新要求，集中体现在关于“坚定不移发展社会主义民主政治”的论述中。这一部分的内容包括一个总论和六条举措。其中总论主要讲发展社会主义民主政治、推进政治体制改革的意义、目标、方向、原则、任务、路径等宏观重大问题；第一条主要讲“扩大人民民主，保证人民当家作主”；第四条主要讲“壮大爱国统一战线，团结一切可以团结的力量”。这三块中的许多内容都直接与人民政协有关。而第六条关于“完善制约和监督机制”中的一些要求，对加强政协的民主监督也有其意义。十七大报告在这些条款中，提出了许多对人民政协今后发展十分重要的新精神。适应形势发展推进人民政协事业，关键就是要深刻认识、准确把握这些新精神，尤其是在以下几个问题上：

（一）关于发展社会主义民主政治的重要意义。这次十七大报告论述这个问题有一个引人注目之处，是在坚持“发展社会主义民主政治是我们党始终不渝的奋斗目标”的同时，提出了“人民民主是社会主义的生命”。讲到“生命”可以说把发展社会主义民主的重要性讲到了极致。发展社会主义民主政治绝不是可有可无的，它不仅关系到我们国家的长治久安，而且关系到社会主义事业以及与这一事业相联系的中国共产党的生死存亡。十七大把有关人民政协的内容放在“发展社会主义民主政治”的条款中加以论述，本身就包含着对人民政协在国家政治生活中地位和作用的认定，也包含着对如何认识和做好政协工作的要求。

（二）关于发展社会主义民主政治的方向和原则。对这个问题，十七大报告不仅继续明确提出：“要坚持中国特色社会主义政治发展道路，坚持党的领导、人民当家作主、依法治国有机统一”；而且提出了政治体制改革“必须随着经济社会发展而不断深化，与人民政治参与积极性不断提高相适应”。这里讲“相适应”，体现了科学发展观的要求，表明我国政制改革与发展也必须与经济社会总体进程相协调，既不能盲目冒进，也不能停滞不前。毫无疑问，推进人民政协事业也要坚持这一方向和原则。

（三）关于发展社会主义民主政治的任务和路径。在这方面，需要重点关注和把握的与政协相关的内容有三点：一是要“坚持和完善人民代表大会制度、中国共产党领导的多党合作和政治协商制度、民族区域自治制度以及基层群众自治制度”。十七大报告讲的这四项制度，构成了我国政治制度的核心内容和基本框架，是我国社会主义民主政治的集中体现，也是实现我国人民民主的主要形式。当前我国发展民主与政治体制改革的主要任务和路径，就是适时地推进这些“社会主义政治制度的自我完善和发展”。而坚持和完善包括人民政协在内的多党合作和政治协商制度，就是其中的一项重要任务。二是为了最广泛地动员和组织人民依法管理国家和社会事务，十七大报告提出了要“从各个层次、各个领域扩大公民有序政治参与”。人民政协是我国各党派团体和各族各界人士参与国事、参政议政的政治组织和民主形式。因此，通过政协渠道“扩大各界人士有序的政治参与”，就是“扩大公民有序政治参与”的一个重要层次、重要领域。三是十七大报告提出了要“坚持社会主义政治制度的特点和优势，推进社会主义民主政治制度化、规范化、程序化”。这一要求，坚持和发展了新时期以来我们党总结历史经验教训强调的发展民主政治重在加强制度建设的观点。制度具有根本性、长期性、稳定性，十七大在“扩大人民民主”一款中对人民政协提出的新要求，就着重强调要“支持人民政协围绕团结和民主两大主题履行职能，推进政治协商、民主监督、参政议政制度建设”。

（四）关于“把政治协商纳入决策程序，完善民主监督机制，提高参政议政实效”。这三句话体现了2006年《中共中央关于加强人民政协工作的意见》的有关精神，是对推进人民政协履行职能制度建设要求的具体化。在十七大报告中写入这三句话，表明对这个问题进一步在全党形成了共识，落实这三句话也进一步成为全党的意志。明确这一点，对于推进人民政协履行职能的制度化、规范化、程序化十分重要。比如，政治协商是政协的参加单位和政协委员，就一些重大问题在决策之前和决策执行过程中与党和政府及有关决策部门进行协商。要“把政治协商纳入决策程序”，就要有一个参与协商各方共同遵守的协商程序。

因此，这里不仅是对人民政协工作提出要求，而且是对党和政府及有关决策部门提出要求。只有人民政协和党政有关决策部门都高度重视，经过共同努力，才能使政治协商作为党和国家决策程序不可缺少的重要一环，在国家政治生活中充分发挥作用。

（五）关于“壮大爱国统一战线”，为促进社会和谐做贡献。这次十七大报告把“壮大爱国统一战线”作为发展社会主义民主政治一个方面的内容单列出来，表明我们党在发展社会主义政治文明的进程中注重坚持自己的政治传统，发挥固有的政治优势。十七大报告还提出了当前统一战线在国家政治生活中发挥作用的着力点，就是要“促进政党关系、民族关系、宗教关系、阶层关系、海内外同胞关系的和谐”。人民政协是最广泛的爱国统一战线组织，囊括了我国各党派、各民族、各宗教、各阶层以及海内外同胞的代表人物，可以“发挥协调关系、汇集力量、建言献策、服务大局”的重要作用。所以，人民政协应当协助党和政府统筹兼顾、妥善处理各方面的利益诉求，为促进上述五大关系的和谐，为维护和发展我国安定团结、生动活泼的政治局面，做出积极的贡献。

（六）关于“加强政协自身建设”。在党代会报告有关政协的论述中提出政协自身建设问题，这在过去是没有的。对十七大的这个要求应当同十七大提出的其他有关举措和中央有关精神联系起来看。联系起来看这个问题就是要看到，十七大在部署当前我国发展社会主义民主的任务时，提出了要“从各个层次、各个领域扩大公民有序政治参与”；而在《中共中央关于加强人民政协工作的意见》中，则提出了要加强人民政协包括体现党派合作、突出界别特色、发挥政协委员主体作用和政协机关建设的“四位一体”的自身建设。因此，适应当前形势加强政协自身建设的一项重要任务，就是要充分发挥人民政协作为我国政治体制中独有的按界别组成的组织特点和优势，把不断涌现的各阶层、各方面的代表人物吸收到政协组织中来，扩大各界人士有序的政治参与。

人民政协作为统一战线组织在建立初期主要以党派和团体为基础组成，少数不隶属于党派团体的个人参加只能作为特邀代表。一届全国政协组成中曾经有自由职业者，而到了二届政协因为其不隶属任何党派团体就被取消。所以，毛泽东曾把人民政协称为“各党派的协商机关，是党派性的机关”。但是，新时期人民政协的界别构成发生了很大变化。特别是随着我国社会从以计划经济为基础的单一社会结构向以市场经济为基础的多元社会结构转变，社会经济成分、组织形式、就业方式、生活方式日益多样化，新的社会阶层不断产生，同时许多包括不参加任何党派团体的新社会阶层代表人物被吸收到政协中来，这就势必要求人民政协从新中国成立初期主要是以党派团体为基础组成的“党派性的机关”，进一步拓展为保障和扩大我国各界人士有序政治参与的政治组织和民主形式。适应新形势新变化人民政协不仅要在组织上扩大团结面、增强包容性，而且要在工作上积极探索创新相应的工作方式和方法。比如，过去政协的参加单位主要是党派团体，政协发挥作用能够依靠这些组织的力量，现在政协中出现了许多没有自身组织的“各界代表”，如何有效地把他们组织起来履行职能、开展活动，就需要深入研究并在实践中创新探索。人民政协只有适应社会发展，成为各党派团体和各界人士参政议政的畅通渠道，才能切实贯彻落实十七大提出的“扩大公民有序政治参与”的要求，体现和发挥作为社会主义协商民主的重要载体在我国政治生活中不可替代的作用。

中国政党制度的民主价值*

（2008年7月）

协商民主是中国政党制度的基本价值追求

政党是现代民主政治的组织实现形式。政党制度实质上是民主制度。民主是任何政党制度的基本价值追求。中国的政党制度也是以民主为基本的价值追求。但中国的多党合作政党制度，是具有中国特色的社会主义民主制度。这个特色，不仅体现在以人民民主为基本价值追求上，而且体现在这一制度中各党派的活动，不是像西方政党那样主要在竞选和相互牵制，而是在广泛的合作和政治协商。中国政党制度追求的民主价值，主要是协商民主而不是竞争民主。

---

* 发表于《人民政协报》2008年7月21日。

协商民主成为中国政党制度基本价值追求的原因和理由

（一）它是由中国向现代社会演进的特殊的历史形成的

从大的历史轨迹来看，自从1840年鸦片战争打破了绵延两千多年的中国封建统治秩序后，中国社会各个方面就不可阻挡地开始向现代社会演进，其中政治演进的基本轨迹就是从封建专制转向现代民主。但是，由于特殊的社会历史条件，这个演进在中国走过了一条特殊的道路。新中国成立前夕，毛泽东在其总结中国革命历史经验的《论人民民主专政》一文中提出过一个论断，认为中国人民从中国革命的经历中取得的一条主要的和基本的经验，就是“团结工人阶级、农民阶级、城市小资产阶级和民族资产阶级，在工人阶级领导之下，结成国内的统一战线，并由此发展到建立工人阶级领导的以工农联盟为基础的人民民主专政的国家”。传统上一般认为，中国新民主主义革命的胜利主要是靠“农村包围城市，武装夺取政权”。毫无疑问这是正确的，但光讲这一点还不全面。毛泽东的上述话表明，中国革命、中国人民民主政权的建立还有一个重要特点，即它是与发展统一战线联系在一起的，其中包括两次国共合作，也包括与各民主党派、无党派民主人士的团结合作。

统一战线是不同的社会政治力量为了实现一定的共同目标，在共同利益基础上结成的政治联盟；政治协商是不同方面的政治代表，通过商量讨论在一些重大问题上求得一致。因而有统一战线就会有政治协商。在中国，统一战线赋予了人民最广泛的内涵，使之囊括了一切爱国、民主、进步的阶级和阶层。所以，作为统一战线组织的人民政协在成立后，能够担负起创建新中国的历史使命。人民政协的成立“使统一战线组织与人民民主形式有机地结合在一起”，标志着中国共产党领导的多党合作和政治协商制度的确立。

（二）它是本质上和谐的社会主义制度的要求

2006年中共中央《关于构建社会主义和谐社会若干重大问题的决定》，确定了社会和谐是中国特色社会主义的本质属性。这个论断为协商民主成为中国政党制度的基本价值追求，提供了理论和现实实践的基础。

过去一个时期我们对社会主义社会曾经有两个僵化、片面的认识：一个是认为实行无产阶级专政的社会主义社会既然是向“无阶级社会的过渡”，就是一个可以通过加速发展很快度过的阶段，基于这个认识在实践中便“急于求成”，追求不断“跃进”，直到新时期提出社会主义初级阶段的理论才彻底纠正了这一错误；还有一个则是认为社会主义社会既然最终要“消灭一切阶级”、消灭“三大差别”，就是一个随着发展经济社会结构日益简单化的社会，基于这个认识在实践中便盲目求纯，追求“一大二公”，同时大搞阶级斗争。这个错误从改革开放开始否定“阶级斗争为纲”，直到最近经过总结二十多年改革开放的经验，得出构建社会主义和谐社会的历史结论，才真正得到了彻底纠正。按照今天我们的认识，社会主义社会如同所有现代社会一样，不是随着发展社会结构日益简单而是日益丰富、复杂，社会面貌日益呈现出多样性的特征。由于社会主义社会具有这种多样性统一、和谐的特点，社会各方面成员在根本利益上是一致的，又可以有不同的思想观念、价值取向、行为方式和利益要求，所以才能把求同存异、民主协商、和谐共处，作为一个长期、基本的追求。

（三）它体现了中国的优秀文化传统和民族特点

比较西方文化，中国传统文化的一个突出特点，是“以和为贵”“和而不同”的价值取向，反对极端、主张适中的处世方法，注重集体、整体为先的思维方式。协商与竞选在理念上的不同就在于：不是强调非此即彼、你失我得、二者择一的选择，而是在参与、讨论、合作的过程中寻求共识和共赢。所以，在《中共中央关于加强人民政协工作的意见》中提出，人民政协这种民主形式，“既符合社会主义民主政治的本质要求，又体现了中华民族兼容并蓄的优秀文化传统，具有鲜明的中国特色”。选举是保证人民掌管国家权力的根本途径，推进中国的社会主义民主政治必须不断完善选举制度；协商则可以使我们的民主更广泛、更切实、更充满活力又保持和谐，适合国情。把选举民主与协商民主结合起来是时代发展的要求，也反映了中国民主政治的民族特点。

（四）它是中国政党制度强调合作的结构功能特点的要求

中国的政党制度是统一战线与人民民主的有机结合。从统一战线看，它强调了共产党领导、多党派合作，中国共产党同各民主党派是亲密合作的友党关系；从民主方面看，它强调了共产党执政、多党派参政，各民主党派不是在野党和反对党，而是参政党。中国各政党活动的目的不是为了相互争夺执政，而是共谋国家发展，实现民族振兴，建设中国特色的社会主义。正是因为中国的政党制度具有这种大目标一致基础上长期合作的特征，决定了我国各党派的活动不是像西方政党那样主要在竞选和相互牵制，而是在广泛开展政治协商。在我国，国家事务中的重要问题是经过协商成熟而后决定，各政党之间关系的处理包括互相监督，也主要是通过政治协商来进行。政治协商是中国多党合作的实现方式和运行机制。

（五）它也是民主党派的组织特点决定的

中国的各民主党派都不是群众性政党，而是由以知识分子为主体的有关界别的代表人士所组成，具有“干部型”集团的组织特点。因为具有这种知识精英构成的特点，所以它们要求也有条件进行充分、理性的政治协商。

当前充分实现中国政党制度民主价值需要注意的几个问题

从发挥民主党派作用的角度，当前需要注意以下几个问题：

1. 作为民主党派，既要发挥智力优势，又要反映界别要求；既要发挥组织作用，又要尊重党员权利。民主党派知识精英构成的组织特点，以及开展政治协商的要求，使之在发挥本组织智力优势方面有特殊的需要。民主党派作为致力于促进国家发展的参政党，必须关注广大人民的利益要求。但民主党派的性质和特点，又使之既要维护广大人民的整体利益、根本利益，又要反映其所代表成员和联系群众的利益愿望，特别是在我国社会日益多样化，新的社会阶层不断产生，而各民主党派又都已把他们作为发展对象，并且面临要求扩大公民有序政治参与的情况下，更应当注意拓宽社会利益表达渠道，把各种社会力量纳入政治体制中来。各民主党派也只有联系反映社会上一个方面的意见和要求，才"能够对于我们党提供一种单靠党员所不容易提供的监督，能够发现我们工作中的一些我们所没有发现的错误和缺点"。

2. 在党际之间，要保证各党派在宪法范围内的政治自由、组织独立和法律地位平等，正确处理坚持中国共产党的领导与互相监督的关系。坚持中国共产党的领导，不仅要有正确的路线、政策，而且要通过经常的、制度化的政治协商活动把它体现出来，并且在政治协商活动中注意听取民主党派的意见，实行互相监督。中国的政党制度以团结合作为主要特征。强调合作体现了社会主义制度能够集中力量办大事的优势，必须始终坚持。但这也容易产生制约薄弱、忽视监督的问题。因此，正由于不是相互竞争而是强调合作，更需要有互相监督。中国共产党当年提出与各民主党派长期共存的目的就是为了互相监督，没有互相监督长期共存就失去了意义。

3. 在国家政治生活中，要把完善多党合作和政治协商制度，作为落实依法治国基本方略、加快建设法治国家的重要内容。建设法治国家要在经济、政治、社会各个领域实现依法治国。扩大公民有序的政治参与也需要有政治组织来保证。因此，落实依法治国在政治领域，首先就要保证各党派在宪法范围内的政治自由、组织独立和法律地位平等，并切实推进各党派政治协商、参政议政和互相监督的制度化、规范化、程序化。

4. 随着市场经济发展，民主党派的组织发展也需要适应公民政治参与意识、竞争选择意识日益增强的新形势，处理好安排培养与在实践中发现选拔的关系。民主党派是由有关界别的代表人士组成，而作为民主党派的代表人士，不仅要得到本界别的认可，还要有广泛的社会影响力，有一定的社会政治活动能力，为社会所认同。过去民主党派老一代的领导人，许多都既是本领域的佼佼者，又是著名的社会活动家。而这样的代表人士，只有经过社会政治活动的磨炼，在社会政治实践中产生。

新形势下政协专门委员会工作的新特点、新问题*

（2008年8月）

新时期专委会在组织和工作上都经历了一个大发展。在工作上发展最突出的一点就是，确立了围绕中心、服务大局，为改革开放和社会主义现代化建设献计出力的指导思想。特别是八届全国政协以来，经过修改政协章程，在政协主要职能中增加了一项以开展专题调研、反映社情民意为主要抓手的参政议政，更推动了专委会工作的发展。十届政协适应十六大后形势的要求，专委会工作又进一步发展，呈现出一些新的特点：

一是在内容上，贯彻落实科学发展观和把促进发展作为履行职能的第一要务的要求，对专委会工作提出要进一步围绕中心、服务大局、突出重点、务实创新。强调选择具有综合性、全局性、前瞻性的课题深入调研，积极参与推进国家和地方的经济社会建设。

二是在形式上也进行了积极的创新探索。比如，把专委会工作与全国政协举行的专题协商会结合起来；围绕某一课题综合采取包括调研、

* 本文是作者在2008年全国政协机关学习时的一篇发言提纲。

提案、视察、举办论坛、反映信息等多种形式加以推动、务求实效的方法等。

三是在开展专题调研上取得了突出成绩。去年换届之际对这方面的工作进行了总结，明确了搞好专题调研必须注意的几个环节。这些我就不多讲了。下面我想着重谈几个新形势下专门委员会工作遇到的亟待研究解决的问题：

一个是关于专委会与发挥民主党派作用的问题

人民政协是实行多党合作和政治协商制度的重要政治形式和组织形式。按照2006年中央5号文件的要求，专门委员会要“积极开展与参加政协的各党派团体的联合调研”；在组织上也“要有民主党派和无党派人士参加”。应当说贯彻体现这个精神，近年来各专委会都加强了与民主党派的联系合作，如与有关民主党派进行了联合调研，还联合开展了视察、举办了论坛等，并取得了较好成效。但这方面仍然有不少问题需要解决。比如，在专委会与民主党派之间缺少沟通协调机制；参加专委会的民主党派成员党派意识不是很强，职责也不明确；各党派应当根据其各自特点联系参加相应的专委会，但实际随意性较大。从政协组织层面看，办公厅有专门联系民主党派的驻会副秘书长，各民主党派应当主要是与办公厅发生关系，但由于下面没有相应的办事机构，结果造成工作中常常不顺，缺乏统筹协调。因此对于这些问题，一方面需要专委会进一步努力，比如专委会应进一步加强与有关党派的联系，主任会议应注意把开展党派联合活动纳入工作计划等；另一方面有些问题还需要从政协组织的更高层次上统筹解决。专委会的结构功能特点决定了其只能为民主党派在政协经常参政议政提供一个渠道，而在政协贯彻十六字方针、加强各党派间经常性的协商、监督，主要还应在主席会议、秘书长会议。

再一个是关于专委会与政协界别特点的问题

人民政协成立初期主要以党派和团体为基础组成，新时期社会各界代表人士大量参加到政协组织中来，是政协组织的一个新变化，也给专委会工作提出了许多新课题。比如，专委会与政协的界别并不是完全对应的，一般专委会都由多个相关界别的委员组成。因此专委会一定程度上能够反映界别要求，开展一些界别活动，如组织相关界别委员进行有界别特点的调研、考察、座谈，提出反映某一界别呼声的提案、信息、调研报告、大会发言等。但如何统筹开展与专委会有关的各个界别的活动，如何反映没有关联专委会的界别要求，以及专委会如何密切与有关界别的联系，能否从整体上代表界别要求，等等，尚有待研究解决。

在专委会开展界别活动方面，各级政协已经探索了一些经验。比如：通过专委会组织相关界别委员进行讨论，以弄清、反映本界别的普遍要求；逐步把界别活动纳入专委会的工作计划，形成相关的工作制度和机制；在专委会中可明确一位或几位副主任负责与相关界别的联系，甚至作为界别活动召集人等。但总体上看这方面的经验还是初步的、零散的，需要站在全局的高度进一步理顺专委会与界别的关系，从制度上明确专委会开展界别活动的原则和主要方法。

讲到从界别角度发挥专委会作用，还有一个问题值得探讨，就是建言献策是否需要反映界别要求？目前我们建言献策主要是强调发挥智力优势，应当说这突出了政协的优势，必须始终坚持。但政协的界别优势不仅体现在汇集了各方面专家学者、智力密集上，而且体现在能够反映社会各界的愿望要求上。从党和国家决策来看，既要注意符合客观规律，强调科学性；又要考虑社会承受能力，注意听取各方意见的民主性。新时期人民政协集中了各方面的人才，可以充分发挥智力优势为促进科学决策服务；同时政协中还有社会各界代表，可以倾听反映各界代表的呼声，为促进民主决策、维护民族团结和社会和谐稳定服务。这也是政协性质和两大主题的要求。

第三个是各级政协专门委员会之间的关系和工作协调问题

新时期以来，各级政协之间的联系日益紧密，如经常联合开展调研、举行会议、论坛，全国政协还应地方政协邀请参与到促进地方发展中去。应当说这种现象有其必然性，是一件好事情。人民政协贯彻科学发展观也需要参与推进区域协调发展。对这方面取得的成绩应当充分肯定。但随着这类事情越来越多也提出了一些问题。比如，过去我们一直讲政协不是权力机关，政协的一个优势就是位置超脱，可以不受各种利益的影响，客观公正地发表意见。而参与促进地方发展势必涉及地方利益。地方发展与中央强调的区域协调发展有时并不完全一致。因此，如何在这个过程中既务实地促进发展，又能够保持政协的位置超脱、客观公正，使地方的发展与整个国家的发展目标相协调、相统一，就需要妥善地处理把握。另一方面，随着全国政协赴地方调研考察的活动大量增多，给地方政协也带来了应接不暇的接待任务，也要求全国政协对有关工作加强统筹协调，比如尽量避免多个部门在同一时间、到同一个地方调研考察等。这些年全国政协实际已注意了这方面的问题，但由于政协组织和机构之间特殊的关系，常常难以落实。因此，在政协组织内部需要进一步探索形成能够统筹协调各部门工作的制度和机制。换届后政协组织除了要加强学习教育，新到政协工作的同志要注意自觉转换角色、熟悉掌握政协特有的工作方法外，还可考虑适应形势的发展，对政协章程规定的各级政协组织间的指导关系进一步具体化，逐步明确一些细则，以使处理各级政协和政协内部各机构之间的关系有章可循、有规可依。

第四还有一个加强专委会自身建设的问题

当前政协事业、专委会工作都在发展当中，专委会的自身建设也亟待加强，不仅工作上而且组织上都需要加强。比如，就经济委员会来说，可以在委员会内部进一步设立一些专业组，如农业、财经、宏观和区域经济、非公经济组等。设立专业组有利于进一步调动委员会中各方面委员的积极性，推动专委会更加经常、深入地开展工作，也是推进政协履行职能“三化”建设、充分发挥政协在社会主义民主政治建设中作用的要求。当前我国民主政治建设的一项重要任务是扩大公民有序的政治参与。落实这一要求对于政协来说，不仅需要适时地把新的社会各界代表人士吸收到政协组织中来，而且需要更加经常、更加有序地组织政协参加单位和政协委员开展活动，扩大各界人士参与国家事务、发表意见建议的话语权。

在专委会内设专业组，也有利于加强专委会办公室和政协机关干部队伍建设。比如，在专委会设专业组后，办公室就可与之对应设立业务处，使专委会办公室的工作更加专业、更加规范，推动政协机关干部队伍逐步走向专业化。

人民政协存在的必要性及其在国家政治生活中的地位和作用*

——人大召开后毛泽东、周恩来关于人民政协的论述

（2009年8月）

在第一届全国人民代表大会召开以前，人民政协的全体会议曾经执行人大职权，完成了创立新中国的历史使命。但1954年第一届全国人大召开以后，人民政协不再作为权力机关行使国家权力了，它在国家政治生活中还能发挥什么作用，就引起了一些人的疑问。有人怀疑政协是否还有存在的必要，认为此后政协的地位将不如过去，在国家政治生活中没有多大作用了；也有人认为政协仍应是权力机关或半权力机关。面对这些情况，新中国的缔造者、第一届政协全国委员会主席毛泽东，以及当选为第二届政协全国委员会主席的周恩来等，专门对政协问题进行了深入研究，并通过总结经验、组织研讨，创造性地分析阐明了人大召开

* 原载于《人民政协重要文献选编·学习读本》，中国文史出版社2009年版。

后人民政协存在的必要性、政协的性质和任务等涉及政协在国家政治生活中地位和作用的重要问题。

关于人民政协存在的必要性

1954年9月第一届全国人大召开后，毛泽东、周恩来主要从政协在国家政治生活中的地位和作用，以及统一战线的重要性、长期性两个方面，论述了人民政协存在的必要性。

（一）人民政协在国家政治生活中的地位和作用

在人民政协结束执行人大职权、第二届全国政协召开期间，针对一些人对政协地位和作用存在的疑问，当时仍任全国政协主席的毛泽东在政协第二届全国委员会1954年10月17日分组讨论情况简报的首页上，写下了关于政协性质和任务的谈话提纲，经过深入思考又于12月19日召集参加政协二届一次会议的部分党内外人士进行座谈，在这次座谈中毛泽东首先对人民政协存在的必要性问题谈了自己的意见。

毛泽东指出："召开全国人民代表大会以后，有些人认为政协的作用不大了，政协是否还需要成了问题。现在证明是需要的。政协全国委员会委员559人当中，当全国人民代表大会代表的140人，只占总数的四分之一，还有四分之三不是人大代表，可见通过政协容纳许多人来商量事情很需要。虽然全国和地方的人民代表大会、国务院和各省市人民委员会各方面都容纳了许多人，但是还需要政协全国委员会和政协地方委员会。"（见毛泽东《关于政协的性质和任务》，1954年12月19日）这里需要注意的是，毛泽东是联系比较人大、政府，从人民政协在整个国家政治生活中地位和作用的宏观层面，对人民政协存在的必要性加以论述的。毛泽东强调许多政协委员都不在人大，也就是说人大不能包括所有的方面，人民政协具有不可替代的广泛代表性，所以"通过政协容纳许多人来商量事情很需要”。

关于人民政协在国家政治生活中的地位和作用，周恩来做了较全面的阐述。早在新中国和人民政协成立的过程中，在1949年8月新政协的筹备会上，周恩来就提出政治协商是新中国新民主的一个特点。新民主的特点“不是只重形式，只重多数与少数”，不在于最后的表决，而在于“事先有协商”。（见周恩来《关于新政治协商会议筹备会组织条例（草案）的解释报告》，1949年6月16日）新中国新民主的这个特点在我国政治制度和体制上的一个体现，就是既有人民代表大会，又有人民政协。为了说明实行这种政治体制的必要性和合理性，周恩来还从组织构成上分析了政协与人大的不同，指出政协是“各党派统一合作的组织”，而人大“主要的是区域”，所以即使以后人大召开政协不再代行人大职权了，政协作为“参谋机关”“策划机关”“建议机关”“协商机关”仍然需要长期存在，政协会议还将对中央政府的工作起协商、参谋和推动的作用，“国家大政方针仍要经过人民政协进行协商”。（见周恩来《关于人民政协的性质和作用问题》，1949年8月26日）他还明确提出了在我国有“党的系统”“政权的系统”“政协的系统”，有了这三个系统更能反映各个方面的意见，有利于决议的贯彻执行。（见周恩来《人民政协全国委员会会议党组活动的方针》，1950年6月14日）可以说正是体现这个精神，在一届政协全体会议上通过的具有临时宪法性质的《中国人民政治协商会议共同纲领》明确规定：“在普选的全国人民代表大会召开以后，中国人民政治协商会议得就有关国家建设事业的根本大计及其他重要措施，向全国人民代表大会或中央人民政府提出建议案。”1954年人大召开后，针对一度出现的轻视政协的现象，周恩来又进一步强调了人大、政协“两会只是有权力之分，无高低之别。……政治地位上是平等的。”（见周恩来《关于政协第三届委员会委员名单的协商原则》，1959年3月10日）

（二）统一战线的重要性、长期性

统一战线是中国共产党夺取革命胜利的一大法宝，人民政协是统一战线的发展成果、组织形式，讲政协存在的必要性从政协本身来看，就是由统一战线的重要性和长期性决定的。在中国新民主主义革命取得胜利、新中国成立后，统一战线还有没有作用？对这个问题，毛泽东、周恩来从三个角度做了回答。

首先，毛泽东提出在社会主义革命和建设中，要继续发挥统一战线的作用。在1954年人大召开后肯定政协这个统一战线组织有继续存在的必要性，实际就已含有肯定统一战线不仅是夺取中国革命胜利的一大法宝，而且在社会主义革命和建设时期继续是一个重要法宝的思想。在与政协二届一次会议部分党内外人士座谈时，毛泽东又专门谈到了运用统一战线武器的意义，特别提出在实现国家工业化和社会主义改造中，要注意发挥统一战线的作用，指出："社会主义改造是很纷繁的，各种工作就要协商。"他甚至从哲学的角度加以说明，提出矛盾是永远存在的，"新旧之间的矛盾，一万年后也还有"。真理不在"清一色"。（见毛泽东《关于政协的性质和任务》，1954年12月19日）

其次，周恩来从统一战线阶级基础的角度，对统一战线的长期性做了阐述。在1949年9月一届政协全体会议召开前向政协代表做的报告中，周恩来就提出："中国人民政治协商会议是一个包含了工人阶级、农民阶级、城市小资产阶级、民族资产阶级和一切爱国民主人士的统一战线组织。既然是这样一个组织，就不应该开一次会议就结束，而应该长期存在。"（见周恩来《关于人民政协的几个问题》，1949年9月7日）1954年12月，在政协第二届全国委员会第一次会议上做的政治报告中，他又明确指出：以为人大召开了政协就没有存在的必要，或者仍然把政协看作是政权机关，这两种错误想法"出于同一来源，就是不懂得政协本身是统一战线的组织，也就是党派性的联合组织。阶级存在，党派性

也就存在，统一战线也就需要，这是一个真理。”（见周恩来《人民政协的五项任务》，1957年12月21日）

最后，在我国进入社会主义社会之际，毛泽东提出了中国共产党与各民主党派“长期共存，互相监督”的方针。新中国成立初期我国处于新民主主义发展阶段，各党派之间还是一种新民主主义的政党关系，社会主义时期我国将是什么样的政党关系并未完全明确。1956年4月随着我国社会主义改造的基本完成，毛泽东“以苏为鉴”，放眼整个社会主义历史时期，在《论十大关系》的讲话中提出了“究竟是一个党好，还是几个党好？现在看来，恐怕是几个党好。不但过去如此，而且将来也可以如此，就是长期共存，互相监督。”（见毛泽东《党和非党的关系》，1956年4月25日）1957年2月在最高国务会议上做的《关于正确处理人民内部矛盾的问题》的讲话中，毛泽东进一步指出“长期共存、互相监督”是我国具体历史条件的产物。之所以需要“长期共存”，是因为凡属一切确实致力于团结人民从事社会主义事业、得到人民信任的党派，我们没有理由不对它们采取长期共存的方针；之所以需要“互相监督”，特别是民主党派对共产党的监督，因为一个党同一个人一样，耳边很需要听到不同的声音。监督共产党的主要是劳动人民和党员群众，但是有了民主党派对我们更为有益。提出“长期共存、互相监督”的八字方针，明确在社会主义条件下我国仍将长期保持多党合作格局，中国共产党与各民主党派之间是一种“互相监督”的关系，表明了在政党制度问题上中国决心探索走一条自己的道路，也为人民政协这个我国各党派合作组织的长期存在和发展，进一步提供了思想政治基础。就是为了贯彻毛泽东提出的这八字方针，1957年3月全国政协二届三次会议专门做出政治决议，指出“我们必须根据中国共产党和各民主党派‘长期共存、互相监督’的方针，继续发扬民主，健全国家政治生活”。

关于人民政协的性质

为了更加透彻地说明政协在国家政治生活中的地位和作用，毛泽东在1954年全国人大召开后，又从两个方面对政协的性质做了进一步分析。一方面，他将人民政协与国家机关进行了比较，认为政协的性质有别于国家权力机关，也不是国家行政机关。因为如果把政协搞成国家机关，那就会一国二公，是不行的。另一方面，他从正面阐述了政协的性质和特点，指出“政协是全国各民族、各民主阶级、各民主党派、各人民团体、国外华侨和其他爱国民主人士的统一战线组织，是党派性的，它的成员主要是党派、团体推出的代表。”（见毛泽东《关于政协的性质和任务》，1954年12月19日）周恩来更多次明确提出，人大召开后政协不再代行国家权力机关职权了，而作为统一战线组织继续存在。

对毛泽东、周恩来关于政协性质及作用的阐述有两点需要注意：第一点，毛泽东之所以讲政协作为统一战线组织是“党派性的”，是有原因的。原因就是，当时人民政协是以各个党派和团体为基础组成的。1954年第一部政协章程就明确规定，人民政协是“以各民主党派、各人民团体为基础组成”，只在“有必要的时候可以邀请个人参加”：而为什么政协作为统一战线组织要以各党派、团体为基础组成？对这个问题周恩来在筹备成立新政协时曾经做过解释。他提出“统一战线的构成是集体的不是个人的”，“每个单位总是一个团体”，“个人参加只有特邀”（见周恩来《关于人民政协的性质和作用问题》，1949年8月26日）。在说明第二届全国政协的组成时，周恩来又明确指出：“参加政协第二届全国委员会的有11个党派、17个团体和特邀代表。”其中17个团体不仅指工会、妇联、青联、工商联等8个社团单位，还包括了现在被视为界别的自然科学界、教育界、医药卫生界、宗教界、少数民族等9个单位；正因为政协作为统一战线组织是以党派、团体为基础组成的，所以一届政协全体会议有党派、区域、军队和人民团体四类代表参加，当时“照顾到还不能立刻组织团体”的自由职业者曾将其也列入参加者之中，但到了组成二届全国政协时，不仅区域和军队不再作为政协的参加单位，自由职业者也因为不属于党派、团体而被取消。可见，毛泽东之所以说政协是“党派性的，它的成员主要是党派、团体推出的代表”，就是因为政协以党派、团体为基础组成，而周恩来也因此常把政协是统一战线组织与政协是“党派性的联合组织”并称。人民政协的这种组织构成直到改革开放新时期才真正有了改变。由于新时期我国社会状况以及统一战线的内部构成都发生了根本变化，大量的“社会各界代表”参加到政协中来，并且与这种变化相适应，政协章程也进行了修改。1978年3月五届政协一次会议修改通过的第二部政协章程，第一次把“各界代表”与党派、团体一起列为组成政协的一个主体。后来几次章程修改都延续了这一规定。由此，“各界代表”开始正式被确认为参加政协的一个主体单位，逐渐形成了现今人民政协由各党派团体和各族各界人士组成的新格局。

第二点，不能因为政协是党派性的统一战线组织，就把政协的政治协商理解为仅仅是在政协内部各党派之间或统一战线各方面之间进行的协商。毛泽东在关于政协的性质和任务的谈话中，明确提出了“国家各方面的关系都要协商”。政协既要“协调各民族、各党派、各人民团体和社会民主人士领导人员之间的关系”，“具体的事是协商候选人名单”；又可以就宪法的实施、巩固人民民主制度等问题，“向人大常委会和国务院提意见”并加以协商。（见毛泽东《关于政协的性质和任务》，1954年12月19日）与前者相关联的协商，是统一战线内部各方面之间的协商；而与后者相关联的协商，则是属于在国家政治生活中发扬民主的协商。这里有一个问题需要注意，在新中国成立初期及其以后很长一段时间，我们对党和国家的政治生活一直是不加区分的，人大召开后讲政协的作用也常常是笼统归为统一战线的作用。周恩来就曾一方面明确提出政协在人大召开后还将对中央政府的工作起协商、参谋作用；另一方面又说人大既开，留下的只是“政协本身的统一战线的作用”。（见周恩来《人民政协的五项任务》，1954年12月21日）可统一战线是中国共产党的一项以团结为主题的工作，而人民政协有团结和民主两大主题。统一战线当然也能够在扩大各界人士的政治参与、加强国家民主政治建设方面发挥作用，但究其本质和目的，是协调处理中国共产党与其他党派和党外人士的关系，建立发展共同利益和目标基础上的政治联盟。因此，要科学地阐明人民政协的性质和作用，就应当明确其在团结和民主两个方面的作用。对这个问题当时任全国政协副主席、中共中央统战部部长的老一辈革命家李维汉曾经做过有益的探索。在1956年讨论明确我国进入社会主义社会后党和国家大政方针的中共八大会议上，李维汉明确提出：“政治协商是我国实现人民民主的重要方法。我国人民民主统一战线的内部关系是经过协商来调整的，国家事务中的重要问题是协商成熟而后决定的，国家的选举也是经过协商提名的。”“中国人民政治协商会议全国委员会和地方委员会是政治协商机关，又是统一战线组织，在统一战线和国家政治生活中起着重要作用。”（见李维汉《发扬统一战线中的民主传统》，1956年9月25日）这里李维汉第一次对政协作为统一战线组织和作为国家政治生活中政治协商机关两个方面的作用给予了区分，是对人民政协性质和作用认识的深化。但可惜的是这个有价值的观点后来由于种种原因没有受到重视，特别是1957年后随着阶级斗争扩大化，作为“阶级斗争特殊形式”的统一战线不可避免受到“左”的错误影响，人民政协越来越被当作进行阶级教育和改造的场所。直到中共十一届三中全会后纠正“以阶级斗争为纲”的错误，确认我国社会阶级状况以及统一战线的内部构成发生了根本变化，明确建设社会主义现代化和促进祖国统一是人民政协的主要任务，同时适应新时期发展社会主义民主政治的需要政协确立了团结和民主两大主题，人民政协的性质和作用才得到进一步的丰富和完善。经过几次政协章程修改，不仅提出了人民政协已由过去工人阶级、农民阶级、小资产阶级、民族资产阶级和其他爱国民主人士组成的“人民民主统一战线的组织形式”，发展成为包括全体社会主义劳动者、社会主义事业建设者、拥护社会主义的爱国者和拥护祖国统一的爱国者代表人士组成的“中国人民爱国统一战线的组织”，而且为充分体现人民政协在国家政治生活中的民主作用，在政协性质的表述中增加了人民政协“是中国共产党领导的多党合作和政治协商的重要机构”“是我国政治生活中发扬社会主义民主的重要形式”的内容。

关于人民政协的任务

在同参加政协二届一次会议部分党内外人士的座谈中，毛泽东提出了人大召开后人民政协有五项任务。这五项任务涉及内政、外交、统一战线以及人民政协自身建设各个方面。周恩来在政协二届一次会议上做的政治报告中，对毛泽东提出的这五项任务又做了阐释。主要内容有：

一是协商国际问题。毛泽东指出，有些国际问题需要先商量，取得一致方针；有些国际事务让政协去开展，比国家政府部门去做更加有利。如对外发表宣言，反对侵略，保卫和平等。周恩来在解释这项任务时说，这类事情政协做得不少，今后仍将继续，并且还会发展。人民政协的对外交往是我国总体外交的组成部分。政协的性质和特点使它可以融官方外交与民间外交于一体，开展灵活多样的活动，发挥独特的优势。通过政协，既可以开展高层领导互访，又可以多层次地组织民间代表人士和各方面专家交流往来，出席或举办有关的国际会议和活动，对外发表宣言、声明等。如1950年11月14日，就是经参加政协的各党派充分协商，发表了关于抗美援朝、保家卫国的《各民主党派联合宣言》。

二是商量候选人名单。毛泽东提出，对全国人民代表大会代表和地方同级人民代表大会代表的候选人名单以及政协各级委员会组成人员的人选要进行协商。协商候选名单就是参与选举。1954年10月17日毛泽东在政协全会情况简报上写的谈话提纲第二点“内政”的内容就是“选举”。在我国选举不是简单的投票，为了使选举真正体现人民的意愿，候选名单要在各方面听取意见，经过反复酝酿、充分协商后提出。包括人大代表的候选名单、政协委员的候选名单、国家领导人选的候选名单，都要经过充分的协商。由于当时正值第一届全国人大召开，协商人大代表的候选名单成为首要任务。所以毛泽东当时特别提出了“全国人民代表大会的代表是人民选举的，但各党派、团体要先进行协商”。（见毛泽东《关于政协的性质和任务》，1954年12月19日）由此也可以看到，早在新中国成立初期老一代革命家就已有“选举民主与协商民主相结合”的思想。

三是提意见。毛泽东在二届政协全会情况简报上写的谈话提纲中关于这一条的内容是，“向党委和国务院提意见（社会主义改造）并加以协商”。在召集参加政协二届一次会议部分党内外人士座谈中，毛泽东进一步指出，提意见的内容“当前主要是对社会主义改造的问题提意见”，以后“国家各方面的关系都要协商”，包括宪法的实施问题，巩固人民民主制度问题，政协都可以向人大常委会和国务院提意见。他还特别指出：“政协委员提意见，特别是发议论，说闲话，只要不是破坏性的意见，只要是建设性的意见，即使是错误的，提了也有好处。提意见是合乎章程的。”（见毛泽东《关于政协的性质和任务》，1954年12月19日）周恩来解释毛泽东关于这一条的内容，是政协要“协助国家机关，推动社会力量，来解决社会生活中相互关系的问题，比如阶级关系中的问题；并联系群众，向国家有关机关反映群众意见和提出建议”。（见周恩来《人民政协的五项任务》，1954年12月21日）周恩来这里讲的推动社会力量解决“阶级关系中的问题”，就是指动员民主党派参加社会主义改造，因为当时民主党派还是代表民族资产阶级和城市上层小资产阶级的政党。由这些论述可以看到，毛泽东、周恩来论述的政协“提意见”的任务，中心思想是强调人民政协要联系社会各方力量，围绕国家中心工作，畅所欲言，积极向党和政府反映意见、提出建议、协商国是。人民政协成立以来，不仅在第一届执行人大职权期间，对诸如中华人民共和国土地改革法草案、关于抗美援朝的决议、过渡时期的总路线等一系列重大问题进行了协商；而且在1954年结束代行人大职权后，继续对许多国家重大问题进行了协商。如关于实行农业合作化，制定《全国农业发展纲要（修正草案）》，建立宁夏、广西两个民族自治区，以及文字改革等问题，都曾在政协听取意见、充分协商。可以说就是因为有长期开展这些工作任务的基础，后来新时期逐渐形成了人民政协围绕中心、服务大局，履行政治协商、民主监督、参政议政职能的工作格局。

四是协调各民族、各党派、各人民团体和社会民主人士领导人员之间的关系。毛泽东并且特别指出了“过去汉族的统治者不好，压迫少数民族，现在要改变。要调整各方面的关系，具体的事是协商候选人名单”。（见毛泽东《关于政协的性质和任务》，1954年12月19日）周恩来对这一条任务的解释是：“协商和处理政协内部和党派团体之间的合作问题，就是代表阶级的党派、团体相互之间内部合作的问题。”（见周恩来《人民政协的五项任务》，1954年12月21日）他还提出随着社会主义改造和建设的发展，政协的这一任务不会减少，还会更多起来。从毛泽东、周恩来的这些论述可以看到，政协做“调整关系”的工作，就是要发挥政协作为统一战线组织的特有优势，通过充分调动积极因素，化消极因素为积极因素，妥善协调统一战线中的各种关系，为完成当时党和国家的总任务服务。今天政协开展这方面的工作，就是要妥善协调政党关系、民族关系、宗教关系、阶层关系和海内外同胞的关系，努力保持这些关系的和谐，为保证完成新时期党和国家的新任务服务。

五是学习马列主义。毛泽东特别指出：“学习是自愿的，不能强制。”（见毛泽东《关于政协的性质和任务》，1954年12月19日）周恩来解释毛泽东关于“学习”的这个思想，进一步提出了“学习不等于信仰”。在政协有许多民族、宗教界人士，学习马列主义与宗教信仰自由是可以并存的。组织开展学习是政协加强自身建设的一项重要工作。毛泽东、周恩来关于学习的这些论述，既强调了学习的一般重要性，又注意了在政协这个统一战线组织开展学习的特殊性，对于我们今天搞好政协的学习工作仍然具有指导意义。

毛泽东提出五项任务明确了人大召开后政协的主要工作。除了这些任务政协还有其他许多工作可做，比如征集文史资料的工作、促进祖国统一的工作等。所以，周恩来在阐释毛泽东归纳的五项任务的最后还提出，这五项任务将使政协更有事可做，除此之外政协还有其他任务。政协将继续发挥它的作用，负起它的光荣使命。

毛泽东、周恩来在人大召开后关于政协问题的论述，进一步阐明了人民政协存在的必要性及其在国家政治生活中的地位和作用，统一了当时各方面的思想认识，明确了人民政协的发展方向，为有关人民政协的理论、政策提供了最基本的思想观点和方针原则。可以说正是在这些重要思想和方针的指导下，1954年第一届全国人大召开后，人民政协继续在国家政治、经济、社会生活中发挥了重要作用。在第二届全国政协期间，许多国家的法律、法规、重大决定都曾拿到政协进行协商。为了便于政协委员参与国事，根据毛泽东的提议，从1959年政协三届一次会议起，政协全会与全国人民代表大会每年同时召开，政协委员和人大代表一起听取政府工作报告及其他重要报告并成为惯例，逐渐形成了对我国政治生活影响深远的“两会”格局。虽然1957年后由于受“左”的错误影响，人民政协在国家政治生活中发挥作用方面受到了干扰，“文化大革命”期间更一度被迫停止活动，但一段时间人民政协在积极协助党和政府完成对生产资料私有制的社会主义改造、活跃国家政治生活、调整统一战线内部关系，推动社会力量实现党和国家的任务，以及开展国际活动等方面，仍然做了大量的工作，为促进社会主义革命和建设做出了重要贡献，也为后来新时期人民政协的新发展积累了宝贵的经验。

结合实际、把握大局、抓住时机、勇于创新推进中国特色社会主义民主政治*

（2009年10月）

我现任全国政协经济委员会办公室主任、办公厅二局局长，工作职责主要是依托办公室为全国政协经济委员会活动提供组织服务，同时根据全国政协办公厅的要求，协调完成政协常委会和全国政协领导对经济委员会提出的工作任务。在此以前，我曾任全国政协研究室副主任，长期从事理论政策研究和有关文件、领导文稿的起草工作。人民政协是具有中国特色的政治组织和民主形式。根据我从事的工作性质和特点，今天从政经验交流，我就从我在全国政协从事推进社会主义民主政治建设特别是参与提出实行协商民主方面的一些工作经历，同大家交流汇报一点体会。

关心我国政治体制改革和民主政治建设的人可能会注意到，最近几年在媒体上、领导讲话中，讲到我国的民主政治建设出现了一个新概

* 本文是作者在中央党校中青一班学习时做的从政经验交流发言提纲。

念，就是“协商民主”。强调我国在坚持完善人民代表大会制度的同时，要坚持完善中国共产党领导的多党合作和政治协商制度；“选举民主与协商民主相结合，是我国社会主义民主政治的一大特点”；人民政协则是实行我国协商民主的一个重要载体和渠道。这种中国的协商民主最早就是我们经过研究提出来并得到广泛关注、推动实行的。回顾总结提出推进协商民主的经验体会，我感到很重要的是注意了结合实际、把握大局、抓住时机、勇于创新几个环节。下面我就具体围绕这几个环节谈谈体会。

结合实际、把握大局

政协工作从大的方面讲属于社会主义民主政治建设范畴。政治问题涉及根本、牵动全局，比较敏感、复杂，做好政协工作首先需要准确把握大局。什么是大局，如何把握大局？直接讲就是坚持走中国特色社会主义政治发展道路，不照搬西方的政治模式，更深层次则是对改革、发展、稳定关系的把握，对经济、政治、社会、文化如何全面协调发展的把握。这方面需要面对解决好三个问题：

第一是正确把握解决好改革、发展和稳定的关系问题。一般我们说，发展是硬道理，稳定压倒一切，改革是发展的动力，似乎都很重要，而且从逻辑上讲改革还应当先行。但实际做起来常常是：在正常情况下，主要强调发展；在非常情况下，主要强调稳定；而改革特别是政治改革，因为涉及利益结构、权力结构的调整，难度大，有风险，始终步履维艰。而我感到，涉及政治改革和发展的问题，有时因为事关重大，需要讲究策略，区分轻重缓急，但最终有的问题是绕不过去的，必须攻坚。但什么时候攻坚，则要有政治敏锐性，注意吃透两头，准确分析形势，把握不同阶段的不同重点，同时掌握好度，与人民政治参与的要求程度、承受能力相适应。

第二是正确把握解决好经济、政治、社会、文化协调发展的关系问题。现在我们说要贯彻科学发展观，实现经济、政治、社会、文化以及生态建设的全面协调发展。但在全面发展中，必须坚持社会主义初级阶段的基本路线100年不动摇，坚持以经济建设为中心。因此，我们讲发展是第一要务，主要还是着重经济社会发展。只有保持经济社会的持续发展，隔几年上一个台阶，才能实现我们的宏伟目标。另一方面，当前促进科学发展也需要有政治发展，因为我们的发展已到了这样一个阶段，没有政治的协调发展经济社会也发展不好。但政治建设必须有利于经济社会发展，服从于实现我们的大目标。所以，政治建设、发展民主也有一个正确选择的问题。而推进政协实行的协商民主，我们认为就是符合科学发展的一个正确选择。协商民主的价值在于：能够扩大公民的有序政治参与，为难以按照选区产生的各界人士参与国事提供制度渠道；能够体现尊重多数又保护少数的民主原则，为维护占我国人口比例不大的少数阶层、群体的权益提供体制保障；能够使各界代表特别是专家学者经常、理性、全过程地参与决策，弥补选举票决只能对不同的结果进行选择，而且容易情绪化、被利益集团左右的不足。现在我国的各种矛盾已经比较尖锐。结合选举民主推进协商民主，有利于各方面加强沟通、增进理解、扩大共识、化解矛盾，是一种既可以适应社会转型变革时期的政治发展要求，又具有广阔发展前景的新的政治模式的选择。

第三是要正确把握解决好坚持走自己的政治发展道路与抵御西方政治影响的关系问题。在这个问题上需要注意防止两种倾向：一种是不能坚持从中国的实际出发，把西方的一些做法视为“普世价值”，有意无意地在推进我国社会主义民主政治建设中照搬西方的东西；还有一种则是好像强调走自己的政治发展道路就是为了抵御西方的影响，工作中不仅不敢或不善于吸收人类文明的一切成果，而且怕冒风险、畏缩不前、不愿在民主政治建设上迈出切实的步子。我们在工作中感到，坚持走自己的政治发展道路，当然要注意抵御西方的影响，但首先的、主要的还是应当发展好我们自己的东西。只有我国的社会主义民主政治切实发展起来了，坚持走中国特色社会主义政治发展道路才不会成为一句空话，也才能真正有效地抵御西方的政治影响。而要发展自己的东西，就必须结合实际、深入研究，能够提出既符合国情又适应时代要求、切实管用的建议和举措。协商民主就是本着这样一种想法提出来的。

在提出协商民主的过程中，也曾有人提出疑问，认为我们现在讲协商民主是受西方学者的影响。（20世纪80年代末，西方学术界为了弥补竞选民主的缺陷，探索民主发展的新途径，也提出了协商民主的理论）对此，我们就是经过深入研究，结合历史与现实、理论与实践给予了有说服力的回答。中国的协商民主是在中国革命和建设实践中产生的。早在1949年人民政协成立时期周恩来就提出，注重事前协商而不是只重表决，是新中国新民主的一个特点。经过长期的发展，我国多党合作和政治协商现已成为一项基本政治制度，而西方的协商民主尚处在一种学说、试验的阶段。中国的协商民主扎根于中国土壤，蕴含着中华民族崇尚和谐、和而不同、兼容并蓄的优秀文化传统。它体现在理念上，是强调在广泛参与、讨论、合作的过程中寻求共识和共赢，而不是非此即彼、你失我得、二者择一的个人选择；体现在政治制度、政治体制上，是在实行人民代表大会制度的同时实行中国共产党领导的多党合作和政治协商制度，从中央到地方广泛实行人民代表大会和人民政协“两会制”，坚持重大问题协商于决策之前和决策的实施过程之中；体现在行为方法上，在政协就是广开言路、平等议事，求同存异、体谅包容，通过会议讨论、提案视察、调查研究、资政建言、反映社情民意等多种方式，组织各党派团体和各界人士进行政治协商、民主监督、参政议政和合作共事。

过去一个时期人民政协只被看作是统一战线组织，其实从成立起它就还是国家政治生活中的政治协商机关。可以说就是在这些认识、研究的基础上，我们提出应当明确政协是国家政治生活中的一种重要民主形式。这些想法得到了各方面的赞同，中共中央也高度重视。所以，2004年全国政协修改政协章程对政协性质的表述做了进一步完善，在人民政协是爱国统一战线组织，是共产党领导的多党合作和政治协商重要机构后，增写了“是我国政治生活中发扬社会主义民主的重要形式”的内容；2006年中共中央颁布《中共中央关于加强人民政协工作的意见》，又提出“人民通过选举、投票行使权利和人民内部各方面在重大决策之前进行充分协商，尽可能就共同性问题取得一致意见，是我国社会主义民主的两种重要形式”。进一步明确了人民政协实行的民主主要是协商民主。

抓住时机、勇于创新

由于推进民主政治直接关系到权力、利益的调整，牵动面广而且深，所以既要把握好大局、稳妥审慎，又要抓住时机、勇于创新。比如，协商民主能够提出来并得到认同、肯定，就与我们抓住了2006年中共中央制定颁布《中共中央关于加强人民政协工作的意见》这个时机有关。协商民主在我国其实很早就提出来了。1991年3月江泽民总书记在七届四次“两会”党员负责人会议的讲话中，就曾提出过选举、投票和充分协商是我国社会主义民主的两种重要形式。我在多年前也写过《论作为一种民主形式的人民政协》的文章。但一直没有引起应有的重视。直到2006年根据中央的统一安排，全国政协研究制定关于政协履行职能的规定，我们抓住时机把这一内容写进了文件，并且在政协领导的重视、协调下，使之作为政协历史上从未有过的中共中央专门文件颁布，这才不仅在政协系统而且在社会上引起广泛关注，推动开辟了一个工作新局面。

推进政治发展不但要善于抓住时机，还要敢于负责、敢于探索和创新。进入新世纪以来，中共中央强调要推进社会主义民主政治的制度化、规范化、程序化，对政协也提出要推进政协履行职能的制度化、规范化、程序化。十七大也提出要“把政治协商纳入决策程序”。但这些规定真正落实起来并不容易，不但要熟悉掌握具体政策，还要有敢于负责，敢于在实践中探索、创新的勇气。例如，为了探索推进政协履行政治协商职能的制度建设，十届全国政协以来尝试开展了专题协商会这样一种政治协商的新形式。所谓专题协商会就是选择围绕某一重大专题，按照一定的程序，请党和政府领导人到政协来听取有关民主党派、人民团体和政协委员的意见建议，面对面进行对话交流、协商讨论的一种高层次政治协商形式。我们经济委员会多次参与并负责具体筹备专题协商会，包括会前的调研准备和会议的组织安排。但开始几次举行专题协商会，政府方面都比较谨慎，参会人员主要是听，不愿在会上对话交流。中央文件对此也没有具体的规定。而我们感到，如果没有互动交流就体现不了政治协商的特点，因此就主动建议并与政府有关部门沟通，请党中央、国务院领导参会并讲话，请参会的政府有关部门负责同志做交流发言。这些建议刚提出时政协也有人表示疑虑、担心，怕麻烦、怕添乱、政治上把不准，但我们认为这样做符合推进政协履行职能制度化、规范化、程序化的要求，最后得到了办公厅和全国政协领导的肯定并积极予以推动，国务院领导也给予了积极支持，结果经协调从去年十一届全国政协开局之年第一次专题协商会起，参会的政府领导同志对政协委员提出的意见都做了当场回答交流，收到了很好的效果。会后，全国政协领导对我们的工作也给予了表扬。

当前，中国的民主政治建设仍然任务艰巨，但中央的方针是明确的，而且在逐步切实推进。因此我们应当有信心，随着我国改革开放和现代化建设的不断发展，科学发展观的深入贯彻，我国的社会主义民主政治建设也一定能够不断推进，并走出一条有中国特色的社会主义政治发展道路。

人民政协与中国特色的社会主义民主政治*

（2009年11月）

人民政协与人民民主紧密相连，是中国民主政治的一大特点、一大优势。要完整准确地认识人民政协与中国特色社会主义民主政治的关系，必须从历史的、发展的过程中，厘清人民政协在中国民主政治中的作用。

人民政协是中国共产党同各民主党派和无党派民主人士团结合作追求人民民主的结果，人民政协一成立就是统一战线组织与人民民主形式的有机结合

毛泽东在其总结中国革命历史经验的《论人民民主专政》一文中曾经提出过一个论断，认为中国人民从中国革命的经历中取得的一条主要的和基本的经验，就是“团结工人阶级、农民阶级、城市小资产阶级和民族资产阶级，在工人阶级领导之下，结成国内的统一战线，并由此

---

* 原载于《中国人民政治协商会议成立60周年理论研讨会暨研究会2009年度论文集》，中国文史出版社2010年版。

发展到建立工人阶级领导的以工农联盟为基础的人民民主专政的国家。”[1]毛泽东的这段话表明，新中国人民民主政权的诞生，是与中国共产党领导建立和发展革命统一战线联系在一起的。按照毛泽东提出的人民民主专政理论，新中国的国体是对人民民主和对反动派专政的统一，而人民具有广泛的内涵，在中国它包括了参加革命统一战线的一切爱国、民主、进步的阶级和阶层。通过建立和发展统一战线，将人民民主扩大到最大的范围。人民政协是中国革命统一战线发展的产物，是中国共产党同各民主党派和各界爱国民主人士共同创立的，而各民主党派和各界爱国民主人士同中国共产党共创人民政协的目的，就是为了建立一个包括各革命阶级的人民民主专政的国家。因此，人民政协一开始就是“统一战线组织与人民民主形式的有机结合”[2]。人民政协成立后，之所以能够成为我国实现人民民主的最早的政治形式和组织形式，担负并完成创建新中国的历史使命，就是因为“它具有代表全国人民的性质”。[3]正因为如此，中共中央在2006年颁布的《关于加强人民政协工作的意见》中，总结人民政协的历史经验，得出了一个基本结论，提出“人民政协是中国共产党把马克思列宁主义统一战线理论、政党理论和民主政治理论同中国具体实践相结合的伟大创造。”[4]

统一战线与人民民主既有联系又有区别，人民政协是中国共产党领导的统一战线组织，又是国家政治生活中的政治协商机关

1954年第一届全国人民代表大会召开后，人民政协不再代行人大职权，而作为统一战线组织继续存在，但它仍然作为我国政治体制中的政治协商机关，在国家政治生活中发挥重要作用。当年，毛泽东同参加政协二届一次会议的部分党内外人士座谈关于政协的性质和任务时，就一方面讲了人民政协与国家机关的区别，指出“政协不能搞成国家机

关”，而应当是“各党派的协商机关，是党派性的机关”；另一方面又讲了其与国家机关的联系，指出“人民代表大会是权力机关，有了人大，并不妨碍我们成立政协进行政治协商。各党派、各民族、各团体的领导人物一起来协商新中国的大事非常重要。宪法草案就是经过协商讨论使得它更为完备的。人大的代表性当然很大，但它不能包括所有的方面，所以政协仍有存在的必要。”[5]毛泽东正是从发挥人民政协在国家政治生活中政治协商作用的角度，对“政协存在的必要性”给予了肯定。1956年，在我国完成社会主义改造、进入社会主义社会后，这个思想继续得到了坚持并有进一步的发展。这方面尤其是时任全国政协副主席、中共中央统战部部长的老一代革命家李维汉提出了一个重要观点。在明确进入社会主义社会后党和国家大政方针的中共八大会议上，他明确提出：“政治协商是我国实现人民民主的重要方法。我国人民民主统一战线的内部关系是经过协商来调整的，国家事务中的重要问题是协商成熟而后决定的，国家的选举也是经过协商提名的。”“中国人民政治协商会议全国委员会和地方委员会是政治协商机关，又是统一战线组织，在统一战线和国家政治生活中起着重要作用。”[6]新中国成立以来很长一段时间，我们对党和国家的政治生活一直是不加区分的。新中国成立初期曾经把新中国建立的人民民主政权称为“统一战线的政权”。讲到政协结束代行人大职权后继续在国家政治生活中发挥作用，也常常是党政不分、笼统归为发挥统一战线的作用。这里李维汉第一次对人民政协作为统一战线组织和作为政治协商机关的作用给予了区分，是对人民政协性质及其在国家政治生活中地位和作用认识的进一步深化。正是因为对人民政协有上述定位，在人大召开后人民政协继续在国家政治生活中发挥了重要作用。在第二届全国政协期间，许多国家的法律、法规、重要决定都曾拿到政协进行协商。根据毛泽东的提议，人大代表和政协委员还曾共同进行视察；政协和人大的相关专门委员会还举行联席会议。为了便于政协委员参与国事，从1959年政协三届一次会议起，政协大会与全国人民代表大会每年同时召开，政协委员和人大代表一起听取政府工作报告及其他重要报告并成为惯例，逐渐形成了现今对我国政治生活具有重大影响的两会格局。

人民政协有团结和民主两大主题。统一战线作为中国共产党的一项重要工作，是以团结为主题。统一战线当然也能够在扩大各界人士的政治参与、加强民主政治建设方面发挥重要作用，但究其本质和目的，主要是协调处理中国共产党与其他党派和党外人士的关系，建立并发展共同利益和目标基础上的政治联盟。而民主是国家政治生活的主题，我们建设社会主义现代化在政治上的根本任务和目标，就是发展社会主义民主政治。对于人民政协来说，发挥其在国家政治生活中的民主作用，就是要明确政协在国家政治体制中的地位，保证参加政协的各党派团体和各族各界人士能够有效参与国事，切实履行政治协商、民主监督、参政议政职能。一段时期以来，人民政协的团结和民主两大主题曾经包含在统一战线性质中未加区分表明。但随着中国共产党强调要科学执政、民主执政、依法执政，就需要对政协的团结和民主作用进一步加以明确、区分。新时期以来政协章程对政协性质的表述不断丰富，在人民政协是“爱国统一战线的组织”后，又陆续加上“是中国共产党领导的多党合作和政治协商的重要机构”，“是我国政治生活中发扬社会主义民主的重要形式”，在一定意义上就体现了这种进一步明确和区分的要求。

多党合作和政治协商作为我国一项基本政治制度的确立，人民政协成为实行这项制度的重要机构，进一步把人民政协发挥民主作用提升到了国家政治制度建设的高度

邓小平曾经谈到，改革开放以来我国采取的新政策主要有两条：一条是经济上坚持以经济建设为中心，解放和发展社会生产力，推进以建立社会主义市场经济为目标的经济体制改革；一条是政治上发扬社会

主义民主，健全社会主义法制，推进社会主义政治制度自我完善和发展的政治体制改革。适应新时期强调从制度上推进社会主义民主的形势要求，1989年中共中央经与各民主党派协商，制定颁布了《中共中央关于坚持和完善中国共产党领导的多党合作和政治协商制度的意见》。这个《意见》把我国的多党合作和政治协商推向了一个新阶段，也把人民政协在国家政治生活中发挥民主作用推向了一个新阶段。

人民政协一成立就是以各个党派和团体为基础组成，人民政协作为统一战线组织首先是“党派性”的，新时期各个党派仍然是政协的主要参加单位、重要组成部分，因此可以说讲人民政协是统一战线组织就含有其为多党合作重要场所的内容，那么1994年政协章程修改为何要在政协性质的表述中又加上一句“是中国共产党领导的多党合作和政治协商的重要机构”呢？主要原因就是中共中央颁布了《中共中央关于坚持和完善中国共产党领导的多党合作和政治协商制度的意见》。这个《意见》不仅在对民主党派的性质做出新判断，在把中国共产党对各民主党派和无党派人士的“八字”方针发展成为“十六字”方针的基础上，进一步确立了中国共产党领导的多党合作和政治协商制度是我国的一项基本政治制度，从而为我国长期保持多党合作格局，维护和发展和谐稳定的政党关系，提供了根本保证；而且在坚持我国各党派长期合作政党关系的基础上，进一步明确了我国各政党与国家政权之间的关系，即中国共产党是执政党，各民主党派是参政党。长期以来，我们讲多党合作侧重的主要是党与党的关系，也就是统一战线关系；而提出执政党与参政党，对政党与国家政权的关系加以规范，就不限于统一战线领域了，而已涉及属于国家政治生活的民主范畴。因此，随着这个《意见》的颁布，坚持和完善这项制度，就不仅要从协调政党关系的统一战线的角度去努力，而且要从健全国家政治生活的社会主义民主政治的角度去努力。正是为了贯彻和体现中共中央这个《意见》的精神，1993年宪法修正案将“中国共产党领导的多党合作和政治协商制度将长期存在和发展”载入了宪法；1994年的政协章程修正案也对政协性质给予进一步充实，在统一战线组织后又专门增加了“是多党合作和政治协商的重要机构”的内容。

制度问题带有根本性、全局性、稳定性和长期性。在政治上强调注意加强制度建设，是与在经济上强调发展社会主义市场经济具有同样重大深远意义的战略选择。长期以来人民政协形成了一整套特有的政策原则、方式方法和工作作风，其中包含着许多人民政协的优良传统，必须始终坚持、继承和发扬。但也应当看到，正是因为这些因素使许多人习惯于或偏重于从政策、方法、作风的角度去看待要求政协工作，而不太注意或不善于通过制度设计、制度安排、制度创新去开展政协工作。随着我国社会主义民主政治的发展，从制度角度推进政协工作的要求必然越来越高。中共十七大已明确提出要推进人民政协政治协商、民主监督、参政议政制度建设。因此，人民政协必须在注意政治性和政策性、懂得运用传统政治手段进行工作的同时，学会并且善于在法律制度规定的框架内，根据一定的制度规范和程序要求，在尊重参加政协的各党派、团体和人士应有权利义务的基础上，去推动、做好各项工作。确立中国共产党领导的多党合作和政治协商是我国的一项基本政治制度，同时明确人民政协是实行这一制度的重要机构，使发展人民政协事业与国家政治制度建设紧密联系起来，极大地提升了人民政协在我国政治生活中的地位，也把人民政协发挥民主作用推向了国家制度建设的新高度。

选举和协商是我国社会主义民主的两种重要形式，人民政协实行的民主主要是协商民主

早在人民政协成立初期周恩来就提出，不同于那种到开会的时候才把只有少数人了解的东西拿出来讨论决定的“旧民主主义议会中议事的办法”，新民主主义议事的特点“是会前经过多方协商和酝酿，使大

家都对要讨论决定的东西事先有个认识和了解，然后再拿到会议上去讨论决定，达成共同的协议”。新民主主义的议事精神不在于最后的表决，“不是只重形式，只重多数与少数”，而主要是在于事前的协商和反复的讨论。人民政协实行的政治协商，体现了新中国新民主的特点。就是在普选的全国人民代表大会召开之后，“国家大政方针仍要经过人民政协进行协商。”[7]进入新时期，江泽民在1991年3月召开的七届四次“两会”党员负责人会议的讲话中，在讲到发挥人民政协的协商和监督作用时，提出了“人民通过选举、投票行使权力与人民内部各方面在选举、投票之前进行充分协商，尽可能就共同性问题取得一致意见，是我国社会主义民主的两种重要形式”。这是联系“两会”并且代表中共中央第一次提出我国有选举和协商两种社会主义民主重要形式，但江泽民这里讲的还是“在选举、投票之前进行充分协商”。2006年中共中央颁布《中共中央关于加强人民政协工作的意见》，进一步完善了这一重要论断，在论述这两种民主形式时，把“在选举、投票之前进行充分协商”，改为了“在重大决策之前进行充分协商”。过去人民政协开展政治协商，确实曾经主要强调“在选举、投票之前”的协商。1954年毛泽东提出人民政协有五项任务，其中一项主要任务就是“协商候选名单”，而且一度不仅协商政协本身的名单、国家领导人选名单，还包括爱国人士参加人大的代表候选名单。进入新时期随着我国社会主义民主政治的发展，党和国家提出要推进决策的科学化和民主化，人民政协虽然还继续对“候选名单”（已不包括人大代表名单）进行协商，但人民政协履行政治协商职能的主要工作已逐渐转为围绕重大决策进行协商。在论述两种民主形式时把选举前进行协商改为重大决策前进行协商，就体现了新时期以来政协工作这一重要的新发展，这一修改也进一步揭示了协商民主所具有的独特优势和固有价值。2007年11月国务院发表《中国的政党制度》白皮书，又指出“人民代表大会制度与中国共产党领导的多党合作和政治协商制度，有着相辅相成的作用”，并与此相联系明确提出“选举民主与协商民主相结合，是中国社会主义民主的一大特点”，从而正式向世界宣布，在中国的政治制度、政治体制和政治生活中，有选举民主和协商民主两种基本的民主形式。

提出两种民主形式对我国的社会主义民主政治建设有着深远的影响，特别是提出协商民主对充分发挥人民政协的民主作用具有重要意义。中国的协商民主是从中国革命和建设的实践中产生的。在中国，协商民主体现在理念上，就是强调在广泛参与、协商讨论、交流合作的过程中寻求共识和共赢，而不是非此即彼、你失我得、二者择一的个人选择；体现在政治制度、政治体制上，就是在实行人民代表大会制度的同时实行中国共产党领导的多党合作和政治协商制度，从中央到地方广泛实行人民代表大会和人民政协“两会制”，坚持重大问题协商于决策之前和决策的实施过程之中；体现在行为方法上，在人民政协中，就是坚持广开言路、平等议事，尊重多数、保护少数，求同存异、集思广益的原则，通过会议讨论、提案视察、调查研究、咨政建言、反映社情民意等多种方式，开展政治协商、民主监督、参政议政和合作共事。

人民政协作为一个要经常召开各种会议、做出决定的民主场所，当然也有选举表决，但它主要实行的是协商民主。在政协即使进行表决也强调要坚持求同存异，允许保留不同意见。提出协商民主对政协的一个十分重要的意义，就是进一步明确了人民政协作为一种民主形式的定性、定位问题。过去很长一段时间，对人民政协的民主作用一直较为含糊，讲得较多的主要是人民政协作为统一战线组织的作用。讲到政协在国家政治生活特别是政治体制中的民主作用时，常常有人就会产生一个疑虑，会不会搞成“两院制”？而协商民主的提出，进一步明确了人民政协作为一种民主形式，不是那种在国家政治生活中行使国家权力的民主，而是通过协商讨论广泛听取各党派团体和各族各界人士意见建议的民主，这就把政协的民主与人大的民主科学地区分开来，消除了上述一些人的疑虑，使人民政协两大主题中的民主主题更加鲜明、更加确定下来，为人民政协充分发挥民主作用开辟了广阔的空间。

与我国政治制度的基本架构相适应，具有中国特色的政治体制包括中国共产党、政权机关和人民政协三个系统，人民政协是我国政治体制的重要组成部分

民主首先是国家制度，是一种政治体制。因此，要充分发挥人民政协的民主作用，必须首先明确人民政协在我国政治体制中的地位。政治体制是政治制度的具体形式，是一定的国家管理方式。我国实行人民代表大会制度、中国共产党领导的多党合作和政治协商制度、民族区域自治制度以及基层群众自治制度。其中人民代表大会制度与多党合作和政治协商制度具有相辅相成的作用，与之相适应反映在政治体制上，就是在我国既有通过选举产生的人民行使国家权力的机关——人民代表大会，又有通过协商产生的各党派团体和各族各界代表人士发扬民主的重要形式——人民政协。

1950年周恩来在一届二次全国政协党组会议上曾经提出，在我国有党的系统，有政权的系统，还有政协的系统。有了这三个系统，就更能反映各个方面的意见，有利于决议的贯彻执行。[8]联系周恩来的这段话，从我国政治制度的基本架构出发，从总体上看我国政治体制的一个突出特点就是，它包括了中国共产党、政权机关和人民政协三个系统。体现这个特点，我国在各级行政区划单位普遍设有中国共产党的各级委员会，各级人民代表大会、人民政府和司法机关，以及人民政协的各级委员会（政协组织设置到县）。在这些机构中，中国共产党处于统揽全局、协调各方的领导核心地位，人民代表大会是国家权力机关，人民政府是国家行政机关，人民法院、检察院是国家司法机关，人民政协则是政治协商机关。在它们之间，人大与政府、司法机关不是那种三权分立下的相互牵制关系，人民政协与人大也不是那种相互制衡两院制下的上

下议院关系，而是在中国共产党的统一领导下各司其职、分工协作，互为补充、相辅相成。我国的这种政治体制，既能够保证国家权力的统一行使，建立相互制约又相互协调的权力结构，避免西方政体的那种“三权鼎立”、互相掣肘，又能够在执政党与参政党、国家机关与社会团体及各界代表人士和人民群众之间形成紧密的联系，使公权力的行使不仅有法律、权力的制约，而且有人民政协的民主监督，体现了中国共产党领导、人民当家作主和依法治国的有机统一。

认识中国的政治体制必须从中国的实际出发，坚持中国的特点。在西方一般认为政治体制主要是指政权系统，我们不能照搬西方的这种认识，因为如果照搬这种认识，不仅会把人民政协排除在政治体制之外，而且会把在我国政治生活中起领导核心作用的中国共产党排除在政治体制之外。有些人正是囿于这种认识，才会产生如果承认了政协是我国政治体制的组成部分，充分发挥政协在国家政治生活中的民主作用，是否会改变政协不是权力机关的性质，导致“两院制”的结果这种不必要的担心。

中国特色的社会主义民主政治，以及人民政协在国家政治生活中的地位和作用，都正处在一个发展的进程中。对人民政协在我国社会主义民主政治中作用的认识也需要与时俱进、不断发展。但在目前及今后一段时期关于这个问题，需要把握的主要是上述五点。

注释：

［1］《毛泽东选集》第4卷，人民出版社1991年第2版，第1472页。

［2］江泽民：《在庆祝中国人民政治协商会议成立50周年大会上的讲话》，载《中国人民政治协商会议年鉴（1999）》，人民出版社2000年版，第87页。

［3］毛泽东在中国人民政治协商会议第一届全体会议上的开幕词，参见《老一代革命家论人民政协》，中央文献出版社1997年版，第61页。

［4］《中国人民政治协商会议年鉴（2006）》，中国文史出版社2008年版，第3页。

［5］《老一代革命家论人民政协》，中央文献出版社1997年版，第183—184页。

［6］同上书，第222、223页。

［7］同上书，第17、57、53页。

［8］同上书，第110页。

人民政协与国外类似组织的比较研究*

（2010年2月）

中国人民政治协商会议是具有中国特色的政治组织和民主形式。由于中国政协不是国家权力机关，不同于外国的议会，但却又是中国政治体制的重要组成部分，这种情况使一些人认为中国政协的性质、作用不够清晰，不好理解，在世界上缺乏可比性。然而这种看法是不确切的。仔细考察当下世界，各国政治体制中其实不是只有议会，在一些国家也有与中国政协在某些方面类似的组织。这方面的组织大体可以分为三类：一类存在于其他社会主义国家；一类存在于一些亚非发展中国家；还有一类存在于西方国家。系统地研究、比较这些国家中的这些组织，有利于我们全面准确地把握现在世界的政治面貌，也有助于我们进一步加深对中国政协性质、作用的认识和理解。

---

* 本文由本书作者撰写，以王文京同志名义发表于《中国政协·理论研究》2010年第1期。

其他社会主义国家中类似中国政协的组织

在世界不少社会主义国家中，一直就有与中国政协类似的组织，并在各自国家的政治生活中发挥着重要的作用。

在目前世界其他社会主义国家中，越南、朝鲜就有与中国政协类似的组织。如朝鲜有祖国统一民主主义战线。该组织的基本任务是：以工农联盟为基础，不分职业、性别、宗教信仰、政党的差别，团结所有拥护国家自主和平统一路线的爱国民主力量，为贯彻这一路线和政策而斗争。在越南，虽然实行一党制，越南共产党作为“国家和社会的领导力量”是唯一的政党，但也有团结各种社会团体和群众组织的“越南祖国阵线”这样的统一战线组织。越南祖国阵线现有44个组织成员，包括越南各阶层、各团体、各民族、各宗教乃至国外同胞的代表。在其中央委员中，有一半是党外人士。

在越南国家政治生活中，国会是国家最高权力机关和立法机构，但越南祖国阵线同中国政协一样，也可以对国家政治生活中的重大问题发挥政治协商的作用。按照其章程，越南祖国阵线可以与越共中央及同级地方政府进行政治协商；祖国阵线中央委员会每年定期与国会常委会及中央政府领导召开联席协商会议；在每年例行国会上，祖国阵线可以做工作报告，反映社情民意，并对国家干部实行监督。在某些方面，越南祖国阵线甚至可以发挥现中国政协尚不具有的作用。如按照越南宪法和有关法律的规定，祖国阵线可参与立法，派人参加重要法律的讨论，提出修改意见；祖国阵线还可以参与政权的建设、巩固和管理，对政府有关部门进行质询等。（与越南相似，老挝也有“建国阵线”组织。老挝宪法规定，老挝是人民民主国家，老挝人民革命党是老挝唯一政党和执政党。20世纪90年代后，人民革命党提出实行“有原则的全面革新路线”，坚持党的领导和社会主义方向。老挝建国阵线则成立于1956年

1月，原名老挝爱国战线，是老挝人民革命党领导下的民族统一战线组织。）

除了现存的社会主义国家，在原东欧社会主义国家也曾普遍设有类似中国政协的具有统一战线性质的组织。如在匈牙利有爱国人民阵线，罗马尼亚有社会主义民主和团结阵线，捷克有民族阵线，保加利亚有祖国阵线，民主德国有全国阵线，波兰有民族复兴爱国运动（原称人民统一阵线），南斯拉夫有劳动人民社会主义联盟（原称全国阵线），阿尔巴尼亚有民主阵线。这些“阵线”或“联盟”，是这些国家的执政党（共产党或工人党）团结其他党派和各种社会政治力量的组织形式，也是这些国家吸引各方面社会政治力量和人民群众参加国家及社会管理，对国家机关工作进行社会监督的民主机制。

东欧各国的“阵线”或“联盟”组织多是在第二次世界大战反法西斯斗争中形成的，它们在国家政治生活中的作用则经历过一个曲折的过程。最初许多国家曾经限制甚至否定它们在国家政治生活中的作用，后来因为社会矛盾加剧又加强其地位和作用，到了20世纪70年代特别是80年代，东欧各国推进政治体制改革，其权限及作用更发展到达一个新高度。但随着苏联解体、东欧各国剧变，这些“阵线”或“联盟”也最终瓦解。

东欧诸国的这段历史表明，作为国家政治体制一个组成部分的这类组织，确实可以在国家政治生活中特别是在发展民主中发挥重要作用，但只有在其整个政治体制健康发展的前提下它才能够发挥作用。离开了这个前提，不仅其作用难以得到充分发挥，而且最终无法存在。

一些亚非国家政治体制中的“协商会议”组织

在一些亚非国家政治体制中，也设有称为“协商会议”的组织，但在不同的国家其协商会议发挥着不同的作用。

比如，在印度尼西亚就设有人民协商会议，简称“人协”。按照印度尼西亚共和国宪法的规定，印尼实行的是“统一、协商和代表制指导下的民主”。“人协”是印尼的国家最高权力机构，负责制定、修改与颁布国家宪法和大政方针，选举总统和副总统（2004年后改由全民直选），监督和评价总统执行国家大政方针情况，并在总统违背宪法时可以对其进行弹劾或罢免。在印尼也有国会（全称人民代表会议）。国会是国家立法机构，行使修宪和制定国家大政方针之外的一般立法权。国会无权解除总统职务，总统也不能宣布解散国会；但如总统违反宪法或“人协”决议，国会有权建议“人协”追究总统责任。印尼“人协”共有700名成员，其中500名兼任国会议员，另有地方代表135名，社会名流65名，任期5年。地方代表由省级权力机构选举产生，社会名流由大选委员会任命。人民协商会议至少每年在首都召开一次会议，形成的决议按多数票通过。

从以上所述可以看到，印尼虽然实行“协商和代表制指导下的民主”，就在国家政治生活中强调“协商”而言与中国政协也有某些相似之处，但从根本上讲两者有很大的不同，放下性质不说最大的不同，印尼的协商会议是国家最高权力机构，而中国政协不是国家权力机关。

又比如，在一些阿拉伯国家也有称为“协商会议”的组织。埃及在1980年5月就修改宪法，规定了埃及的政治制度“建立在多党制基础上”及“建立协商会议”的条文。同年11月埃及正式成立了协商会议，成员三分之一由总统任命，三分之二由各阶层、机构和派别选举产生，其中一半应是工人和农民，每届任期六年，三年改选一半委员，可连选连任或再次任命，设主席、副主席。在国家政治生活中，埃及的协商会议与由普选产生的埃及最高立法机关——人民议会并立存在，但无立法权和监督权，主要是咨询机构。沙特阿拉伯于1993年12月也正式成立了“协商会议”。沙特阿拉伯是政教合一的君主制王国，禁止政党活动，没有国家宪法，《古兰经》和穆罕默德的圣训是国家执法的依据，国王兼任武装部队总司令和大臣会议主席（内阁首相）等职务，行使最高行政权和司法权，内阁直接向首相负责。沙特协商会议由主席和150名委员组成，委员由国王任命，任期4年，下设12个专门委员会。沙特协商会议也是国家政治咨询机构，负责向国王提出建议。因为是君主制王国，所以国王有权批准和否决内阁会议决议，有权解散或改组内阁，也有权解散协商会议。阿曼在1991年11月也成立了协商会议。阿曼与沙特相似也是君主制国家，没有宪法（1996年11月卡布斯苏丹颁布诏书，公布了相当于宪法的《国家基本法》），也没有政党和议会，法律、法令由苏丹颁布，国家管理机构以卡布斯苏丹为首，由内阁秘书处、各专门委员会、首都省政府和国家协商委员会构成，内阁是苏丹授权的国家最高执行机构。阿曼的协商会议则是一种审议监督机构，无立法权，但可以向苏丹及政府提出建议。

由以上所述可知，一些阿拉伯国家的"协商会议"主要是一种咨询机构，沙特和阿曼等国的协商会议更是一种君主制下向君主负责的咨询机构，在国家政治生活中没有实质性作用，与我们所说的现代民主意义上的"协商"是完全不同的。

西方国家中某些方面与中国政协相似的组织

在西方国家，普遍实行相互竞争的多党制和分权制衡的议会政治。但在有的西方国家，除了议会也设有在某些方面与中国政协作用相似的组织，如法国等一些国家所设的"经济与社会理事会"组织。

法国的经社理事会是法国经济和社会各界反映自身利益和愿望的一种咨询机构，其主要职能是促进不同社会职业、阶层之间的对话，向政府提供相关建议，参与经济与社会政策的制定。法国的经社理事会可以说源远流长。早在19世纪中叶，法国就有思想学派提出经济和社会各界应建立有组织的代表机构以反映自身利益和愿望。1919年，法国成立了

“劳动—经济社会理事会”。1952年，法国“全国经济社会理事会”成立并得到法律的确认。在法国宪法中，有专门的关于“经济与社会委员会”的章节条文。现法国宪法第十章第69条规定：“根据政府的请求，经济与社会委员会对由政府提交的法律草案、法令和命令以及法律提案提出意见。”“经济与社会委员会可指派1名委员，向议会申述该委员会对提交给它审议的法律草案或法律提案的意见。”第70条规定：“经济与社会委员会也可以接受政府对于有关共和国及共同体的经济与社会性质的任何问题的咨询。”“任何计划或任何有关经济或社会性质规划的法律草案，均提请经济与社会委员会提出意见。”由于经社理事会组织中有政府、雇主和工会等各方面的代表，能够系统收集、了解、掌握有组织的公民社会的意见并反映给相关决策机构，使决策机构不必经常直接面对大量社团和不同利益的诉求，而可以在协调各方要求的基础上形成比较周全的决策；同时，通过经社理事会这个平台不仅能够促进决策机构与公民社会之间的沟通，而且可以在各个公民社会的代表之间进行协商对话，加强不同利益阶层和团体的相互沟通与理解，对于扩大社会共识、化解社会矛盾发挥积极的作用。所以，近些年来随着经济社会问题越来越突出，新经济组织和新社会组织大量涌现，在欧洲乃至世界其他一些国家也纷纷成立了经社理事会。在一些国际组织如欧盟包括联合国也设立了经济及社会理事会机构。

经社理事会是经济和社会各界反映自身利益和愿望的组织，而中国政协是国家政治体制的组成部分，首先是政治组织，就此而言两者是不同的。但中国政协有着亦官亦民的特性，它也有联系社会各界、反映社情民意、进行咨询建议的作用，在这方面两者又有相似之处。因此，在2001年7月，以中国人民政治协商会议全国委员会办公厅为业务主管部门，由中国经济社会领域里的有关团体、研究机构、企事业单位及专家学者、组织者、管理者联合组成，也成立了旨在团结中国经济社会各界、促进经济社会协调发展、发挥研究咨询服务作用的中国经济社会理事会（民政部注册登记原名中国经济社会研究会，2004年11月更名为中国经济社会理事会）。中国经社理事会成立后广泛联系中国经济社会各界，并开展了与各国经济社会研究机构及类似国际组织的联系交流，参加了经济社会理事会和类似组织国际协会以及其领导机构管理委员会，作为该协会正式会员参与进行了许多活动，为推动中国民间组织与国际非政府组织的交流与合作，为促进中国乃至世界的经济社会协调发展，发挥了积极的作用。

讲到西方国家某些方面与中国政协相似的组织，更值得一提的是俄罗斯的公众院。俄罗斯公众院由来自全俄、各地区和跨地区的社会团体及非商业组织的126名代表组成，成员主要是各界名流、专家和社会精英，是一种加强政权机关与公民社会之间沟通、协调，使社会各界人士能够参与落实国家政策的组织。关于公众院的作用，由普京总统提交、俄罗斯国家杜马通过的《俄罗斯联邦公众院法》规定，公众院可以对修改宪法和有关法律法规的草案进行评议，对政府的政策进行社会鉴定、论证，提出公民倡议进行咨询；同时，公众院还可以对权力执行机关的工作进行监督，包括在必要时可传唤政府官员，向国家权力机关和执行机关发出质询，向国家和地方权力执行机关的领导人提议在该机关内建立发挥监督作用的社会委员会等。但俄罗斯公众院本身不是权力机关，其决定、提议不具有权力性质，而只是建议性的，由此也可以说公众院是一个“协商性机构”。在实践中，由于公众院成员具有较大的权威性和影响力，尽管其提出的意见建议只具有“推荐性质”，但多数都能得到采纳。鉴于公众院在俄国家政治社会生活中发挥了重要的作用，俄罗斯的媒体常常称其为与议会两院平行的“第三院”。

作为由社会各界代表人士组成的“协商性机构”，俄罗斯公众院与中国政协有不少相似之处，但也有不同。比如，俄罗斯设立公众院，目的是在政权机关与公民社会之间进行沟通、协调。为了保持客观公正，公众院不吸收政党之类的政治组织和国家机关人员参加。作为公众院成员必须暂停其所属党派的党员身份。而中国政协则恰恰强调必须保证各党派参加，是包括各党派和社会各界人士的政治协商机关。

从总体上看西方国家的政治制度及体制与中国有根本的不同，就此而言相互间不能简单类比等同，更不能照搬。但在具体的形式、做法上，特别是在类似组织之间，还是可以进行比较、借鉴的。比如，过去我们一直认为像政协这样不是权力机关的组织不必立法。而同样是非权力机关的俄罗斯公众院却立了法，法国经社理事会在宪法中也有专门的条文规定。从实践看，立法对于保障、规范这类组织发挥作用也很有成效。俄罗斯早在许多年以前就曾有类似公众院这样的组织，但一直作用、影响不大，直到2005年3月通过了《俄罗斯联邦公众院法》，其地位才得到大大提升，成为在国家政治社会生活中发挥重要作用并产生了广泛影响的组织。俄罗斯公众院不仅有法，同时也有自己的章程。但其章程主要是规范公众院内部的工作程序，涉及公众院在国家政治社会生活中的地位和作用，包括其机构设置、活动方式、工作保障以及与国家权力机关的关系等，则都由法律做出明确规定。通过立法，不仅能够切实保障作为非权力机关组织在国家政治生活中的地位，使之依法充分有效地发挥作用；而且能够使其活动更加有序，保证它在法律、制度的范围内开展工作、健康发展。

总之，当今世界各国的政治体制、社会政治组织是多种多样的，即使像人民政协这样富有中国特色的组织，在世界上也可找到不少某些方面有类似之处的机构。把中国政协放到世界的舞台上全方位地进行比较研究，对于我们立足国情又借鉴人类文明一切有益成果推进其发展，进而推进中国特色的社会主义民主政治建设，都是十分必要而且有益的。

关于人民政协在我国政治体制中的地位问题*

（2010年3月）

准确把握人民政协在我国政治体制中的地位，是充分发挥人民政协在我国政治生活中作用的关键。2006年，《中共中央关于加强人民政协工作的意见》已正式提出“人民政协是我国政治体制的重要组成部分”。但对历史上、现实中人民政协在我国政治体制中的地位，对这个论断的内涵，许多人仍不十分清楚。因此，有必要对这个问题进一步加以厘清。

新时期以前人民政协在我国政治体制中的地位

政治体制是国家基本政治制度的具体实现形式和运行机制。而人民政协是我国共产党领导的多党合作和政治协商基本政治制度的重要政治形式和组织形式。人民政协的成立标志着中国共产党领导的多党合作和政治协商制度的确立。因此，可以说，人民政协从成立之日起就是我国

* 发表于《中央社会主义学院学报》2010年第3期。

政治体制的重要组成部分。但是，人民政协在我国政治体制中的地位不是一成不变的。不同的历史时期人民政协在我国政治体制中曾经有过不同的地位。新时期以前，人民政协在我国政治体制中的地位经历了两个发展阶段。

第一阶段，从1949年9月人民政协成立至1954年9月全国人民代表大会召开前。这时的人民政协曾执行人大职权，政协在我国政治体制中的地位表现为，它既是人民民主统一战线的组织形式，又是国家政权组织形式。

早在新中国成立以前毛泽东就提出，中国新民主主义革命胜利后建立的新中国的国体，是工人阶级领导的、以工农联盟为基础的人民民主专政，而作为政权组织形式的政体就是人民代表大会。按照中国共产党1948年发布的含有建国大计的“五一”口号的设想，原本是想通过先召开新政治协商会议讨论并召集人民代表大会，再成立民主联合政府。但由于中国革命形势迅猛发展，国民党政府的统治迅速走向崩溃，已没有条件再等待经过召开普选的人民代表大会成立人民政府；加之当时各民主党派和各方面的代表人士纷纷奔赴解放区，新政协已“具有代表全国人民的性质”[1]。所以，1949年6月，毛泽东在新政协筹备会的开幕讲话中便宣布，新的人民政协的任务将不再是讨论召开人民代表大会，而是代行人大职权直接成立人民政府。由此，1949年9月中国人民政治协商会议召开后其全体会议便开始代行人大职权，不仅宣布了人民政协的成立，制定通过了《中国人民政治协商会议组织法》；而且制定通过了具有临时宪法性质的《中国人民政治协商会议共同纲领》《中华人民共和国中央人民政府组织法》，决定了新中国的国体和政体，选举了中央人民政府及其领导人，完成了创立新中国的历史使命。在此后四年的时间里，人民政协又审议通过了一系列重要的法律、法案和决定，为巩固新生的人民政权做出了重要贡献。由于这时的人民政协是代行人大职权，因此，其作为国家政权组织形式具有过渡性。

第二阶段，从1954年第一届全国人民代表大会召开、第二届政协全国委员会举行，至1966年“文革”动乱政协停止活动前。这时的人民政协已结束代行人大职权，不再是国家政权组织形式，而作为统一战线组织继续存在。但同时，它仍然是我国政治体制的组成部分，在国家政治生活中发挥着重要作用。

关于人大召开后政协在国家政治生活中的地位和作用，早在人民政协成立初期周恩来就做过阐述。在1949年8月新政协的筹备会上他就提出，注重事先协商是新中国新民主的一个特点[2]。他还联系人大、政府从政治体制的角度分析了实行政协民主的必要性，指出政协是“各党派统一合作的组织”，而人大“主要的是区域”，所以即使以后人大召开，政协不再代行人大职权了，政协作为“一个和政府协商的机关”仍然需要长期存在，国家大政方针仍要经过人民政协进行协商[3]。正是体现这些精神，政协成立后通过的具有临时宪法性质的《中国人民政治协商会议共同纲领》明确规定：“在普选的全国人民代表大会召开以后，中国人民政治协商会议得就有关国家建设事业的根本大计及其他重要措施，向全国人民代表大会或中央人民政府提出建议案。”

以上所述表明，对人大召开后政协在国家政治生活中的地位和作用开始就是清楚的，但1954年人大召开后仍然有人对此提出了疑问，认为既然人民政协不再是国家权力机关了，政协的地位将不如过去，甚至怀疑政协是否还有存在的必要。针对这些问题，时任全国政协主席的毛泽东，在全国政协二届一次会议期间专门召集部分党内外人士进行了研究座谈，对人大召开后政协存在的必要性及其在国家政治生活中的地位和作用等问题做了进一步分析阐明。在这次座谈中，毛泽东不仅认为政协不能搞成国家机关，而应当是“各党派的协商机关，是党派性的机关”；而且明确提出人民代表大会是权力机关，有了人大并不妨碍我们成立政协进行政治协商。各党派、各民族、各团体的领导人物一起来协商新中国的大事非常重要。人大的代表性当然很大，但它不能包括所有的方面，所以政协仍有存在的必要[4]。到1956年我国进入社会主义社会之际，毛泽东又“以苏为鉴”，提出了中国共产党与各民主党派“长期共存，互相监督”的方针。毛泽东的这些论述从两个方面阐明了人大召开后政协的地位和作用：一方面，他讲了人民政协作为统一战线组织是“党派性的机关”，应与国家机关有所区别；另一方面，他又特别联系比较人大，从整个国家政治生活的宏观层面，从人民政协具有不可替代的广泛代表性和协商国是、民主监督的独特作用方面，对人民政协存在的必要性及其在国家政治生活中的地位和作用给予了肯定。

可以说就是在上述思想和方针的指导下，1954年第一届全国人大召开后，人民政协继续在国家政治生活中发挥了重要作用。在第二届全国政协期间，许多国家的法律、法规、重大决定都曾拿到政协进行协商。从1959年政协三届一次会议起，政协全会与全国人民代表大会每年同时召开，政协委员和人大代表一起听取政府工作报告及其他重要报告并成为惯例，逐渐形成了“两会”格局。但这个时期关于人民政协在政治体制中地位的问题，也还存在不够严谨、完善的地方，表现之一就是这时对党和国家的政治生活常常是不加区分的，反映在政协问题上就是经常把政协的作用笼统地归为统一战线的作用，没有区分政协有团结和民主两大主题。

统一战线是中国共产党的一项以团结为主题的工作。统一战线的本质和目的，是协调处理中国共产党与其他党派和党外人士的关系，建立并发展共同利益和目标基础上的政治联盟。而民主是指人民当家作主，是范围更广的国家政治生活的主题。民主对于人民政协来说，是要扩大社会各界的有序政治参与，吸收组织各党派团体和各族各界人士通过政协的渠道反映诉求、参与国事。因此，要科学地阐明人民政协的性质、地位和作用，就应当明确其在团结和民主两个方面的作用。对这个问题，当时也有人开始进行了探索。比如，时任全国政协副主席、中共中央统战部部长的李维汉，就曾经在1956年中共八大会议的发言中，对人民政协作为统一战线组织和政治协商机关两个方面的作用首次给予了区分，提出了“政治协商是我国实现人民民主的重要方法”。“中国人民政治协商会议全国委员会和地方委员会是政治协商机关，又是统一战线组织，在统一战线和国家政治生活中起着重要作用。”[5]但可惜的是这个有价值的观点后来没有受到重视。由于1957年后日益强调“以阶级斗争为纲”，人民政协难以避免受到影响。1966年“文化大革命”爆发，政协更是受到严重冲击，以至于一度停止了活动。

新时期人民政协在我国政治体制中地位的进一步确立

随着1978年党的十一届三中全会召开，我国进入了改革开放的新时期，人民政协也经历了深刻的变化和发展。体现在政治体制中地位的问题上，其发展可以分为三个阶段。

第一阶段，从1978年党的十一届三中全会后的五届政协，到1989年底颁布《中共中央关于坚持和完善中国共产党领导的多党合作和政治协商制度的意见》前的六、七届政协之间。这是人民政协在新的基础上得到恢复，其在国家政治体制中的地位和作用重新确立并初步发展的时期。

新时期人民政协一个具有标志意义的重大发展，就是随着党和国家拨乱反正，纠正“以阶级斗争为纲”的错误，明确我国社会阶级关系发生了根本变化，我国统一战线从过去的四个阶级的联盟，转变为由社会主义劳动者和爱国者组成的最广泛的政治联盟，人民政协也从过去主要为阶级斗争服务的革命统一战线组织，发展成为为建设社会主义现代化和促进祖国统一服务的爱国统一战线组织。从革命统一战线组织到爱国统一战线组织是一个带有根本性的重大转变，在这个转变的基础上，不仅人民政协的中心任务实现了战略转移，而且适应推进社会主义民主政治的需要，人民政协在国家政治体制中的地位和作用也重新确立并得到新的发展。1979年6月，当选为第五届全国政协主席的邓小平在政协五届二次会议的讲话中指出，各民主党派的性质都发生了变化，已成为为社会主义服务的政治力量。据此，中国共产党把与各民主党派团结合作的八字方针，发展为“长期共存、互相监督、肝胆相照、荣辱与共”的十六字方针，并提出了“在中国共产党的领导下，实行多党派的合作，这是我国具体历史条件和现实条件所决定的，也是我国政治制度中的一个特点和优点。”[6]1980年在政协五届三次会议的开幕词中，他又明确指出：“人民政协是巩固和扩大我国革命的爱国的统一战线的重要组织，也是我国政治体制中发扬社会主义民主和实行互相监督的重要形式。”[7]1982年，邓小平主持修改通过的新时期政协章程，也规定了“中国人民政治协商会议是中国人民爱国统一战线的组织”，政治协商、民主监督是人民政协的主要职能。

新时期开始，人民政协在思想上、实践上实现了大转变、大发展，形成了生机勃勃的新局面。但在一些具体提法和环节上，仍存在不够规范、有待完善的地方。例如，对统一战线的表述，还常常是将“革命的”与“爱国的”并称；政协章程对政协性质的规定，也是只讲了统一战线组织的一面，而尚未表明政协在国家政治生活中作为政治协商机构的一面。

第二阶段，从1989年底颁布《中共中央关于坚持和完善中国共产党领导的多党合作和政治协商制度的意见》，到2006年颁布《中共中央关于加强人民政协工作的意见》前的八、九届政协之间。这是中国共产党领导的多党合作和政治协商作为我国一项基本政治制度得到确立，人民政协成为实行这项制度的重要机构，在国家政治体制中的地位逐渐清晰的时期。

1989年，中共中央经与各民主党派协商，制定颁布了《中共中央关于坚持和完善中国共产党领导的多党合作和政治协商制度的意见》（以下简称《意见》）。这个《意见》确立了中国共产党领导的多党合作和政治协商制度是我国的一项基本政治制度，第一次在坚持我国各党派长期合作政党关系的基础上，进一步明确了我国各政党与国家政权之间的关系，即中国共产党是执政党、各民主党派是参政党。同时，这个《意见》也首次正式提出："人民政协是我国爱国统一战线组织，也是共产党领导的多党合作和政治协商的一种重要组织形式。"[8]在此以前，我们讲多党合作侧重的主要是党与党的关系，也就是统一战线关系；而提出执政党与参政党，对政党与国家政权的关系加以规范，就已不限于统一战线领域，而已涉及属于国家政治生活的民主范畴。因此，随着这个《意见》的颁布，坚持和完善这项制度就不仅要从协调政党关系的统一战线的角度去努力，而且要从健全国家政治生活的社会主义民主政治的角度去努力。正是为了贯彻和体现中共中央这个《意见》的精神，1993年宪法修正案将"中国共产党领导的多党合作和政治协商制度将长期存在和发展"写入了宪法；1994年政协章程修正案也对政协性质给予进一步充实，在人民政协是爱国统一战线组织后，增加了"是中国共产党领导的多党合作和政治协商的重要机构"的内容。

确立多党合作和政治协商是我国的一项基本政治制度，同时明确人民政协是实行这一制度的重要机构，使人民政协事业与社会主义民主政治更加紧密地联系起来，把发挥人民政协作用推向了国家政治制度建设的新高度。就是在这样一个背景下，进入20世纪90年代，人民政协确立了团结和民主两大主题，政协在我国政治体制中的地位也进一步明确。中共中央提出关系国计民生的重大问题要通过人民政协进行协商，由人民代表大会行使国家权力进行决策，由人民政府执行实施。政协与人大和政府互为补充、相辅相成，这样一种政治体制集中体现了我国广泛的人民民主。

第三阶段，从进入21世纪，特别是2006年颁布《中共中央关于加强人民政协工作的意见》后的十届政协以来至今。这是中共中央明确提出我国有选举和协商两种社会主义民主重要形式，人民政协在我国政治体制中的地位进一步确立，逐步成为党和国家政治运行机制重要一环的时期。

进入21世纪，党的十六大把建设社会主义政治文明确立为全面建设小康社会一个战略目标，并把坚持和完善多党合作和政治协商制度作为实现这个目标的一项重要内容；提出了要按照坚持党的领导、人民当家作主和依法治国有机统一的原则，推进政治体制改革、发展社会主义民主政治；按照党总揽全局、协调各方的原则，规范党委与人大、政府、政协以及人民团体的关系。为贯彻这一精神，人民政协积极推进履行职能的制度化、规范化、程序化，并且于2004年对政协章程又进行了修改，明确写入了团结和民主是人民政协的两大主题，在政协性质的表述中进一步增加了人民政协“是我国政治生活中发扬社会主义民主的重要形式”。2006年，中共中央制定颁布了《中共中央关于加强人民政协工作的意见》，在这个文件中不仅正式明确“人民政协是我国政治体制的重要组成部分，在我国政治生活中具有不可替代的作用”，而且与此相联系首次提出了“人民通过选举、投票行使权力与人民内部各方面在重大决策之前进行充分协商，尽可能就共同性问题取得一致意见，是我国社会主义民主的两种重要形式。”[9]

提出我国有两种社会主义民主重要形式特别是协商民主，对于进一步确立人民政协在我国政治体制中的地位有着深远意义。很长一段时间，一些人对人民政协的民主作用存在模糊认识，或者把政协简单比作西方议会中的上议院，或者只看到政协作为统一战线组织的作用，而不讲或忽视其作为一种民主形式的作用，当必须要讲政协的民主作用特别是政协在国家政治体制中的民主作用时，则常常会产生一种疑虑，担心会不会搞成西方的“两院制”。协商民主的提出进一步明确了人民政协作为一种民主形式，不是那种在国家政治生活中行使国家权力的民主，而是通过协商讨论广泛听取各党派团体和各族各界人士意见建议的民主，这就把政协的民主与人大的民主科学地区分开来，使人民政协两大主题中的民主主题更加明晰，也使人民政协在我国政治体制中的地位更加确定下来。

“人民政协是我国政治体制的重要组成部分”的含义

人民政协的发展历史表明，准确把握政协在我国政治体制中的地位，就是要正确理解“人民政协是我国政治体制的重要组成部分”的含义。而要正确理解这一论断的含义首先要认清何谓政治体制。一般认为，“政治体制”一词最早是20世纪60年代由苏联提出来的。西方学术界通常不用政治体制的概念。在我国，政治体制的概念是随着新时期提出政治体制改革才开始被广泛使用并加以研究的。多数学者认为，政治体制是政治制度的具体表现形式和实施方式，包括政权组织形式、国家结构形式、管理形式、机构设置以及政党制度、选举制度、公务员制度等。中国大百科全书对政治体制的解释是“以国家政权组织为中心的各种具体政治制度和政治行为规范的总和。”[10]有的学者对政治体制的理解较为宽泛，认为政治体制涵盖国体和政体，不仅包括各种具体政治制度、政治规范、政治运行机制，还包括政治文化等。也有学者对政治体制的理解较为狭窄，认为政治体制一般包含政体、国家结构形式和管理形式等，但不包含国体，甚至提出政治体制就是政体，即国家政权的组织形式。我认为，理解我国的政治体制必须从我国的实际出发，体现我国的政治特点。我国政治体制的根本特点是中国共产党领导、人民当家作主和依法治国的有机统一。联系我国的实际特别是政协的情况，可以把政治体制理解为我国各项基本政治制度的具体实现形式和运行机制，但不能把政治体制仅仅看作是国家政权组织形式。因为在我国，人民政协是政治体制的组成部分，但它又不是国家权力机关，如果把政治体制仅限定为政权系统，“人民政协是我国政治体制的重要组成部分”就讲不通了，就会把人民政协排除在政治体制之外，而且还可能把在我国政治生活中起领导核心作用的中国共产党也排除在政治体制之外。对人民政协不能简单用属于公共权力或公民社会两分法来看待。人民政协是介于公权力和公民社会之间的组织机构，其履行职能与国家机关既相区别又有联系，涉及团结和民主、社会与国家两个方面，具有亦官亦民的特点。理解把握人民政协在我国政治体制中的地位，必须紧扣政协的这一特点而不能离开这个特点。

根据对我国政治体制的上述认识以及人民政协的具体实际，我认为完整准确地理解“人民政协是我国政治体制的重要组成部分”，至少应当包括四层含义：

（一）它是指我国实行中国共产党领导的多党合作和政治协商制度，人民政协是实行这一制度的重要政治形式和组织形式

认识这个问题有两点需要注意。第一点是应当看到，多党合作和政治协商制度是我国社会主义政党制度，人民政协是实行这一政党制度的重要政治和组织形式。在我国实行这一政党制度有多种途径和方式，包括在国家权力机关、行政机关、司法机关以及一些企事业组织中都有多党合作与协商。特别是从中央到地方，中国共产党与各民主党派和无党派人士经常直接进行协商并形成了制度。但只有人民政协是我国各党派活动的组织平台，对实行这一政党制度有着不可替代的作用。因为在我国，民主党派成员参加人大是以人民代表的身份进行活动的，担任政府及司法机关的领导职务也是以国家公务员的身份履行公务，只有在人民政协，中国共产党和各民主党派才能都是其参加单位，都能够以政党的身份开展活动。在人民政协，中国共产党要贯彻“长期共存、互相监督、肝胆相照、荣辱与共”的方针，实行中国共产党与各民主党派、无党派人士之间的合作；各个党派也可以对其共同性事务进行协商讨论，在各个党派之间实行合作。

第二点是应当看到，多党合作和政治协商制度的核心是社会主义政党制度，但又不仅仅是指政党制度，它还包含了一个以各级政协为实

施主体的政治协商制度。从这项制度提出形成的过程来看，对应政党制度我们一直讲的是“中国共产党领导下的多党合作制”，最早将“多党合作”和“政治协商”连在一起的是1987年党的十三大报告。根据党的十三大报告，1989年中共中央制定有关该问题的文件才正式提出了“中国共产党领导的多党合作和政治协商制度”这个规范表述。因此，提出“中国共产党领导的多党合作和政治协商制度”可以看作是对“中国共产党领导下的多党合作制”的新发展。这个增加了“政治协商”内容的新发展包含了两层意义：一层是体现、突出了这项制度的运行机制和特点；另一层就是把以人民政协为主体的政治协商制度包括了进来。从现实实践看，这项制度中指称以人民政协为主体的政治协商制度的含义也不能省略或模糊。因为现在的人民政协已经从过去的以党派团体为主的“党派性机关”，发展成为还包括各界代表人士的政治组织和民主形式，并且在有些地方还存在有人民政协却没有民主党派的情况。这样如果再把多党合作和政治协商制度仅看作是政党制度，就可能把那些没有民主党派的地方政协排除在宪法规定的基本政治制度之外，使各级政协的活动失去宪法和制度依据，对充分发挥它们在国家政治生活中的作用产生不利影响。

（二）它是指我国有选举投票和充分协商两种社会主义民主重要形式，人民政协既是统一战线组织又是国家政治生活中的政治协商机关，是我国实行协商民主的主要载体和制度渠道

在我国，选举投票和协商是两种基本的民主形式，可以说从上到下，在政治生活的各个领域，都有选举投票和民主协商。但是，从政治制度、政治体制来看，选举和协商这两种民主形式是与我国政治制度和体制的基本架构相适应的。由国体所决定，我国实行人民代表大会制度、中国共产党领导的多党合作和政治协商制度、民族区域自治制度以及基层群众自治制度。在这些制度中，人民代表大会制度与多党合作和

政治协商制度具有相辅相成的作用。人民代表大会制度是与我国国体相适应的政权组织形式、根本政治制度；多党合作和政治协商制度是与我国国体相适应的社会主义政党制度、基本政治制度。由地区选举产生的各级人民代表大会是实现人民代表大会制度的组织形式，由界别协商产生的各级人民政协则是实行多党合作和政治协商制度的组织形式。因此可以说，在我国，选举和协商两种民主形式体现在国家政治制度上，就是实行相辅相成的人民代表大会制度与多党合作和政治协商制度；体现在国家组织体系上，就是实行人民代表大会和人民政协“两会制”。

人民政协有团结和民主两大主题。从人民政协作为统一战线组织的团结主题出发，就其在整个建设中国特色社会主义事业中的作用来看，人民政协要调动一切积极因素，发挥协调关系、汇集力量、建言献策、服务大局的作用；而涉及人民政协在国家政治体制中的地位问题，主要从人民政协在国家政治生活中的作用来看，则应当看到人民政协还是政治协商机关，是我国实行协商民主的主要载体和制度渠道。

（三）从政治组织体系的角度看，它是指在我国有中共党委、政权机关和人民政协三个系统

1950年周恩来曾经提出，在我国有“党的系统、政权的系统、政协的系统”，有了这三个系统，更能反映各个方面的意见，有利于决议的贯彻执行[11]。周恩来的这段话道出了我国政治体制在组织体系上的一个特点，就是它包括了中国共产党、政权机关和人民政协三个系统。有学者在分析我国政治体制的组织系统时，认为我国横向有政党组织系统和国家组织系统，在政党组织系统中包括中国共产党和各民主党派，但没有人民政协。我认为还是按照周恩来三个系统的划分比较符合实际。因为中国共产党之所以能够成为一个系统，就在于它在国家政治生活中起着领导核心作用。同时在我国政治生活中发挥重要作用的，除了各民主党派之外，还有工会、共青团、妇联等重要团体。各民主党派和这些重

要团体又都是人民政协的参加单位。因此，有了人民政协不仅各民主党派，而且各重要人民团体在我国政治体制中都有了自己的位置。

从政治现实来看，体现周恩来讲的三个系统，我国在各级行政区划单位普遍设有中国共产党的各级委员会，各级人民代表大会、人民政府和司法机关，以及人民政协的各级委员会（政协组织设置到县）。在这些机构中，中国共产党处于领导和执政地位，人民代表大会是国家权力机关，人民政府是国家行政机关，人民法院、检察院是国家司法机关，人民政协则是政治协商机关。在它们之间，人大与政府、司法机关不是西方那种三权分立下的相互制衡关系，人民政协与人大也不是那种互相制衡两院制下的上下议院关系，而是在中国共产党的统一领导下各司其职、分工协作，互为补充、相辅相成。这就从组织体系上体现和保证了中国共产党领导、人民当家作主和依法治国的有机统一。

（四）从政治运行机制的角度看，它还指人民政协是我国政治制度运行特别是决策、监督运行机制中不可缺少的重要环节

人民政协履行职能始终是与国家机关的工作紧密联系在一起的。人民政协的政治协商主要是在决策之前和决策执行过程中进行协商，人民政协的民主监督是对国家机关及其工作人员的工作进行政治监督，人民政协的参政议政是围绕党和国家的中心工作及重要问题通过调研等多种形式向党和国家机关提出意见建议。在中国共产党总揽全局、协调各方的领导下，国家和地方的大政方针、重大问题都要在人民政协听取意见进行协商。人民政协虽然不是国家权力机关，但却是我国政权运行链条中的一个重要环节。政协没有人大那样的立法权、重大事项决定权、重要人事任免权和带有法律强制性的监督权，但可以列席人大会议，听取并讨论政府工作报告和其他重要报告；可以对国家和地方的大政方针及重要问题，重要法律草案及重要人事任免进行协商；可以对宪法法律和法规的实施，重大方针政策的贯彻执行，国家机关及其工作人员的工作

通过建议和批评进行民主监督。在政协与政府之间，没有人大与政府之间的那种权力机关和执行机关的关系，政协没有对政府官员予以弹劾、罢免之类的权力，但可以对政府的重大决策进行协商，可以对政府机关及其工作人员的工作进行民主监督，可以围绕政府的中心工作和群众关心的重要问题进行调查研究、建言献策，可以向党和政府反映社情民意。我国的这种政治运行机制，既能够保证国家权力的统一行使，建立和完善相互制约又相互协调的权力结构，避免西方政体的那种“三权鼎立”、互相掣肘，又能够在执政党与参政党、国家机关和社会各界代表人士及人民群众之间形成紧密的联系，使公权力的行使不仅有法律、权力的制约，而且有人民政协的民主监督。这就从制度运行上体现和保证了中国共产党领导、人民当家作主和依法治国的有机统一。

在我国政治体制中保持一个人民政协这样的组织机构，是新中国缔造者的一大创造。如果说在最初建立社会主义制度的过程中，我国在许多方面或多或少受到当时苏联模式的影响，那么，可以说人民政协完全是中国独创的东西。经过60年的发展，人民政协在我国政治体制中的地位问题应当说已基本清楚，当然还有许多具体问题需要解决。并且，随着我国政治体制改革的推进、社会主义民主政治的发展，它还要继续创新、发展、完善。

注释：

［1］［11］《人民政协重要文献选编》（上），中央文献出版社、中国文史出版社2009年版，第43、118页。

［2］［3］［4］［5］《老一代革命家论人民政协》，中央文献出版社1997年版，第17、42、183—184、222—223页。

［6］［7］［8］《人民政协重要文献选编》（中），中央文献出版社、中国文史出版社2009年版，第361—362、371、485页。

［9］《人民政协重要文献选编》（下），中央文献出版社、中国文

史出版社2009年版，第793页。

［10］《中国大百科全书·政治学卷》，中国大百科全书出版社1993年版，第502页。

新世纪新阶段人民政协四个重要的新发展*

——兼论中国社会主义民主的特点和发展路径选择

（2011年4月）

今年是《中共中央关于加强人民政协工作的意见》（以下简称《意见》）颁布五周年。这个《意见》的颁布推动人民政协事业取得了新发展，其中具有思想理论、宏观长远意义的新发展，我以为主要有四个：

一是确立了人民政协是中国共产党把马克思主义统一战线理论、政党理论和民主政治理论同中国具体实践相结合的伟大创造，是中国特色社会主义事业的重要组成部分

人民政协一成立就贯穿着团结和民主两大主题，是马克思主义统一战线理论、政党理论和民主政治理论同中国具体实践相结合的创造。但长期以来我们一直只讲人民政协是统一战线组织，是马列主义统一战

* 发表于《中国政协·理论研究》2011年第2期。

线理论与中国实际相结合的产物。应当说在新时期以前甚至改革开放初期，这样讲还是有其理由的。因为在新时期以前尤其是社会主义制度建立以前，国家还处在向社会主义过渡阶段，政协的主要任务也是为社会主义改造服务，特别需要发挥其作为统一战线组织的团结协调作用；改革开放初期，要顺利实现从“以阶级斗争为纲”向以经济建设为中心的战略转移，也需要首先形成一个安定团结的政治局面；并且由于当时认识水平的局限，对国家政治生活中党和国家的作用还没有严格区分，人民政协的民主作用常常被包含在统一战线中。所以，直到20世纪90年代以前，人民政协尚未明确团结和民主两大主题，政协章程对政协性质的表述也还只讲人民政协是统一战线组织。但是，随着我国改革开放和现代化建设向纵深发展，特别在明确了发展社会主义民主政治是全面建设小康社会的一个战略目标，中国共产党提出要科学执政、民主执政、依法执政，我国的发展推进到必须实行以人为本、全面协调可持续的科学发展以后，就需要对人民政协的理论基础进一步加以分析、深化了。《意见》把人民政协确定为马克思主义统一战线理论、政党理论和民主政治理论同中国具体实践相结合的产物，体现了人民政协团结和民主的两大主题，使人民政协成为与统一战线、多党合作和民主政治既相互联系又相对独立的一门科学，成为中国特色社会主义事业的一个组成部分。近些年来各级政协不断开拓，特别是在扩大政治参与、发挥民主作用方面积极推进，与人民政协理论的确立是分不开的。

当然，人民政协理论还处于起步发展阶段，有许多问题还需要进一步研究探索。比如在人民政协中，统一战线、多党合作和民主形式是有机结合在一起的，政协实行的协商民主的原则、方式和方法，比如广开言路、平等议事、求同存异、集思广益、民主监督、合作共事等，究其来源很多其实都与统一战线有关。最近几年我们从民主形式的角度研究政协很有成果，但这方面的研究显得还不够，在理论与实际结合上还需要加强。但尽管如此，人民政协理论毕竟已经建立起来。这个理论的建立，不仅使我们能够更加全面深入地认识总结人民政协的历史，而且为我们不断推进政协事业的创新发展提供了理论依据。

二是确立了人民政协是实行中国共产党领导的多党合作和政治协商制度的重要政治形式和组织形式，是我国政治体制的重要组成部分

新世纪新阶段人民政协最重要的新发展，就是随着多党合作和政治协商发展成为我国的一项基本政治制度，明确了人民政协是实行这一制度的重要机构，在国家政治体制中具有不可替代的地位和作用。虽然就政治制度讲，人民政协的成立标志着中国共产党领导的多党合作和政治协商制度的确立，政协从成立之日起就可以说是实行这一制度的组织形式。但因为政协在成立初期还主要是以党派、团体为基础组成，而且各民主党派当时还是代表民族资产阶级和城市上层小资产阶级的政党，中国各党派之间还是新民主主义的政党关系，就不能说当时已有社会主义政党制度、政治制度。1956年，随着我国社会主义改造基本完成，中国共产党提出了与各民主党派“长期共存，互相监督”的方针，开始明确在社会主义社会我国将长期保持多党合作的格局，但由于在1957年下半年后就不断受到“左”的错误影响，这一方针实际没有得到很好落实。如1956年后李维汉曾经提出随着社会主义制度建立民主党派可以发展成为“社会主义政党”，但在“文革”爆发以前就被作为“鼓吹阶级斗争熄灭论”的“修正主义”“投降主义”遭到批判。所以，只有到改革开放新时期，在明确了我国社会阶级状况已发生根本变化、党和国家的工作重点转到社会主义现代化建设的轨道上来后，多党合作和政治协商才可能真正发展成为我国的基本政治制度。

1979年，在总结国际国内的历史经验教训，强调没有民主就没有社会主义现代化的思想指导下，邓小平开始提出中国共产党领导下的多党

派合作“是我国政治制度中的一个特点和优点。”[1]1989年，中共中央颁布《中共中央关于坚持和完善中国共产党领导的多党合作和政治协商制度的意见》，正式把多党合作和政治协商连在一起确定为我国的基本政治制度。2006年中共中央颁布的《意见》，不仅进一步明确了人民政协是实行多党合作和政治协商制度的重要政治形式、组织形式，而且从各个层面加强、推动了相关的制度建设。首先是在国家制度层面，明确中国共产党领导的多党合作和政治协商制度与人民代表大会制度相辅相成，政协与人大、政府和司法机关分工协作，是我国政治体制的重要组成部分，是国家政治制度运行机制的一个重要环节；其次是在人民政协履行职能层面，支持政协推进履行职能的制度化、规范化、程序化，把政协的政治协商纳入决策程序，使政协的民主监督成为国家监督体系的组成部分，支持政协围绕党和国家的中心工作参政议政，建立了包括有关的会议、提案、视察、调研和反映社情民意等各项制度；最后在人民政协自身建设层面，支持政协加强思想建设、组织建设和机关建设，积极发挥各民主党派、专门委员会、政协委员的作用，充分体现政协的界别特点和优势，制定形成了一系列的制度机制。虽然目前这方面的制度建设仍有不少需要完善的地方，比如有关政治协商各项制度的相互衔接、配套还需要完善，民主监督方面还比较薄弱，贯彻落实仍有随意性需要克服，制度的科学性、系统性、权威性尚需要加强等。但人民政协在国家政治生活中的作用已得到广泛认同，政协在我国政治体制中的地位已经确定下来。

三是确立了人民政协作为大团结大联合的组织与构建社会主义和谐社会是紧密相连的，能够在协调各方关系、促进社会和谐方面发挥重要的作用

协调各方、团结各界是人民政协作为统一战线组织的固有功能。

新中国成立后人民政协为促进社会主义革命和建设在这方面也发挥了重要的作用。然而在完成了社会主义改造之后，因为没有及时改变阶级斗争的指导思想，直至“文化大革命”结束的新时期以前，统一战线、人民政协虽曾短暂地有过把正确处理人民内部矛盾作为主题，但长期受到的是为阶级斗争服务的“左”的错误影响。其结果，不仅没有团结人民打倒敌人，反而乱了自己。直到进入新时期纠正“以阶级斗争为纲”，党和国家的工作重点转到现代化建设和致力完成祖国统一大业上来后，才结束了十年动乱，并使全国人民在促进国家发展、民族复兴共同目标的基础上实现了新的大团结。20世纪70年代末的拨乱反正、战略转移，推动人民政协从革命统一战线组织发展到最广泛的爱国统一战线组织。这是一个具有划分历史意义的根本转变，这个转变为人民政协在国家现代化建设进程中与时俱进、不断发展奠定了基础。但马克思主义所主张的统一战线是建立在由一定经济基础决定的社会阶级关系复杂性、差异性基础上的，而新时期开始的拨乱反正则是根据我国社会各方面“一致性”已大大增强，阶级矛盾已不再是主要矛盾做出的。因此，新时期以来我们讲巩固和发展统一战线，主要是强调围绕大目标、实现大团结，还不是基于对经济社会发展内生要求的分析。而随着新世纪新阶段我们提出构建社会主义和谐社会，《意见》又把它与人民政协的团结工作联系起来，就使人民政协的广泛团结进一步成为建设中国特色社会主义的内在需要。因为提出构建和谐社会的战略任务，把社会和谐视为中国特色社会主义的本质属性，实际蕴含了对“什么是社会主义、怎样建设社会主义”的又一个新的认识，即认为虽然社会主义发展的最终目标是“消灭一切阶级”，但这并不意味着社会主义社会将越来越“纯”。社会主义不仅是一个相当长的历史阶段，我国将长期处于社会主义初级阶段；而且社会主义社会也是一个随着发展其社会结构将日益复杂而不是日益简单，我们的社会面貌将越来越丰富多彩的社会。在我国，公有制为主体、多种经济成分共同发展将长期存在。社会各方面成员在根本利益上是一致的，又可以有不同的思想观念、价值取向、行为方式和利益要求。正因为我们的社会主义社会具有这种多样性统一的特点，为新时期统一战线的发展提供了源源不竭的内生动力，推动人民政协不断增强包容性、扩大团结面，从过去的主要以党派团体为基础的四个阶级的联盟，发展成为今天包括各党派、各团体、各民族、各阶层和各界人士的广泛政治联盟。

随着中国特色社会主义事业的发展，人民政协团结各界、协调关系的任务不仅不会减轻，而且将更加繁重，将会不断提出新的问题要求我们去研究解决。比如过去政协主要是协调阶级关系，工作以思想教育为主，并且以参加政协的党派团体为依托；现在要协调政党关系、民族关系、宗教关系、阶层关系、海内外同胞关系，利益矛盾突出起来，而且许多界别没有组织可依托，如何有效地开展协调关系的工作就需要研究。人民政协的政治协商包括决策过程中的协商、选举过程中的协商和协调关系的协商。当前我国各种诉求、矛盾交织，社会民生问题凸显，人民政协应当充分发挥协调关系、化解矛盾的作用，为协助国家解决这方面的问题做出贡献。

四是确立了人民政协是具有中国特色的民主形式，选举民主与协商民主相结合是中国社会主义民主的一大特点

人民政协一开始就是统一战线组织与民主协商机构的统一。但由于种种原因，直到2004年政协章程修改才把人民政协“是我国政治生活中发扬社会主义民主的重要形式”确定为政协性质的内容。《意见》颁布以来对这个问题的新发展主要有两点：一是进一步明确了政协民主的性质和特点，即政协民主主要是通过政协的渠道，组织各界人士对重大问题进行协商讨论、听取意见的协商民主；二是在此基础上进一步明确了协商民主在我国社会主义民主建设中的地位和作用，即选举投票与充分

协商是我国社会主义民主的两种重要形式，选举民主与协商民主相结合是中国社会主义民主的一大特点。

在我国除了选举投票和民主协商，还有民族区域自治、基层群众自治等多种民主形式，为什么强调选举民主与协商民主相结合是中国社会主义民主的一大特点？原因我以为主要有三个：一是这两种民主形式具有广泛性。选举投票和民主协商广泛地存在于我国社会政治生活的各个方面、各个层次。如不仅在多党合作和政治协商制度中，而且在人民代表大会制度、民族区域自治制度、中国共产党的党内民主以及基层群众自治等各个领域，都有选举投票和民主协商。[2]而民族区域自治主要适用于民族区域地方，群众自治主要是在基层，不像选举和协商那样具有全局意义。二是这两种民主形式具有互补性。在我国权为民所赋，选举是体现人民当家作主、掌管国家权力的根本保证，没有广泛的选举就没有民主。但多数决定的选举是建立在非此即彼的个人选择基础上的，容易受到个人偏好和集团利益的影响；并且中外历史证明，在一定的时间和场合“多数”也会情绪化、极端化以至滥用权利。在实行选举民主的同时实行协商民主，能够广泛吸收各界代表、专家学者参与国事，对重大问题进行基于公共利益的理性讨论，促进相互之间、上下之间加强沟通、增进理解、形成共识，实现尊重多数与照顾少数、民主决策与科学决策、代议民主与参与民主、发扬民主与促进和谐的统一。在我国政治生活中，由地区选举产生的人大和由界别协商组成的政协，可以发挥相互补充、相辅相成的作用。三是这两种民主形式的结合既顺应时代潮流又扎根于中国的土壤，适合中华民族的历史文化传统。在中国这样一个历史悠久的大国发展社会主义民主政治，不可能照搬别国的模式，而只能走一条具有自身特点的政治发展道路。而要走出这样一条道路，首先要立足现实，能够在推进民主的同时保持经济的持续发展与社会和谐稳定；同时还要顺应世界潮流又符合中华民族长期形成的价值取向、思维方式和行为习惯，能够扎根于中国的土壤。中国的协商民主“既符合社会主义民主政治的本质要求，又体现了中华民族兼容并蓄的优秀文化传统”。[3]实行选举民主与协商民主相结合，能够实现顺应时代发展要求与适合中国现实需要和历史传统的统一。

去年，在全国政协举行的“21世纪论坛”专题研讨会上，《中国大趋势》一书的作者奈斯比特提出，中国正在形成发明一种不同于西方的“纵向民主”，这种中国的新型民主模式的特色在于，能够将政府自上而下的决策与人民自下而上的参政相结合，符合强调社会秩序与和谐的中国传统思想，有利于保持政府稳定和政策的持续，不被竞选所左右。作者认为如果中国新的政治、经济模式逐渐发展成熟，中国的成功就能够与美国所建立的现代民主相提并论。我国的政治体制改革、民主政治建设任重道远，还谈不上有定型的模式。但这位西方学者看到的中国正在发展形成的民主有着自己的特色，则是深刻和准确的。

特点的确定关系到路径的选择。中国对自己政治发展道路的实践探索、经验总结、比较借鉴已有60年。虽然这方面还有许多问题需要继续探索，但选举民主与协商民主相结合是中国社会主义民主的一大特点，也是我们推进民主政治的一个路径选择，这一点应当可以确定下来了。

注释：

［1］《人民政协重要文献选编》（中），中央文献出版社、中国文史出版社2009年版，第362页。

［2］关于这个问题现在国内学者主要有三种观点。第一种观点认为，协商民主是比选举民主更高阶段的民主，目前我国选举民主尚不完善，更谈不上协商民主；第二种观点认为，中国的协商民主就是实行多党合作和政治协商制度的民主，主要是与统一战线相联系，中国共产党与各民主党派和无党派人士之间的政治协商，此外其他领域的民主协商不能看作是协商民主；第三种观点认为，协商民主是一种公民能够广泛平等参与、开展理性讨论、关注公共利益的民主，多党合作和政治协商制度可以

看作是我国特有的一种协商民主，但不是其全部。我以为，在我国协商民主可以有广义和狭义之分，狭义的协商民主与多党合作和政治协商制度相联系，而广义的构成中国社会主义民主一大特点的协商民主，则广泛存在于我国政治生活的各个领域。理由是：1. 新中国成立初期周恩来最早提出政治协商是新中国新民主的一个特点，是特指发挥新政协的作用，但也有广义的阐述新中国人民民主特点的内涵；《意见》论述两种民主形式主要是与我国两种基本政治制度相联系的，但其主语是“人民内部各方面”，也有广泛的含义。2. 统一战线、多党合作意义上的政治协商，也不仅存在于中国共产党与各民主党派和无党派人士之间以及人民政协，还广泛存在于人大、政府、司法机关以及一些民族区域自治地方。3. 现被广泛认同、视为协商民主的范围也不止于统一战线、多党合作，如人民政协的政治协商就不仅包括在政协中国共产党与各民主党派和无党派人士之间的协商，还包括政协的参加单位、政协委员与政府等国家机关的协商；参与这类协商活动的政协委员中不仅有各民主党派和无党派人士，还有许多作为各界代表参加政协的共产党员。在一些基层地方如浙江温岭，也有受到国内外许多学者关注和肯定的协商民主。4. 在中国共产党和人大、政府等国家机关的工作中，除了要搞好与民主党派和无党派人士的协商外，其自身工作中也存在大量的民主协商活动，广义地看也可以把这些协商活动视为协商民主的体现。我以为这样看，有利于彰显我国社会主义民主的特点，发展中国特色的民主政治。我们把选举民主与协商民主相结合作为中国社会主义民主的一大特点，而发挥着领导作用的中国共产党党内民主又是我国民主建设中极其重要的一块，如果讲中国的民主特点不包括这一块，这一特点就要大打折扣，就会失去很多意义。明确中国共产党党内同样有选举和协商两种民主形式，也可以体现中国共产党不同于西方一些政党主要是“选举机器”的鲜明特点。

［3］《人民政协重要文献选编》（下），中央文献出版社、中国文史出版社2009年版，第793页。

人民政协协调关系的历史经验及当前的问题*

（2011年8月）

协调关系是人民政协的固有功能。长期以来，人民政协在协调关系方面发挥了重要的积极作用，但也经历过曲折，有着深刻的经验教训。近年来，随着我国改革和发展推进到各种诉求矛盾交织、社会民生问题凸显的阶段，对人民政协发挥好协调关系作用的要求也更加突出起来。正确地分析总结人民政协协调关系的发展演变及其历史经验，科学地认识把握新时期人民政协协调关系发生的新变化和新要求，创造性地做好新形势下人民政协的协调关系工作，不仅是政协理论研究中需要厘清的一个重要课题，也是当前政协实践中亟待加强的一项重要工作。

在建立社会主义制度过程中人民政协发挥协调关系作用取得的成就和经验

人民政协的协调关系主要是协调参加政协的统一战线方方面面之间

---

* 发表于《中国政协·理论研究》2011年第4期，并被中国人民大学复印报刊资料转载。

的关系。人民政协协调关系的历史可以1978年我国实行改革开放为界划分为两大阶段。其中，改革开放以前人民政协发挥协调关系的作用又可以分为两个阶段，一个是从1949年政协成立到1956年我国基本完成社会主义改造的阶段；一个是从社会主义改造完成到1976年“文革”结束的阶段。在社会主义改造完成以前，人民政协是工人阶级、农民阶级、小资产阶级、民族资产阶级四个阶级联盟的人民民主统一战线组织。这个阶段人民政协的协调关系主要就是调整阶级关系，具体看有四个特点：

一是以民族资产阶级为重点。人民政协成立初期作为人民民主统一战线组织是四个阶级的联盟，其中又包括两个联盟，一个是工农及其他劳动者的联盟；一个是劳动人民同一部分可以联合的剥削者及其代表的联盟，主要是同民族资产阶级的联盟。刚刚成立的一届全国政协代行人大职权，负有建国任务。所以，参加一届政协的代表既有统一战线的广泛性，又要体现“以工农联盟为基础、以工人阶级为领导”这个重点。[1]二届全国政协不再执行人大职权，而以统一战线组织继续存在。统一战线工作也是有重点的，当时的重点是民族资产阶级。因此，人民政协成立初期调整阶级关系的重点，就是协调与民族资产阶级的关系。在统一战线两个联盟中，统战部门、政协组织主要是做后一个联盟的工作。

二是以实现社会主义改造为目标。人民政协的协调关系是为不同时期党和国家的发展任务服务的。新中国成立初期，党和国家发展的总任务是向社会主义过渡，逐步实现社会主义工业化和对生产资料私有制的社会主义改造。所以，在新中国成立初期特别是完成了创建新中国、巩固新政权的任务之后，人民政协调整阶级关系就转向为实现这个总路线、总任务服务，作为统一战线组织又主要是为促进实现对资本主义工商业的社会主义改造服务。（在此之前在上海等一些大城市，已经成立协商委员会并按照公私兼顾、劳资两利的原则做了一些有关调整关系的工作。）社会主义改造的目的是废除阶级剥削制度。但因为新中国已经建立了人民民主政权，而且中国的民族资产阶级具有“两面性”，已同工农劳动阶级结成了统一战线并愿意接受社会主义改造，所以对其采取了不是剥夺而是和平赎买的办法，通过实行利用、限制、改造的政策，创造由初级到高级一系列国家资本主义的形式，引导资本主义工商业逐步向社会主义过渡。

三是以又团结又斗争为原则。适应社会主义改造的需要以及民族资产阶级具有“两面性”的特点，这个时期统一战线调整阶级关系的工作原则和方法是又团结又斗争，以团结为主、经过斗争求团结。但这时讲的斗争已不同于革命战争时期的激烈对抗性质的斗争，而是寓斗争于贯彻实行团结、教育、改造的方针之中，通过制定实施相关的政策，开展学习和思想教育，在政治上、工作上、生活上给予妥善安排，帮助民族资产阶级发挥积极作用，克服消极作用，引导他们服从社会主义改造，走上社会主义道路。

四是以民主党派和有关团体为依托。人民政协成立初期的组织结构与现在有所不同，主要以各个党派和团体为基础组成，而各民主党派当时又主要是代表民族资产阶级和城市上层小资产阶级的政党。所以，人民政协协助国家机关、推动社会力量、调整同民族资产阶级关系的许多工作，是依托参加政协的民主党派和有关团体来开展的。为了更好地组织、推动民族资产阶级随时调整公私企业关系，充分反映他们的诉求，1953年还成立了专门联系工商业者、具有统一战线性质的人民团体——全国工商联，并作为参加单位加入了全国政协。

经过包括统一战线、人民政协在内的各个方面的努力，到1955年底我国基本完成了对农业、手工业和资本主义工商业的社会主义改造，从此在中国大陆建立了社会主义制度、进入了社会主义社会。这是中国几千年历史上从未有过的伟大变革。尽管这个变革现在看还存在着后期过急过粗，后来形成的所有制结构过于单一等问题，但没有造成大的动荡，保持和发展了当时的社会生产力，因此总体上是成功的。在这个过程中，统一战线、人民政协充分发挥协调关系的作用，为促进完成这个变革做出了重要贡献，也创造了许多有益的经验。其中最重要的一条经验，就是表明服从、服务于社会主义的发展需要，统一战线应当也可以对其各方面关系进行妥善的调整。通过这种调整，不仅能够对促进社会主义革命和建设，而且对巩固和发展统一战线发挥积极的作用。

在探索建设社会主义道路过程中人民政协在协调关系上的新发展及经历的曲折和教训

中国的社会主义改造在世界社会主义运动史上也是一个创造，所以完成这个变革意味着我国从迈入社会主义社会的门槛时起，就开启了适合国情的社会主义建设的探索。但因为我们是在一个半殖民地半封建社会历史条件下开始探索建设社会主义的，各方面的基础十分薄弱，加之当时面临的国际国内形势极其复杂，主观上也缺乏经验、认识很不够，就使这个探索难免不经历曲折，既取得了可贵的成绩，也付出了沉痛的代价。

涉及人民政协协调关系的问题，在社会主义改造完成后最重要的新发展是，1956年4月毛泽东发表《论十大关系》的讲话，提出了要调动一切积极因素建设社会主义的思想，明确了在社会主义历史时期中国共产党与各民主党派、无党派民主人士“长期共存、互相监督”的八字方针。1956年9月中国共产党召开第八次全国代表大会，正确分析并宣布了社会主义改造基本完成后，国内阶级关系和主要矛盾发生了历史性变化，我国的主要矛盾已是人民对于建立先进的工业国的要求同落后的农业国的现实之间、人民对于经济文化迅速发展的需要同当前经济文化还不能满足这种需要状况之间的矛盾，党和国家的主要任务就是集中力量解决这个矛盾。为此，经济上要大力发展生产力，政治上就要扩大民主，包括调动一切积极因素，贯彻实行“八字”方针，加强共产党同民主党派和无党派民主人士的合作共事等。1957年2月，基于对当时国际国内形势的分析，也为了指导完成八大提出来的反对官僚主义的全党整风任务，毛泽东又提出关于社会主义社会矛盾的学说，指出在社会主义制度下仍然存在各种矛盾，要严格区分、正确处理敌我矛盾与人民内部矛盾，对于包括工人阶级同民族资产阶级矛盾在内的大量的人民内部矛盾，不能用解决敌我矛盾的强制的、专政的方法去解决，而只能按照“团结—批评—团结”的公式，用民主的、说服教育的方法去解决。正确处理人民内部矛盾是国家政治生活的主题。

中共八大的召开和上述毛泽东一系列思想的提出，是中国探索自己社会主义建设道路的一个良好开端，也为人民政协在社会主义时期如何协调关系提供了正确的指导。为了贯彻毛泽东《关于正确处理人民内部矛盾的问题》的讲话精神，1957年3月全国政协二届三次会议专门进行了学习讨论，并组织开展了相关工作。但这个探索在1957年下半年后却发生了曲折。由于对整风中出现的一些问题做了过分严重的估计，导致反右派斗争严重扩大化，使许多原本是受邀帮助共产党整风提出意见的党外民主人士，被错划为敌我矛盾的右派分子。其恶果，不仅破坏了党和国家健康的民主生活，给许多党外人士、政协委员带来不白之冤，而且改变了八大前后做出的许多正确结论，使统一战线、人民政协的协调关系工作也遭受挫折。如：当时已经宣布民主党派已发展成具有阶级联盟性质的政党，这时又宣称是“资产阶级政党”；1956年初已经宣布知识分子的绝大多数是工人阶级的一部分，这时又重新戴上“资产阶级知识分子”的帽子；对经过社会主义改造已经交出生产资料、愿意自食其力的工商业者，这时又说成是“基本上没有抛弃资本主义的反动立场”。[2]

对于反右派斗争扩大化后“左”的倾向给统一战线关系带来的损害，中共中央及全国政协一段时间也有所认识并加以弥补。如：1959年后，根据毛泽东同时任全国政协副主席陈叔通一次谈话中提出的“文武之道、有张有弛”的精神，全国政协曾提出要贯彻“弛”的方针，在非共产党人士中不开展后来在中共党内进行的“反右倾”运动；该年8

月，毛泽东提出要分期分批给右派分子摘帽子，到1962年摘掉了大部分右派分子的帽子。从1960年开始，在政协推动开展了延安时期曾经采用的“神仙会”活动，强调政协的学习讨论要实行“自己提出问题、自己分析问题、自己解决问题”的“三自”方针，采取“不抓辫子、不扣帽子、不打棍子”的“三不”主义。这种提倡和风细雨、说服教育的学习讨论，不仅在当时起到了中共中央希望的解除顾虑、提高认识、自我改造的作用，而且还发展成为政协工作长期坚持的一个优良传统。1962年二、三月间，在中共中央召开进一步总结“大跃进”教训、推动全面调整的七千人大会的背景下，在广州召开的全国科学工作会议上，周恩来、陈毅提出要为知识分子“脱帽加冕”——脱“资产阶级知识分子”之帽，加“劳动人民知识分子”之冕。接着在同年人大、政协两会上，周恩来在《政府工作报告》中又正式宣布知识分子的绝大多数已经是“属于劳动人民的知识分子”，在政协全会上明确提出我国已“进入了社会主义建设阶段”，人民民主统一战线也“要有新的发展”“负起新的任务”，要团结一切可以团结的力量参加社会主义建设。[3]之后，该年四、五月间召开的全国统战工作会议和民族工作会议，也着重检查了近几年工作中发生的“左”倾错误，强调中国共产党要主动调整同知识界、工商界、民主党派、民主人士、宗教界、少数民族、归国侨胞以及其他爱国人士的关系，并提出了要切实解决一些实际问题，包括：在当时适应调整需要压缩城镇人口的措施下，对工商业者等党外人士要贯彻“包下来、包到底”的政策给予妥善安置；对历次政治运动中受到伤害的党外人士，要做好甄别平反工作；对摘了右派帽子的人和右派分子，也要做好安置工作，等等。

应当说，这个时期的上述举措曾缓解了当时的紧张情势，使人民政协一度出现了积极景象。如1962年政协委员们听了周恩来在人大和政协会议上的报告后，普遍感到欢欣鼓舞；三届三次政协大会后，全国政协曾连续三次举行“双周座谈会”，讨论如何贯彻“两会”精神、进一步发扬民主问题。但是，由于当时党和国家没有根本改变“左”的指导思想，而且在1962年9月召开的中共八届十中全会上毛泽东又进一步发展了“左”的倾向，提出在整个社会主义历史阶段资产阶级都将存在并企图复辟，阶级斗争必须“年年讲、月月讲、天天讲”，从而使统一战线和政协工作乍暖还寒，又出现反复，以致后来服务于阶级斗争需要的学习教育、思想改造逐渐变成政协日常工作的主要内容，到1966年“文化大革命”爆发全国政协更被迫停止工作，陷入了长达十年的停顿状态。

总结从完成社会主义改造到改革开放新时期这一段的历史，总体上看我国仍处在探索适合国情的社会主义建设道路的过程中，人民政协的协调关系也处在这样一个过程中。不容否认，这一时期的探索也有成绩和经验，如关于调动一切积极因素建设社会主义的思想；关于实行与各民主党派“长期共存、互相监督”的方针，关于政协活动要坚持“三不”主义、“三自”原则等，都是在这个时期提出来并且至今仍然坚持的。但也应看到，这个时期我们党和国家的整个工作包括政协工作是在不断受到“左”的影响中徘徊发展的，而且这种“左”的影响最终发展成为全局性错误，留下了许多需要深刻反思的沉痛教训。其中涉及人民政协协调关系、最需要吸取反思的一条教训，就是在明确主要矛盾和中心任务变化后的社会主义时期，必须改变阶级斗争的指导思想。正是由于没有适时清理、根本改变这个指导思想，所以虽然当时已经提出正确处理人民内部矛盾是国家政治生活的主题，但一遇到关系紧张、形势严峻就难免又回到阶级斗争的老路上去，以致最后发展到“文化大革命”中的“以阶级斗争为纲”，酿成把统一战线代表人士视为“牛鬼蛇神”的十年浩劫。

造成在社会主义改造完成后没有改变甚至发展阶级斗争指导思想的原因是复杂的，其中既有客观原因也有主观原因。作为总结经验、从思想认识的主观角度来看，首先大的方面一个原因是急于求成，对什么是社会主义、建设社会主义的长期性缺乏深刻认识。由于对这个问题认识不清，不仅在新中国成立后很快改变了当时曾提出的新民主主义将是一个较长发展阶段的设想，在经济上一度追求“一大二公”“纯而又纯”；而且在政治上也把“右”而不是“左”视为主要危险，不断强调“防止资本主义复辟”的阶级斗争、“继续革命”。在完成社会主义改造客观上已没有资本主义经济基础的情况下，就根据思想倾向来判定政治立场、划分阶级成分，甚至发动了“反修防修”、打倒“走资派”的“文化大革命”。

进一步分析在阶级斗争问题上的失误还有一个原因，就是毛泽东过分看重人的主观能动作用，晚年对马克思主义阶级斗争理论的认识也产生了偏差。而之所以会出现这个问题，既有思想认识原因，也与中国革命的历史有关。追溯中国革命的历史，应当说中国共产党运用马克思主义阶级斗争理论指导民主革命实践是非常成功的。就是把马克思主义的阶级斗争理论与半殖民地半封建中国的具体实际相结合，在对当时中国社会各阶级状况科学分析的基础上，毛泽东提出了建立共产党领导的、最广泛的统一战线是夺取中国革命胜利的一大法宝。为了把由于社会化大生产比重较低、成员大多只能来自农民和小资产阶级的中国共产党，建成一个具有严密组织性、纪律性，高度觉悟、能够担负起先锋领导作用的无产阶级政党，毛泽东还特别重视加强党的建设尤其是思想建设。一定意义上可以说就是依靠坚定的信仰、思想的力量，在政治上保持先进、赢得了民心，中国共产党才得以把一切爱国民主进步的力量团结在自己周围，并最终领导人民战胜强大敌人建立了新中国。注重思想政治教育是中国共产党领导中国革命胜利的一条成功经验。新中国成立后执政的中国共产党继承了这一经验并把它进一步推广到统一战线乃至整个国家政治生活中。新中国成立初期，周恩来曾多次率先以自己为例动员知识分子进行思想改造。此后在统一战线、人民政协中，也长期开展了以“听、跟、走”（“听毛主席的话、跟共产党走、走社会主义道路”）为主要内容的学习教育活动。毫无疑问，在有几千年封建历史的国家建设社会主义是一场翻天覆地的大革命；短短几年生产关系上社会主义改造的完成并不意味着人们在思想上也进入了社会主义；没有广泛的思想共识也难以建立能够永保广大人民过上幸福生活的社会政治制度。因此，在新中国成立初及其以后一个时期开展积极的思想教育是必要的，也是有益的。但是，脱离经济基础过度夸大思想意识的作用，甚至根据思想倾向划定阶级成分、政治路线，把一些具有不同意见观点的人视为新生的资产阶级，就背离了马克思主义只能根据人们对生产资料的占有关系来划分阶级的基本观点，偏离了生产力决定生产关系、经济基础决定上层建筑、社会存在决定社会意识的马克思主义基本原理，不仅使毛泽东自己提出的“八字方针”以及文化上的“双百方针”难以贯彻，而且给包括共产党党内的正常思想表达和讨论也带来严重消极影响，成为发生“文革”动乱的一个思想理论根源。这个教训必须深刻认识、永远记取。

新时期人民政协协调关系发生的新变化、提出的新问题

1978年中共十一届三中全会召开后我国进入了改革开放新时期，我国社会各方面包括人民政协都发生了巨大的变化。对于人民政协协调关系来说，首先带来的一个重大变化是，随着确认社会阶级状况已发生根本变化，党和国家的工作重点必须实行从“以阶级斗争为纲”向“以经济建设为中心”的战略转移，这就使作为“阶级斗争特殊形式”的统一战线失去了存在依据，人民政协协调关系的性质和目的也由此发生了改变，从过去主要是为阶级改造和阶级斗争服务，转变到现在主要是面向建设和发展，调动一切积极因素为促进实现社会主义现代化和祖国完全统一、民族复兴服务上来。新时期政协工作重心的转变是具有根本性的转变，随着这个转变的实现及其推动的政协工作的开拓和发展，不仅使政协协调关系的内容和范围，而且使其形式和方法等各方面，都发生了

深刻变化。

从内容和范围看，1954年毛泽东在政协结束代行人大职权后关于政协任务的谈话中，曾提出政协要“协调各民族、各党派、各人民团体和社会民主人士领导人员之间的关系”[4]。但后来在强调阶级斗争的环境下，不仅党派关系而且包括民族问题等都被视为“实质上是阶级问题”。所以在新时期以前，人民政协的协调关系主要是调整阶级关系。新时期以后实行改革开放、发展市场经济，使我国经济社会结构发生了重大变化，工农和知识分子劳动者内部出现了许多新情况，新的社会阶层和群体不断产生，加上推进祖国统一、实施“一国两制”，人民政协的组织结构、界别构成也相应调整。许多包括来自不同社会制度地区、有着不同意识形态的各界代表人士，被吸收参加到人民政协中来；政协组织由过去主要是以党派团体为基础组成的“党派性”机关，发展成为包括各党派团体和各族各界代表人士的政治组织和民主形式；人民政协协调关系的内容和范围也因此进一步丰富扩大，从过去主要是调整阶级关系，发展到现今要协调包含有不同政治标准和广泛内容的政党关系、民族关系、宗教关系、阶层关系和海内外同胞关系。

从方式和方法看，毛泽东在1954年关于政协任务的谈话中，曾提出政协协调关系“具体的事是协商候选人名单”。当时强调的是适应人大召开、政协换届需要，对各界代表人士参加人大、政协进行政治安排。后来因为强调阶级斗争要突出政治，虽然在一段时间还保留了给原工商业者付“定息”、在生活上给予照顾等经济手段，但政协协调关系经常开展、主要采取的活动方式，已是学习教育、思想改造等政治性方法。而新时期随着明确我国阶级关系以及政协内部关系发生了根本变化，政协的中心任务转到为经济建设、各项发展服务上来，势必要求对协调关系的方式和方法也做出调整，从过去主要是着眼政治安排、思想教育的政治性方法，转变到现今必须统筹兼顾、综合协调。不仅要适时扩大政治参与，吸收新的各界代表人物参加政协组织；而且要寓协调关系于履行政协职能的各项活动中，协助国家综合运用政治的、经济的、政策的、法律的等多种手段，特别是通过制度、体制、机制的改革和创新，对各种关系进行妥善的协调。

人民政协的协调关系工作具体主要体现在四个环节：一是吸收社会各界代表人士参加政协组织，参与国家政治生活；二是通过政协的渠道，向执政党和政府等国家机关反映各界的诉求；三是协助国家机关、推动社会力量贯彻落实国家的有关方针政策，解决社会生活中相互关系的问题；四是通过在政协组织开展各种活动，促进党和政府与社会各界以及社会各界相互之间的交流沟通、团结合作。在任何时期人民政协都有这几个环节的协调关系工作，但不同时期又有着不同的内容和问题。新时期的新变化对人民政协提出了许多新问题。特别是当前形势的发展，更要求必须重视研究加强协调关系的问题。

（一）要全面准确认识协调关系在政协工作中的作用，把协调关系摆到更突出的位置

协调关系始终是人民政协的一项重要工作。过去政协为阶级改造、阶级斗争服务，主要的工作就是调整阶级关系。新时期政协把促进发展作为第一要务，大量的、经常性的工作转到围绕中心、发挥优势、建言献策上来，但仍然有许多协调关系的工作要做。特别是进入新世纪新阶段，随着我国改革和发展推进到一个各种诉求矛盾交织、社会民生问题凸显的阶段，需要更加注重科学发展、社会和谐，对政协做好协调关系、化解矛盾工作的要求就更加突出起来。

加强协调关系是当前形势发展的需要，也是人民政协的职责所在。政协亦官亦民，连接国家与社会，有团结和民主两大主题，发挥政协的作用也有两个方面：一方面是组织各界代表由下而上的参政议政，发挥民主的作用；另一方面是搞好中国共产党与各民主党派和无党派人士之间、国家与社会以及社会各界相互之间的协调合作，发挥团结的作用。

如果说，明确人民政协在我国政治体制中的地位作用是推进政协民主的关键问题，那么搞好人民政协的协调关系就是加强政协团结的关键问题。协调关系是人民政协团结各界代表，联系各界群众，畅通群众利益诉求表达渠道，为维护社会和谐稳定、加强社会管理服务的重要途径和手段。

协调关系也是人民政协履行职能的重要内容。新时期以来适应围绕中心、议政建言的需要，人民政协履行政治协商职能主要是强调重大决策前和决策实施过程中的政治协商。但政治协商并不仅限于决策过程中的协商，而是包括决策过程中的协商、选举过程中的协商、协调关系的协商三个方面。1954年在人大召开、政协换届之际，毛泽东提出政协要“协商候选名单”，强调的是选举过程中的协商。1956年李维汉在中共八大会议上发言，明确讲了政治协商有三个方面的作用：“人民民主统一战线的内部关系是经过协商来调整的，国家事务中的重要问题是协商成熟而后决定的，国家的选举也是经过协商提名的。”[5]中国共产党与各民主党派之间的协商，既可以是作为执政党与参政党一起商讨听取治国理政的意见，又可以是作为相互合作的友党商讨如何协调处理党派间的关系；政协的民主监督是通过提出意见建议对国家机关及其工作人员的工作进行监督，也包括中国共产党与各民主党派和无党派人士之间的互相监督；在政协内部，也需要就各党派和统一战线的共同性事务进行协调协商。从广泛的意义看，协调关系可以说贯穿于政协的各项工作中。即使讲决策协商也包括科学决策与民主决策两个方面。科学决策要求严谨周密、符合规律，需要听取专家学者的意见；民主决策要求广开言路、了解民意，需要听取各界代表的诉求。协调关系是整合各界诉求不可缺少的中间环节。在同党和政府进行决策协商前，先在政协内部的党派团体和委员之间进行沟通协调，有利于达成共识，提高决策协商的层次和水平。因此，协调关系不仅是加强政协团结的重要手段，也是实行协商民主的重要内容，是实现党对政协领导的重要途径。

（二）要充分发挥人民政协在扩大政治参与中的平台作用，进一步合理设置政协界别、完善委员人选

政协要对各方面的关系进行协调，首先要把各方面的代表人物吸纳到政协中来，这就需要政协不断适应扩大各界人士政治参与的需要，合理设置调整政协界别，完善委员人选。政协成立以来特别是新时期以来，政协的界别经历过多次调整，总体上是适应发展需要的，但也有一些问题需要研究。

比如，关于界别设置。政协刚成立时是以党派和团体为基础组成，按周恩来的说法“统一战线是集体的”，“个人参加就只有特邀”。[6] 所以，一届政协时因为要代行人大职权曾有自由职业者的代表参加政协，到了二届政协就被取消。但到了新时期，一开始是由于落实政策有许多老干部需要安排，后来是社会结构变化产生许多新的社会阶层、群体的代表需要吸收，政协的组织结构发生了变化，许多不属于党派团体的各界代表参加到政协中来，政协章程也经过多次修改明确了不仅党派团体而且界别也是政协的组成单位，这就带来了一些问题。如有人提出政协应增设新的界别，也有人提出现在政协的一些界别如科协与科技界交叉重叠，应将科协合并调整为一个科技界，并引起了争议。其实，科协最早是根据统一战线原则作为团体参加政协的，科技界是后来发展增加的，现在是否要调整、如何调整？这就涉及政协的组织原则，有一个政协应按什么样的标准设置界别的问题需要研究。

又如，关于委员人选。长期以来，举荐政协委员主要是着眼于统一战线的需要，按照周恩来当初提出的原则，一方面要有广泛的代表性，一方面要有重点，因为统战工作对象是有重点的，主要是社会中上层党外代表人士。但随着新时期我国社会和人民政协发生的新变化，现在政协委员安排既要体现统一战线的团结要求，又要体现扩大政治参与的民主要求，这两个要求既有一致之处又有不同的地方，需要妥善处理。

如，无论从发展统一战线还是从扩大政治参与看，都需要把新的社会阶层代表人士吸收到政协中来，这一点两者是一致的；但按民主的要求，政治参与应体现平等的原则，要尽可能均衡地吸收社会各界代表参加，不一定限于社会中上层，有人提出应吸收农民代表参加政协，这一点就与过去统战工作的要求不同（政协过去曾有“农民界”，但按周恩来的解释参加政协的主要是“农村工作者”“工会工作者”，基层工人和农民的代表主要在人大）。那么如何对待处理这个问题，这也是一个涉及政协性质和组织原则的问题，需要不仅从工作上而且在理论上进行研究。适应时代发展政协要开拓创新、与时俱进，也要保持自己的特点。

（三）要切实发挥人民政协反映社会各界利益诉求的渠道作用，重视协调利益关系

过去政协为思想改造、阶级斗争服务，协调关系强调突出政治，在社会主义改造完成后着力解决的是思想上先进和落后的矛盾。新时期随着国家工作重心转到经济建设上来，特别是改革开放推动我国社会从以计划经济为基础的单一社会结构转向以市场经济为基础的多元社会结构，这就使利益矛盾突出起来，协调利益关系成为一个新课题。

协调利益关系首先遇到一个需要正确把握的问题，是如何正确处理反映本界别利益愿望同维护广大人民根本利益的关系问题。有人认为，政协委员作为各界代表就应当反映本界别的利益愿望；也有人认为，维护广大人民的根本利益是政协工作的基本原则，政协工作应当站在公共利益的立场而不能为利益集团所左右。我以为这个问题应当辩证地看。站在政协组织的立场，当然要求政协委员能够反映、维护广大人民的利益。但广大人民的利益或公共利益不是抽象的，而是由众多具体利益组成的；公共利益也不是具体利益的简单堆积组合，而是各种不同利益的共同性要求。《中共中央关于加强人民政协工作的意见》在论述两种民主形式时，提出要经过充分协商“尽可能就共同性问题取得一致意

见”。[7]这里讲“共同性”就是说统一战线是“同”和“异”的统一体，在统一战线、政协组织中应实行求同存异、协商一致的原则，共同的愿望和要求是在各方面充分表达意见的基础上经过协商讨论形成的。因此在政协，委员们反映自己所联系界别的利益愿望同维护广大人民的利益是统一的，而不是矛盾的。政协要坚持维护广大人民根本利益的立场，同时也要允许反映社会各界的不同利益。只有通过让各种不同利益诉求表达出来并进行交流讨论，才能弄清楚哪些是各方面共同性的要求，对各种不同的利益加以协调形成共同利益，进而把各种不同利益之间的差别和矛盾转化为动力，调动各个方面的积极性促进共同利益。

当然，重视协调利益关系不是说可以放松思想教育。中国不同于西方，思想道德教化历来不是由宗教而是由世俗社会和国家来承担的。目前我国尚处在社会转型期，民主法制和文化建设还有待完善，发展以追逐利润为目的的市场经济难免在一定阶段带来诚信缺失、道德失范、精神空虚的现象，这就更有必要加强思想教育。但今天的思想教育，必须顺应新的时代要求，坚持以人为本，着眼调动人们的积极性、主动性和创造性，以促进发展与社会和谐为目标，而不能再搞过去那种服务于阶级斗争的，既不适应当今时代又背离我们民族传统的思想改造了。

（四）要统筹发挥党派团体和专门委员会、界别委员的作用，建立健全民主党派和无党派人士在政协履行职能的工作机制

过去主要以党派和团体为基础组成的政协比较重视发挥党派团体的作用。新时期以前政协曾有“双周座谈会”这样有利于发挥党派团体作用的工作机制。进入新时期，由于工作重点转移以及政协本身组织结构的变化，专委会逐渐成为政协日常工作的基础。客观地说，专委会比较适合组织各领域有专长的委员围绕中心建言献策，因此新时期加强专委会工作有其必然性与合理性。但分散的个人难以形成共同的利益诉求，加强协调关系就要求重视发挥党派团体的作用了。建言献策可以发挥个

人的经验专长，协调利益关系则适宜在团体间进行。只有经过团体间的集体协商讨论，才能使分散的诉求得到集中表达，反映并维护共同的利益；也只有在团体之间，才能对不同利益进行有效的沟通协调，达到增进理解、扩大共识、化解矛盾、加强合作，并推动社会力量贯彻国家有关方针政策的目的。

早在人民政协成立期间，周恩来就提出政协作为统一战线组织“每个单位总是一个团体”。[8]新时期虽然有许多非党派团体的“各界代表”参加到政协中来，政协的组织结构和工作机制有很大变化，但党派团体在政协的作用不应削弱。现在民主党派在政协建言献策的作用发挥比较充分，而反映所代表群体诉求、协调关系的作用则相对不足。适应当前形势发展的要求，要探索综合发挥党派团体、专委会和界别代表作用的工作途径，建立健全民主党派和无党派人士在政协履行职能的工作机制。可否考虑在继续推进搞好决策前和决策过程中协商的同时，尝试主要依托有关的党派、团体，如能够代表反映民营企业家利益愿望的民建、工商联与能够代表反映工人、职工利益愿望的工会等，举行以协调利益关系为主题的协商会，逐步建立政协协调关系的制度机制。

注释：

［1］《人民政协重要文献选编》（上），中央文献出版社、中国文史出版社2009年版，第31页。

［2］《当代中国的人民政协》，当代中国出版社1993年版，第199页。

［3］《人民政协重要文献选编》（上），中央文献出版社、中国文史出版社2009年版，第331、335—336页。

［4］《人民政协重要文献选编》（上），中央文献出版社、中国文史出版社2009年版，第202—203页。

［5］《老一代革命家论人民政协》，中央文献出版社1997年版，第222页。

［6］［8］同上书，第42页。

［7］《人民政协重要文献选编》（下），中央文献出版社、中国文史出版社2009年版，第793页。

从统一战线人民政协到

协商民主（下）

CONG TONGYI ZHANXIAN RENMIN ZHENGXIE DAO
XIESHANG MINZHU

陈惠丰 著

中国文史出版社
CHINA CULTURAL AND HISTORICAL PRESS

·下 册·

辑三　人民政协、协商民主讲课录

“健全社会主义协商民主制度”的意义和主要任务*

（2013年2月）

“健全社会主义协商民主制度”的意义

十八大提出“健全社会主义协商民主制度”，主要是部署今后一个时期中国共产党致力推进我国政治体制改革和发展的一个方面的任务。但提出这个问题既有实践意义，也有理论意义。

从理论上看，它明确了协商民主是在中国革命和建设过程中产生的，是具有中国特色的民主形式。中国共产党和中国人民有关协商民主的实践及论述，可以追溯到新中国成立初期人民政协成立期间甚至还要以前，但明确提出协商民主的概念是近十来年的事情。最早见诸文件正式提出我国有选举和协商两种社会主义民主重要形式的，是2006年中共中央颁布的《中共中央关于加强人民政协工作的意见》。有学者可能是

* 发表于《中国政协·理论研究》2013年第1期。

对这方面的情况不太了解，曾认为提出协商民主是我们受一些西方学者为弥补自由竞选民主的缺陷，在20世纪80年代末也开始提出协商民主影响的结果。因而，在我国虽然协商民主提出后也引起学术界不少人关注，有的学者并不认可，其实际影响也主要只在政协、统战系统及少数基层地方。这次十八大从坚持走中国特色社会主义政治发展道路出发提出健全社会主义协商民主，就澄清了在这个问题上的认识，明确了中国的协商民主不是舶来品而是我们自己实践、认识的产物。（当然这并不排斥我们吸收借鉴包括西方的人类政治文明一切有益成果。）并且，在十八大通过的报告中提出这个问题还表明，协商民主发展到今天已成为全党的共识、全党的任务，这就不再仅是政协或某些方面的事情了，而是要求全党都应予理解把握、贯彻落实。

从实践看，我以为十八大确认协商民主也既有重要的现实意义，又有深远的历史意义。一是就其本身讲，协商民主能够广纳群言、广集民智，尊重多数又照顾少数，重视结果又注重过程，可以丰富民主形式，扩大政治参与，适应我国经济社会结构变化对政治发展的要求，拓展我国人民民主的广度和深度，改善中国共产党的领导。二是从宏观看，按照十八大的部署，当前及今后一段时间我们的总体战略任务，是促进五位一体的科学发展，全面建成小康社会，其中当然也包括发展社会主义民主政治，但经济建设仍然是中心，发展还是硬道理。在当前社会矛盾凸显的时期，特别需要维护社会的和谐稳定。而协商民主关注公共利益，贯穿着理性、合作的精神，有利于协调关系、化解矛盾，调动、凝聚各方力量，促进当前我们非常需要的社会和谐稳定与经济持续健康发展。三是从长远看，发展协商民主，使之与选举民主相补充、相结合，也是顺应时代潮流又扎根中国土壤，创造一种新的民主政治模式的选择。民主是人类政治文明发展的必然选择，选举是保证实现人民民主的根本途径。民主从其历史渊源看，产生于突出个人作用的西方社会，选举也是一种非此即彼的个人选择。选举对于民主是不可缺少的，也有其自身难以克服的缺陷。因此，现在西方一些有识之士为弥补其不足，也提出了协商民主。但我以为，西方的历史文化背景，使其较难广泛深入地开展协商民主。而中国不仅有社会主义制度的保障，还有着和而不同、兼容并蓄的文化传统，能够为发展协商民主提供适宜的土壤。所以，中国更有条件和可能发展出一种选举与协商相结合的，更加广泛、更加充分、更加健全的人民民主。

“健全社会主义协商民主制度”的含义

这次十八大提出的“健全社会主义协商民主制度”是一个新提法，弄清其含义需要认清两个关系。

首先是“制度”与“形式”的关系。此前我们讲协商民主都说是社会主义民主的重要形式，这次十八大在论述这方面内容时，一开始也讲了“社会主义协商民主是我国人民民主的重要形式”，但标题却是“健全社会主义协商民主制度”，这里“制度”与“形式”是什么关系？我理解，协商民主是比较选举民主讲的，在协商民主前加上社会主义，也是讲我国协商民主的性质，表明它属于人民民主。因此，协商民主就其本身讲，应是民主的形式而不是内容。并且这里说的民主形式，不是具体形式而是基本形式，具体形式协商民主也有很多。十八大把社会主义协商民主和制度联系起来讲，是为了强调十八大这次提出政治体制改革，注重加强制度建设，着力推进民主的制度化、规范化、程序化。同时它也表明，协商民主在我国不仅广泛存在，而且有多党合作和政治协商制度这样专门的制度载体，是一种有国家制度保障的、可以在制度层面不断完善的民主形式。

其次是“社会主义协商民主制度”与“中国共产党领导的多党合作和政治协商制度”的关系。对协商民主此前有多种看法，有的认为就是指实行多党合作和政治协商制度的民主，也有的更看重在更广泛社会领域扩大公民有序的政治参与。从这次十八大的论述看，其主要内容也是与坚持、完善多党合作和政治协商制度相联系，突出讲了要充分发挥人民政协作为协商民主重要渠道的作用，但又不限于此。报告在这一段开始就讲了，要“推进协商民主广泛、多层、制度化发展”，包括“通过国家政权机关、政协组织、党派团体等渠道”，最后还讲了要“积极开展基层民主协商”。这就表明，“健全社会主义协商民主制度”，是比多党合作和政治协商制度涵盖范围更广的概念。“健全社会主义协商民主制度”里讲的“制度”，是泛指而不是特指。特指的构成中国特色社会主义制度的我国政治制度，十八大报告也明确讲了主要还是四项，即人民代表大会制度的根本政治制度、中国共产党领导的多党合作和政治协商制度、民族区域自治制度以及基层群众自治制度等基本政治制度。

由以上关系分析我以为，十八大提出的“健全社会主义协商民主制度”主要有三个范围：一是实施政党制度的、统一战线范围的协商民主。我国各政党之间的关系不是互相竞争、轮流执政，而是协商合作、共谋发展。实施这种政党制度，不仅在中国共产党与各政党之间，在国家政权机关、政协组织和有关企事业单位中都要进行；涉及的主体，也不仅是各政党，还包括无党派人士和工商联等人民团体。十八大报告提出要“加强同民主党派的政治协商”，我理解既有要进一步发挥民主党派在政协履行政治协商职能作用的含义，也有超出政协的在与中国共产党之间、在人大、政府等国家政权机关和有关组织中进一步加强与民主党派的政治协商的意思。统一战线还涉及各民族、各宗教、各阶层以及海内外同胞的关系。因此，在人民代表大会制度、民族区域自治制度以及基层群众自治制度中，也都有协商民主。二是实施政治协商制度的、在政协系统开展的协商民主。人民政协是实行多党合作和政治协商制度的重要政治形式和组织形式，十八大报告重点讲了要“充分发挥人民政协作为协商民主重要渠道作用，围绕团结和民主两大主题，推进政治协商、民主监督、参政议政制度建设，更好协调关系、汇聚力量、建言献策、服务大局”。人民政协不仅在实现我国各党派协商合作中具有不可替代的作用，而且随着新时期我国社会和人民政协的发展，现在政协组织中既有各党派团体，还有各族各界代表人士；在各界代表人士中既有民主党派和无党派人士，还有许多中共党员。因此，现在政协实施的协商民主，已不限于多党合作政党制度和统一战线范围了。政协既可以组织参加政协的各党派与中国共产党进行政治协商、互相监督，也可以组织政协的各参加单位、政协委员对政府等国家机关进行政治协商和民主监督。三是在更广泛社会领域，特别是基层开展的民主协商。现在有些基层也有统一战线成员，因此也有属于统一战线范围的协商民主。但我以为十八大这里讲的，主要还是一种致力于扩大公民有序政治参与，构建社会公众广泛参与民主决策、民主管理、民主监督，属于基层地方治理模式的协商民主，如浙江温岭市1999年开始探索创建的民主恳谈制度等。

“健全社会主义协商民主制度”的主要任务

十八大报告明确提出了政治体制改革“要把制度建设摆在突出位置”，推进协商民主的首要任务也是要加强制度建设，“完善协商民主制度和工作机制”，“把政治协商纳入决策程序，坚持协商于决策之前和决策之中，增强民主协商实效性”。贾庆林主席在参加十八大北京代表团讨论讲社会主义协商民主问题时，首先也讲到要完善协商制度、实现规范性，进一步明确协商什么、与谁协商、怎样协商、协商成果如何运用的问题。

完善协商民主制度不是一件简单容易的事情，我以为有两点需要特别注意。一点是对各种协商民主形式要有一个科学准确的分析，不同的协商形式应有不同的制度要求，不能一概而论。比如，人民政协的政治协商就既有像全委会、常委会这样定期开展的，有较多内容、较多人参加的会议协商形式，也有如这次十八大报告提到的，可以在闭会期间不定期进行的专题协商、对口协商、界别协商、提案办理协商等多种形式。我以为，进一步明确政治协商的主体和对象、内容和程序，主要是针对涉及重大决策、重大问题的政治协商讲的，其他如涉及协调关系的协商，在政协全委会、常委会、主席会议期间开展的协商等，并不一定都要有同样的制度、程序规定。还有一点就是协商民主广泛存在于众多领域，有多种渠道和形式，参与实施协商民主的也不仅有政协、党派和有关团体，还有党委、政府等诸多方面。因此，协商民主的制度建设也不能是单方面的，而必须具有系统性，是一个完整的制度体系。经过多年探索许多地方已制定实施了政治协商规程，现在需要对协商民主制度建设有一个全面、周密的考虑，不仅要继续进一步研究明确各种具体的协商民主制度和程序，而且可以开始在总结各地实践经验的基础上，统筹研究各种协商民主的制度和程序，研究各种协商民主制度之间以及协商民主与其他相关制度之间的相互贯通和衔接。

当前发展协商民主的主要任务是加强制度建设，同时也要继续拓宽协商民主渠道、创新协商民主形式。十八大提出了要“深入进行专题协商、对口协商、界别协商、提案办理协商”，这四种协商就是近些年人民政协在这方面探索创新的成果。其中，有的已开展得比较规范，积累了较多的经验，如十届、十一届全国政协开始探索发展起来的专题协商；也有的则还在探索中，如界别协商。十八大能够把界别协商这样仍在探索中的协商形式也写进报告中，表明了中共中央对人民政协在推进我国政治体制改革和发展中充分发挥作用，不断拓宽协商民主渠道、探索协商民主形式所持的一种积极支持鼓励的态度。

关于人民政协协商民主的若干问题*

（2013年6月）

关子人民政协与我国的协商民主

（一）我国的协商民主是在新民主主义革命进程中孕育产生的，是统一战线与人民民主结合的产物；人民政协对我国协商民主的形成发挥了重要作用

由于中国进入近现代后逐渐演变出一种两头小、中间大的社会阶级结构，使统一战线在中国革命中获得了极大发展，发挥了重大作用。而要建立和发展在一定共同利益和目标基础上的统一战线，就需要统一战线的不同方面就一些重大问题进行协商。新中国建立的人民民主专政的国家政权，就是由人民民主统一战线发展而来。

统一战线对我国的民主政治建设在两个方面产生了深远影响：一个是在民主的主体上，通过建立和发展统一战线，最大限度地扩大了人民的范围，把不同时期一切可能团结的党派团体、阶级阶层和各方面代表

---

* 发表于《中国政协·理论研究》2013年第3期。

人士，都吸收囊括到了国家政治生活中来；再一个就是民主的形式上，在新中国成立过程中成立并保持下来了人民政协这样一个有中国特色的政治组织，“使统一战线组织与人民民主形式有机地结合在一起”，确立了中国共产党领导的多党合作和政治协商制度，并推动协商民主在全国范围开展，创造了协商民主这种新的人民民主形式。

（二）社会主义协商民主是经过社会主义革命和建设时期的艰辛探索，特别是改革开放新时期的长期发展，在开创中国特色社会主义伟大事业的进程中确立的

我国协商民主的雏形可以说在新中国成立前中国共产党领导的根据地“三三制”政权中就有，而作为一种与国家制度相联系的人民民主形式，则是以人民政协的成立、新中国的诞生为标志。但新中国成立初期我国的协商民主还是新民主主义性质。新中国成立后我国实行协商民主，也经历了一个艰辛探索的过程，包括一度受“左”的错误影响曾经遭到严重破坏。

社会主义协商民主的确立，不仅是建立在新时期初拨乱反正，摒弃“以阶级斗争为纲”，实行国家工作重点向以经济建设为中心的实现社会主义现代化战略转移的基础之上，而且是适应时代潮流和我国社会发展变化的要求，经过了改革开放三十多年的实践探索，把协商民主从政治领域扩大到社会领域，从国家上层拓展到基层，在创造中国特色社会主义道路、制度和理论体系的过程中，到2012年中国共产党举行十八大，才最终使发展协商民主成为全党的共识，做出了推进政治体制改革、走中国特色社会主义的政治发展道路，必须“健全社会主义协商民主制度”的战略部署。

（三）社会主义协商民主是一个可以“通过国家政权机关、政协组织、党派团体等”多种渠道进行，包括在基层开展的广泛、多层的制度体系。人民政协的协商民主是这一体系的重要组成部分，是我国人民民主的重要内容

在我国，选举投票和协商广泛地存在于社会各个领域、各个层次，在人民代表大会制度、中国共产党领导的多党合作和政治协商制度、民族区域自治制度以及基层群众自治制度中，都有选举和协商。但人民代表大会制度实行的主要是选举民主，民族区域和基层地方实行的主要是自治民主，只有多党合作和政治协商制度实行的主要是协商民主。因此也可以说，这一制度以及作为这一制度重要政治形式和组织形式的人民政协，是我国社会主义协商民主的主要载体。

我国各个领域的协商民主既有共同之处，也有差别和各自的特点。人民政协协商民主的特点主要是：融协商、监督、合作、参与于一体，具有统一战线的特点。表现在实施主体上，其主要是统一战线各个方面、社会各界代表人士；表现在方式方法上，要求注重党内外合作，坚持广开言路、平等议事、畅所欲言、求同存异。人民政协是我国政治体制的重要组成部分，政协参加单位和政协委员提出意见建议有国家制度保障，受到党和国家的高度重视；同时，政协不是国家权力机关，政协委员的意见建议能够发挥重要作用，但不像国家机关做出的决定必须执行，不具有法律的强制性。

关于完善人民政协的协商制度

（一）完善协商制度是当前充分发挥人民政协作为协商民主重要渠道作用的首要任务。完成这个任务，首先对政协的各种协商形式须有一个科学准确的分析。不同的协商形式应有不同的制度要求，不能一概而论

人民政协的政治协商既有像全体会议、常委会议这样定期举行的，有较多内容、较多人参加的会议协商形式，也有可以在闭会期间不定期、经常举行的专题协商、对口协商、提案办理协商等形式。我以为，进一步明确诸如协商什么、与谁协商、怎样协商、协商成果如何运用等涉及协商主体和对象、内容和程序的问题，主要是针对重大决策、重要问题的政治协商讲的，其他还有如协调统一战线各方面关系、处理政协共同性事物等方面的协商，不一定都要有同样的制度、程序规定。

落实“把政治协商纳入决策程序，坚持协商于决策之前和决策之中”的规定，要仔细研究区分究竟有哪些内容需要纳入决策程序？又有哪些问题需要在决策之前协商，哪些问题可以在决策之中协商？有的问题既可以在决策“之前”协商，也可以在决策“之中”乃至“之后”（执行过程中）协商，如对国家或地方发展规划的制定和实施进行协商。通过开展包括决策“之前”“之中”乃至“之后”的协商，不仅能促进科学民主决策，而且能对决策的贯彻实施情况进行追踪了解、检查督促，针对发现的问题进行民主监督，体现协商民主既关注结果又关注过程的独特优势。

（二）重视协商民主制度建设的系统性，注意各种制度之间的相互衔接

协商是一件需要多方参与的事情，协商民主也是一个广泛、多层的制度体系，其制度建设必然关系许多方面，不仅有人民政协以及各民主党派和有关团体参加，还涉及中共党委、人大和政府等诸多机构。因此，推进协商民主的制度建设也不能是单方面的，而必须协调各方、共同推进。

现在许多地方都制定了政治协商规程，主要都是从各自实际出发的，内容各有特点、不尽一样。从国家层面推进协商民主制度建设，必须有一个全面系统的考虑，不仅要进一步研究规范各种具体的协商制度和程序，而且要致力完善以宪法和章程为核心的人民政协制度体系建设。应该统筹研究政协内部各种制度之间，人民政协的协商制度与其他协商制度，特别是与党委和国家机关相关制度之间的相互贯通和衔接。

（三）人民政协的协商制度建设还要注意体现政协的特点，妥善处理加强制度建设与坚持和发扬政协广开言路、平等议事、畅所欲言、求同存异的组织特点、优良传统的关系

人民政协作为统一战线组织的政治协商机构，既是各党派团体和各界代表人士同党和政府协商议事的场所，也是社会各界沟通思想、交流观点、协调关系、增进共识的平台。作为这样一个平台，政协应当有比较宽松的环境氛围。人民政协推进履行职能的制度化、规范化、程序化，必须制定完善一些规则，但比较党政机关，这些规则不宜有太多的拘束、太多的硬性指标，而应当充分尊重政协委员的意愿和选择，有利于发挥政协的特点优势，有较大的灵活性。

当前我国正处在发展的关键时期，面临许多严峻的挑战，社会利益多元、思想观念多样、各方面意见差异很大，在这种错综复杂的情况下，要团结各方克服困难战胜挑战，更需要人民政协在加强沟通、扩大交流、协调关系、增进共识方面充分发挥作用。

关于丰富创新人民政协的协商形式

（一）当前发展协商民主的主要任务是加强制度建设，同时也要继续拓宽协商民主渠道、丰富创新协商形式

人民政协长期以来，创造形成了多种多样的协商形式。中共十八大提出了专题协商、对口协商、界别协商、提案办理协商四种具体协商形式，这是全国政协近些年关注探索的几种重要的协商形式，但它们不是政协的全部协商形式。

政协叫政治协商会议，主要的协商形式就是会议协商；同时政协除了会议协商，也有一些非会议的书面协商形式，如提案、建议等。在政协的会议协商形式中，也既有定期举行的全体会议、常委会议、主席会议、秘书长会议，又有不定期举行的专门委员会会议，以及各种专题协商会、形势分析会、交流研讨座谈会等。其中定期举行的政协全体会、常委会、主席会议，应当是政协主要的会议协商形式。《中国人民政治协商会议全国委员会全体会议工作规则》规定，政协的全体会议是其“履行政治协商、民主监督、参政议政职能的最高形式”。而十八大提出的四种协商，则主要是不仅可以在定期举行的会议中进行（如全体会议中，可以通过界别联组会进行对口、界别协商，以及召开提案办理协商会等），而且可以在平时经常开展、不定期进行的协商形式。

（二）专题协商、对口协商、提案办理协商和界别协商，相互之间既有区别也有联系

从区别看，专题协商主要是围绕某一专题在政协举行的，政协的有关民主党派、人民团体和政协委员与党和政府领导人及有关部门负责人面对面进行的一种协商。它可以是层次较高，由政协组织举行，围绕重大专题进行；也可以层次低一些，由政协专委会举行，围绕较具体的

专题进行。对口协商着眼的是协商主体和对象，主要指以政协的相关专委会为依托与党和国家相关部门和有关组织之间进行的协商，它可以围绕一些专业性的政策、法律、法规的制定出台和贯彻实施进行协商，也可以围绕社会关注、委员关心的重要问题进行协商。界别协商从内容看，一般应涉及界别利益或界别关心的问题，政协的参加者主要是界别代表。它既可以是作为界别代表的参加政协的有关党派团体和委员与党和国家有关部门或组织间进行的协商，如党和国家有关部门在制定有关政策、做出有关决定时，通过政协征求有关界别代表的意见，听取反映有关界别的诉求；也可以是在政协的界别内部或不同界别之间进行的协商，通过这种协商达到交流观点、沟通思想、协调关系、增进共识的目的。界别协商可以是较高层次的，由政协组织在政协会议中举行，如在全体会议中开展的界别联组讨论；也可以在较低层次如由专委会和相关党派团体举行。提案办理协商是专就提案办理进行的协商，其协商的议题更具体，一般是一事一办，参加者包括提案的提出者、办理者和政协提案工作单位三方，实际是为了促进更好地办理提案，由政协的提案工作单位组织有关提案办理单位与提案提出者之间进行的协商。

从联系看，这四种协商特别是前三种协商形式也有交叉，因此也可以结合在一起进行。如俞正声主席就提出，新一届全国政协正在积极探索开展的，以界别为基础、以专委会为依托、以专题为内容、以对口为纽带、以座谈为主要方法的协商形式。

（三）在十八大提出的四种协商形式中，有的已积累了不少经验，如十届、十一届全国政协开始探索发展起来的专题协商会；有的如界别协商，则仍在探索之中，还有不少问题需要研究

比如，界别概念就还需要进一步界定。政协的界别概念与社会上说的阶层群体、职业行业、功能组别的界别概念不完全一样。政协的界别指政协的参加单位，有统一战线组成方面的特定含义，不简单是一个社

会纵向的概念，如政协的香港、澳门特邀界政协委员就是指来自大陆外港澳特别行政区的委员。因此，如何结合社会发展变化需要又从政协的实际出发，科学地界定政协的界别概念，包括合理设置政协界别，就是一个需要研究阐述清楚的问题。

又如，现在讲发挥政协的界别作用，常常是指要发挥好政协中非民主党派、人民团体的各界委员的作用。这部分政协委员没有组织依托，界别意识比较淡薄，确实需要密切与所在界别群众的联系，更好地发挥作为界别代表的作用。但我以为，加强界别协商也不能忽视党派团体的作用。选举投票可以是个人行为，而要了解、反映界别诉求，协调不同利益关系，恰恰适宜在团体间进行。因为分散的个人难以形成共同的利益诉求，只有经过团体间的集体协商讨论，才能使分散的诉求得到集中表达，反映并维护共同的利益；也只有在团体之间，才能对不同利益进行有效的整合，达到增进理解、扩大共识、协调关系、加强合作，推动社会力量贯彻国家有关方针政策的目的。所以，政协成立时周恩来就提出，“统一战线的构成是集体的不是个人的”，政协作为统一战线组织“每个单位总是一个团体”。政协成立时就是以党派和团体为基础组成，个人参加只能是特邀。新时期以前，政协曾有“双周座谈会”这样有利于发挥党派团体作用的工作机制。新时期后政协的组织构成发生了新变化，许多非党派团体的社会界别成为政协的参加单位；同时促进发展、为党和政府科学决策服务成为政协的中心工作，需要发挥政协的智力优势建言献策，使政协委员可以充分发挥个人的才智专长履行职能。但随着形势发展和我国经济社会结构的变化，反映界别诉求、协调利益关系、加强界别协商的要求突出起来，就应当更加重视发挥党派团体的作用。

关于人民政协协商民主与选举民主的关系

（一）我国的协商民主不同于西方，不是为了弥补选举民主的缺陷提出来的，而是产生于中国革命进程中结成和发展统一战线的需要。但这种产生于革命进程中的民主协商一经与新中国的国家制度相结合，作为一种人民民主形式确立后，就与以选举民主为主要形式的人民代表大会如影随形、相伴发展

早在1949年筹备成立人民政协、全国人民代表大会尚未召开之际，周恩来就指出：政治协商是新中国新民主的一个特点；政协由统一战线各个方面组成，而人大“主要的是区域”，所以政协在国家政治生活中是“不可缺少的”；就是在普选的全国人民代表大会召开之后，国家大政方针仍要经过人民政协进行协商。在1954年人大召开、政协不再代行人大职权后，毛泽东又比较人大进一步明确：各党派、各民族、各团体的领导人物一起来协商新中国的大事非常重要，有了人大并不妨碍我们成立政协进行政治协商，人大的代表性当然很大，但它不能包括所有的方面，所以政协仍有存在的必要。因此，可以说从新中国成立伊始，新中国的缔造者就已阐明，选举民主与协商民主相结合是我国人民民主的一大特点。

（二）选举是保证实现人民当家作主的根本途径，发展社会主义民主必须不断完善选举民主。但我国长期的政治实践证明，要实现更加广泛、更加充分、更加健全的人民民主，还必须发展协商民主

体现和发挥我国社会主义民主的特点和优势，必须深入研究和推进选举民主与协商民主的优势互补、协调配合。对于人民政协来说，研究和推进这两种民主形式的协调配合主要有两个层面：一个是在方式方法层面，要研究推进这两种民主形式在政协内部的优势互补。选举和协商

广泛地存在于我国包括政权机关、政协组织、党派团体及基层地方的各个方面和层次。人民政协实行的主要是协商民主，但政协中也有选举表决，如政协常委和政协领导成员的产生，政协的一些文件决议、规章制度的通过，都要经过选举表决。在政协的协商过程中进行选举表决，同时在这些选举表决过程中坚持协商，可以把保护少数与尊重多数结合起来，有利于防止随意性，使选举民主和协商民主的优越性在政协都能得到发挥。因而推进政协民主也要注意完善政协的选举表决机制，在某些环节还可以探索进一步加强这方面的工作，如可以在切实加强政治协商程序建设的同时，对有的地方政协探索开展的由所在界别推举产生政协委员等，也予以鼓励和及时总结。

再一个是在制度体制层面，要研究推进人民代表大会制度与多党合作和政治协商制度的相辅相成。在我国，从全国到各地方省、市、县都有人大和政协。同时人大和政协一个由区域组成、主要实行选举民主；一个由界别构成、主要实行协商民主，相互之间具有互补性。因此，选举民主与协商民主相结合体现在我国的政治制度和体制上，就是这两个制度和“两会”的相辅相成。长期以来我国发展人民民主，总是首先强调要统筹发挥好“两会”的作用。新中国成立初期在毛泽东、周恩来的倡议推动下，政协与人大曾共同进行视察、举行联席会议，并形成了政协与人大同时召开、人大代表与政协委员共商国是的“两会”格局。新时期政协大量的工作是建言献策，为党和政府科学决策提供参考，主要是与党委、政府发生关系。但随着形势发展，适应完善社会主义协商民主制度、发展选举与协商两种民主形式相结合的社会主义民主的需要，就必须认真研究人大与政协的关系，进一步明确、完善人民代表大会制度与多党合作和政治协商制度相辅相成的制度机制了。

（三）民主属于上层建筑，由经济基础决定；推进民主也要适应经济基础变化、发展的要求，积极稳妥地推进

完善社会主义协商民主制度，是当前我们坚持走中国特色社会主义政治发展道路、推进政治体制改革的重要任务。但“健全社会主义协商民主制度”只是我国政治体制改革的一个方面，政治体制改革又只是我国全面改革的一个组成部分。因此，人民政协推进完善协商民主，也必须统筹兼顾，既要对自身的情况和问题看准、吃透，又要与其他方面的改革相互协调，服从、服务于推进五位一体科学发展，实现全面建成小康社会总体目标的需要。

政治体制改革涉及权力结构的运行调整，牵动面广、影响大。当前我国正处于社会矛盾凸显的时期，特别需要社会和谐稳定。协商民主有利于加强沟通、增进理解，协调关系、化解矛盾。在当前我国改革和发展的关键时期，可以充分发挥协商民主的特点优势，为积极稳妥地推进改革，在改革的过程中维护社会和谐稳定、促进经济持续发展，发挥其应有的作用。

全面深化改革背景下的协商民主*

（2014年4月）

《中共中央关于全面深化改革若干重大问题的决定》（以下简称《决定》），把推进协商民主放在全面深化改革的背景下来审视，贯彻落实并进一步发展了中共十八大关于“健全社会主义协商民主制度”的论述，主要体现在四个方面。

从我国改革发展的全局谋划，把推进协商民主纳入全面深化改革的总目标，摆在了加强社会主义民主政治制度建设的突出位置

中共中央《决定》提出：“全面深化改革的总目标是完善和发展中国特色社会主义制度，推进国家治理体系和治理能力的现代化。”这个总目标明确了，我们深化改革首先是为了“完善和发展中国特色社会主义制度”，这就保证了中国共产党长期为之奋斗的事业根基和方向；同

* 发表于《中国政协·理论研究》2014年第2期。

时，它又赋予其新的要求和内容，就是把完善我们的基本制度与“推进国家治理体系和治理能力的现代化”联系起来。

国家治理体系是中国共产党领导下管理国家的制度体系，包括经济、政治、文化、社会、生态和党的建设等各方面的体制机制、法律法规，国家治理能力则是运用国家制度管理社会各方面事务的能力。构成国家治理体系基本内容的中国特色社会主义制度，包括人民代表大会制度、中国共产党领导的多党合作和政治协商制度等政治制度。因此，推进国家治理体系的现代化，当然也包括完善和发展这些政治制度，使之更加成熟定型并进一步现代化的问题。要把制度优势转化为国家的有效治理，不仅需要完善和发展各方面的制度，而且需要各方面制度的相互协调、有效落实，不断增强各方面运用制度管理国家和社会事务的能力。首先处于执政地位的中国共产党要善于统揽全局、协调各方，不断加强和改善党的领导，提高科学执政、民主执政、依法执政的水平；同时，要扩大公民有序的政治参与，切实保障和实现社会各方参与国家和社会事务的权利，提高推动社会力量贯彻国家制度、管理社会事务的能力。

民主政治建设涉及多项政治制度，《决定》在论述“加强社会主义民主政治制度建设”时，为什么要突出协商民主？从时代发展、世界大势看，现代社会不同于传统社会的一个特点，就是社会利益日益分化，社会主体日益多元；当今世界寻求国家有效治理日益强调的一点，就是加强政府与社会的沟通协调、良性互动，从封闭的单向管控转向开放的多元共治。人类政治文明发展的这一趋向值得关注。但我们之所以把推进协商民主摆在突出位置，更重要的是从当前我国的实际以及我们秉持的治国理论出发的。目前我国还处于社会主义初级阶段，以经济建设为中心的科学发展仍是我们解决所有问题的关键。马克思主义认为经济基础决定上层建筑，作为上层建筑的民主政治建设必须与经济基础的发展状况相适应。因此，我们的整个改革还要以经济体制改革为重点，发挥经济体制改革的牵引作用；政治体制改革、民主政治建设，也必须与此相协调、相适应。当前我们着力发展的民主，应当既能够扩大政治参与、激发社会活力，有利于吸纳和反映深化经济体制改革带来的日益多样的愿望要求；又能够促进社会和谐、保持国家稳定，有利于凝聚共识、形成合力、共同实现民族复兴的中国梦。社会主义协商民主就是这样一种民主。

提出“协商民主是我国社会主义民主政治的特有形式和独特优势，是党的群众路线在政治领域的重要体现”，进一步揭示、阐明了我国社会主义协商民主的本质特征和理论基础

我国的协商民主是在新民主主义革命进程中孕育产生的，是统一战线与人民民主结合的产物。2006年中共中央在首次确认我国社会主义民主有两种重要形式的《关于加强人民政协工作的意见》中提出“人民政协是中国共产党把马克思列宁主义统一战线理论、政党理论和民主政治理论同中国具体实践相结合的伟大创造”。这实际也是对新中国成立初期我国协商民主的本质特征和理论基础的揭示、阐述。人民政协的成立标志着中国共产党领导的多党合作和政治协商制度的确立，也标志着协商民主在我国的形成。但新中国成立初期的协商民主，虽然从本质上讲已属于与社会主义相联系的人民民主，毕竟还是新民主主义性质的。经过新中国成立后特别是改革开放以来长期的探索，今天我国的协商民主已从政治领域扩展到社会各领域，从国家上层延伸到地方基层，发展成为一个广泛、多层的制度体系，这时对其特征和理论基础的阐述，就不能再限于统一战线理论、政党理论和民主政治理论同中国实际相结合了，而必然要求有更加宽广的视野。《决定》提出“协商民主是我国社会主义民主政治的特有形式和独特优势，是党的群众路线在政治领域的重要体现”，就体现了这一发展的要求，是对社会主义协商民主的科学

定位。

从理论上看，为什么说协商民主“是党的群众路线在政治领域的重要体现”？首先，直接地、从方法论讲，它表明我国的协商民主，体现了中国共产党一直奉行的“从群众中来、到群众中去”的根本工作路线和方法，这个群众路线的工作方法，与我国按照民主基础上集中、集中指导下民主原则组建运行的政治体制和政治制度，是相互贯通的、一致的；另一方面，更根本地、就世界观讲，它表明我国的协商民主，体现了中国共产党始终坚持的“一切为了人民、一切依靠人民”的群众观点，这个群众观点以马克思主义的唯物史观为指导，承认人民群众是创造历史的主体、主人，揭示了我国实行协商民主的本质和目的，就是要实现更加广泛、更加充分、更加健全的人民民主。新中国成立初期，正是为了团结一切可以团结的力量，最大限度地扩大人民的范围，尽可能使社会各个方面的代表都能充分享有参与国家政治生活的权利，中国共产党和各党派团体共同成立了“使统一战线组织与人民民主形式有机地结合在一起”的人民政协，确立了中国共产党领导的多党合作和政治协商制度，创造了协商民主；改革开放以来，正是为了积极适应我国经济社会结构的深刻变化，把不断涌现的新的社会阶层和各界代表团结起来，并吸收他们广泛参与国家政治生活，中国共产党又进一步拓展协商民主的内容、形式、范围和渠道，明确选举民主与协商民主相结合是我国社会主义民主的一大特点，确立了加强社会主义民主政治建设必须“健全社会主义协商民主制度”。

中国共产党的群众路线是马克思主义中国化的结晶。提出协商民主是“党的群众路线在政治领域的重要体现”，实质上就表明它是建立在中国特色社会主义道路、理论和制度基础之上的。我国的协商民主，既符合社会主义民主政治的本质要求，又体现了中华民族兼容并蓄的文化传统；既顺应时代发展的潮流，又适合当前我国深化改革和现代化建设的需要。因此，这一民主成为“我国社会主义民主政治的特有形式和独特优势”。

进一步拓宽协商渠道、创新协商形式，明确推进协商民主的主要目标和任务，丰富了中共十八大提出的协商民主体系的内涵

新中国成立初期，人民政协是统一战线组织又代行国家权力机关的职权，当时在我国许多领域实行的协商民主，还是交织混合在一起的。1954年人大召开后，政协不再代行人大职权而作为统一战线组织继续存在，这时国家政权机关和统一战线、政协组织中实行的协商民主，开始逐渐区分开来。在完成社会主义改造、我国进入社会主义社会，特别是中共八大召开后，曾提出要广泛进行政治协商并形成制度，在人大、政协、国务院的国务会议和最高国务会议要形成“三套协商”系统，但当时还主要是“从整个国家政治生活着想”的。1978年我国进入改革开放新时期后，适应经济社会结构变化的新要求，1987年中共十三大在进一步明确中国共产党领导的多党合作和政治协商制度是我国的一项基本政治制度的同时，在推进政治体制改革的进程中提出了建立“社会协商对话制度”，把过去主要着眼于社会中上层的统一战线、人民政协领域的协商民主，逐步拓展到包括地方基层的社会各个领域。就是在这些长期实践探索和理论创新的基础上，2012年中共十八大明确要“健全社会主义协商民主制度”，提出了协商民主可以“通过国家政权机关、政协组织、党派团体”以及地方基层广泛多层制度化开展。这次三中全会《决定》又进一步指出，我国实行协商民主，要“在党的领导下，以经济社会发展重大问题和涉及群众切身利益的实际问题为内容，在全社会开展广泛协商，坚持协商于决策之前和决策实施之中”，并从内容和形式、范围和领域等各方面，丰富、完善了十八大关于协商民主的论述：一是提出“构建程序合理、环节完整的协商民主体系”的任务，进一步明确

了我国的协商民主是一个“体系”；二是对协商民主“体系”涉及的领域做了进一步划分，在“国家政权机关、政协组织、党派团体、基层组织”外，又增加了“社会组织”的协商渠道；三是还首次提出构建协商民主体系，要“深入开展立法协商、行政协商、民主协商、参政协商、社会协商”等五种形式的协商。这就要求健全社会主义协商民主制度，必须从协商民主体系的总体布局出发，注意各种协商渠道和形式的相互配合、资源整合。

这次《决定》关于构建协商民主体系的论述有着丰富的蕴含，其中许多内容需要深入理解、准确把握。比如，关于五条协商渠道与五种协商形式的关系。联系实际看，《决定》讲的五条协商渠道与五种协商形式有着一定的关联性。作为立法机关的人大在立法协商上，显然要发挥主要作用；作为行政机关的政府在行政协商上，显然要发挥主要作用；作为参政党的民主党派在参政协商上，显然要发挥主要作用；社会组织在社会协商上，显然要发挥主要作用。但它们也不一定是完全对应的关系。如这里民主协商应是对政协讲的，对于政协讲民主协商而不讲政治协商有其意义，因为政协的政治协商、民主监督、参政议政三项主要职能都属于协商民主的范畴，这样讲可以避免把政协发挥协商民主作用仅限于履行政治协商职能的误解。然而，民主协商又不只限于政协，地方基层也有民主协商。从广义上讲，所有属于协商民主的协商都可以称为民主协商。又如，在我国人大与政协不是“两院制”关系，人大立法没有必须经过政协审议的程序，不是所有人大通过的法律都必须拿到政协过一遍。但是，这不等于说政协不可以对法律法规的制定和实施进行协商讨论。有关部门或组织在动议制定某些法律法规提交人大审议通过前，也可以拿到政协听取意见。长期以来包括宪法修改以及许多重要法律法规的制定，都在政协进行了协商讨论、听取意见。这也是一种立法协商。因此，《决定》讲的五条协商渠道与五种协商形式之间有联系，但这种联系是相对的而非绝对的。

再有，《决定》在论述构建协商民主体系时，还提出要“加强中国特色新型智库建设，建立健全决策咨询制度”。这也是一项重要的新任务，其中也有一些需要准确理解把握的问题。首先是协商民主与智库建设的关系。“智库”一般理解是汇集各方面专家学者为决策者献计献策、提供咨询的机构，是现代领导管理体制的一个组成部分。应当说，我国的协商民主确实与智库有联系。比如，作为我国协商民主重要渠道的人民政协，就具有人才荟萃、位置超脱的特点，可以为党和政府科学决策积极建言献策。早在20世纪80年代，当选为六届全国政协副主席后的钱学森就提出，政协应当发挥“智力库”的作用。这些年来各级政协发挥智力优势建言献策取得了丰硕成果。但是，也应当看到，智库是咨询机构不是民意组织，就决策的科学化民主化讲，其主要着眼于科学决策；智库也可以在民主政治的范围外存在，在君主制下也有为决策提供咨询的智库组织。因此，不能把智库与协商民主看成是必然联系的关系。《决定》提出要“加强中国特色新型智库建设”，关键是其“特”在哪里、“新”在何处？从现在一些发达国家的智库做法看，除了在选题上注意紧贴实际需要，实行与客户建立合同关系的“订单”制，在组织上注意有精通专业的牵头人和相应的队伍组合等外，比较强调独立性。应当说发达国家智库建设的有些做法值得借鉴。但是，中国的智库建设同样不能脱离中国的实际。中国共产党有着理论联系实际的优良传统。中国的智库建设也应结合新的历史条件发扬这一优良传统。在利益日益多元分化的条件下，为了保证研究的客观公正、免受关联利益影响，将政策研究与决策和执行适当分开是必要的，但不能搞成相互分割、彼此分离。我以为，当前我国智库建设需要注意解决的是“两张皮”的问题：一方面，对于党和国家机关及有关组织的附属研究机构来说，要注意解决由于离决策、执行层过近，在进行重大问题研究时，可能视野不够宽、客观性不足，容易受部门利益等因素影响的问题；另一方面，对于大专院校、科研院所以及民间智库来说，要注意解决由于离决策层太远，在进行涉及决策咨询、现实问题的研究时，可能对决策意图和实际情况了解不深不透，容易脱离实际、无的放矢的问题。

部署推进重点领域的协商民主，对发挥统一战线和人民政协在协商民主中的重要作用，提出了新的要求

在我国，协商民主广泛存于从国家到地方的社会各领域。但就政治制度和组织看，只有中国共产党领导的多党合作和政治协商制度，以及与这一制度相联系的统一战线和人民政协组织，是我国开展协商民主的专门制度渠道和组织机构。因此，这次《决定》在对推进协商民主进行具体部署时，对统一战线和人民政协在协商民主中的作用专门提出了要求。

统一战线和人民政协在协商民主中的作用互有交叉。人民政协是统一战线组织，又是民主协商机关，许多统一战线代表人士都是政协委员，统一战线、人民政协都与实施多党合作和政治协商制度有密切的关系。但在我国，又不只有人民政协一个统一战线组织，在国家机关、企事业单位等许多其他领域，也有统一战线工作。因此，从实际出发为了深入推进这两个重点领域的协商民主，这次《决定》对“发挥统一战线在协商民主中的重要作用”和“发挥人民政协作为协商民主重要渠道作用”，分别做出了部署。

统一战线的本质和主题，是促进实现中国共产党与各方面的团结合作，但在政治领域特别是涉及政治制度，它与协商民主紧密相连。统一战线涉及的维护和促进政党关系、民族关系、宗教关系、阶层关系、海内外同胞关系的和谐，都需要发挥协商民主的作用。《决定》只对政党关系和民族关系方面提出了要求。这是因为，多党合作的社会主义政党制度是我国的基本政治制度，完善中国共产党同各民主党派的政治协商，是发挥统一战线协商民主作用的核心所在。因此，《决定》首先强

调这方面的内容，并提出了一些如“中共中央根据年度工作重点提出规划”，采取多种形式与民主党派和无党派人士进行协商，“完善民主党派中央直接向中共中央提出建议制度”等新举措；而民族团结事关边疆稳固、国家统一，当前这方面又遇到一些复杂的新情况、新问题，加强这方面工作具有特殊重要的意义。因此，《决定》特别提出要“贯彻党的民族政策，保障少数民族合法权益，巩固和发展平等团结互助和谐的社会主义民族关系”。突出这方面内容体现了这次改革强调的问题导向。这里需要注意的是，统一战线领域的协商民主，包括吸收来自香港澳门的代表人士通过多种渠道参与国事，但在港澳特别行政区必须坚持实行“一国两制”，不能简单套用社会主义协商民主。同时，人民政协作为统一战线组织和实行多党合作、政治协商的机构，也有统一战线协商民主的作用。因此，在明确分工推进统一战线和人民政协的协商民主时，也要注意加强相互之间的协调配合。

《决定》关于“发挥人民政协作为协商民主重要渠道作用”的部署，是这次推进协商民主要求最多、最具体的一个部分，其中既有对十八大有关内容的贯彻落实，也有结合新形势对政协工作提出的新要求。比如，贯彻十八大关于加强民主制度建设的要求，《决定》不仅明确了要“重点推进政治协商、民主监督、参政议政制度化、规范化、程序化”，而且首次提出“各级党委和政府、政协制定并组织实施协商年度工作计划，就一些重要决策听取政协意见”。这是落实推进政治协商、民主监督、参政议政制度化、规范化、程序化的一个重要举措。全国政协已经开始着手制订2014年度的协商工作计划。通过制订这一计划，可以把政协的协商与党委、政府的总体工作部署紧密联系起来，有利于提高政协履行职能的层次水平，提高协商实效。又如，这次《决定》还首次提出，在我国社会主义协商民主体系中人民政协也是一个“制度体系”，要“完善人民政协制度体系，规范协商内容、协商程序”。人民政协不仅有包括全国、省、地、市、县各级政协的完整组织系统，而且有包括全体会议、常委会议、主席会议、秘书长会议、专门委员会会议，以及提案、视察、专题调研、反映社情民意等一整套工作制度。明确人民政协也是一个制度体系，就要求政协推进协商民主也要注意统筹谋划开展各种协商，注意规范、明确不同协商形式的适用范围、相应内容和协商流程。如在人民政协，既有组织政协参加单位和政协委员参与国事、参政议政的协商，也有听取社会各界代表诉求、协调统一战线关系的协商；在参与国是、参政议政的协商中，又既有对社会关注、群众关心的重要问题进行调研考察、议政建言的协商，又有对涉及党和国家及有关部门决策建言献策、提供参考的协商。对涉及为重大决策建言献策、提供参考的协商，应当努力纳入决策程序，坚持协商于决策之前和决策实施之中的原则，对在政协有哪些问题必须在决策前协商，要在推进政治体制改革中加以研究明确；而对一般进行调研考察、议政建言的协商，特别是对涉及听取各界代表诉求、协调统一战线各方关系的协商，就不一定要有太多硬性的规定，而应坚持“三自”原则、“三不”方针，鼓励畅所欲言、平等议事、沟通思想、增进共识，努力营造宽松和谐的氛围，发挥政协长期提倡的作为社会“解压阀”、政治“寒暑表”的作用。再如，关于协商形式，这次《决定》不仅落实十八大有关精神，要求“拓展协商民主形式，更加活跃有序地组织专题协商、对口协商、界别协商、提案办理协商”，而且进一步提出要“增加协商密度，提高协商成效”，“在政协健全委员联络机构，完善委员联络制度”。发展协商民主的一个重要目的，是从各层次各领域扩大公民有序政治参与。对于人民政协来说，这主要体现在两个方面：一是要在组织上合理设置、适时调整政协界别，把不断涌现的社会各界代表人士及时吸收到政协组织中来；二是要在活动中拓展协商形式、增加协商密度、加强与政协委员的联系，为委员协商议政创造提供更多的机会。新一届全国政协在研究政协历史经验的基础上，决定创立“双周协商座谈会”制度，建立一种以界别为基础、以专题为内容、以对口为纽带、以座谈为主要方法的经常性协商形式；并考虑增加政协常委会议和专题协商会的次数，制定了全国政协副主席联系有关界别和专门委员会、专委会联系有关界别的意见等，就是贯彻落实这方面要求的体现。

政治协商制度、协商民主与共和国同生共长，是我国最早确立的政治制度、民主形式。但同其他中国特色社会主义制度一样，社会主义协商民主也还尚不成熟、定型，仍处在发展的过程中。随着《决定》有关要求部署的贯彻实施，我国的协商民主必将更加完善，使中国特色社会主义政治制度的优越性得到充分体现，并为人类政治文明进步做出应有的贡献。

准确理解、充分发挥人民政协在国家治理体系中的作用*

（2014年6月）

《中共中央关于全面深化改革若干重大问题的决定》（以下简称《决定》），明确了“完善和发展中国特色社会主义制度，推进国家治理体系和治理能力的现代化”的改革总目标。习近平总书记在庆祝人民政协成立65周年大会上的讲话中提出：“人民政协是国家治理体系的重要组成部分”，要适应全面深化改革的要求，努力在推进国家治理体系和治理能力现代化中发挥更大作用。因此，准确理解把握人民政协在国家治理体系中的地位和作用，是当前政协适应形势创新发展必须首先回答的课题。

---

* 发表于《中国政协·理论研究》2014年第3、4期合刊。本文获中央直属机关党建研究会2014年度课题研究成果评比一等奖。

人民政协在国家治理体系中的地位和作用可以用一句话概括，就是统一战线性质的政治协商机构

人民政协在国家治理体系中的作用，应当联系《决定》关于国家治理的要求、政协的性质以及政协在推进我国协商民主发展中的任务来确定。新一届政协产生后俞正声主席就指出，政协是社会各方面进行协商讨论的一个平台，“在这个平台上，各党派团体和各族各界人士可以充分发表意见建议，与党和政府进行民主协商，可以发挥民主监督的作用，也可以发挥统一战线的作用”。俞正声主席的这段话，结合政协性质以及深化改革形势下政协面临的任务，准确阐明了政协在国家政治生活、国家治理体系中的地位和作用。这个地位和作用可以用一句话概括，即政协是统一战线性质的政治协商机构。

第一，这一地位和作用概括符合《决定》关于国家治理的要求。

按照三中全会关于深化改革的《决定》，我国的国家治理体系是中国共产党领导下管理国家的制度体系，其所表述的国家治理内涵有三个基本点：一是强调在中国共产党领导下进行治理。我国的国家体制不同于西方，根本一点就是实行中国共产党领导、人民当家作主和依法治国的有机统一。只有坚持中国共产党的领导，才能统筹协调、不断推动各方面改革，妥善处理改革、发展和稳定的关系，维护和实现最广大人民的根本利益。二是强调依靠制度进行治理。建立在人民民主基础上的现代国家治理，只能是法治而不是人治。依靠制度治理体现了依法治国的精神。《决定》提出通过深化改革推进国家治理体系现代化，就是要完善和发展包括各方面体制机制、法律法规的中国特色社会主义制度。三是强调实行党的领导、政府管理与社会广泛参与的多元共治。当今时代社会利益日益分化、社会主体日益多元，适应社会的多元发展，要实现国家的有效治理，就必须在党和政府与社会、市场等多元主体之间实行

协调合作、多元共治。正因此，《决定》不仅提出了要推动人民代表大会制度与时俱进，而且作出了推进协商民主广泛多层制度化发展的决策部署。中国共产党领导的多党合作和政治协商制度是我国的一项基本政治制度，人民政协是实行这一制度的重要机构，又是与社会各界有着广泛联系的统一战线组织。在国家治理体系中明确政协是统一战线性质的政治协商机构，突出了政协与中国共产党领导的国家政治制度和体制机制的密切联系，是国家治理体系的重要组成部分，又体现了政协所具有的广泛代表性和包容性，在推进党和政府与社会各界多元共治方面能够发挥重要的作用。

第二，这一地位和作用概括反映了人民政协的性质。

按照政协章程，对政协性质的界定有三句话，即“中国人民政治协商会议是中国人民爱国统一战线的组织，是中国共产党领导的多党合作和政治协商的重要机构，是我国政治生活中发扬社会主义民主的重要形式”。这三句话，第一句表明了政协是中国共产党联合各党派团体和各界代表人士的统一战线组织；第二句突出了政协与中国共产党领导的多党合作和政治协商制度的关系；第三句强调了政协是我国人民民主的重要实现形式。贯穿于政协性质这三句话的核心内容，就是政协章程载明的团结和民主两大主题。并且这个团结不是一般的团结，而主要是中国共产党与各民主党派和无党派人士、各界代表的统一战线的团结；这个民主也不是一般的民主，而主要是协商民主。中国共产党领导的多党合作和政治协商制度，就是这种统一战线团结和协商民主有机结合在国家政治制度上的体现。在国家治理体系中明确政协是统一战线性质的政治协商机构，突出了政协组织致力实现的统一战线的团结，又表明了其是国家政治体制中实行民主协商的机构，准确反映了政协的固有性质。

第三，这一地位和作用概括体现了政协协商民主的特点。

为推进国家治理体系和治理能力现代化，《决定》是在推进协商民主广泛多层制度化发展的部署中，从发挥协商民主重要渠道作用的角度，对政协提出要求的。因此，对政协在国家治理体系中的定位，也要联系政协作为协商民主重要渠道的特点加以确定。我国的协商民主是一个广泛多层的制度体系，人民政协是其中的一个重要层次和渠道。政协的协商民主融协商、监督、合作、参与于一体，具有鲜明的统一战线特点。这一特点体现在实施主体上，是其主要由参加政协的各党派团体和各族各界代表人士实施；体现在方法和目的上，则是必须坚持广开言路、平等议事、求同存异、体谅包容，在发扬民主的过程中不断增进共识，加强中国共产党与各民主党派、无党派人士和社会各方面的团结合作。在国家治理体系中明确政协是统一战线性质的政治协商机构，突出了政协作为协商民主重要渠道的特点，表明了政协不是国家权力机关，与西方国家两院制中的参议院或上议院有着本质区别，但又是我国政治体制的重要组成部分，在国家政治生活中有着不可替代作用的独特地位。

明确政协在国家治理体系中是统一战线性质的政治协商机构，是政协在国家政治生活中地位和作用历史的、逻辑的发展结果

从政协的历史看，政协成立就标志着“使统一战线组织与人民民主形式有机地结合在一起”，是“民主协商机构和统一战线组织”[1]的统一。在1949年9月一届政协全体会议召开前向政协代表做的报告中，周恩来就提出政治协商是新中国新民主的一个特点，政协是各党派的联合、统一战线组织，又是“同政府协议事情的机构”，国家大政方针要经过人民政协进行协商。[2]在政协结束代行人大职权后，毛泽东进一步明确政协不是国家机关，而是“各党派的协商机关”；同时强调“有了人大，并不妨碍我们成立政协进行政治协商。各党派、各民族、各团体的领导人物一起来协商新中国的大事非常重要”。政协有“向党委和国务院提意见并加以协商”的任务。[3]但在政协成立发展的初期，政协性质中关于团结和民主的内容还是结合在一起的，并统一于统一战线组织的表述下。1949年《中国人民政治协商会议共同纲领》和1954年首部政协章程都规定，政协是“人民民主统一战线的组织”。

那么为何在政协成立时只规定政协是“人民民主统一战线的组织”呢？首先是因为新中国成立初期讲的统一战线，一方面是指中国共产党对各民主党派和无党派民主人士采取的一种团结联盟的方针政策、战略策略；一方面又是对当时我国社会阶级配置状况和人民民主政权特征的一种描述、反映，这种社会阶级配置状况体现在国家制度上就是国体。新中国成立初期通过建立和发展统一战线，最大限度地扩大了我国人民民主主体的范围，把各个可能团结的阶级阶层和各方面进步人士都纳入人民范畴，使之享有人民民主；同时，又与新中国的民主政治建设相结合，吸收大批民主党派和无党派民主人士参加国家政权和国家事务的管理，参与国家大政方针和重大问题的协商，创造了协商民主这样一种新的民主形式。这是新中国成立初期强调“人民民主统一战线”的一个原因。还有一个原因，就是政协成立以来讲的作为人民民主统一战线组织的人民政协，实际包含着作为中国共产党团结各界的统一战线组织和作为一种民主形式的政治协商机构两方面的内涵。1951年7月，《中国人民政治协商会议全国委员会关于各省、市各界人民代表会议协商委员会工作的意见》就明确指出：“协商委员会是各民主党派、人民团体和民主人士的政治协商机关，又是经过各民主党派、人民团体和民主人士去团结各民主阶级的统一战线组织。因此协商委员会的任务是一方面要协助政府联系和动员人民，审议和推行政策法令；又一方面要加强各民主党派、人民团体和民主人士的团结进步工作，经过他们去团结和教育各民主阶级的人民。这两方面的任务是不可分离的。缺了一个方面，任务就不完全。”[4]在1954年全国人大召开、政协不再代行国家权力机关职权，1956年我国社会主义改造基本完成、社会主义制度建立后，政协作为人民民主统一战线组织包括这两方面的内涵依然是明确的。如时任全国政协副主席的老一代无产阶级革命家李维汉，在1956年讨论进入社会主义时期后党和国家方针任务的中共八大会议上就曾提出：“政治协商是我国实现人民民主的重要方法。我国人民民主统一战线的内部关系是经过协商来调整的，国家事务中的重要问题是协商成熟而后决定的，国家的选举也是经过协商提名的。”“中国人民政治协商会议全国委员会和地方委员会是政治协商机关，又是统一战线组织，在统一战线和国家政治生活中起着重要作用。”[5]可见，新中国成立初政协性质里讲的“人民民主”不是虚词。正因为政协始终具有既是中国共产党团结各界的统一战线组织，又是国家政治生活中的一种重要民主形式这两方面的作用，所以政协不仅能在成立初期执行全国人大职权，完成创立新中国的历史使命，而且在结束代行人大职权后，作为多党合作和政治协商机构、作为统一战线组织，继续在国家政治生活中发挥重要作用。在1954年的二届全国政协后，许多国家的重大方针政策和重要法律草案仍然在政协进行了协商。而且从1959年4月政协三届一次会议起，为了便于政协委员参与国事，全国政协全体会议与全国人民代表大会开始同时召开，政协委员可以列席人大会议听取政府工作报告和其他重要报告。后来，只是由于受到“左”的错误影响，特别是在“文化大革命”中国家正常的政治生活受到严重干扰，政治协商活动陷入停顿，政协作为统一战线组织具有政治协商机构的职能才变得模糊。在1978年12月中共十一届三中全会召开实现拨乱反正后，政协组织及其在这方面的作用就得到恢复并进一步发展。但适应改革开放新时期的新任务以及政协自身的发展变化，这时对政协性质和作用的认识及表述有了新的特点，这个新特点就是由“合”到“分”，将原来包含在统一战线组织中作为政治协商机构的民主作用加以区分、逐渐展开，使之更加清晰、确定下来。这个过程大致经历了三个时段的发展：

首先是在新时期初适应拨乱反正和国家工作重点转移的需要，1979年当选为五届全国政协主席的邓小平提出了新时期人民政协要调动一切积极因素促进社会主义现代化建设、促进祖国统一的方针任务。为了完成这个任务，1982年在邓小平主持修订的政协章程中，就将统一战线不再与“人民民主”或“革命”相联系（此前在还受到“左”的指导思想影响的“两年徘徊”期间，1978年3月政协章程修改曾用过政协是“革命统一战线的组织”的提法），而是与“爱国”联系在一起，确定政协为“中国人民爱国统一战线的组织”。这里突出“爱国”有两个重要原因：一个是为了表明新时期随着我国社会阶级关系发生根本变化，我国统一战线的内部构成也发生了根本变化，从过去的四个阶级的联盟，发展成为包括全体社会主义劳动者和爱国者的最广泛政治联盟，人民政协也成为最广泛的爱国统一战线组织。在明确这个转变的基础上，统一战线、人民政协的中心任务才实现了从过去主要“为阶级斗争服务”，向为建设社会主义现代化和促进祖国统一服务的战略转变。再一个重要原因就是为了扩大团结。1979年9月邓小平在听取全国统战工作会议汇报时明确指出，统一战线就是要“把一切能够联合的都联合起来，范围以宽为宜，宽有利，不是窄有利”。“爱国者的范围是很宽广的。”爱国与否是最大的政治分野。对于海外同胞“他们热爱祖国，不等于热爱社会主义”。把“统一战线的性质”叫“爱国的统一战线”，“这样范围就宽了，具有广泛的性质”。[6]据此，1981年中共十一届六中全会通过的《关于新中国成立以来党的若干历史问题的决议》，做出在阶级斗争已经不是主要矛盾的情况下，“一定要毫不动摇地团结一切可以团结的力量，巩固和扩大爱国统一战线”的重要论断。1982年邓小平主持新时期政协章程修改，正式确定了人民政协是“中国人民爱国统一战线组织”。但这时邓小平强调团结也没有忽视政协民主的作用。1980年他就明确提出，人民政协是巩固和扩大爱国统一战线的重要组织，“也是我国政治体制中发扬社会主义民主和实行互相监督的重要形式”。[7]1982年他主持政协章程修改，也首次写入了政治协商和民主监督是政协的主要职能。

第二个时段是在20世纪90年代前后，在实现了党和国家工作重点转移、实行经济体制改革的部署后，邓小平又提出“没有民主就没有社会主义，就没有社会主义现代化”，着力推动政治体制改革。为此1987年党的十三大，提出了建立高度民主、法制完备、富有效率、充满活力的社会主义政治体制的长远目标，进一步确立“共产党领导下的多党合作和政治协商制度”是我国的一项基本政治制度，提出要“建立社会协商对话制度”，明确完善发展这些制度是政治体制改革的重要内容。1989年1月，邓小平又在一份民主党派成员的建议上批示，要制定“民主党派成员参政和履行监督职责的方案，在一年内完成和实行”。根据这个精神，1989年12月中共中央经与各民主党派协商，制定颁布了《关于坚持和完善中国共产党领导的多党合作和政治协商制度的意见》，进一步明确中国共产党是执政党，各民主党派是参政党，中国共产党领导的多党合作和政治协商制度是我国的一项基本政治制度；并开始提出“人民政协是我国爱国统一战线组织，也是共产党领导的多党合作和政治协商的一种重要组织形式。”[7]此后就是为了贯彻体现这个精神，1993年宪法修正案将“中国共产党领导的多党合作和政治协商制度将长期存在和发展”写入宪法序言；1994年政协章程修正案也在关于政协性质的表述中，增加了人民政协“是中国共产党领导的多党合作和政治协商的重要机构”的内容。这样，政协组织作为政治协商机构的作用就正式从统一战线组织中区分出来，并且与写入宪法的国家政治制度联系起来。

第三个时段是从世纪之交至党的十八大召开，这是把协商民主作为我国现代化建设中政治发展的一项重要内容正式提出到确立的阶段。在推进以发展社会主义民主政治为目标的政治体制改革的背景下，进入20世纪90年代，以江泽民同志为总书记的中共中央领导集体，明确了政协与人大和政府互为补充、相辅相成，是我国政治体制的重要组成部分；团结和民主是人民政协的两大主题；并在1991年3月的“两会”期间，提出了我国社会主义民主有选举和协商两种重要形式的论断。2004年通过的政协章程修正案，适应充分发挥政协在我国社会主义民主政治中作用的要求，将政协“是我国政治生活中发扬社会主义民主的重要形式”写入了政协性质。2006年2月，以胡锦涛同志为总书记的中共中央，又颁布了《中共中央关于加强人民政协工作的意见》（以下简称《意见》），将“人民通过选举、投票行使权力与人民内部各方面在重大决策之前进行充分协商，尽可能就共同性问题取得一致意见，是我国社会主义民主的两种重要形式”[8]，正式写入了中共中央文件。2011年5月，中共中央办公厅转发《中共政协全国委员会党组关于〈中共中央关于加强人民政协工作的意见〉贯彻落实情况的报告》，提出了人民政协是“协商民主的重要渠道”，具有“融协商、监督、合作、参与于一体”的特点。到2012年11月党的十八大及次年十八届三中全会召开，进一步拓展、确立我国社会主义协商民主的内涵和理论，做出了完善社会主义协商民主制度、推动协商民主广泛多层制度化发展的重大决策。

从上述历史进程可以看出，政协性质中团结和民主内涵的由“合”到“分”、逐渐展开，我国协商民主内容和形式的日益丰富、不断拓展，是与我国改革开放现代化建设各项目标任务的逐步清晰、不断推进相伴随的，是在中国共产党开创中国特色社会主义道路、完善发展中国特色社会主义制度、创建中国特色社会主义理论体系的进程中形成的。而经过30多年的改革和发展，特别是随着《决定》把推动协商民主广泛多层制度化发展作为我国政治体制改革的重要内容，确立政协是协商民主的重要渠道，发展协商民主已成为政协在全面深化改革中的主要任务。据此，对政协在国家政治生活中的地位和作用，也就可以再进一步加以概括，将其明确为具有统一战线性质的政治协商机构。并且，既然今天我们已经明确政协的协商民主具有统一战线特点，政协作为政治协商机构已可以包含统一战线和协商民主两方面的内涵，特别是习近平总书记在庆祝人民政协成立65周年大会的讲话中代表中共中央明确指出：“人民政协要发挥作为专门协商机构的作用”，表明在我国虽然选举和协商广泛地存在于社会各个领域、各个层次，在我国各项政治制度、党和国家各机关中都有协商民主的工作，但只有多党合作和政治协商制度以协商民主为主要任务，政协则是实行这一制度、专门听取各党派团体和各界代表人士意见建议的协商机构。因此，对这一概括还可以再简化，就称其为政治协商机构。这样称呼简单明了、易懂易记，也与我国政治体制中的其他机关，如人大是最高权力机关、立法机关，政府是行政机关，法院、检察院是司法机关的称呼相协调。

明确政协在国家治理体系中是政治协商机构，对做好政协工作、充分发挥政协在国家治理中的作用具有重要意义

明确政协是国家治理体系中的政治协商机构，在理论和实践上都有重要意义。就实践意义看：

1. 它有利于适应全面深化改革形势的需要，贯彻落实习近平总书记提出的“人民政协要在依照宪法法律和政协章程准确定位的基础上，大力推进自身各项工作”的要求，在完善和发展中国特色社会主义制度、推进国家治理体系和治理能力现代化的改革总目标下，完善政协制度、推进政协工作，充分发挥政协作为协商民主重要渠道和专门协商机构的作用。

2. 它有利于把政协工作纳入中国共产党统揽全局、协调各方的党和国家工作总体布局，进一步明确政协在国家政治体制中的地位，规范人民政协与我国政治体制各个部分的关系，使政协与我国政治体制中的其他组织机构更好协调一致地开展工作。中国政治体制的根本特点是中国共产党领导、人民当家作主和依法治国的有机统一。这个特点体现在政治制度上突出的一点，是实行人民代表大会制度与中国共产党领导的多党合作和政治协商制度相辅相成；体现在政治机构设置上突出的一点，是有“党的系统”“政权的系统”和“政协的系统”三个系统。[9]明确

政协是政治协商机构，进一步明晰、深化了“人民政协是我国政治体制的重要组成部分”的论断，更加完整准确地体现了我国政治体制的特点和政协在这其中的独特作用。

3. 明确这一作用也有利于更好地宣传解释政协，对外介绍政协。长期以来许多人特别是外国人对政协总感到不好懂。之所以会如此，除了因为人民政协具有鲜明的中国特色，在世界上缺乏可供比较的分析框架外，还有一个原因就是在国际关系中进行介绍通常应着眼于国家，如我们讲人大是立法机关，政府是行政机关，法院、检察院是司法机关，都是从国家角度讲的。但现在政协章程关于政协性质的三句话，却主要不是从国家，而是从政协与中国共产党关系的角度讲的。因而照本宣科政协性质的三句话，外国人常感到难以理解。明确政协是我国政治体制中的政治协商机构，可以更清晰、简洁、准确地表达政协在国家政治生活中的地位和作用，更好地对外宣传介绍政协。

注释：

［1］江泽民：《在庆祝人民政协成立50周年大会上的讲话》，1999年9月22日，《人民政协重要文献选编》（中），中央文献出版社、中国文史出版社2009年版，第597页。

［2］周恩来：《关于人民政协的几个问题》，1954年9月7日，《人民政协重要文献选编》（上），中央文献出版社、中国文史出版社2009年版，第36页。

［3］毛泽东：《关于政协的性质和任务的谈话提纲》，1954年12月19日，《老一代革命家论人民政协》，中央文献出版社1997年版，第183、184页。

［4］《中国人民政协全书》（上卷），中国文史出版社1999年版，第238页。

［5］《老一代革命家论人民政协》，中央文献出版社1997年版，第

222、223页。

［6］邓小平：《在听取第十四次全国统战工作会议情况汇报时的插话》，1979年9月1日，《人民政协重要文献选编》（中），中央文献出版社、中国文史出版社2009年版，第356页。

［7］《人民政协重要文献选编》（中），中央文献出版社、中国文史出版社2009年版，第371、464、485页。

［8］《人民政协重要文献选编》（下），中央文献出版社、中国文史出版社2009年版，第793页。

［9］周恩来：《在一届二次政协全国委员会党组会议上的讲话》，1950年6月14日，《人民政协重要文献选编》（上），中央文献出版社、中国文史出版社2009年版，第118页。

协商民主的含义及政协协商在其中的位置*

（2014年9月）

协商民主的含义

弄清协商民主的含义是加强协商民主建设的前提。十八大提出了社会主义协商民主的概念，但没有讲定义。为了准确理解和贯彻十八届三中全会关于推进协商民主的战略部署，今年初颁布的《中共中央关于加强社会主义协商民主建设的意见》，给协商民主下了一个定义，即："协商民主是在中国共产党领导下，人民内部各方面围绕改革发展稳定重大问题和涉及群众切身利益的实际问题，在决策之前和决策实施之中开展广泛协商，努力形成共识的重要民主形式。"对这个定义可以结合习近平总书记在庆祝人民政协成立65周年讲话中的有关论述加以解读，其中有四个要点我以为需要注意把握：

（一）协商民主是人民民主的重要形式，是我国社会主义民主政治的特有形式和独特优势。总书记在讲话中指出："保证和支持人民当家

* 原载于《中国人民政治协商会议成立65周年理论研讨会暨中国人民政协理论研究会2014年度论文集》，中国文史出版社2015年版。

作主不是一句口号、不是一句空话，必须落实到国家政治生活和社会生活之中，保证人民依法有效行使管理国家事务、管理经济和文化事业、管理社会事务的权力。”“社会主义民主不仅需要完整的制度程序，而且需要完整的参与实践。”把发展协商民主作为深化政治体制改革的重要内容，就是为了实现国家和社会多元共治、有效治理，使人民民主更广泛、更充分、更健全。

我国的协商民主从本质上讲是人民民主。我们实行协商民主，不是像西方一些学者提出的为了弥补竞选民主的缺陷，而是为了更好地保障人民群众的知情权、参与权、表达权、监督权。但协商民主就其本身看，就比较选举民主而言，讲的是一种民主的形式、民主的类型。总书记的讲话对选举和协商两种民主形式的关系，也做了精辟阐述：一方面，他阐明在日常政治生活中“持续参与”和选举投票同样重要，“人民是否享有民主权利，要看人民是否在选举时有投票的权利，也要看人民在日常政治生活中是否有持续参与的权利；要看人民有没有进行民主选举的权利，也要看人民有没有进行民主决策、民主管理、民主监督的权利”。发展协商民主就是为了保障人民能够充分享有“持续参与”的民主权利。另一方面，他还分析了光有选举民主是不够的，“人民只有投票的权利而没有广泛参与的权利，人民只有在投票时被唤醒、投票后就进入休眠期，这样的民主是形式主义的”。据此，总书记提出了一个对建设中国特色社会主义民主政治具有深远意义的重要论断：选举与协商两种民主形式“是相互补充、相得益彰的，共同构成了中国社会主义民主政治的制度特点和优势。”

（二）实行协商民主要“在决策之前和决策实施之中开展广泛协商”。总书记在讲话中指出：“民主不是装饰品，不是用来做摆设的，而是要用来解决人民要解决的问题的”，协商民主也“应该是实实在在的、而不是做样子的”；“协商就要真协商”。什么是“真协商”？不仅是要讲真话、求实效，敢于直言、从善如流；更重要的是，“要协商于决策之前和决策之中，根据各方面的意见和建议来决定和调整我们的决策和工作，从制度上保障协商成果落地，使我们的决策和工作更好顺乎民意、合乎实际”。民主是人民当家作主，之所以要“在决策之前和决策实施之中开展广泛协商”，就是因为协商只有与决策相联系，才具有民主的意义。我们推进协商民主的一个重要目的，就是要增强决策的科学性和实效性。

（三）协商民主是一个“人民内部各方面”广泛参与、多元多层的制度体系。十八大以前中共中央在明确我国有选举投票和协商两种社会主义民主重要形式时，就已提出协商民主的主体是“人民内部各方面”，但刚开始还是联系“两会”讲的。而十八大后在推进协商民主广泛多层制度化发展的视野下，其内涵就大大扩展了。总书记在讲话中指出：协商民主“应该是全方位的、而不是局限在某个方面的，应该是全国上上下下都要做的、而不是局限在某一级的”。“涉及全国各族人民利益的事情，要在全体人民和全社会中广泛商量；涉及一个地方人民群众利益的事情，要在这个地方的人民群众中广泛商量；涉及一部分群众利益、特定群众利益的事情，要在这部分群众中广泛商量；涉及基层群众利益的事情，要在基层群众中广泛商量。”发展协商民主必须坚持“广泛参与、多元多层”的原则，“构建程序合理、环节完整的协商民主体系”。为此，十八届三中全会提出了五条协商渠道；总书记讲话进一步拓展，讲了十条协商渠道；《意见》对此加以归纳，确定了通过政党协商、人大协商、政府协商、政协协商、人民团体协商、基层协商以及社会组织协商七条渠道推进协商民主。

（四）协商民主是在中国共产党领导下进行的“努力形成共识的重要民主形式”。总书记在讲话中指出：“在中国社会主义制度下，有事好商量，众人的事情由众人商量，找到全社会意愿和要求的最大公约数，是人民民主的真谛。”选举投票表达的是每个选民个人的意愿，协商讨论则是一个相互沟通理解的过程，既可以反映个人意见，又能够增进共识。人民民主不仅要保证每个公民的民主权利，而且要努力维护和实现最广大人民的根本利益。强调在中国共产党领导下推进协商民主，就是为了维护和实现最广大人民的根本利益，找到这个最大公约数。在西方政治生活中也有讨论、辩论，但这些讨论、辩论是依附于其多党竞争、权力制衡政治体制的，经常是彼此倾轧、互相拆台；而我们的协商则是要“努力形成共识”，根本上讲是相互补台的。实行协商民主，有利于中国共产党密切联系群众，“既坚持了中国共产党的领导，又发挥了各方面的积极作用；既坚持了人民主体地位，又贯彻了民主集中制的领导制度和组织原则；既坚持了人民民主的原则，又贯彻了团结和谐的要求”，体现了坚持党的领导、人民当家作主、依法治国的有机统一。所以，协商民主既是“我国社会主义民主政治的特有形式和独特优势”，也“是中国共产党的群众路线在政治领域的重要体现”。

政协协商在我国协商民主体系中的位置

《意见》明确了通过七条渠道、七个方面推进协商民主广泛多层制度化发展，并且提出政协协商是其中三个需要“重点加强”方面的一个，要“充分发挥人民政协作为协商民主重要渠道和专门协商机构的作用”。这就是政协协商在我国协商民主体系中的位置。根据《意见》的这一部署，一方面，政协协商不是我国协商民主的全部，而是其中的一个层次、一个重要方面；另一方面，政协协商又不是一般的协商，而是需要“重点加强”的协商。为什么要“重点加强”？不仅因为政协在协商民主方面有深厚的历史传统、丰富的实践经验、完整的组织体系，而且因为政协是专门的协商机构。

政协一成立就是统一战线与人民民主的有机结合，既是统一战线组织，又是政治协商机关。总书记在政协成立65周年的讲话中，首次提出了“人民政协要发挥作为专门协商机构的作用”。这次《意见》又把这个论断与“社会主义协商民主的重要渠道”连在一起加以规定，这是关于政协协商在我国协商民主体系中位置的重要论断，也是对政协在国家政治生活、政治体制中地位和作用的一个重要论断。2006年颁布的《中共中央关于加强人民政协工作的意见》，明确了“人民政协是我国政治体制的重要组成部分”，但究竟是什么样的“重要组成部分”，一直没有表明。现在随着《中共中央关于加强社会主义协商民主建设的意见》的颁布，应当说这个问题明确了，就是“专门协商机构”。因此，正确认识政协协商在我国协商民主体系中的位置，以及政协在国家政治体制中的地位，关键就在准确解读“专门协商机构”的蕴含。如何解读？我以为可以从两个方面去看：

一方面，可以比较其他组织机构，从国家政治制度的层面看。在我国选举和协商广泛地存在于社会各个领域、各个层次，但首先是在国家政治制度上，这就是在我国既有人民代表大会制度，又有中国共产党领导的多党合作和政治协商制度，这两个制度是相辅相成的。就我国政治制度的特点看，在人民代表大会制度、多党合作和政治协商制度、民族区域自治制度以及基层群众自治制度中都有选举和协商。但人民代表大会制度实行的主要是选举民主，民族区域和基层地方还要实行自治民主，只有多党合作和政治协商制度主要是实行协商民主，政协就是专门实行这一制度的重要机构、组织形式。就我国政治体制中机构组织的特点看，中国共产党党委是领导机构，人大是最高权力机关、立法机关，政府是行政机关，法院、检察院是司法机关，党和国家机关都有一些协商民主的工作，但它们还有许多其他重要工作，只有政协是统一战线组织，是国家政治生活中专门听取各党派团体和各界代表人士意见建议的协商机构。

另一方面，从政协本身，政协的性质、职能看，政协作为统一战线组织，统一战线各方面之间就要求相互尊重、平等相待、求同存异、协商议事。政协作为多党合作和政治协商机构，不是权力机关，也不是决策机构，而是各党派团体和各族各界人士发扬民主、参与国是、团结合作的重要平台。在这个平台上，政协委员履行政治协商、民主监督、参政议政职能，开展各项工作，就不能采取强制性的、行政命令的方法，而只能采取提出意见建议、进行协商讨论的方法。因此，可以说政协工作就具有协商的特点，必须有协商的理念，协商民主是贯穿于政协履行职能全过程的。

明确政协协商是我国协商民主体系中的一个重要方面和层次，没有降低而是提高了政协在我国协商民主中的地位和作用。因为正是由于明确了协商民主必须广泛多层制度化发展，中共中央才把推进协商民主提升到了发展社会主义民主政治战略全局的高度，使之成为深化政治体制改革的重要内容；同时，也正是由于明确了政协协商只是我国多元多层协商中的一个方面和层次，才需要进一步弄清政协在协商民主中的独特地位和作用，确认人民政协是社会主义协商民主的重要渠道和专门协商机构。在我国协商民主体系中，政协协商不同于国家权力机关的协商，但也不是基层社会组织的协商，而是属于国家政治生活中的一种重要协商。在我国政治体制中，政协虽然不是国家权力机关，但却是有宪法和国家政治制度保障的我国政治体制、国家治理体系的重要组成部分；政协委员发表意见建议没有强制性，但是有话语权和影响力，在国家政治生活中具有不可替代的作用。

政协机关干部要成为政协工作的行家里手*

（2015年2月）

在本届政协最后一期新任政协委员学习研讨班与委员座谈时，张庆黎副主席兼秘书长对委员们提出了一个希望："一定要学好政协ABC，切实做到懂政协、讲规矩。"后来，在政协机关，他又多次对机关干部提到这个要求。因为政协委员是换届的、兼职的，而政协机关干部做政协工作则是长期的、专职的。因此，"懂政协"对于政协机关干部，可以说更加重要。

要学好政协ABC，真正做到懂政协，并不容易。

第一，要有一个正确的认识，丢掉一些偏颇的观念。长期以来，有些人把政协视为一个"二线"甚至"三线"单位，看作一个安排已到退休年龄、需要过渡一下的人的地方，政协机关干部也主要是为这些已退或快退的人搞"服务"的。这种观念是错误的。因为持这种观念的人，眼里只看到了参加政协的党政领导干部，而没有看到政协首先是一个统一战线组织。作为统一战线代表人士，无所谓在职或退职；而且参加政

* 发表于《政协机关通讯》2015年第2期。

协的民主党派和党外各界人士，大多也是现职的。“安排”一些退出党政工作岗位的中共领导干部参加政协，主要是因为他们有丰富的经验，适合做党的统战工作。作为政协机关干部，更没有“二线”“三线”之说，而是永远在“一线”。中国共产党领导的多党合作和政治协商制度是我国的一项基本政治制度，人民政协是实行这一制度的重要机构，作为政协人使命光荣、责任重大。因此，那种狭隘地理解“服务”，把自己只当作一个“二线”单位服务人员的观念，应当抛弃了。这是爱政协、懂政协、做好政协工作的基本前提。

第二，做好政协工作不仅要有事业心，而且要有专业精神，真正把政协工作当作一门科学来看待。事业是专业的坚守和升华。人民政协作为具有鲜明中国特色的制度安排，作为专门的协商机构，必然有一套科学的理论和专业知识支撑。政协组织、政协机关中有许多部门，各个部门的工作也有各自的专业知识，但对于政协来说，各个部门的工作都是为保障政协事业发展服务的，都要服从于政协事业发展的需要。因此，有关政协的知识才是政协特有的专业知识。政协工作有着自己的内在规律。经过60多年的发展，人民政协不仅形成了一套系统的制度机制和政策规定，而且创造了一套自己的概念范畴和知识体系，形成了人民政协理论。要真正做到“懂政协”，不仅要政治坚定，而且要精通业务；不仅要熟悉掌握自己所从事工作的知识技能，而且要学习了解一些政协特有的专门知识。政协工作、政协理论政治性很强，能否把握正确的政治方向，保持政治的敏锐性和辨别力，善于做统战工作，离不开对政协性质定位、理论政策的深刻理解和掌握。

第三，要真正做到懂政协，还必须老老实实、长期不懈地学习钻研。毛泽东同志曾经说过：“知识的问题是一个科学问题，来不得半点的虚伪和骄傲，决定地需要的倒是其反面——诚实和谦逊的态度。”政协工作专业知识的掌握，政协工作者专业素质的养成，光有正确的认识和责任感还不够，还必须锲而不舍地钻研学习，不仅从书本上学，而且在实践中学。各行各业的行家都是“曲不离口”“拳不离手”长期磨炼出来的。没有刻苦的钻研，不经过长期的积累，要想真正成为政协工作的行家、专家是不可能的。

我国协商民主的由来*

——兼论社会主义协商民主的制度基础、理论基础和文化基础

（2015年4月）

《中共中央关于加强社会主义协商民主建设的意见》（以下简称《意见》）指出："社会主义协商民主是中国共产党和中国人民的伟大创造，源自中国共产党领导人民进行革命、建设、改革的长期实践"，"在我国具有深厚的文化基础、理论基础、实践基础、制度基础"。这个论断进一步阐明了我国协商民主的由来。准确认识把握这一论断，有助于加深对我国协商民主的理解，增强道路自信、理论自信、制度自信，也有益于我们更加自觉地立足国情、结合实际推进协商民主。

《意见》的上述论断是根据中共中央总书记习近平在庆祝人民政协成立65周年讲话中的有关论述做出的。在这次讲话中习近平指出，我国的协商民主"源自中华民族长期形成的天下为公、兼容并蓄、求同存异

* 发表于《中央社会主义学院学报》2015年第4期。

等优秀政治文化，源自近代以后中国政治发展的现实进程，源自中国共产党领导人民进行革命、建设、改革的长期实践，源自新中国成立后各党派、各团体、各民族、各阶层、各界人士在政治制度上共同实现的伟大创造，源自改革开放以来中国在政治体制上的不断创新”。因此，对《意见》阐述的我国协商民主的由来、“四个基础”，可以结合这“五个源自”来解读。

我国协商民主的由来

把健全社会主义协商民主制度作为深化政治体制改革的重要内容，是2012年中共十八大确立的。但协商民主在中国的产生和发展，则经历了一个跨越革命、建设、改革各个时期的长期实践探索过程，其中有三个关键点需要注意把握：

（一）从实践源头看，我国协商民主是统一战线、人民政协与人民民主相结合的产物

我国的协商民主是在新民主主义革命中孕育，随着人民政协成立、新中国建立产生的。之所以在中国革命中会孕育产生协商民主这样一种民主形式，这与毛泽东讲的中国共产党领导的新民主主义革命有三个特点——统一战线、武装斗争、党的建设，特别是其中的统一战线有关。由于近代以后中国沦为半殖民地半封建社会，演变出一种两头小、中间大的社会阶级结构，中国革命面对的敌人力量非常强大，工人阶级的力量十分弱小，要取得革命的胜利就必须建立最广泛的统一战线。因此，中国共产党在1921年成立后的第二年就提出，并在以后的革命进程中不断发展了以党派合作为中心的最广泛的统一战线。

统一战线是不同的社会政治力量为了实现一定的共同目标结成的政治联盟，统一战线不同方面之间求同存异、协调行动就需要政治协商。

就是在建立和发展统一战线的过程中，中国共产党形成并贯彻了一整套与其他党派协商议事的原则和思想，不仅在自己领导的根据地政权中实行了“三三制”，使不仅共产党员、工农群众，还有其他各党派和无党派的进步人士与中间派人士的代表，都有在根据地的参议会和政府里讲话、办事的机会和权利，成为我国协商民主的雏形；而且在1946年1月，与各民主党派一起参加了国民党召开的重庆政治协商会议，签字通过了关于和平建国纲领等五项协议。由于各党派协商国是的形式在全国人民心中留下了深刻印象，所以在蒋介石撕毁政协协议发动内战，中国共产党在发动人民用武力推翻了国民党在大陆的统治后继续提出：“各民主党派、各人民团体及社会贤达，迅速召开政治协商会议，讨论并实现人民代表大会，成立民主联合政府。”[1]并于1949年9月在北平隆重召开了中国人民政治协商会议。

政治协商体现了“新民主的精神”“新民主的特点”。[2]人民政协既是统一战线组织，又是政治协商机构。第一届人民政协成立后其全体会议代行全国人大职权，讨论通过具有临时宪法作用的《中国人民政治协商会议共同纲领》，选举产生中央人民政府，完成了创建中华人民共和国的历史使命。马克思主义认为，民主首先是国家制度。人民政协的成立标志着中国共产党领导的多党合作和政治协商制度的确立。因此，作为一种政治制度的我国协商民主的产生，可以说以人民政协的成立、新中国的诞生为标志。协商民主“源自新中国成立后各党派、各团体、各民族、各阶层、各界人士在政治制度上共同实现的伟大创造”。

（二）在社会主义革命和建设时期，我国协商民主的探索主要是广泛开展了政治协商

新中国成立后，协商民主开始在全国范围实施，但直至1978年改革开放以前，主要是在国家政治生活中广泛开展了政治协商。协商的内容，不仅有国家事务中的重要问题经过协商成熟而决定，国家选举的候

选名单经过协商而提名，人民民主统一战线的内部关系经过协商来调整；还包括在1956年我国进入社会主义社会后，毛泽东提出中国共产党与各民主党派“长期共存，互相监督”的方针，为社会主义时期多党合作和政治协商长期存在发展奠定了思想基础，也赋予了协商民主对权力运行加以监督的新内容。协商的形式或渠道，则不仅有中国共产党与各民主党派之间的协商，在国家政治生活中还有“三套协商”，包括政协的协商、人大的协商、国务院的国务会议和最高国务会议的协商[2]。

新中国成立初期，大量的协商民主工作主要是通过政协开展的，许多国家和地方的重要方针政策、法律法规草案，都是经过政协协商然后交由人民政府委员会通过并实施的。中共中央提出的社会主义过渡时期总路线，我国第一部宪法的制定，都经过了充分协商讨论。周恩来还主持制定了关于政务院工作听取政协民主党派、无党派民主人士意见的决定。同时，这个时期不光是在政协，在人大、政府、司法机关也有民主党派和无党派民主人士代表参加，也有许多政治协商工作。特别值得一提的是，根据1954年宪法相关规定设立的最高国务会议，可以说是当时在国家政治生活中协商议政的最高形式。会议由国家主席在必要时召开并担任会议主席，不定期讨论国家重大事务，形成的意见提交全国人大、国务院或其他有关部门讨论并做出决定。参加人员有国家副主席、人大常委会委员长、国务院总理和人民政协、司法机关领导人、国家机关部门负责人，包括各民主党派、工商联、无党派民主人士及民族、宗教、华侨等各界代表、政协委员。会议经常讨论发表具有大政方针性的重要讲话，在“两会”前召开的会议还常讨论将提交人大和政协会议的相关报告、决定草案。毛泽东的《论十大关系》《关于正确处理人民内部矛盾的问题》，都是在最高国务会议上发表的。至1966年“文革”爆发停止，最高国务会议共开过20次。

（三）改革开放后在政治体制改革的不断创新中，形成了协商民主广泛多层制度化发展的新局面

1978年，随着中共十一届三中全会召开，党和国家实现了工作重心的战略转移，我国进入了改革开放新时期。在新时期推进政治体制改革的进程中，协商民主也得到了新发展，主要体现在两个方面：

一方面是发展、完善政治协商，把中国共产党领导的多党合作和政治协商制度确定为我国的一项基本政治制度。就政治制度讲，虽然政协的成立标志着多党合作和政治协商制度的确立，但新中国成立初期各民主党派还是代表民族资产阶级和城市上层小资产阶级的政党，我国各政党之间还是新民主主义的政党关系，还不能说有社会主义政党制度。后来在阶级斗争扩大化的“左”的错误影响下，多党合作和政治协商也因此遭受挫折。新时期这方面最大的新发展就是，在明确我国社会阶级状况发生重大变化的基础上，1979年邓小平在政协五届二次会议上提出：各民主党派“已经成为各自所联系的一部分社会主义劳动者和一部分拥护社会主义的爱国者的政治联盟，都是在中国共产党领导下为社会主义服务的政治力量。”[1]在对民主党派性质做出这一新判断的基础上，逐步确立了中国共产党是执政党，各民主党派是中国特色社会主义参政党，中国共产党领导的多党合作和政治协商制度是我国的一项基本政治制度，并在国家政治生活中广泛开展了多党合作和政治协商。

再一方面是探索建立社会协商对话制度，推动协商民主向社会基层拓展。与发展社会主义市场经济的经济体制改革相适应，为了推进以加强社会主义民主政治建设为目标的政治体制改革，1987年中共十三大提出要发扬“从群众中来、到群众中去”的优良传统，正确处理和协调各种不同的社会利益和矛盾，在国家、地方和基层各个层面实行广泛协商对话，建立重大情况让人民知道、重大问题经人民讨论的社会协商对话制度，从而把过去主要是在国家层面、政治领域开展的协商民主，进一

步拓展到包括地方基层的社会各个领域。此后不仅党和国家机关，在群众团体、城市社区及农村乡镇，都探索开展了形式多样的协商实践。

就是在这一背景下，1991年江泽民同志开始联系人大、政协“两会”，提出我国有选举投票和协商两种社会主义民主重要形式[3]。2006年《中共中央关于加强人民政协工作的意见》以中共中央文件的形式确定：“人民通过选举、投票行使权利和人民内部各方面在重大决策之前进行充分协商，尽可能就共同性问题取得一致意见，是我国社会主义民主的两种重要形式。”2007年国务院发表《中国的政党制度》白皮书，进一步明确“人民代表大会制度与中国共产党领导的多党合作和政治协商制度，有着相辅相成的作用”；“选举民主与协商民主相结合，是中国社会主义民主的一大特点”。2011年中共中央办公厅转发《中共政协全国委员会党组关于〈中共中央关于加强人民政协工作的意见〉贯彻落实情况的报告》，指出人民政协是“协商民主的重要渠道”，正式以中共中央文件的形式提出了协商民主的概念。就是在对协商民主这些认识和实践不断深化的基础上，2012年召开的中共十八大和次年召开的十八届三中全会，把协商民主列为深化政治体制改革的重要内容，做出了推进协商民主广泛多层制度化发展，健全社会主义协商民主制度的重大决策，标志着我国社会主义协商民主的正式确立和全面实施。

社会主义协商民主的制度基础、理论基础、文化基础

（一）制度基础

总体上讲，我国社会主义协商民主以中国特色社会主义制度为基础。具体来说，则有一系列的制度支撑。从国家政治制度看，在人民代表大会制度、多党合作和政治协商制度、民族区域自治制度以及基层群众自治制度中都有协商。但对社会主义协商民主具有直接的、根本的、基础的支撑作用的制度，主要有四个：

一是中国共产党领导的多党合作和政治协商制度。这个制度是我国政治生活中广泛开展政治协商的制度基础，有三层内涵：首先，其核心内容是社会主义政党制度，是我国开展政党协商的制度基础。在我国，中国共产党同各民主党派既亲密合作又互相监督，而不是互相反对；中国共产党依法执政，各民主党派依法参政，而不是轮流执政。所以，我国的政党制度属于协商民主的范畴，而不像西方多党制主要体现的是选举民主。其次，我国的多党合作不只是在党与党之间进行协商，各民主党派和无党派人士还广泛参加人大、政府、政协及司法机关的工作，在一些高等院校、企事业单位也有民主党派成员，这个制度也是这些领域开展多党合作和政治协商的制度支撑。最后，从人民政协来看，新时期政协已从过去主要以党派团体为基础，发展成为包括各族各界代表人士的政治组织、民主形式；政协作为多党合作和政治协商机构不仅有各党派团体的协商，还包括各族各界人士的协商；作为国家基本政治制度的多党合作和政治协商制度，有着比政党制度更广泛的政治协商制度的内涵，为以政协为载体的包括社会各界代表的协商提供了制度基础。

二是人民代表大会制度。人大、政府等国家机关中也有立法协商、行政协商等，人民代表大会制度为国家政权机关开展各种活动包括协商活动也提供了制度基础。但更重要的，之所以说这个制度是我国协商民主的制度基础，因为人民代表大会制度是我国的政权组织形式、根本政治制度，决定了我国实行民主集中制的国家政体。1954年全国人大召开后，毛泽东论述政协存在的必要性，提出政协不是国家机关而是各党派的协商机关，理由就是如果把政协也搞成国家机关，“那就会一国二公”，民主集中制就讲不通了[1]。因此，我国不搞“两院制”而是实行“两会”制，我国社会主义民主政治之所以有选举与协商两种民主形式相互补充、相得益彰的制度特点，不仅因为我国有多党合作和政治协商制度，从根本上讲也是因为我们坚持民主集中制的人民代表大会制度。

三是社会协商对话制度。建立这个制度主要是为了完善党和政府与人民群众之间以及群众相互之间的协商机制，全国性的、地方性的、基层单位内部的重大问题都要协商对话。实行这个制度，不仅要及时准确地做到下情上传、上情下达，在政府与社会之间进行对话协商；而且要畅通不同部分群众之间相互沟通和理解的渠道，加强基层民主协商。因此，社会协商对话制度是面向社会包括地方基层广泛开展协商的制度支撑。

四是公有制为主体、多种所有制经济共同发展的基本经济制度。马克思主义认为，经济基础决定上层建筑。协商民主从国家治理看，是党的领导、政府管理与社会广泛参与的多元共治，是以承认经济利益多样、社会主体多元为前提的。而要保障经济社会多元发展，首先要有相应的经济制度。新中国成立初期，我们实行多党合作和政治协商，是以多种经济成分共存发展的新民主主义经济制度为基础的。新时期明确我国将长期处于社会主义初级阶段，公有制为主体、多种所有制经济共同发展是基本经济制度，使我国多元经济社会结构的长期存在和发展有了保障，也为协商民主的发展提供了坚实的经济社会基础。

（二）理论基础

我国社会主义协商民主的理论基础总体上讲，就是中国特色社会主义理论。具体来说，就与我国协商民主有着密切关系的理论方面，主要有四个：

一是中国共产党的统一战线理论。《中共中央关于加强人民政协工作的意见》指出："人民政协是中国共产党把马克思列宁主义统一战线理论、政党理论和民主政治理论同中国具体实践相结合的伟大创造。"它表明这三个理论首先是统一战线理论，是中国共产党创建人民政协、开展政治协商的思想来源。

马克思、恩格斯在创立科学社会主义时就提出，无产阶级解放全人类的远大目标，决定了其必须联合一切可以联合的力量共同奋斗。中国共产党把马克思主义统一战线学说与中国实际相结合，使统一战线成为中国共产党夺取革命胜利和新中国成立后党执政兴国的重要法宝。而无论是调节处理统一战线关系，加强和改善中国共产党对统一战线的领导，还是凝聚人心、汇聚力量，调动一切积极因素为共同目标而奋斗，都离不开政治协商。人民政协是统一战线的发展成果、组织形式，我国人民民主专政的国家政权也是由工人阶级领导的统一战线发展而来的。通过建立和发展统一战线，不仅最大限度地扩大了人民主体的范围，把不同时期各个可能团结的阶级阶层都纳入人民范畴，使之享有人民民主，而且与国家的民主政治建设相结合，吸收大批民主党派和无党派人士参加国家政权和国家事务的管理，参与国家大政方针和各方面关系的协商，使新中国成立后在国体上和政体上都带有统一战线特点，创造了协商民主这样一种新的民主形式。

二是中国特色的政党理论。马克思主义认为，政党是代表一定阶级、阶层利益的政治组织。无产阶级政党是与先进生产方式相联系的工人阶级的先锋队。中国共产党既是中国工人阶级的先锋队，也是中国人民和中华民族的先锋队，在社会主义建设事业中处于领导核心地位，是执政党；各民主党派则是各自所联系的一部分社会主义劳动者、社会主义事业建设者和拥护社会主义爱国者的政治联盟，在国家政治生活中不是在野党和反对党，而是与中国共产党通力合作的中国特色社会主义参政党。因为我国各政党不是相互竞争、轮流执政的关系，所以我国各党派关系的处理，包括中国共产党对民主党派的政治领导，中国共产党与各民主党派的互相监督，各民主党派参与国是、参政议政，都是以协商的方式去实现的。现代政治主要是通过政党运行的。中国的这种体现着合作、参与、协商精神的政党制度，必然深刻地影响着中国的民主政治，其理论也成为我国协商民主的一个思想来源。

三是中国特色社会主义民主政治理论。马克思主义认为，民主属于上层建筑，是经济基础决定的；无产阶级民主是最大多数人的民主。中国共产党把马克思主义民主学说与中国实际相结合，创立了中国特色社会主义民主政治理论，强调人民民主是社会主义的生命，是全面建成小康社会和社会主义现代化的一个战略目标。发展更广泛、更充分、更健全的人民民主，必须坚持中国共产党领导、人民当家作主、依法治国的有机统一，坚持民主集中制，使我国的民主政治既有完整的制度程序，又有完整的参与实践；人民既有广泛的选举投票权利，又有持续参与日常政治生活进行民主决策、民主管理、民主监督的权利。协商民主就是保障人民群众的知情权、参与权、表达权、监督权，使各方面人民能够广泛持续参与日常政治生活的重要民主形式。

四是中国共产党的群众路线理论。《意见》指出：协商民主是中国共产党的群众路线在政治领域的重要体现。习近平说这是对协商民主的基本定性。群众路线是毛泽东思想的精髓，是世界观，也是方法论。从世界观看，群众路线强调“一切为了群众、一切依靠群众”，体现了唯物史观强调的人民群众是历史的创造者，是国家和社会的主人，中国共产党追求的民主也不是少数人而是最广大人民群众的民主。从方法论上看，“从群众中来、到群众中去”是中国共产党的根本工作路线，这个路线体现在国家政治生活和政治制度机制上，就是坚持民主集中制，实行民主基础上的集中、集中指导下的民主。习近平说：“在中国社会主义制度下，有事好商量，众人的事情由众人商量，找到全社会意愿和要求的最大公约数，是人民民主的真谛。”强调在中国共产党领导下推进协商民主，就是为了维护和实现最广大人民群众的根本利益，找到这个最大公约数。加强协商民主建设是中国共产党性质和宗旨的要求，有利于保持党同人民群众的血肉联系，巩固和扩大党的执政基础。

（三）文化基础

就文化讲，社会主义协商民主以中国特色社会主义文化为基础。但按习近平的讲话，这里的文化主要是指中华民族长期形成的优秀传统政治文化。之所以突出传统文化，是为了阐明协商民主在我国有深厚的根基，是扎根于中国社会土壤的、我国民主政治中“独特的、独有的、独到的民主形式”。

在中共中央文件中把协商民主与中国传统文化相联系，始自2006年《中共中央关于加强人民政协工作的意见》。但当时还主要是联系人民政协讲的，内容也只讲了“中华民族兼容并蓄的优秀文化传统”。习近平的讲话明确与协商民主相联系，又加上“天下为公”“求同存异”的内容，内涵更加丰富，其中包含了三个不同于西方的中国传统文化特有理念：一个是“以民为本”。“天”即“民”，“天视自我民视，天听自我民听”，“民惟邦本，本固邦宁”。一个是中道和谐。主张“和而不同”“和为贵”，尊重、包容差异，反对走极端。还有一个是注重整体。强调“天人合一”，“修齐治平”，个人与集体、社会与国家、人与自然是联系统一的，个人要服从集体，整体为先、为大。中国传统文化讲公私、义利关系，主张公私、义利兼顾，但总是认为公在私前、义在利先，提倡“大公无私”，反对见利忘义。所谓“公义”就是公平正义，就是集体、整体利益。这种文化传统同强调理性包容、增进共识、追求公共利益的协商民主在理念上是贯通的。而西方的文化传统，从古希腊、罗马到文艺复兴，直至经过新教改革的基督教文化，贯穿于其中的是保护张扬个人权利的个人主义，所谓天赋人权、不可侵犯。因为强调个人自由至上，政府只能保护而不能侵犯个人自由，所以政治上必然要求实行以自由竞选为基础的多党轮流执政和相互制衡的“三权鼎立”。

注释：

［1］《人民政协重要文献选编》（上），中央文献出版社、中国文史出版社2009年版，第1、353、200页。

［2］《老一代革命家论人民政协》，中央文献出版社1997年版，第

17、296页。

［3］《人民政协重要文献选编》（中），中央文献出版社、中国文史出版社2009年版，第506页。

重视发挥人民政协的统战功能*

（2016年2月）

统一战线是不同阶级、阶层、政党、集团等社会力量，为了一定的共同目标，在共同利益基础上结成的联盟。中国共产党领导的统一战线是中国共产党把马克思主义同中国具体实际相结合，在夺取革命、建设和改革事业胜利的进程中不断形成、巩固的重要法宝，是中国共产党凝聚人心、汇聚力量的政治优势和战略方针，人民政协是统一战线发展到一定历史阶段的产物，自成立起就发挥了卓越的统战功能，积累了宝贵的统战经验，坚持和发展了统一战线的根本性质。政协的统战功能体现并渗透于多党合作和政治协商的各项事业中，体现并渗透于社会主义民主进程中，体现并渗透于人民政协的主要职能、组织构成、工作原则和活动方式中，是政协工作之魂。人民政协承担着不断夯实参加政协的各党派团体、各族各界人士团结奋斗的政治基础，为实现中华民族伟大复兴“中国梦”，努力增进全体中华儿女大团结、大联合的神圣使命，是中国共产党通过统战组织实现对最广泛的中华儿女的政治引领和政治动

---

* 本文是作者领衔研究的中国人民政协理论研究会2015年重点研究课题，由吴秀生同志执笔，发表于《中国政协·理论研究》2016年第1期。

员的重要工作平台。全面地梳理和总结人民政协的统战功能以及实现方式，对推动人民政协事业的发展，对人民政协担负起党和国家的重托，具有重要意义。

当前，有些政协组织中程度不同地存在一些忽视统战工作的现象。究其原因，有重视不够的问题，有工作方法问题，但从深层次看，则与对政协统战性质的理解不透有关。人民政协的根本性质是统战组织，政协各项职能来源于此。统战工作是党的重要政治工作，统战干部是党的政治工作者，人民政协是统战组织，政协干部也是党的统战干部，是党的政治工作者。习近平总书记强调："统战工作是全党的工作，必须全党重视，大家共同来做。"[1]中国共产党对统战组织并通过统战组织对全体中华儿女的政治引领和政治动员是党的领导的重要内涵。十二届全国政协主席俞正声强调："要重视发挥政协的团结统战功能。"[2]在人民政协的平台上，以主人翁精神做好统战工作，发挥好政协的统战功能，是政协工作者的重大使命。

准确理解人民政协作为统一战线组织的性质任务

人民政协的统战性质是历史形成的。政协一成立时，就确立了它是中国共产党领导的包括工人阶级、农民阶级、城市小资产阶级和民族资产阶级四个阶级的人民民主统一战线组织。第一届政协通过的《共同纲领》，不仅卓越地完成了自己的统战任务，而且代行了人大的职权，完成了协商建国、建政的历史使命。第一届人大成立后，政协代行人大的那部分职能没有了。1954年12月毛泽东主席曾说："关于政协的性质。政协不能搞成国家机关，因为人大和国务院是国家权力机关和国家管理机关，如果把政协也搞成权力机关，那就成为二元了，这样就重复了，分散了，民主集中制就讲不通了。政协不仅是人民团体，而且是各党派的协商机关，是党派性的机关。"[3]这进一步明确了政协的性质以及政协长期存在的必要性。此后，政协继续作为统一战线组织，在国家政治生活中发挥着重要作用。虽然在“十年动乱”时政协组织受到了冲击，工作被迫停止，但在党的十一届三中全会之后又得以恢复。1982年12月全国政协五届五次会议通过的政协章程，再一次确定了人民政协的性质是“中国人民爱国统一战线的组织”。这个章程包含了对“以阶级斗争为纲”的错误的纠正、党和国家工作重心的战略转移、我国社会阶级关系发生的根本变化、统一战线的内部构成的变化等时代内涵，但人民政协作为统一战线组织的性质得到了进一步明确。政协统战性质的特点与优势进一步从组织和工作两个方面体现出来。从组织上讲，政协由包括统一战线各个方面的各界代表所组成的界别构成；政协委员中非中共委员比例占多数（委员60%、常委65%左右），在政协领导成员和工作机构中有各民主党派和无党派的代表参加。政协的专门委员会在人民政协的工作中发挥着基础性作用，其职能定位包含着统战性，有的专委会的统战职能更加突出（如港澳台侨委员会、民族与宗教委员会、外事委员会、文史和学习委员会等），政协对专委会的统战职能和工作任务也做了明确要求：团结联系委员及各族各界人士，维护民族团结、宗教和谐、社会稳定，促进海内外中华儿女大团结，推进祖国和平统一，加强对外友好往来与合作，广泛凝聚实现中华民族伟大复兴的强大力量。从工作上讲，政协工作的重要任务是凝聚人心、汇聚力量，基本的工作方法是民主协商，活动方式以会议、提案、调研、视察、协商讨论等形式。新时期人民政协的所有日常性工作和基础性工作都体现了统战性的要求。

人民政协的统战功能更是其统战性质所决定的。2004年通过的政协章程修正案，对政协性质规定了三句话：“中国人民政治协商会议是中国人民爱国统一战线的组织，是中国共产党领导的多党合作和政治协商的重要机构，是我国政治生活中发扬社会主义民主的重要形式。”这三句话是新时期政协章程经过几次修改逐步确立的，实际上已经确定了人民政协应该发挥的统战功能及其实现方式。首先，人民政协是最大的统一战线组织，这是政协的根本属性，什么时候都不能偏离，统战是人民政协工作之魂；其次，人民政协的统战性质在国家政治制度层面是以多党合作的形式体现出来的，统战功能很大程度上也是在多党合作中实现的；最后，人民政协统战功能是在发扬社会主义民主中完成的。第一句话讲的是性质，第二句话和第三句话讲的是这种性质的功能实现方式。由此决定了人民政协承担的统战工作任务是：围绕团结和民主两大主题，高举社会主义和爱国主义两面旗帜，在中国共产党领导的多党合作和政治协商事业中、在推进社会主义民主的进程中，把参加政协的各党派团体、各族各界人士凝聚起来，在坚持一致性中尊重多样性，在包容多样性中寻求一致性，最大限度地寻找最大公约数和最大共识度，为实现祖国统一和中华民族的伟大复兴中国梦不断地凝聚人心、汇聚力量。由此延伸出对人民政协工作者的任务要求是：政协组织中的党员领导干部、党员委员以及普通党员，都是统战干部，都有做好统战工作的责任和义务，都应当模范地学习、宣传和贯彻党的路线和主张，模范地执行党的统战工作的路线方针政策，遵守党的政治纪律、政治规矩，善于同各方面人士打交道，通过民主协商的办法，做好对党外人士的教育引导和团结联谊工作，努力把更多的人团结在党的周围。

全面梳理人民政协的统战功能及其实现方式

人民政协的统战功能及其实现方式体现在以下八个方面。

（一）团结各界

团结是人民政协工作的主题。人民政协是最广泛的统一战线组织，是中国人民大团结的标志。政协组织的结构变化反映了各个历史时期政治形势和社会发展状况，体现出统一战线和政协工作的特点要求，体现了党内外的团结和社会各界的团结。政协组织的工作涉及面很广，衡量工作成效，关键要看在履职活动中有没有通过充分发扬民主，达到凝聚和增进共识、巩固和扩大团结的目的。人民政协的所有工作中，团结工作是全覆盖的。现阶段，我国经济成分、经济利益和社会组织形式多样化的趋势日益明显，人们的思维观念、政权的社会基础、统一战线的社会构成，都发生了深刻的变化。政协的组织和工作中必须尽可能地反映和适应社会存在和社会意识的变化，发挥出凝聚人心、汇聚力量的团结功能。

（二）政治协商

政协章程规定，人民政协政治协商是对国家和地方的大政方针以及政治、经济、文化和社会生活中的重要问题，各党派参加人民政协的共同性事务，政协内部的重要事务以及爱国统一战线的其他问题进行协商。政治协商的过程也是实现统战功能的过程。这是因为：一方面协商的要旨是协调、商量，协商主体之间是民主平等的关系，因此是民主协商，这个精神保证了统一战线阵营中成员之间的真心交流、肝胆相照，是必须遵循的原则；另一方面政协统战组织的性质决定了政协的民主协商，不能只是着眼于形成结论性的意见，还在于在协商过程中坚持求同存异、体谅包容，尊重各民主党派在宪法规定的权利和义务范围内的政治自由、组织独立和法律地位平等，在“坚持一致性中尊重多样性，在包容多样性中寻求一致性”[4]，形成最广泛和最大程度的共识。在参加人民政协的各党派团体、各族各界人士的政治协商中，一致性是相对的，多样性是绝对的，各种意见建议充分发表和深入交流，使矛盾在协商中化解、分歧在讨论中趋同，意在推动共识的不断形成。因此，必须注意协商的过程也是形成共识和增进共识的过程，是统战功能的实现方式和实现过程。

（三）民主监督

人民政协的民主监督是我国社会主义监督体系的重要组成部分，指的是对国家宪法、法律和法规的实施，重大方针政策的贯彻执行，通过建议和批评进行的政治监督。它是参加人民政协的各党派团体和各族各界人士通过政协这个组织对国家机关及其工作人员进行的监督，也是中国共产党在政协中与各民主党派和无党派人士之间进行的互相监督。政协是中国共产党领导的多党合作和政治协商机构，是执政党和参政党之间互相监督的重要平台。民主监督体现了执政党与参政党的平等关系，既是建立和巩固统一战线的重要保障，也是实现政协统战功能的方式。民主监督要体现出中国共产党与各党派团体、各族各界代表人士的诤友关系。邓小平同志曾说："党外的民主人士，能够对于我们党提供一种单靠党员所不容易提供的监督，能够发现我们工作中一些没有发现的错误和缺点。"[5]监督的相互性、平等性既保证了监督的有效性又体现了监督的政治性。只有在这样的要旨和氛围中，参政党敢于直言，执政党从善如流，最大限度地发挥多党合作制度的效能，共同推动决策的民主化和科学化，因而需注意民主监督这项职能的统战意蕴。

（四）反映民意

反映社情民意是政协的基础性和经常性工作，是政协各参加单位、各专门委员会和政协委员围绕国家大政方针，政治、经济、文化和社会生活中的重要问题，以及人民群众关心的问题，通过政协组织的专门渠道向党委、政府和有关部门反映重要情况，提出意见和建议。反映民意是凝聚共识的基础性工作。政协委员联系着各自的群众，代表着各自群众的利益，反映各自群众的要求，通过政协，能够了解到通过其他渠道不易掌握的社情和民意，听到不易反映出来的呼声和愿望，获得难得的建议和批评。这对于党和政府更全面地掌握实际情况，更准确地体察各阶层群众的心理，更切实地想群众之所想、急群众之所急、办群众之所需，最大限度地凝聚人心，起到很大作用；也可以使群众中分散、个别的意见得到系统、综合的表达，广泛吸纳社会各方面人士的智慧，有利于寻找最大公约数，扩大团结面，增强党的阶级基础、扩大党的群众基础、巩固党的执政地位。政协是人民民主的重要形式，反映社情民意内蕴着扩大公民有序的政治参与的内涵，是中国共产党践行群众路线的重要渠道，在反映民意这项工作中，必须注意发挥对广大人民群众的政治引领作用。

（五）合作共事

合作共事是中国共产党和各民主党派及其他党外人士共同工作。这是统一战线中最普遍、最经常的关系。善于同党外人士共事，尊重和信任党外朋友，使他们有职、有权、有责，这是搞好合作共事的前提；在工作中取长补短，互相学习，共同提高，这是搞好各方面工作的重要条件。毛泽东同志曾指出："国事是国家的公事，不是一党一派的私事。因此，共产党只有对党外人士实行民主合作的义务，而无排斥别人、垄断一切的权利"[6]，"共产党是真心实意想把国事办好的。但是我们的毛病还很多……我们要加强党内教育来清除这些毛病，我们还要经过和党外人士实行民主合作来清除这些毛病。这样的内外夹攻，才能把我们的毛病治好，才能把国事真正地办好起来。"[7]人民政协是中国共产党领导的多党合作的重要平台。政协从履行职能、组织构成、工作原则到活动方式，从基础性工作到日常性工作，方方面面都离不开合作共事。合作共事既是我国统一战线和人民政协长期形成的优良传统和作风，也是政协组织特有的政治规矩。中国共产党和各民主党派之间在人民政协舞台上以休戚与共的精神，平等诚恳的态度，从人民的共同愿望和根本利益出发，精诚团结、合作共事，这是人民政协事业兴旺发达的标志，是政协统战性质的必然要求和统战功能的实现方式。

（六）协调关系

做好统战工作、发挥统战功能，离不开协调关系。人民政协的协调关系，指的是协调参加政协的统一战线方方面面之间的关系。人民政协成立初期的组织结构主要以各个党派和团体为基础组成，而各民主党派当时又主要是代表民族资产阶级和城市上层小资产阶级的政党。所以，人民政协协助国家机关调整同民族资产阶级关系的许多工作，是依托参加政协的民主党派和有关团体来开展的。新时期政协协调关系的内容和范围、形式和方法都发生了深刻变化。政协组织由过去主要是以党派团体为基础组成的“党派性”机关，发展成为包括各党派团体和各族各界代表人士的政治组织，从过去主要是调整阶级关系，发展到现今要协调包含有不同政治标准和广泛内容的政党关系、民族关系、宗教关系、阶层关系和海内外同胞关系。从过去主要是着眼政治安排、思想教育的政治性方法，转变到现今统筹兼顾、综合协调，寓协调关系于履行政协职能的各项活动中。协调关系工作具体主要体现在四个环节：一是吸收社会各界代表人士参加政协组织，参与国家政治生活；二是通过政协的渠道，向执政党和政府反映各界的诉求；三是协助国家机关，推动社会力量贯彻落实国家的有关方针政策，解决社会生活中相互关系的问题；四是通过在政协组织开展各种活动，促进党和政府与社会各界以及社会各界相互之间的交流沟通团结合作。从统战工作角度看，这四个环节都蕴含着政协的统战功能及其实现方式。

（七）交友联谊

交友联谊是统一战线的优良传统和作风，也是人民政协发挥统战功能的重要方式方法。周恩来同志曾说：“党内外应该相互多交朋友，特别是共产党员应该主动多交党外的朋友，每个共产党员都得有几个党外朋友来往，可以多交新朋友，也可以有些固定的朋友，能够反映一些意见，敢于提出意见的。”[8]在人民政协的组织内、平台上，要提倡继承好这一优良传统，多搞交友联谊。要多讲有人情味的话，善于依靠真理的力量、人格的力量以及良好的人缘开展工作。当前，新技术、新业态、新媒体层出不穷，新阶层不断涌现，特别需要搭建交友联谊的平台，使统战工作潜移默化、润物无声地进行。习近平总书记强调，做好新形势下的统战工作，必须善于联谊交友。政协组织中的交友联谊不能成为政协工作中的薄弱环节，应该本着对党、对人民负责的态度大胆从事此项工作。当然交友联谊也要着眼于发展工作关系，而非私人关系，着眼于统战大局，而非个人圈子，要正确把握交友界限。

（八）学习教育

学习是人民政协的优良传统，是参加人民政协的各党派团体、各族各界人士为不断提高觉悟，更新知识，增长才干，适应社会发展需要而进行的自我教育。人民政协提倡和鼓励各民主党派、各界人士在自愿基础上，努力学习马列主义、毛泽东思想和中国特色社会主义理论体系，了解人类历史发展和中国近代、现代社会运动的客观规律，提高认识水平和辨别能力。学习教育是扩大委员知情度、提高履职能力的需要，也是夯实共同政治基础的需要。人民政协应拓展学习的内容和形式，加强对委员，特别是党外代表人士的政治培训。共同学习的过程也是平等交流、增进共识的过程，是政协统战功能的重要实现方式。

正确发挥人民政协的统战功能的三个重大关系

正确发挥人民政协统战功能，还需要把握好三个重大的关系。

（一）党的领导与统一战线的关系

政协作为中国共产党领导的多党合作和政治协商制度的重要政治形

式和组织形式，坚持党的领导是题中应有之义。这不仅包含了政协组织与同级党委的关系，明确了党委对政协的领导关系，而且还包含了政协组织中中国共产党与统一战线各方面的关系，明确了中国共产党掌握统一战线的领导权。实行、实现党的领导的根本内容是贯彻落实中共中央确定的路线方针政策、重大决策部署，以及统一战线工作的路线方针政策和重大决策部署，善于运用人民政协这一政治组织和民主形式为实现党的总任务、总目标服务。俞正声主席指出："坚持党的领导首先是坚持党的集中统一领导，坚决贯彻执行党的路线方针政策和决策部署，努力把党的指导思想和党的主张转化成为参加人民政协各党派团体和各族各界人士的思想政治共识，不折不扣地落实好党管组织、党管干部、党管人才的原则，有效地实现党的政治领导、思想领导和组织领导。"[9]坚持党的领导是人民政协的最重要的原则，政协中党的领导有明确的含义，必须不折不扣地执行。

在统一战线中还存在一个正确看待和使用党的领导权的问题。毛泽东同志曾说："所谓领导权不是一天到晚当作口号去高喊，也不是盛气凌人地要人家服从我们，而是以党的正确政策和自己的模范工作，说服和教育党外人士，使他们愿意接受我们的建议。"[10]人民政协中处理好党的领导与统一战线的关系必须明确：一方面，人民政协的党组在统一战线中负有政治引领责任；另一方面，参加政协的各党派团体、各族各界人士是平等关系，不存在谁领导谁的问题，但存在谁影响谁的问题。政协组织中的共产党员要增强政治责任感，努力提高自身修养和能力，积极贯彻党的方针政策，带头遵守政协章程，继承和发扬党的统一战线和人民政协的优良传统，广交深交党外朋友，努力成为合作共事的模范、发扬民主的模范、廉洁奉公的模范，成为模范的统战工作者。在政协组织的所有工作领域和活动方式中，要特别注意经常沟通情况，注意方式方法，学会商量办事，积极听取党外委员意见，协调处理重要问题，照顾同盟者的利益。政协党组要与统战部党组通力合作，形成工作合力，那种以势压人，不能正确使用领导权的做法是应该鄙弃的。党的领导和统一战线是中国共产党治国理政的重要法宝，要并行不悖、有机统一地用好这两个法宝。

（二）团结与民主的关系

团结和民主是人民政协的两大主题，是发挥人民政协统战功能时不能不重视的重要关系。首先，民主和团结互为前提。一方面，民主是团结的前提。统一战线是不同党派和各方面代表人士在共同利益和目标基础上结成政治联盟，参加人民政协的单位和委员首先是统一战线同盟者的身份，是联盟中的成员，就要协调关系、发扬民主、共商国是。在合作共事、资政建言的过程中，要求相互尊重、平等相待、求同存异、体谅包容，只有充分发扬民主，才能实现这些原则，并保证团结的持久生命力。另一方面，团结也是民主的前提，只有坚强的团结才能保证民主进程健康有序，只有具备共同政治基础和相当的共识度才有民主发展的可能。没有大目标、大方向上的团结，充分发扬民主就无从谈起。其次，民主和团结也是互为内容的。一方面，人民政协团结的工作主题中包含着多样性与一致性的统一，人民政协组织由在共同的政治基础上具有不同利益、不同信仰的各方面人士组成，政协中存在不同意见，与其说允许，毋宁说欢迎。政协中有不同意见的比较、鉴别，有批评、反驳和反批评、反反驳，包含了民主包容的成分。另一方面，人民政协民主的工作主题中包含着团结。政协工作讲充分发扬民主，目的是凝聚共识和增进共识、巩固和扩大团结。共识是团结统一的基础，是发扬民主的底线，具体意见有分歧，但在基本原则上要有共识；思想观念不同，但在价值规范上应谋共识；即使是具体政策上的分歧，也可以而且应该通过协商，通过采纳正确意见和澄清有关情况增进共识。总之，不能把民主的主题和团结的主题对立起来，不能把发扬民主的工作和增进团结的工作割裂开来，应当把二者看成一个事物的两个方面，使二者相互渗透、相得益彰，朝着共同的目标推进。

（三）协商主体与协商载体的关系

《中共中央关于进一步加强社会主义协商民主的意见》（以下简称《意见》）明确了人民政协是我国社会主义协商民主重要渠道和专门协商机构。在实际操作过程中，必须明确协商主体与协商载体的关系。人民政协的根本性质是统一战线组织，正是这一根本定性决定了它的平台特征，决定了政协组织发挥统战功能主要是通过搭建协商议政平台来实现的，因此政协组织不是协商主体，而是协商载体。《意见》之所以明确政协组织的载体性，依据在于章程中对政协统一战线组织的根本定性。参加政协的党派团体和各族各界人士代表着统一战线的各方，彼此是平等合作关系，各方在共同的平台上协商议政，因此是“在政协协商”，不是“和政协协商”。协商主体是参加政协的各党派团体和各族各界代表人士，他们中都是政协委员，政协委员的意见可以成为提案、会议发言、建议报告，多数委员同意，也可以成为主席会、常委会、全体会的建议案，形成决议，协商成果不具备强制力，不形成对党政部门的倒逼机制。党政机关回复提案、建议案，说到底还是与委员协商。说“在政协协商”不是“和政协协商”并不是低估了政协组织的作用，而是要更准确地发挥政协作用。在政协这个庄严的组织里进行协商，本身的政治含义是重大的。政协作为“各党派的协商机构”“最好的统一战线组织”其作用是独到的、独有的，是别的组织、渠道和机构不能替代的。统战组织和协商机构，共同界定了人民政协协商民主的本质要求，拓展了政协协商民主的宽广视野。我们要深刻理解人民政协的统战性质，准确把握人民政协的统战功能，研究总结政协统战功能的实现方式，把人民政协作为社会主义协商民主重要渠道和专门机构的作用发挥好、发展好。

当前我国已进入全面深化改革的攻坚期和深水区，社会新阶层不断出现，利益诉求日益多样，统战工作任重而道远。冲破思想观念束缚、利益固化樊篱，推进“四个全面”的布局落地生根，更加需要凝聚社会共识，充分发挥好政协作用。俞正声主席在第十二届政协第三次会议闭幕会上强调：“我们要毫不动摇地坚持中国共产党的领导，增强中国特色社会主义道路自信、理论自信、制度自信，用共同奋斗目标、共同历史命运和共同文化传承，广泛凝聚改革共识、发展共识、法治共识、反腐败共识，不断夯实共同团结奋斗的思想政治基础，为坚持和发展中国特色社会主义，为全面建成小康社会、全面深化改革、全面依法治国、全面从严治党汇聚起强大正能量。”[11]人民政协作为最广泛的爱国统一战线组织，在履行职能的各项工作中要高度重视并充分发挥好自身的统战功能，自觉地把政协统战工作纳入党的统战工作的大格局中去谋划去推动，不负党和人民的重托。

注释：

[1] 习近平：《在中央统战工作会议上的讲话》，2015年5月20日。

[2] 俞正声：《在全国地方政协工作经验交流会上的讲话》，2015年7月16日。

[3] 毛泽东：《关于政协的性质和任务的谈话提纲》，1954年12月19日。

[4] 同[2]。

[5]《邓小平统一战线文选》，中央文献出版社1991年版，第100页。

[6]《毛泽东选集》第3卷，人民出版社1967年版，第901页。

[7]《毛泽东选集》第9卷，人民出版社1967年版，第901页。

[8]《人民政协重要文献选编》（上），中央文献出版社、中国文史出版社2009年版，第340页。

[9] 同[2]。

［10］《毛泽东选集》第2卷，人民出版社1967年版，第700页。

［11］俞正声：《在第十二届政协全国委员会第三次会议闭幕会上的讲话》，2015年3月13日。

与美国凯特林基金会代表团访问全国政协座谈会的主持词

（2016年9月）

欢迎大家来到中国全国政协，很高兴结识各位朋友。我们知道，凯特林基金会创建于1927年。长期以来，基金会致力于美国国内公共政策和国际问题研究，是具有政治影响的著名民间智库之一。马修斯主席和在座各位关心美中关系发展，为促进两国友好交流做出了贡献，我们很高兴有机会与各位座谈，交流情况，增进了解。

当前，中美关系总体保持稳定发展，各领域务实合作全面深化。不久前，习近平主席在杭州会见前来出席二十国集团领导人杭州峰会的美国总统奥巴马。两国元首就中美关系和共同关心的重大国际地区问题坦诚、深入、友好地交换了意见，达成一系列重要共识。两国关系的发展启示我们，双方要坚持不冲突不对抗、相互尊重、合作共赢的原则，坚定不移推进中美新型大国关系建设。这符合中美两国人民根本利益。我们应该坚持这个大方向，并继续为之努力。

中国全国政协与美国有关官方机构及主要智库保持了良好的交流关

系，为推动中美关系的发展做出了积极贡献。下面，我愿简单介绍中国共产党领导的多党合作和政治协商制度以及中国政协的基本情况。

中国共产党领导的多党合作和政治协商制度，是中国的一项基本政治制度。这一制度的特征是：共产党领导、多党派合作，共产党执政、多党派参政。中国除了执政的中国共产党外，还有8个参政的民主党派。各民主党派是与中国共产党团结合作的亲密友党和参政党，而不是反对党、在野党。中国共产党与各民主党派长期共存、互相监督、肝胆相照、荣辱与共，共同致力于中国特色社会主义事业。

中国人民政治协商会议就是中国多党合作和政治协商的机构，是中国政治生活中发扬社会主义民主的重要形式。参加全国政协的不仅包括中国共产党在内的中国所有9个政党，还有各主要人民团体、全部56个民族，港、澳、台同胞，五大宗教，以及来自经济、社会、农业、教育等各个行业、领域有影响的代表人士。

中国政协的主要职能是政治协商、民主监督、参政议政。中国政协不是权力机关和立法机构，但在中国政治生活中具有重要地位和作用，是国家治理体系的重要组成部分。国家和地方的大政方针，关系国计民生的重大问题，都要通过人民政协进行协商，广泛听取各党派团体和各族各界人士的意见。中国政协主要通过召开各种会议，组织委员视察，提出提案，开展调查研究，反映社情民意等形式履行职能。会议包括全体会议、常委会议、专门委员会会议，以及各种专题协商会、座谈会等。其中全体会议一年一次，并且每年中国政协的全体会议都与人民代表大会同期召开。政协委员要列席人大会议，听取和讨论政府在人大会议上作的《政府工作报告》及其包括重要的法律草案等其他国家重大事务。

这里我再介绍几个你们关心的问题。一是关于政协委员的产生：政协委员是参加政协的各党派团体和社会各界的代表，其产生是由各党派团体、无党派人士、各个界别协商提出，由政协常务委员会协商决定。

在中国，政协委员由协商产生，实行协商民主；人大代表是选举产生，是国家权力机关和立法机关。正因此，中国的政治制度、国家治理，可以实现选举与协商两种民主形式互相补充，相辅相成，构成中国民主政治的鲜明特点。政协委员每届任期5年，可连任，一般可连任两三届，有些界别的代表人士任期也可以更长一些。目前，十二届全国政协委员有2200余人，委员年龄大多为50多岁，其中也有七八十岁的，也有二三十岁的，能否参加政协主要不是看年龄，而是看其代表性。

二是关于地方政协的情况：政协组织不仅在中国的国家层面有，在中国的省、市、地、县各地方也设有政协组织。目前，中国各地方政协组织有3000多个，各级政协委员60多万人。全国政协与地方政协不是隶属领导关系，而是指导关系。地方政协要遵守政协章程，执行全国政协通过的决议、决定。但具体活动由地方政协自行组织开展。地方政协履行职能主要是对当地党委政府提出意见建议。

三是关于中国正在推行的协商民主的情况：协商民主是我国民主政治的特有形式，是在中国革命建设进程中根据中国的实际需要产生发展起来的，是中国在民主政治方面的一个创造。1949年中华人民共和国的成立就是通过协商产生的（因为当时战争还未结束，没有条件普选），但开始还主要是在国家政治生活中开展政治协商，改革开放后逐步拓展到社会基层，到2012年中共十八大后，把发展协商民主作为深化政治体制改革的重要内容，决定要以经济社会发展重大问题和涉及群众切身利益的实际问题为内容，在全社会开展广泛协商，包括加强政党协商，拓宽国家政权机关、政协组织、人民团体、基层组织、社会组织的协商渠道，构建程序合理、环节完整的协商民主体系，推动协商民主广泛多层制度化发展，并写入了中国国民经济和社会发展的第十三个五年（2016—2020年）规划纲要。中国实行协商民主是为了保障人民不仅有民主选举的权利，也有在日常政治生活中持续参与，进行民主决策、民主管理、民主监督的权利，以扩大公民有序政治参与，促进政府科学民主决策，协调化解矛盾冲突、维护社会和谐稳定。选举和协商是中国民主的两种重要形式，这两种民主形式相互补充、相得益彰，共同构成了中国社会主义民主政治的制度特点和优势。在中国的协商民主体系中，政协是协商民主的重要渠道和专门协商机构。

《政协史话》序言*

（2016年11月）

中国人民政治协商会议（简称人民政协）是中国人民爱国统一战线的组织，是中国共产党领导的多党合作和政治协商的重要机构，是我国人民民主的重要实现形式。自1949年9月成立以来，人民政协为建立新中国，为促进社会主义革命和建设，为推动改革开放和现代化建设、实现祖国统一和民族复兴，做出了重大贡献。经过长期的发展，人民政协已经成为以宪法、政协章程和相关政策为依据，以中国共产党领导的多党合作和政治协商基本政治制度为保障，在我国政治体制中具有重要地位的政治组织和国家治理体系的重要组成部分，体现了中国特色社会主义制度的鲜明特点。

人民政协是中国共产党把马克思主义统一战线理论、政党理论和民主政治理论同中国具体实践相结合的伟大创造，是中国共产党同各民主党派、人民团体和各族各界人士风雨同舟、团结奋斗的伟大成果。

早在新中国成立前的抗日战争胜利之后，根据1945年10月10日中

* 本文是作者主编的《政协史话》一书的序言，社会科学文献出版社2017年3月出版。

国共产党与国民党在重庆谈判签订的《政府与中共代表会谈纪要》（又称《双十协定》），为了讨论和平建国方案等重大问题，1946年在国民党统治时期的重庆，就召开过有各党派代表和社会贤达参加的“政治协商会议”。在这次会议上，中国共产党以爱国民主、反对独裁为共同目的，与民主政团同盟结成了协调行动的统一战线，努力通过了关于政府组织、国民大会、和平建国纲领、宪法草案、军事问题等五项协议。中国共产党当时确曾希望落实这些协议，通过建立联合政府用政治方式解决国内的问题。但蒋介石坚持独裁统治，企图通过武力消灭共产党，发动了内战，迫使中国共产党依靠人民最终通过武装斗争结束了国民党在大陆的统治。然而，虽然政协协议没能实现，但政治协商会议作为各政党协商国是的一种政治形式却在人民心中留下了深刻印象。因此，在1948年4月30日人民解放战争即将取得全国胜利的前夕，中共中央在发布的《纪念“五一”劳动节口号》中，提出：“各民主党派、各人民团体及社会贤达，迅速召开政治协商会议，讨论并实现召集人民代表大会，成立民主联合政府。”这个号召得到各民主党派、人民团体、海外华侨团体和无党派民主人士的热烈响应。1949年6月新政协筹备会在北平举行，并为了区别于1945年在重庆召开的“旧政协”，将9月召开的新政协正式定名为中国人民政治协商会议。

考察从旧政协到新政协乃至近代以来的中国革命历史，与中国共产党推动建立和发展统一战线有着密切关系。从大的历史轨迹来看，自从1840年鸦片战争打破了绵延两千多年的中国封建统治秩序后，中国社会各个方面就不可阻挡地开始向现代社会演进，其中政治演进的基本轨迹就是从封建专制转向人民民主。但是，由于特殊的社会历史条件，这个演进在中国走过了一条曲折的道路，在推翻封建帝制步入现代政治进程的起始阶段，议会民主就遭到了扼杀，接着很快从军阀割据演变成为以国民党和共产党为代表的两大政治势力之间的激烈角逐。并且由于这两大势力的截然对立，这种角逐很快发展成为大规模的武装斗争，从而驱使中国所有的政治力量别无选择地发生两极分化，或者聚集在国民党的周围反对共产党，或者与共产党结成统一战线反对国民党，最终中国共产党联合广大的同盟军，以革命的方式推翻了国民党在中国大陆的统治。

新中国成立前夕，毛泽东在总结中国革命历史经验的《论人民民主专政》一文中曾经提出过一个著名论断，认为中国人民从中国革命的经历中取得的一条主要的和基本的经验，就是“团结工人阶级、农民阶级、城市小资产阶级和民族资产阶级，在工人阶级领导之下，结成国内的统一战线，并由此发展到建立工人阶级领导的以工农联盟为基础的人民民主专政的国家”。毛泽东的这段话表明，中国革命的胜利、新中国的诞生，是由中国共产党领导的人民民主统一战线发展而来的。由于中国进入近现代后逐渐演变出一种两头小、中间大的社会阶级结构，就是先进的工人阶级和反动的大地主、大资产阶级都占少数，农民阶级、城市小资产阶级和民族资产阶级占人口的绝大多数，工人阶级及其政党要想战胜强大的敌人，就必须团结广大的中间力量，结成最广泛的统一战线。这就使统一战线在中国革命中获得了极大发展，成为中国共产党夺取革命胜利的一大法宝。

追溯中国共产党建立发展统一战线的足迹，早在其创立后的1922年7月，在上海召开的中共第二次全国代表大会上，就确定了反帝反封建的民主革命纲领，决定同国民党搞“党外合作”。1923年6月，在广州召开的中共第三次全国代表大会，又在正确估计孙中山的革命立场和国民党改组可能性的基础上，决定共产党员以个人身份加入国民党，用“党内合作”的形式实现国共合作，形成了工人、农民、城市小资产阶级和民族资产阶级的民主革命联盟，并取得了对北洋军阀的北伐战争胜利。但到了1927年，由于以蒋介石为首的国民党新军阀，惧怕轰轰烈烈的大革命侵害其所代表的大地主、大资产阶级利益，发动“清党”，用屠刀对付中国共产党人，导致国共合作破裂，民族资产阶级和上层小资产阶级也退出了革命营垒。大革命失败后，中国共产党确定了土地革命和武装反抗国民党的总方针，但仍坚持了工人、农民和城市小资产阶级的工农民主统一战线。直到1937年日本帝国主义大举入侵中国，抗日战争全面爆发导致民族矛盾上升为国内的主要矛盾，中国共产党捐弃前嫌，积极推动第二次国共合作，建立了不仅有工人阶级、农民阶级、城市小资产阶级和民族资产阶级参加，而且包括了抗日的大地主、大资产阶级的抗日民族统一战线。依靠这个最广泛的统一战线，经过八年艰苦卓绝的斗争，中国人民终于取得了近代以来反抗外敌入侵的第一次完全胜利。

就是在抗日战争刚刚取得胜利，中国人民面临着两种命运和前途选择之际，一些希望和平民主的民主党派纷纷成立，中国共产党也顺应历史潮流和人民愿望，提出了召开国民代表大会、成立联合政府的和平建国方针，提议国民政府立即召开多党派和无党派人士参加的会议，商讨组织各抗日党派联合政府等事宜。而国民党蒋介石集团则在美国支持下，拼力强占抗战胜利果实，积极准备内战，企图通过消灭人民革命力量维持其一党独裁统治。但迫于当时广大中国人民和世界舆论的反对，同时也由于立即发动全面内战尚需要时间准备，蒋介石不得不同意和平谈判。1945年1月，中国共产党的代表周恩来应美国总统私人代表赫尔利电邀，到重庆与国民党的代表王世杰谈判。周恩来提出了召开“党派会议”的协定草案，王世杰不同意用“党派会议”的名称，主张用“政治咨询会议”，经过讨论双方同意召开有各党派及无党派人士参加的“政治协商会议”，这就是“政治协商会议”名称的由来。之后，毛泽东亲赴重庆，与国民党、蒋介石经过43天谈判，签订了《双十协定》，决定“由国民政府召开政治协商会议，邀请各党派代表及社会贤达共商国是，讨论和平建国方案及召开国民大会各项问题”。1946年1月10日，国民党、共产党、中国民主同盟、青年党和社会贤达五方代表共38人在重庆正式召开政治协商会议，并达成了五项协议。但随后由于蒋介石国民党不愿意放弃独裁统治，违背政协协议单方面召开“国民大会”，并发动全面内战，导致中国共产党领导进行了一场推翻国民党蒋介石反动统治的人民解放战争，同时建立了一个工人阶级领导、以工农联盟为基础、包括城市小资产阶级和民族资产阶级及一切爱国进步人士的人民民主统一战线。随着人民解放战争胜利，1949年9月人民政协成立，这个人民民主统一战线最终在组织上完全形成，也标志着中国共产党领导的多党合作和政治协商制度的正式确立。

在1949年9月一届政协全体会议召开前向政协代表做的报告中，周恩来曾明确提出：政治协商是新中国新民主的一个特点。政协是各党派的联合，是吸纳一切进步阶级阶层和各方面代表的统一战线组织，又是“同政府协议事情的机构”，国家大政方针要经过人民政协进行协商。人民政协产生的历史实践表明，政协一成立就是“人民民主统一战线的组织形式”，既是统一战线组织，又是政治协商机构，是统一战线组织与人民民主形式的有机结合。人民政协这种“民主协商机构和统一战线组织”相统一的特点，是在中国革命独特历史条件下形成的，是其他国家包括一些也曾设有统一战线组织的社会主义国家所没有的。因此可以说，人民政协“体现了中国特色社会主义制度的鲜明特点”。

正是因为人民政协具有这样一种最广泛的团结民主的特点，1949年9月召开的中国人民政治协商会议第一届全体会议能够代表全国人民的意志，代行全国人民代表大会职权，通过具有临时宪法性质的《中国人民政治协商会议共同纲领》和《中国人民政治协商会议组织法》《中华人民共和国中央人民政府组织法》，选举产生中国人民政治协商会议全国委员会和中华人民共和国中央人民政府委员会，完成协商建国的历史伟业。在新中国成立、1954年全国人民代表大会召开后，人民政协作为多党合作和政治协商机构、作为统一战线组织继续发挥了重要作用，为恢复和发展国民经济，巩固新生的人民政权，推进各项社会改革，促进社会主义革命和建设，推动各种社会力量为实现国家总任务而奋斗，做出了历史性贡献。1978年中共十一届三中全会后，我国进入社会主义现代化建设新的历史时期，为适应国家工作重点转移、社会阶级状况变化，我国改革开放的总设计师、当选为第五届全国政协主席的邓小平同志强调，新时期统一战线“已经发展成为全体社会主义劳动者、拥护社会主义的爱国者和拥护祖国统一的爱国者的最广泛的联盟”。“新时期统一战线和人民政协的任务，就是要调动一切积极因素，努力化消极因素为积极因素，团结一切可以团结的力量，同心同德，群策群力，维护和发展安定团结的政治局面，为把我国建设成为现代化的社会主义强国而奋斗。”以邓小平同志为核心的中国共产党第二代中央领导集体，将八字方针发展为十六字方针，即中国共产党同各民主党派“长期共存、互相监督、肝胆相照、荣辱与共”，推动把人民政协的性质和作用载入宪法。世纪之交，以江泽民同志为核心的中国共产党第三代中央领导集体，又将中国共产党领导的多党合作和政治协商制度确立为中国的基本政治制度，通过修改宪法明确这一制度将长期存在和发展，进一步明确了人民政协的性质、主题和主要职能。2006年，以胡锦涛同志为总书记的中共中央，颁发《关于加强人民政协工作的意见》等文件，为新世纪新阶段人民政协事业发展提供理论基础、政策依据、制度保障，着力推进政治协商、民主监督、参政议政的制度化、规范化、程序化。

2012年中共十八大以来，以习近平同志为核心的中共中央高度重视人民政协工作，进一步加强对人民政协的领导，相继印发《关于加强社会主义协商民主建设的意见》和《关于加强人民政协协商民主建设的实施意见》，召开中央统战工作会议，颁布实施《中国共产党统一战线工作条例（试行）》，对推进人民政协事业发展做出一系列重要部署。特别是习近平总书记在庆祝人民政协成立65周年大会讲话中明确指出：人民政协是国家治理体系的重要组成部分，是社会主义协商民主的重要渠道，“要发挥作为专门协商机构的作用”。这是对政协性质定位及其在国家政治生活中作用的进一步确定。

回顾人民政协的发展历程可以看到，人民政协植根于中国历史文化，产生于近代以后中国人民革命的伟大斗争，发展于中国特色社会主义光辉实践，是具有鲜明中国特色的政治制度，是实现国家富强、民族振兴、人民幸福的重要力量。人民政协成立以来在继承中发展、在发展中创新，始终坚持围绕中心、服务大局，凝聚共识、汇集力量，为巩固和发展我国最广泛的爱国统一战线，为推进中国特色的社会主义民主政治，为建设社会主义现代化和促进祖国统一、振兴中华，做出了积极的贡献，创造了辉煌的历史。可以相信，在今后实现“两个一百年”奋斗目标、实现中华民族伟大复兴中国梦的征程上，人民政协必将做出新的更大贡献，创造更加辉煌的未来！

从统一战线把握人民政协的性质定位和作用*

（2017年2月）

习近平总书记说做政协工作必须“懂政协”。怎么才能“懂政协”？笔者以为首要的，就是要深刻理解把握习近平总书记在纪念人民政协成立65周年讲话中总结人民政协历史经验提出的：“做好人民政协工作，必须坚持人民政协的性质定位。”这个性质定位就是宪法规定的“中国人民政治协商会议是有广泛代表性的统一战线组织”和政协章程中的三句话：中国人民政治协商会议是中国人民爱国统一战线的组织，是中国共产党领导的多党合作和政治协商的重要机构，是我国政治生活中发扬社会主义民主的重要形式。人民政协的基本性质是统一战线组织，团结和民主是政协的两大主题，这个团结不是一般的团结，而是以中国共产党为领导核心、着重巩固和发展与各民主党派、党外人士的统一战线的团结；这个民主也不是一般的民主，而主要是协商民主。因为政协是经协商产生的统一战线组织，不是经选举产生的国家权力机关，因此政协的民主不能是行使国家权力的民主，而只能是求同存异、增进

* 发表于《中国政协·理论研究》2017年第1期。

共识的协商民主。

在政协，团结和民主这两大主题是互相交织、联系在一起的。政协一成立就是人民民主统一战线的组织形式，是统一战线组织与人民民主形式的有机结合，既是统一战线组织，又是政治协商机构。这一点与其他国家包括一些社会主义国家中也曾有的统一战线组织，是不同的。因此习近平总书记说，人民政协“体现了中国特色社会主义制度的鲜明特点”。

中共中央对政协的性质定位是一以贯之、始终坚持的，但其中也有发展。新时期最重要的发展有两个：一个是在统一战线方面，就是把一度为阶级斗争服务的，中共十一届三中全会以前政协曾经叫过的“革命统一战线组织”，发展成为为社会主义现代化建设和统一祖国、振兴中华服务的“爱国统一战线组织”；再一个是在民主方面，就是随着政治体制改革的推进，中共中央把中国共产党领导的多党合作和政治协商制度确定为我国的一项基本政治制度，并在1993年修宪时建议将其写入宪法。1994年政协章程修改随之也在政协性质的表述中增加了政协是中国共产党领导的多党合作和政治协商的重要机构，表明了政协与我国基本政治制度的关系，明确了人民政协是我国政治体制的重要组成部分。2004年修改政协章程又在政协性质的表述中进一步明确，政协是我国政治生活中发扬社会主义民主的重要形式。就是在此基础上，为适应中共十八大后全面深化改革的需要，习近平总书记进一步提出，人民政协是“国家治理体系的重要组成部分”，是社会主义协商民主的重要渠道，“要发挥作为专门协商机构的作用”。这是在坚持政协基本性质的基础上，对政协在国家政治生活中作用的进一步明确，对政协性质定位内容的进一步丰富和发展。

把握政协的性质定位需要注意的一个问题是，要看到不仅协商民主而且统一战线，都是贯穿于政协工作全过程、各方面的。习近平总书记讲话明确提出了要“把协商民主贯穿履行职能全过程”。笔者着重论述如何从统一战线方面把握政协的性质定位。

首先从政协的政治协商、参政议政、民主监督三大职能看。早在中共八大会议上，老一代革命家李维汉就曾提出，政治协商是我国实现人民民主的重要方法，要广泛开展并形成制度，其内容包括："我国人民民主统一战线的内部关系是经过协商来调整的，国家事务中的重要问题是协商成熟而后决定的，国家的选举也是经过协商提名的。"中共十八大后在推进协商民主的过程中，中央强调要协商于决策之前和决策实施之中，但对政协这不是说没有统一战线的协商了。中央有关文件明确提出政协的协商内容包括各党派参加政协的共同性事务及有关爱国统一战线的重要问题。2016年5月，中央统战工作会议进一步明确了民主党派的职能不仅有参政议政、民主监督，而且包括"参加中国共产党领导的政治协商"。政协章程规定，政协要贯彻中国共产党与民主党派和无党派人士"长期共存、互相监督、肝胆相照、荣辱与共"的方针，体现和发挥我国政党制度的特点和优势。因此当然也要求在政协搞好党派间的协商。同时，即使是围绕国家大政方针和重要问题的协商，政协协商也不仅要重目标，重问题的解决；而且要重过程，重沟通理解、增进共识。这也是发挥统一战线的作用。

这里有一个问题，就是对政治协商中"政治"一词含义的理解。笔者以为，政治协商讲的"政治"，应当从治国理政的高度去看，一定意义上政治协商就是协商国是。至于具体的协商内容，从政协章程到中共中央和全国政协的各种文件，历来都是清楚的，就是不仅有政治方面的内容，也包括经济文化社会等其他各方面的内容。所以政协才叫政治协商会议，才成为我国政治体制、国家治理体系的重要组成部分。政治协商至少有四层含义：第一是指一种政治制度，就是多党合作和政治协商制度，其中包含了政党制度和政治协商制度；第二是指一种政治原则、方法，就是要坚持平等相待、各抒已见、求同存异、体谅包容的统一战线的原则方法；第三还特指我国特有的一种政治机构、组织，即人民政协；第四指的是协商内容，这个内容可以从狭义去看，但更需要从广义去理解。

关于民主监督、参政议政，其中也有统一战线的含义。比如，之所以规定政协的民主监督是通过提出意见、批评、建议的方式进行的政治监督，就是因为它是统一战线组织的监督，而非国家权力机关的监督。从监督的主体和对象看，履行政协民主监督的主体是政协的参加单位和政协委员，民主监督不仅是对国家机关及其工作人员的工作进行的监督，也包括中国共产党在政协与各民主党派和无党派人士之间进行的互相监督。这一点2006年出台的《中共中央关于加强人民政协工作的意见》已做了明确规定。参政议政这项职能是八届政协新增加的，当时许多委员提出应增加参政议政职能，经过讨论在修改政协章程时就增加了以反映社情民意和专题调研、建言立论为两大抓手的参政议政职能，以使政协能够以委员为主体广泛自主地开展工作。其中反映民意、建言立论，很重要的也是反映统一战线成员及其所联系群众的意见、建议。

结合从事的工作实际，笔者谈谈政协文史和学习及大会发言中需要注意体现的统一战线原则和作用。在政协各专委会中，文史和学习委员会是统一战线色彩比较重的一个专委会，需要更加重视发挥统一战线的作用。

比如，开展政协文史工作的目的，不仅是为了“存史、资政”，而且是为了“团结、育人”。“育人”也不仅是教育别人，还包括教育自己。文史资料的征集对象主要是政协委员及其所联系的各界人士，征集文史资料必须坚持亲历、亲见、亲闻的“三亲”原则，并允许“多说并存”，不限体裁、不求完整、不拘观点、不扣帽子，这就是统一战线的要求。我们要始终坚持这些原则，不能把征集文史资料看成是一般的编书、出书。

又如，政协的学习也不同于一般党校高校、党政机关的学习，也有统一战线的色彩，要求坚持“三自”原则。学习委员会是政协最早成立的委员会，一届政协就有了，开始组织各界人士学习主要是为了配合思想改造。新时期统一战线的构成和政协的方针任务都有了很大变化，但仍然有通过学习加深对形势了解，凝聚思想共识的任务。

再如，政协的大会发言，必须保证发言内容质量第一原则。但要看到政协的大会发言不是学术论坛，不仅仅是建言献策，它还负有代表各党派团体发表政治宣示，交流履职经验，以及畅谈学习体会等统一战线方面的作用和性质。对政协来说统战工作不光是交朋友，还要在各项工作中有统战意识。对政协委员特别是民主党派、党外委员提出的意见建议，不仅要有科学的、专业的视角标准，而且要有统一战线的、团结民主的视角标准。这两方面最好能够结合统一起来，但实际工作中有时难以做到完全统一，这就需要妥善处理。俞正声主席要求，政协工作必须在坚持共同思想政治基础上，充分发扬民主，尊重不同观点的存在，鼓励不同意见的发表。因此，对民主党派、无党派人士，包括民族宗教界人士、新社会阶层人士、港澳台侨人士等提出的意见建议，就不能只考虑专业标准，还要有统一战线的标准。

协商式监督是对政协民主监督的重要新概括*

（2017年5月）

今年初中共中央办公厅印发的《关于加强和改进人民政协民主监督的意见》（以下简称《意见》），是以习近平同志为核心的党中央，着眼完善和发展中国特色社会主义制度、推进国家治理体系和治理能力现代化，推进人民政协民主监督制度化、规范化、程序化，更好发挥人民政协民主监督独特优势制定的一个重要文件。这个文件不仅对加强和改进政协民主监督提出了许多重要的新举措，而且在涉及政协民主监督理论方面也提出了不少重要的新观点，其中一个集中表现，就是对什么是人民政协民主监督做出了一个新概括。全面准确地分析认识这一新概括，对于深刻理解政协民主监督的性质定位，正确把握政协民主监督的原则方向，深入贯彻这次《意见》的精神，都是十分必要和重要的。

这次《意见》对人民政协民主监督的新概括即："人民政协民主监督是在坚持中国共产党的领导、坚持中国特色社会主义的基础上，参加人民政协的各党派团体和各族各界人士在政协组织的各种活动中，依据

* 发表于《人民政协报》2017年5月17日。

政协章程，以提出意见、批评、建议的方式进行的协商式监督。”对这个新概括，我以为可以从三个方面去理解把握。

协商式监督与互相监督一脉相承，同政协章程和中共中央有关文件中的论述在本质内容上是一致的

分析认识这个问题，可以比较一下对政协民主监督的两个制度性规定。一个是政协章程，规定：“民主监督是对国家宪法、法律和法规的实施，重大方针政策的贯彻执行、国家机关及其工作人员的工作，通过建议和批评进行监督。”还有一个是2006年《中共中央关于加强人民政协工作的意见》，规定：“人民政协的民主监督是我国社会主义监督体系的重要组成部分，是在坚持四项基本原则的基础上通过提出意见、批评、建议的方式进行的政治监督。”比较来看，这次《意见》的概括与上述两个对政协民主监督的制度性规定，在本质内容上是相同的，就是都坚持了政协民主监督是一种通过“提出意见、批评、建议的方式”进行的监督，而不是带有强制约束力的权力监督。但这次《意见》的概括又有新的提法，其中突出的一点，就是提出了政协民主监督是“协商式监督”，而没有提“政治监督”。那么，“协商式监督”与“政治监督”有什么区别呢？我以为，这两个提法着眼点有所不同，但本质上是一致的，就是它们都体现了人民政协的性质定位。

讲政协民主监督是政治监督，主要是从统一战线角度讲的，强调了民主监督与互相监督的关系。这次《意见》也提到，政协民主监督同中国共产党与各民主党派、无党派人士长期共存、互相监督、肝胆相照、荣辱与共是一脉相承的。从政协的历史看，政协一成立就有民主监督，但刚开始主要强调的是在政协这个统一战线组织中，处于领导地位的中国共产党要注意听取民主党派和无党派人士的意见建议。周恩来早在1950年政协一届二次会议第一次党组会上的讲话中就指出：“要让

党外人士做到‘知无不言，言无不尽’，使他们在各种会议上敢于说话。……他们说的话不一定都对，但只要有一点好的，我们就应当重视。愿听意见不是一件容易的事，但必须去听，特别是要能听不同的意见。”1956年经过社会主义改造我国进入社会主义社会后，毛泽东提出了中国共产党与民主党派和无党派民主人士“长期共存、相互监督”的八字方针，全国政协常委会议为此专门做出决定，要求各级政协贯彻这一方针，开始明确了人民政协有民主监督的任务。互相监督主要是中国共产党接受民主党派和无党派人士的监督。直到改革开放初期，担任五届政协主席的邓小平提出要发挥政协在国家政治生活中的监督作用时，仍然讲的是“互相监督”。由于多党合作的政党关系以及统一战线关系都是一种政治关系，中国共产党对统一战线的领导主要是政治领导，我国各政党之间的互相监督就是“政治监督”，人民政协作为统一战线组织、多党合作和政治协商机构开展的监督，当然也是政治监督。因此，讲政协的民主监督是一种通过提出意见、批评、建议的方式进行的政治监督，也体现了政协的性质定位。这次《意见》没有提不等于否认政协民主监督的这一特性。

协商式监督适应发展社会主义协商民主新形势，赋予了人民政协民主监督新蕴含

“协商式监督”与“政治监督”虽然在本质内容上是一致的，但又有新的视角、新的蕴含。这个新视角、新蕴含就是，强调了人民政协民主监督与社会主义协商民主的关系，是“社会主义协商民主的重要实现形式”。

人民政协有团结和民主两大主题，政协一成立就既是统一战线组织，又是政治协商机关。十八大后中共中央作出了全面深化改革、推进国家治理体系和治理能力现代化的战略部署，其中政治体制改革的一项

重要内容，就是健全社会主义协商民主制度，推进协商民主广泛多层制度化发展。正是适应这一新形势，习近平总书记代表中共中央在庆祝人民政协成立65周年的讲话中，进一步论述了协商民主是我国独特的、独到的、独有的人民民主形式，明确了人民政协是国家治理体系的重要组成部分，是我国协商民主的重要渠道，要发挥作为专门协商机构的作用，把协商民主贯穿于履行职能的全过程。这是在坚持人民政协基本性质的基础上，适应新形势对人民政协提出的新任务。这个新任务就要求，不仅要从人民政协作为统一战线组织的角度，而且要从推进国家治理体系和治理能力现代化，发挥政协作为协商民主重要渠道和专门协商机构作用的角度，进一步加强和改进人民政协民主监督。

提出政协的民主监督是“协商式监督”，进一步明确了政协民主监督的固有属性。因为监督本质上属于民主范畴。健全社会主义协商民主制度，是十八大做出的深化政治体制改革、推进国家治理体系和治理能力现代化的战略举措。因此，将政协民主监督与协商民主相联系提出协商式监督，也要从深化政治体制改革、推进国家治理体系和治理能力现代化的高度来认识。提出这样一个论断意味着，在我国社会主义监督体系中，作为协商民主重要渠道和专门协商机构开展的政协监督，不是权力监督，但也不同于一般的社会监督，而是一种有国家政治制度保障、能够作为我国政治体制重要组成部分在国家治理体系中发挥重要作用的监督。正因此，中共十八届六中全会通过的《中国共产党党内监督条例》，在首次把政协民主监督写入中国共产党党内法规时，是把支持和保证“人民政协依章程进行民主监督”，与支持和保证人大、政府、监察机关、司法机关等国家机关的监督并列放在一起论述的。而对中国共产党与各民主党派的互相监督，则另外单列了一条。所以，也可以说《意见》的这个概括，进一步明确了作为国家政治体制、治理体系的重要组成部分，政协民主监督在我国社会主义监督体系中的独特地位和作用。

正是为了更好地发挥人民政协民主监督这一独特优势，这次《意见》不仅首次全面规定了政协民主监督的八个方面的主要内容，而且首次提出了政协的监督是有重点的，这个重点就是“党和国家重大方针政策和重要决策部署的贯彻落实情况”。之所以要专门提出监督重点，一方面是因为政协的监督内容十分丰富，需要选择重点、有的放矢地来开展；另一方面更因为这是适应当前新形势新任务，充分发挥政协民主监督作用、增强监督实效的需要。从历史上看，过去政协作为统一战线组织，在发挥监督作用时比较强调提倡广开言路，让委员在各种会议和活动中知无不言、言无不尽地发表意见。应当说这在当前也仍然是需要的。这次《意见》也继续提出了要坚持平等协商、坦诚相见、各抒己见、畅所欲言。但是，要充分发挥政协作为协商民主重要渠道和专门协商机构的监督作用，就更要注重在国家政治生活中对国家权力的运行和实施加以监督，对“党和国家重大方针政策和重要决策部署的贯彻落实情况”进行监督。习近平总书记在政协成立65周年大会的讲话中提出，“协商就要真协商，真协商就要协商于决策之前和决策之中”。俞正声主席在今年常委会工作报告中提出，政协监督要“真监督”，真监督不仅要“敢讲话、讲真话”，而且要注意围绕“党和国家重大方针政策和重要决策部署的贯彻落实情况”，有组织、有重点地进行监督。

全面准确地理解把握“协商式监督”的新蕴含

俞正声主席在今年政协常委会工作报告中指出：“协商式监督特色和优势突出，协商是方式和原则，监督是手段和途径，协助党和政府解决问题、改进工作、增进团结、凝心聚力是目的。”全面准确地理解把握“协商式监督”的内涵，不能简单从字面上去理解这里讲的“协商”。这里讲的“协商”，不是说政协开展民主监督是否还要事先与监督对象商量一下，问能不能监督？也不是说政协的民主监督可以不问监督效果，只是可听可不听的“软”监督。这里说的“协商式监督”，我理解至少包括三层内涵：首先是讲政协民主监督的性质定位，即人民政协不是国家权力机关，政协是依据政协章程通过提出意见、批评、建议进行监督，监督的效果不是靠强制约束力，而是靠政治影响力；其次是讲政协民主监督的原则方法，即由政协的性质所决定，政协民主监督不能采用行政命令的方法进行，也不同于一般社会舆论、人民群众监督的发议论方式，而必须根据政协章程、依托政协组织、适应政协性质要求，坚持相互尊重、平等讨论、求同存异、理性包容的原则，通过提出意见、批评、建议的方式进行监督；最后是突出了政协民主监督的特点和优势，就是进一步表明政协的民主监督，既可以对涉及宪法法律和法规的实施，涉及人民群众切身利益的实际问题解决落实情况等，广开言路、畅所欲言，发挥政协民主监督广泛性、灵活性的优势，在国家政治生活中起到一种政治寒暑表、社会解压阀的作用；又可以围绕“党和国家重大方针政策和重要决策部署的贯彻落实情况”，有组织、有重点地开展监督，发挥对国家权力运行和实施的制约和监督作用。但这种制约和监督，不是西方多党制、两院制下的那种互相掣肘、权力制衡，而是与党和国家机关的监督互为补充、相辅相成，实现加强监督、有效制约与保持集中领导、富有效率的有机统一。政协民主监督的目的，是协助党和政府解决问题、改进工作、增进团结、凝心聚力。

全面准确地理解把握《意见》提出“协商式监督”的新蕴含，还有一点值得注意，就是要看到《意见》提出“协商式监督”这个论断，是与进一步完善政协开展民主监督政治基础的表述，进一步明确政协履行民主监督的主体联系在一起论述的。人民政协作为统一战线组织，作为多党合作和政治协商机构，政协组织本身不是履行政协职能的主体而只是载体平台，履行政协职能的主体是政协的参加单位和政协委员。正是为了准确体现政协民主监督的这一性质定位，这次《意见》在做出“协商式监督”这个新论断前面，不仅明确提出了履行政协民主监督职能的主体，是“参加人民政协的各党派团体和各族各界人士”；而且着眼于这个主体，对政协开展民主监督政治基础的表述也做了进一步完善，就是没有像2006年《中共中央关于加强人民政协工作的意见》中表述的“在坚持四项基本原则的基础上”，而是改提“在坚持中国共产党的领导、坚持中国特色社会主义的基础上”。这个补充完善十分重要。它不仅体现了十八大后中共中央强调的，“做好人民政协工作，必须坚持人民政协的性质定位”的思想，而且对于政协履行民主监督职能的主体来讲，也更精准、更贴切、更有利于充分发挥所有政协委员的积极作用。

“在四项基本原则的基础上”提出意见批评建议这个说法，最早出自1989年《中共中央关于坚持和完善中国共产党领导的多党合作和政治协商制度的意见》，是就发挥民主党派监督作用的原则讲的。四项基本原则是我国的立国之本。作为我国政治体制的重要组成部分，作为多党合作和政治协商机构，从把握政协民主监督的政治方向来讲，人民政协当然必须坚持四项基本原则。俞正声主席在这次常委会报告中也明确提出，人民政协在开展民主监督时，必须保证正确的政治方向，“对任何违背四项基本原则的言行，都必须态度鲜明、立场坚定地坚决反对”。但是，因为四项基本原则中包括坚持马克思列宁主义，从政协履行民主监督职能的主体——政协参加单位和政协委员的具体情况来分析，其中不仅有各党派团体，还有各族各界人士；在各族各界人士中，不仅有信仰马克思主义的共产党员和无神论者，还有包括不同宗教信仰的民族宗教界人士，以及来自海外“三胞”代表的政协委员等，对于政协委员中有宗教信仰的民族宗教界人士，或者来自“一国两制”条件下、爱国但不信仰马克思主义的港澳政协委员，就不能要求他们坚持马克思主义，而只能高举爱国主义、社会主义的旗帜，坚持中国共产党的领导——这是中国特色社会主义的最本质特征；坚持和发展中国特色社会主义——这是包括广大统一战线成员在内的我国各族人民的共同理想、共同奋斗目标，以此作为开展政协民主监督的基础。因此，就政协履行民主监督职能主体的具体情况讲，不提“在四项基本原则的基础上”，而改提“在坚持中国共产党的领导、坚持中国特色社会主义的基础上”，更精准、更贴切、更有利于发挥所有委员的积极作用，履行好政协民主监督的职能。

人民政协民主监督理论的新发展*

（2017年6月）

十八大以来以习近平同志为核心的党中央，着眼完善和发展中国特色社会主义制度、推进国家治理体系和治理能力现代化，做出深化政治体制改革、健全社会主义协商民主制度的战略部署，对人民政协也提出了要发挥作为协商民主重要渠道和专门协商机构的作用，推进人民政协政治协商、民主监督、参政议政制度化、规范化、程序化的新要求。为适应这一新形势新要求，今年初中共中央办公厅印发《关于加强和改进人民政协民主监督工作的意见》（以下简称《意见》），特别对发挥人民政协民主监督的独特优势，着力推进政协民主监督制度化、规范化、程序化作出部署，其中既包括了许多重要的新举措，也提出了不少重要的新观点，丰富和发展了人民政协民主监督的理论，主要体现在五个方面：

* 发表于《中国政协·理论研究》2017年第3期。

关于人民政协民主监督的性质定位

把性质和定位联系在一起论述，是习近平总书记在纪念人民政协成立65周年大会的讲话中首先提出来的。在这篇重要讲话中，他在总结归纳政协发展的基本经验和重要原则时指出：“做好人民政协工作，必须坚持人民政协的性质定位。”今年全国政协俞正声主席在政协全体会议上做的常委会工作报告中，在专门论述政协民主监督问题时，又将准确把握民主监督的性质定位，作为加强和改进政协民主监督的首要问题提出来并进行了阐述。把性质和定位结合在一起论述有着深刻蕴含，说明性质决定地位；人民政协在我国政治体制、治理体系中的地位和作用，政协民主监督在我国监督体系中的位置和作用，是由其性质决定的。坚持政协民主监督的性质定位，是把握政协民主监督工作的正确方向、找准政协民主监督在我国监督体系中所处位置的关键，是发挥政协民主监督的特点和优势、履行好民主监督职能的前提。因此，弄清政协民主监督的性质定位，是政协民主监督理论必须回答的首要的基本问题。

关于政协民主监督的性质定位，主要体现在《意见》对政协民主监督提出的一个新概括中，即：“人民政协民主监督是在坚持中国共产党的领导、坚持中国特色社会主义的基础上，参加人民政协的各党派团体和各族各界人士在政协组织的各种活动中，依据政协章程，以提出意见、批评、建议的方式进行的协商式监督。”这个概括同政协章程和中共中央有关文件中对政协民主监督的规定在本质内容上是一致的，但又适应新形势新任务有新的视角、新的内涵。

政协章程规定：“民主监督是对国家宪法、法律和法规的实施，重大方针政策的贯彻执行、国家机关及其工作人员的工作，通过建议和批评进行监督。”2006年《中共中央关于加强人民政协工作的意见》规定：“人民政协的民主监督是我国社会主义监督体系的重要组成部分，是在坚持四项基本原则的基础上通过提出意见、批评、建议的方式进行的政治监督。”比较来看，这次《意见》和政协章程及2006年中共中央关于加强政协工作文件的有关规定，都坚持了政协民主监督是一种通过“提出意见、批评、建议的方式”进行的监督，而不是带有强制约束力的权力监督，因此它们在本质上是一致的。但这次《意见》的概括在某些方面又有所不同，特别是对政协民主监督提出了“协商式监督”这样一个新论断。这个新论断，既一脉相承坚持了政协民主监督的固有属性，又适应新形势新任务彰显了政协民主监督的特点和优势，是对政协民主监督性质定位的新界定。

这里需要分析的一个问题，为什么这次《意见》没有提政协民主监督是“政治监督”而是提“协商式监督”？我以为主要就是适应新形势新任务的需要，为了进一步明确政协民主监督的性质定位。应当说，讲“政治监督”也是符合政协性质的。政协民主监督源自中国共产党与各民主党派、无党派人士团结合作、互相监督的理论和实践。讲政协民主监督是政治监督，主要是从统一战线角度讲的，强调了民主监督与互相监督的关系。从政协的历史看，政协一成立就有民主监督，但刚开始主要强调的是在政协这个统一战线组织中，处于领导地位的中国共产党要注意听取民主党派和无党派人士的意见建议。周恩来同志早在1950年政协一届二次会议第一次党组会上的讲话中，就指出：“要让党外人士做到‘知无不言，言无不尽’，使他们在各种会议上敢于说话。……他们说的话不一定都对，但只要有一点好的，我们就应当重视。愿听意见不是一件容易的事，但必须去听，特别是要能听不同的意见。”1956年经过社会主义改造我国进入社会主义社会后，毛泽东同志提出了中国共产党与民主党派和无党派民主人士“长期共存、互相监督”的八字方针，全国政协常委会议为此专门做出决定，要求各级政协贯彻这一方针，开始明确了人民政协有民主监督的任务。互相监督主要是中国共产党接受民主党派和无党派人士的监督。直到改革开放初期，担任五届政协主席的邓小平同志提出要发挥政协在国家政治生活中的监督作用时，仍然讲的是“互相监督”。由于多党合作的政党关系以及统一战线关系都是一种政治关系，中国共产党对多党合作、统一战线的领导主要是政治领导，我国各政党之间的互相监督就是“政治监督”，人民政协作为统一战线组织、多党合作和政治协商机构开展的监督，当然也是政治监督。因此，讲政协的民主监督是一种通过提出意见、批评、建议的方式进行的政治监督，也体现了政协的性质定位。这次《意见》没有提不等于否认政协民主监督的这一特性。

但“协商式监督”与“政治监督”虽然在本质内容上是一致的，却又有新的视角、新的蕴含。这个新视角、新蕴含就是，强调了人民政协民主监督与社会主义协商民主的关系，是“社会主义协商民主的重要实现形式”。十八大后作为深化政治体制改革的一项重要内容，中共中央做出健全社会主义协商民主制度、推进协商民主广泛多层制度化发展的战略部署。2014年9月，习近平总书记在庆祝人民政协成立65周年大会的讲话中，又全面论述了协商民主是我国独特的、独有的、独到的人民民主形式，明确了人民政协是国家治理体系的重要组成部分，是我国协商民主的重要渠道，要发挥作为专门协商机构的作用，把协商民主贯穿于履行职能的全过程。这是在坚持人民政协基本性质的基础上，适应新形势对人民政协提出的新任务。这个新任务就要求，不仅要从人民政协作为统一战线组织的角度，而且要从推进国家治理体系和治理能力现代化，发挥政协作为协商民主重要渠道和专门协商机构作用的角度，进一步加强和改进人民政协民主监督。

政协有团结和民主两大主题。政协一成立就是人民民主统一战线的组织形式，既是统一战线组织，又是政治协商机构，是人民民主与统一战线的有机结合。习近平总书记在庆祝人民政协成立65周年大会的讲话中论述关于人民政协的性质定位，明确指出：人民政协“是人民民主的重要实现形式”。人民民主是人民政协的固有属性。监督本质上属于民主范畴。因此，将政协民主监督与协商民主相联系提出协商式监督，既适应新形势新任务的要求，也符合人民政协性质的固有属性，是对政协民主监督性质定位的进一步确定，需要我们深入理解、准确把握。

俞正声主席在今年政协常委会工作报告中指出："协商式监督特色和优势突出，协商是方式和原则，监督是手段和途径，协助党和政府解决问题、改进工作、增进团结、凝心聚力是目的。"全面准确地理解把握"协商式监督"的内涵，不能简单从字面上去理解这里讲的"协商"。比如，认为这是否意味政协民主监督只能当面在协商会上提出意见建议，实际政协民主监督也可以通过提出提案、建议案等书面形式开展；更不能把这里的"协商"视为政协开展民主监督没有主动性，能否监督还要事先征求监督对象的意见等。我理解，《意见》说的"协商式监督"主要有三层内涵：第一是讲政协民主监督的性质。政协民主监督的性质是由政协组织的性质决定的。因为政协不是经选举产生的国家权力机关，而是由协商产生的统一战线组织、政治协商机构。统一战线是不同政治力量在共同利益和目标基础上自愿组成的政治联盟。作为统一战线组织、政治协商机构必须有协商意识，坚持相互尊重、协商议事。政协民主监督提出意见和批评就只能是建议性、协商性的，而不能是权力性、强制性的；监督的效果主要是靠政治影响力，而不是强制约束力。第二是讲政协民主监督的原则和方法。由政协的性质所决定，政协民主监督不能采用行政命令的方法进行，也不同于一般社会舆论、人民群众监督发议论的方式，而必须根据政协章程、依托政协组织、适应政协性质要求，坚持相互尊重、平等相待、求同存异、理性包容的原则，通过提出意见、批评、建议的方式进行监督。第三是突出了政协民主监督的特点和优势。人民政协具有广泛的代表性和包容性，同社会各界有着密切联系，能够反映社会各方面的声音，对涉及宪法法律和法规的实施，涉及人民群众切身利益的实际问题解决落实情况等，广开言路、畅所欲言，发挥政协民主监督广泛性、灵活性的优势，在国家政治生活中起到一种过去我们常说的“政治寒暑表”“社会解压阀”的作用；同时，人民政协又是国家政治体制、国家治理体系的重要组成部分，能够汇集各党派团体和各族各界的智慧和力量，聚焦“党和国家重大方针政策和重要决策部署的贯彻落实情况”，有组织、有重点地开展监督，发挥对国家权力运行的制约和监督作用。但这种制约和监督，不是西方多党制、两院制下的那种互相掣肘、权力制衡，而是与党和国家机关的监督互为补充、相辅相成，实现加强监督、有效制约与保持集中统一领导和富有效率的有机统一。政协民主监督的目的，是协助党和政府解决问题、改进工作、增进团结、凝心聚力。

关于人民政协民主监督的主体和政治基础

政协民主监督的主体和对象是政协民主监督理论研究中常常被提及又意见纷纭的一个问题。这次《意见》对这方面的一些问题给予了回答。

首先关于政协民主监督的主体。根据政协的性质定位，我们讲政协是履行职能的载体不是主体，有些同志对此感到不好理解，认为协商或监督总是双方的，进行协商或监督就应该有主体和对象。对这个问题我以为，讲协商或监督有主体和对象并没有错，问题是政协协商或监督的主体不能是政协组织，而只能是参加政协的各党派团体和各族各界人士。这次《意见》在规定政协民主监督时不同以往的重要一点，就是首次明确了人民政协民主监督是“参加人民政协的各党派团体和各族各界人士”在政协组织的各种活动中进行的监督。我们讲政协是履行职能的载体不是主体，不是相对于协商或监督对象讲的，而是就政协组织的性质讲的。

为什么政协组织不能是协商或监督主体？因为政协是统一战线组织。统一战线是不同的党派团体等各方面社会政治力量在共同利益和目标基础上自愿结成的政治联盟，在统一战线中必须尊重各党派的组织独立，尊重各方面在共同政治基础上发表不同意见的自由。政协作为统一战线组织也就必须实行协商一致的原则，坚持各参加单位和政协委员可以畅所欲言，有不同意见允许保留，不能强加于人。因此，不经过政协各参加单位和各界代表的协商同意，政协组织就不宜以主体的身份发表意见。当然，如果经过了政协参加单位、各界代表的协商同意，政协组织也可以提出意见建议，这就是政协章程规定的政协全体会议、常委会议、主席会议经过一定的协商程序可以提出建议案。但从根本上讲，政协建议案反映的也是经过汇集整理的政协各参加单位和政协委员共同提出的意见建议，而不是政协组织发表的意见建议。

正是与此相关，着眼于“参加人民政协的各党派团体和各族各界人士”这个履行政协民主监督职能的主体，这次《意见》对政协开展民主监督政治基础的表述也做了进一步完善，将2006年《中共中央关于加强人民政协工作的意见》中表述的“在坚持四项基本原则的基础上”进行监督，改为“在坚持中国共产党的领导、坚持中国特色社会主义的基础上”进行监督。这个修改完善也是十分必要和重要的。

从历史看，“在四项基本原则的基础上”提出意见批评建议这个说法，最早出自1989年《中共中央关于坚持和完善中国共产党领导的多党合作和政治协商制度的意见》，是就发挥民主党派监督作用的原则讲的。四项基本原则是我国的立国之本。作为我国政治体制的重要组成部分，作为多党合作和政治协商的机构，从把握政协民主监督的政治方向来讲，人民政协当然必须坚持四项基本原则。俞正声主席在今年常委会报告论述民主监督问题时也明确提出，人民政协开展民主监督，必须保证正确的政治方向，“对任何违背四项基本原则的言行，都必须态度鲜明、立场坚定地坚决反对”。但是，因为四项基本原则中包括坚持马克思列宁主义。从政协履行民主监督职能的主体——政协参加单位和政协委员的具体情况来分析，其中不仅有各党派团体，还有各族各界人士；在各族各界人士中，不仅有信仰马克思主义的共产党员和无神论者，还有包括不同宗教信仰的民族宗教界人士，以及来自生活在不同社会制度下的海外“三胞”的代表等。对于政协委员中有宗教信仰的民族宗教界人士，或者来自“一国两制”条件下爱国但不信仰马克思主义的港澳地区的政协委员，我们就不能要求他们坚持马克思主义。而只能实行政治上团结合作、信仰上相互尊重，高举爱国主义、社会主义的旗帜，坚持中国共产党的领导——这是中国特色社会主义的最本质特征；坚持和发展中国特色社会主义——这是包括广大统一战线成员在内的我国各族人民的共同理想、共同奋斗目标、共同思想政治基础，以此作为开展政协民主监督的基础。因此，就政协履行民主监督职能主体的具体情况讲，不提“在四项基本原则的基础上”，而改提“在坚持中国共产党的领导、坚持中国特色社会主义的基础上”，更精准、更贴切、更有利于发挥所有委员的积极作用，履行好政协民主监督的职能。

关于人民政协民主监督的对象和重点

涉及政协民主监督的对象，主要体现在这次《意见》首次详细规定的关于政协民主监督的内容中。这些内容主要有八项：一是国家宪法法律和法规实施情况；二是党和国家大政方针、重大改革举措、重要决策部署贯彻执行情况；三是国民经济和社会发展规划、年度计划落实情况，财政预算执行情况；四是涉及人民群众切身利益的实际问题解决落实情况；五是国家机关及其工作人员遵纪守法、加强作风建设、密切联系群众、开展反腐倡廉等情况；六是政协提案、建议案和其他重要意见建议办理情况；七是参加政协的单位和个人贯彻统一战线方针政策、遵守政协章程、执行政协决议情况；八是党委交办的其他监督事项。

这八项内容十分丰富，从监督对象的角度分析，包括了三个方面。首先是党和国家机关及其工作人员。这是政协民主监督的主要对象。在上述八项政协监督内容中，除了第七项可以说都涉及党和国家机关及其工作人员的工作。过去曾有研究者提出，政协监督应当主要是对政府监督，因为实际工作中政协监督涉及政府工作的内容比较多，政协章程有关规定讲的也是对“国家机关及其工作人员的工作”进行监督。同时也有人认为，政协监督应当主要是对中国共产党进行监督，理由是政协乃多党合作和政治协商的机构，中国共产党在国家政治生活中处于领导地位，政协监督就源自互相监督。其实，早在1954年政协不再代行人大职权后，毛泽东同志召开座谈会提出政协有五大任务时，就明确指出政协的“提意见”这一条任务，主要是对党委和政府提意见。据记录，当时毛泽东同志座谈说的关于“提意见”的内容是：“宪法的实施问题，巩固人民民主制度问题，政协可以向人大常委会和国务院提意见。政协委员提意见，特别是发议论，说闲话，只要不是破坏性的意见，只要是建设性的意见，即使是错误的，提了也有好处。提意见是合乎章程的。”这里关于“提意见”的对象，明确讲的主要是国家机关，好像没有讲党委，但其内涵应当包括党委。毛泽东同志亲笔写的关于这次谈话的提纲，就明确写了是“对党委和政府提意见”。

也有人认为，政协监督对象主要不应是党委而是政府，因为政协章程规定“民主监督是对国家宪法、法律和法规的实施，重大方针政策的贯彻执行、国家机关及其工作人员的工作”进行监督，没有明确说到党委。这个理由我认为也不能成立。因为中国共产党是执政党，大政方针是中国共产党制定的；在国家机关中也有发挥领导核心作用的中共党组；党委及其职能部门在我国治国理政中也发挥着重要作用。因此，就政协章程的规定讲也不能说政协民主监督的对象不包括党委。从政协工作的实际看，现政协委员提出提案、组织开展视察、进行会议发言等，都有涉及党委机构及其工作人员工作的内容。所以，2006年《中共中央关于加强人民政协工作的意见》就提出：“各级党委和政府要认真倾听来自人民政协的批评和建议，自觉接受民主监督。”最近中共十八届六中全会通过的《中国共产党党内监督条例》，也明确提出了要支持和保证“人民政协依章程进行民主监督”。这次《意见》进一步确定，政协监督内容包括“党和国家大政方针、重大改革举措、重要决策部署贯彻执行情况”“党委交办的其他监督事项”，而且还特别强调提出，“民主监督的重点是党和国家重大方针政策和重要决策部署的贯彻落实情况”。

强调政协“民主监督的重点是党和国家重大方针政策和重要决策部署的贯彻落实情况”，这是根据习近平总书记的意见，中共中央首次提出的，对于政协切实有效地履行好民主监督职能具有重要意义。之所以要提出政协民主监督的重点，既是因为政协监督的内容十分广泛，需要选择重点、有的放矢地来开展；也是适应新形势新任务要求，为了增强政协民主监督实效，充分发挥政协作为协商民主重要渠道和专门协商机构的监督作用。从政协的历史看，过去政协作为统一战线组织，在发挥监督作用时比较强调提倡广开言路，让委员在各种会议和活动中知无不言、言无不尽地发表意见。应当说，这在当前也仍然是需要的。这次《意见》也继续提出了要坚持平等协商、坦诚相见、各抒己见、畅所欲言。但是，要充分发挥政协作为国家治理体系的重要组成部分，作为协商民主重要渠道和专门协商机构的监督作用，就更要注重在国家政治生活中对国家权力的运行和实施加以监督，对“党和国家重大方针政策和重要决策部署的贯彻落实情况”进行监督。习近平总书记在庆祝人民政协成立65周年大会的讲话中提出，“协商就要真协商，真协商就要协商于决策之前和决策之中”。俞正声主席在今年常委会工作报告中提出，政协监督要“真监督”，真监督不仅要“敢讲话、讲真话”，而且要注意围绕“党和国家重大方针政策和重要决策部署的贯彻落实情况”，有组织、有重点地进行监督。明确监督重点，体现了政协履行职能必须围绕中心、服务大局的原则，适应了推进协商民主强调协商于决策之前和决策实施之中的要求，突出了作为国家治理体系重要组成部分对国家权力运行的制约和监督作用。这是讲政协民主监督对象需要注意的一个方面。

第二个方面，还要看到《意见》提出的八项监督内容涉及的监督对象十分广泛，不只是党和国家机关。比如，《意见》提出的监督内容的第一项，对“国家宪法法律和法规实施情况”进行监督，涉及的监督对象就十分广泛。宪法是国家的根本大法，中华人民共和国的一切机构组织、党派团体和公民个人都必须遵守。因此，也可以说这里涉及的政协监督对象，包括我国所有机构组织、党派团体和公民的行为。《意见》提出的监督内容的第四项，“涉及人民群众切身利益的实际问题解决落实情况”，其中涉及的监督对象也十分广泛，不仅有党和政府，还有许多群团组织等。政协是最广泛的统一战线组织，汇聚了方方面面的代表人物。政协民主监督不仅可以有组织、有重点地开展，也要坚持广开言路、畅所欲言，只要是合法依章，委员们可以对各种社会现象发表意见批评。这就是政协民主监督具有广泛性、灵活性特点的体现。

第三个方面，讲政协的监督对象还有一点需要注意，就是《意见》关于政协监督内容第七项提出的，政协监督包括“参加政协的单位和个人贯彻统一战线方针政策、遵守政协章程、执行政协决议情况”。这就是说，政协民主监督不仅是对别人，还包括政协参加单位和政协委员自己。政协是统一战线组织，政协在开展监督时就要注意贯彻统一战线方针政策；政协民主监督是依据政协章程进行的，监督就不能违背政协章程和政协组织做出的决议；政协有自我教育的传统，政协参加单位和政协委员在加强民主监督的同时就也要注意加强自律。所以，俞正声主席在今年常委会报告论述民主监督中还提出，政协委员在积极参加民主监督工作时，要“坚守真理、坚守正道、坚守原则、坚守规矩”，“在政治上、道德上、言行上严格自律，主动接受各方面监督”。

关于人民政协民主监督与互相监督

2006年《中共中央关于加强人民政协工作的意见》在界定政协民主监督时，还提出了其“也是中国共产党在政协中与各民主党派和无党派人士之间进行的互相监督”。不少政协委员、地方政协在研究讨论政协民主监督问题时，也常讲到这个问题。但这次《意见》没有提这句话，原因何在？

从政协开展监督的历史看，政协作为统一战线组织、多党合作和政治协商机构，一开始强调的就是互相监督，现在政协章程也有要求贯彻“长期共存、互相监督、肝胆相照、荣辱与共”十六字方针的内容。因此，政协的民主监督包含有“中国共产党在政协中与各民主党派和无党派人士之间进行互相监督”的内容，应当是没有问题的。那么，为什么这次《意见》没有专门再提这句话呢？我理解，一方面是因为《意见》讲的监督内容中已包括党委，互相监督主要是中国共产党接受民主党派和无党派人士的监督，因此可以说其中已含有这方面的内容。另一方面，这次《意见》之所以没有专讲中国共产党与各民主党派在政协的互相监督，还与这方面的形势发展有关。

改革开放以来，我国统一战线有很大发展，人民政协有很大发展，多党合作格局也有很大变化。新中国成立初期，人民政协作为统一战线组织主要以党派团体为基础组成，在政协章程规定的政协组织结构中，除了党派团体外只有特邀。毛泽东同志、周恩来同志都曾把政协称为“党派联合组织”“党派性机关”。所以，新中国成立初期许多关于多党合作的重要活动都是在政协进行，如当时全国政协的“双周座谈会”就是由各党派轮流主持。但新时期后情况发生了很大变化。首先，人民政协的组织构成发展到34个界别，除了党派团体、特邀人士，还有许多社会各界代表参加，政协章程经过修改也规定了政协可以“设若干界别”。因此，现在政协民主监督的主体范围进一步扩大，已不限于以党派团体为主。并且，新形势下发挥政协作为协商民主重要渠道和专门协商机构的监督作用，明确重点主要是党和国家重大方针政策和重要决策部署的贯彻落实情况，也不再是各党派的互相监督了。

同时，新时期多党合作也有很大发展，现在除了政协，在国家机关、在一些企事业单位，尤其是在中共中央与各民主党派中央之间，多党合作已广泛存在并形成制度。特别是十八大后中共中央提出推进协商民主广泛多层制度化发展，在我国七个渠道的协商民主体系中，“政党协商”与“政协协商”已经分列，而“互相监督”主要是政党之间的监督。党的十八届六中全会制定的《中国共产党党内监督条例》提到政协民主监督和中国共产党与各民主党派的互相监督，也是分别单列一条加以论述的。因此，目前互相监督活动实际主要已不在政协，而是在“政党协商”中。政协虽然仍是多党合作和政治协商机构，仍然要贯彻“十六字方针”开展互相监督，但只是其中的一个渠道，不是全部，也不是主要的渠道了。所以，这次《意见》对这方面的内容也没有必要专门再提。

新时期以来互相监督虽然主要已不在政协，但中国共产党和各民主党派都是政协的参加单位，政协是我国政治体制中唯一各政党可以政党的身份开展活动的机构。因此，政协仍是我国各党派团结合作、互相监督的重要场所。但讲到在政协的互相监督有一个问题需要注意，就是各党派都是政协的参加单位、重要界别，都可以政党的身份在政协进行活动、提出意见主张，但不能简单把有政党身份的政协委员发表意见都视为代表其政党。在政协，各民主党派既可以以组织的名义发表主张、建议，也可以以委员个人的身份提出意见。在政协代表政党的是其组织而非界别，不能把参加单位是党派团体的政协界别简单等同于其组织。通常情况下，作为中共和各民主党派界的政协委员发表意见，并不一定代表其政党。民主党派是否代表政党发表政见，需要经其组织授权，如在政协提出提案，进行大会发言，民主党派是否代表其政党，都要特别表明。周恩来同志在政协成立不久就专门说过，在政协中共党员政协委员不能以领导者自居。作为统一战线组织人民政协是中国共产党领导的，但代表党的领导的主要是党的路线方针政策，是党中央、党的组织而不是个人，政协委员个人之间都是平等的。因此，严格地说，在政协界别之间、个人之间，没有领导与被领导的关系，也没有互相监督的关系。当然，在政协我们提倡广开言路、畅所欲言，鼓励不仅在党和政府与政协委员之间，而且在党内外各个界别政协委员之间，积极开展互相交流、加强沟通、增进理解、扩大共识，彼此之间可以互相提意见。特别是对于中国共产党来说，在政协不仅党的组织，而且所有中共党员委员，都要认真贯彻党的路线方针政策，包括“长期共存、互相监督、肝胆相照、荣辱与共”的方针政策，努力做合作共事的模范，自觉倾听来自民主党派和无党派人士的意见、批评和建议。

人民政协民主监督在我国监督体系中的位置和作用

对于像我们这样的一党领导、长期执政的社会主义大国，要保持国家的长治久安，一个必须解决的重大问题，就是要在坚持集中统一领导的同时，实现对权力的有效制约和监督。十八大后在实行全面从严治党的新形势下，中共中央高度重视社会主义监督体系建设，党的十八届四中全会提出：“加强党内监督、人大监督、民主监督、行政监督、司法监督、审计监督、社会监督、舆论监督制度建设，努力形成科学有效的权力运行制约和监督体系，增强监督合力和实效。”政协民主监督成为我国权力运行制约和监督体系的重要组成部分。党的十八届六中全会制定的《中国共产党党内监督条例》又明确提出，要支持和保证“人民政协依章程进行民主监督”，并且把它与支持和保证人大、政府、监察机关、司法机关等国家机关的监督并列放在一起论述，这就进一步明确了政协民主监督作为国家政治体制、国家治理体系的重要组成部分，在我国监督体系中的独特地位和作用。

政协民主监督在我国监督体系中的位置和作用，是由政协在我国政治体制、国家治理体系中的位置和作用所决定的，根本上是由政协的性质定位决定的。根据这次《意见》阐明的政协民主监督的性质定位，政协民主监督在我国监督体系中的位置和作用是：政协民主监督不是具有强制约束力的权力监督，也不同于一般的社会监督，而是一种有国家政治制度保障，作为国家政治体制、国家治理体系重要组成部分，能够反映各党派团体和各族各界人士的意见建议，对国家权力运行发挥重要制约和监督作用的协商式监督。正确理解把握政协民主监督在我国社会主义监督体系中的位置和作用，需要注意防止两种偏向。一种偏向是把政协民主监督置于国家政治体制、国家治理体系之外，看不到或忽视人民政协是我国政治体制、国家治理体系的重要组成部分，看低政协民主监督对国家权力运行的制约和监督作用，有意无意地把政协的民主监督等同于或类似于社会监督；还有一种偏向则是过于强调政协是我国政治体制、国家治理体系的重要组成部分，看不到或忽视人民政协作为统一战线组织、多党合作和政治协商机构开展监督的独特作用，离开政协的性质定位过于追求政协民主监督的效果，有意无意地赋予政协民主监督一定的强制性、权力性。这两种偏向，说到底都是没有深刻认识我国政治制度、政治体制、治理体系的特点和优势，是受西方思维方式、价值取向的影响来看待衡量政协的民主监督作用。

在西方政治学的理论话语体系中，国家政治体制就是国家政权体系，任何机构要么属于公权力，要么属于非政府组织，是一种非此即彼的思维方式。而在我国，新中国成立伊始新中国的缔造者就开始探索创立有中国特色的政治体制。早在政协成立不久的1950年，周恩来同志就在全国政协的党组会议讲话中提出，我国的政治体制包括“党的系统”“政权系统”和“政协系统”三个系统。人民政协不是国家权力机关，又是国家政治体制的重要组成部分，是一种别国特别是西方国家所没有的“亦官亦民”的组织机构。从文化渊源上讲，人民政协体现的是“天人合一”“群己相融”、社会与国家联系贯通的中国文化。对于政协这样的机构组织，用西方的理论思维、话语体系是难于理解的。而这恰恰是我国政治体制、国家治理体系的特点和优势所在，体现了党的领导、人民当家作主和依法治国的有机统一。因此，习近平总书记在论述人民政协的性质定位时，特别强调它“体现了中国特色社会主义制度的鲜明特点”。

正是由于政协民主监督在我国监督体系中处于这样一种独特位置，使它在我国监督体系中具有不可替代的独特优势：既有与社会各界和人民群众密切的联系，又有与党和国家机关畅通的渠道；较少受到部门利益的束缚，又不被个人或少数群体的眼界所限；能够广泛听取并客观理性、及时有序地向党和国家反映各党派团体和各族各界人士的意见建议，实现发扬民主与增进团结、加强对权力运行的制约监督与保证中国共产党的集中统一领导和富有效率的有机统一。

与中非共和国议会代表团访问全国政协座谈的主持词

（2017年6月）

各位中非共和国的朋友们：

上午好！欢迎大家来到中国全国政协。

很高兴在全国政协接待桑普里斯副议长、桑泽副议长以及中非国民议会的朋友们。国家行政学院为代表团安排了内容丰富的课程，通过这些课程，相信各位议员对中国政治、经济、文化等情况有了初步了解。

中国同中非是好朋友、好伙伴、好兄弟。中方一贯支持中非国家建设与和平进程，为中非维护稳定、实现发展提供了力所能及的支持和帮助。中方也赞赏中非政府坚定奉行一个中国政策，感谢中非政府发表声明支持中方在南海问题上的正当立场。中方愿同中非方加强各层次友好往来，扩大各领域互利合作，助力贵国早日实现全面和平稳定与可持续发展，推动两国友好合作关系迈上新台阶。

根据我们这次研讨班组织者的要求，以及你们关心的问题，今天我主要想向各位议员从两个方面介绍一些中国政协的情况：一方面，讲讲中国政协是一个什么样的组织，包括政协的组织构成、机构设置，以及有哪些职能，是怎样开展工作的；另一方面，给大家介绍一些有关的中国政治制度、政治体制及其运行机制，讲讲中国政协在国家政治生活中具有的地位和作用的情况。之后再请大家提问，看有什么问题需要交流。下面我先讲第一个方面的问题。

中国政协的组织特点和主要职能

中国政协，全称叫中国人民政治协商会议，是具有中国特色的政治组织。中国政协的历史可以说比中华人民共和国的历史还要早。它成立于1949年9月21日。中华人民共和国就是经过其第一届政协全体会议协商产生的。

中国政协是中国各党派团体和各族各界人士团结合作的组织。现在全国政协有34个界别，包括中国的9个合法政党，8个主要人民团体，无党派人士，56个民族的代表人物，各大宗教团体的负责人，经济、科技、文化、教育等各行各业，以及香港、澳门特别行政区，台湾同胞、归国侨胞的代表等，具有广泛的代表性和包容性。

中国政协采取委员会制。在国家和县以上的地方都设有政协委员会。各级政协之间没有隶属关系。政协地方委员会对政协章程和政协全国委员会的全国性决议，有遵守和履行的义务，但一般工作由其自行安排、决定。各级政协组织现共有3000多个，60多万名委员，其中政协全国委员会有委员2200多名。

因为中国政协是各个党派、团体和各界代表人士联合组成的，所以政协委员不是由选举产生，而是由参加政协的各党派团体和各个界别协商提名，经过政协常务委员会会议协商同意产生。参加政协成为政协委员必须赞成和遵守政协章程，在本界别中有代表性，有社会影响和参政议政能力。

中国政协全国委员会每届任期5年，从成立至今已历十二届。毛泽东、周恩来、邓小平等中国的领导人都曾经担任过政协主席。现任中国政协主席是俞正声。

中国政协组织内部设全体委员会、常务委员会和主席会议三级机构。其中，全体会议是政协履行职能的最高形式，一般每年召开一次，由常务委员会召集、主持。常务委员会由政协主席、副主席、秘书长和常务委员组成，负责主持本委员会会务。常务委员会的候选人由参加政协的各党派团体和各界人士协商提名，经委员会全体会议选举过半数通过产生。常委会议是全体会议闭会期间政协履行职能的主要形式，现在每年召开五次。主席会议由政协主席、若干副主席和秘书长组成，负责处理常务委员会的重要日常工作，一般每月召开一次会议。为了便于开展工作，政协组织还设有办公厅和专门委员会。办公厅是承担政协委员会的组织服务、秘书参谋和联络后勤等工作的办事机构。专门委员会是组织政协委员进行经常性活动的工作机构，现全国政协有九个专门委员会。

中国政协的主要职能是政治协商、民主监督、参政议政。国家和地方的大政方针，关系国计民生的重大问题，包括重要法律、法规的制定和修改，国民经济发展规划的制定和实施，政府每年提出的工作报告和财政预决算报告等，参加政协的各党派团体和各族各界人士都可以协商讨论，提出意见建议；并能够对宪法、法律和法规的实施，党和国家重大方针政策和重要决策部署的贯彻落实情况，国家机关及其工作人员的工作进行民主监督；以及通过专题调研、协商建言，向执政党和政府反映各方面的诉求等多种形式，经常主动地提出自己的意见建议，进行参政议政。

中国政协履行职能的主要方式有：召开会议，组织委员视察，提出提案，开展调查研究，反映社情民意等。其中，会议包括全体会议、常委会议、专门委员会会议，以及各种专题协商会、座谈会等。

政协全国委员会的全体会议每年一次，与人民代表大会同时召开；政协委员可以列席人大会议，听取和讨论政府在人大会议上做的《政府工作报告》及其他重要报告。政协的各种协商会议都可以邀请党和国家领导人及有关部门的负责人参加，向政协委员报告情况，与委员协商讨论、听取意见。

政协的提案则是由参加政协的各党派团体和政协委员提出，经政协的有关机构审查立案后，交党和国家有关部门承办，承办单位必须在规定的时间内答复。

中国的政党制度及中国政协在国家政治体制中的地位和作用

为了说明白这个问题，我先介绍一些中国的政治制度及政治体制方面的情况。

人民代表大会制度是中国的根本政治制度，中国共产党领导的多党合作和政治协商制度是中国的政党制度、基本政治制度。在中国，这两个制度都写入了宪法，在国家政治生活中是相辅相成的。

中国政党制度的显著特征是：共产党领导、多党派合作，共产党执政、多党派参政。中国除了中国共产党，还有8个民主党派。各政党关系的特点是，相互之间不是在朝、在野，执政党和反对党的关系，而是大目标一致，团结合作的关系。在国家政治生活中，中国共产党是执政党，处于领导核心地位；各民主党派也参加国家政权、参与国家大政方针的协商和国家事务的管理，是同中国共产党长期合作的亲密友党和参政党。中国政协就是实行多党合作和政治协商的机构，各党派可以政党的名义在政协发表自己的政见主张。

与中国的政治制度要求相适应，中国政治体制的总体架构是，在各级行政区划单位普遍设有中国共产党的各级委员会，各级人民代表大会、人民政府和司法机关，以及人民政协的各级委员会。在这些机构中，中国共产党处于统揽全局、协调各方的领导地位，人民代表大会是国家权力机关、立法机关，人民政府是国家行政机关，人民法院、人民检察院是国家司法机关，人民政协则是政治协商机关。在它们之间，人大与政府、司法机关不是权力分立、相互制衡的关系，政府和司法机关都由人大产生、对人大负责、受人大监督；政协与人大也不是上下议院的关系，与政府和司法机关之间也没有相互制衡的问题，而是在中国共产党的统一领导下，依照宪法、法律和各自章程独立负责、协调一致地开展工作，形成一种各司其职、分工协作、相辅相成的局面。所以在中国，政协虽然不是国家权力机关、决策机关，但作为国家政治体制、国家治理体系的重要组成部分，作为专门协商机构，在国家政治生活中始终发挥着重要的作用，在社会上有很高的威望和政治影响力。

中国政协在国家政治生活中的作用，还可以从民主形式的角度来看。中国政协是中国人民民主的重要实现形式。在中国的国家政治生活中，有选举和协商两种民主形式。其中，作为国家权力机关、立法机关的人大代表由选举产生，主要通过选举、投票的方式行使民主权利；而作为政治协商机关的政协委员则由协商产生，主要通过对决策之前和决策实施之中的重大问题进行协商的方式行使民主权利。中国政协的协商坚持相互尊重、平等相待、求同存异、畅所欲言，只要在宪法范围内，各种意见包括批评意见都可以充分发表。实践证明，中国政协实行的这种协商民主，适合中国的历史文化传统和现实发展需要，有利于扩大各界人士的政治参与，为那些难以按照选区和人口比例选举产生的党派团体和各界代表参政议政，提供了畅通的渠道；有利于在尊重多数的同时保护少数，为维护少数人的权益，使社会各界代表包括各方面专家学者的意见在国家政治生活中得到充分表达，提供了制度保障；也有利于在国家政治生活中对一些重大问题进行深入、理性的讨论，加强上下沟通、互相交流、协调关系、化解矛盾，促进科学民主决策，维护社会和谐稳定。所以在中国，人民既享有选举投票的民主权利，也享有在日常政治生活中持续参与，进行民主决策、民主管理、民主监督的民主权利；选举与协商两种民主形式互相补充、相得益彰，共同构成了中国社会主义民主政治的制度特点和优势。

中国全国政协与中非国民议会都是各自国家政治体制的重要组成部分，加强两机构交往对促进两国关系发展具有重要意义。中国全国政协愿进一步加强与中非国民议会的沟通交流，积极推动两国关系深入发展。

现在我愿回答各位提出的问题。

今天我们进行了很好的交流，加深了相互了解。代表团还要到上海访问，与上海市政协交流，了解地方政协情况。这将有助于进一步加深你们对中国政治制度的理解。祝你们在华期间过得愉快，访问取得圆满成功。

深入认识理解习近平总书记关于人民政协性质定位论述的深刻内涵*

（2017年7月）

习近平总书记在纪念人民政协成立65周年的讲话中，提出论述了四条政协的基本经验和重要原则，其中一条就是：“做好人民政协工作，必须坚持人民政协的性质定位。人民政协是统一战线的组织，是多党合作和政治协商的机构，是人民民主的重要实现形式，体现了中国特色社会主义制度的鲜明特点。”习总书记的这个论述，不仅继承了政协章程和中共中央长期坚持的有关基本精神，而且结合新形势新任务，有着丰富、深刻的新内涵。

第一，把性质和定位联系在一起，指出其体现了中国特色社会主义制度的鲜明特点，就具有深刻的新内涵。过去，我们对政协的性质、地位和作用，都是分开讲的。总书记第一次把性质和定位联系在一起论述，表明了性质决定地位，政协在国家政治生活、国家政治体制、国

* 本文是作者在2017年全国政协机关党组中心组学习时的发言提纲。

家治理体系中的地位和作用，是由其性质决定的；人民政协之所以能够体现中国特色社会主义制度的鲜明特点，也是由其独特的性质定位决定的。十二届全国政协成立伊始，总书记就对如何适应新形势发挥好政协作用提出，政协要在依照宪法法律和政协章程进行准确定位的基础上，积极主动履行职能，在发展协商民主中发挥积极作用。说明坚持政协的性质定位，是推动政协工作创新发展的前提，是“懂政协、会协商、善议政”的关键。因此，只有深刻理解政协的性质定位，才能把握政协工作的正确方向，找准政协在深化政治体制改革特别是推动协商民主广泛多层制度化发展中自身所处的位置，突出政协的特点和优势，充分发挥好政协作为协商民主重要渠道和专门协商机构的作用。

第二，总书记对政协性质定位的具体论述也有新内涵。总书记在这方面的论述，主要是概括了政协章程规定的政协性质的三句话。总书记的概括与政协章程关于政协性质的规定是基本一致的，但又不完全一样。比如，对政协性质前两句话的概括，政协章程讲人民政协是“中国人民爱国统一战线的组织，是中国共产党领导的多党合作和政治协商的重要机构”。而总书记用的是，“人民政协是统一战线的组织，是多党合作和政治协商的机构”。这里。可以把总书记的概括看作是一种简述，但也可以看作是一种对体现政协性质“一般”的本质属性的揭示。在政协历史上，政协章程对政协作为统一战线组织的性质规定，曾经历了从“人民民主统一战线组织”到“革命统一战线组织”到“爱国统一战线组织”的不同表述，其中在统一战线组织前面的“人民民主”“革命”“爱国”三个前缀，反映了不同历史时期政协所担负的不同历史任务，有着特定具体的内涵。政协章程对政协性质的规定总是具体的。在这些具体规定中，既包含着随着形势发展变化对政协承担的特定历史任务所要求的“特殊”，又体现了保持政协本质属性始终不变的“一般”，这个“一般”就是总书记说的“人民政协是统一战线组织”。

统一战线组织是人民政协的基本性质。这个性质决定了，政协的参加单位和政协委员只能由界别组成、经协商产生，而不能按行政区划构成、由选举产生；政协在国家政治体制中只能是协商机构，而不能是权力机关、决策机关；政协在国家政治生活中所实行的民主只能是协商民主，而不能是选举票决民主；政协组织在履行职能中也只能是载体平台，而不能是实施主体。宪法序言规定：“中国人民政治协商会议是有广泛代表性的统一战线组织”，强调的就是这种体现了政协性质“一般”的本质属性。因此，深刻认识理解总书记对政协性质本质属性的揭示，对于我们准确把握人民政协在党和国家工作大局中的位置，更好地依照宪法和政协章程对政协的性质定位履行职能、开展工作，具有重要的意义。

第三，总书记在论述政协性质定位第三句话时，提出了人民政协“是人民民主的重要实现形式”的重要论断。这是在坚持政协章程有关规定基本精神的基础上对政协性质固有内涵的新阐发，是一个对政协理论和实践发展都十分重要的新论断。对此，可以从三个方面来认识理解。

一是比较政协章程就这一论断的具体表述分析来看。政协章程中与这一论断有关的是政协性质的第三句话，即人民政协“是我国政治生活中发扬社会主义民主的重要形式”。比较来看，总书记和政协章程都讲政协是一种重要民主形式，因此两种说法在本质上是一致的，但具体表述又有所不同。政协章程讲的是“发扬社会主义民主的重要形式”。发扬是有主体的，主体就是中国共产党。政协章程规定的这句话是侧重于强调作为执政党的中国共产党，在政协要注意听取参加政协的各民主党派和无党派人士等党外各界代表的意见建议，是从统一战线角度讲的；而总书记提出政协“是人民民主的重要实现形式”，这里讲民主也有主体，主体是人民。在我国，统一战线各方面包括参加政协的各党派团体和各族各界人士都是人民的组成部分。总书记的这个论断把人民政协作为实现我国人民民主的一个重要方面，是着眼整个政协，面向所有政协参加单位和政协委员，从国家民主政治建设的角度讲的。马克思主义的民主观认为，民主首先是国家制度，属于国家政治生活的范畴。统一战线主要是讲中国共产党与其同盟者的关系。统一战线与民主政治建设也有关系，如中国共产党领导的多党合作和政治协商，既是统一战线的重要内容，也是我国民主政治的重要政治制度。但统一战线的主题是团结。因此可以说，习总书记的这一论断，进一步揭示了政协性质中所蕴含的团结和民主两大主题中民主主题的内涵，确立了人民政协与人民民主的关系，对进一步明确政协在我国社会主义民主建设中的地位和作用，具有重大深远的意义。

二是从这一论断与人民政协固有属性的关系分析来看。这一论断符合人民政协从来就有的固有属性，更加全面准确地阐释了人民政协的性质定位。政协有团结和民主两大主题，人民民主是人民政协的固有属性。政协一成立就是人民民主统一战线的组织形式，是人民民主与统一战线的有机结合，既是统一战线组织，又是政治协商机构。1949年人民政协刚成立，毛泽东就提出，人民政协“是在完全新的基础之上召开的”，“它具有代表全国人民的性质”；并在1954年政协不再代行人大职权而作为统一战线组织继续存在后，提出政协是“各党派的协商机关”，其中就含有政协是多党合作和政治协商的机构，包括团结和民主两方面作用的内涵。周恩来在政协成立时也提出，政治协商是新中国“新民主”的一个特点，这种重“事前的协商和反复的讨论”，而不是重“最后的表决”的“新民主”，就是人民民主。他对政协的性质作用也总是从两个方面来阐述，一方面讲政协是各党派联合的统一战线组织，另一方面强调政协是可以向党和国家提出意见建议、进行协商议政的“协商机关”。进入改革开放新时期，一开始是为了适应维护安定团结的政治局面、实现党和国家工作重心的战略转移和促进祖国统一大业发展的需要，邓小平提出统一战线要“把一切能够联合的都联合起来，范围以宽为宜，宽有利”；新时期统一战线可以“叫革命的爱国的统一战线”。因此，1982年邓小平主持修改新时期政协章程，将“中国人民政治协商会议是中国人民爱国统一战线的组织”写入了章程总纲。爱国统一战线突出强调的是大团结大联合。但同时，这次章程修改也提出了人民政协是发扬社会主义民主的一种重要形式，具有对国家的大政方针和重要问题进行政治协商、民主监督的作用。1994年、2004年政协章程修改，适应以完善发展社会主义民主政治为目标的政治体制改革需要，又进一步将人民政协“是中国共产党领导的多党合作和政治协商的重要机构，是我国政治生活中发扬社会主义民主的重要形式”，补充写进了政协性质中，从而使人民政协的固有属性得到了全面体现。由此可见，习近平总书记把“发扬社会主义民主的重要形式”改为“人民民主的重要实现形式”，是返本开新，深刻揭示了人民政协与人民民主的固有联系，是对人民政协性质定位更加全面准确地阐释。

三是从十八大以来的新形势新任务来看。这一论断适应新形势对人民政协提出的新要求，为人民政协充分发挥协商民主重要渠道和专门协商机构作用提供了有力支撑和依据。十八大后适应以完善和发展中国特色社会主义制度、推进国家治理体系和治理能力现代化为目标的深化政治体制改革的需要，中共中央做出了健全社会主义协商民主制度、推进协商民主广泛多层制度化发展的战略部署；明确了人民政协是国家治理体系的重要组成部分，是协商民主的重要渠道和专门协商机构，使推进协商民主成为新形势下人民政协创新发展的重要任务。协商民主是人民民主的重要形式。提出人民政协“是人民民主的重要实现形式”，就把政协发展协商民主与人民政协的性质定位紧密联系起来，为把协商民主贯穿于人民政协履行职能的全过程，充分发挥人民政协作为协商民主重要渠道和专门协商机构作用，从政协的性质定位上进一步提供了支撑和依据。

综上所述，我以为人民政协“是人民民主的重要实现形式”这个论断，是习近平总书记坚持人民政协的固有属性，结合新形势新任务，经过深思熟虑提出来的，是对人民政协的性质定位以及在国家政治生活中作用的进一步确定，也是对人民政协理论的一个重要的新发展，需要我们深入认识理解并在工作中加以贯彻落实。

新时代对人民政协的新要求*

——学习党的十九大报告对人民政协论述的一点体会

（2017年10月）

党的十九大报告对新时代中国特色社会主义发展做出了战略部署，对新时代人民政协的发展也提出了新要求。要学深弄懂吃透十九大报告关于人民政协的论述，首先要全面准确地理解把握报告与人民政协有关的各方面内容，同时还要联系十九大的思想主题、重大论断及战略部署贯通起来学，对此，我以为可以从三个层面去认识把握。

全面准确地理解把握报告有关政协工作的内容

与新时期以来历次党代会报告对政协内容的论述比较，这次十九大报告对政协内容的论述可以说是比较丰富的，而且突出反映了十八大以

* 发表于《中国政协·理论研究》2017年第4期。

来人民政协的创新发展，突出体现了习近平总书记关于人民政协的新观点、新思想，具有鲜明的新时代特点，主要体现在四个方面。

第一，这次十九大报告把有关政协的内容，集中放在关于发展社会主义民主政治的第六部分的第三条“发挥社会主义协商民主重要作用”中来论述，这就体现了新时代对人民政协工作的新要求。其对政协问题的具体论述，包含有四层内容。第一层讲“人民政协是具有中国特色的制度安排，是社会主义协商民主的重要渠道和专门协商机构”。这是对人民政协在国家治理体系和协商民主制度体系中地位作用的重要论断。这个论断符合人民政协的性质定位，又体现了十八大以来深化政治体制改革，推进国家治理体系和治理能力现代化，发展社会主义协商民主新形势对人民政协的新要求，对新时代人民政协的理论和实践创新发展具有定位指向的重要意义。第二层，报告指出：“人民政协工作要聚焦党和国家中心任务，围绕团结和民主两大主题，把协商民主贯穿政治协商、民主监督、参政议政全过程，完善协商议政内容和形式，着力增进共识、促进团结。”这是对新时代人民政协主要工作任务的要求，强调了要把协商民主贯穿于履行职能的全过程。第三层，报告指出：“加强人民政协民主监督，重点监督党和国家重大方针政策和重要决策部署的贯彻落实。”这里，在政协各项工作中突出强调加强民主监督，这是十八大以来中共中央对政协民主监督的一个新发展，是适应加强对权力制约和监督新形势对发挥政协民主监督作用的一个新要求。第四层，报告指出：“增强人民政协界别的代表性，加强委员队伍建设。”这是在新时代为了完成新任务，对加强政协自身建设提出的要求。

第二，政协有团结和民主两大主题，政协不仅是人民民主的重要实现形式，而且是统一战线组织、多党合作和政治协商的机构。因此报告中对“巩固和发展爱国统一战线”的部署，也是人民政协开展统一战线工作的基本遵循。报告指出：“要高举爱国主义、社会主义旗帜，牢牢把握大团结大联合的主题，坚持一致性和多样性统一，找到最大公约数，画出最大同心圆。”这是新时代党的统一战线工作的总要求，对于政协做好团结联谊的统一战线工作，也具有重要指导意义。在这部分内容中具体提到的关于多党合作、民族宗教、党外知识分子、新的社会阶层人士、促进非公有制经济健康发展和非公有制经济人士健康成长以及广泛团结联系海外侨胞和归侨侨眷等统一战线各方面的工作部署，其中也含有许多新时代对统一战线工作的新要求，也是政协做好相关工作需要深入理解把握的内容。

第三，新时期统一战线包括大陆和海外两个范围的联盟，促进祖国统一始终是人民政协的一大历史任务，十九大报告的第十一部分“坚持‘一国两制’、推进祖国统一”中，也包含新形势下许多政协工作需要注意遵循的内容。如报告指出的：“保持香港、澳门长期繁荣稳定，必须全面准确贯彻‘一国两制’‘港人治港’‘澳人治澳’、高度自治的方针，严格依照宪法和基本法办事，完善与基本法实施相关的制度和机制。要支持特别行政区政府和行政长官依法施政、积极作为，团结带领香港、澳门各界人士齐心协力谋发展、促和谐，保障和改善民生，有序推进民主，维护社会稳定，履行维护国家主权、安全、发展利益的宪制责任。”要“发展壮大爱国爱港爱澳力量，增强香港、澳门同胞的国家意识和爱国精神，让香港、澳门同胞同祖国人民共担民族复兴的历史责任、共享祖国繁荣富强的伟大荣光”。“两岸同胞是命运与共的骨肉兄弟，是血浓于水的一家人。”“必须继续坚持‘和平统一、一国两制’方针，推动两岸关系和平发展，推进祖国和平统一进程。”“我们将推动两岸同胞共同弘扬中华文化，促进心灵契合。”坚决反对一切分裂祖国的活动等。这些重要论述和要求，对做好新时代人民政协的港澳台工作，也具有重要的指导意义。

第四，这次十九大报告在第十二部分“坚持和平发展道路，推动构建人类命运共同体”的内容中，还指出要“推进人大、政协、军队、地方、人民团体等的对外交往”。人类命运共同体是新时代我们向世界提供的全球治理的中国方案。在实现这个顺应了时代要求的构想过程中，积极发挥人民政协的作用，是新时代赋予政协对外交往的新任务。过去讲统一战线一直有国际和国内两个统一战线之说。早在新中国成立前夕，毛泽东同志在其《论人民民主专政》一文中就曾指出，中国人民在中国革命中取得的主要的基本的经验就是两件事，一是在工人阶级领导下“结成国内的统一战线”，由此发展到人民民主专政的国家；二是联合世界上平等待我的民族和各国人民共同奋斗，“结成国际的统一战线”。到了社会主义革命和建设时期，他又提出“三个世界”的理论，强调团结依靠广大第三世界发展中国家，争取欧洲等第二世界国家，反对超级大国霸权主义的国际统一战线。进入改革开放新时期，1980年邓小平同志在政协五届三次会议的讲话中还提到，人民政协“要积极主动地开展国际友好往来”，在“发展我国社会主义现代化建设，实现台湾归回祖国和反对霸权主义、维护世界和平的事业中”发挥重大作用。后来基于对国际大局大势发展变化的分析，邓小平同志提出了和平与发展是时代主题的重大新判断，我们党不再常提以反霸为目标的国际统一战线。当然现在我们仍要警惕防范打着民主人权、宗教自由等旗号，对我国搞“颜色革命”、煽动民族分裂的图谋；但我国对外交往的主要任务，已经是如十九大报告所指出的，要维护世界和平，促进共同发展，发展同各国的友好合作，与“各国人民同心协力，构建人类命运共同体，建设持久和平、普遍安全、共同繁荣、开放包容、清洁美丽的世界”。在这方面，人民政协也应当并且能够发挥积极的作用。

联系报告提到的党和国家工作的大局，特别是加强党的集中统一领导、发展社会主义民主政治的总体部署来认识把握

把政协工作纳入党和国家工作的大局，特别是强调在党中央集中统一领导下，把政协的发展纳入积极稳步推进社会主义民主政治建设的大

局中来部署，这是十八大以来政协工作创新发展的一个重要新特点，这个特点在十九大报告中也得到充分体现，主要有三个方面。

第一，报告在论述坚持党的领导、人民当家作主和依法治国有机统一时，特别强调了“党的领导是人民当家作主和依法治国的根本保证”。加强党的集中统一领导，包括“支持人大、政府、政协和法院、检察院依法依章程履行职能、开展工作、发挥作用”。十八大以来，形成了全国政协党组向党中央请示报告制度，中共中央政治局常委会每年都要研究政协工作，确定政协协商议题，听取政协党组报告工作。十九大报告的这一要求，必将使党对政协工作的领导继续得到坚持并不断加强。

第二，加强党的领导需要不断巩固党的执政基础、群众基础，党的领导与保证人民当家作主在本质上是一致的。这次十九大报告在论述“扩大人民有序政治参与”时，与前几次党代会报告的提法有所不同，就是第一次在过去一直说的我国民主政治四个环节中加入了“民主协商”，指出要“扩大人民有序政治参与，保证人民依法实行民主选举、民主协商、民主决策、民主管理、民主监督”。这就进一步明确把协商民主、人民政协纳入了我国民主政治建设的制度链条体系中，体现了十八大后开始明确、这次十九大报告又强调的，“协商民主是实现党的领导的重要方式，是我国社会主义民主政治的特有形式和独特优势。要推动协商民主广泛、多层、制度化发展，统筹推进政党协商、人大协商、政府协商、政协协商、人民团体协商、基层协商以及社会组织协商”。贯彻落实十九大的这个精神，就要求我们更加自觉地把人民政协的建设和发展，放到推进我国社会主义民主政治建设的总体布局中去考虑，放到推动协商民主广泛、多层、制度化发展的大格局中去考虑，注意统筹谋划、协调推进。

第三，联系各方面工作部署看对人民政协的新要求，这次十九大报告还有一个地方涉及政协，就是在报告最后关于全面从严治党的部分，在“健全党和国家的监督体系”一条中，提出了要“构建党统一指挥、全面覆盖、权威高效的监督体系，把党内监督同国家机关监督、民主监督、司法监督、群众监督、舆论监督贯通起来，增强监督合力”。其中，民主监督就包括政协的监督。党的十八届六中全会制定的《中国共产党党内监督条例》明确指出，要支持和保证“人民政协依章程进行民主监督”，并且把它与支持和保证人大、政府、监察机关、司法机关等国家机关的监督并列放在一起加以论述。今年1月，中共中央办公厅还专门印发了《关于加强和改进人民政协民主监督工作的意见》。正因此我理解，这次十九大报告在论述政协的内容中，在三项职能中特别提出要“加强人民政协民主监督，重点监督党和国家重大方针政策和重要决策部署的贯彻落实”。

结合十九大报告提出的新时代新起点等重要思想、重大论断来认识把握

要真正学深弄懂十九大对人民政协的新要求，不仅要在具体内容上准确理解、深入把握，还要从十九大明确的中国特色社会主义进入了新时代，我国各方面发展包括人民政协，都开始了一个历史新起点、踏上了新征程的高度去认识把握。这方面，我想主要就十九大提出的我国进入了新时代，社会主要矛盾已发生转化，由此必然对各方面工作包括政协工作带来的深刻影响谈一点认识。

十九大报告提出：“中国特色社会主义进入新时代，我国社会的主要矛盾已经转化为人民日益增长的美好生活需要和不平衡不充分的发展之间的矛盾。”这里讲人民对美好生活的向往，不仅是对物质文化生活提出了更高要求，而且在民主、法治、公平、正义、安全、环境等方面的要求也日益增长；这里讲不平衡不充分的发展，不仅指一些地方、一些领域社会生产力的发展不够平衡、不够充分，而且从“五位一体”总体布局看，也指国家各方面的平衡发展、充分发展还不够。所以，习近

平新时代中国特色社会主义思想，以及贯彻这一思想的基本方略中，明确提出中国特色社会主义事业“五位一体”的总体布局、“四个全面”的战略布局，并且在政治发展方面，明确提出了要坚持和完善中国共产党领导的多党合作和政治协商制度，“巩固和发展最广泛的爱国统一战线，发展社会主义协商民主”。这其中就包含新时代对人民政协的要求。

新时期以来特别是十八大以来，我们党把协商民主列为深化政治体制改革的重要内容，作出了健全社会主义协商民主制度、推进协商民主广泛多层制度化发展的战略部署，明确了人民政协是协商民主重要渠道和专门协商机构，推动人民政协各项工作取得了重大发展，开创了新局面。这次十九大报告在总结论述十八大以来改革开放和现代化建设的历史性成就时，也在“民主法治建设迈出重大步伐”的内容中，提到了“社会主义协商民主全面展开”。但从新时代明确的我国社会主要矛盾变化后的发展要求来看，从人民对美好生活的向往来看，我们在推进民主包括协商民主的广度、深度方面都还不够，目前协商民主、人民政协的发展也有不平衡、不充分的地方。比如，七个渠道的协商民主发展就还不够平衡，各个协商渠道之间的衔接配合、统筹协调还需要加强，政协工作也存在需要改进提高的地方，如协商质量包括提案、调研报告、会议发言等还存在参差不齐、需要提高之处；政协履行职能的制度化规范化程序化建设，以及适应新时代要求提高委员履职能力，包括为委员履职服务方面，都还存在需要与时俱进、不断加强的地方。

总之，我国社会主要矛盾的变化是关系全局、历史性的重大变化，各项事业包括人民政协事业都要适应这个主要矛盾的变化，着眼两个一百年的奋斗目标、党和国家事业的长远发展来思考谋划。同时也要看到，尽管社会主要矛盾已经转化，但我国仍处于并将长期处于社会主义初级阶段。因此，推进协商民主也必须看到这项任务的长期性、艰巨性，既要有时不我待的紧迫感，也不能急于求成，要坚持从实际出发有步骤、有规划积极稳妥地向前推进。

人民政协在国家治理体系中的地位和作用*

（2018年8月）

习近平总书记在庆祝人民政协成立65周年大会上的讲话中提出："人民政协是国家治理体系的重要组成部分"，"要适应全面深化改革的要求"，"努力在推进国家治理体系和治理能力现代化中发挥更大作用"。正确认识人民政协是国家治理体系的重要组成部分，准确把握人民政协在国家治理体系中的地位和作用，适应推进国家治理体系和治理能力现代化的要求，推进人民政协理论创新、制度创新、工作创新，是新时代人民政协必须深入研究的重大课题。

人民政协是国家治理体系的重要组成部分

习近平总书记指出，我国的国家治理体系是中国共产党领导人民管理国家的一整套制度体系。人民政协作为具有中国特色的制度安排，

---

* 本文是作者领衔研究的全国政协机关2018年重点研究课题，担任本课题组长的还有刘家强同志、高波同志，课题组成员有吴秀生同志、刘焕性同志、于保政同志、杜以宾同志，发表于《中国政协·理论研究》2018年第4期。

从成立之日起就在国家治理中发挥了重要作用。但从认识和实践的角度看，人民政协作为国家治理体系重要组成部分的确立，则经历了长期的发展过程，主要经历了四个阶段：

（一）从1949年9月到1954年9月。这是政协成立并代行人大职权时期。人民政协是中国革命统一战线发展的产物。1949年9月中国人民政治协商会议第一届全体会议的召开，就标志着统一战线和全国人民大团结在组织上完全形成，标志着中国共产党领导的多党合作和政治协商制度正式确立。由于在当时还不具备条件召开普选的全国人民代表大会，也由于人民政协包括了我国各党派、各团体、各民族、各阶层和各个方面的代表人士，能够代表全国人民的意志，因此政协第一届全体会议代行全国人大职权，通过了《中国人民政治协商会议共同纲领》等一系列为新中国奠基的历史性文件，完成了创建中华人民共和国的历史使命。在会议通过的具有临时宪法作用的《共同纲领》中，不仅规定了我国的国体、政体及各方面的大政方针，而且明确指出人民政协“为人民民主统一战线的组织形式”，在全国人大召开以前其全体会议执行人大职权，在全国人大召开以后政协仍“得就有关国家建设事业的根本大计及其他重要措施，向全国人民代表大会或中央人民政府提出建议案”。

（二）从1954年人大召开到1966年“文化大革命”前。这是政协结束代行人大职权并在我国完成社会主义改造进入社会主义社会后，进一步明确在国家政治生活中的地位和作用的时期。政协一成立，就是既能够团结各界有着广泛代表性的统一战线组织，又能够对国家大政方针和中央政府的工作起协商、参谋和推动作用的协商机关。但在新中国成立初期，我国还处于新民主主义社会，因此政协的这种“事先协商”按周恩来同志当时的说法，体现的还是“新民主主义议事”的精神和特点。那么在巩固了新生的人民政权，恢复和发展了国民经济，我国开始向社会主义过渡，尤其在政协结束代行人大职权，我国完成社会主义改造进入社会主义社会后，政协还能否继续在国家政治生活中发挥不可替代的作用呢？对这个问题时任全国政协主席的毛泽东同志在政协二届一次会议前召开的座谈会讲话中做了分析解答。一方面他根据历史唯物主义一元论，从人民民主专政的政体必须坚持民主集中制出发，提出不能把政协搞成国家权力机关，否则就成为“二元”了，民主集中制就讲不通了；另一方面他又指出：“人民代表大会代表性虽然很大，但它还不能包括所有的方面，所以人民政协仍有存在的必要，并不是多余的。”“通过政协容纳许多人来商量事情很需要。”政协是“各党派的协商机关。”毛泽东同志这里实际已从国家民主政治建设的宏观角度，明确了政协作为统一战线性质的民主协商机关，在国家政治生活中具有不可替代的作用。1956年，在讨论确定进入社会主义社会后党和国家大政方针的中共八大前后，他在总结国际国内历史经验的基础上，又提出了中国共产党与各民主党派“长期共存，互相监督”的八字方针。这一方针，不仅为在社会主义社会长期保持共产党领导、多党合作的政治格局奠定了基础，成为我们党探索走中国特色社会主义政治发展道路、建立社会主义政党制度的发端，同时也为人民政协作为多党合作和政治协商机构、作为统一战线组织继续发挥重要作用，进一步提供了依据、指明了方向。

（三）从1978年中共十一届三中全会举行到2012年中共十八大召开前。这是人民政协适应改革开放新时期新要求，进一步明确性质、任务和职能，发展成为国家基本政治制度和政治体制重要组成部分的时期。中共十一届三中全会以后，邓小平同志亲任五届全国政协主席，明确提出新时期人民政协的性质和任务，确立中国共产党同各民主党派长期共存、互相监督、肝胆相照、荣辱与共的方针，推动人民政协性质和作用载入宪法。为了推进政治体制改革、发展社会主义民主政治，1989年中共中央经与民主党派协商，颁布《中共中央关于坚持和完善中国共产党领导的多党合作和政治协商制度的意见》，确立了中国共产党是执政党，各民主党派是参政党，中国共产党领导的多党合作和政治协商制度是我国的一项基本政治制度，人民政协是实行这一制度的重要形式。就是在这一背景下，中共中央明确了团结和民主是人民政协的两大主题，在中国共产党的领导下政协与人大、政府互为补充、相辅相成，是我国社会主义民主政治的一大优势。2006年中共中央又颁布《中共中央关于加强人民政协工作的意见》，进一步明确提出人民政协是我国政治体制的重要组成部分，选举和协商是我国社会主义民主的两种重要形式，要善于运用人民政协这一政治组织和民主形式。

（四）从中共十八大召开到习近平总书记在庆祝人民政协成立65周年大会上发表重要讲话。这是“人民政协是国家治理体系的重要组成部分”重要论断提出确立的时期。中共十八大召开后，形成了以习近平同志为核心的党中央，明确了中国特色社会主义事业“五位一体”的总体布局和“四个全面”的战略布局，十八届三中全会提出了完善发展中国特色社会主义制度、推进国家治理体系和治理能力现代化的全面深化改革总目标。为了实现这个目标，习近平总书记深刻阐述要健全社会主义协商民主制度、推进协商民主广泛多层制度化发展。就是适应这样一个形势发展需要，2014年习近平总书记在庆祝人民政协成立65周年大会上的讲话中，系统阐发了社会主义协商民主的思想，明确提出了人民政协是适合中国国情、具有鲜明中国特色的制度安排，是国家治理体系的重要组成部分。人民政协要适应全面深化改革的要求，充分发挥作为协商民主重要渠道和专门协商机构的作用，努力推进国家治理体系和治理能力的现代化。国家治理体系是比国家政治体制内涵更广的概念。习近平总书记提出的这一重大论断，既坚持了人民政协的固有属性，又适应了新时代对人民政协的新要求，进一步丰富了人民政协作为国家政治制度重要内容、国家政治体制重要组成部分的蕴含。在这一重要思想指导下，人民政协积极探索创新，不断拓展协商议政的广度和深度，实现了人民政协事业从实践探索到理论升华的又一个飞跃。

联系我们国家和人民政协走过的历程，看我国的国家治理体系，有三个鲜明特点：一是实行中国共产党领导、人民当家作主和依法治国的有机统一。党的领导是人民当家作主和依法治国的根本保证，是中国特色社会主义、我国国家治理体系的最本质特征。人民当家作主是社会主义民主政治的本质特征，是中国共产党矢志不渝的初心和使命。依法治国是党领导人民治理国家的基本方式，为了保障人民民主必须使民主制度化、法律化。二是实行社会多元参与、多元共治。随着社会日益多元，要实现国家的有效治理，必须在党和政府与社会、市场等多元主体之间实行协调合作、多元共治，推动协商民主广泛多层制度化发展，打造共建共治共享的治理格局。三是在我国国家治理体系中，统一战线、人民政协具有不可替代的重要地位和作用。早在1950年一届政协二次会议第一次党组会议上周恩来同志就指出："现在有党的系统，有政权的系统，再加上政协的系统，这就更能反映各个方面的意见，并有利于决议的贯彻执行。"经过长期的发展，目前我国已有3000多个地方政协组织、60多万名政协委员，形成了一套完整成熟的制度体系和运行机制，成为具有鲜明中国特色的制度安排。充分发挥人民政协作为中国共产党领导下与国家机关互相补充、相辅相成的系统作用，对于实现党的领导、人民当家作主，对于保证我国的团结统一、和谐稳定，对于促进经济社会发展、有效发挥国家治理效能，都具有重要的意义。

准确认识和把握人民政协在国家治理体系中的重要地位和作用

认识人民政协在国家治理体系中的地位和作用，就是从国家治理的宏观角度把握政协的独特地位和作用。这个地位和作用离不开党和国家总体战略布局对人民政协的要求，但从内在的规定性看，则是由政协的性质定位决定的。就此而言，人民政协在国家治理体系中的地位和作用主要体现在三个方面：

第一，坚持和实现中国共产党的领导，推动中共中央大政方针和决策部署的贯彻落实。中国共产党的领导是我国国家治理体系的最本质特点，也是把握发挥人民政协在国家治理体系中的地位和作用的根本要求。政协作为统一战线组织，是党联合带领广大同盟者为了实现共同目标而奋斗的政治共同体；政协作为多党合作和政治协商的机构，是在中国共产党领导下各党派和无党派人士在政协实行合作共事、协商议政的重要政治和组织形式；政协作为人民民主的重要实现形式，也是实现党的领导的重要途径和方法。中共十九大报告明确指出，“协商民主是实现党的领导的重要方式”。在政协进行民主协商，既有对党和政府科学决策议政建言的重要作用，也有在协商中进行思想政治引导，通过协商凝聚共识、凝聚智慧、凝聚力量，落实党的大政方针和决策部署的重要作用。在人民政协，党的领导主要是对参加政协的统一战线各方面的政治领导。这种领导从根本上讲，就是把党和人民的事业建立在更加广泛、更加强大、更加牢固的社会基础之上，解决好人心向背、力量对比的问题。坚持中国共产党的领导是历史的选择，是包括参加政协的各党派团体和各族各界人士在内的全体中国人民的共同选择，也是政协各参加单位和广大政协委员的共同责任。政协中的党的组织和共产党员，是受党的委派到政协工作的，对于坚持和实现党对人民政协的领导更负有重要的责任。因此，在政协工作中，政协党组要充分发挥领导核心作用，中共党员委员要充分发挥先锋模范作用，以团结引领各民主党派、人民团体和各族各界党外人士，坚定不移地坚持中国共产党的领导，把党中央的决策部署和对政协工作的要求落实下去，把海内外中华儿女实现中华民族伟大复兴的智慧和力量凝聚起来，为实现党确定的目标任务而不懈奋斗。

第二，发扬社会主义民主，发挥人民政协作为协商民主重要渠道和专门协商机构的作用。团结和民主是人民政协的两大主题。政协的性质决定了政协实行的民主主要是协商民主。协商民主是中国共产党和中国人民的伟大创造，是我国社会主义民主政治的特有形式和独特优势。习近平总书记指出：“在中国社会主义制度下，有事好商量，众人的事情由众人商量，找到全社会意愿和要求的最大公约数，是人民民主的真谛。”“在人民内部各方面广泛商量的过程，就是发扬民主、集思广益的过程，就是统一思想、凝聚共识的过程，就是科学决策、民主决策的过程，就是实现人民当家作主的过程。这样做起来，国家治理和社会治理才能具有深厚基础，也才能凝聚起强大力量。”人民政协作为协商民主的重要渠道，是构建程序合理、环节完整的社会主义协商民主体系的重要组成部分，是广泛形成人民群众参与各层次管理和治理机制的重要制度平台。人民政协要发挥好作为人民民主重要形式在国家治理中的作用，一方面要充分发挥作为专门协商机构的作用，把协商民主贯穿履行职能的全过程，不断提高政协协商制度化、规范化、程序化水平，更好协调关系、汇聚力量、建言献策、服务大局；另一方面要更好地实现政协系统与政权系统的良性互动，充分发挥各项政治制度在国家治理中的综合效能。为此，要在党统揽全局、协调各方的领导下，进一步规范政协与人大、政府等国家机关的关系，在制度上进一步确立政协不是权力机关和决策机构，但可以列席人大会议，听取并讨论政府工作报告和其他重要报告，可以对宪法法律的实施、重大方针政策的贯彻执行、国家机关及其工作人员的工作进行民主监督。在政协和政府之间，政协不是执行机关，但可以对政府机关及其工作人员的工作进行民主监督，可以围绕党和政府中心工作和群众关心的问题，进行调查研究、建言献策、反映社情民意，以提高决策的科学性。只有通过一系列具体的制度规定，才能充分体现、落实人民代表大会制度与多党合作和政治协商制度相辅相成，选举和协商两种民主形式相互补充、相得益彰，这一我国社会主义民主政治的制度特点和优势。

第三，实现大团结大联合，发挥人民政协作为最广泛的爱国统一战线组织的作用。统一战线是中国共产党夺取革命、建设、改革事业胜利的一大法宝，也是党治国理政、实现中华民族伟大复兴中国梦的重要法宝。人民政协作为中国人民爱国统一战线的组织，具有最广泛的代表性和包容性。通过充分发挥政协的统一战线组织作用，团结一切可以团结的力量，调动一切积极因素，化消极因素为积极因素，维护安定团结的政治局面，保证国家的和谐稳定和长治久安，是我国国家治理体系的一个突出特点，也是人民政协在国家治理中发挥不可替代作用的最重要的方面。适应推进国家治理体系和治理能力现代化的要求，人民政协要充分发挥好统一战线的功能作用，坚持一致性和多样性相统一，坚持求同存异、体谅包容，积极引导各族各界群众增强对伟大祖国的认同、对中华民族的认同、对中华文化的认同、对中国特色社会主义道路的认同，努力在有关国计民生的重大问题上找到最大公约数、画出最大同心圆，推动全体中华儿女实现大团结大联合。人民政协作为最广泛的爱国统一战线组织，囊括了我国各党派团体和各族各界代表人士，与社会各界有着密切的联系。因此，人民政协不仅能够通过参与社会主义民主政治建设在国家治理中发挥重要作用，而且能够在社会广泛参与的多元共治中发挥积极作用。各级政协要充分发挥政协组织联系广泛、位置超脱、下通各界、上达中央的优势，动员作为社会各界代表的广大政协委员，加强与所联系界别群众的联系和沟通，及时准确反映他们的愿望和呼声，同时积极向他们宣传解释党和政府的有关方针政策，做好理顺情绪、化解矛盾、协调关系、增进共识的工作，努力为推动形成党的领导、政府管理与社会多元参与共治共享的良好局面做出贡献。

充分发挥人民政协在国家治理体系和治理能力现代化中的作用

习近平总书记在中共十九大报告中指出："经过长期努力，中国特色社会主义进入了新时代，这是我国发展新的历史方位。"进入新时代，社会主要矛盾已转化为人民日益增长的美好生活需要和不平衡不充分的发展之间的矛盾，我国开始从站起来、富起来走向强起来，同时世界格局也在发生大变化、大调整，各项事务纷繁复杂，各种矛盾纵横交织，我们面临的机遇和挑战前所未有，必然会给我国各方面工作包括政协工作带来重大深刻的影响，必然会推动我国各方面事业发展包括人民政协事业发展进入一个历史新起点。适应新时代新要求，人民政协必须找准着力点，努力在推进国家治理体系和治理能力现代化方面发挥更大的作用。

（一）打牢共同思想政治基础，切实做好凝聚共识的工作

适应新时代要求推进国家治理体系和治理能力现代化，首先需要全社会的参与，凝聚起全社会的共识。共识是合作共事之基、团结奋斗之要。政协委员来自方方面面，利益诉求、价值取向、思想观念、生活方式等不尽相同，但在政协这些不同只能成为加强团结、增进共识的理由，而不能成为自由散漫、各行其是的借口。过去一段时间，我们对建言资政积极性较高，形成了较健全的制度、措施和办法，在打牢共同思想政治基础、凝聚共识方面则相对较弱，缺乏深入研究和相应的制度机制保障。今后在这方面要努力加强，做到在协商中议政建言与学习教育双向发力，真正把加强思想政治引领、凝聚共识作为重大政治任务，落实到履行职能的全部工作之中，切实做到增进一致而不强求一律、尊重差异而不扩大分歧、包容多样而不弱化主导，自觉抵制和反对一切违背、损害和削弱共同思想政治基础的言行，不断巩固已有共识，凝聚新的共识，团结带领各界人士为实现中共十九大提出的宏伟目标而共同奋斗。

（二）提高协商议政质量和水平，把提质增效贯穿政协履职全过程

进入新时代，我国从高速发展转向高质量发展，政协工作也要从注重数量转变到注重质量上来，努力把提质增效贯穿履职全过程。为此，首先要深入学习领会习近平总书记关于加强和改进人民政协工作的重要思想，吃透掌握政协工作的特点和规律，通过联系实际的学习总结经验、查找不足，找到提高工作质量和水平的有效途径和办法。同时，要在履职过程中树立质量意识，在运用好已有协商议政形式的同时，进一步完善协商议政格局，着力提高效果和水平。比如：为增强协商效果，改进双周协商座谈会组织工作，提高委员参与度，加强互动交流；为更加经常深入协商议政，推动各专委会开展对口协商，积极探索网络议政、远程协商，着力打造工作精品；为提高协商议政水平，鼓励委员潜心研究问题、精心提出对策，努力在调研中察实情、出实招、求实效；为充分挖掘政协委员人才荟萃的资源优势，在政协谋划建设参政议政人才库、应用型智库等。

（三）加强民主监督，更好发挥政协民主监督在党和国家监督体系中的作用

政协民主监督是我国社会主义民主政治的一项重要制度安排。中共十八大以来，以习近平同志为核心的党中央为加强和改进人民政协民主监督工作专门制定文件，提出新的要求。中共十九大报告又明确提出：“加强人民政协民主监督，重点监督党和国家重大方针政策和重要决策部署的贯彻落实。”这表明，加强民主监督是新时代中共中央对政协工作的一个重要要求。因此，新形势下人民政协应继续贯彻落实中共中央有关文件精神，切实做好加强民主监督的各项工作。要用好会议监督、视察监督、提案监督、专项监督等各种监督形式，健全政协民主监督的

工作机制，包括知情明政机制、协调落实机制、办理反馈机制和权益保障机制等，尊重和保障政协委员在参加民主监督工作中的知情权、参与权、表达权、监督权；要完善政协民主监督工作的程序化和可操作性，在确定监督议题、组织监督活动、报送监督意见、办理监督意见等环节坚持高标准，确保履行民主监督职能有制可依、有规可守、有章可循、有序可遵；要加强党对政协民主监督工作的领导，把握好监督的方向、原则和重点，加强政协民主监督同其他监督形式的协调配合，使民主监督同党内监督、国家机关监督、司法监督、群众监督、舆论监督贯通起来，增强合力，更好发挥政协民主监督在党和国家监督体系中的作用。

（四）以党的建设为核心，全面加强政协自身建设

加强自身建设是人民政协完成新时代新任务的基本保障。中国共产党对政协工作负有领导责任，因此加强政协自身建设首先要加强政协系统党的建设，包括加强政治建设、思想建设、组织建设、作风建设、纪律建设，从组织体系、制度机制上确保中共中央集中统一领导在政协的贯彻落实。面对新形势新任务，人民政协还要全面增强履职本领，着力提高政治把握能力、调查研究能力、联系群众能力、合作共事能力。按照懂政协、会协商、善议政和守纪律、讲规矩、重品行要求，抓好政协委员队伍建设。推进从常委开始提交年度书面履职报告，建立全国政协委员履职档案，修订完善委员履职工作规则等各项制度，不断提高政协工作制度化、规范化、程序化水平。

多党合作和政治协商基本政治制度确立过程中二三事*

（2019年5月）

1989年我在中央统战部工作期间，参与了《中共中央关于坚持和完善中国共产党领导的多党合作和政治协商制度的意见》（以下简称《意见》）的起草工作。这个《意见》首次提出了中国共产党领导的多党合作和政治协商制度是我国一项基本政治制度，中国共产党是执政党、各民主党派是参政党，以及各民主党派和无党派人士参政的具体途径等，可以说具有里程碑意义。这个文件是1989年底以江泽民同志为核心的党中央颁布的。但其研究起草，则是根据邓小平同志1989年1月在一份民主党派成员所提建议上批示，要求组织一个专门小组“专门拟定民主党派成员参政和履行监督职责的方案”[1]开始的，期间还经历了“六四”风波，历时一年才完成，许多事情至今记忆犹新，其中有些情况多年来很

---

* 本文是作者应约为庆祝人民政协成立70周年而写的文史资料，原载于全国政协文化文史和学习委员会编，中国文史出版社2019年9月出版的《人民政协成立70周年纪事》一书。

少有人提及。而了解这些情况，不仅有益于弄清这个《意见》出台的历史背景，也有益于深入理解和把握中央在这个文件中一些重大决策的成因、内涵和意义。

中国共产党领导的多党合作和政治协商制度是我国一项基本政治制度，是根据邓小平同志的意见指示加以明确的

中国共产党领导的多党合作和政治协商制度是我国一项基本政治制度，是这个《意见》首次明确提出的一个重大论断。此前，关于我国政党制度的一般提法是“中国共产党领导下的多党合作制”。应当说，这个重大论断是我们党总结历史经验，适应改革实践和时代需要，综合各种情况做出的。但当时起草文件提出这个论断的直接依据，则是根据1987年邓小平同志在审阅修改十三大报告时提出的一条重要意见。

十三大召开期间我在中央统战部研究所工作（这个研究所是1985年经中共中央书记处批准成立的，1988年又并入中央统战部研究室）。记得当时参与十三大报告稿起草工作的郑必坚同志一天到统战部来商量一些事情，据他讲十三大报告定稿前曾送邓小平同志审阅，小平同志对报告稿很赞赏，特别是对报告稿概括的社会主义初级阶段理论和“一个中心、两个基本点”的党的基本路线给予了充分肯定，但他也用笔对报告稿少数几个地方做了修改，其中一处修改就是在原报告稿讲“历史性成就”内容中的“共产党领导下的多党合作制度”的“多党合作”后，加上了“和协商”三个字。而且小平同志还强调说，十三大报告在“关于政治体制改革”一部分中写的“人民代表大会制度，共产党领导下的多党合作和政治协商制度，按照民主集中制的原则办事，是我们的特点和优势，决不能丢掉这些特点和优势。”这是作为我国的基本政治制度来讲的，必须长期坚持不能动摇。（这里报告用了“多党合作和政治协商制度”这样规范的表述，而在报告前面“历史性成就”的有关内容中，

仍保留了小平同志修改的“共产党领导下的多党合作和协商制度”。）后来，在研究起草《中共中央关于坚持和完善中国共产党领导的多党合作和政治协商制度的意见》稿过程中，起草组就是根据邓小平同志的这个意见，在文件中写入了“中国共产党领导的多党合作和政治协商制度是我国一项基本政治制度。”[2]

值得注意的是，改革开放以来邓小平同志在提到我国政党制度的多次谈话中，也用过中国共产党领导下的多党合作制的表述。1979年他就提出：“在中国共产党的领导下，实行多党派的合作，这是我国具体历史条件和现实条件所决定的，也是我国政治制度中的一个特点和优点。”[3]1986年他又提出，要把完善中国共产党领导下的多党派合作的政治制度作为改革的一项重要内容。那么，为什么他在审定十三大报告稿中要专门加上“和协商”三个字呢？我理解，曾经担任过第五届全国政协主席的邓小平同志这个修改增加，有着重要的新含义。其中的新含义，一个是进一步表明了我国政党制度不同于西方多党制的运行机制和特点，即我国各民主党派作用的发挥和政党关系的协调，主要是通过协商合作的方式而不是竞争选举的方式来进行，政治协商是实现党的领导和多党合作的重要途径；再一个就是把不仅有各党派团体，还有各界代表人士参加的人民政协包括了进来。中国共产党领导开展的政治协商有两种基本方式，一种是中国共产党同各民主党派的政治协商，一种是中国共产党在人民政协同各民主党派和各界代表人士的协商。在这个《意见》中就专门有一部分关于发挥人民政协作用的内容，并首次明确提出：“人民政协是我国爱国统一战线组织，也是共产党领导的多党合作和政治协商的一种重要组织形式。人民政协应当成为各党派、各人民团体、各界代表人物团结合作、参政议政的重要场所。”[4]

在《意见》制定过程中充分听取了各民主党派的意见，费孝通对中国共产党与各民主党派的关系提出了“一”与“多”的观点

1989年1月，邓小平同志在关于组织一个专门小组拟定民主党派成员参政和履行监督职责方案的批示中，就特别提到这个专门小组的“成员要有民主党派的”。[5]因此，在研究制定这个《意见》的过程中，广泛听取了各有关方面、专家学者的意见，尤其是注意充分听取了各民主党派的意见。在各民主党派提出的各种意见建议中，给我留下深刻印象的是，当时民盟中央主席费孝通对中国共产党与各民主党派的关系提出了一个观点，就是认为共产党领导的多党合作制度有两个“眼”，一个是领导，一个是合作，对此可以用“一”与“多”来概括。他说：

一党领导、多党合作含有一个基本的意思，就体现在我常说的闻一多同志的名字中，就是“一”与“多”的关系。我这么想，我们这个国家在整个世界格局中是比较弱的，处于落后地位，知识比较少，工业不发达，必须要以比人家快的速度才能赶上人家，否则要出大问题，这就需要一批人带头。孙中山讲以先觉觉后觉，那么谁来领导，谁是先进的？在这个世纪就是工人阶级先进，它的先进分子组成共产党。党来指出方向，他们要走在前面，要纯，要有纪律，要有高度威信，所以共产党是“一”。光有“一”是不行的，有“一”就有“多”，有纯就有杂。这个“多”是在“一”领导下的。社会上有许多不同利益，民主党派要代表不同利益，通过民主党派把各种意见、看法都反映到领导上去。所以民主党派要“多”，不能纯。民主党派要能讨论问题，能改正思想，包容性要强。这就是“一”与“多”的关系。

在制定这个《意见》的整个过程中，中共中央都很重视民主党派的意见，强调要把坚持中国共产党的领导和发扬社会主义民主作为两条

主线贯穿于文件制定中。因此，不仅在文件稿的研究起草阶段，而且在经过深入研究文件已基本成型后，仍注意不断听取并尽可能采纳民主党派的一些重要意见建议。例如：对于这个基本政治制度的表述，在文件形成的最后阶段还采纳了民主党派提出的一个意见，就是为了体现我国各政党的法律地位平等，去掉了原《意见》稿中表述的“中国共产党领导下的多党合作和政治协商制度”中的“下”字。在《意见》稿的制定过程中，北京等地发生了“六四”政治风波，一度曾有民主党派同志担心这个文件最后能否顺利出台、切实贯彻。为了表明坚定不移地推进改革，坚持我国的基本政治制度不动摇，中共中央不仅赶在1989年12月30日印发这个文件，落实了邓小平同志在1989年初提出的这个方案要“在一年内完成，明年开始实行”[6]的指示，并且接受民建中央等提出的把这一基本政治制度写入宪法的要求，建议全国人大在1993年修宪时，将“中国共产党领导的多党合作和政治协商制度将长期存在和发展”写入宪法序言。正是与宪法这一修改相衔接，1994年全国政协八届二次会议通过政协章程修正案，在章程关于政协性质的表述“中国人民政治协商会议是中国人民爱国统一战线的组织”后，增加了“是中国共产党领导的多党合作和政治协商的重要机构”的内容。

民主党派如何参政是这个《意见》需要明确的一个重点内容，参政党是经过反复研究最后由中央定的

虽然早在中华人民共和国成立初期，就有许多民主党派成员和无党派人士参加了国家政权，包括担任国家、政府和司法机关的领导职务。但长期以来，我们讲多党合作主要还是贯彻毛泽东同志提出的“长期共存、互相监督”八字方针或新时期的十六字方针，侧重的主要是党与党的关系，而对于民主党派与国家政权之间的关系，一直没有一个明确的说法。中共中央制定这个《意见》需要解决的一个重点问题，就是要明

确民主党派在国家政权中的地位和作用。所以，当时费孝通同志就说：民主党派方面对于怎么合作，具体怎么个做法，不大明确，这有历史原因。比如像我，入盟最早的之一了。当时主要是出于对国民党统治的不满，出于保护学生这样的目的，你是民主教授嘛！并不想参政，没想到替代国民党。吴晗也说过，国民党下去了，我们还回去教书。所以中国的民主党派有自己的历史特点，不像资本主义发达国家，他们那里的政党很明确，就是要轮流坐庄。我们民主党派从根本上来说，就多数人来说，不是这个看法。但是我们也不能停留在以前那种态度了，要积极参与政治活动，参政议政。议政还行，有历史传统。参政就是新问题了。

涉及民主党派参政，首先需要研究明确的问题，就是如何表述民主党派作为政党的参政地位。为此，起草组召开了一系列座谈会，广泛听取各方意见，做了深入反复比较研究。当时对这个问题，包括专家学者比较有代表性的观点主要有三种：

一种观点认为，民主党派是在共产党领导下的执政党，共产党与民主党派在国家政权中应当是在共产党领导下联合执政的关系。理由是：毛泽东同志在新民主主义革命时期就提出了无产阶级领导下几个革命阶级联合专政的理论，在延安等革命根据地实行过“三三制”，社会主义时期也可以实行联合执政。联合执政有利于坚持共产党的领导，也有利于民主党派参政议政，与共产党互相监督，是多党合作的更高形式。

再一种观点认为，民主党派是在共产党领导下参与执政的政党。理由是：根据世界通行的政治概念，执政党是执掌国家政权的政党，执政党负责组织政府并通过政府贯彻本党的政策，按此民主党派事实上不能称为执政党。但随着我国社会利益日益多元化，民主党派可以作为一些阶层或利益集团的代表，参加国家政权的管理，成为共产党领导下参与执政的政党。

还有一种观点认为，民主党派无论是从事实观察还是按理论推导，都不能算是执政党。多党合作的重点不在于民主党派成员参加政府工作，民主党派不一定非要在政府中占多大比例。民主党派参政议政可主要通过人大和政协这两个渠道发挥作用，要使人大和政协成为多党合作、参政议政的主要机构。

现在回想，当时各方对这个问题的讨论是比较活跃的，提出了多种观点。但应当指出的是，所有当时关于这方面的讨论，都是在坚持社会主义政治制度，坚持共产党的领导和执政地位这一前提下展开的，在整个研究过程中有一点自始至终都很明确，就是我国的政党制度是符合中国国情的社会主义政党制度，根本不同于西方资本主义国家的多党制，也有别于一些社会主义国家实行的一党制，各民主党派不是在野党、反对党，讨论的焦点不是民主党派能否参政的问题，而是如何表述、规范其参政的问题。最后，关于民主党派究竟应该叫什么党？这个问题是报中央确定的，这就是《意见》提出的各民主党派“是接受中国共产党领导的，同中共通力合作、共同致力于社会主义事业的亲密友党，是参政党”。其“参政的基本点是：参加国家政权，参与国家大政方针和国家领导人选的协商，参与国家事务的管理，参与国家方针、政策、法律、法规的制定执行”[7]。这里，《意见》提出我国民主党派参政有四个基本点，不只是参加政权，要比西方多党制下政党执政或联合执政主要是组阁、参加政权的参政内容广泛得多。与此相适应，《意见》提出民主党派参政的主要途径也有四条，首先是中国共产党和各民主党派之间的合作与协商，再是民主党派成员、无党派人士参加人大，担任政府及司法机关领导职务，还包括发挥民主党派在人民政协中的作用。所以，参政党完全是中国独创的概念。进入新时代后，中共中央又提出各民主党派是“中国特色社会主义参政党”，进一步明确了我国新型政党制度中这个独特概念的本质内涵。

注释：

［1］［5］［6］《人民政协重要文献选编》（中），中央文献出版

社、中国文史出版社2009年版，第464页。

［2］［4］［7］同上书，第479、485、480—481页。

［3］同上书，第361—362页。

关于新时代人民政协新方位新使命的几点认识*

（2019年6月）

推动人民政协这一具有中国特色的制度安排更加成熟更加定型，发挥好人民政协作为社会主义协商民主专门协商机构作用，是人民政协在新时代的新方位新使命。准确理解把握这个新方位新使命，是做好新时代政协各项工作的前提，需要从历史与现实、理论与实践的结合上深入研究探索。

新时代人民政协的新方位新使命是从国家政治制度建构完善的宏观角度提出的，专门协商机构是人民政协长期历史发展的必然结果

新时代人民政协的新方位新使命有两个“眼”：一个是推动人民政协制度更加成熟更加定型，一个是发挥好人民政协专门协商机构的作用，这两个“眼”互相联系、有机统一，贯穿于其中的突出一点，就是

* 本文是作者为2019年度中国人民政协理论研究会重点研究课题撰写的论文，发表于《中国政协·理论研究》2019年第3期。

把人民政协摆在完善和发展中国特色社会主义制度建设的大局中，适应推进国家治理体系和治理能力现代化的需要，着眼于发挥人民政协在国家治理体系中的作用，建构完善国家政治制度。

习近平总书记在讲到推动人民政协制度更加成熟更加定型时，使用了“推动包括人民政协制度在内的中国特色社会主义制度更加成熟更加定型”这样的表述，显然这是从国家政治制度建构完善的总体大局出发考虑的。而习近平总书记在讲到发挥新时代人民政协的作用时，强调要“发挥好人民政协作为专门协商机构作用”，这也是着眼于发挥人民政协在国家政治体制中特有作用的宏观视角考虑的。这一点通过对人民政协长期以来发挥政治协商机构作用的历史考察，就可以看得更清楚。

发挥专门协商机构作用是新时代新使命对人民政协的要求，也是人民政协作为政治协商机构在国家政治生活中长期发挥重要作用历史的、逻辑的发展结果。人民政协从成立之日起就是统一战线组织与人民民主形式的有机结合，既是统一战线组织，又是政治协商机构，从政治协商机构到专门协商机构经历了四个阶段的发展：

第一个阶段从1949年9月人民政协成立到1954年9月人大召开，这是明确人民政协是人民民主统一战线组织，又是具有新民主主义特点的协商机关的人民政协制度初创时期。

人民政协是毛泽东同志提出的中国革命一大法宝统一战线发展胜利的成果，同时其成立也标志着中国共产党领导的多党合作和政治协商制度的正式确立。在筹备成立人民政协期间，周恩来同志就指出人民政协是统一战线的组织，又是“一个和政府协商的机关”，[1]就是在全国人民代表大会召开之后，“国家大政方针，仍要经过人民政协进行协商”。[2]事前协商、反复讨论体现了新民主主义的议事精神、新民主的特点。1949年通过的《中国人民政治协商会议共同纲领》规定，人民政协是“人民民主统一战线的组织形式”，其主要作用就体现在政治协商机关和统一战线组织两个方面。1951年7月，政协全国委员会印发《关于各省、市各界人民代表会议协商委员会工作的意见》明确指出：“协商委员会是各民主党派、人民团体和民主人士的政治协商机关，又是经过各民主党派、人民团体和民主人士去团结各民主阶级的统一战线组织。因此协商委员会的任务是一方面要协助政府联系和动员人民，审议和推行政策法令；又一方面要加强各民主党派、人民团体和民主人士的团结进步工作，经过他们去团结和教育各民主阶级的人民。这两方面的任务是不可分离的。缺了一个方面，任务就不完全。”[3]可以说，正是因为人民政协从一开始就具有既是统一战线组织，又能够在国家政治生活中发挥作为一种人民民主形式的政治协商机关作用，所以在成立后其全体会议能够代行人大职权，代表全国人民的意志，完成协商建国的历史伟业，在新中国成立后其全国委员会又协商讨论推行一系列政策法令，为巩固新生的人民政权，推动各项社会改革做出了重要贡献。

第二个阶段从1954年第二届全国政协形成到1978年的改革开放前，这是人民政协在人大召开、我国进入社会主义社会后，进一步明确性质和任务，确立继续是“各党派的协商机关”时期。

1954年全国人大召开后人民政协面临的一个突出问题，就是它还能否继续在国家政治生活中发挥重要作用。针对有人对此产生的疑问，毛泽东同志专门召集参加政协二届一次会议的部分党内外人士座谈，就政协存在的必要性及其性质和任务做了重要论述。他指出：有了人大并不妨碍我们成立政协进行政治协商，各党派、各民族、各团体的领导人物一起来协商新中国的大事非常重要。人大的代表性当然很大，但它不能包括所有的方面，所以政协仍有存在的必要。不能把政协搞成国家机关，因为人大和国务院是国家权力机关和国家管理机关，如果把政协也搞成国家机关，那就会“一国二公”，民主集中制就讲不通了。政协不是国家机关，而是各党派的协商机关，是党派性的机关。他还特别强调：“我们的国家制度是人民民主专政，民主是商量办事。”[4]这里，毛泽东同志关于政协存在的必要性及其性质的论述，就是把政协摆在国家政治制度架构的大格局中，通过比较人大和政府，从政协在国家政治体制中可以发挥协商机关独特作用的宏观层面，来论述和阐明人民政协性质和作用的。需要注意的是，毛泽东同志讲政协是“各党派的协商机关”，这里的“党派性”指的就是统一战线性，是统一战线组织与政治协商机关的统一。因为虽然当时作为统一战线组织的人民政协实际包含“全国各民族、各民主阶级、各民主党派、各人民团体、国外华侨和其他爱国民主人士”，但1954年制定的政协章程规定，人民政协“以各民主党派、各人民团体为基础组成”，其成员主要是党派团体推出的代表。所以，当时毛泽东同志、周恩来同志常常从党派团体的角度来讲统一战线和人民政协的问题，而此时具体主管统战政协工作的李维汉同志就明确提出：“人民政协是我国统一战线的协商机关。”

1956年在我国基本完成社会主义改造、建立社会主义制度后，毛泽东同志又总结国际国内历史经验，明确提出在进入社会主义社会后我国也不搞一党制，而必须实行中国共产党与各民主党派“长期共存，互相监督”。实行这“八字方针”是以坚持中国共产党领导和共同走社会主义道路为前提的，因此它所要建立的决不是西方那种在朝在野、互相倾轧的多党制，而是一种以合作与协商为特点的新型政党制度。它的提出就不仅为建立社会主义政党制度奠定了思想政治基础，也为人民政协在社会主义时期继续发挥作为多党合作和政治协商机构的作用提供了基本依据。1957年3月全国政协二届三次会议专门作出政治决议，要求各级政协切实贯彻这“八字方针”。李维汉同志在党的八大会议发言中也根据毛泽东同志的上述思想进一步提出：“政治协商是我国实现人民民主的重要方法。我国人民民主统一战线的内部关系是经过协商来调整的，国家事务中的重要问题是协商成熟而后决定的，国家的选举也是经过协商提名的。”“中国人民政治协商会议全国委员会和地方委员会是政治协商机关，又是统一战线组织，在统一战线和国家政治生活中起着重要作用。”[5]

可以说，正是因为贯彻了毛泽东同志上述重要思想，所以人民政协在1954年不再代行人大职权后特别是在进行社会主义革命和建设的过程中，继续在国家政治生活中发挥了作为统一战线组织和政治协商机关两个方面的重要作用：一方面，积极团结推动统一战线成员参加社会主义改造，为推进社会主义革命和建设做出了重要贡献；另一方面，党和国家的重大方针政策和许多重要法律草案继续在政协进行协商，并且从1959年4月政协三届一次会议起全国政协全体会议与全国人民代表大会开始同时召开，政协委员可以列席人大会议听取政府工作报告和其他重要报告，后来逐步成为惯例形成了具有鲜明中国特色的“两会制”民主政治运作机制。

第三个阶段从1978年党的十一届三中全会举行到2012年十八大召开，这是我国进入改革开放新时期，统一战线和人民政协进入新的历史发展阶段，中国共产党领导的多党合作和政治协商制度被确立为我国一项基本政治制度，人民政协成为实行这一制度重要机构的时期。

改革开放后邓小平同志担任五届全国政协主席，明确提出新时期我国社会阶级状况发生了根本变化，党和国家的工作重心实现了战略转移，与此相适应我国统一战线的内部构成也发生了根本变化，发展成为包括全体社会主义劳动者和爱国者的最广泛爱国统一战线，人民政协的中心任务也转到为建设社会主义现代化和实现祖国统一服务上来。

在奋力开创改革开放新局面的进程中，邓小平同志一方面指出新时期人民政协要充分发挥作为爱国统一战线组织的作用，努力调动一切积极因素，团结一切可以团结的力量，维护和发展安定团结的政治局面，积极为促进改革开放、现代化建设和祖国统一贡献力量；另一方面大力推动人民政协自身也在改革中不断发展，提出：“在中国共产党的领导下，实行多党派的合作，这是我国具体历史条件和现实条件所决定的，也是我国政治制度中的一个特点和优点。”[6]“人民政协是巩固和扩大我国革命的爱国的统一战线的重要组织，也是我国政治体制中发扬社会主义民主和实行互相监督的重要形式。”[7]在邓小平同志的推动下，1982年人民政协的性质和作用被载入宪法，政治协商、民主监督作为政协的职能也被写进新时期政协章程。1987年根据他的意见，“共产党领导下的多党合作和政治协商制度”作为政治体制改革的一项重要内容被写入党的十三大报告。1989年又按照他的批示，中共中央制定颁布了《中共中央关于坚持和完善中国共产党领导的多党合作和政治协商制度的意见》，进一步明确中国共产党是执政党，各民主党派是参政党，中国共产党领导的多党合作和政治协商制度是我国一项基本政治制度。就是在这一背景下，以江泽民同志为核心的第三代中共中央领导集体确立了团结和民主是人民政协的两大主题，提出在中国共产党领导下政协与人大、政府是互为补充、相辅相成的，选举投票和充分协商是我国社会主义民主的两种重要形式，并通过1993年宪法修改明确了“中国共产党领导的多党合作和政治协商制度将长期存在和发展”，与此相衔接1994年政协章程修改也在政协性质中增补了人民政协是“中国共产党领导的多党合作和政治协商的重要机构”的内容。2006年以胡锦涛同志为总书记的党中央又制定印发《中共中央关于加强人民政协工作的意见》，明确指出：“人民政协是我国政治体制的重要组成部分，在我国政治生活中具有不可替代的作用。”并首次把我国两种社会主义民主形式写进中共中央文件，提出发展社会主义民主政治，“要善于运用人民政协这一政治组织和民主形式”，[8]为新世纪人民政协事业发展提供了理论基础、政策依据和制度保障。

第四个阶段从2012年党的十八大召开经过2017年十九大至今，这是中国特色社会主义进入新时代，以习近平同志为核心的党中央把发展社会主义协商民主纳入新时代坚持和发展中国特色社会主义的基本方略，正式提出要发挥好人民政协作为协商民主专门协商机构的作用，推动人民政协制度更加成熟更加定型的时期。

党的十八大把发展协商民主提到了发展社会主义民主政治战略全

局的新高度，提出要健全社会主义协商民主制度，推进协商民主广泛多层制度化发展。党的十八届三中全会把发展协商民主作为完善和发展中国特色社会主义制度、推进国家治理体系和治理能力现代化的一项重要战略举措加以部署。2014年习近平总书记在庆祝人民政协成立65周年的讲话中，系统阐发了社会主义协商民主思想，提出：“在中国社会主义制度下，有事好商量，众人的事情由众人商量，找到全社会意愿和要求的最大公约数，是人民民主的真谛。”选举与协商两种民主形式“是相互补充、相得益彰的，共同构成了中国社会主义民主政治的制度特点和优势。”强调：要“构建程序合理、环节完整的社会主义协商民主体系”，协商民主“应该是全方位的、而不是局限在某个方面的，应该是全国上上下下都要做的、而不是局限在某一级的”。就是在这样一个大背景下，习近平总书记提出人民政协是国家治理体系的重要组成部分，要发挥作为专门协商机构的作用，把协商民主贯穿履行职能全过程。党的十九大进一步明确：“协商民主是实现党的领导的重要方式，是我国社会主义民主政治的特有形式和独特优势。”“人民政协是具有中国特色的制度安排，是社会主义协商民主的重要渠道和专门协商机构。”在十九大精神指引下，人民政协认真学习贯彻习近平总书记关于加强和改进人民政协工作的重要思想，坚持党对人民政协工作的全面领导，加强政协系统党的建设，加强建言资政和凝聚共识双向发力，不断探索完善政协协商的内容和形式，不断健全完善人民政协的政治建设、思想建设、组织建设、制度建设、作风建设，推动人民政协制度走向更加成熟更加定型的新阶段。

专门协商机构与统一战线组织是辩证统一的，又赋予了其新的时代内涵

从习近平总书记关于发挥人民政协专门协商机构作用的论述可以看

到，它主要是着眼于人民政协在协商民主体系、国家治理体系中的作用讲的。而习近平总书记在论述做好人民政协工作时又强调必须坚持人民政协的性质定位，即人民政协是统一战线的组织，是多党合作和政治协商的机构，是人民民主的重要实现形式。这个性质定位中的后两项与发挥人民政协专门协商机构的作用是基本一致的，比较好理解，但第一项也是被视为人民政协根本性质的统一战线组织与专门协商机构，看上去却不太一样，对它们之间的关系需要有一个正确的认识理解。

我以为，专门协商机构和统一战线组织的关系是辩证统一的。一方面，应当看到它们之间确有不同。专门协商机构是从政协协商在我国协商民主体系中具有的独特地位和作用提出来的，统一战线组织则体现了人民政协在党的统一战线工作中的地位和作用。团结和民主是人民政协的两大主题，统一战线的本质是大团结、大联合，统一战线是中国共产党凝聚人心、汇聚力量的战略方针，统战部是中国共产党党委职能部门，因此可以说统一战线主要是从党的工作角度讲的；而民主首先是国家制度，协商民主是我国人民民主的重要形式，健全协商民主制度是推进国家治理体系和治理能力现代化、发展社会主义民主政治的战略举措，因此可以说专门协商机构主要是从国家治理、民主政治的角度讲的。

另一方面，专门协商机构和统一战线组织虽有不同，但它们之间不是矛盾的，而是具有内在的统一性。从统一战线看，统一战线是不同社会政治力量为了实现共同目标在共同利益基础上结成的政治联盟，统一战线的巩固和发展就只能建立在互相尊重、协商讨论、求同存异、聚同化异的基础上。人民政协之所以由界别组成、政协委员必须经协商产生，而不是按地区构成、由选举产生；人民政协之所以主要实行以充分协商讨论、提出意见建议为特点的协商民主，而不是实行具有法律强制性的选举票决民主；人民政协在国家政治体制中之所以是协商机构，而不是权力机关、决策机关，都是由人民政协的统一战线组织性质决定的。从专门协商机构看，人民政协的协商民主融协商、监督、合作、参与于一体，具有鲜明的统一战线特点，这个特点表现在实施主体上，就是政协组织由统一战线各方面所组成，政协协商的实施主体是参加政协的各党派团体和各族各界人士；表现在工作原则和方法上，就是政协协商必须坚持统一战线的原则和方法，坚持在中国共产党领导下畅所欲言、平等议事、求同存异、体谅包容；表现在工作目标和要求上，就是政协协商必须通过广泛协商凝聚共识，增进社会各界对党和国家大政方针的理解认同，促进党同各民主党派、无党派人士的团结合作。专门协商机构没有改变人民政协具有广泛的代表性和包容性，并且党外委员比例大于党内委员的统一战线组织构成；也没有改变我国各合法政党都以政党身份参加人民政协，各民主党派在政协可以以党派的名义发表意见主张，人民政协是多党合作和政治协商重要机构的地位作用。专门协商机构是相对于协商民主广泛多层制度化发展中的其他协商渠道讲的，也是相对于人民政协的独特性质和作用讲的。因此可以说，专门协商机构与统一战线组织是从不同侧面反映了人民政协的性质定位、职能作用，在人民政协制度中它们是结合在一起的，不能割裂开来。

专门协商机构坚持了人民政协的基本性质定位，又适应了新时代对人民政协发展的新要求，赋予了其新的时代内涵。这个新内涵总的说就是人民政协要适应推进国家治理体系和治理能力现代化、健全社会主义协商民主制度的要求，充分发挥人民政协作为国家治理体系重要组成部分的专门协商机构作用，把协商民主贯穿政协履行职能的全过程。而具体说就是要落实人民政协作为专门协商机构的协商职能，进一步规范协商内容，丰富协商形式，完善协商机制，提高协商成效，推进各级政协履行职能制度化、规范化和程序化，在有些方面还可以积极创新探索。比如，十八大以来我们党对协商民主的一个重大发展，就是把过去主要是在政党和国家层面进行的协商拓展到包括社会基层的各个领域。习近平总书记强调，人民群众是社会主义协商民主的重点，要按照协商于民、协商为民的要求大力发展基层协商民主。长期以来统一战线、人民政协工作的重点主要是社会中上层，而新时期随着爱国统一战线扩大许多政协委员特别是地方政协委员已来自基层，在县级地方政协还存在没有民主党派、统战工作对象和界别较少的状况，在这种情况下如何发挥政协作为专门协商机构的作用，畅通各界群众通过政协表达诉求的渠道，充实完善基层政协协商的内容和形式，与基层协商相衔接加强基层社会治理，就成为一个可以积极探索的课题。

准确认识把握专门协商机构的本质内涵，坚持建言资政与凝聚共识双向发力

协商民主不同于选举民主的一大特点和优势，就在于它不是单向的诉求表达，而是一个双向讨论、凝聚共识、协商一致的过程。1954年毛泽东同志指出人民政协有五大任务，其中就既有协商问题、向党委和政府提意见方面的任务，又有协调关系、学习马列主义自我教育方面的任务。从专门协商机构与统一战线组织的关系可以看出，人民政协作为统一战线组织要在协商的基础上组成，人民政协中的统一战线关系要通过协商来协调，人民政协履行职能要运用协商的方式来开展，中国共产党对人民政协的领导也要通过协商来实现。因此，不能把人民政协作为专门协商机构所指的协商，简单看作是人民政协政治协商、民主监督、参政议政三项职能中一项职能的协商，而应当看作是贯穿政协履行职能全过程、政协工作各方面的协商。作为专门协商机构的协商，是人民政协的重要政治原则、组织原则和工作原则，是政协工作的基本方法，也可以看作是人民政协的根本职能。这样的协商从来就包括两方面的内容：一方面是党和政府通过在政协协商就党和国家的重大方针政策及群众关心的重要问题，听取各党派团体和各族各界人士的意见建议；另一方面是中国共产党通过在政协协商把党的主张转化为社会各界的共识，实现党对统一战线的领导和党同各民主党派、无党派人士的团结合作。做好

这两方面的协商对于人民政协来说，就是必须坚持建言资政和凝聚共识双向发力，而贯穿于其中的一个本质内涵，就是在中国共产党领导下实行团结和民主，通过实行这样一种党领导的团结和民主，努力把党中央的决策部署和对人民政协的要求落实下去，把海内外中华儿女实现中华民族伟大复兴中国梦的智慧和力量凝聚起来。

当前发挥好人民政协作为专门协商机构的作用，加强建言资政和凝聚共识双向发力，需要注意把握三点：

一是要把加强思想政治引领、广泛凝聚共识作为履职工作的中心环节。协商民主就是“努力形成共识的民主形式”，人民政协又负有团结各党派团体和各族各界人士的政治责任，更要求加强思想政治引领。这是人民政协发展进步的历史经验，也是人民政协制度日益成熟的重要标志。随着中国特色社会主义进入新时代，我国经济社会结构深刻调整，社会主要矛盾变化带来许多新问题，同时当今世界正发生百年未有之大变局，国际敌对势力不愿看到中国强大竭力对我遏制围堵，我们面临的各种挑战更加错综复杂、前所未有，也更加需要我们把凝聚共识摆在突出位置，最大限度地把各方面智慧和力量凝聚起来。人民政协要自觉把坚持和发展中国特色社会主义作为巩固共同思想政治基础的主轴，把习近平新时代中国特色社会主义思想作为统揽各项工作的总纲，引导广大委员增强“四个意识”，坚定“四个自信”，做到“两个维护”，坚定不移走中国特色社会主义政治发展道路，并广泛联系和动员各界群众，积极做好宣传政策、解疑释惑、理顺情绪、化解矛盾的工作。

二是要着力提高协商议政质量。早在人民政协成立时周恩来同志就指出，政治协商不是只重形式，只重多数与少数，而是注重事前协商、反复讨论，达到真正的而不是形式上的一致。协商民主本质上就是重质量的，而人民政协作为专门协商机构更应当有高质量、专业化的协商水平。新时代人民政协要求提高协商议政质量不是单纯相对数量讲的，而主要是就其作为专门协商机构组织意义上讲的。提高协商议政质量首先是政治要求、制度要求，也是适应我国经济由高速发展转向高质量发展的时代要求。因此，提高协商议政质量对于政协委员来说，不仅要增强自身的专业能力，注意在履职中发挥自己的专业特长，而且更要把自身的专业素养与履行政协职能的要求结合起来，与反映所联系界别群众的诉求、体现人民的意愿结合起来，善于胸怀大局，从发挥人民政协作为专门协商机构在国家治理中作用的宏观视角观察思考问题、提出意见建议。只有这样，才能有效推动实现政协工作从注重“做了什么”“做了多少”向“做出了什么效果”转变。

三是要正确理解把握建言资政与凝聚共识的关系。凝聚共识一定意义上说就是在不同意见中找出共同点，就是在不同利益愿望中寻求共同性要求，这种共同性要求只有在各方面意见要求能够表达出来并经过充分交流讨论才能真正形成。习近平总书记说，协商民主体现了人民民主的真谛，就在于它能够通过人民内部各方面广泛协商，“找到全社会意愿和要求的最大公约数”。因此，建言资政和凝聚共识本质上也是统一的。建言资政是民主协商，凝聚共识也是民主协商。在某一个时期某些问题上可能会存在偏重一个方面的现象，需要适时调整、矫正。但这决不是说不提倡委员讲真话、进诤言，积极议政建言。相反，只有鼓励委员勇于提出意见建议和批评，让各种不同意见诉求如实表达出来并充分交流，弄清楚哪些是各方面的共同性要求，哪些是不同要求需要协调，才能真正达到双向发力、凝心聚力的目的。

注释：

[1][5]《老一代革命家论人民政协》，中央文献出版社1997年版，第42、222、223页。

[2][4]《人民政协重要文献选编》(上)，中央文献出版社、中国文史出版社2009年版，第36、203页。

[3]《中国人民政协全书》上卷，中国文史出版社1999年版，第

238页。

［6］［7］《人民政协重要文献选编》（中），中央文献出版社、中国文史出版社2009年版，第361—362、371页。

［8］《人民政协重要文献选编》（下），中央文献出版社、中国文史出版社2009年版，第793页。

正确认识专门协商机构与统一战线组织的关系 坚持建言资政和凝聚共识双向发力*

（2019年7月）

把握新时代人民政协的新方位新使命，要发挥好人民政协作为专门协商机构的作用，而做好人民政协工作，又必须坚持人民政协的性质定位，特别是被视为人民政协根本性质的统一战线组织，与专门协商机构之间是什么关系，是一个需要首先认识清楚的问题。

我以为，专门协商机构和统一战线组织是辩证统一的关系。一方面，应当看到它们之间确有不同。专门协商机构是从政协协商在我国协商民主体系中具有的独特地位和作用提出来的，统一战线组织则体现了人民政协在党的统一战线工作中的地位和作用。团结和民主是人民政协的两大主题，统一战线的本质是大团结、大联合，统一战线是中国共产党凝聚人心、汇聚力量的战略方针，统战部是中国共产党党委职能部门，因此可以说统一战线主要是从党的工作角度讲的；而民主首先是国

* 本文是作者在全国政协举办的庆祝人民政协成立70周年理论研讨会上的大会发言。

家制度，协商民主是我国人民民主的重要形式，健全协商民主制度是推进国家治理体系和治理能力现代化、发展社会主义民主政治的战略举措，因此可以说专门协商机构主要是从国家治理、民主政治的角度讲的。

另一方面，专门协商机构和统一战线组织虽有不同，但它们之间不是矛盾的，而是具有内在的统一性。从统一战线看，统一战线是不同社会政治力量为了实现共同目标在共同利益基础上结成的政治联盟，统一战线的巩固和发展就只能建立在互相尊重、协商讨论、求同存异、聚同化异的基础上。人民政协之所以由界别组成、政协委员必须经协商产生，而不是按地区构成、由选举产生；人民政协之所以主要实行以充分协商讨论、提出意见建议为特点的协商民主，而不是实行具有强制性的选举票决民主；人民政协在国家政治体制中之所以是协商机构，而不是权力机关、决策机关，都是由人民政协的统一战线组织性质决定的。从专门协商机构看，人民政协的协商民主融协商、监督、合作、参与于一体，具有鲜明的统一战线特点，这个特点表现在实施主体上，就是政协组织由统一战线各方面所组成，政协协商的实施主体是参加政协的各党派团体和各族各界人士；表现在工作原则和方法上，就是政协协商必须坚持统一战线的原则和方法，坚持在中国共产党领导下畅所欲言、平等议事、求同存异、体谅包容；表现在工作目标和要求上，就是政协协商必须通过广泛协商凝聚共识，增进社会各界对党和国家大政方针的理解认同，促进党同各民主党派、无党派人士的团结合作。专门协商机构没有改变人民政协具有广泛的代表性和包容性，并且党外委员比例大于党内委员的统一战线组织构成；也没有改变我国各合法政党都以政党身份参加人民政协，各民主党派在政协可以以党派的名义发表意见主张，人民政协是多党合作和政治协商重要机构的地位作用。专门协商机构是相对于协商民主广泛多层制度化发展中的其他协商渠道讲的，也是相对于人民政协的独特性质和作用讲的。因此可以说，专门协商机构与统一战线组织是从不同侧面反映了人民政协的性质定位、职能作用，在人民政协制度中它们是结合在一起的，不能割裂开来。

从专门协商机构与统一战线组织的关系可以看出，人民政协作为统一战线组织要在协商的基础上组成，人民政协中的统一战线关系要通过协商来协调，人民政协履行职能要运用协商的方式来开展，中国共产党对人民政协的领导也要通过协商来实现。因此，不能把人民政协作为专门协商机构所指的协商，简单看作是人民政协政治协商、民主监督、参政议政三项职能中一项职能的协商，而应当看作是贯穿政协履行职能全过程、政协工作各方面的协商。作为专门协商机构的协商，是人民政协的重要政治原则、组织原则和工作原则，是政协工作的基本方法，也可以看作是人民政协的根本职能。这样的协商从来就包括两方面的内容：一方面是党和政府通过在政协协商就党和国家的重大方针政策及群众关心的重要问题，听取各党派团体和各族各界人士的意见建议；另一方面是中国共产党通过在政协协商把党的主张转化为社会各界的共识，实现党对统一战线的领导和党同各民主党派、无党派人士的团结合作。做好这两方面的协商对于人民政协来说，就是必须坚持建言资政和凝聚共识双向发力，而贯穿其中的一个本质内涵，就是在中国共产党领导下实行团结和民主，通过实行这样一种党领导的团结和民主，努力把党中央的决策部署和对人民政协的要求落实下去，把海内外中华儿女实现中华民族伟大复兴中国梦的智慧和力量凝聚起来。

当前发挥好人民政协专门协商机构的作用，加强建言资政和凝聚共识双向发力，一是要把加强思想政治引领、广泛凝聚共识作为履职工作的中心环节。协商民主就是“努力形成共识的民主形式”，人民政协又负有团结各党派团体和各族各界人士的政治责任，更要求加强思想政治引领。这是人民政协发展进步的历史经验，也是人民政协制度日益成熟的重要标志。随着中国特色社会主义进入新时代，我国经济社会结构深刻调整，社会主要矛盾变化带来许多新问题，同时当今世界正发生百年未有之大变局，国际敌对势力不愿看到中国强大竭力对我遏制围堵，我们面临的各种挑战更加错综复杂、前所未有，也更加需要我们把凝聚共识摆在突出位置，最大限度地把各方面智慧和力量凝聚起来。人民政协要自觉把坚持和发展中国特色社会主义作为巩固共同思想政治基础的主轴，把习近平新时代中国特色社会主义思想作为统揽各项工作的总纲，引导广大委员增强“四个意识”，坚定“四个自信”，做到“两个维护”，坚定不移走中国特色社会主义政治发展道路，并广泛联系和动员各界群众，积极做好宣传政策、解疑释惑、理顺情绪、化解矛盾的工作。

二是要着力提高协商议政质量。早在人民政协成立时周恩来同志就指出，政治协商不是只重形式，只重多数与少数，而是注重事前协商、反复讨论，达到真正的而不是形式上的一致。协商民主本质上就是重质量的，人民政协作为专门协商机构更应当有高质量、专业化的协商水平。新时代人民政协要求提高协商议政质量不是单纯相对数量讲的，而主要是就其作为专门协商机构组织意义上讲的，提高协商议政质量首先是政治要求、制度要求，也是适应我国经济由高速发展转向高质量发展的时代要求。因此，提高协商议政质量对于政协委员来说，不仅要增强自身的专业能力，注意在履职中发挥专业特长，而且要把自身的专业素养与履行政协职能的要求结合起来，与反映所联系界别群众的诉求、体现人民的意愿结合起来，善于胸怀大局，从发挥人民政协作为专门协商机构在国家治理中作用的宏观视角观察思考问题、提出意见建议。只有这样，才能有效推动实现政协工作从注重“做了什么”“做了多少”向“做出了什么效果”转变。

三是要正确理解把握建言资政与凝聚共识的关系。凝聚共识一定意义上说就是在不同意见中找出共同点，就是在不同利益愿望中寻求共同性要求，这种共同性要求只有在各方面意见要求能够表达出来并经过充分交流讨论才能真正形成。习近平总书记说，协商民主体现了人民民主的真谛，就在于它能够通过人民内部各方面广泛协商，“找到全社会意愿和要求的最大公约数”。因此，建言资政和凝聚共识本质上也是统一的。建言资政是民主协商，凝聚共识也是民主协商。在某一个时期某些问题上可能会存在偏重一个方面的现象，需要适时调整、矫正。但这决不是说不提倡委员讲真话、进诤言，积极议政建言。相反，只有鼓励委员勇于提出意见建议和批评，让各种不同意见诉求如实表达出来并充分交流，弄清楚哪些是各方面的共同性要求，哪些是不同要求需要协调，才能真正达到双向发力、凝心聚力的目的。

坚持发展社会主义协商民主
充分发挥人民政协专门协商机构作用*

（2019年11月）

习近平总书记在中央政协工作会议暨庆祝中国人民政治协商会议成立70周年大会上的讲话中指出："协商民主是党领导人民有效治理国家、保证人民当家作主的重要制度设计，同选举民主相互补充、相得益彰。人民政协在协商中促进广泛团结、推进多党合作、实践人民民主，既秉承历史传统，又反映时代特征，充分体现了我国社会主义民主有事多商量、遇事多商量、做事多商量的特点和优势。"新时代加强和改进人民政协工作的一项重要任务，就是必须始终不渝地坚持发展社会主义协商民主，充分发挥人民政协专门协商机构作用。

---

* 发表于《人民政协报·学习与探索》2019年12月4日。

民主协商历来是人民政协的职责任务，长期以来人民政协为发展协商民主做出了重要贡献

协商民主是中国独特的、独有的、独到的民主形式，它体现了中华民族天下为公、兼容并蓄、求同存异等优秀政治文化，源自近代以后中国政治发展的现实进程，源自新中国成立后各党派、各团体、各民族、各阶层、各界人士在政治制度上共同实现的伟大创造。人民政协也是中国共产党领导各民主党派、无党派人士、人民团体和各族各界人士在政治制度上进行的伟大创造。人民政协在协商中产生，在协商中发展，与协商民主可以说同根同源。民主协商历来是人民政协的重要职责和任务。

早在新中国和人民政协成立初期，毛泽东同志就说过：我们政府的性格是跟人民商量办事的，国家各方面的关系都要协商。人民政协是“各党派的协商机关”，各党派、各民族、各团体的领导人物一起来协商新中国的大事非常重要。周恩来同志也指出：新民主主义的议事精神不在于最后的表决，主要是在于事前的协商和反复的讨论。人民政协是统一战线组织，又是一个“协商机关”。1949年人民政协第一届全体会议代行人大职权，就是经过广泛协商、集思广益，通过了具有临时宪法性质的《中国人民政治协商会议共同纲领》以及各项重要法案，选举产生了政协全国委员会和中央人民政府委员会，完成了协商建国的历史伟业。新中国成立后，人民政协又在协商中团结各方，为恢复和发展国民经济、确立社会主义制度、完成社会主义革命、推进社会主义建设做出了积极贡献。1978年进入新时期后，党中央进一步明确人民政协的性质、任务、主题、职能，把中国共产党领导的多党合作和政治协商制度确立为我国的一项基本政治制度，并在《中共中央关于加强人民政协工作的意见》文件中首次提出我国有选举和协商两种社会主义民主重要形式，要善于运用人民政协这一政治组织和民主形式发展社会主义民主政治。人民政协通过广泛开展民主协商，努力调动一切积极因素，为推进改革开放和社会主义现代化建设做出了重要贡献。中国特色社会主义进入新时代，党的十八大、十九大把发展协商民主作为推进国家治理体系和治理能力现代化的一项重要战略举措加以部署，提出要健全社会主义协商民主制度，推进协商民主广泛多层制度化发展。习近平总书记系统阐发了社会主义协商民主思想，指出："在中国社会主义制度下，有事好商量，众人的事情由众人商量，找到全社会意愿和要求的最大公约数，是人民民主的真谛。" 协商民主是实现党的领导的重要方式，是我国社会主义民主政治的特有形式和独特优势。要构建程序合理、环节完整的社会主义协商民主体系，在全国上上下下全方位地去做。人民政协是国家治理体系的重要组成部分，要发挥作为专门协商机构的作用，把协商民主贯穿履行职能全过程。人民政协认真贯彻习近平总书记的这些重要思想，加强党对人民政协工作的领导，坚持人民政协性质定位，努力推进协商民主，为党和国家事业发展凝心聚力，开拓了人民政协工作新局面。70年的实践充分证明，中国式民主在中国行得通、很管用。人民政协对于发展协商民主具有不可替代的重要作用。新的时代条件下，我们要把人民政协制度坚持好、把人民政协事业发展好，就必须更好地坚持发展社会主义协商民主，充分发挥人民政协专门协商机构作用。

中央政协工作会议进一步明确了人民政协协商民主的特点内涵，贯彻会议精神必须充分发挥人民政协作为专门协商机构在发展社会主义协商民主中的重要作用

习近平总书记在中央政协工作会议讲话中论述人民政协要坚持性质定位时指出："人民政协作为统一战线的组织、多党合作和政治协商的机构、人民民主的重要实现形式，是社会主义协商民主的重要渠道和专门协商机构，是国家治理体系的重要组成部分，是具有中国特色的制

度安排。”这里，习近平总书记首次把人民政协“是社会主义协商民主的重要渠道和专门协商机构”放进政协的性质定位中加以阐述，并且对其与前三句话政协性质的关系用了“作为”“是”的语式进行表述，这就把它放在了人民政协性质定位的中心位置，表明了人民政协作为“社会主义协商民主的重要渠道和专门协商机构”，包含了人民政协是统一战线组织、多党合作和政治协商机构、人民民主重要实现形式的固有属性，又反映时代特征，赋予了人民政协在党和国家机构职能体系中职能定位的新内涵，进一步明确了人民政协协商民主集协商、监督、参与、合作于一体的特点。人民政协作为社会主义协商民主的重要渠道和专门协商机构，不仅综合承载了人民政协的性质定位，而且突出表明了人民政协的工作定位，集中体现了人民政协在我国政治体制和国家治理体系中的职责地位，彰显了中国特色社会主义民主政治“我有你没有，我能你不能”的独特优势。在党的十九届四中全会通过的《中共中央关于坚持和完善中国特色社会主义制度、推进国家治理体系和治理能力现代化若干重大问题的决定》中，又明确提出：要发挥人民政协作为政治组织和民主形式的效能，完善人民政协专门协商机构制度，健全发扬民主和增进团结相互沟通、建言资政和凝聚共识双向发力的程序机制。这与中央政协工作会议的精神是完全一致的，也进一步明确了人民政协制度作为国家基本政治制度是中国特色社会主义制度的重要内容，人民政协作为专门协商机构是国家治理体系的重要组成部分。因此，当前和今后一个时期做好人民政协工作、发挥人民政协作用的一个重要着力点，就是要坚持发展社会主义协商民主，坚持发扬民主和增进团结相互贯通、建言资政和凝聚共识双向发力，充分发挥人民政协专门协商机构作用，通过有效组织参加政协的各党派团体和各族各界人士共商国是，坚持实现中国共产党对国家和社会各方面的领导，推动实现广泛有效的人民民主。

一是要通过发挥专门协商机构的作用把民主集中制的优势运用好。发扬“团结—批评—团结”的优良传统，培育与时代和任务相适应的协商文化，广开言路、集思广益，促进不同思想观点的充分表达和深入交流，做到相互尊重、平等协商而不强加于人，遵循规则、有序协商而不各说各话，体谅包容、真诚协商而不偏激偏执，在尊重多样性中寻求一致性。对各种意见和批评，只要坚持党的基本理论、基本路线、基本方略，就要让大家讲，哪怕刺耳、尖锐一些，也要采取闻过则喜的态度，做到有则改之、无则加勉，努力形成既畅所欲言、各抒己见，又理性有度、合法依章的良好协商氛围，努力通过加强思想政治引领、广泛凝聚共识的有效工作，使人民政协成为坚持和加强党对各项工作领导的重要阵地、用党的创新理论团结教育引导各族各界代表人士的重要平台、在共同思想政治基础上化解矛盾和凝聚共识的重要渠道。

二是要进一步明确人民政协作为专门协商机构的职能责任，完善政协协商的内容形式和制度机制。坚持团结和民主两大主题，发挥好政协组织协商平台作用，提高政治协商、民主监督、参政议政水平，更好凝聚共识。聚焦党和国家中心任务，就国家大政方针和地方的重要举措，以及有关爱国统一战线和群众关心的重要问题，明确协商内容、确定协商议题。民主监督议题应有一定比例，围绕贯彻落实党和国家重要决策部署情况开展民主监督。完善以全体会议为龙头，以专题议政性常委会议和专题协商会、协商座谈会、远程协商会等为重点的政协协商议政格局。开好全体会议，更加灵活更为经常开展专题协商、对口协商、提案办理协商，搭建界别协商平台，增强网络议政、远程协商实效，探索政协协商同社会治理相结合等新形式。坚持党委会同政府、政协制定年度协商计划制度，完善协商于决策之前和决策实施之中的落实机制，对明确规定需要政协协商的事项必须经协商后提交决策实施，对协商的参加范围、讨论原则、基本程序、交流方式等作出规定，不断提高建言资政和凝聚共识的质量与水平。

三是要不断提高协商能力，强化政协委员责任担当。以改革思维、创新理念、务实举措大力推进协商能力建设，提高政治把握能力、调查研究能力、联系群众能力、合作共事能力。教育引导委员深刻认识、珍惜委员荣誉和政治身份，坚持为国履职、为民尽责的情怀，增强“四个意识”、坚定“四个自信”、做到“两个维护”，强化政治责任，不断增进对中国共产党和中国特色社会主义的政治认同、思想认同、理论认同和情感认同。组织引导委员深入学习党的创新理论，广泛学习各方面知识，准确把握政协履职方式方法，树立协商理念，遵守协商规则，培育专业的协商能力和协商精神，不断提高思想水平和认识能力，全面增强履职本领。

辑三

人民政协、协商民主讲课录

人民政协在构建社会主义和谐社会中的作用

（2007年4月）

中共十六届六中全会通过的《中共中央关于构建社会主义和谐社会若干重大问题的决定》，提出了在我国构建社会主义和谐社会的战略任务；2006年中共中央颁布的《中共中央关于加强人民政协工作的意见》，提出了构建社会主义和谐社会必须充分发挥人民政协的作用。把社会和谐确立为社会主义的本质属性，使我们正在从事的社会主义现代化建设具有了更加鲜明的中国特色；而在这一进程中专门制定文件提出要充分发挥人民政协的作用，则表明中共中央认为人民政协对构建我国社会主义和谐社会可以发挥特殊重要的作用。

《中共中央关于加强人民政协工作的意见》提出："人民政协的基本属性、主要职能、组织构成、工作原则和活动方式，与构建社会主义和谐社会的要求是完全一致的，同构建社会主义和谐社会的各项工作是紧密相连的。"关于人民政协在构建和谐社会中的作用可以从多方面去阐述，但说到为什么人民政协能够在这一进程中发挥特殊的作用，主要的可以说就是，因为人民政协具有特殊的性质、地位，以及由此产生的特殊的职能和工作原则、活动方式等。下面，我就主要从这两个方面，讲一些对人民政协在构建社会主义和谐社会中作用的认识。

人民政协的性质及其在国家政治体制中的地位，决定了它在构建社会主义和谐社会中可以发挥特殊的作用

关于人民政协的性质，政协第十届全国委员会第二次会议修改通过的政协章程规定：“中国人民政治协商会议是中国人民爱国统一战线的组织，是中国共产党领导的多党合作和政治协商的重要机构，是我国政治生活中发扬社会主义民主的重要形式。”这三句话，可以说完整准确地界定了政协性质。这三句关于政协性质的表述，实际上也规定了人民政协在国家政治生活中的地位以及三个方面的作用。而其中每一个方面，都可以对构建社会主义和谐社会发挥特殊的作用。

第一，人民政协作为中国人民爱国统一战线组织，可以最广泛、最充分地调动一切积极因素，为构建社会主义和谐社会增添活力、凝聚力量。

社会主义和谐社会应当是一个团结稳定、充满活力的社会。构建社会主义和谐社会要求凝聚社会各方面力量，激发全社会的创造活力。《中共中央关于构建社会主义和谐社会若干重大问题的决定》提出：要“支持人民政协围绕团结和民主两大主题履行政治协商、民主监督、参政议政的职能，发挥协调关系、汇集力量、建言献策、服务大局的作用”。人民政协是最广泛的统一战线组织，从成立起它就把团结一切可以团结的力量，调动一切积极因素，作为自己的根本方针，具有政治上的巨大包容性和组织上的广泛代表性。在新中国成立初期，人民政协包括了工人阶级、农民阶级、小资产阶级、民族资产阶级和当时其他一切爱国力量的代表。在改革开放后，随着我国统一战线发展进入到一个新的历史时期，人民政协实行“大团结、大统一、囊括一切代表人物”的方针，其代表性、包容性更加广泛。特别是随着中共十六大明确“在社

会变革中出现的民营科技企业的创业人员和技术人员、受聘于外资企业的管理技术人员、个体户、私营企业主、中介组织的从业人员、自由职业人员等社会阶层，都是中国特色社会主义事业的建设者”，新的社会阶层成为爱国统一战线的新成员，人民政协进一步发展成为包括全体社会主义劳动者、社会主义事业的建设者、拥护社会主义的爱国者和拥护祖国统一的爱国者这四个方面代表人士的统一战线组织。人民政协作为最广泛的爱国统一战线组织，能够突破社会制度和意识形态的局限，只要是爱国、坚持一个中国的原则，不论他抱有何种信仰，不论他属于哪一个党派、哪一个阶层，都可以团结。

当前，我国改革发展已经进入了一个关键时期，随着经济社会结构发生深刻变化，利益格局出现深刻调整，我国社会呈现出社会经济成分、组织形式、就业方式、利益关系和分配方式多样化的局面。面对这样一个局面，构建社会主义和谐社会，特别要求维护和促进我国的党派关系、阶层关系、民族关系、宗教关系以及海内外同胞关系的和谐。而具有统一战线性质的人民政协，在组织上以界别组成，在工作中要求贯彻统一战线政策。实行这种具有界别特点的组织构成，不仅能够包括目前我国的各个党派团体、各个民族、宗教、各个阶层，以及港澳同胞、台湾同胞、归国侨胞等各个界别的代表人物；而且还能够通过适时地调整和设置政协界别，不断适应社会发展的要求，扩大社会各界有序的政治参与。实行贯彻统一战线政策，不仅能够在人民政协中创造形成一种相互尊重、平等相待、求同存异、共商国是的和谐氛围，有利于协调关系、化解矛盾、汇集力量、共图大业，而且其本身就是我们建设和谐社会的一个象征，可以对形成融洽和谐又富有生机活力的社会关系起到有益的示范、引导和促进的作用。

第二，人民政协作为中国共产党领导的多党合作和政治协商的重要机构，可以维护和促进我国和谐的政党关系，为构建社会主义和谐社会提供重要的政治基础。

中国共产党领导的多党合作和政治协商制度是我国的一项基本政治制度。这一制度不同于西方的多党制、议会制，其显著特征和核心内容是：实行共产党领导、多党派合作，共产党执政、多党派参政，各民主党派不是在野党和反对党，而是同共产党亲密合作的友党和参政党。各党派通过多种渠道和形式广泛参加国家政权和参与对国家事务的管理，共产党在国家重大决策、重大问题上与各民主党派、无党派人士经常进行政治协商，同时与各民主党派互相监督。坚持这一制度，既可以避免多党竞争、轮流执政可能带来的政治动荡，又能够避免缺少监督、独断专行容易导致的种种弊端，有利于我国各党派共同致力于社会主义现代化建设，也有利于改善中国共产党的领导，保持和谐的政党关系，从而为构建社会主义和谐社会提供重要的政治基础。

中国共产党和各民主党派、无党派人士都是人民政协的重要参加单位。发挥人民政协作为多党合作和政治协商的重要机构在构建社会主义和谐社会中的作用，最重要的是要充分认识人民政协是实行我国多党合作和政治协商制度的重要政治形式和组织形式，并在国家政治生活中保证切实发挥好这一作用。发挥人民政协作为实行多党合作和政治协商制度政治形式的作用，就是要在人民政协认真贯彻落实中国共产党同各民主党派和无党派人士“长期共存、互相监督、肝胆相照、荣辱与共”的方针，促进参加政协的各党派、无党派人士的团结合作，支持各民主党派和无党派人士通过政协组织积极参与国家重大方针政策的协商讨论及其履行职能的各项活动，尊重和保障各民主党派在政协的各种会议上以本党派名义发表意见的权利，尊重和保障各民主党派和无党派人士开展视察、提出提案、举报、反映社情民意以及参与调查和检查活动的权利。发挥人民政协作为实行多党合作和政治协商制度组织形式的作用，就是要保证民主党派和无党派人士是人民政协的重要组成部分、参加单位，保证民主党派成员和无党派人士在政协委员、常务委员和政协领导成员中占有较大比例，政协的各专门委员会中有民主党派成员和无党派人士参加，政协机关中也要有一定数量的民主党派成员和无党派人士担任专职领导职务，并做到有职、有权、有责。

讲到人民政协与多党合作的关系有一点需要说明，在我国实行共产党领导的多党合作和政治协商制度有多种渠道、多种方式。比如，中共中央〔1989〕14号文件规定民主党派作为参政党在国家政治生活中的参政作用，包括“参加国家政权，参与国家大政方针和国家领导人选的协商，参与国家事务的管理，参与国家方针、政策、法律、法规的制定执行”。参加国家政权的具体形式有民主党派成员、无党派人士参加人大，担任各级政府以及司法机关的领导职务等。但民主党派在人大、政府及司法机关中的活动方式与在政协是不同的。在我国的权力机关人民代表大会中不存在议会党团。民主党派在人大是成员个人以人民代表的身份进行活动，担任政府部门、司法机关的领导职务也是以国家公务员的身份履行公务，都不是以党派名义出现的。而在人民政协，各民主党派可以以党派的名义进行活动。因此，只有人民政协是实行多党合作和政治协商制度的政治形式、组织形式。

从理论上讲，人民政协作为实施我国政党制度的一个重要机构之所以不可缺少，因为在我国政党的目的与西方国家不同，不是为了通过竞选争取执政，或者在议会中作为反对党互相牵制，而是致力于共同目标，着眼于国家建设。我国政党制度区别于西方政党制度的特点就在于：它的主旋律是合作而不是竞争，互相监督也是为了更好的合作而不是破坏合作。正因为以合作为主，我国各党派的活动不是像西方政党那样主要着力在竞选上，而是着重在政治协商。各党派对国家事务的看法以及各党之间关系的处理要靠协商，中共与各民主党派之间的互相监督也主要是通过平等的、经常的协商讨论、交换意见来实现。要保证实现郑重的、经常的、制度化的政治协商，就需要有人民政协这个协商组织。正是为了表明人民政协与坚持和完善我国多党合作和政治协商制度之间的这种密不可分的关系，2004年通过的政协章程修正案，特别增写了一段有关人民政协要体现和发挥我国社会主义政党制度特点和优势的内容。

应当说，现在民主党派和无党派人士在人民政协的作用发挥得是好的。在全国政协的34个界别中，无论是从参加会议还是开展活动来看，民主党派都可以说是组织化程度最强的。民主党派在提交政协提案、大会发言和反映社情民意等方面，与其他界别比较可以说最踊跃，比例也最高。但是，也应当看到，从我国多党合作和政治协商的整个历史看，这方面的情况也发生了很大变化，或者说有许多新发展，如何在政协中搞好多党合作和政治协商，也有需要我们与时俱进、进一步研究探索的地方。

回顾人民政协的历史，政协一成立按照毛泽东、周恩来的说法就是“各党派的协商机关”，新中国成立初期多党合作的活动主要都在政协进行。1950年3月政协第一届全国委员会工作会议第一次会议，曾经专门讨论决定了加强各民主党派间联系的办法，提出了三条：（1）属于各民主党派共同事物性质的问题，如有一方提议，政协全国委员会秘书长得召集各民主党派秘书长联席会议，进行协商。（2）有关重要宣传事项，需经各方协商者，得由政协全国委员会秘书长邀请各有关单位宣传部门开会商讨。（3）举行各民主党派座谈会，每两周一次，即政协历史上著名的“双周座谈会”。“双周座谈会”是以参加政协的各党派、无党派人士、人民团体所推选的代表为主体的时事政治座谈会，目的在于沟通思想，对中国共产党制定的方针政策、共产党与各民主党派的关系、统一战线工作以及国内外时事政治等问题交换意见，由中共和各民主党派的负责人轮流主持，中央政府和有关部门的领导参加。从1950年4月到1966年，共举行了114次，对在人民政协实施多党合作以及在国家政治生活中发挥各党派和无党派人士的作用提供了重要的平台。但新时期以后情况发生了很大变化，特别是1989年中共中央颁布《中共中央关于坚持和完善中国共产党领导的多党合作和政治协商制度的意见》，明确提出中国共产党领导的多党合作和政治协商制度是我国的一项基本政治制度，中国共产党是执政党，各民主党派是参政党，坚持和完善这一制度要规范发挥民主党派和无党派人士在四个方面的作用，即加强中国共产党同各民主党派的合作与协商；发挥民主党派成员、无党派人士在人民代表大会中的作用：举荐民主党派成员、无党派人士担任政府及司法机关的领导职务；发挥民主党派在人民政协中的作用。随着这一文件的颁布和实施，人民政协作为我国各党派协商机关的作用发生了新变化：一方面，中央明确了团结和民主是人民政协的两大主题，人民政协是中国人民统一战线的组织，也是我国多党合作和政治协商的重要机构和场所；另一方面，中国共产党和民主党派、无党派人士许多重要的协商活动逐渐不在政协举行，而是由中共中央与各民主党派中央直接进行，同时经常性的党派协商在政协也渐显稀少。

2005年和2006年，中共中央接连颁布了《中共中央关于进一步加强中国共产党领导的多党合作和政治协商制度建设的意见》《中共中央关于加强人民政协工作的意见》。这两个文件对新世纪新阶段加强多党合作和政治协商制度建设进一步做出了部署。前一个文件首次明确了，中国共产党同各民主党派和无党派人士进行政治协商主要有两种方式：一种是中国共产党采取民主协商会、小范围谈心会、座谈会等形式同各民主党派的政治协商；一种是中国共产党在人民政协同各民主党派和各界代表人士的协商。而后一个文件也首次明确，人民政协是实行我国多党合作和政治协商制度的重要政治形式和组织形式，人民政协的政治协商是中国共产党领导的多党合作的重要体现，人民政协的民主监督也包括中国共产党在政协中与各民主党派、无党派人士之间的互相监督。适应这样一种新形势，根据中央的这些新精神，就有必要进一步对人民政协在我国多党合作和政治协商中的作用进行探索、完善。比如，既然中共中央已经明确同各民主党派协商主要有两种方式，那么对这两种协商方式是否需要进行统筹协调？明确什么问题由中共中央与各民主党派中央直接协商，什么问题放在人民政协进行协商。又比如，为了切实发挥人民政协作为实行我国多党合作和政治协商制度政治形式和组织形式的作用，是否需要在政协构建一个中国共产党与各民主党派进行政治协商的经常性机制和平台。现在之所以经常性的党派协商在政协较之新中国成立初期要少，就是因为缺乏这样一个机制和平台。新时期开始，全国政协机关党组曾经报送要求恢复在“文革”期间中断的“双周座谈会”的请示，时任全国政协主席的邓小平在该请示上批示：“此事可缓一步再定。”但后来一直未有机会再议。为加强在人民政协的多党合作与政治协商，可否考虑在条件成熟时恢复这一机制，或利用目前已有的形式如主席会议等构建类似的平台。以上是我个人的一些不成熟的想法。提出这些想法主要是想说明，在这方面仍然有许多问题值得研究，需要我们继续在实践中探索、在实践中创新。这是联系政协的性质看人民政协在构建社会主义和谐社会中的作用我讲的第二点。

第三，人民政协作为我国政治生活中发扬社会主义民主的重要形式，可以使我国最广大人民享有最充分的民主，为构建社会主义和谐社会提供坚实的政治保障。

社会主义和谐社会是我国全体人民在共建中共享、在共享中共建的社会。努力实现最广泛的人民民主，是建设一个现代化的社会主义和谐社会的基本前提和重要保障。团结和民主是人民政协的两大主题。人民政协既是最广泛的统一战线组织，可以在团结海内外广大中华儿女方面发挥重要的作用；同时它又是一种极富中国特色的民主形式，可以在保障和实现我国最广大的人民享有最充分的民主方面发挥独特的作用。

最近中共中央颁布的《中共中央关于加强人民政协工作的意见》提出：“人民通过选举、投票行使权利和人民内部各方面在重大决策之前进行充分协商，尽可能就共同性问题取得一致意见，是我国社会主义民主的两种重要形式。”“发展社会主义民主政治，建设社会主义政治文明，要善于运用人民政协这一政治组织和民主形式。”这是中共中央第一次以中央文件明确，在我国有选举和协商两种基本民主形式，而人民政协则是实施协商民主的主要载体和渠道。人民政协包容了我国各党派团体、各民族宗教、各阶级阶层以及各行各业、社会各界的代表人物，并且坚持广开言路、平等议事、求同存异、集思广益的原则，在人民政协实施协商民主，可以发挥选举表决形式的民主无法替代的作用：第一，它可以使我国的民主更加广泛，为难以按照选区和人口比例产生的各党派团体和社会各界代表人士参与国事、参政议政，提供畅通的渠道；在人民政协发扬民主还可以与爱国统一战线相结合，广泛吸收生活在“一国两制”、不同社会制度下的海外代表人物参与国事，使我国人民民主扩大到最大的范围。第二，它可以体现保护少数的民主原则，为维护占我国人口比例不大的各少数民族和阶层、群体的权益，为保证知识分子、专家学者的意见在国家政治生活中得到充分表达，提供制度保障。第三，它可以使我国的民主更加充分，协商不仅可以实行于决策之前，而且可以实行于决策的实施、检查、反馈等各个阶段，使民主参与能够贯穿于决策的整个过程，从而弥补选举表决只能对不同的结果进行选择而无法参与决策的全过程的不足。第四，它可以使我国的民主更有利于维护和实现广大人民的根本利益，人民政协的协商既能够反映社会各个界别的不同利益要求，更能够通过立足于公共利益的广泛交流和理性讨论增进共识，达成符合广大人民意愿的、真正的而不是形式上的一致，从而促进我们的决策建立在更加民主、科学的基础上。第五，它还可以使发扬民主与加强团结有机地统一起来，协商的过程能够加强沟通、增进理解、扩大共识，有利于形成既生动活泼又和谐稳定的氛围，避免由于恶性竞争相互攻讦、相互掣肘以致社会失序的局面。

现在人类面临的许多矛盾和问题，不仅靠武力难以解决，而且靠“刚性”的选举和表决也难以化解。协商民主的重要价值和独特作用，已经被当今世界包括西方的许多学者所认识。以人民政协为载体和渠道的中国的协商民主，继承了中华民族崇尚和谐、兼容并蓄的优秀文化传统，又符合社会主义民主的本质特征，适应时代进步的发展潮流，是具有鲜明中国特色的一种民主形式，是有着极大发展潜力的一种政治机制。在刚刚闭幕的政协大会上，协商民主受到政协委员的高度重视，成为政协委员热烈议论的一个焦点，并引起了新闻媒体、社会各界的广泛关注，说明中共中央提出关于协商民主的论断后，人民政协作为一种民主形式的作用，不仅在政协系统而且在整个社会都已被普遍认同，必将在国家政治生活中发挥日益重要的作用。

讲到人民政协作为一种民主形式的作用，也有一些需要进一步说明的地方。长期以来，不少理论工作者、统战工作者包括一些政协工作者，习惯于仅从统一战线方面去理解或说明政协的性质，而不懂得从民主的角度去分析、看待政协。新时期人民政协作为一种民主形式的作用日益增强，许多地方在这方面创造了宝贵的经验，但由于对政协性质中的民主因素认识不清，不仅导致了政协的理论与实际不相适应的状况，而且影响了人们对人民政协在国家政治体制和政治生活中的地位与作用的认识。因此，为了对人民政协的当前工作和长远发展有一个清晰的把握，有必要对人民政协的民主属性有一个透彻的了解。下面我就从历史和现实、理论与实际结合的角度同大家讨论一下这个问题。

从历史看，人民政协是新民主主义革命时期人民民主统一战线发展的产物，也是近现代以来中国民主进程的结果。人民政协从成立起，就既是最广泛的统一战线组织，又是实现我国人民民主的一种重要形式。新中国成立前夕，毛泽东曾提出过一个著名的论断，认为中国人民从中国革命的经历中取得的一条主要的和基本的经验，就是“团结工人阶级、农民阶级、城市小资产阶级和民族资产阶级，在工人阶级领导之下，结成国内的统一战线，并由此发展到建立工人阶级领导的以工农联盟为基础的人民民主专政的国家”。通过建立并不断发展中国共产党领导的统一战线，把最大多数人纳入人民的范畴共同奋斗，并且在新中国成立后使之享有人民民主成为国家和社会的主人，这是中国现代民主的发展道路。正是因为经历了这样一条独特的发展道路，人民政协这个统一战线组织成为中国人民当家作主的最早的政治形式和组织形式。人民政协从它的诞生之日起，就是统一战线与人民民主相结合的组织，具有“代表全国人民”的民主性质，因此它才能够一度执行全国人民代表大会职权，决定新中国的国体、政体，选举中央人民政府及其领导人，完成创立新中国的历史使命。

1954年第一届全国人民代表大会召开后，人民政协作为统一战线组织继续存在，同时仍然作为我国发扬社会主义民主的一种重要形式在国家政治生活中发挥作用。一届人大召开后，有些人曾经对政协的性质、地位和作用提出疑问。对此，当时仍任全国政协主席的毛泽东专门召集座谈会做了讨论、澄清。他一方面指出，政协不能搞成人大那样的国家权力机关，否则就成为二元了，民主集中制就讲不通了；一方面又强调有了人大并不妨碍成立政协进行政治协商，人大的代表性当然很大，但它不能包括所有的方面，所以政协仍有存在的必要。毛泽东这里正是从政协的民主作用方面对政协存在的必要性做了阐释。曾经长期兼任国务院和全国政协主要领导职务的周恩来也早就提出过政协在民主方面的作用。人民政协成立初期，他就提出注重事前协商而不是最后表决是新中国新民主的一个特点。在人大召开后，他更从国家政治体制的角度，阐述了人民政协与人民代表大会和人民政府的关系，指出人民政协由统一战线各方面组成，而人大“主要的是区域”，因此政协在国家政治生活中是“不可缺少的”。人大、政协“两会只是有权力之分，无高低之别。……政治地位上是平等的”。政务院成立不久，周恩来就主持制定了《关于与党外人士合作的意见》，提出政府要加强与全国政协党外人士的联系，支持政协全国委员会各工作组的工作。

新中国成立初期，政务院颁布的许多重要法案和政策都曾拿到政协征求意见，在全国人大召开后政府提出的重要法律草案和重大决定仍然坚持拿到政协进行协商，一些法规还先在政协协商然后再在人大通过、政府执行。比如，新中国成立初期政务院发行公债，就曾先送全国政协财政经济组进行讨论，并向政协常委会提出报告。1955年1月，国家文字改革委员会提出“汉字简化方案”，也先交全国政协座谈征求意见，再由国务院颁布试行。1956年至1958年间国家设立宁夏回族自治区和广西壮族自治区，也先在政协进行了协商，周恩来还亲自主持了有全国政协副主席和全国人大民族委员会、国家民委、全国政协民族组等单位负责人参加的座谈会。1956年，毛泽东提出了中国共产党与各民主党派“长期共存、互相监督”的方针，政协二届三次会议为此专门做出政治决议，提出“我们必须根据中国共产党和各民主党派‘长期共存、互相监督’的方针，继续发扬民主，健全国家政治生活”。周恩来当时也指出，“长期共存、互相监督”的方针，实际上是扩大民主。为了方便政协委员参与国事，从政协三届一次会议起，政协全体会议与全国人民代表大会同期召开，政协委员列席人大会议，听取和讨论政府重要报告，并逐渐形成惯例。

新时期以来，人民政协的民主作用进一步增强。1979年在全国政协五届二次会议开幕式上，邓小平明确指出：“人民政协是发扬人民民主、联系多方面人民群众的一个重要组织。”1980年在全国政协五届三次会议的开幕词中他又强调：“人民政协是巩固和扩大我国革命的爱国的统一战线的重要组织，也是我国政治体制中发扬社会主义民主和实行互相监督的重要形式。”正是继承人民政协的历史传统，适应建设中国特色社会主义的需要，到20世纪90年代，人民政协确立了团结和民主两大主题，确定了政治协商、民主监督、参政议政的主要职能，各级政协在发扬民主方面的工作日益活跃，各方面对人民政协作为一种民主形式的认识也逐步明晰、统一起来。到2004年，在总结人民政协历史和现实实践经验的基础上，根据新形势对人民政协的新要求，全国政协十届二次会议通过政协章程修正案，在关于政协性质的表述中增加了人民政协“是我国政治生活中发扬社会主义民主的重要形式”的内容。

应当看到，在政协性质中确定人民政协“是我国政治生活中发扬社会主义民主的重要形式”，既符合历史实际，是政协实践的要求，从理论上讲也是十分必要的。人民政协作为统一战线组织当然也可以发扬民主，但统一战线毕竟是中国共产党的一项重要工作，而民主首先是国家制度，是一种政治体制。就统一战线来讲，其核心是中国共产党，基本问题是工人阶级的自身团结统一和同盟军问题；巩固统一战线需要发扬民主，但究其自身目的，是协调和处理中国共产党与其他党派及党外人士的关系，维护和发展中国共产党领导的统一战线的大团结大联合。就发扬民主来讲，民主就是人民当家作主，在政协，其主体就是参加政协的各党派团体和各族各界代表人士，就是要让这些社会各界的代表也享有人民民主；在政协发扬民主的过程中也需要加强团结，但究其自身目的，是组织政协的各参加单位和政协委员参政议政、参与国事。发挥人民政协在民主方面的作用，不仅要求在政协组织内部坚持和发扬广开言路、平等议事、民主协商、集思广益等民主原则、民主作风和民主方法，更重要的是首先需要从国家制度的角度，明确人民政协在国家政治体制中的地位，人民政协作为政治体制的一个部分与政治体制其他部分的关系；要组织好政协的各参加单位和政协委员参政议政、参与国事。

人民政协不仅有我国的各个党派，还包括诸多人民团体和各界代表人士；在政协的各界代表人士中，不仅有非中共人士，还有许多共产党员；发挥人民政协作为一种民主形式的作用，不仅要求重视发挥各民主党派和无党派人士的作用，而且也要发挥参加政协的各人民团体和各界代表人士的作用。特别是新时期以来，随着改革发展我国社会日益呈现出多样性的特点，人民政协作为保障和扩大我国社会各界有序政治参与的界别组织的特点日益突出，各级政协也已经形成了日常工作主要是以按界别设立的各专门委员会为基础，并且与相关政府部门联系合作的工作机制。因此，如果说在新中国成立初期，在我国实行党政不分、高度集中的领导体制的状况下，人民政协的团结和民主两大主题尚可以在

“统一战线”中一并包括而不加表明，但随着新时期强调从制度上推进社会主义民主政治，强调中国共产党要科学执政、民主执政、依法执政，就有必要在这方面进一步加以规范和区分。1993年，正是适应多党合作和政治协商制度被确立为我国的一项基本政治制度并载入宪法，为了明确人民政协与这一基本政治制度的关系，人民政协章程中增加了“是中国共产党领导的多党合作和政治协商的重要机构”作为对其性质的表述。中国共产党领导的多党合作和政治协商制度就其明确我国各政党与国家政权的关系，即中国共产党是执政党、各民主党派是参政党而言，实质上是社会主义民主制度；但就其强调我国各政党之间的关系，即中国共产党与各民主党派和无党派人士之间是一种团结合作、互相监督的诤友关系而言，着眼的仍然是统一战线关系。为了更加清晰地表明，不仅包括各党派而且包括各团体和各族各界代表人士的整个政协组织在我国民主政治建设中的作用，2004年通过的政协章程修正案对政协性质的表述又做出补充，增写了“是我国政治生活中发扬社会主义民主的重要形式”一句。

2006年，《中共中央关于加强人民政协工作的意见》进一步提出了选举和协商“是我国社会主义民主的两种重要形式”。这个论断，进一步从国家政治体制的角度明确了人民政协在我国社会主义民主政治建设中的地位和作用。仔细研读《意见》可以看到，《意见》讲的“协商”是我国社会主义民主的一种重要形式，而不是政协的一项具体职能。把协商与选举并列为我国的两种民主形式，是与我国坚持人民代表大会制度、中国共产党领导的多党合作和政治协商制度，以及人大、政协“两会制”的政治体制基本架构相对应的。在我国，人民代表大会制度是根本政治制度，中国共产党领导的多党合作和政治协商制度是基本政治制度。我国政治体制的一个突出特点，是既有通过选举产生的人民行使国家权力的机关——人民代表大会，又有通过协商产生的各党派团体和各族各界代表人士发扬民主的重要形式——人民政协。中共中央提出两种民主形式的论断，进一步表明了人民政协不仅是中国共产党领导的爱国统一战线的重要组织，而且是我国发展社会主义民主政治、建设社会主义政治文明的重要内容，是与国家政治体制其他部分紧密联系的我国政治体制的一个重要组成部分，是与我国基本政治制度相联系的一种国家民主形式。

我国政治体制的总体架构是，在中国共产党的统一领导下，实行人民代表大会制度、中国共产党领导的多党合作和政治协商制度以及民族区域自治制度。由人民代表大会行使国家权力进行决策，由人民政府执行实施，通过人民政协进行广泛协商。在我国的政治体制中，政协不是国家权力机关，但却是政治体制的有机组成部分，与国家权力机关、政府机关存在着“互为补充、相辅相成”的关系。政协没有人大那样的立法权、重大事项决定权、重要人事任免权和带有法律强制性的监督权，但可以列席人大会议，听取并讨论政府工作报告和其他重要报告；可以对国家和地方的大政方针和重要问题、重要法律草案及重要人事任免进行协商；可以对宪法、法律和法规的实施、重大方针政策的贯彻执行及中国共产党和国家机关及其工作人员的工作通过建议和批评进行监督。政协与政府之间不存在人大与政府之间的那种权力机关和执行机关的关系，没有对政府工作进行质询、对政府官员予以弹劾之类的权力，但政协可以对政府的重大决策进行协商，可以对政府机关及其工作人员的工作进行民主监督，可以围绕政府的中心工作和群众关心的重要问题进行调查研究、资政建言，可以向政府反映社情民意。我国的这种政治体制，既能够保证国家权力的统一行使，避免西方政体的那种“三权鼎立”、互相制衡，又能够在执政党、国家机关同人民群众、社会各界之间建立密切的联系，使国家权力的运行不仅受到法律的监督、权力的制约，而且处于人民政协这样的非权力机关的民主监督之下，使公权力与公民权利、权力监督和权利监督结合起来，体现了中国共产党领导、人民当家作主和依法治国的有机统一，体现了我国政治体制的一种富于中国特色的和谐精神、和谐色彩。

人民政协的主要职能和工作原则、活动方式，决定了它在构建社会主义和谐社会中可以发挥特殊的作用

由人民政协的性质和地位决定，人民政协的主要职能是政治协商、民主监督、参政议政。与这种职能要求相适应，政协工作坚持民主协商、平等议事，广开言路、集思广益，尊重多数、照顾少数，求同存异、体谅包容的工作原则和方法，并通过各种会议、提出提案、开展视察、调查研究、反映社情民意等方式开展活动和工作。人民政协的这些职能和工作原则、方式方法，与构建和谐社会有着内在的契合性，可以说贯穿于它们其中的就是一种和谐的理念，体现了一种和谐的追求。下面，我就分别从人民政协的政治协商、民主监督、参政议政这三项主要职能，对此做一些解读。

（一）人民政协的政治协商在和谐社会建设中的作用

人民政协的政治协商是指对国家和地方的大政方针以及政治、经济、文化和社会生活中的重要问题在决策前和决策执行过程中进行协商。协商的内容除了国家和地方的重要问题，还包括各党派参加人民政协工作的共同性事务，政协内部的重要事务以及有关爱国统一战线的重要问题等。

人民政协的政治协商是中国共产党领导的多党合作的重要体现，通过政治协商，在各党派之间经常地、充分地交流意见、交换看法，使我国各党之间既能共商国是、互相监督，又能避免多党竞争、相互倾轧，从而保持我国政党关系的和谐。人民政协的政治协商是党和国家实行科学民主决策的重要环节，通过政治协商，能够组织汇聚在人民政协的各个领域的专家学者，围绕我国社会建设的一些重大问题，进行高层次、

多方面、综合性的咨询论证，促进党和国家的科学决策，为和谐社会建设提供智力支持。人民政协的政治协商是中国共产党提高执政能力的重要途径，中国共产党通过在政协与社会各界代表人士进行政治协商，一方面可以了解社情民意，体察群众的情绪和愿望；另一方面又可以宣传解释党和国家的方针政策，达到协调关系、化解矛盾，改善党的领导，促进社会和谐的目的。

人民政协在开展政治协商时，提倡不强加于人的真诚交流、理性讨论，能够在重大问题上达成真正的而不是形式上的一致，有利于统筹兼顾各阶层、各方面的要求，维护和实现广大人民的根本利益。人民政协在开展政治协商时，坚持广开言路、平等议事、求同存异、集思广益，不仅能够鼓励人们讲真话、报实情，做到知无不言、言无不尽，帮助党和政府切实把握社会动态；而且有利于在参加协商的各方面包括政协的各个界别之间，加强沟通、增进理解、消除隔阂、扩大共识，促进社会各界的和谐。例如，在全国政协最近一次的大会发言上，有一个委员讲医疗卫生问题，用大量数据说明现在看病难、看病贵，已成为压在老百姓头上的新“三座大山”之一。当时他直抒己见，语惊四座，不仅使在座的政府有关部门感到压力，而且也引起在场的政协医卫界委员的震动，发出不同的看法。我感到，这是一件具有标识性意义的事情。这件事我曾向专到全国政协座谈研究的社科院政治学所的学者讲过，引起他们的注意。这件事一方面表明，我国社会经过20多年的改革发展，发生了巨大的变化，社会日益呈现出多样化，而且这种多样的利益要求已经反映到政协内部，也就是在国家政治生活中表现出来。同时另一方面它也说明，政协在国家政治生活中的作用日益重要，我国迫切需要扩大社会各界有序的政治参与。与其让各种声音、愿望、要求在社会上任意发展、发泄、碰撞，不如把它们引导到国家政治体制中来有序地进行表达为好。因为只有把各种愿望、要求引导到政治体制中来，使他们有机会能够在政协中进行充分的表达、理性的讨论，才能加强沟通、增进理解、消除隔阂、扩大共识，促进社会的和谐。

当前人民政协的政治协商在我国政治生活中正日益发挥出重要的作用，但与形势发展的要求相比，这方面的作用发挥得还不够，还有需要加强、改进的地方，其中特别需要注意的一点是必须克服随意性，把政协的政治协商纳入党和国家的决策程序，推进人民政协履行这项职能的程序化。因为这是政治协商能不能切实发挥作用并形成制度、形成规范的关键所在。关于这一点，我想在这里也同大家交流一点看法。

《中共中央关于加强人民政协工作的意见》对政协的政治协商包括协商的程序做出了明确规定。按照这个文件的规定，人民政协的政治协商程序主要有五个环节：一是党委根据年度工作重点或政协党组提出的建议，研究并确定在政协协商的议题；二是政协党组根据党委的统一部署，按照政协章程和有关规定安排协商活动；三是党委和政府及有关部门负责人就相关问题通报情况、听取意见；四是政协要及时整理并报送参加协商的各党派团体和各族各界人士提出的意见和建议；五是党委和政府及有关部门对政协报送的意见和建议要认真研究处理，并及时反馈处理情况。在中央文件中提出把人民政协的政治协商纳入决策程序，并明确党委、政府、政协以及有关部门在这些程序中的职责，这是第一次。这些规定对减少在政协协商的随意性，充分发挥政协在国家政治生活中的作用，具有重要意义。但应当看到，人民政协的政治协商程序化建设不是到此为止了，这方面仍然有许多事情可以做，有许多问题需要继续努力探索解决。比如，中央文件规定的政协协商的程序，只是一个主要程序或一般程序，而人民政协的政治协商具有多种形式。就文件规定的程序看，对政协的一些大型的、综合性的协商活动如政协全委会议、常委会议等，是基本适用的，但对于一些较小型的、专项具体的协商形式如专题协商会等，则还可以进一步细化。对于专门具体的协商活动，应当有专门具体的程序规定。特别是对纳入党和国家决策程序的协商，应当制定包括参与协商各方尤其是有关决策部门能够严格遵守的程序，而这样的程序就必须由参与协商的各方共同研究制定；也只有这样制定出来的程序，才具有可操作性，才能够被各方切实遵守，从而保证政协的政治协商真正成为党和国家科学决策的一个重要环节。

过去很长的一段时间，我们对民主问题常常主要是强调其性质、本质和内容，而对民主的制度、形式、程序等问题则比较忽视。而实践证明如果没有一套系统的制度、形式和程序来保证，民主将不仅难以保障而且无法运行。因此，中央最近提出两种民主形式的论断并做出关于政协协商程序的规定，对于切实发展人民政协事业，推进我国的社会主义民主政治，具有至关重要的意义。我们应当高度重视并努力贯彻这些决定。

（二）人民政协的民主监督在和谐社会建设中的作用

人民政协的民主监督是参加人民政协的各党派团体和各族各界人士通过政协组织对国家机关及其工作人员的工作进行的监督，也是中国共产党在政协中与各民主党派、无党派人士之间进行的互相监督。人民政协的民主监督是我国社会主义监督体系的一个重要组成部分，是在坚持四项基本原则的基础上通过提出意见、批评、建议的方式进行的政治监督。政协民主监督的这一性质和特点决定了，其不同于人大的法律监督、中国共产党的党纪监督、政府的行政监督以及司法机关的监督，但也不同于一般的群众监督、社会监督。它没有法律的强制性，但有制度和组织的保证，在我国政治和社会生活中有很大的影响力。人民政协民主监督的这一特点，使它可以在推进党和政府决策的科学化、民主化，协助和推动国家机关及其工作人员改进工作、减少失误，维护与促进我国的社会和谐方面发挥独特的作用。

政协民主监督主要是通过提出意见、建议和批评方式进行的监督，没有法律的强制性，但正因此使它具有了一种极大的广泛性、灵活性。政协民主监督的内容可以十分广泛，包括政治、经济、文化、社会生活的各个方面；形式可以灵活多样，《中共中央关于加强人民政协工作的意见》提到的形式就有9种；政协委员在政协会议上还可以广开言路、畅所欲言，充分发表各种意见。政协民主监督的这种广泛性、灵活性，使它能够关注社会各种问题，表达社会不同阶层和群体的要求与愿望；能够本着一种肝胆相照、荣辱与共的补台态度讨论问题、提出意见，促进社会各界的相互理解和包容；能够发挥一种社会“寒暑表”“风向标”“减压阀”的作用，及时发现和妥善处理各种社会问题，维护国家的团结稳定与社会和谐。比如，现在政协大会所提出的提案、大会发言、反映社情民意达数千件，数量之大，涉及面之广，达到了前所未有的程度，几乎触及中央提到的当前影响我国社会和谐的所有矛盾和问题。今年媒体报道“两会”关注的焦点是民生问题，但从政协会议来看，早在去年、前年就已经开始把关注的焦点转到了民生问题上，我前面举的一个委员提到现在群众看病、教育、住房难的例子，就不是在今年而是在去年政协大会发言中提出来的。

长期以来，如何保证政协充分发挥民主监督的作用是社会上也是政协内部一个比较关注的问题，每次全国政协大会许多政协委员都会提出这个问题。总体来说，大家认为现在政协民主监督的作用发挥得还不充分，还需要进一步加强。对这个问题这里我也讲一点看法。

要搞清这个问题，首先要对政协发挥民主监督作用的状况做出正确的评估。如何看这个问题，我认为要有一个宏观、历史的眼光，要联系政协的性质、地位看。从历史发展的角度看，我以为政协的民主监督还是有很大成果的。回顾政协的历史，应当说政协工作一开始就含有民主监督的内容，但最初政协提出批评和建议只是政治协商内容的一个方面，直到1956年毛泽东提出中国共产党与各民主党派“长期共存、互相监督”的方针，人民政协做出了要在工作中贯彻这一方针的决定，民主监督才开始与政治协商区别开来。然而，由于从1957年下半年“反右”扩大化直至“文化大革命”长期受到“左”的指导思想的影响，政协民主监督的作用在新时期以前并没有得到很好发挥。新时期随着人民政协拨乱反正，1982年邓小平主持修订新的政协章程，民主监督才被正式确定为人民政协的又一项主要职能。从以上简要历史回顾可以看到，政协真正履行民主监督职能只有二十多年的历史。就是在这二十多年间，经过不断探索和总结，人民政协不仅确定了民主监督的职能，而且最近中共中央还制定了有关文件，明确了政协民主监督的内涵、内容和形式，并要求各级党委和政府要自觉接受民主监督，完善民主监督的机制。各级政协在这方面也积累了丰富的实践经验，探索创造了许多新形式、新做法，受到党和政府、社会各界的高度关注。这些事实表明，新时期以来人民政协在民主监督方面取得了重要成果，应当充分肯定而不能轻视这些成果。前面我所举的例子也可以说明这个问题。对政协民主监督的作用发挥得如何，有一个按照什么样的标准去衡量认识的问题。对政协民主监督的作用只能联系政协的性质、地位去考察，而不能比较西方的相互竞争和制衡的多党制、两院制去看。从这样的角度、联系政协的历史来看，应当肯定政协的民主监督还是发挥了重要作用的。

当然，在肯定政协履行民主监督职能取得了重要成果的同时，也要看到它确是一个需要大力加强的薄弱环节。而之所以说它薄弱，我以为主要不在它所面临的一些具体问题，而是在它落后于我国形势发展的需要。从世界范围看，监督薄弱是有社会主义运动以来各社会主义国家普遍存在、长期没有解决好的问题。在我国，对权力运行的制约和监督也是一个长期没有得到很好解决的问题。随着改革开放和现代化建设的发展，这个问题越来越突出，特别是腐败现象屡禁不止，如果不能有效解决甚至可能影响到我国改革和发展的大局。因此，近期以来中央特别强调并抓了这个问题。政协民主监督薄弱与我们整个国家政治生活中制约和监督机制薄弱有很大关系。政协民主监督薄弱问题的解决以及解决的程度，也与我国整个制约和监督机制的健全完善，说到底与我国社会主义民主政治的进程相关联。

对当前如何加强政协的民主监督，各级政协长期关注的一个问题是如何保证监督取得实效。为解决这个问题，有的人认为应当赋予政协民主监督以法律地位；也有人不赞成，认为这样容易使政协的民主监督变成法律监督，有悖于政协的性质。我认为，适应目前形势的发展需要，当前加强政协民主监督的关键，是要切实贯彻落实《中共中央关于加强人民政协工作的意见》。应当注意，这个《意见》对加强政协的民主监督做出了许多重要的规定，比如，明确了人民政协的民主监督是政治监督，提出要完善民主监督机制，在知情环节、沟通环节、反馈环节上建立健全制度，畅通民主监督的渠道；要求各级党委和政府自觉接受政协的民主监督，党委和政府的监督机构以及新闻媒体要密切与人民政协的联系，加强工作协调和配合，提高民主监督的质量和成效；强调要切实发挥政协提案和建议案在民主监督中的作用，有关方面要认真办理，及时给予正式答复。这些规定对加强政协民主监督有着很强的现实意义，如果能够把这些规定真正落到实处，我相信政协民主监督的薄弱问题就会有一个很大的改观。

（三）人民政协的参政议政在和谐社会建设中的作用

人民政协的参政议政是对政治、经济、文化和社会生活中的重要问题以及人民群众普遍关心的问题，开展调查研究，反映社情民意，进行协商讨论，通过调研报告、提案、建议案或其他形式，向中国共产党和国家机关提出意见和建议。人民政协发挥参政议政的作用，可以充分利用政协组织人才荟萃、位置超脱的有利条件，围绕一些重要社会问题和群众关心的问题，发挥政协委员的专长，通过多种方式为建设社会主义和谐社会建真言、献良策。

《中共中央关于加强人民政协工作的意见》提出，人民政协的参政议政是人民政协履行职能的重要形式，是党政领导机关经常听取参加人民政协的各民主党派、人民团体和各族各界人士的意见和建议，切实做好工作的有效方式。《意见》特别对人民政协履行参政议政职能的两种基本形式——开展专题调研和反映社情民意，提出了明确要求。运用好政协参政议政的这两种形式，可以在促进我国和谐社会建设中发挥重要的作用。

第一，关于人民政协的专题调研。专题调研是注意选择具有综合性、全局性、前瞻性的课题，以课题为纽带，组织政协有关界别委员，有关党派团体，同时与政府有关部门、地方政协和社会上的专家学者联系合作，开展调查研究，提出意见建议，为党和政府决策提供依据和参考。这里我想专门说一说有关发挥政协咨询作用的问题。新时期人民政协集中了各方面的专家学者，按照六届全国政协副主席钱学森的说法政协是一个“智力库”，专题调研就可以发挥为党和政府决策提供咨询的作用。这种咨询既可以是综合性的战略咨询，也可以是专业咨询。就作为专家学者的委员个人来说，发挥专业咨询的作用可能更多一些；而作为集中了各方面专家学者的政协组织，更主要的是发挥一种综合性的战略咨询作用。咨询严格地讲属于科学的范畴。但由于政协组织聚集了党内外各方面的专家学者，在政协中开展咨询的过程，也是广泛听取各界代表意见建议的过程，因此这就使政协的咨询工作又具有了一种民主的意义，能够发挥促进决策的科学化、民主化双重的作用。由于政协的专题调研形式灵活，组织便利，特别适于发挥政协的界别特点和优势，抓住一些社会需要、群众关心的重要问题深入开展调研，提出对我国经济社会协调发展有分量、有价值的意见和建议，因此在近些年得到了充分的运用，并取得了重要的成果，成为目前人民政协围绕中心、服务大局，最经常、最广泛、最有效采用的一种履行职能方式。比如，就我所在的全国政协经济委员会来说，近些年就围绕经济社会发展的一些重要问题开展专题调研并取得了许多成果。2004年经济委员会围绕促进非公有制经济发展开展专题调研，提出的报告得到了温家宝总理的高度重视，做出批示制定了《国务院关于鼓励支持和引导个体私营等非公有制经济发展的若干意见》（即“非公经济36条”）。去年围绕落实这个《意见》，全国政协经济委员会又联系国家发改委和全国工商联共同举办了“促进非公有制经济健康发展”论坛，向中央报送了关于解决当前这方面问题的报告，在非公有制经济人士中和社会上产生了广泛良好的影响。经济委员会还注意选准时机和题目，举办专题座谈会，如去年召开了“企业改革与发展”“金融改革与发展”座谈会，报送的报告都得到温家宝总理的重视。

现在政协专题调研的作用可以说发挥得很好，但也有进一步改进的余地。比如，最近全国政协就提出，为了进一步提高、扩大人民政协履行职能的成效和影响，要统筹、综合发挥政协各种履行职能形式的作用。专题调研就可以与政协履行职能的其他方式，如视察、专题协商会、大会发言、提案、反映社情民意等结合起来。其实近年来全国政协已经开始尝试将多种形式结合以争取最大成效的活动，比如全国政协经济委员会开展的关于促进大连保税港区建设、天津滨海新区建设的调研，就采取了与视察、举办论坛、通过反映社情民意信息渠道专报等结合的形式，实践证明这样做的效果是好的，可以说一定程度上就是由于有了全国政协的参与推动，国务院批准了在天津、大连设立保税港区。今年，我们经济委员会还将开展关于推进北部湾地区经济发展的专题调研，并在调研的基础上以全国政协的名义举行专题协商会，正式向国务院提出建议。

第二，关于人民政协的反映社情民意工作。了解和反映社情民意工作是八届全国政协开始的一项具有广泛社会影响的工作，也是各级政协组织和政协委员的一项基本职责。了解和反映社情民意要求各级政协组织和政协委员保持同本界别、本单位群众的密切联系，经常了解他们的愿望、意见和要求，并通过一定的渠道向上级政协和党政领导机关反映。当前，随着我国改革的深化和社会利益结构的变动调整，新的社会阶层和利益群体不断涌现，他们的政治参与意识、表达诉求愿望日益强烈。通过人民政协反映社情民意的渠道，党和政府能够及时、如实地了解掌握社会各个方面的愿望要求，提出制定更加符合民意和社会实际的方针政策，改善党和政府同各界群众的关系；同时，来自社会各界的政协委员，在政协组织中把各种呼声要求反映表达出来，也有利于加强社会各界之间的沟通、交流和理解，促进社会关系的和谐。

人民政协自从开展反映社情民意工作以来，在沟通上下情况，解决一些群众关心的重要问题方面，发挥了积极作用，受到党和政府的重视，人民群众的好评。现在全国政协每年仅通过政协信息渠道反映，并得到中共中央、国务院领导批示的社情民意，就达数百件之多。许多人民群众关心、社会各界关注的难点、热点问题，都通过这条渠道得到了解决。比如，前面提到的《国务院关于鼓励支持和引导个体私营等非公有制经济发展的若干意见》的颁布，就是全国政协经济委员会通过政协反映社情民意信息渠道，把非公经济人士关注的问题反映给国务院，引起重视后研究制定的。又如，前些年有单位想在四川都江堰风景区建设工程，遭到包括当地政协委员在内的许多环保人士和群众的反对，这个问题最后也是由当地政协组织通过反映社情民意信息渠道反映到全国政协，由全国政协再反映到中央引起重视加以解决的。

政协反映社情民意工作也需要继续改进、提高。全国政协继去年推进提案和视察工作改革后，今年打算把加强反映社情民意工作和新闻宣传工作作为推进工作改革和创新的重点。就全国政协来说，加强反映社情民意工作需要着力提高的一个环节，是如何把目前反映社情民意主要是来自委员各自、分散的反映，发展成一种集中、系统的反映，使政协反映社情民意工作更有组织、有目的、有分析、有研究，成为我国社会舆情汇集和分析机制中的一个不可缺少的组成部分。对这个问题，我想提出来引起大家注意研究的一点是，政协委员除了很少数是特邀人士外，大多是各个界别的代表，而作为界别代表反映社情民意应当有界别意识，把自觉反映自己所联系的社会界别的愿望，同坚持实现和维护最广大人民的根本利益这一政协工作的立场和原则结合起来。政协委员反映社情民意可以有三个层次：一个是个人的看法，一个是反映所在界别的呼声，一个是反映、维护广大人民的利益或公共利益。站在政协组织的立场，我们当然希望政协委员能够反映、维护最广大人民的利益愿望。但是，应当看到，广大人民的利益或公共利益不是抽象的，它是由众多具体的、不同的利益组成的；同时公共利益不是具体利益的堆积，而是各种不同利益的共同性要求。因此，要真正把握、实现公共利益，首先需要了解、反映社会各界的不同利益，并且通过让各种不同利益进行充分的交流讨论，弄清楚哪些是社会各方面的共同性要求。只有在此基础上，才能对各种不同的利益加以统筹协调，形成和把握公共利益，并且把各种不同利益之间的差别和矛盾转化为动力，调动各个方面的积极性促进公共利益的维护和实现。可见，政协委员反映自己所联系的社会界别的利益愿望，同维护广大人民的利益愿望不是矛盾的，而是统一的。现在，应当说绝大多数政协委员都能站在维护广大人民利益的立场上去讨论问题、发表看法，但自觉反映自己所联系的社会界别的利益和愿望，或者说界别意识还不是很强。而如果缺乏生动具体的各社会界别的利益和愿望做基础，所谓广大人民的根本利益和愿望就可能成为一种空洞的抽象，无法得到切实的维护和实现。所以，政协委员要加强与自己所代表的界别群众的联系，在反映社情民意以及各项政协工作中增强界别意识，把自觉反映社会界别的愿望同维护广大人民的利益统一、结合起来。这是适应当前我国社会日益多样化，要求扩大各界人士有序的政治参与的需要，也是适应现在政协组织的界别特点日益突出，要求加强包括体现政协界别特点的自身建设的需要。

新时期人民政协的性质、地位、作用和主要职能

（2010年4月）

今天我主要结合新时期以来特别是中共中央颁布《中共中央关于加强人民政协工作的意见》以来人民政协的新发展，围绕人民政协的性质、地位、作用、主要职能等问题，和大家做一个研讨。

新时期人民政协性质的新发展

新时期最鲜明的特点是改革开放。讲到改革，人们一般关注的主要是经济改革，其实在中国各个领域包括政治领域、人民政协，也都经历了深刻的改革和发展。对于政协来说，新时期最深刻的改革和发展，就体现在人民政协性质的发展完善上。经过新时期几次政协章程修改，到最近2004年政协十届二次会议通过的政协章程修正案，对政协性质规定了三句话，即："中国人民政治协商会议是中国人民爱国统一战线的组织，是中国共产党领导的多党合作和政治协商的重要机构，是我国政治生活中发扬社会主义民主的重要形式。"这三句话具有丰富的蕴含，可以说这三句话的逐步确立，就标志着人民政协三个重大的新发展。下面

我就对这三句话中所蕴含的人民政协的新发展，分别做些阐述。

首先，关于第一句话所蕴含的新发展：从革命统一战线组织到爱国统一战线组织。

大家都知道，人民政协是中国革命统一战线发展的产物。政协一成立就是中国共产党领导的，包括工人阶级、农民阶级、城市小资产阶级和民族资产阶级四个革命阶级代表组成的人民民主统一战线的组织。人民政协成立后，充分发挥革命统一战线的作用，为创立新中国，为建立社会主义制度和促进社会主义建设，做出了不可磨灭的历史贡献。但是，由于“以阶级斗争为纲”的“左”的路线影响，这个统一战线在以后的一段时期特别是“文化大革命”中遭到了严重破坏，人民政协也受到极大损害。直到1978年中共十一届三中全会召开，纠正“以阶级斗争为纲”的错误，推动我国进入了改革开放的新时期，人民政协才得到恢复并且进一步发展进入了一个新时期。而表明人民政协进入新时期的一个最显著的标志，就是1982年五届全国人大五次会议对宪法进行修改，第一次把在长期的革命和建设中结成的爱国统一战线将继续巩固和发展，“中国人民政治协商会议是有广泛代表性的统一战线组织”，写入了宪法序言。与此相适应，同年时任全国政协主席的邓小平主持对政协章程也进行了修改，就是在这次章程修改中，将人民政协的性质从此前的“革命统一战线的组织”，改为“中国人民爱国统一战线的组织”。

确立人民政协是爱国统一战线组织，具有重大的标志性的历史意义。这个意义对政协后来发展影响最为深远的主要有三点：第一，它标志着适应全党、全国纠正“以阶级斗争为纲”的错误，在统一战线、人民政协中也进行了拨乱反正。经过在人民政协落实政策，平反冤假错案，清除“以阶级斗争为纲”的影响，恢复和发扬了统一战线的优良传统，维护和发展了安定团结的政治局面。第二，它标志着适应我国社会阶级关系的根本变化，我国统一战线的内部构成也发生了根本变化，进而推动统一战线从过去的阶级联盟转变为政治联盟，统一战线的范围不断扩大，发展至今形成了包括全体社会主义劳动者、社会主义事业建设者、拥护社会主义的爱国者和拥护祖国统一的爱国者的最广泛联盟，人民政协也成为团结包括这四个方面代表人士的最广泛的爱国统一战线组织。第三，它标志着适应党和国家工作重点的战略转移，统一战线和人民政协的中心任务也从过去主要为阶级斗争服务，转到为改革开放、建设社会主义现代化和实现祖国统一、振兴中华服务上来，由此极大地调动了参加政协的各党派团体和社会各界人士的积极性和创造热情，推动人民政协工作围绕中心、服务大局、不断开拓创新发展，形成了历史上从未有过、生机勃勃的崭新局面。

从革命统一战线组织到爱国统一战线组织是一个带有根本性的重大转变，这个转变的完成标志着我国统一战线和人民政协发展进入了一个新的历史阶段。过去作为阶级联盟的革命统一战线，按照毛泽东的阐述，是建立在阶级分析之上，新中国成立后一段时期是为阶级教育、阶级改造服务的，是“阶级斗争的一种特殊形式”。而新时期的爱国统一战线，则是建立在对“什么是社会主义、怎样建设社会主义”新的认识的基础上，以爱国与否为最大的政治分野，是服从、服务于实现中华民族的伟大复兴、建设中国特色社会主义的统一战线。因此，虽然新时期人民政协仍然继续是统一战线组织，但与之前相比已有根本不同。正是在对人民政协性质有这样一个新的认识的基础上，1979年6月邓小平在全国政协五届二次会议上做的具有纲领性意义的讲话中，提出了新时期人民政协的任务，是要调动一切积极因素，团结一切可以团结的力量，为把我国建设成为现代化的社会主义强国而奋斗。

其次，关于第二句话所蕴含的新发展：明确人民政协是中国共产党领导的多党合作和政治协商的重要机构。

1994年政协章程修改，在规定人民政协是爱国统一战线组织后，又增加了一句“是中国共产党领导的多党合作和政治协商的重要机构”。其实人民政协一成立就是以各个党派和团体为基础组成，人民政协作为统一战线组织首先是“党派性”的。1954年第一部政协章程就明确规定，人民政协是“以各民主党派、各人民团体为基础组成”，只在“有必要的时候可以邀请个人参加”。而对为什么政协作为统一战线组织要以各党派、团体为基础组成，周恩来在筹备成立新政协时还曾经做过解释。他提出“统一战线的构成是集体的不是个人的”，“每个单位总是一个团体”，“个人参加只有特邀”。在说明第二届全国政协的组成时，周恩来又明确指出：“参加政协第二届全国委员会的有11个党派、17个团体和特邀代表。”其中17个团体不仅指工会、妇联、青联、工商联等8个社团单位，还包括了现在被视为界别的自然科学界、教育界、医药卫生界、宗教界、少数民族等9个单位。正因为政协作为统一战线组织是以党派、团体为基础组成的，所以一届政协全体会议有党派、区域、军队和人民团体四类代表参加，当时“照顾到还不能立刻组织团体”的自由职业者曾将其也列入参加者之中，但到了组成二届全国政协时，不仅区域和军队不再作为政协的参加单位，自由职业者也因为不属于党派、团体而被取消。可见，毛泽东之所以说政协是“党派性的，它的成员主要是党派、团体推出的代表”，就是因为政协以党派、团体为基础组成，而周恩来也因此常把政协是统一战线组织与政协是“党派性的联合组织”并称。人民政协的这种组织构成直到改革开放新时期才有了改变。由于新时期我国社会状况以及统一战线的内部构成都发生了根本变化，大量的“社会各界代表”参加到政协中来，并且与这种变化相适应，政协章程也进行了修改。1978年3月五届政协一次会议修改通过的第二部政协章程，第一次把“各界代表”与党派、团体一起列为组成政协的一个主体。后来几次章程修改都延续了这一规定。由此，“各界代表”开始正式被确认为参加政协的一个主体单位，逐渐形成了现今人民政协由各党派团体和各族各界人士组成的新格局。

新时期各个党派仍然是政协的主要参加单位，那么为何要在政协性质的表述中又加上一句“是中国共产党领导的多党合作和政治协商的重要机构”呢？主要原因就是适应新时期改革和发展的新要求，特别是从制度上发展社会主义民主的新形势，中共中央在1989年制定颁布了《中共中央关于坚持和完善中国共产党领导的多党合作和政治协商制度的意见》。这个《意见》把我国多党合作和政治协商推向了一个新阶段。

从新中国成立后我国多党合作的历史看，新中国成立初期我国的各民主党派主要还是代表民族资产阶级和城市上层小资产阶级的政党，中国共产党与各民主党派之间的关系还是一种新民主主义的政党关系，因此这个时候的政党制度还不能说是社会主义政党制度。1956年在我国社会主义改造基本完成后，毛泽东提出中国共产党与各民主党派“长期共存，互相监督”的方针，才开始明确在建立社会主义制度后我国仍将长期保持多党合作的格局。但1957年下半年后由于“左”的错误路线影响，这一方针受到干扰实际没有很好得到落实。（“长期共存”是“以苏为鉴”，第一次根据中国实际探索自己的政治发展道路提出来的。但因为没有改变阶级斗争的观点，政治上把代表民族资产阶级和小资产阶级的民主党派作为改造对象，不可能有社会主义政党制度。所以1956年后李维汉曾经提出随着社会主义制度的确立，民主党派可以发展成为“社会主义政党”，很快在“文革”爆发以前的1962年就遭到批判，被说成是“鼓吹阶级斗争熄灭论”的“修正主义”“投降主义”。）直到进入新时期，1979年6月邓小平代表中共中央在政协五届二次会议上的讲话中提出：“各民主党派已经成为各自所联系的一部分社会主义劳动者和一部分拥护社会主义的爱国者的政治联盟，都是在中国共产党领导下为社会主义服务的政治力量。”就是在对民主党派性质做出这一新判断的基础上，中国共产党把与各民主党派、无党派民主人士团结合作的八字方针，发展成为“长期共存、互相监督、肝胆相照、荣辱与共”的十六字方针，并进一步提出“在中国共产党的领导下，实行多党派的合作，这是我国具体历史条件和现实条件所决定的，也是我国政治制度中的一个特点和优点”。1989年又适应发展社会主义民主政治的需要，中共中央制定颁布了《中共中央关于坚持和完善中国共产党领导的多党合作和政治协商制度的意见》。这个《意见》具有里程碑性质的重要意义在于，它第一次在全面总结我国多党合作的历史经验，坚持各党派长期合作共存政党关系的基础上，进一步明确了中国共产党是执政党、各民主党派是参政党，确立了中国共产党领导的多党合作和政治协商制度是我国的一项基本政治制度。长期以来，我们讲多党合作侧重的主要是党与党的关系，也就是统一战线关系；而提出执政党与参政党，主要是讲政党与国家政权之间的关系，这就不止于统一战线领域，而已涉及属于国家政治生活的民主范畴了。因此，随着这个《意见》的颁布，坚持和完善这项制度，就不仅要从协调政党关系的统一战线的角度去努力，而且要从健全国家政治生活的社会主义民主政治的角度去努力。正是为了贯彻和体现1989年中共中央的这个精神，1993年宪法修正案将“中国共产党领导的多党合作和政治协商制度将长期存在和发展”载入了宪法；1994年通过的政协章程修正案也对政协性质给予进一步充实，在人民政协是统一战线组织后增加了“是中国共产党领导的多党合作和政治协商的重要机构”的内容。确立中国共产党领导的多党合作和政治协商是我国的一项基本政治制度，同时明确人民政协是实行这一制度的重要机构，使发展人民政协事业与国家政治制度建设紧密联系起来，极大地提升了人民政协在我国政治生活中的地位，也把发挥人民政协作用推向了国家制度建设的新高度。

以上是联系政协考察多党合作和政治协商制度确立的历史及其意义。下面我再专门讲讲这项制度与人民政协的关系。对这个问题我不想做空泛的理论分析，而是联系实际谈一点如何完整地理解作为一项基本政治制度的我国多党合作和政治协商的内涵问题。

现在一般都把中国共产党领导的多党合作和政治协商制度称为政党制度，当然这样讲也是正确的。但我以为如果讲这项制度的全部内容，把该制度仅视为政党制度是不完整的。我认为作为一项基本政治制度，我国的多党合作和政治协商制度至少应当包括三层内容：

第一层也可以说这项制度的核心内容，主要是对我国各党派的活动及关系加以规范，就此说它指的是我国的社会主义政党制度。关于这方面的内容论述已很多，国务院还颁布了《中国的政党制度》白皮书，其核心内涵就是：共产党领导、多党派合作，共产党执政、多党派参政；各民主党派不是在野党和反对党，而是同中国共产党亲密合作的参政党。关于这些内容我就不多说了，只想重点讲一下我国的政党制度与人民政协的关系问题。那么政协与我国的政党制度是什么关系呢？全面地看，我国实行多党合作的政党制度有多种途径和方式，包括在国家权力机关、行政机关、司法机关以及一些企事业组织中都有多党合作与协商。特别是从中央到地方，中国共产党与各民主党派和无党派人士直接进行协商并形成了制度。但在这中间，人民政协有着不可替代的作用。为什么说“不可替代”？因为在我国，民主党派成员参加人大是以人民代表的身份进行活动（我国人大是集体行权，不像西方那样有议会党团），担任政府及司法机关的领导职务也是以国家公务员的身份履行公务，只有在人民政协中国共产党和各民主党派都是其参加单位，都能够以政党的身份开展活动。政协作为统一战线组织，首先是党派合作组织。在人民政协，中国共产党要贯彻与各民主党派、无党派人士“长期共存、互相监督、肝胆相照、荣辱与共”的方针，实行中国共产党与各民主党派、无党派人士之间的合作；各个党派也可以对参加政协工作的共同性事务进行协商讨论，在各个党派之间实行合作。

所以，2005年中央5号文件提出，在我国实行多党合作和政治协商基本的协商方式有两种：一种是中国共产党同各民主党派的协商合作，一种是中国共产党在人民政协同各民主党派和各界代表人士的协商合作。2006年中央5号文件又进一步提出：“人民政协是实行中国共产党领导的多党合作和政治协商制度的重要政治形式和组织形式。”所谓“组织形式”，就是说各党派是政协的主要参加单位，必须保证民主党派成员在各级政协委员、常务委员和领导成员中占有较大比例，在政协各专门委员会的负责人和委员中以及政协机关中，也占有一定数量。所谓“政治形式”，就是说人民政协必须贯彻各党派团结合作的方针，充分尊重和保障各民主党派的权利。在政协的各种会议上，民主党派可以以本党派的名义发表自己的政见主张，对国家和地方的大政方针、重要问题，以及政协内部、统一战线的重要问题进行协商讨论；可以通过开展党派视察、提出党派提案、党派大会发言以及参与调查和检查等活动，发挥民主监督作用；可以通过对国家经济社会生活中的重要问题开展调查研究、提出意见建议、反映社情民意等方式，经常广泛地参政议政。

第二层，这项制度不光是指政党制度，它还包括一个以人民政协为主体的政治协商制度。为了说明这层意思我想需要追溯一下这一制度形成的历史。从历史看，长期以来在我国一直就有多党合作和政治协商两个制度。对应政党制度讲的是“中国共产党领导下的多党合作制”。最早把多党合作和政治协商制度连在一起的是1987年中共十三大报告。而十三大报告之所以这样提，据我所知是邓小平亲自定的。据参与起草十三大报告稿的郑必坚同志讲，十三大报告定稿前曾送小平同志审阅，小平同志最后自己用笔对报告稿少数几个地方做了修改，其中一处就是在原报告稿中“共产党领导下的多党合作制”的“多党合作”后加上了“和协商”三个字。他还说，十三大报告把多党合作和政治协商制度与人民代表大会制度以及按照民主集中制的原则办事连在一起，说成是我们的政治特点和优势，实际上是把它们作为我国的基本政治制度来讲的。后来，我参与有关这项制度的第一个纲领性文件中央1989年14号文件的起草，就是根据邓小平审定的十三大报告的这个提法，在文件中正式提出了“中国共产党领导的多党合作和政治协商制度”，并把它确定为是我国的一项基本政治制度。其中与十三大报告稍有不同的，只是听取民主党派的意见，为了体现各政党的法律地位平等，去掉了“共产党领导下”的“下”字。

分析上述这项制度的产生过程我认为，严格地讲在多党合作和政治协商基本政治制度已经确立并写入宪法的情况下，就不能再简单地把多党合作和政治协商制度仅仅看作是政党制度了。因为如果这项制度仅指政党制度，十三大报告稿中原来写的“中国共产党领导下的多党合作制”就已经够用，不必再在其后加上“和协商”几个字了。因此，曾经担任过全国政协主席的邓小平加上去的意思，只能是指以人民政协为主体的政治协商制度。现在讲的“中国共产党领导的多党合作和政治协商制度”，是对过去讲的“中国共产党领导下的多党合作制”的新发展。这个增加了“政治协商”内容的新发展包含了两层意义：一层是进一步突出了这项制度的运行机制和特点；另一层就是把以人民政协为实施主体的政治协商制度包括了进来。

这是从历史看。另一方面从现实实践看，这个制度中指称以人民政协为主体的政治协商制度的含义也不能省略或模糊。因为按照现在的政协章程，人民政协是我国多党合作和政治协商的重要机构，各级政协都要贯彻实行多党合作和政治协商制度。而现在的人民政协，已经发展成为不仅包括我国的各党派团体，还包括各族各界代表人士。并且在有些地方如西藏，还存在有政协但没有民主党派的情况。因此，必须肯定这项基本政治制度包含有以人民政协为主体的政治协商制度的内容。如果否定这一点，把多党合作和政治协商制度仅仅看作是政党制度，就可能把那些没有民主党派的地方政协排除在宪法和政协章程规定的基本政治制度之外，使这些地方政协的活动失去宪法和制度依据，对各级政协充分发挥在国家政治生活中的作用产生不利影响。

第三层，从更广泛的作为一项有着相应运行机制的国家基本政治制度宏观层面来看，还应当把这项制度看作是一个制度体系。作为这样一个制度体系，这项制度的内涵更不仅包括我国的各党派和人民政协，还应当包括与政协履行职能发生关系的国家权力机关、行政机关和司法机关，就如同人民代表大会制度不仅是指人大，还包括与人大发生关系的政府和司法机关一样。中国共产党领导的多党合作和政治协商制度既然是我们国家的一项基本政治制度，贯彻实行这项制度就不但是各党派和人民政协的职责，也是对与此相关的国家机关的要求。按照这项制度人民政协可以对国家的大政方针、重大问题进行协商，政府等国家机关也应积极进行政治协商，并自觉接受人民政协的民主监督。

最后，关于第三句话所蕴含的新发展：确立人民政协是我国政治生活中发扬社会主义民主的重要形式。

把人民政协是“我国政治生活中发扬社会主义民主的重要形式”放到政协性质中加以规定，是2004年政协章程修改才加上的。人民政协从诞生之日起就是统一战线与人民民主相结合的组织，但为什么直到最近对此才加以明确？因为对这个问题过去有不同的看法。因此为了充分说明这个问题，我想联系政协的历史对此做一个较全面的分析考察。

从政协的历史看，早在新政协筹备期间，周恩来就提出：“到开会的时候才把只有少数人了解的东西或者是临时提出的意见拿出来让大家来讨论决定，这是旧民主主义议会中议事的办法。新民主主义议事的特点之一，就是会前经过多方协商和酝酿，使大家都对要讨论决定的东西事先有个认识和了解，然后再拿到会议上去讨论决定，达成共同的协议。”新民主主义的议事精神不在于最后的表决，不是只重形式，只重多数与少数，而主要是在于事前的协商和反复的讨论。协商这两个字非常好，就体现了新民主的精神。“新民主的特点就在此。”从这里可以清楚地看到，周恩来当时是把政治协商作为新中国新民主的一个特点来看待的。正是因为把政治协商的民主作用提到了国家民主的高度来看待，所以当时在阐述人民政协的地位和作用时，周恩来就不仅从人民政协作为统一战线组织必须有良好的民主作风的角度，提出了在政协必须坚持平等相待、民主协商、广泛听取党外人士的意见；而且从国家政治制度和政治体制的层面，明确了人民政协与人民代表大会和人民政府的关系。在政协第一届全体会议召开前向政协代表做的报告中，周恩来就提出："人民政协全国委员会，便是同中央人民政府协议事情的机构。一切大政方针，都先要经过全国委员会协议，然后建议政府施行。"就是在普选的全国人民代表大会召开之后，人民政协不再代行人大职权了，政协会议还将对中央政府的工作起协商、参谋和推动作用。"国家大政方针，仍要经过人民政协进行协商。"其后，由周恩来主持起草通过的具有临时宪法性质的《中国人民政治协商会议共同纲领》明确规定："在普选的全国人民代表大会召开以后，中国人民政治协商会议得就有关国家建设事业的根本大计及其他重要措施，向全国人民代表大会或中央人民政府提出建议案。"可见人民政协成立后，不仅是因为其全体会议具有如毛泽东所说的"代表全国人民"的民主性质，而且因为政治协商能够充分体现、发挥新中国人民民主的特点和作用，所以它才能够执行全国人民代表大会职权，决定新中国的国体、政体，选举中央人民政府及其领导人，完成创立中华人民共和国的历史使命。

1954年第一届全国人民代表大会召开后，人民政协不再代行其职权，而作为统一战线组织继续存在，但它仍然是我国政治体制中的一种重要民主形式。1954年全国人大召开不久，就有人对人民政协是否还有存在必要，主要是对政协在国家政治生活中的地位和作用提出过疑问。针对这些疑问，当时仍任全国政协主席的毛泽东，专门召集参加政协二届一次会议的部分党内外人士进行了研究座谈，并且写了《关于政协的性质和任务的谈话提纲》。在这次座谈中，毛泽东不仅明确了政协的性质不是国家机关，而是"各党派的协商机关，是党派性的机关"；而且在讲到"政协存在的必要性"时提出：人民代表大会是权力机关，有了人大，并不妨碍我们成立政协进行政治协商。各党派、各民族、各团体的领导人物一起来协商新中国的大事非常重要。宪法草案就是经过协商讨论使得它更为完备的。人大的代表性当然很大，但它不能包括所有的方面，所以政协仍有存在的必要。值得注意的是，这里毛泽东正是通过比较人大指出政协具有广泛的代表性，从政协在我国政治生活中具有不可替代的民主协商作用的方面，对人民政协存在的必要性给予了肯定。

而在这期间，周恩来也多次阐发了类似思想。在新政协筹备期间周恩来就分析了人大和政协各自具有不同的组织特点，指出政协是“各党派统一合作”的统一战线组织，而人民代表大会“主要的是区域”，所以政协在国家政治生活中是“不可缺少的”；人大召开后政协“仍是一个和政府协商的机关”，是一个“参谋机关”“策划机关”“建议机关”。1954年人大召开后，他又针对当时出现的一些轻视政协的现象强调：人大、政协“两会只是有权力之分，无高低之别。……政治地位上是平等的”。在1956年我国完成社会主义改造后召开的中共八大会议上，当时主持政协日常事务的政协副主席、中央统战部部长李维汉也提出：“政治协商是我国实现人民民主的重要方法。”“中国人民政治协商会议全国委员会和地方委员会是政治协商机关，又是统一战线组织，在统一战线和国家政治生活中起着重要作用。”可以说正是因为有这样的指导思想，使人民政协在结束代行人大职权后不仅作为统一战线组织，而且作为一种国家政治生活中的重要民主形式，继续发挥了重要作用。在第二届全国政协产生后，许多国家的重要法律草案和重大问题决定仍然拿到政协进行协商，一些法律、法规还先在政协协商然后再在人大通过。如当时广西和宁夏民族自治区的设立，就在政协进行了协商。

新中国缔造者的以上论述和政协成立后的实践表明，早在新中国成立初期就确立了政协与人大、政府具有相辅相成的关系，人民政协作为一种民主形式在国家政治生活中一直具有重要作用，但后来因为“左”的错误影响，特别是“文化大革命”爆发后，这方面的作用确实受到了干扰以至中断。直到进入新时期，随着我国拨乱反正，强调要在社会主义现代化建设进程中发展社会主义民主与法制，人民政协的民主作用才逐步恢复并进一步得到确立。1980年当选为第五届政协全国委员会主席的邓小平就明确提出，人民政协是巩固和扩大我国统一战线的重要组织，“也是我国政治体制中发扬社会主义民主和实行互相监督的重要形式”。进入20世纪90年代，人民政协确立了团结和民主两大主题，中共中央进一步明确了人民政协是我国政治体制的重要组成部分，政协与人大和政府互为补充、相辅相成，在我国政治生活中具有不可替代的作用；并提出要支持人大、政府、政协和司法机关依照法律和章程独立负责、协调一致地开展工作，推进人民政协履行职能的制度化、规范化、程序化。新世纪正是根据中共中央对人民政协的这些新要求，在总结人民政协历史和现实经验的基础上，2004年通过的政协章程修正案在关于政协性质的表述中，又增加了人民政协“是我国政治生活中发扬社会主义民主的重要形式”的内容。2006年中共中央颁布《中共中央关于加强人民政协工作的意见》，正式提出“人民通过选举、投票行使权利和人民内部各方面在重大决策之前进行充分协商，尽可能就共同性问题取得一致意见，是我国社会主义民主的两种重要形式”。

讲到政协的民主作用，需要从理论上作一些梳理分析，澄清一些模糊认识。人民政协有团结和民主两大主题。一段时期这两大主题曾经包含在统一战线性质中未加区分表明。但统一战线是中国共产党的一项重要工作，是以团结为主题。统一战线当然也能够在扩大各界人士的政治参与、加强民主政治建设方面发挥重要作用，但究其本质和目的，主要是协调处理中国共产党与其他党派和党外人士的关系，建立并发展共同利益和目标基础上的政治联盟。而民主是指人民当家作主，是范围更广的国家政治生活的主题，我们建设社会主义现代化在政治上的根本任务和目标，就是发展社会主义民主政治。民主包括民主意识、民主作风、民主方法等广泛的内涵，但首先是国家制度，是一种政治体制。因此，随着新时期中国共产党强调要科学执政、民主执政、依法执政，提出要从制度上推进社会主义民主政治和人民政协事业，就需要在民主方面进一步对人民政协的性质、地位和作用加以明确。人民政协作为我国社会主义民主的重要形式，不仅要在政协内部坚持民主原则、发扬民主作风，而且首先要从国家制度的角度确立人民政协在国家政治体制中的地位，明确人民政协作为我国政治体制的重要组成部分与政治体制其他部分的关系，在此基础上组织好政协的各参加单位和政协委员开展政治协商、民主监督、参政议政。

中共中央提出我国有两种社会主义民主重要形式特别是协商民主，对于发展中国特色的社会主义民主政治、深入推进人民政协事业具有深远的意义。在我国政治生活的各个领域可以说都有协商民主，但人民政协是实行协商民主的主要载体、重要渠道。就协商民主对政协的意义来讲，提出协商民主解决了一个重要问题，就是进一步明确了政协章程规定的人民政协作为发扬社会主义民主重要形式的定性、定位问题。一段时间以来，对人民政协的民主作用一直较为含糊，讲的较多的主要是人民政协作为统一战线组织的作用，讲到政协的民主作用也是强调要在政协这个统一战线组织中发扬民主的问题。而当讲到政协在国家政治生活特别是政治体制中的民主作用时，常常会遇到一个问题，即不能搞“两院制”。协商民主的提出进一步明确了人民政协作为一种民主形式，不是那种在国家政治生活中行使国家权力的民主，而是通过协商讨论广泛听取各党派团体和各族各界人士意见建议的民主，这就把政协的民主与人大的民主科学地区分开来，使人民政协两大主题中的民主主题更加清晰、更加确定下来，为人民政协充分发挥民主作用开辟了广阔的空间。

人民政协与中国共产党领导的多党合作和政治协商基本政治制度相联系，是在国家制度层面保障我国人民充分行使民主权利的重要民主形式。这种民主形式既符合社会主义民主政治的本质要求，又体现了中华民族和而不同、兼容并蓄的优秀文化传统，具有鲜明的中国特色，是我国社会主义民主政治的一大优势。坚持走中国特色社会主义政治发展道路，就要坚持和发展人民政协这一民主形式。2006年中共中央提出我国社会主义民主有两种重要形式后引起了广泛关注。包括许多政协委员和学者都认为这是对人民政协理论、社会主义民主理论的一个重要发展。但也有人认为我们现在讲协商民主，是受20世纪80年代末西方学者为了探索民主发展新方向，弥补竞选民主的缺陷，也提出协商民主影响的结果。有的学者对中国有没有协商民主还提出疑问，认为政协的政治协商不是协商民主。但以上历史考察表明，这些说法是没有根据的。从理念上看，西方学术界提出的协商民主与我国的协商民主有相似之处，其中有些方面也值得我们借鉴。但这只能说明协商民主符合时代发展的潮流，而不能说现在我们讲协商民主是来源于西方。从时间上看，早在人民政协和新中国成立时，我们就开始提出并在实践中实行协商民主。从内容上看，中国的协商民主体现在理念上，是强调在广泛参与、协商讨论、交流合作的过程中，寻求和而不同的共识和共赢，而不是非此即彼、你失我得、二者择一的个人选择；体现在政治制度、政治体制上，是在实行人民代表大会制度的同时实行中国共产党领导的多党合作和政治协商制度，从中央到地方广泛实行人民代表大会和人民政协“两会制”，坚持重大问题协商于决策之前和决策的实施过程之中；体现在行为方法上，在人民政协中，是坚持广开言路、平等议事，尊重多数、保护少数，求同存异、集思广益，通过会议讨论、提案视察、调查研究、资政建言、反映社情民意等多种方式，开展政治协商、民主监督、参政议政和合作共事。因此，可以说协商民主在中国有着深厚的历史文化传统和现实制度的基础，是中国革命和建设实践的产物。中国的协商民主和西方的协商民主，产生于不同的思想体系、实践需要和历史文化背景，不能简单类比等同。我们讲协商民主也不是要否定选举民主。选举是保证人民掌管国家权力的根本途径，在我国选举民主也尚未完善，还需要加强。就是在政协中也有选举表决，比如政协常委等一些人选的产生，政协一些决议、文件的通过，也需要经过选举表决。（当然在政协即使进行表决也强调要坚持求同存异，允许保留不同意见，也就是要遵循协商民主的原则。）但我们完全可以在推进选举民主的同时，积极推进搞好协商民主。（现在也有学者如社科院政治学所长房宁认为，现阶段中国不宜搞竞争性民主，担心这会切割选民，加剧、激化利益矛盾。

因而主张民主政治建设的方向和重点应放在扩大政治参与、加强民主协商和权力制约上。这是总结实践经验得来的，有其道理。但我认为即使民主协商深入下去矛盾也会显现出来，这方面的问题一定程度上恐难以避免。这里有一个对国家稳定、活力和长治久安关系的认识把握的问题。我认为，政治体制改革必须稳妥但也不能止步不前，否则矛盾会越积越多。从一定意义上讲选举是自下而上的，最能体现民主的真义。但协商能够上通下达，在反映不同方面诉求的同时增加共识、化解矛盾。所以，从长远看，我主张还是走选举与协商相结合的路子。这就体现了中国特色社会主义政治发展道路。）

关于从政协性质看人民政协的新发展我就讲这些。最后关于这个问题总括起来我再说一点，人民政协事业是中国特色社会主义伟大事业的重要组成部分。经过30年的改革开放，我们国家已经走上了中国特色社会主义的宽广大道，人民政协也开创了历史新局面。30年来人民政协的发展成果凝聚在经过不断完善形成的表述人民政协性质的三句话上。而这三句话归结到一点，就是2006年中共中央在《中共中央关于加强人民政协工作的意见》中提出的一个论断，即“人民政协是中国共产党把马克思列宁主义统一战线理论、政党理论和民主政治理论同中国具体实践相结合的伟大创造”。过去讲政协我们一直讲政协是统一战线组织，是马列主义统一战线理论与中国实际相结合的产物。而现在中共中央讲政协是“三结合”。这是一个新论断，是一个关系到人民政协理论基础的重要论断。这个论断体现了对人民政协历史经验的全面总结，也是我们适应新形势、新要求推进人民政协事业继续创新、发展的基本依据。

新时期在人民政协地位和作用上的新发展

人民政协的地位和作用，是人民政协性质的体现，是由宪法规定的我国国体和政体所决定的。《中共中央关于加强人民政协工作的意见》

指出："人民政协是我国政治体制的重要组成部分，在我国政治生活中具有不可替代的作用。"这是目前对人民政协在我国政治体制中地位的规范、权威表述，也是适应新形势对充分发挥人民政协在国家政治生活中作用提出的新要求。下面，我就对这一表述和要求谈一点认识理解。

第一，关于人民政协在我国政治体制中的地位

人民政协是政治组织和民主形式，因此认识和把握人民政协的地位作用，特别是在国家政治生活的地位和作用，首先就要认识和把握其在国家政治体制中的地位。适应政协性质的要求和国家形势的发展，人民政协在不同历史时期曾经在我国政治体制中具有不同的地位。比如新中国成立初期，从1949年9月人民政协成立至1954年9月全国人民代表大会召开前，人民政协的全体会议曾经执行人民代表大会职权，这时政协在我国政治体制中的地位表现为，它既是人民民主统一战线的组织形式，又是国家政权的组织形式。人大召开后政协不再代行其职权，而作为统一战线组织继续存在，同时它仍然是我国政治体制的组成部分，作为政治协商机关在国家政治生活中发挥着重要作用。新时期特别是新世纪以来，随着我国把发展社会主义民主政治确立为全面建设小康社会、实现社会主义现代化的一个战略目标，并且把坚持和完善中国共产党领导的多党合作和政治协商制度明确为实现这个目标的一项重要内容，这就进一步要求我们必须从这一国家总体政治发展战略出发，特别注意从政治制度、政治体制上去认识和把握人民政协在国家政治生活中的地位。

现在，中共中央已正式在文件中明确"人民政协是我国政治体制的重要组成部分"，但其内涵许多人还不是十分清楚，甚至对政治体制的含义学术界至今尚有不同理解，所以下面我想系统讲一讲这个问题。

一般认为，"政治体制"一词最早是20世纪60年代由苏联提出来的。西方学术界通常不用政治体制的概念，美国学术界常常将其与政治制度、政治体系、政治系统等概念混用。在我国，政治体制的概念是随

着新时期提出政治体制改革才开始被广泛使用并加以研究的。多数学者认为，政治体制是政治制度的具体表现形式和实施方式，包括政权组织形式、国家结构形式、管理形式、机构设置以及政党制度、选举制度、公务员制度等。中国大百科全书对政治体制的解释是：“以国家政权组织为中心的各种具体政治制度和政治行为规范的总和。”有的学者对政治体制的理解较为宽泛，认为政治体制涵盖国体和政体，不仅包括各种具体政治制度、政治规范、政治运行机制，还包括政治文化等。也有学者对政治体制的理解较为狭窄，甚至提出政治体制就是政体，即国家政权的组织形式。我认为，理解中国的政治体制必须从中国的实际出发，体现中国的政治特点。中国政治体制的根本特点是中国共产党领导、人民当家作主和依法治国的有机统一。联系中国的实际特别是政协的情况，可以把政治体制理解为我国各项基本政治制度的具体实现形式和运行机制，但不能把政治体制仅仅看作是国家政权组织形式。因为在我国，人民政协是政治体制的组成部分，但它又不是国家权力机关，如果把政治体制仅限定为政权系统，中共中央提出的“人民政协是我国政治体制的重要组成部分”就讲不通了，就会把人民政协排除在政治体制之外，而且还可能把在我国政治生活中起领导核心作用的中国共产党也排除在政治体制之外，这就完全脱离了中国的实际。对人民政协不能简单用属于公共权力或公民社会两分法来看待。人民政协是介于公权力和公民社会之间的组织机构，其履行职能与国家机关既相区别又有联系，涉及团结和民主、社会与国家两个方面，具有亦官亦民的特点。理解把握人民政协在我国政治体制中的地位，必须紧紧抓住政协的这一特点而不能离开这个特点。

根据以上对我国政治体制的理解以及人民政协的具体实际，完整准确地理解“人民政协是我国政治体制的重要组成部分”这个论断，我认为至少应当包括四层含义：

（一）它是指我国实行中国共产党领导的多党合作和政治协商制

度，人民政协是实行这一制度的重要政治形式和组织形式。应当看到，这项制度作为我国的一项基本政治制度，核心是社会主义政党制度，人民政协是实行这一政党制度的重要政治和组织形式；同时这一制度又不仅仅是指政党制度，它还包含了一个以各级政协为实施主体的政治协商制度。

（二）它是指我国有选举投票和充分协商两种社会主义民主重要形式，人民政协既是统一战线组织又是国家政治生活中的政治协商机关，是我国实行协商民主的主要载体和制度渠道。在我国，选举和协商两种民主形式是与我国政治制度和政治体制的基本架构相适应的。这两种民主形式体现在政治制度上，就是实行相辅相成的人民代表大会制度与中国共产党领导的多党合作和政治协商制度（民族区域自治也是基本政治制度，但主要涉及民族区域地方，不像人大、政协那样具有全局性；群众自治则主要是在基层）；体现在组织设置上，就是实行人民代表大会和人民政协“两会制”。人民政协有团结和民主两大主题。从人民政协作为统一战线组织的团结主题出发，就其在整个建设中国特色社会主义事业中的作用来看，人民政协要调动一切积极因素，发挥协调关系、汇集力量、建言献策、服务大局的作用；而涉及人民政协在国家政治体制中的地位问题，主要从人民政协在国家政治生活中的作用来看，人民政协则是政治协商机关，是我国实行协商民主的主要载体和制度渠道。

（三）从政治组织体系的角度看，它是指在我国有中共党委、政权机关和人民政协三个系统。早在1950年一届二次政协全国委员会党组会议上周恩来就曾经提出：在我国有“党的系统、政权的系统、政协的系统”，有了这三个系统，就更能反映各个方面的意见，有利于决议的贯彻执行。周恩来的这段话，从我国的政治现实出发，道出了我国政治体制在组织体系上的一个特点，就是它包括了中国共产党、政权机关和人民政协三个系统。有学者在分析我国政治体制的组织系统时，认为我国横向有“政党组织系统”和“国家组织系统”，在这些系统中有国家机关和中国的各党派，但没有讲人民政协。我认为，还是按照周恩来三个系统的划分比较符合实际，也更为合理。因为人民政协是各民主党派和人民团体参政议政的组织。有了人民政协，不仅各民主党派，而且各重要人民团体在我国政治体制中都有了自己的位置。

从政治现实来看，体现周恩来讲的三个系统，我国在各级行政区划单位普遍设有中国共产党的各级委员会，各级人民代表大会、人民政府和司法机关，以及人民政协的各级委员会（政协组织设置到县）。在这些机构中，中国共产党处于领导和执政地位，人民代表大会是国家权力机关、立法机关，人民政府是国家行政机关，人民法院、检察院是国家司法机关，人民政协则是政治协商机关。在它们之间，人大与政府、司法机关不是西方那种三权分立下的相互制衡关系，人民政协与人大也不是那种互相制衡两院制下的上下议院关系，而是在中国共产党的统一领导下各司其职、分工协作，互为补充、相辅相成。这就从组织体系上体现和保证了中国共产党领导、人民当家作主和依法治国的有机统一。

（四）从政治运行机制的角度看，它还指人民政协是我国政治制度运行特别是决策、监督运行机制中不可缺少的重要环节。在我国，人民政协虽然不是国家权力机关，但却是国家和地方政权运行链条中的一个重要环节。在中国共产党总揽全局、协调各方的领导下，国家和地方的大政方针、重大问题都要在人民政协听取意见进行协商。政协没有人大那样的立法权、重大事项决定权、重要人事任免权和带有法律强制性的监督权，但可以列席人大会议，听取并讨论政府工作报告和其他重要报告；可以对国家和地方的大政方针及重要问题，重要法律草案及重要人事任免进行协商；可以对宪法法律和法规的实施，重大方针政策的贯彻执行，国家机关及其工作人员的工作通过建议和批评进行民主监督。在政协与政府之间，没有人大与政府之间的那种权力机关和执行机关的关系，政协没有对政府官员予以弹劾、罢免之类的权力，但可以对政府的重大决策进行协商，可以对执政党和政府机关及其工作人员的工作进行民主监督，可以围绕政府的中心工作和群众关心的重要问题进行调查研究、建言献策，可以向党和政府反映社情民意。我国的这种政治运行机制，既能够保证国家权力的统一行使，建立完善相互制约又相互协调的权力结构，避免西方政体的那种“三权鼎立”、互相掣肘，又能够在执政党与参政党、国家机关和社会各界代表人士及人民群众之间形成紧密的联系，使公权力的行使不仅有法律、权力的制约，而且有人民政协的民主监督。这就从制度运行上体现和保证了中国共产党领导、人民当家作主和依法治国的有机统一。

在中国的政治体制中保持一个人民政协这样的组织机构，是新中国缔造者的一大政治创造。如果说在最初建立社会主义制度的过程中，我国在许多方面或多或少受到当时苏联模式的影响，那么可以说人民政协完全是中国独创的东西。人民政协作为我国政治体制的重要组成部分在中国已经实行60年了，而且发展至今对此已经有系统的制度政策支撑并载入了宪法，但是到现在仍有不少人包括有些研究中国政治的人，在讲到中国的政治体制时把人民政协排除在外。这种现象一方面说明我们政协做的工作还不够，在研究宣传方面还要进一步加强；另一方面也说明现在不少人还是不习惯从中国国情、中国特色出发来看中国的政治体制问题。因此，对这个问题我们首先要有正确、准确的把握。当然，这方面随着我国政治体制改革、民主政治的发展，也还要继续发展、完善。

第二，关于人民政协在我国政治社会生活中的作用

人民政协的性质和地位决定了人民政协的作用，政协的作用也是与不同历史时期党和国家的中心任务和发展目标相适应的。新中国成立初期，人民政协曾经为创立新中国做出了不可磨灭的历史贡献，其后又为社会主义革命和建设做出了重大贡献，但也有一段时期由于受“左”的错误影响一度为阶级斗争服务。新时期以来，适应国内阶级关系的根本变化和国家工作重点的战略转移，人民政协的任务和作用转到为建设

社会主义现代化和完成祖国统一大业、振兴中华服务上来。进入新世纪新阶段，人民政协的根本任务和总体作用就是：高举爱国主义、社会主义旗帜，以邓小平理论和“三个代表”重要思想为指导，贯彻落实科学发展观，发挥协调关系、汇集力量、建言献策、服务大局的作用，为促进社会主义经济建设、政治建设、文化建设、社会建设以及生态文明建设，完成全面建设小康社会、实现社会主义现代化的宏伟目标；为促进祖国完全统一，实现中华民族的伟大复兴；为维护世界和平与促进共同发展而奋斗。

当前认识政协的作用和任务有两点需要注意：一点是必须把促进发展作为第一要务，特别是要注意贯彻科学发展观，发挥政协优势为推进科学发展做贡献。再一点是应当看到，团结和民主是人民政协的两大主题，政协发挥作用必须把团结和民主作为着力点。当前人民政协在团结方面发挥作用，就是要适应经济社会结构发生深刻变化和构建社会主义和谐社会的要求，充分发挥人民政协作为最广泛的爱国统一战线组织的作用，维护和促进我国政党关系、民族关系、宗教关系、阶层关系、海内外同胞关系的和谐；而当前人民政协在民主方面发挥作用，就是要与经济社会的不断发展和人民政治参与积极性的不断提高相适应，扩大公民特别是各界人士的有序政治参与，充分发挥人民政协作为我国协商民主主要载体和重要渠道的作用，促进党和政府科学民主决策，建立健全监督机制，发展社会主义民主政治。

新时期在人民政协主要职能上的新发展

人民政协的主要职能是政治协商、民主监督、参政议政。政协的这三项主要职能也经历了一个逐步明确完善的过程。新中国成立初期，在人大召开后，毛泽东提出政协的任务是协商国际问题、协商候选名单、提意见、调整关系和学习马列主义，其中主要强调的是政治协商。1956

年随着贯彻中国共产党与各民主党派“长期共存、互相监督”的方针，政协开始把发挥民主监督作用列为自己的一项重要工作。进入新时期，在1982年邓小平主持修订通过的政协章程中，第一次明确提出人民政协要在国家政治生活中发挥政治协商和民主监督的作用。1994年八届政协修改通过的政协章程，进一步明确了政治协商和民主监督是政协的主要职能，并增加了参政议政的内容。2004年最新修订的政协章程对此做出规范表述，正式确定人民政协的主要职能是政治协商、民主监督、参政议政。2006年中共中央颁布的关于加强政协工作的《意见》，不仅重申了政协的这三项主要职能，而且把人民政协履行职能放到整个党和国家的政治生活中，进一步明确了人民政协履行职能的原则、内容、形式、程序等重大问题。中共十七大报告以及最近胡锦涛在纪念人民政协成立60周年上的讲话，也强调了要推进人民政协“政治协商、民主监督、参政议政制度建设”，“把政治协商纳入决策程序，完善民主监督机制，提高参政议政实效”。下面，我就结合2006年中共中央5号文件和十七大的有关精神，围绕当前政协履行职能中需要注意把握的问题，分别谈一谈这三项职能。

（一）关于政治协商

政治协商是政协的参加单位和政协委员，对国家和地方的大政方针，政治、经济、文化和社会生活中的重要问题，以及统一战线和政协内部的重要事务，在决策之前和决策执行过程中进行协商。政治协商的形式主要有：政协全体会议，常委会议，主席会议，秘书长会议，专题协商会，专门委员会会议，以及政协党组受党委委托召开的座谈会和政协内部的协商会议等。政治协商主要是在会议上进行，因此需要遵循一定的程序。

这里关于政治协商的内容、形式、制度等我不细讲了，只想突出谈一点“程序”问题。2006年中央《意见》在政协履行职能上的一个重要新推进，就是从政协协商的议题提出、活动安排、对决策部门在协商过程中的要求以及成果报送和反馈处理等五个环节，规定了人民政协政治协商的主要程序。“程序”问题之所以重要，首先因为这是当前我们加强民主建设的关键一环。现代民主是制度民主、程序民主。过去很长一个时期，我们对民主问题只注意强调其性质或本质，而对制度、程序则常常忽视，结果历史的经验教训证明，如果没有一套系统的制度和程序，民主将不仅难以保障而且无法有效运行。长期以来，政协履行职能需要解决的一个突出问题，就是随意性较大，缺乏制度和程序的保障。

其次，强调程序还因为虽然2006年中央《意见》在这个问题上迈出了重要一步，但仍然有不少问题需要进一步研究完善。比如，《意见》规定的只是一个主要程序或一般程序，而人民政协的政治协商具有多种形式。现在政协一些大型的协商活动，如全委会议、常委会议等，应该说大的程序是明确的，但对一些具体协商形式如专题协商、对口协商、界别协商等的程序，还需要加强、细化。严格地讲，程序就应当是具体的，只有具体才可以操作，才能够遵守。所以，要进一步推进政治协商的程序建设，除了有一般的程序规定外，还应逐步对专门具体的协商活动做出专门具体的程序规定。

再次，之所以要强调程序，因为目前在参与协商各方对协商程序的切实遵守上，还有一个进一步统一认识、协调努力的问题。比如政治协商是政协的参加单位和政协委员与党委、政府有关决策部门，就一些重大问题在决策之前和决策执行过程中进行协商。把政治协商纳入决策程序，不仅是对人民政协的要求，更是对党和政府决策部门的要求。现在应当说各级政协对这个问题是比较积极的，但各级党政决策部门对此在认识上、执行上还参差不齐。而决策部门对这个问题应当说起着决定的作用。所以，只有经过各方沟通协调、共同努力，制定出各方都能遵守并认真加以执行的协商程序，才能使政治协商真正成为党和国家决策的重要一环。

最后，加强程序建设也是对政协自身建设的要求。程序是一种约束机制，要求参与各方按照一种共同约定的规程进行协商活动；同时程序又是一种筛选机制，要求对各种问题在提交协商前先按照一定的原则进行筛选。程序建设当前对政协的要求我看主要就是在筛选机制上，这方面也有紧迫的意义。过去政协委员的提案、发言、信息相对较少，因此我们一直鼓励多提。但现在情况发生了很大变化，提案、发言、信息等都大量增加，甚至有的国务院部门仅一年收到的政协提案就达数千件，以致政府部门应接不暇，也难以件件给予周到的答复。为了解决这个问题我们现在强调要提高质量、区分重点，但判断质量和重点主观选择性较大，所以解决这个问题最终还是要靠推进程序化。

总之，推进程序化是当前人民政协的一项重要任务。十七大已“把政治协商纳入决策程序”写入了党代表大会的报告。落实十七大精神，全国和地方政协正通过各种途径积极探索推进。比如，近年来全国政协围绕专题协商会这种形式在这方面进行了积极探索。专题协商会是围绕某一重大专题，在政协举行的，党和政府领导人与参加政协的有关民主党派、人民团体和政协委员，面对面进行的一种高层次政治协商形式。现在每年全国政协都要举办专题协商会，我们经济委员会经常负责筹备。总结这方面的情况我感到，“把政治协商纳入决策程序”正在稳步推进。比如，通过举行专题协商会，加强了与政府有关部门的沟通协调，除了请党和国家领导参会并讲话外，还请参会听取委员意见的国务院有关部门负责同志做交流发言，以体现政治协商特点和按程序协商的要求。为规范这方面的工作，最近全国政协还研究制定了《关于全国政协专题协商会组织办法（试行）》。许多地方在这方面也进行了积极探索，比如，最近广东省委、广州市委提出，广州要在发展社会主义民主政治方面发挥先行先试作用，对广州市开展政治协商的内容、形式和程序作了进一步规范，制定颁布并实施了《中共广州市委政治协商规程（暂行）》。去年10月29日在此《规程》颁布后仅56天，广州市政协就首次按照这个《规程》，以常委专题协商会的形式，对市委、市政府的重大决策——《广州市贯彻落实〈珠江三角洲地区改革发展规划纲要（2008—2020年）〉实施细则》，进行了政治协商。当然这方面也还存在问题，其中有认识问题，也有实际问题。今年，全国政协将对各地贯彻5号文件包括这方面的情况、经验进行检查总结。我们应当积极推进“把政治协商纳入决策程序”并对此抱有信心。

（二）关于民主监督

政协的民主监督是政协的参加单位和政协委员通过政协组织，对宪法、法律和法规的实施，重大方针政策的贯彻执行，国家机关及其工作人员的工作进行的监督，也包括中国共产党在政协中与各民主党派和无党派人士之间进行的互相监督。监督的形式主要有向党委和政府提出建议案、提案、报告、委员视察、委员举报、大会发言、反映社情民意，以及委员应邀参加有关部门组织的调查、检查活动，担任特约监督人员等。

这方面需要注意把握的是，应当看到政协的民主监督是我国监督体系的重要组成部分，其特点主要是一种通过提出意见、批评和建议方式进行的政治监督。对于政协履行民主监督职能，政协委员及社会上的许多人都比较关注，不少人认为这项职能目前发挥得还不够好，还需要加强，尤其是要增强实效。我的看法是，从大的方面讲社会主义制度具有能够集中力量办大事的优势，也有制约和监督相对薄弱的不足，政协在这方面也确有许多工作可做。因此，政协的民主监督还需要加强是毋庸置疑的。但需要注意的是，政协的监督作用是由其性质决定的，加强政协的民主监督要立足于发挥其特点和优势。政协的监督作用不是体现在法律的强制性上，而主要是通过广泛听取意见，使执政党能够听到不同的声音，能够发现党和国家工作中一些没有发现的错误和缺点，发挥一种政治警示的作用。不能认为政协的这种监督没有作用，而应当看到正是因为政协的监督是非权力性的政治监督，才使它有了一种极大的广泛性和灵活性，可以采取灵活多样的方式及时发现各种问题。比如，近年来在民生、社会、生态等方面的许多重大问题，都是首先在政协会上提出并受到关注的，这就是政协民主监督作用的体现。即使在具体问题上，政协的民主监督也能发挥很大的作用。如全国政协过去对三峡工程建设提出意见，产生过很大影响，温家宝总理曾经说过，如果要问谁对三峡工程贡献大，就是那些曾经提出过意见的同志，因为他们使这个工程考虑得更周全、更完善了。

同时，讲政协的民主监督也应看到另一方面，就是我们讲政协的民主监督没有强制性，不等于说它没有约束力。政协民主监督是有制度和组织保障的监督，制度就具有约束力。2006年中央制定的《意见》，就提出各级党委和政府要认真倾听来自人民政协的批评和建议，自觉接受民主监督，并做出了若干制度性规定。比如，要求完善民主监督机制，在知情环节、沟通环节、反馈环节上建立健全制度，畅通民主监督的渠道；要求党委和政府的监督机构以及新闻媒体要密切与人民政协的联系，加强工作协调和配合；要求切实发挥政协提案和建议案在民主监督中的作用，有关方面对政协的提案和建议案要认真办理、及时答复等。这些就体现了政协民主监督的约束作用。当然，落实这些要求目前的确也还存在一些问题，还需要我们进一步努力。

（三）关于参政议政

人民政协的参政议政是对政治、经济、文化和社会生活中的重要问题以及人民群众普遍关心的问题，开展调查研究，反映社情民意，进行协商讨论，通过调研报告、提案、建议案或其他形式，向党和国家机关提出意见和建议。参政议政是人民政协广泛开展的一种履职形式，也是党政领导机关经常听取政协各界人士意见建议的有效方式。

参政议政作为政协的一项主要职能是20世纪90年代八届全国政协确立的。为什么要在政协的主要职能中加上参政议政呢？简单讲就是，新时期人民政协的工作重点转到为改革开放和社会主义现代化建设服务上来，增加参政议政职能可以使各级政协充分发挥优势，更加主动和广泛地围绕中心、服务大局开展工作。在此之前，政协的主要职能是政治协商和民主监督，但由于履行协商、监督职能不光牵涉到政协自己，还涉及党政有关部门，在积极、主动、广泛开展上受到一定限制。从更大的方面看，参政议政职能突出体现了我国政协不同于西方议会，不是以牵制、制衡政府为主要工作内容，而是帮忙不添乱、主要以建设性的资政建言为内容。可以说，就是为了更便于政协围绕中心、服务大局履行职能，1994年八届全国政协修改政协章程，在政协主要职能中增加了一项以开展专题调研、反映社情民意为主要内容的参政议政。2006年中央颁布的《意见》，对支持政协开展这方面的工作也提出了明确要求，强调各级党委和政府要加强与人民政协的联系和沟通，党政有关部门要密切同政协专门委员会的协作和配合，为人民政协参政议政创造良好条件。

参政议政可以说是近些年来各级政协最活跃也最有成效的一项工作。新世纪适应形势需要，这方面工作又呈现出一些新特点。从全国政协看，一方面在内容上，更加强调了把促进科学发展作为履行职能的第一要务，提出要进一步围绕中心、服务大局、突出重点，务实创新；另一方面在形式上，也进行了积极的创新探索。比如，为了取得更好效果，探索了围绕某一课题，综合采取包括调研、视察、提案、举办论坛、反映信息等多种形式加以推动、务求实效的方法。全国政协经济委员会近年来参与推进设立大连保税港区和天津滨海新区建设、包括广西北部湾经济区建设等，就是采用了包括组织调研，开展视察，举办论坛，反映信息等多方面推动的方法，取得了积极效果。为进一步加强、规范这方面的工作，全国政协最近还研究制定了《关于组织开展专题调研的办法》。

关于政协职能我就不多讲了，再讲一个有关的问题，即如何理解参政议政包括政治协商里说的“政治”的含义。长期以来，社会上包括在一些政协委员中常常听到一种说法，认为政协议论经济社会问题比较多，讲政治问题很少，所以说不上是参政议政，而是议经、议社。对这个问题我的理解是：第一，政治有广义狭义之分，广义地说，众人之事、公共事务就是政治。（孙中山曾讲过这个话；邓小平说新时期经济建设、搞现代化是最大的政治，也是这个意思。）因此我们不能把经济社会问题排斥在政治之外。第二，我认为政协讲的“政治”，主要是讲其属性，而不是讲内容。对中国人民政治协商会议以及政协的政治协商职能中讲的“政治”，不能仅从狭义的政治内容去理解，而应当从治国理政的高度去看，一定意义上讲政治协商就是协商国是。政治协商不仅是指对国家和地方大政方针、重要事务的协商，把群众关心的事情拿到政协组织中来协商，就是提到国家政治生活的层面来协商，也是政治协商。至于具体的协商内容，从政协章程到中共中央和全国政协的各种文件历来都是清楚的，不仅有政治方面的内容，也包括经济文化社会等其他各方面的内容。所以政协才叫政治协商会议，才成为我国政治体制、国家治理体系的重要组成部分。第三，全面理解政治协商，我认为至少有四层含义：首先它是指一种政治制度，就是中国共产党领导的多党合作和政治协商制度，其中包含了政党制度和政治协商制度；其次它是指一种政治原则、方法，就是要坚持平等相待、互相尊重、求同存异、体谅包容的统一战线的原则方法；再次它还特指我国特有的一种政治机构、组织，即人民政协；最后它才指的是协商内容，这个内容可以从狭义去看，但更需要从广义去理解。并且就内容看还要注意结合一定的历史条件看。人民政协总是围绕党和国家的中心任务开展工作的，各个时期党和国家的工作重心又是发展变化的，所以政协履行职能的重点内容也会相应变化。新中国成立初期，人民政协主要承担协商建国任务，当时协商议政内容的政治性就比较突出；改革开放后以经济建设为中心，经济社会方面的内容自然就多一些；而随着我国政治改革和建设的任务提上议程，政治方面的内容也会多起来。

在商务部主办的非洲国家研讨班上关于中国政协的讲课录

（2010年11月）

各位来自非洲国家的朋友们：

上午好！很高兴有机会向大家介绍一些有关中国政协、中国的多党合作和政治协商制度的情况。根据我们这次研讨班组织者的要求，今天我主要从三个方面对此做些介绍：首先，我想讲一讲中国政协是一个什么样的组织，包括政协的组织构成、机构设置，及其在中国政治体制中的地位；其次，我想讲一讲中国政协的主要职能和作用，特别介绍一些政协在国家经济事务中的作用；最后，我再专门讲一点中国政协的对外友好交往。下面我先讲第一个方面的问题。

中国政协是一个什么样的组织

中国政协，全称叫中国人民政治协商会议，是具有中国特色的政治组织。中国政协的历史可以说比中华人民共和国的历史还要早。其第一届全体会议召开于1949年9月21日。中华人民共和国就是经过它协商产生的。（由于当时中国的内战尚未完全结束，还没有条件通过选举产生新中国的国家权力机关——人民代表大会，所以由集中了当时中国各民主党派、人民团体和各族各界民主人士的政协全体会议代行人民代表大会职权，制定了具有临时宪法作用的《中国人民政治协商会议共同纲领》，选举产生了中华人民共和国中央人民政府委员会，创立了新中国。）对中国政协是什么样的组织可以从两个层面看：

首先从中国政协自身组织看，中国政协由中国的各个党派、主要的人民团体和各民族、各阶层及社会各界的代表人士组成，是中国各党派团体和各族各界人士团结合作的组织。现在全国政协有34个界别，包括中国的9个合法政党，8个主要人民团体，无党派人士，56个民族的代表人物，各大宗教团体的负责人，经济、科技、文化、教育等各行各业，以及香港、澳门特别行政区，台湾同胞、归国侨胞的代表等。参加政协的界别还可以随着国家形势的发展和社会结构的变化进行调整。中国政协采取委员会制。在国家和县以上的地方都设有政协委员会。各级政协之间没有隶属关系。政协地方委员会对政协章程和政协全国委员会的全国性决议，有遵守和履行的义务，但一般工作由其自行安排、决定。现共有3000多个各级政协组织，60多万名各级政协委员，其中政协全国委员会有委员2200多名。因为中国政协是一个主要以各个党派、团体和社会各界代表人士组成的、实现各党派和各界人士团结合作的组织，所以政协委员不是由选举产生，而是由参加政协的各党派团体和各个界别协商提出，经过政协常务委员会会议协商同意产生。参加政协成为政协委员必须赞成和遵守政协章程，并且在本界别中要有代表性，有社会影响和参政议政能力。中国政协全国委员会每届任期5年，从成立至今已历十一届。毛泽东、周恩来、邓小平等中国的主要领导人都曾经担任过政协主席。现任中国政协主席是贾庆林。

中国政协组织在内部设全体委员会、常务委员会和主席会议三级机构。其中，全体会议是政协履行职能的最高形式，一般每年召开一次，由常务委员会召集、主持。常务委员会由政协主席、副主席、秘书长和常务委员组成，负责主持本委员会会务。常务委员会的候选人由参加政协的各党派团体和各界人士协商提名，经委员会全体会议选举过半数通过产生。常委会议是全体会议闭会期间政协履行职能的主要形式，现在每年召开四次（一般每季度召开一次会议）。主席会议由政协主席、若干副主席和秘书长组成，负责处理常务委员会的重要日常工作，一般每月召开一次会议。为了便于开展工作，政协组织还设有办公厅和专门委员会作为承担日常工作的机构。办公厅是承担政协委员会的组织服务、秘书参谋和联络后勤等工作的办事机构。专门委员会是组织委员进行经常性活动的工作机构，现全国政协有九个专门委员会。

以上是讲中国政协的组织特点。下面我再从另一个层面——中国政协在国家政治体制中的地位的角度，讲一讲中国政协是一个什么样的组织。在中国的政治体制中，中国政协是实行中国宪法规定的多党合作和政治协商制度的重要机构，是中国各党派团体和各界代表人士协商议政、参与国是、团结合作的重要场所，是中国人民民主的重要实现形式。

为了说明白这个问题，我简要介绍一下中国政治体制和政治制度的总体情况。中国政治体制在组织上的总体架构是，在各级行政区划单位普遍设有中国共产党的各级委员会，各级人民代表大会、人民政府和司法机关，以及人民政协的各级委员会。在这些机构中，中国共产党处于领导和执政地位，人民代表大会是最高国家权力机关、立法机关，人民政府是国家行政机关，人民法院、检察院是国家司法机关，人民政协则是政治协商机关。在它们之间，人大与政府、司法机关不是权力分立、相互制衡的关系，政府和司法机关都由人大产生、对人大负责、受人大监督；政协与人大也不是上下议院的关系，与政府和司法机关之间也没有相互制衡的问题。而是在中国共产党的领导下，依照宪法、法律和各自章程独立负责、协调一致地开展工作，形成一种各司其职、分工协作、相辅相成的局面。中国政治制度的基本框架是，实行人民代表大会制度、中国共产党领导的多党合作和政治协商制度、民族区域自治制度和基层群众自治制度。其中，人民代表大会制度与多党合作和政治协商制度有着相辅相成的作用。多党合作和政治协商作为中国的基本政治制度写入了中国宪法，是规范中国各党派活动的政党制度，也是规范中国政协组织活动的政治制度。

下面我具体介绍一下中国政协作为实行多党合作和政治协商制度的重要机构，以及在国家政治生活中作为人民民主重要实现形式的内容。

从政党制度看，在中国，不仅有执政的中国共产党，还有八个民主党派。中国政党关系的特点是各个政党在国家政治生活中大目标一致，不是在朝、在野，执政党和反对党的关系。中国共产党是执政党，各民主党派则是参加国家政权、参与国家大政方针的协商和国家事务的管理、同中国共产党长期合作的参政党。中国实行多党合作有多种途径和方式，有中国共产党与各民主党派和无党派人士直接进行政治协商和互相监督，有各民主党派成员和无党派人士的代表参加国家政权机关，也包括各政党都参加人民政协，通过政协组织参政议政并进行合作。人民政协对于实现中国的多党合作制度，还有着不可替代的特殊作用。因为在中国的政治体制中，在人民代表大会这样的国家机关，虽然也有各党派的代表参加，但没有议会党团，各党派成员在人大都是以人民代表的身份进行活动。而政协是各党派联合的组织，中国共产党和各民主党派都是政协的参加单位，政协组织必须保证民主党派成员和无党派人士占有较大比例，在政协委员中要占60%以上，在常务委员中占65%以上，在政协领导成员和工作机构中也必须有民主党派的代表；并且保证各民主党派在政协能够以政党的身份开展活动，在政协的活动中发表政见主张。所以在中国，只有政协是多党合作和政治协商的机构，是各党派团结合作的组织。

从民主形式看，在中国的国家政治生活中有选举和协商两种民主形式。其中，全国人民代表大会是国家权力机关、立法机关，人大代表主要由地区选举产生，通过选举、投票行使民主权利；而中国政协是政治协商机关，政协委员主要由界别协商产生，通过对重大决策、重要问题进行充分协商行使民主权利。在中国的各级政协组织中，不仅有各党派团体，而且有来自社会各界的代表人士，所以政协不仅是各党派合作的场所，还是各界代表协商议政的机构。中国政协是中国政治体制的重要组成部分，它虽然不是国家权力机关，但是国家政治体制的重要组成部分，是协商民主的重要渠道，国家的大政方针、重要问题都要在政协听取意见进行协商。政协还能够对宪法、法律和法规的实施，党和国家重大方针政策和重要决策部署的贯彻落实情况，国家机关及其工作人员的工作进行民主监督；并向执政党和政府反映、表达社会各界的利益诉求，提出自己的意见建议。在政协中，实行平等协商、求同存异的议事原则。政协委员既可以对本会工作提出批评、建议，在本会会议上有表决权、选举权和被选举权，有声明退出政协的自由；又可以参加讨论国家大政方针和地方重大事务，有对执政党和国家机关的工作提出建议和批评的权利。政协组织依法保护政协委员履行职能的民主权利。

中国实行政协这样一种民主形式，适合中国的历史文化传统和现实发展需要，它可以扩大政治参与，为那些难以按照选区和人口比例选举产生的党派团体和各界代表参政议政，提供畅通的渠道；可以在尊重多数的同时保护少数，为维护少数人的权益，使专家学者、社会各界代表的意见在国家政治生活中得到充分表达，提供制度保障；也可以在国家政治生活中对一些重大问题进行深入、理性的讨论，加强沟通交流、凝聚共识、协调关系、化解矛盾，促进科学民主决策，维护社会稳定和谐。所以在中国，就发扬民主总体来说，是既注意保证人民享有选举投票的民主权利，也重视发挥人民在日常政治生活中有持续参与，进行民主决策、民主协商、民主管理、民主监督的权利；选举与协商两种民主形式相互补充，成为中国社会主义民主政治的一大特点和优势，实现了中国共产党领导、人民当家作主和依法治国的有机统一。

中国政协的主要职能和作用

中国政协的主要职能是政治协商、民主监督、参政议政。

关于政治协商。政协的政治协商是指参加政协的各党派团体和各族各界人士，对国家和地方的大政方针，政治、经济、文化和社会生活中的重要问题进行协商，也包括对政协内部的重要事务，如参加政协的各党派之间的关系、各方共同关心的问题进行协商。政治协商的形式主要有：委员会全体会议，常务委员会议，主席会议，秘书长会议，专题协商会，双周协商座谈会，专门委员会会议等。在政协进行政治协商要遵循一定的程序。对属于国家政治生活的政治协商要求纳入决策程序，一些重要问题必须在决策之前和决策执行过程中进行协商。

比如，在每年的政协全体会议期间，政协委员不仅要审议决定本会的重大事务，同时又都列席同期召开的人大会议，听取并讨论政府工作报告、司法机关的报告、财政预算和决算报告以及重要的法律草案等。在政协全会期间，中共中央、人大常委会、国务院以及司法机关的领导人，有关部门的负责官员，都应邀参加政协会议，听取政协委员的意见建议。在政协常务委员会议和主席会议上，既可以审议决定本会的事务，又能对执政党和国家的重大方针政策以及社会生活中的重要问题进行协商讨论，提出意见、建议。

关于民主监督。政协的民主监督主要是指参加政协的各党派团体和各族各界人士，参加政协的各党派团体和各族各界人士，对宪法、法律和法规的实施，重大方针政策的贯彻执行，国家机关及其工作人员的工作进行的监督。监督的形式主要有政协向国家机关、执政党提出提案、建议案、有关报告，开展委员视察、委员举报，在政协大会发言提出批评、建议，以及委员应邀参加有关部门组织的调查、检查活动，担任特约监督人员等。比如，政协委员，参加政协的党派、团体，政协的专门委员会或政协的界别，在政协会议期间以及平时，都可以就一些自己认为的重要问题向政协委员会提出提案。这些提案经政协的专门工作机构审查立案后，交有关承办单位办理（其中多数是国家机关有关部门）。承办单位对政协的提案必须在规定的时限内答复，不予采纳的要说明情况。在政协会议闭会期间，政协还可以组织委员深入基层，对国家重大方针政策的贯彻落实，经济社会发展中的重大项目建设情况和社会关注的问题开展巡视察看，提出意见、进行监督。

关于参政议政。政协的参政议政是指政协的参加单位和政协委员，对政治、经济、文化和社会生活中的重要问题，包括国家重要方针政策的制定和实施，以及各种社会公众关心的问题，开展调查研究，反映社情民意，进行协商讨论，通过调研报告等多种形式，向执政党和国家机关提出意见建议。参政议政的特点是政协可以通过调查研究、协商讨论、反映意见等多种形式，经常、自主选择一些问题开展工作。

中国政协的职能主要就是以上三项。讲到政协履行职能有一点还需要说明，因为中国政协不是国家权力机关，因此政协提出的意见建议不具有强制性。但由于有宪法和国家政治制度的保证，由于政协组织、政协委员在社会上有很高的威望和影响力，政协的作用始终受到各方面的重视，提出的意见建议经常被政府采纳。

关于中国政协的职能我就讲这些。最后应你们的要求，我再介绍一些关于中国政协在国家经济事务中发挥作用的情况。

自从20世纪70年代末中国实行改革开放以来，中国进入了以经济建设为中心的社会主义现代化建设时期，中国各个方面的工作都围绕这个中心展开，中国政协也不例外。所以，现在中国政协参与国家经济事务的活动是十分广泛和深入的。

从内容看，包括经济方面的重要法律、法规的制定和修改；国民经济发展规划和重要方针政策的制定和实施；政府每年提出的财政预决算报告；国家和地方经济发展中遇到的重大问题；政府投资的重大经济建设项目决策等，政协都可以参与讨论，提出意见建议（政协不是立法机关，但可以对立法及法律的修改和实施提出意见建议，一些重要的法律在通过前都要在政协讨论，听取意见。如前几年中国人大通过物权法前，就在政协听取了意见）。

从途径看，主要有三类或三个层次：一是在政协组织层面，即通过定期举行的政协全体会议、常委会议、主席会议、专题协商会等形式，对国家的一些重要经济方针政策、发展规划和重大事项及问题等，进行协商讨论，提出意见建议。二是在工作机构层面，即通过政协经济委员会这样的专门工作机构，联系、组织经济界的政协委员，也可以邀请一些经济方面的专家学者、经济组织的负责人、政府经济部门的官员以及经济专业人士和企业家等，经常、适时地召开一些经济形势分析会、研讨会，对一些综合性、战略性、前瞻性的经济问题进行调查研究、提出意见建议；政协经济委员会还可以与相关的政府部门就一些重要问题进行对口协商。如前年发生国际金融危机前夕，当时中国正处于防止经济过热、实行从紧的财政货币政策情况下，全国政协经济委员会就曾通过对国际特别是美国的经济形势进行分析提前发出预警，对中国政府后来果断转变政策、及时采取措施应对危机发挥了积极的作用。近些年经济委员会还就调整经济结构、扩大内需、拉动消费、促进区域和城乡经济协调发展等问题开展专题调研，积极向政府建言献策，许多建议都被政府采纳，收到了很好的成效。三是在个人层面，政协组织及其工作机构的领导人和一些政协委员个人，像我们经济委员会的负责人，委员中的一些经济专家学者等，也可以应邀参加一些政府和相关组织召开的会议、论坛，在这些会议和论坛上发表意见，提供咨询。如中国每年年末都要召开中央经济工作会议，研究总结过去一年经济工作并对下一年的经济工作进行部署，中国政协的领导人、政协经济委员会的负责人都会应邀参加。政协委员还可以应邀参加国家有关部门组织的有关专项检查活动，政协自己组织的有关视察、调研活动，通过提出提案、建议等多种形式，对经济建设中出现的问题提出意见，进行监督等。

中国政协的对外友好交往

最后一个问题，我简要讲一讲中国政协的对外交往，然后再看看大家有什么问题。关于中国政协的对外交往我想主要介绍一些政协对外交往的特点、内容、形式和渠道等方面的情况。

中国政协的对外交往是中国总体外交的重要组成部分。中国政协的对外交往与中国国家外交的目的可以说是完全一致的，都是为了加强同世界各国的友好往来与交流合作，维护世界和平、促进共同发展。但政协组织不同于政府，也不是议会，同时它又是中国政治体制的组成部分，具有一种亦官亦民的特点。所以，中国政协的对外交往也有一种融官方外交与民间外交于一体的特点。由于有这样一个特点，决定了中国政协对外交往的范围十分宽广，内容也很丰富。

在对外交往中，中国政协既可以代表官方做出政策宣示，又可以反映社会各界人士对重大国际和地区问题的见解；与中国政协交往的组织和机构，既可以是议会、咨商机关等相关机构，也可以是社会团体、非政府组织、跨区域组织；交往的对象，既可以是国家政治领导人（包括政府首脑、议会、政党领袖等），也可以是社会活动家、各界知名人士、专家学者；交往的内容，既可以是政治方面的，也可以是经济、社会、文化等其他方面的。

与这种对外交往的丰富内容相适应，中国政协对外交往的形式也灵活多样，包括：可以开展高层领导人的交流与互访。如中国政协的主席、副主席作为国家领导人的出访，以及外国议会领导人、前政要、相关机构组织负责人的来访。可以在政协组织及其专门机构与一些国家相关机构之间建立联系、进行交流。如中国政协设有外事委员会，其中有不少中国涉外部门包括外交部、商务部的在职和退下来的资深官员、驻外大使等。外事委员会专门负责并经常开展对外交往活动；政协的其他专门委员会也可以进行出访或与来访的外国相关机构进行交流，如今年我们经济委员会就与来华访问的南非议会省务院“贸易与国际关系委员会”和“经济发展委员会”联合代表团进行了交流。中国政协还可以在华举办或赴外国出席国际会议、论坛，组织各界民间人士、专家学者进行国际交流，开展公共外交。在这方面中国政协有两个工作平台，一个是中国经济社会理事会，一个是中国宗教界和平委员会。其中，中国经济社会理事会由中国经济社会领域里的有关团体、研究机构、企事业单位及专家学者、组织者、管理者联合组成，是经济社会理事会和类似组织国际协会及其领导机构管理委员会的成员。该理事会的主席是中国政协的副主席。中国经社理事会积极参加与“国际协会”以及联合国、欧盟经济社会委员会等国际区域组织的多边交流，也与“国际协会”的50个成员开展双边往来，在推动中国民间组织与国际非政府组织的交流与合作方面发挥了积极的作用。中国宗教界和平委员会是由中国各宗教（包括佛教、道教、伊斯兰教、天主教、基督教）的代表人士组成的社会团体，是亚洲宗教和平会议、世界宗教和平会议的成员。该组织的主席也是中国政协的副主席。中国宗教界和平委员会致力于促进各宗教团体的团结和睦，促进世界和平与共同发展，与外国的宗教和平组织建立了双边交流机制，经常开展同各国宗教界及世界性、地区性和各国宗教和平组织的交流与合作。

总之，中国政协的对外交往十分广泛，截至目前，中国政协已经同世界上121个国家的211个机构和12个国际或区域性组织建立联系并开展了友好往来。中国政协愿意继续坚持并进一步扩大同包括非洲在内的世界各国相关机构和人民的友好往来。

关于中国政协的情况我就介绍这些。下面，我愿意回答各位提出的问题。

人民政协理论的创新与发展（提纲）

（2012年11月）

人民政协理论不同于一般的学术理论，政治性、实践性很强。今年9月4日贾庆林主席在全国政协理论研究工作座谈会上发表讲话，对政协理论研究的状况做了一个总结。这个讲话涉及政协理论的形成发展、框架内涵及如何继续开展等12个方面。刚刚召开的十八大在关于推进政治体制改革的论述中，又提出“健全社会主义协商民主制度”的政治体制改革任务，这也是一个有关政协理论的新论断。在一个小时的时间里，很难对这些年政协理论创新的所有内容都讲清楚。因此，我想今天就结合十八大报告和贾主席的讲话，讲三个问题。

人民政协理论是如何提出产生的

贾主席在这次讲话中提出，“人民政协事业始终是在人民政协理论指引下前进的”。过去指导政协工作的是“毛泽东人民政协思想”，新时期是“中国特色社会主义人民政协理论”。贾主席说，毛泽东的人民政协思想“确立了人民政协的基础理论和基本政策，成为人民政协理论形成的重要标志”。但我理解，这里的政协理论是作为指导实践的思想指南意义上讲的。长期以来，甚至新时期以后一段时间，并没有政协理论一说。作为一个有着独立研究对象的政协理论概念的提出，是不久以前的事情。提出政协理论本身就是一个创新。为什么这样说？可以追溯一下政协理论提出产生的历史。

据我了解，政协理论的提出经历了两个阶段。第一个阶段，是随着新时期拨乱反正开始到20世纪80年代末，这是总结新中国成立以来特别是“文革”的历史经验教训，有关政协的理论观点开始是被作为统一战线理论的一部分提出来的阶段。将统一战线作为一门科学开展理论研究是1979年李维汉提出来的。新中国成立后直至新时期以前很长的时间，我们都没有把治国理政当作一门科学去研究，一些院校原来在新中国成立前曾经有的政治学一度也被取消，虽然统一战线被视为一大法宝，但也没有被作为一门独立的科学进行研究。列宁曾经讲过，政治是科学也是艺术。我们不能把政治等同于自然科学，简单用自然科学的方法去研究、衡量政治；但只把政治视为艺术而看不到其科学性，光琢磨人不琢磨事，只知其然不知其所以然，也会使政治堕落为政客的游戏，不会有政治的发展进步甚至可能带来灾难。毛泽东创造性地在中国建立发展了最广泛的统一战线和人民政协，但后来受“阶级斗争为纲”的“左”的错误影响，又给统一战线和人民政协带来了极大破坏。胡耀邦在十一届三中全会后讲，统一战线在“文革”中被摧残得七零八落。李维汉认为，统一战线受到严重破坏的一个原因，就是未把统一战线作为一门科学看待。所以，在1979年他被平反后思考这一段历史，就正式地提出了这个问题。当时我在中央统战部知道，中央书记处曾专门开会讨论了开展统一战线理论研究的问题，并做出了批示。1985年2月，第一次全国统一战线理论工作会议召开，成立了统战理论研究会。统一战线理论包括党派、民族、宗教、非公经济、“一国两制”等十几个方面，政协是其中的一个方面。这是政协理论研究的起步阶段。这个起步非常不易。

第二个阶段，是随着新时期人民政协不断发展，到20世纪90年代前后，人民政协团结和民主的两大主题中的民主主题得到确立，政协理论逐渐从统一战线理论中加以区分被独立提出来的阶段。

新时期初已有一些政协工作者提出研究政协问题，但多是作为统一战线理论的一个方面进行研究，还很少甚至不能独立地去研究政协理论。当时有个别地方政协组织开展独立的政协理论研究还曾遭到质疑。为什么会质疑？原因不仅是在组织体系上，还有政治上的，就是担心既然政协是统一战线组织，政协工作是统一战线的一个方面，那么统一战线理论研究应当可以把政协包括在内，离开统一战线搞自己的政协理论研究，会不会导致改变政协的统一战线性质，甚至两院制？政协理论能不能从统一战线中分离出来独立加以研究，我以为关键是要看政协有没有统一战线不能包括的内容。现在这个问题已经清楚，就是有，人民政协有团结和民主两大主题。其实，人民政协一成立就是统一战线与人民民主相结合的组织，政协工作一直就包括团结和民主两大主题。但很长一段时间，因为受“左”的错误影响，在我国进入社会主义社会后，仍然极力强调阶级斗争，这就必然忽视民主政治建设，政协的民主主题也很难突出起来，久而久之就使得不少人误以为政协工作就只是统一战线工作。直到新时期以后，随着我们强调要加强社会主义民主和法治建设，在20世纪90年代前后，我国确立了多党合作和政治协商是一项基本政治制度，中共中央也明确提出政协工作有团结和民主两大主题，在此背景下才开始有少数政协工作者探索开展了专门的政协理论研究。后来到八届政协时，李瑞环主席在1993年5月全国政协八届二次大会的讲话中，首次提出了“必须从基本理论上对人民政协有一个正确的理解”。（我参与了起草这个讲话，李主席是知道上述对开展政协理论研究的担心，是经过慎重考虑提出这个问题的）1997年2月，全国政协叶选平副主席在常委会工作报告中第一次提出要“加强人民政协理论研究”。之后各级政协的理论研讨普遍开展起来。到十届政协的2004年8月，贾庆林主席在全国政协召开的纪念邓小平诞辰100周年暨关于人民政协理论研讨会上发表了讲话（这个讲话事先送各政治局常委审阅同意），首次正式提出并论述了“人民政协理论”的概念和内涵。2006年2月，中共中央制定颁布5号文件，明确提出人民政协是马克思主义统一战线理论、政党理论和民主政治理论同中国具体实践相结合的创造，进一步从理论渊源上阐明了政协与统一战线和人民民主的关系，这才使人民政协成为与统一战线、多党合作和民主政治既相互联系又相对独立的一门科学。当年12月，成立了中国人民政协理论研究会。

新时期政协理论明确人民政协经历了三个创新发展

第一个创新发展：人民政协从革命统一战线组织发展为爱国统一战线组织，政协的工作目标发生根本转变。

把政协从过去的革命统一战线组织转变为爱国统一战线组织，是对政协发展具有转折意义的重大创新。政协是中国革命统一战线发展的产物。政协刚成立时是四个阶级联盟的革命统一战线组织。政协成立后曾经为创立新中国、建立社会主义制度做出了重要贡献。但是，由于作为阶级联盟的革命统一战线是建立在阶级分析之上的，是“阶级斗争的一种特殊形式”（毛泽东、刘少奇都多次明确讲过），所以很容易受到阶级斗争形势的影响。从1957年下半年反右扩大化起直至“文化大革命”，整个国家发生了“以阶级斗争为纲”的“左”的错误，统一战线和人民政协也遭到严重破坏。直到1978年十一届三中全会召开拨乱反正，我国进入改革开放新时期，人民政协才发展进入了一个新的历史阶段。而表明政协发展进入新阶段的标志，就是1982年时任全国政协主席的邓小平主持对政协章程进行了修改，将政协的性质从此前的“革命统一战线的组织”改为了“中国人民爱国统一战线的组织”。

从革命统一战线组织到爱国统一战线组织是一个根本性的转变。这个转变的意义，不仅在其与确认我国阶级关系发生了根本变化相适应，明确了我国统一战线的内部构成、人民政协的组织构成也发生了根本改变，从过去的阶级联盟组织发展为政治联盟组织，而且更重要的是，它改变了过去政协作为革命统一战线组织要为阶级斗争服务的格局，使政协工作转到了为实现社会主义现代化和统一祖国、振兴中华服务的轨道上来。新时期邓小平领导了统一战线的拨乱反正，这时他对统一战线讲了两个具有理论创新意义的观点。一个是提出“劳动者内部也有统一战线”。过去讲统一战线是阶级斗争的特殊形式，就是因为统一战线包括非劳动者阶级，建立社会主义就要对其进行改造。现在讲“劳动者内部也有统一战线”，这样作为阶级斗争形式的统一战线就不能成立了，统一战线就可以成为调动一切积极因素为发展建设服务的力量。再一个就是他提出，新时期统一战线要把一切可以团结的力量都团结起来，以爱国为最大的政治分野，范围以宽为宜。这样就使社会主义社会的统一战线，也可以打破社会制度、意识形态的束缚，建立发展适应祖国统一、“一国两制”需要的、最广泛的爱国统一战线。所以，新时期政协从革命统一战线组织到爱国统一战线组织的转变，不仅是组织性质、团结范围的变化，而且是工作目标、前进方向的改变，这个改变具有根本性，为以后政协朝着新的正确方向发展奠定了基础。

第二个创新发展：明确中国共产党领导的多党合作和政治协商是我国的基本政治制度，人民政协是实施这一制度的重要机构。

邓小平曾经谈到，改革开放以来我国采取的新政策主要有两条：一条是经济上以经济建设为中心，解放和发展社会生产力，推进以建立社会主义市场经济为目标的经济体制改革；一条是政治上发扬社会主义民主和法制，推进社会主义政治制度自我完善的政治体制改革。适应新时期推进社会主义民主政治的形势要求，也是总结吸取历史的经验教训，新时期中共中央在把工作中心转到经济建设上来的同时，也开始重视从制度上加强社会主义民主建设。20世纪80年代前后邓小平就提出，没有民主就没有社会主义现代化；各民主党派都是为社会主义服务的政治力量，中国共产党领导下的多党派合作是我国政治制度的一个特点和优点。1989年中共中央经与民主党派协商，制定颁布了《中共中央关于坚持和完善中国共产党领导的多党合作和政治协商制度的意见》。这个文件第一次在我国长期形成的多党合作政党关系的基础上，明确了我国各政党与国家政权之间的关系，即中国共产党是执政党、各民主党派是参政党，同时确立了中国共产党领导的多党合作和政治协商制度是我国的一项基本政治制度。长期以来，我们讲多党合作侧重的主要是党与党的关系，也就是统一战线关系；而提出执政党与参政党，对政党与国家政权的关系加以规范，就不限于统一战线领域了，而已涉及属于国家政治生活的民主范畴。因此，随着这个《意见》的颁布，坚持和完善这项制度，就不仅要从协调政党关系的统一战线的角度去努力，而且要从健全国家政治生活的社会主义民主政治的角度去努力。正是为了贯彻和体现中共中央这个《意见》的精神，1993年宪法修正案将“中国共产党领导的多党合作和政治协商制度将长期存在和发展”载入了宪法；1994年的政协章程修正案也对政协性质给予进一步充实，在统一战线组织后增加了“是中国共产党领导的多党合作和政治协商的重要机构”。确立多党合作和政治协商是我国的一项基本政治制度，政协是实行这一制度的重要机构，使政协事业与国家政治制度联系起来，进一步明确了政协是我国政治体制的重要组成部分，政协有团结和民主两大主题，这就把政协发展推向了国家制度建设的新高度。

一个问题：政协与多党合作和政治协商制度的关系。

有人认为，我国多党合作和政治协商的基本政治制度就是政党制度（一个制度），也有认为此外还有一个政治协商制度（两个制度），怎么看？我的看法是，现在写入宪法、文件的是一个制度，但这项制度中包含了两个制度，这两个制度既有区别又有联系。

要说清楚这个问题可以追溯一下这方面的历史。从历史看，过去就有多党合作和政治协商两个制度的说法。其中对应政党制度一直讲的是“中国共产党领导下的多党合作制”。（此前邓小平讲话，中央统战部19号文件都是这样提的。）最早把多党合作和政治协商制度连在一起的，是1987年十三大报告。而十三大报告之所以这样提，据我所知来自邓小平。这件事是我当时在中央统战部研究所工作时，听参与起草十三大报告稿的郑必坚同志讲的。据他说，十三大报告定稿前曾送小平同志审阅，小平同志同意报告稿，但对少数几个地方自己用笔做了修改，其中一处就是在原报告稿中“共产党领导下的多党合作制”的“多党合作”后加上了“和协商”三个字。据郑说邓小平同志还提到，把多党合作和政治协商制度与人民代表大会制度以及按照民主集中制的原则办事连在一起，说成是我们的政治特点和优势，实际上是把它们作为我国的基本政治制度来讲的。后来，我参与有关这项制度的第一个纲领性文件1989年14号文件的起草，就是根据邓小平修改审定的十三大报告的这个提法，在文件中正式提出了“中国共产党领导的多党合作和政治协商制度”，并把它确定为是我国的一项基本政治制度。其中与十三大报告稍有不同的，只是听取民主党派的意见，为了体现各政党的法律地位平等，去掉了“共产党领导下”的“下”字。

分析上述这项制度的产生过程我认为，严格地讲，在多党合作和政治协商基本政治制度已经确立并写入宪法的情况下，就不能再简单地把多党合作和政治协商制度仅仅看作是政党制度了。因为如果这项制度仅指政党制度，十三大报告稿中原来写的“中国共产党领导下的多党合作制”就已经够用，不必再在其后加上“和政治协商”几个字了。因此，现在讲的“中国共产党领导的多党合作和政治协商制度”，应当看作是对“中国共产党领导下的多党合作制”的新发展。这个增加了“政治协商”内容的新发展包含了两层新的含义：一层是进一步突出了这项制度的运行机制和特点；另一层就是把以人民政协为主体的政治协商制度包括了进来。

这是从历史看。另一方面从现实看，这个制度中指称以人民政协为主体的政治协商制度的含义也不能省略或模糊。因为按照现在的政协章程，人民政协是我国多党合作和政治协商的重要机构，各级政协都要贯彻实行多党合作和政治协商制度。而现在的人民政协已经发展成为不仅包括我国的各党派团体，还有各族各界的代表参加。并且在有些地方如西藏，还存在有政协组织却没有民主党派的情况。因此，应当肯定这项基本政治制度包含有区别于政党制度的政治协商制度的内容，不能简单摘出去，因为现在宪法、中央文件讲的都是一项制度。如果把多党合作和政治协商视为两个制度，或者仅仅看作是政党制度，就可能把那些没有民主党派的地方政协排除在宪法规定的基本政治制度之外，使这些地方政协的活动失去宪法依据，造成不利影响。

当然，人民政协与政党制度有区别也有联系。有什么样的联系？用一个词概括就是“不可替代”。在我国实行多党合作的政党制度有多种途径和方式，除了党际之间直接进行协商合作，包括在国家权力机关、行政机关、司法机关以及一些企事业组织中都有多党合作。但政协在实施我国政党制度中有着不可替代的作用。因为在我国，民主党派成员参加人大是以人民代表的身份进行活动（我国人大是集体行权，不像西方那样有议会党团），担任政府及司法机关的领导职务也是以国家公务员的身份履行公务，只有在人民政协中国共产党和各民主党派都是共参加单位，都能够以政党的身份开展活动。在政协不仅中国共产党与各民主党派、无党派人士之间可以实行合作，而且各个党派也可以对其共同性事务进行协商讨论，在各个党派之间实行合作。所以，2005年中共中央颁布的关于加强多党合作和政治协商制度建设的意见提出，我国实行多党合作主要有两种政治协商方式：一种是中国共产党同各民主党派的协商合作，一种是中国共产党在人民政协同各民主党派和各界代表人士的协商合作。2006年中共中央关于加强人民政协工作的意见又提出：“人民政协是实行中国共产党领导的多党合作和政治协商制度的重要政治形式和组织形式。”所谓“组织形式”，就是说各党派是政协的主要参加单位，必须保证民主党派成员在政协委员、常务委员和领导成员中占有较大比例。所谓“政治形式”，就是说人民政协必须贯彻各党派团结合作的方针，充分尊重和保障各党派通过政协参政议政的权利。

第三个创新发展：提出我国有选举和协商两种社会主义民主重要形式，人民政协是我国政治生活中发扬社会主义民主的重要形式、协商民主的重要渠道。

我国有两种民主形式最早是1991年3月江泽民在七届四次“两会”前党员负责人会议的讲话中提出来的。当时他在讲到发挥人民政协的协商和监督作用时，提出了“人民通过选举、投票行使权力与人民内部各方面在选举、投票之前进行充分协商，尽可能就共同性问题取得一致意见，是我国社会主义民主的两种重要形式”。2006年中共中央颁布《中共中央关于加强人民政协工作的意见》，在论述要发挥人民政协这一具有中国特色民主形式的作用时，又正式写入并进一步完善了这个论断。（完善在把“在选举、投票之前进行充分协商”，改为“在重大决策之前进行充分协商”。这样更符合当前实际，有利于为促进发展服务。当然这不是说选举、投票前的协商不重要，过去李维汉讲过三种协商，现在也有。1954年毛泽东提出人民政协五项任务中主要的一项就是“协商候选名单”。但新时期政协履行政治协商职能的主要工作已转到围绕重大决策进行协商上来。将来随着我国选举民主的发展，为使选举更完善、弥补选举可能发生的不足，还可以再强调选举过程中的协商。）2007年11月国务院发表《中国的政党制度》白皮书，又提出“选举民主与协商民主相结合，是中国社会主义民主的一大特点”。这次十八大更提出了“健全社会主义协商民主制度”的任务。从以上协商民主提出的历史可见，中国的协商民主是中国民主政治实践发展的产物，新时期是在多党合作和政治协商作制度确立后，政协的民主作用凸显出来的情况下，为了区别我国还有人民代表大会这个体现人民当家作主的根本政治制度，强调我国这两项政治制度具有不同的民主作用而提出来的。并不像有学者认为的，我们讲协商民主是受西方学者为弥补选举缺陷在20世纪80年代也提出协商民主的影响。

为进一步说清这个问题，还可以进一步追溯协商民主思想的来源，早在新中国成立初期就有。在1949年被视为新中国建国纲领的《论人民民主专政》一文中，毛泽东就讲了，新中国的人民民主专政是由人民民主统一战线发展而来的。新中国成立初期的人民民主政权就有统一战线的特点。（新中国成立初期还是新民主主义性质，但其民主也是人民民主。）而有统一战线就有求同存异，就需要政治协商。同时，周恩来在筹备成立新政协期间，还明确论述过政治协商不是重多数、少数和最后的表决，而是重事先的协商和反复讨论，是新中国新民主的一个特点。他还在当时就讲到政协与人大可以相辅相成，提出政协是统一战线组织，而人大“主要的是区域”，所以政协在国家政治生活中是“不可缺少的”，即使在人大召开后政协不再代行国家权力机关职权了，“国家大政方针仍要经过人民政协进行协商”。1954年政协结束执行人大职权后，毛泽东又明确讲，有了人大还要有政协，政协还有协商国际问题、协商候选名单、对党委政府提意见并进行协商的任务。1956年在我国将要进入社会主义社会之际，他又提出了与民主党派“长期共存、互相监督”的八字方针。李维汉在八大发言中更明确提出，政协是统一战线组织，也是政治协商机关，在我国政治生活中要广泛开展三种政治协商。只是在向社会主义过渡后因为发生“左”的错误，又强调阶级斗争，给知识分子、民主党派等戴上资产阶级的帽子继续进行思想改造，才导致我国探索协商民主的进程被打断，直到新时期才得以恢复并进一步发展。新时期的发展主要有两个方面，一个是在实践中更加重视制度建设，推进“三化”。过去搞阶级斗争，强调群众运动，不可能重视制度建设；再是强调扩大有序政治参与，包括主体的扩大和形式更加丰富多样。从主体看，政协从党派团体为主发展到包括各个界别。新中国成立初期人民政协、协商民主的主体是四个阶级，后来民族资产阶级、上层小资产阶级等被视为阶级改造甚至斗争的对象，实际把他们排除在民主主体之外了。新时期扩大政治参与，参加政协的协商民主主体包括了社会主义劳动者、建设者，甚至把来自港澳台、海外不同社会制度地区的爱国者代表都包括了进来。再一个是在认识上，除了坚持把马克思主义与中国实际相结合，充分发挥我国社会主义政治制度优越性，还强调要适应时代发展，积极借鉴人类政治文明的有益成果；扎根中国土壤，继承体现中华民族的优秀历史文化传统。21世纪初西方学者关于协商民主的学说被翻译介绍进来，促进了我国学术界对协商民主的关注。2006年中央5号文件提出，人民政协“既符合社会主义民主政治的本质要求，又体现了中华民族兼容并蓄的优秀文化传统”，是具有中国特色的政治组织和民主形式。

对十八大提出的“健全社会主义协商民主制度”的认识

关于学习贯彻十八大提出的“健全社会主义协商民主制度”可以讲很多，我只从理论研究的角度谈一点个人看法，讲三个问题。

一是关于“社会主义协商民主制度”的内涵（与协商民主是人民民主重要形式的关系）。这次十八大提出的“健全社会主义协商民主制度”是一个新提法。此前我们都讲两种民主形式，这次十八大在讲到这个方面内容的一开始也提出“社会主义协商民主是我国人民民主的重要形式”。那么这里的制度与形式是什么关系？我的理解，协商民主是比较选举民主、相对于民主的内容来讲的，因此协商民主就其本身性质讲，应该是民主的形式。社会主义协商民主是我国人民民主的重要形式，其含义包括：这里讲的民主是马克思主义所主张的人民民主，而不是资产阶级民主；同时它是指民主的形式而不是内容。把社会主义协商民主和制度联系起来讲，是为了强调十八大提出的政治体制改革要突出制度建设，着力推进民主的制度化、规范化、程序化。所以，贾庆林主席在参加十八大北京代表团的讲话，围绕社会主义协商民主讲了四点，第一点就是完善协商制度、实现规范性，进一步明确协商什么、与谁协商、怎样协商、协商成果如何运用的问题。

二是关于“社会主义协商民主制度”的范围（与多党合作和政治协商制度的关系）。关于我国协商民主的范围此前有多种看法，有的认为就是指实行多党合作和政治协商制度的民主，也有的更看重公民的平等参与，也有人认为我国选举民主还不完善，尚谈不上协商民主。后两种看法受西方协商民主观点的影响较多。我以为，从这次十八大的论述看，其主要内容也是与多党合作、政治协商制度相联系，突出讲了要坚持和完善多党合作和政治协商制度，充分发挥政协作为协商民主重要渠道的作用，具体讲了五点。但它又不限于此，如报告一开始就讲了要广泛、多层次开展协商民主，包括“通过国家政权机关、政协组织、党派团体等渠道”，在最后还讲了要“积极开展基层民主协商”。过去党代会报告都把政协和统一战线放在一起讲，到十六大前后开始分开，但都在坚持完善中国共产党领导的多党合作和政治协商制度下讲，这次把坚持完善多党合作和政治协商制度放在社会主义协商民主制度下讲，表明这是一个比之内涵更广的概念（但这里讲制度，似乎是为了强调政治体制改革、发展协商民主要突出制度建设讲的，不是其本身性质，报告讲构成中国特色社会主义制度的我国根本、基本政治制度，还是四项）。所以，我理解实施十八大讲的协商民主，至少有三个范围：一是实施政党制度的、统一战线范围的协商民主。我国政党关系主要不是互相竞争、轮流执政，而是协商合作、共谋发展。实施这种政党制度，不仅在中国共产党与各政党之间，在国家政权、政协组织和企事业单位组织中都有；涉及主体，不仅是各政党，还包括工商联等团体和无党派人士（报告把“加强民主党派的政治协商”，放在协商民主制度中而没有放在统一战线部分讲）。二是实施政治协商制度的、主要在政协系统开展的协商民主。这是十八大报告重点讲的。政协也是实施我国多党合作制度的重要政治形式和组织形式，但随着政协组织发展、界别调整，现在参加履行政协职能的政协委员中，不仅有各党派的代表，还有各族各界的代表；在各界代表中，不仅有民主党派和许多无党派人士，还有中共党员。因此政协实施的协商民主不限于政党制度。三就是基层的协商民主，如浙江温岭市1999年开始探索创建的民主恳谈制度，是一种致力于构建社会公众广泛参与民主决策、民主管理、民主监督的基层地方治理模式，表明协商民主在我国是一种广泛存在于各个领域、各个层次的基本民主形式，不能仅限于多党合作和政治协商制度理解。

三是关于这次报告讲的专题、对口、界别、提案办理四种协商。政协的协商有各种会议的协商和经常性的协商两大类，这四种都是经常性的，其中有的已开展得比较多，如专题协商、提案办理协商；有的还在探索中，如界别协商。能够写进报告，表明了中央对政协在推进政治体制改革中发挥作用，积极探索各种协商形式所持的支持鼓励态度。

具体一些想法。主要想谈界别协商。对口协商，主要是政协有关方面与党政有关部门的协商，比较适合依托专委会进行。有些专委会已做得比较好。经济委员会也尝试做过，但不经常。界别协商，首先一个界别概念问题，需要有两个分清：（1）政协的界别概念与社会上的类似功能组别的界别概念不同，政协有统一战线性质，要有统一战线方方面面的含义；（2）政协内部，有大界别（章程讲的政协由界别组成，指政协的所有参加单位）与小界别（地方政协工作中提出的不包括党派团体的界别）之分。具体活动，包括会议中的如大会发言、小组讨论，可以说也有界别特点；以及平常经常开展的，这应当是经常性的，还在探索中。就内容分，我想可以有：（1）党和国家在制定实施涉及界别的方针政策时，征求界别代表意见建议的；（2）代表所在界别反映诉求的；（3）协调利益关系、化解社会矛盾的等。从方式看，可以有：（1）高层次的，由全国政协、办公厅举行；（2）由有关党派、团体举行的；（3）在专委会举行的。如我们经济委员会本届开始探索、差不多每年都要开展的金融沙龙，以及邀请民企和有关方面代表召开的非公经济座谈会等。

人民政协的专门委员会工作

（2014年10月）

按照《中国人民政治协商会议章程》的规定：“中国人民政治协商会议全国委员会根据工作需要，设立若干专门委员会及其他工作机构，由常务委员会决定。”“省、自治区、直辖市的地方委员会设立办公厅，专门委员会及其他工作机构的设置，按照当地实际情况和工作需要，由常务委员会决定。”1995年全国政协还通过了《中国人民政治协商会议全国委员会专门委员会通则》，并在1999年和2005年进行了两次修订。《通则》对专门委员会的组织原则、工作制度和办事机构等进一步做出了具体规定。

人民政协的专门委员会是政协常委会领导下的工作机构，是人民政协工作的有机组成部分和重要基础。政协全体会议、常委会议、主席会议提出的任务，主要是依托办公厅和专门委员会组织委员来实施和完成。政协成立以来特别是新时期以来，专门委员会不断得到加强，工作日益活跃。为使大家对政协的专门委员会工作有一个系统的了解，今天我想主要从专门委员会的产生和发展、专门委员会工作的主要任务，以及专门委员会工作的基本要求三个方面，做一些介绍。

专门委员会的产生和发展

政协成立以来政协专门委员会的设置和工作都发生了很大的变化，主要经历了三个阶段的发展：

（一）工作组发挥作用时期（1949年至1954年的一届政协期间）

专门委员会的前身叫工作组。1949年10月周恩来在全国政协一届一次会议上就提出："全国委员会不仅在定期开会期间可以讨论重大问题，而更重要的是在平时如何推动工作，这就是平时要有准备，到全国委员会开定期会议的时候，才能有更好的议案提出；常务委员会是主持日常工作的机关，但是单单是常委会主持工作还不够，有很多工作要大家来参加。"根据这样一个精神这次会议决定，全国政协成立8个工作组，分别是：政治法律组、财政经济组、文化教育组、外交组、国防组、民族事务组、华侨事务组、宗教事务组。同时，这次会议通过的《中国人民政治协商会议全国委员会工作条例》明确，工作组的主要任务是：使委员们不仅在定期开会期间可以协商讨论重大问题，在闭会期间也可以经常参加人民政协的工作，并使人民政协能配合政府各部门，分门别类地进行工作。由于当时全国人大尚未召开，政协全体会议执行全国人大职权，（当时政协还是全体会议、全国委员会、常务委员会三层结构）各工作组承担着双重任务：一是协助中央人民政府审议法案、宣传政策法令；二是搜集和反映人民意见，研究问题并提出建议等。当时，政府各部门提出的重要法案或政策性文件，在提交政协常委会协商前，一般都先送政协有关工作组征询意见。有些不需要提交政协常委会协商的法案，也要送政协有关工作组征询意见。

随着各项法规政策逐步制定，特别是随着全国人大筹备工作接近完成，政协审议政府法案的工作逐渐减少，到1952年底全国政协工作会议确定了新的工作方针，开始提出政协工作组的基本性质是统一战线组织，今后各工作组应加强统一战线方面的活动。

（二）工作组、专门委员会共同发挥作用时期（1954年的二届至1988年的七届全国政协期间）

这个阶段时间跨度比较长，从1954年的二届至1988年的七届全国政协。我分两个方面讲。

1. 关于工作组方面。1954年第一届全国人大召开后，从全国政协二届一次会议起，政协不再代行国家权力机关职权，而以统一战线组织继续存在。政协的工作组也成为在秘书长领导下协助常委会进行日常活动的工作机构，其中心工作转变为宣传政策，反映意见，协调关系，增强团结。

1955年，全国政协二届常委会第五次会议决定，将原有的8个工作组改组，设立新的国际问题组、工商组、文化组、教育组、科学技术组、社会福利组、华侨组、宗教组8个组。1956年4月，全国政协二届常委会第二十一次会议又决定，增设医药卫生组、民族组和妇女组。三届全国政协又将文化组与教育组合并为文化教育组，取消了社会福利组，形成9个工作组并延续到四届全国政协。

进入改革开放新时期后，1978年4月全国政协五届常委会第一次会议决定，将原有的9个工作组改设为12个，分别是：国际问题组、文化组、教育组、工商组、医药卫生组、华侨组、民族组、科学技术组、宗教组、妇女组、法制组和对台宣传组。五届二次会议后又增设了经济建设组、城市建设组、体育组和农业组4个组，工作组达到了政协历史上最多的16个。后来六届全国政协又增设祖国统一工作组和外事工作组，取消对台宣传组，把国际问题组改为国际问题研究组，把工商组和城市建设组并入经济建设组，这样工作组的数量又变为15个。这是工作组的情况，再说专委会。

2. 专门委员会方面。政协成立以来每届政协在设置、调整工作组的同时，又根据本届工作重点设立了若干专门委员会，在常委会和主席会议领导下开展工作。早在1951年6月，一届全国政协就成立了临时学习委员会，由彭真兼任主任。次年2月，一届政协常委会第三十四次会议决定成立学习委员会，林伯渠任主任委员，这是全国政协设立的第一个专门委员会。二届全国政协开始设立了学习委员会、地方工作委员会、政协会刊编辑委员会三个专委会。三届全国政协又增加了文史资料研究委员会和联络委员会。四届至五届全国政协时期，撤销了地方工作委员会、会刊编辑委员会和联络委员会，仅保留了学习委员会和文史资料研究委员会。六届全国政协二次常委会议又增加了两个，把原来政协全体会议期间才设立的提案审查委员会改为常设的提案工作委员会，并增设了外事委员会。因此在六届全国政协就形成了既有十几个工作组，又有多个专委会共存、共同发挥作用的局面。这是第二个阶段。

（三）专门委员会发挥作用时期

为了更好地组织委员开展经常性活动，使政协履行职能经常化，七届全国政协改变了以前委、组并存的局面，实行单一的委员会制。1988年6月，全国政协七届常委会第二次会议，制定通过了《中国人民政治协商会议第七届全国委员会专门委员会组织通则》，决定将工作组和专门委员会统一整合为14个专门委员会，包括：提案委员会、学习委员会、文史资料委员会、经济委员会、教育文化委员会、科学技术委员会、医药卫生体育委员会、法制委员会、民族委员会、宗教委员会、妇女青年委员会、华侨委员会、祖国统一联谊委员会、外事委员会。应当说，专门委员会更适合政协性质和活动方式，有利于加强领导、协调关系、开展工作，也有利于发扬民主和贯彻协商一致、合作共事的原则。

1995年3月为了进一步发挥专门委员会的作用，推进政治协商、民主监督和参政议政的规范化、制度化、经常化，全国政协八届常委会第十二次会议决定，将专门委员会由14个调整为8个，即除保留提案委员会、经济委员会、外事委员会外，将学习委员会并入文史资料委员会，将教育文化委员会、医药卫生体育委员会和科学技术委员会合并为科教文卫体委员会，将妇女青年委员会与法制委员会合并为妇青和法制委员会，将民族委员会与宗教委员会合并为民族和宗教委员会，将祖国统一联谊委员会与华侨委员会合并为台港澳侨联络委员会。1996年3月全国政协八届常委会第十五次会议，又决定将妇青和法制委员会更名为社会与法制委员会。1998年3月，全国政协九届一次常委会议决定增设人口资源环境委员会。2005年2月，全国政协十届八次常委会议决定将文史资料委员会调整为文史和学习委员会。这样就形成了延续至今的全国政协9个专门委员会的局面。

作为在常务委员会和主席会议领导下的工作机构，专门委员会的设置和变动是由常务委员会决定的（每届专门委员会的设置一般是在当届政协第一次常委会上确定）。专门委员会根据全体会议和常委会的决议精神，制订年度工作计划并提请主席会议审议，年度末要向常委会提交工作报告。以专委会名义形成的文件，做出的重要决定，比如以本委员会名义报送的调研报告、提案建议、工作总结等，须经该委员会全体会议或主任会议讨论。重大问题还可提请主席会议或常务委员会审议。主任会议做出重要决定，应实行民主集中制的原则，不仅要坚持广开言路、平等协商，使各位委员能够畅所欲言地发表各种意见；还要坚持求同存异、增进共识，保证在充分讨论、集思广益的基础上实现必要的集中统一。专委会的会议有多种形式，除了全体会议和主任会议外，还有主任扩大会议、主任联席会议，此外还可同党委和国家机关有关部门，以及民主党派、人民团体等有关方面联合召开会议等。专门委员会的会议一般不定期举行。

专门委员会是按照有利于联系各界、各方面人士，自愿、协商和便于组织经常性活动的原则，通过统筹安排组成的。专门委员会的人选从政协委员中产生，由政协秘书长会议提出，征得委员本人同意后，由主席会议决定。届中人员需要调整，可由本人申请或委员推荐，经相关专门委员会主任会议提出建议，全体会议协商同意后，按上述专门委员会委员产生程序办理。未参加专门委员会的政协委员，也可以根据本人意愿、工作需要，同某一个专门委员会建立联系，受邀参加专门委员会的有关工作。

专门委员会的成员规模，按照全国政协专委会《通则》，原则上是全体委员的20%左右。（因为想加入的人多，实际现全国政协各专委会已有700多名委员，占到了委员总数的三分之一）专委会设主持委员会工作的主任、若干副主任和协助主任负责日常工作的驻会副主任，由常委会任命，组成主任会议。十二届全国政协又在各专委会成立了分党组，向全国政协党组负责，在专委会中发挥党的领导核心作用。

专门委员会的组成人员，一般应具有相关工作经历、专业知识水平，有时间和精力参加调查研究等经常性活动。为了体现政协的统一战线组织性质，在专门委员会的构成上还要体现党派界别等特点，要求有一定的民主党派、无党派人士代表参加。

由于政协各专门委员会的组成不同，政协各专门委员会也有不同的特点。比如，全国政协9个专门委员会，大体上就可以分为几种类型：提案委员会、文史和学习委员会可以说具有政协特有的工作委员会的特点，主要从事政协委员提案的审查处理、文史资料的征集整理和委员学习及组织大会发言等；民族宗教委员会、港澳台侨委员会的统一战线特点比较强，在团结联系民族宗教界人士和港澳台侨代表人士方面负有特殊的责任；经济委员会、人口资源环境委员会、教科文卫体委员会、社会和法制委员会则专业性较强，集中体现了政协的智力密集优势，是组织委员参政议政的主要力量；而外事委员会主要负责人民政协的对外交往，以及承担政协主办的国际性会议等工作。

为了使各专门委员会之间能够协调、有序地开展工作，全国政协专门委员会《通则》规定，政协主席或主席委托的副主席、秘书长，可根据需要召开专门委员会主任联席会议，讨论研究专委会工作的重要问题。

纵观全国政协专门委员会发展的历史沿革可以看到，伴随着每一次机构调整，专门委员会的定位日益明晰，工作不断加强，专门委员会在政协工作中的基础地位越来越重要。

以上是全国政协的情况，下面再讲一点地方的情况。地方政协专门委员会的设置原则上与全国政协一样，但结合当地的实际具体有一点不同。根据中共中央1995年7号文件提出的有关规定，地方政协专门委员会的设置要有利于加强和完善多党合作和政治协商制度，巩固和发展爱国统一战线，符合综合、精干的原则，其办事机构也要相应综合设置。从实际情况看，地方政协专门委员会的设置有的与全国政协相同，有的则少一些。专门委员会成员占全体委员的比例一般也比全国政协高，有的地方甚至把所有委员都纳入了各专门委员会之中。

专门委员会的主要工作任务

人民政协设立专门委员会，是为了在政协大会、常委会议闭会期间组织委员开展工作，并通过专委会来加强与各民主党派、人民团体及各界别的联系。专门委员会必须根据政协章程，以及政协全委会议、常委会议提出的任务，结合实际开展工作。

按照全国政协专门委员会《通则》的规定，专门委员会的工作任务是：组织委员学习宣传党和国家的方针政策和法律；就党和国家的大政方针以及政治、经济、文化和社会生活中的重要问题，人民群众关心的问题，选择其中具有综合性、全局性、前瞻性的课题，深入开展调查研究，提出意见、建议和提案；团结和联系委员及各族各界人士，积极反映社情民意；维护社会和谐稳定和民族团结，促进祖国统一，加强同各国人民的友好往来与合作；组织各种活动，为委员知情出力、履行职责创造条件等。可见，专委会是政协组织委员履行职能开展经常性工作的机构，专委会工作是政协全局工作的一部分，是政协工作的重要基础。其具体工作任务可以概括为七项：

（一）组织委员学习

全国政协专委会《通则》指出，专门委员会有组织委员认真学习、宣传国家的方针政策和法律的责任和义务。专门委员会通过组织所联系的界别委员开展学习、研讨、交流等活动，为委员知情明政、履职尽责创造条件，促进各界委员进一步凝聚共识，为国家发展、祖国统一献计献策，贡献力量。目前，全国政协各专门委员会组织委员学习的形式主要有：全国政协委员学习研讨班、常委会学习讲座、在京委员学习报告会、委员学习考察，以及形势报告会、情况介绍会、委员讲座等。

（二）开展专题调研

专题调研是专门委员会工作的首要任务。专题调研以课题为纽带，能够将各民主党派、人民团体和界别的力量联合起来，充分发挥人民政协智力密集、联系广泛、渠道畅通的优势，围绕当前和长远的重大问题，有重点地开展调查研究，进行充分论证，形成有价值的意见建议。通过专委会开展调查研究，除了可以经常组织各界委员参加政协活动，也可以为政协全体会议、常委会议以及其他各种形式的协商议政活动，提供来自群众、来自基层、来自实践的各种依据和民意基础。开展专题调研也有利于委员之间加强沟通、相互了解、增进共识，使政协工作更加活跃，更富成效。多年来，各级政协专门委员会通过有重点地进行专题调研，形成了许多内容翔实的调研报告，提出了大量有价值的意见和建议，得到党和政府的重视，在社会上产生了广泛的影响，促进了党和政府决策的民主化、科学化。

（三）开展提案工作

全国政协的提案工作条例规定：提案是政协委员和参加政协的各党派、各人民团体包括政协各专门委员会，向政协全体会议或者常委会议提出的、经提案审查委员会或者提案委员会审查立案后，交承办单位办理的书面意见和建议。把专门委员会重要的调研成果转化为政协提案，是提高专门委员会工作成效的一种重要方式。专门委员会依照《提案工作条例》，围绕国家中心工作和人民群众关心的热点问题，通过组织专题调研或学习讨论，可以为本委员会委员提出提案创造条件。专委会也可以本委员会名义提出集体提案，并承担涉及本委员会相关提案的督办。多年来，全国政协和地方政协的专门委员会，积极通过提案履行职能，许多意见建议被采纳，取得了良好效果。但总的讲，现在委员个人的提案多，集体组织的少，适应形势要求改进提案工作，重在提高质量、减少数量，其中重要的一条就是加强集体组织的提案。

（四）反映社情民意信息

反映社情民意信息是政协的一项重要工作。专门委员会是政协反映社情民意的一条重要渠道。专门委员会委员可以按照“抓住重点、体现特色、真实准确、讲求实效”的要求，发挥联系广泛的优势，通过召开座谈会、约谈走访、调查研究等多种方式，有计划、有组织地收集、整理反映社会各界的重要意见和基层群众的要求，利用政协的信息渠道报送有关领导和部门供决策参考。

（五）开展民主协商

政协的首要职能就是政治协商。政协有多种多样的协商形式。为了推进协商民主，丰富协商形式、增加协商密度、提高协商实效，十八大及十八届三中全会明确提出要深入搞好“专题协商、对口协商、界别协商、提案办理协商”，新一届政协又继承创新了双周协商座谈会这样一种协商形式，开展这些协商活动都离不开专门委员会的工作。因此，这里我想重点介绍一些这方面的内容。

首先我对十八大提出的四种协商形式做一些解释。需要搞清楚的一点是，在政协有着多种多样的协商形式，不止是这四种协商，比如全体会议、常委会议、主席会议以及提案、视察等这些都是政协的协商民主形式。而十八大及十八届三中全会提出的专题协商、对口协商、提案办理协商、界别协商四种形式，则是近些年来人民政协在协商形式方面探索创新的成果，可以说是政协协商形式的进一步具体化、深化。这四种协商形式可以在政协例会闭会期间不定期举行，也可以在政协全体会议、常委会议等中间进行，如在全体会议期间就可以通过界别联组、小组会进行对口、界别协商，也可以召开提案办理协商会。

这四种协商形式既有联系也有区别。从区别看：专题协商是围绕某一专题在政协举行的，参加政协的有关民主党派、人民团体和政协委员与党和政府领导人面对面进行的一种协商。它可以层次较高，由政协组织举行，围绕重大专题进行；也可以层次低一些，由专门委员会举行，围绕较具体的专题进行。专题协商要特别重视科学选题、研究论证，以使提出的对策建议务实具体。对口协商着眼的是协商主体和对象，主要是政协的相关专门委员会组织委员与党和国家相关部门及组织之间进行的协商，它可以围绕一些专业问题包括有关的政策、法律、法规的制定实施进行协商，也可以围绕一些社会关注的重要问题进行协商。对口协商特别重视政协专门委员会与相关党政部门的面对面沟通、深入讨论。其议题针对性更强。提案办理协商讲的是提案办理，实际从提案的提出、立案到办理各个环节都有协商。提案是一事一办，所以其议题更具体，参加者包括提案的提出者、办理者和政协的提案工作单位。就办理来说，实际主要是为了办好提案，由政协组织督促提案的办理者与提案的提出者之间进行充分的协商。提案办理协商的经常性工作、具体协调主要由提案委员会承担。而界别协商则是政协的参加单位、界别代表围绕界别利益或界别关心的问题进行的协商，它可以是政协的参加单位、界别代表与党和国家有关部门或组织之间进行的协商，党委和政府通过政协的渠道听取反映界别诉求和意见；也可以是在政协内部各界别之间开展的协商，通过在政协的会议上各个不同界别代表之间就共同性问题沟通思想、交流观点、交换意见，达到协调关系、增进共识的目的。界别协商要重视发挥界别的作用。政协各专门委员会都是由相关界别的政协委员组成，因此在开展界别协商方面也能够发挥重要作用。

上述四种协商形式有区别也有联系、交叉，也可以结合在一起进行。所以十二届全国政协产生后俞正声主席提出，要探索开展一种以界别为基础、以专题为内容、以对口为纽带、以座谈为主要方法的经常性协商形式。双周协商座谈会就是这样一种形式。这种协商最近开展得比较多，广受社会关注，所以这里我再重点做些介绍。

双周座谈会是1950年由一届全国政协发起的，至1966年共举行了114次。十二届全国政协在继承基础上创新，把建立双周协商座谈会制度作为落实十八届三中全会拓展协商形式、增强协商密度和实效的一个重要举措。经过近一年的探索，现在全国政协对如何开展双周协商座谈会已形成了一套制度安排。总的讲，它要由全国政协办公厅制订年度安排计划，统筹协调安排议题、时间和承办单位，一般每年安排20次左右，由相关专门委员会牵头组织，也可邀请相关民主党派中央、全国工商联及有关人民团体参加组织。具体而言，有以下几个步骤、环节：

1. 制订计划。每年11月份，由全国政协办公厅致函各民主党派中央、全国工商联，通知全国政协各专委会，并通过委员办公平台通知委员，征集下一年双周协商座谈会的议题、时间建议，汇总整理并与有关部门分别磋商；办公厅负责同志召开由各民主党派中央、全国工商联办公厅和全国政协各专委会办公室负责同志参加的协调会，形成双周协商座谈会的年度安排计划（稿），并按程序提请秘书长办公会议、秘书长会议、主席会议或主席办公会议研究讨论，最后报全国政协主席审定。

2. 确定议题。双周协商座谈会的议题要紧密围绕党和国家中心工作，紧扣中共中央相关重要会议精神，聚焦经济社会发展重大问题和涉及群众切身利益的实际问题。一般每年先安排15个议题，预留5个议题作为机动，根据需要安排。议题明确后，有关方面即着手开展前期调研工作，为开好会议充分准备，主要由负责筹备的专委会协调准备。

3. 时间安排。全国政协双周协商座谈会一般每两个星期举行一次，相对固定在星期四下午，3时开始、5时45分结束。元旦、春节前后以及“两会”期间不作安排，国家法定节假日和暑休等期间不作安排。

4. 邀请出席人员。主要有四个方面，包括：全国政协领导同志，有主席、第一副主席、副主席兼秘书长和联系相关专委会或界别的副主席，一般5人左右；全国政协办公厅负责同志，有机关党组书记、副书记，分管秘书局、承办专委会办公室和新闻局的副秘书长，办公厅研究室主任和承办专委会驻会副主任；中央和国家机关有关部门负责同志，主要是请与会议议题密切相关的中央和国家机关有关部门负责同志（一般不超过4位）；相关政协委员和专家学者，这是会议的主体，人数在20人以内，以便每人都有发言机会。邀请的原则是：根据会议议题主要请相关领域和行业有代表性的委员；参会人员中要以民主党派成员和无党派人士为主；相同条件下优先邀请未参加过座谈会的委员，尽量不重复邀请；并可根据议题需要，邀请2至3位非政协委员的有关专家学者参加。

5. 会议主持和议程。会议由全国政协主席主持，开始请有关部门负责同志介绍情况，然后请与会委员和专家发言，尽量让每个人都有机会讲，发言中间可以讨论，交流互动，最后主席讲话、小结。会议坚持平等协商，鼓励畅所欲言、交锋交融。

6. 成果的报送和处理。为用好双周协商座谈会成果，在座谈会结束后3天内，相关专委会办公室要整理出与会人员的意见建议，以《政协信息（专刊）》的形式报中央领导和有关部门。反映情况要如实准确、高度凝练，既有会上形成的共识，也有不同的观点，以及个别人的意见建议。如中央领导同志对会议成果做出批示，相关专委会办公室和研究室信息局要跟进掌握，及时报知政协有关领导，并对需要落实的事项进行追踪，保证会议成果的落实和转化。

随着人民政协适应全面深化改革形势推进协商民主建设的发展，专门委员会开展民主协商的活动正越来越受到重视。

（六）组织开展界别活动

界别是人民政协区别于我国政治体制中其他组织的主要特征。在全体会议和常委会闭会期间，各界别委员主要是依托专门委员会开展界别活动。如进行有界别特点的调研、考察、座谈，提出反映某一界别呼声的提案、信息等。

十二届全国政协高度重视发挥界别作用，制定了《关于十二届全国政协副主席联系界别的意见》和《关于十二届全国政协专门委员会相应联系界别的意见》，进一步建立健全了副主席联系相关专委会、专委会联系相关界别的机制，为政协专委会开展界别活动创造了条件。

全国政协在开展界别活动方面也取得了一些经验，如某一专委会开展界别活动时，可吸收包括其他专委会的本界别委员参加；通过专委会组织相关界别委员协商讨论，以弄清反映本界别的普遍性要求；逐步把界别活动纳入专委会的工作计划，形成相关的工作制度和机制；在每届大会期间设置相对固定的界别召集人，在闭会期间也可组织一些界别活动。一些地方在这方面已出台了文件，将界别活动及其召集人经常化、制度化等。但总体上这方面的经验还是初步的，如何系统理顺专门委员会与界别的关系，深入开展界别活动，还有不少问题需要研究探索。这个问题我后面再讲。

（七）组织开展文史资料工作

收集整理编辑文史资料是1959年周恩来倡导的一项政协经常性工作。政协文史资料工作需要遵循“亲历、亲见、亲闻”的原则，发挥“存史、资政、团结、育人”的独特作用。文史资料可以请政协委员本人撰写，也可以通过组织对一些人物或事件调查访问整理进行。这些年全国政协文史和学习委员会在文史资料工作方面的一大拓展，是加强了对地方政协文史资料工作的联系和指导，开展了全国文史资料工作的大协作，编辑出版了一系列有影响的文史资料专题图书，受到各方好评。在文史资料工作方面需要注意的一个问题是，一定要坚持文史资料的“三亲”原则和工作宗旨，不能把这项工作搞成一般的编书或地方史研究，这样就失去了政协文史资料工作的意义。

专门委员会工作的基本要求

专门委员会是政协履行职责的工作机构，是人民政协进行政治协商的一个重要层面。政协成立以来专门委员会工作积累了丰富的经验，逐步明确了许多基本要求。比如，坚持“突出重点、注重精品、量力而行”的原则，努力在“求实、求真、求深、求精”上下功夫；合理设置、适时调整专门委员会的构成，建立健全专门委员会工作制度等。这些好经验和传统需要坚持和发扬。当前，我国进入全面深化改革的新阶段，新形势新任务对政协专门委员会工作提出了新的要求，进一步做好专门委员会工作应重点把握以下几个方面：

（一）围绕中心、服务大局，紧紧围绕政协全体会议、常委会议和其他形式的协商会议开展工作

要牢固树立大局意识和全局观念，政协工作要放到党和国家工作全

局中加以谋划，专门委员会工作也要放到政协工作全局中加以部署。当前就是要紧紧围绕中共十八大和十八届三中全会提出的战略思想和工作部署，关注深化改革发展中的综合性、全局性问题和经济运行、社会发展中的苗头性、倾向性问题，深入开展调查研究，努力提出真知灼见，为促进全面深化改革和发展积极献计出力，多做宣传政策、解疑释惑、化解矛盾、增加正能量的工作。

从今年开始，全国政协制订了年度协商计划，除一次大会，每年增加一次议政性常委会议和专题协商会，20次左右双周会。专门委员会要结合本委员会实际，根据年度协商计划，确定议题、开展调研、提交提案、组织研讨等活动，以更好地服从服务于党和国家及政协中心工作的大局。

（二）坚持民主协商、求同存异、广开言路、集思广益，把握团结民主两大主题

人民政协是统一战线组织，政协工作要体现统一战线工作的性质和特点，在专委会工作中就需要将团结合作、加强联谊和民主协商、建言献策紧密结合起来，做到“三个坚持”：

1. 坚持民主协商、平等议事的原则。政协成立时，周恩来在讲到政协党组的工作方法时就提出，在政协中中国共产党的领导是指党组织的领导，委员个人之间没有领导关系。所以政协专委会委员排名是按姓氏笔画为序排列，而不是按照所任职务高低排列。要协商问题、合作共事，就要平等待人、诚恳待人，营造一种和谐融洽、畅所欲言的氛围，遇事多商量，有些事还要反复商量。坚持民主协商、平等议事，才能使专委会的工作充分体现政协的性质和特点，专门委员会的调研成果也才能具有更广泛的群众基础和科学依据。

2. 坚持求同存异、相互尊重的原则。统一战线是同和异的矛盾统一体，要搞好统一战线的团结，就要坚持求同存异、相互尊重的原则。当

前社会利益、社会关系、价值观念、社会组织形式日益多样化，更需要理解和尊重各方面的具体差异，通过求同存异、相互尊重，达到加强沟通、增进理解、扩大共识的目的。

3. 坚持广开言路、集思广益的方针。人民政协是“智囊团”“专家库”，集中了社会各界代表人物，政协专门委员会也是各方面人才荟萃的地方。专门委员会要切实发挥好作用，就要坚持广开言路、集思广益和“三不主义”（不抓辫子、不扣帽子、不打棍子），让各种意见都能充分发表，提倡尖锐而不极端的观点交锋，将委员们提出的各种意见准确反映给决策机关，才能为中央决策提供有价值的参考。比如，当年围绕“三峡”工程建设问题，就尊重和充分反映了委员们提出的各种意见，为“三峡”工程正确决策发挥了有益的作用。今年全国政协召开的以核电和特高压为议题的双周协商座谈会，不同意见充分交流交锋，促进了国务院对这两个重大项目的决策。

（三）重视调查研究，不断提高专题调研工作水平

重视调查研究是人民政协的优良传统。在政协成立初期周恩来就提出：政协要多组织一些调查研究工作，知道实际情况才能如实反映情况，才有具体材料、经验可供讨论和研究。但把专题调研作为政协履行职能的重要方式，经常开展的一项主要工作，则是新时期以后才有的。之所以会有这样一个变化，一方面是适应新时期国家及政协工作的重点转移到搞建设上来的需要，另一方面也因为新时期政协的组织构成发生了变化，许多专家学者作为各界代表人士被吸纳到政协中来，使政协有优势也有要求开展专题调研。所以专题调研成为专委会工作的基础环节、主要方式，我们要高度重视，切实抓好。搞好专题调研有几个环节需要给予重视：

一是增强责任感和使命感。当前我国改革发展进入攻坚阶段，深层次矛盾和体制障碍更加突出，观念问题、体制问题和利益问题相互交

织，解决起来难度很大。问题越是复杂、棘手，越需要了解真实情况，集思广益、群策群力，科学决策、民主决策。政协委员在专门委员会的平台上研究讨论问题，环境比较宽松，位置比较超脱，看问题会比较客观，不仅可以集中各个方面的智慧，也可以反映不同群体的利益诉求，对于深入研究问题、推动相关部门改进工作，可以发挥重要作用。所以，新形势下政协专委会工作任务不是减轻了，而是更重了，我们要增强责任感和使命感。

二是选好调研题目。政协专门委员会工作涉及的领域比较宽，可做的事情很多，但要真正把工作做好、做出成效来，就必须选准角度、发挥优势、突出特色、保证重点。政协的专题调研既要贴近党政部门的中心工作，又要符合委员的意愿，能够充分发挥委员会的综合优势。调研选题要经过委员会充分讨论，并与相关部门沟通协调，尽可能“少而精”。调研时要善于从关系全局的小问题入手，选准一个切入点，以便把问题研究深、研究透，产生以点带面、解决问题的效果。

三是深入研究问题。政协的专题调研主要是为党和政府决策服务，必须坚持理论联系实际，深入调查与认真研究并重。只有把研究和解决问题作为出发点和落脚点，真正把问题研究透彻、分析清楚，提出的意见建议才能切中要害，促进党和政府决策的科学化、民主化。为了达到这个目的，全国政协的经验是不仅要充分发挥专委会所有委员的作用，还可采取专题负责人制，在专委会中推选学识经验丰富、研究能力强，热心参与活动、又有权威和组织协调能力的委员，负责牵头开展专题调研，一个好的专题负责人对于保证该课题取得扎实成果具有关键作用；同时，还要与有关政府部门及地方密切配合，调研前邀请相关部门通报情况，调研报告的形成过程中注意听取征询相关部门的意见，并尽可能吸收有关领域的专家学者参与，以凝聚各方智慧形成有分量的意见建议。

四是提高调研质量。人民政协的专题调研不同于学术研讨，目的是促进党和政府的科学民主决策。所以，专题调研既要充分发挥政协的智力人才优势，为党和政府决策出谋划策、咨询论证；又必须广泛听取各方面人士的意见建议，深入基层、深入群众，倾听群众呼声，反映群众愿望。既要注意把握面上的情况、掌握大量的一手材料和数据，又要善于从点上分析原因、解剖麻雀，做到吃透上头和摸清下头相结合、定性分析与定量分析相统一，从而准确找到解决问题的思路和办法。要花大力气对调研成果进行深化论证和提炼总结，力求形成的意见建议有理有据、切实可行，对党和政府决策、改进实际工作真正起到推动作用。

五是注重成果转化。调研成果可以采用专题报告的形式报送党委和政府，还可以转化为提案、大会发言、反映社情民意信息等。调研完成后要选择适当的报送方式，利用好各种转化形式，如可以把专题调研和委员视察结合起来，通过视察推动相关问题的落实和解决。对一些重大调研成果还可以进行追踪，主动了解成果转化情况，并根据领导批示和有关部门采纳动态，组织委员进行跟踪调研，以最大限度地发挥调研成果的作用。如全国政协经济委员会组织的关于促进非公经济发展的调研，就从调研提出建议到形成国务院文件，再到国务院文件颁布后，为督促检查文件的落实，一直进行了不断追踪，最后取得重要成果，国务院制定发布了有关促进非公经济发展的重要文件（“非公经济36条”）；又如，为做好大运河的文化遗产保护工作，文史和学习委员会在连续数年开展相关调研的基础上，又在大运河申遗工作的关键时间节点，对大运河全线开展追踪调研，并将发现的问题和保护意见形成调研报告报送国务院相关部委，为大运河文化遗产保护和最近成功申遗做出了贡献。

六是加强宣传报道。要充分发挥报刊、广播、电视、互联网等新闻媒体的作用，营造良好的舆论氛围，推动调研成果的转化和运用。但涉及一些社会热点和敏感问题，宣传报道时要审慎，避免带来不利影响。

当然，现在政协的专题调研也存在一些不足。比如，有时调研选题仍然较随意，协调沟通不够；有些调研质量参差不齐，重“调”轻

“研”；调研成果的转化运用还不充分，缺乏反馈机制等。产生这些问题的原因，有的与我们工作有关，有的则反映了政协与党政有关部门的关系尚未理顺。因此，解决这些问题，一方面需要我们继续探索，不断创新工作方式方法，同时也需要通过深化改革，在体制机制上进一步理顺政协与党和国家机关的关系。

（四）把握处理好专委会与政协内部的几个关系

1. 专门委员会与常委会、主席会议的关系。专门委员会是常委会、主席会议领导下的工作机构。常委会、主席会议对专门委员会的领导，主要有三种形式：一是召开主任联席会议，就重要问题进行讨论、研究和部署；二是专门委员会根据政协大会、常委会议决议精神和全国政协工作要点，制订本委员会工作计划并经主席会议审议通过后实行，之后还要定期向常委会报告工作；三是秘书长作为主席会议组成人员代表主席会议对各专门委员会工作进行协调。

2. 专门委员会与办公厅的关系。应当说二者都是常委会和主席会议领导下的工作机构，关系紧密，但性质和职责不同，二者之间互无领导关系。专门委员会是组织委员履行职能、协商议政的工作机构，不具有管理行政事务的职责；办公厅为专门委员会履行职能、协商议政提供保障和支撑服务。全国政协办公厅不设主任副主任，办公厅的领导职权由秘书长及副秘书长行使。

3. 专门委员会内部的关系。专门委员会在其主任会议领导下开展工作。2008年，为进一步加强人民政协专门委员会工作，中央决定给全国政协每个专门委员会配备一位驻会副主任。驻会副主任的职责主要是协助主任负责本专门委员会的日常工作，并负责同政协机关的联系和沟通。关于专委会主任之间的关系应当看到，政协是统一战线组织，政协专门委员会也是各党派团体、各界代表人士协商议政、合作共事的机构，因此专门委员会主任只是委员会活动的主持者和召集人，主任、副主任与委员之间不是行政上的上下级关系。

4. 专门委员会与其办事机构的关系。全国政协专委会《通则》规定："政协全国委员会机关根据精简、统一、效能原则设立相应的办事机构，为专门委员会服务。"专委会办事机构是协助专委会领导为组织推动专委会工作服务的机构。专委会的办事机构即专委会办公室，其主要任务是：负责专门委员会制订、实施工作计划的具体组织服务工作；负责专门委员会会议、活动的组织协调和日常工作；联系相关界别委员及代表人士，综合、反映专门委员会、委员和相关界别的意见、建议；负责专门委员会各类文稿的起草以及调研成果的转化跟踪工作；负责专门委员会与党和国家机关相关部门、地方政协相关专门委员会的工作联系等。专委会办公室也是受秘书长领导的政协办公厅的业务局，承担办公厅交办的任务。全国政协与其专委会的设置相对应，有9个专委会办公室，也是办公厅的九个业务局。专门委员会办公室的机构设置、干部队伍配备、财务经费保障、安全后勤等由办公厅统一管理。专门委员会主要从组织委员协商议政、进行调研和联系委员等业务工作方面领导办公室开展工作。

各专委会办公室因其所服务的专委会的不同，作为办公厅的业务局，其工作也各有特点。如提案委员会办公室除了承担作为专委会办事机构的任务外，还负责政协委员提案的征集、初审和交办；草拟请全体会议审议的提案工作情况报告及相关决议草案、提案审查情况报告等。港澳台侨委员会办公室还负责组织港澳地区全国政协委员的视察、调研，以及与港澳台侨同胞有关组织和代表人士的联络工作。外事委员会办公室除负责组织本委员会的对外交往外，还常要代表政协接待来访团，主办一些国际性会议等。文史和学习委员会办公室除承担组织政协委员、统战人士撰写"三亲"史料，开展文史资料工作的征集、整理、研究和编辑工作外，还要组织政协委员开展学习，包括负责全国政协常委的学习讲座和政协委员的学习培训工作，还承担政协大会和常委会大会发言的具体工作等。

（五）加强与党委政府、党派团体、委员界别等各方面的联系与合作

1. 加强同党委政府的联系。专门委员会要主动与党委政府有关部门沟通情况，交换意见，取得支持，共同开展一些调研和考察。在与党委政府联系开展工作时，要摆正位置、选好角度，不要干扰和代替有关部门的实际工作。要积极探索与党委、政府在选题、协商、反馈方面的沟通协调机制，建立科学、规范的工作程序和步骤，提高工作实效。

2. 加强同各党派团体的合作。人民政协作为多党合作和政治协商的重要机构，必须贯彻中国共产党与各民主党派、无党派人士“长期共存、互相监督、肝胆相照、荣辱与共”的方针，充分发挥各民主党派、无党派人士的作用；政协专委会工作也要搞好与各党派团体的合作。对此，《中共中央关于加强人民政协工作的意见》明确要求：政协组织要保持各民主党派、无党派人士占有较大比例，政协各专委会也“要有民主党派和无党派人士参加”；政协专门委员会要“积极开展与参加政协的各党派团体的联合调研”。为贯彻落实这些精神，政协专委会工作应主动加强与各党派团体的沟通协调，尊重和保障在专委会工作中民主党派、无党派委员的民主权利，认真听取他们对专门委员会工作的意见和建议，充分吸收他们参加专门委员会组织的各项活动，积极为他们履行职责提供便利、创造条件。目前，全国政协不少专门委员会不仅与有关民主党派就共同关注的问题进行了联合调研，还开展了联合视察，联合举办论坛等各种活动。

当然，现在这方面也还有一些问题需要探索解决。比如，专门委员会与民主党派之间还缺少沟通协作机制，工作中缺乏统筹协调。以全国政协为例，现在全国政协各专门委员会虽然都有民主党派成员参加，但其党派意识不是很强，担任专委会领导的民主党派成员也没有明确的协

调党派活动的责任；同时，8个民主党派和工商联中哪些党派应当参加哪些专委会，与哪些专门委员会建立较密切的工作联系，也尚不明确。在全国政协层面，办公厅有专门联系民主党派的驻会副秘书长，但没有设立专门与民主党派联系的办事机构，只有无党派人士明确由联络局联系。

这些问题的解决，一方面专门委员会需要进一步努力，如专门委员会应主动加强与有关党派的联系，主任会议应注意把开展与党派的联合活动纳入专委会工作计划等。但有些问题还需要从政协组织的更高层面上统筹协调。创办“双周协商座谈会”，可以说就为民主党派在政协经常活动探索搭建了一个新平台。

3. 组织开展界别活动。专委会要尽可能地吸收所联系的界别委员参加活动，更好地组织、协调、带动界别委员参政议政，就要发挥界别特点，把专题调研和界别活动结合起来，注意反映本界别群众的愿望和诉求；同时，要统筹兼顾不同界别、不同阶层、不同利益群体的愿望和诉求，注意引导各界别委员从全局的高度思考问题。要积极探索发挥界别作用、促进界别联系的方式和途径，组织开展相关界别委员之间的协商、交流活动，并就一些社会关注的热点、焦点问题沟通思想、增进共识。

（六）加强专门委员会自身建设，进一步改进工作作风

首先适应当前形势，要切实改进作风，注意吸收在基层和一线工作的委员参加调研，多反映他们了解到的真实情况和提出的对策建议，努力察实情、谋实策，少讲空话、套话，坚持说真话、反映真实情况，在专门委员会的会风、文风和工作作风中都要体现贯彻求真务实的要求。同时，专委会下基层调研，也要注意轻车简从，摒弃浮华、不讲排场，力戒形式主义。提出意见建议要经过审慎研究，反复论证，力争经得起实践和时间的检验。

要进一步加强专门委员会办公室建设，发挥好专门委员会的参谋助

手作用。办公室要积极为专门委员会的策划选题、调查研究、协商议政等各个环节的工作提供服务，不仅要做好事务性服务，而且要做好政务性服务。当前形势下加强专委会办公室的建设，有三点特别需要注意：

一是推进规范化、专业化。政协机关工作一直比较强调服务，在服务过程中强调要有好的思想作风、好的工作态度和工作方法。政协工作不同于党政机关的工作，专委会办公室为专委会工作，为委员履行职能搞好服务，是义不容辞的。但随着政协作为我国政治体制重要组成部分在国家政治生活中地位和作用的进一步确立，适应推进社会主义民主政治和政协履行职能制度化、规范化、程序化的要求，在抓好作风建设、搞好服务的同时，还需要我们着力加强制度和组织建设，推进工作的规范化、专业化。我国的协商民主包括政协的协商民主都是一个复杂的制度体系，要完善、运作这样的制度体系，就需要建立规范的工作制度和机制，健全配套的组织机构，有一支掌握相应知识的专业干部队伍。长期以来，政协工作普遍存在的一个问题，就是缺乏一套严密、完整的制度规范，工作随意性较大。所以适应新形势，我们要大力加强规范化、专业化建设。除了完善专委会工作的制度规范，还要进一步规范专委会办公室内部工作，加强办公室制度建设，合理设置机构、配备编制，实现干部的合理流动、干部交流，建立一支高素质的专门委员会工作队伍。

二是积极主动，勇于创新。政协工作如同我们社会主义民主政治建设一样，正处于一个发展过程之中。许多工作还需要探索，还没有定型。因此，我们一方面要加强制度化、规范化、程序化建设；另一方面还要解放思想、积极探索、勇于创新。专委会办公室在为委员会履职活动开展组织、联络、协调等各种服务工作的过程中，不仅要积极参与协助委员会开展专题调研、反映社情民意等各项工作，还要主动当好专委会领导的参谋助手，积极了解情况、研究问题、沟通信息，提出改进和创新工作的意见建议。

三是适应深化改革的形势要求，提高履职能力。作为专委会办公室的干部，必须不断加强各方面的学习，努力掌握、提高四种能力，即：熟悉了解党和国家大政方针、中心任务的把握大局的能力；熟悉掌握统一战线、人民政协基本理论和知识的能力；熟悉掌握与本专委会有关的专业知识、胜任文稿写作的能力；以及组织协调委员活动、搞好各种服务的能力。

加强协商民主建设与人民政协

（2015年5月）

今天我讲的专题是协商民主与人民政协。这个专题我讲过多次，每次讲我都会增加一些新内容。因为协商民主是当前我国深化政治体制改革的重要内容，正处在不断发展创新中。今年这方面发生的一件重要事情，就是年初中共中央出台了《关于加强社会主义协商民主建设的意见》。这个《意见》进一步明确了我国协商民主的本质属性和基本内涵，阐述了加强协商民主建设的重要意义、指导思想和基本原则，对新形势下加强协商民主建设做出了全面部署，是落实十八大、十八届三中全会关于推进协商民主广泛多层制度化发展要求的纲领性文件。今天我就特别结合贯彻这个《意见》的精神，讲讲加强协商民主建设与人民政协的问题。因为中央这个《意见》的不少新内容，是根据去年9月21日习近平总书记在庆祝人民政协成立65周年大会上的讲话精神做出的，习总书记的这次讲话不仅对人民政协提出了新任务、新要求，而且系统论述了十八大以来我们党关于社会主义协商民主的思想。所以今天我讲这个专题，也特别注意结合总书记讲话有关这方面的一些重要论述。我主要讲三个问题：一是我国协商民主的形成和发展进程；二是社会主义协商民主的含义和渠道；三是充分发挥人民政协作为协商民主重要渠道和专门协商机构的作用。

我国协商民主的形成和发展进程

前一段时间有学者曾认为，协商民主是从西方介绍进来的，其实不是。这次《意见》讲清楚了，协商民主是“中国共产党和中国人民的伟大创造”，在我国具有深厚的文化基础、理论基础、实践基础、制度基础。这个论断是根据习近平总书记在庆祝政协成立65周年讲话的有关论述提出来的。在这次讲话中，总书记指出我国协商民主有“五个源自”，即：“源自中华民族长期形成的天下为公、兼容并蓄、求同存异等优秀政治文化，源自近代以后中国政治发展的现实进程，源自中国共产党领导人民进行革命、建设、改革的长期实践，源自新中国成立后各党派、各团体、各民族、各阶层、各界人士在政治制度上共同实现的伟大创造，源自改革开放以来中国在政治体制上的不断创新。”这里，总书记明确了我国的协商民主是在我国革命、建设、改革长期实践中产生发展起来的，是“各党派、各团体、各民族、各阶层、各界人士在政治制度上共同实现的伟大创造”。这是代表中共中央首次明确指出，统一战线、人民政协对我国协商民主的形成做出了重大贡献。所以，讲我国协商民主的由来，可以从统一战线、人民政协的建立讲起。

从我国协商民主形成发展的历史过程看，按大的阶段划分，可以大体分为三个阶段：

（一）我国协商民主的产生，或者说萌芽阶段（时间是从新民主主义革命开始，至中华人民共和国成立）

我国的协商民主是在新民主主义革命过程中孕育产生的。之所以在中国革命中会产生这样一种民主形式，这与中国革命的特点有关。中国的新民主主义革命有什么特点？有三个特点，就是毛泽东讲的三大法宝——统一战线、武装斗争、中国共产党的领导。这三大法宝、三个特点特别是其中的统一战线，与中国协商民主的产生有着密切的关系。由于中国进入近现代后逐渐沦为半殖民地半封建社会，演变出一种两头小、中间大的社会阶级结构，中国革命面对的敌人力量十分强大，要取得革命的胜利就必须建立统一战线，这就客观上要求在中国革命中大力发展统一战线。所以中国共产党在成立后的第二年，就提出要建立统一战线。孙中山也在不断受挫后提出要实行联俄联共扶助农工的“三大政策”，从而促成了第一次国共合作。因为统一战线是不同的社会政治力量为了实现一定的共同目标结成的政治联盟，政治协商是统一战线中的不同方面通过商量讨论在一些重大问题上寻求共识、协调行动，因而有统一战线就会有政治协商。

中国革命时期统一战线形成后在曲折中发展，主要有两条线：一条是国共合作，包括北伐期间为反对封建军阀进行的国共合作，抗日战争期间为结成抗日民族统一战线进行的国共合作。国共合作中穿插着联合与分裂、团结与斗争；合作的结果有成功、也有失败，成功是推翻了北洋军阀，取得了抗日战争的胜利，失败是因为对中国前途的不同选择，中间不断有摩擦、分裂以致内战，最后是武装斗争决定了胜负。还有一条就是中国共产党与民族资产阶级、城市小资产阶级，包括一些地主阶级开明绅士的合作，其政治代表主要就是成立于抗日战争前后的各民主党派。这两条线互相交织，也有多种形式。如国民党政府主导的，就不仅有1946年1月在重庆召开，有国民党、共产党、民主同盟、青年党和社会贤达等代表参加的政治协商会议（现在我们叫“旧政协”），还有此前建立的“国民参政会”。国民参政会于1938年7月成立，历经四届，举行过13次大会，是国民政府的咨询机关，有听取国民政府施政报告、询问、建议之权，但对国民政府无强制执行的权力。其“遴选”的参政员大多是国民党员，也有一些中国共产党和民主党派的代表参加，如共产党参政员就有毛泽东、陈绍禹（即王明）、秦邦宪、林祖涵（即林伯渠）、吴玉章、董必武、邓颖超七人。国民参政会对于发扬抗日民主、推动全面抗战曾起了积极作用，但后来由于国民党推行消极抗战政策，逐步丧失其进步作用，1948年3月宣告结束。而中国共产党在团结其他党派和党外人士合作共事的过程中，也形成了一整套遇事商量的思想。毛泽东提出，中国共产党反对国民党的一党专政，也不搞共产党的一党专政，而主张建立几个革命阶级联合专政的共和国。这一主张受到了各民主党派和无党派民主人士的拥护。为贯彻这一主张，共产党不仅在国民党统治区同各民主党派和无党派民主人士实现了广泛合作，而且在自己领导的根据地政权中实行了“三三制”原则，即在根据地的参议会和政府组成人员中，共产党员占三分之一，非共产党的左派进步分子占三分之一，不左不右的中间派占三分之一。当时参加陕甘宁边区工作的著名民主人士就有李鼎铭、安文钦、李丹生等，毛泽东对李鼎铭先生提出的“精兵简政”建议曾给予高度评价。实现“三三制”的目的是实现民主政治，使不仅工农群众，还有其他阶级阶层、各党各派、无党无派“一切抗日人民的代表，都享有在议会里讲话、在政府里办事的机会和权利”。实行“三三制”取得了巨大成效，与国民党一党专制政权形成了鲜明对比，使延安成为全国进步人士向往的“圣地”，也成为我国协商民主的萌芽和雏形。

讲到这里有一点我想说一下，就是应当看到当时中国共产党确实希望通过建立联合政府、采用政治方式解决中国的问题。在1946年1月重庆召开的以政治民主化和军队国家化为中心议题的政治协商会议上，中国共产党与参会的各党派一起，签字通过了关于政府组织、国民大会、和平建国纲领、宪法草案、军事问题等五项协议。并在政协会议刚结束的2月1日，中共中央就向党内发出《关于目前形势与任务的指示》，指出由于政协会议的成功，“中国即走上了和平民主建设的新阶段”，中国革命的主要斗争形式，也“已由武装斗争转变到非武装的群众的与议会的斗争”，“党的全部工作，必须适应这一新形势”。过去一段时期受“左”的倾向影响，曾一度强调马克思主义是绝对主张暴力革命的，中国革命也是通过农村包围城市、武装夺取政权的。当然从一定意义上讲，这样说也是对的。但严格地讲，如果要讲中国革命胜利的原因，这样讲至少是不全面的。按毛泽东的讲法，对中国革命胜利起决定作用的是三大法宝，而不仅仅是武装斗争。后来国民党总结失去大陆的教训，讲得最多的也是“统战”阴谋。几年前我曾随政协组团去台湾访问，饭桌上聊起这个问题，国民党的一些后人们至今也还不承认共产党比国民党会打仗，而认为主要是失去了民心。

所以，应当充分看到统一战线对中国革命胜利所起到的极其巨大的作用，中国共产党运用统一战线可谓出神入化。当时对中国的前途命运，不仅共产党与国民党主张不同，在民主党派内部也有左中右之分，有主张与共产党合作的，有亲国民党的，也有向往西方的自由民主、主张走“第三条道路”的。中国共产党一方面与国民党又联合又斗争，一方面以反对独裁内战为共同目标与民主党派结成协调行动的统一战线，这才有重庆政协会议的召开和五项协议的签订。应当说，当时政协的协议如果能够得到遵守，是有可能给中国带来一个政治新局面的，中国共产党也为此做了准备。然而遗憾的是，后来蒋介石坚持独裁统治，撕毁政协协议发动了内战，导致最后中国共产党领导人民用武力推翻了国民党在大陆的统治。但尽管政治协商会议的协议没有实现，以协商讨论国是的民主形式却在全国人民心中留下了深刻影响。因此，在1948年4月30日人民解放战争即将取得全国胜利，中共中央在宣布自己建国大计的《纪念“五一”劳动节口号》中，就继续提出：“各民主党派、各人民团体及社会贤达，迅速召开政治协商会议，讨论并实现人民代表大会，成立民主联合政府。”1949年6月新政协筹备会召开，9月中国人民政治协商会议在北平隆重举行。人民政协的成立标志着中国共产党领导的多党合作和政治协商制度的确立，也标志着协商民主这种新型民主形式在新中国的产生。

新中国成立前夕，毛泽东在其实际上是建国纲领的《论人民民主专政》一文中，曾提出过一个重要论断，即认为中国革命的一条主要的基本的经验，就是“团结工人阶级、农民阶级、城市小资产阶级和民族资产阶级，在工人阶级领导之下，结成国内的统一战线，并由此发展到建立工人阶级领导的以工农联盟为基础的人民民主专政的国家”。毛泽东的这个论断表明，中国人民追求民主共和是与建立和发展统一战线联系在一起的，新中国的人民民主政权是由人民民主统一战线发展而来的。中国协商民主形成的一个突出特点，就是与统一战线相联系。而为什么会有这样一个特点，不仅是历史使然，而且有理论上的原因，这个原因就是统一战线与马克思主义民主观有着内在的契合性。为了讲清楚我国协商民主的由来，对此我也讲一点自己的认识。

从理论上看，马克思主义的民主观有两个基本点，一是民主属于上层建筑，首先是国家制度，由其经济基础所决定，具有阶级性；二是共产党追求的民主是无产阶级民主，即最大多数人的民主，人民民主。而统一战线恰恰能够体现这两点。中国革命中形成的统一战线就是建立在阶级分析基础上，是先进的阶级联合中间阶级、反对反动阶级的联盟；同时，统一战线又具有联合一切可以联合的人的广泛性特点，这种广泛性在毛泽东看来，与体现最大多数人民主的人民性是统一的、一致的。因此，中国革命结果所建立的人民民主专政，就可以由统一战线发展而来，具有统一战线的特点。统一战线对中国民主政治的影响，主要体现在两个方面：一个是在民主的主体上，通过建立和发展统一战线，最大限度地扩大了人民的范围，把不同时期各个可能团结的阶级阶层和各方面人士都纳入人民范畴，使之能够享有人民民主权利，参加国家政治生活。新民主主义革命和社会主义革命时期通过统一战线，把非劳动阶级的民族资产阶级包括了进来；改革开放新时期则通过统一战线，把新的社会阶层甚至不同社会制度下具有不同意识形态的海外三胞的爱国代表，也包括了进来。再一个就是在新中国成立后与新中国的国家政权建设、民主政治建设相结合，创造了协商民主这样一种新的民主形式。新中国成立后，其国体、政体都带有统一战线的特点。不仅是在政协，而且在国家权力机关及其他许多团体组织中，都有民主党派和无党派人士的代表参加。因此新中国成立后，政治协商就从协调统一战线关系的方式方法，发展成为我国人民民主的一种重要形式；选举民主与协商民主相结合，也成为中国民主政治的一大特点。

问题：我国协商民主产生的时间。

讲我国协商民主思想和实践的历史，可以追溯到新中国成立前新民主主义革命时期。但严格地讲，要说我国协商民主产生的历史节点、标志在哪里，我认为还是应当以人民政协的成立为标志。为什么这么说？首先，对政治协商和协商民主两个概念要有所区分。政治协商作为一种政治方法，任何阶级、党派都可以用，国民党重庆政府也可以召开政治协商会议；而我们讲的协商民主是指人民民主的一种形式，不能简单把统一战线中的政治协商都视为协商民主。更重要的是马克思主义民主观认为，民主首先是国家制度。因此，有统一战线就有政治协商，但光有统一战线、政治协商还不是协商民主。只有统一战线与人民民主结合在一起才能产生协商民主。讲我国协商民主的雏形、萌芽，可以追溯到新中国成立前在革命根据地实行的“三三制”政权，但作为一种与国家制度相联系的协商民主，还是应当说它产生于新中国成立后，以人民政协的成立、中国共产党领导的多党合作和政治协商制度的确立、新中国的诞生为标志。

（二）协商民主开始在全国推行，在探索中发展阶段（时间是从1949年中华人民共和国成立，到1978年新时期以前）

这个阶段又可以1949年至1954年政协代行人大职权，1956年前后社会主义改造时期政协工作的发展，及以后经历曲折、1966年“文革”爆发政协停止办公到1977年政协恢复工作，分为几个小阶段。

新中国成立后我国就有多种渠道的协商民主活动，但改革开放前主要是广泛开展了政治协商，除了中国共产党与各民主党派之间的协商，按老一代革命家、新中国成立后统一战线和人民政协的具体领导者李维汉的说法，在国家政治生活中还有“三套协商”：不仅政协有协商，人大有协商，还有国务院的国务会议、最高国务会议的协商。（新中国成立初期周恩来就曾主持制定过关于政务院工作要听取政协民主党派、无党派民主人士意见的决定。最高国务会议则是依据1954年宪法相关规定设立，由国家主席在必要时召开并担任会议主席，内容是不定期协商和研究讨论国家重大事务。参加人员有国家副主席、人大委员长、国务院总理和人民政协、司法机关领导人、国家机关部门负责人，并包括有各民主党派、无党派民主人士、工商联及民族、宗教、华侨等各界代表、政协委员参加；参加人数不限，少的几十人，多的达1800多人，并常在会上发表大政方针性的讲话，如1956年5月第七次会议上，毛泽东在会上宣讲了“论十大关系”；1957年2—3月间的第十一次会议上，他又讲了“关于正确处理人民内部矛盾的问题”。“两会”前召开的最高国务会议，还常讨论将提交人大和政协会议的相关报告及人事提名和任命等。最高国务会议至“文革”爆发停止，共召开过20次会议。其中1954年9月至1959年4月毛泽东担任国家主席时期开过16次；此后刘少奇担任国家主席期间开过4次。）但是，经常的、大量的政治协商工作，主要还是在政协。

政协第一届全体会议执行全国人大职权完成协商建国，标志着协商民主在全国范围内实施。新中国成立后的一段时间，国家的许多重大方针、重要法案，都经全国政协协商，然后由中央人民政府委员会或政务院通过并公布实施。如：《中华人民共和国土地改革法》《婚姻法》《各界人民代表会议组织通则》《合作社法》《公私合营工业企业暂行条例》《汉语拼音方案》，包括抗美援朝的决策，建立宁夏广西两个民族自治区的决定等，都经过了全国政协的充分协商。1954年，中共中央制定过渡时期总路线，制定我国第一部宪法，更是在党内、党外进行了充分协商讨论。当时制定宪法就组织了国家机关、全国政协、各民主党派、人民团体及各界代表8000多人参加讨论，提出经整理后的意见达6000多条。与此同时，各地方也广泛设立了协商委员会，为建立各地方政权和发展地方事业发挥了重要作用。新中国成立初期，人民政协主要是围绕巩固人民政权、恢复发展国民经济，完成社会主义改造、推动社会主义建设等内容广泛开展协商；并且在这个过程中，创造了包括全体会议、常委会议、双周座谈会、学习座谈会等诸多行之有效的协商方式，提出了许多具有独创性的关于协商民主的思想观点。对这些思想观点，我按时间顺序分三个问题，也给大家做些介绍。

1. 政协成立初期周恩来关于协商民主的论述。

在1949年6月新政协筹备会上做的讲话，9月在政协第一届全体会议召开前向政协代表做的报告，以及在主持起草具有临时宪法性质的《中国人民政治协商会议共同纲领》，对起草经过和特点做的说明中，周恩来创造性地提出并阐述了一系列关于协商民主的思想，其中最重要的观点有三个：

一是他提出了政治协商是新中国新民主的一个特点。在政协会上他多次阐述，新民主主义的议事精神不在于最后的表决，而主要是在于事前的协商和反复的讨论。协商这两个字非常好，就体现了新民主的精神，新民主的特点就在此。这里应当注意的是，周恩来提出政治协商是新中国新民主的一个原因，是为了在理论上说明政协为什么能够担负起协商建国的重任。虽然当时他所说的这种新民主，还是新民主主义而非社会主义的性质。但他所阐述的其不同于西方民主的实质，已属于与社会主义相联系的人民民主。

二是他通过与西方议会民主的比较，揭示了这种新民主的实质、特点，即它“不是只重形式，只重多数与少数”，不是像西方议会“到开会的时候才把只有少数人了解的东西或者是临时提出的意见拿出来让大家来讨论决定”；而是重内容、重实效，强调“会前就经过多方协商和酝酿，使大家都对要讨论决定的东西事先有个认识和了解，然后再拿到会议上去讨论决定，达成共同的协议”。周恩来讲的这种新民主的实质，就是马克思主义主张的人民民主的实质。

三是周恩来还不仅从民主作风的角度，阐述了实行这样一种民主必须坚持平等相待、一视同仁，知无不言、言无不尽，求同存异、善于妥协等；而且在体制、制度层面，初步明确了人民政协与人民代表大会和人民政府的关系，政协在国家政治生活中的作用。在1949年8月新政协的筹备会上，周恩来就分析了将来人大和政协各自具有不同的组织特点，指出政协是由统一战线各个方面组成，而人大“主要的是区域”，所以政协在国家政治生活中是“不可缺少的”。在一届政协全体会议召开前向政协代表做的报告中，他又明确提出：“人民政协全国委员会，便是同中央人民政府协议事情的机构。一切大政方针，都先要经过全国委员会协议，然后建议政府施行。”就是在普选的全国人民代表大会召开之后，人民政协不再代行人大职权了，政协会议还将对中央政府的工作起协商、参谋和推动作用。“国家大政方针，仍要经过人民政协进行协商。”其后，由周恩来主持起草通过的《共同纲领》，也规定了“在普选的全国人民代表大会召开以后，中国人民政治协商会议得就有关国家建设事业的根本大计及其他重要措施，向全国人民代表大会或中央人民政府提出建议案”。因此，我国的协商民主虽然不是为了弥补选举民主的不足、缺陷提出来的，但它一经与新中国的国家制度相联系作为一种人民民主形式确立后，就与以选举民主为主要形式的人民代表大会如影随形、相伴发展。

2. 1954年政协不再代行人大职权后，毛泽东关于政协性质、作用的论述。

1954年第一届全国人民代表大会召开后，人民政协不再代行其职权，这时有人对人民政协是否还有存在必要产生了疑问。针对这些问题，1954年10月17日，毛泽东写了《关于政协的性质和任务的谈话提纲》，12月19日，又专门召集参加政协二届一次会议的部分党内外人士座谈，就人大召开后政协存在的必要性及其在国家政治生活中的地位和作用等问题，谈了自己的意见。他主要谈了三个问题：

一是关于政协存在的必要性。毛泽东提出：人民代表大会是权力机关，有了人大，并不妨碍我们成立政协进行政治协商。各党派、各民族、各团体的领导人物一起来协商新中国的大事非常重要。人大的代表性当然很大，但它不能包括所有的方面，所以政协仍有存在的必要。

二是关于政协的性质。毛泽东指出：不能把人民政协搞成国家机关，因为人大和国务院是国家权力机关和国家管理机关，如果把政协也搞成国家机关，那就成为二元了，这样就重复了、分散了，民主集中制就讲不通了。政协不是国家机关，而是各党派的协商机关，是党派性的机关。

问题：关于中国为什么不能搞两院制，归纳起来主要有三种观点：一种就是毛泽东这里讲的主要是基于马克思主义唯物史观、国家学说讲的，核心思想是认为，人的本质是社会关系的总和，人民群众是历史的主体、主人；个人、杰出人物在一定条件、一定时期能够对历史发展起重要作用，但不能起决定性作用，最终推动历史前进的决定力量是人民而不是个人。马克思主义讲的人民是整体而不是个人，人民主权是不可分割的。所以，1871年马克思总结巴黎公社经验论及无产阶级政权时，就提出了“公社应当是兼管行政和立法的工作机关”。后来列宁包括毛泽东等马克思主义者将之概括为“民主集中制”和“议行合一”原则。按照这一原则，就不能搞西方那种分权制衡的“三权分立”“两院制”。人大具有立法权、决定权、任免权，监督权，“一府两院”都由其产生并受其监督，人大只受选举产生它的人民的监督。再一种是邓小平在新时期从实际出发，从我们制度、体制效率的角度曾经多次讲到的，我们为什么不搞“两院制”，是为了保持社会主义国家能够集中力量办大事的优势，下决心办一件事做出决定后就能立即执行，“不受牵扯”，搞“两院制”就会相互掣肘。这对于当前处于社会主义初级阶段、社会矛盾错综复杂的我国，是十分必要的。还有一种就是现在有的学者从“权源”的角度分析，认为根据“主权在民”或“一切权力属于人民”的原则，正当的国家权力只有经过普选，受选举产生的人民代表的委托才能获得。而政协不是由选举产生的，所以政协也不能成为国家权力机关。这也是西方学者讲的公权力“合法性”的问题。这个观点不能说没有道理，但也可以分析，并不是绝对的。首先西方国家在基于普选的现代民主前，也经过了有限制选举的长期民主政治发展，不能用现在西方的标准要求尚处于发展初级阶段的我国。而且即使现在西方发达国家如英国上院，也有议员不是选举产生的。实际上民主集中制与一院制也没有必然联系，世界上就有实行两院制的社会主义国家。所以，我认为现在我们坚持不搞两院制，是从中国的实际出发，从政治角度考虑的，不是说这个问题不可以研究，但这种研究不能改变政协的性质，使之成为权力机关。

三是关于政协的任务。毛泽东提出，人大召开后政协仍有五大任务，即协商国际问题，协商候选名单，提意见，调整关系，学习。这5项任务中，既有协调处理统一战线关系方面的内容，也有参与国事发挥协商民主作用方面的内容。如第三条“提意见”的内容，按毛泽东亲笔写下的《关于政协的性质和任务的谈话提纲》，主要就是“向党委和国务院提意见并加以协商”。

这里值得注意的是毛泽东论述问题的角度，他不是就政协讲政协，而是通过与人大比较，从人民政协在国家政治体制中所处的地位，从政协在国家政治生活中具有不可替代作用的宏观层面，来阐述“政协存在的必要性”的。

问题：毛泽东讲政协是“各党派的协商机关”，政协的协商是非权力性的，具有统一战线的特点。但有一点需要注意，政协的协商包括参加政协的统一战线各方面的协商，但不能理解为仅仅是在政协内部各党派之间进行协商。曾经有一种说法，认为政协只是在代行人大职权时才有参与国事的民主作用，到1954年人大召开后就没有了，政协作为统一战线组织协商只是在政协内部协商。这是不准确、也不符合毛泽东这里阐述的原意的。政协的政治协商，既有参加政协的各党派团体和社会各界代表之间进行的，旨在沟通思想、增进共识、协调关系、化解矛盾的协商；又有政协的各党派团体及其代表人士向执政党和国家机关建言献策、共商国是、包括进行民主监督，属于在国家政治生活中发扬民主范畴的协商。2005年中央5号文件讲政治协商有两种方式，是以中国共产党为主体讲的，即中国共产党与各民主党派、无党派人士之间的协商，以及中国共产党在政协开展的包括与各民主党派和社会各界代表人士之间的协商；2006年中央5号文件讲关于加强政协工作的意见，就规定政治协商的内容既有中国共产党与各民主党派及各界代表之间的协商，也有对党和政府做出的重大决策、社会关注的重要问题进行协商。1994年修改的政协章程，也明确写了政治协商要围绕国家大政方针和重要问题进行，包括可以建议党和国家机关将有关重要问题提交政协协商。习总书记在这次政协成立65周年大会讲话中，也明确讲了1954年后政协继续作为多党合作和政治协商机构、作为统一战线组织，在国家政治生活中发挥了重要作用。

3. 1956年我国完成社会主义改造后中国共产党对协商民主的进一步探索发展。

这个时期这方面的探索我主要讲两个。首先最重要的一个，是随着1956年我国社会主义改造基本完成，毛泽东极富远见地开始探索走中国自己的社会主义建设道路，在《论十大关系》中他首次放眼整个社会主义历史时期，提出了“究竟是一个党好，还是几个党好？现在看来，恐怕是几个党好。不但过去如此，而且将来也可以如此，就是长期共存，互相监督”。

“长期共存、互相监督”八字方针的提出，是中国共产党协商民主思想的一个重要发展。首先，这里讲的“长期共存”，是指中国各政党为了实现共同的目标长期合作，不是各党在朝在野互相反对、争夺执政。西方的政党主要是组织竞选的，在议会也是互相牵制的关系，属于自由竞争的选举民主。我国各党之间也有互相监督，但不是互相拆台，各党之间关系的处理，以及对国家事务不同看法的协调，主要是经过协商。因此我国的政党制度不同于西方，属于社会主义协商民主范围。

把“长期共存”与“互相监督”联系在一起，赋予了我国协商民主对权力运行加以民主监督的新内容。这个新内容不仅明确了我们如何处理社会主义的政党关系，而且对于保证我国的长治久安，完善社会主义政治制度，都有深远的影响。因此可以说“八字方针”的提出，既开启了建立符合中国国情的社会主义政党制度的道路，丰富了我国协商民主的思想，也是我们探索走自己社会主义政治发展道路的发端。

还有这期间时任全国政协副主席、中共中央统战部部长的老一代革命家李维汉，对协商民主也做了有益的探索。这主要表现在1956年他在参加八大会议的发言中，对社会主义时期如何完善政治协商制度，提出了三个重要观点。一是他首次对社会主义时期政协作为统一战线组织和作为国家政治生活中政治协商机关两方面的作用给予了明确，肯定在建立社会主义制度后人民政协继续“是政治协商机关，又是统一战线组织，在统一战线和国家政治生活中起着重要作用”。二是他明确提出了“政治协商是我国实现人民民主的重要方法”，政治协商的内容主要涉及三个方面，即：“我国人民民主统一战线的内部关系是经过协商来调整的，国家事务中的重要问题是协商成熟而后决定的，国家的选举也是经过协商提名的。”三是他还分析了政治协商的特点和优势，提出要广泛开展政治协商并形成制度。认为“政治协商的好处在于既能实现最大多数人民的民主权利，又能尊重占少数地位的人民的民主权利，在经过充分协商之后，使各方面的政见在基本上达到适当的集中和统一”。政治协商要从整个国家政治生活的广义来看。要充分发扬政治协商的民主传统，“凡是应当经过广泛协商的问题”都要进行协商。

可以说正是因为有毛泽东同志等上述思想指导，人民政协在结束代行人大职权后，不仅作为统一战线组织而且作为一种协商民主形式，继续在国家政治生活中发挥了重要作用。在第二届全国政协产生后，许多国家的重要法律草案和重大问题决定仍然拿到政协进行协商，一些法律、法规还先在政协协商然后再在人大通过。特别是在八大前后，贯彻毛泽东提出的八字方针和“双百”方针，各民主党派、民主人士、知识分子深受鼓舞，这方面的工作日趋活跃，1957年3月全国政协二届三次会议专门做出政治决议，提出“我们必须根据中国共产党和各民主党派‘长期共存、互相监督’的方针，继续发扬民主，健全国家政治生活”。

然而在1957年下半年后，由于在发动党外人士帮助共产党整风中对出现的一些问题看得过于严重，发生了反右派斗争扩大化的错误，使我国协商民主、人民政协的发展开始受到挫折。如，尽管当时全国政协没有在政协委员中开展反右派斗争，但被划为右派分子的全国政协委员仍有78人，占当时委员总数的10.7%；对经过社会主义改造曾一度已经宣布发展成为具有阶级联盟性质的民主党派，这时又宣称是“资产阶级政党”，知识分子也被重新戴上“资产阶级知识分子”的帽子；全国政协的“双周座谈会”，也多次组织了以推动民主党派和无党派民主人士整风交心为主题的经验交流会。此后，我国的协商民主、人民政协在曲折中发展：一方面，继续进行了一些有益探索，取得了一些重要成绩和经验，如1959年后至60年代初，根据毛泽东同时任全国政协副主席陈叔通一次谈话中提出的“文武之道、有张有弛”的精神，全国政协提出要贯彻“弛”的方针，在非共产党人士中不开展后来在中共党内进行的“反右倾”运动，据此从1960年开始，在政协推动开展了延安时期曾经采用的“神仙会”活动，提出了后来成为政协优良传统的“三自”方针、“三不”主义（“自己提出问题、自己分析问题、自己解决问题”，

“不抓辫子、不扣帽子、不打棍子”）；1962年初，在中共中央总结“大跃进”教训、召开推动全面调整的七千人大会的背景下，周恩来、陈毅提出要为知识分子“脱帽加冕”，周恩来在人大会上宣布知识分子的绝大多数已经是“属于劳动人民的知识分子”，在政协会上提出我国已“进入了社会主义建设阶段”，统一战线要团结一切可以团结的力量参加社会主义建设。为了有利于政协委员参与国事，从1959年4月政协三届一次会议起，全国政协全会还开始与全国人民代表大会同时召开，政协委员和人大代表一起听取政府工作报告和其他重要报告，并成为惯例，形成了对我国政治生活影响深远的“两会”格局。另一方面，1957年反右扩大化后，“左”的倾向开始滋长，特别是1962年9月中共八届十中全会后，“以阶级斗争为纲”的思想占据了主导地位，并最终发展成为“文化大革命”这样全局性的错误，给我国各方面工作包括民主建设、统一战线和人民政协都带来了严重破坏。如1962年中央统战部就开展了对李维汉所谓“五社一短”（社会主义改造后，过渡期短了，可以发展出社会主义政党、社会主义民族关系等）的批判。1966年“文革”爆发，制度层面的民主法制更被弃之一边，而热衷搞“大鸣、大放、大辩论、大字报”的群众运动。政协也被视为“牛鬼蛇神的窝子”，各民主党派和民主人士受到红卫兵冲击，认为“政治岂能协商”。为了保护政协免遭冲击，根据周恩来的指示，全国政协机关于当年8月30日停止办公，陷入了长达十多年的停顿状态，直到1978年十一届三中全会后拨乱反正，才又恢复发展进入了一个新时期。

（三）新时期协商民主不断拓展，社会主义协商民主理论和制度确立的阶段（时间从1978年中共十一届三中全会举行，至2012年中共十八大召开）

“文革”结束经过两年徘徊，到1978年12月十一届三中全会召开，我国进入改革开放新时期，协商民主、人民政协也进入了一个新的历史发展阶段。这个阶段协商民主、人民政协最重要的发展我以为有两个：一个是在党和国家拨乱反正、工作重心转移的基础上，统一战线、人民政协得到恢复并开拓出新局面，多党合作、政治协商发展成为我国的一项基本政治制度；再一个是协商民主的不断拓展，从政治领域扩大到全社会，从国家上层拓展到社会基层。

新时期邓小平曾经谈到我国采取的新政策主要有两条，一条是经济上坚持以经济建设为中心、发展社会生产力，推进以建立社会主义市场经济为目标的经济体制改革；一条是政治上推进以发展健全社会主义民主和法制为目标的政治体制改革，逐步完善中国特色社会主义制度。这两条新政策的实施及其带来的变化，使我国统一战线、人民政协和协商民主在新时期经历了重大的发展变化。

为了彻底摆脱“以阶级斗争为纲”的影响，进入新时期中共中央确认，我国社会阶级状况发生了根本变化，党和国家的工作重心必须实行战略转移，由此推动我国统一战线由过去四个阶级的联盟，发展成为由全体社会主义劳动者、拥护社会主义的爱国者和拥护祖国统一的爱国者组成的广泛政治联盟；人民政协的中心任务也从过去主要为阶级斗争服务，转到为建设社会主义现代化和实现祖国统一、振兴中华服务上来。在实现了这一战略转变的基础上，中共中央开始重视发展社会主义民主和法制，注意从制度上发展完善长期形成的多党合作和政治协商。首先在1979年6月，邓小平在政协五届二次会议上的讲话中提出：各民主党派“已经成为各自所联系的一部分社会主义劳动者和一部分拥护社会主义的爱国者的政治联盟，都是在中国共产党领导下为社会主义服务的政治力量”。根据对民主党派性质做出的这一新判断，中国共产党把与各民主党派、无党派人士合作的八字方针，发展成为“长期共存、互相监督、肝胆相照、荣辱与共”的十六字方针，并进一步提出了“在中国共产党的领导下，实行多党派的合作，这是我国具体历史条件和现实条件所决定的，也是我国政治制度中的一个特点和优点”。1987年10月中共十三大召开，作为推进政治体制改革的重要举措，这次党代会做出了两个关系协商民主发展的重要决策部署：一是“建立社会协商对话制度”。就是着眼于贯彻群众路线，“正确处理和协调各种不同的社会利益和矛盾”，在国家、地方和基层各个层面实行广泛协商对话，这就把协商民主从政治领域、国家层面，进一步拓展到包括地方基层的社会各个领域。二是明确中国共产党领导的多党合作和政治协商制度是我国的一项基本政治制度。之后，就是为了贯彻这个决策部署，根据邓小平的批示，中共中央经与民主党派协商，在1989年底制定颁布了新时期第一个多党合作和政治协商制度方面的纲领性文件——《中共中央关于坚持和完善中国共产党领导的多党合作和政治协商制度的意见》，明确了中国共产党是执政党，各民主党派是参政党，中国共产党领导的多党合作和政治协商制度是我国一项基本政治制度，是社会主义政党制度，并对各民主党派作为参政党在国家政治生活中发挥作用做出了全面部署。

问题：作为社会主义政党制度、基本政治制度的多党合作和政治协商制度确立的时间。现在我们说人民政协的成立，标志着多党合作和政治协商制度的确立，作为政治制度讲这是毫无疑问的。但我以为准确地讲，多党合作和政治协商作为一项社会主义基本政治制度，是到新时期才确定的。为什么这么说?

第一，多党合作作为社会主义政党制度只有在新时期才能确立。因为在新中国成立初期，各民主党派主要还是代表民族资产阶级和城市上层小资产阶级的政党，中国共产党与各民主党派之间的关系还是一种新民主主义的政党关系，这个时候的政党制度就不能说是社会主义政党制度。1956年毛泽东提出“长期共存，互相监督”八字方针，已着眼整个社会主义社会，但主要是基于历史和“以苏为鉴”提出来的。由于没有改变对阶级关系的认识，社会主义改造前后民主党派成员一直被作为改造对象，生产关系改造完成后又因“左”的错误影响，仍被要求进行思想改造。所以严格地讲直至新时期以前，都不能说建立了社会主义政党制度。1956年后李维汉曾经提出随着社会主义制度的确立，民主党派可以从过去的代表民族资产阶级和城市小资产阶级的政党，发展成为“社会主义政党”，但因为强调阶级斗争，到1962年就被视为“鼓吹阶级斗争熄灭论”的“修正主义”“投降主义”而遭到批判，1964年还被撤去了中央统战部部长的职务。因此，只有到进入新时期否定了“以阶级斗争为纲”，在对我国阶级关系、民主党派性质做出新判断的基础上，才可能提出多党合作是社会主义政党制度。

第二，从与政协相关联的内涵看，我认为把多党合作与政治协商制度联系在一起作为基本政治制度，也是在新时期才确立的。

为了说清楚这个问题我想说一下这方面的历史。多党合作和政治协商既有联系又有区别，过去一直就有两个制度的说法。其中对应政党制度讲的是“中国共产党领导下的多党合作制”，政治协商制度则是指以政协为主体的制度。最早把多党合作和政治协商制度连在一起的，是1987年十三大报告。而十三大报告之所以这样提，据我所知来自邓小平。这件事是我当时在中央统战部工作时，听参与起草十三大报告稿的郑必坚同志讲的。十三大前他曾到统战部研究所找我们商量有关的一些事情，当时我在场。据他说，十三大报告定稿前曾送小平同志审阅，小平同志同意且很赞赏报告稿，但也对少数几个地方做了修改，其中一处就是在原报告稿中“共产党领导下的多党合作制”的“多党合作”后加上了“和协商”三个字。小平同志还提到，十三大报告讲的人民代表大会制度、多党合作和政治协商制度、民主集中制，是我们的政治特点和优势，实际上是把它们作为我国的基本政治制度来讲的。（第三项民主集中制后改为民族区域自治制度，现又加上基层群众自治成为四项）后来，我参与有关这项制度的第一个纲领性文件中共中央1989年14号文件的起草，就是根据十三大报告的这个提法，在文件中正式提出了“中国共产党领导的多党合作和政治协商制度”，并把它确定为是我国的一项基本政治制度。其中与十三大报告稍有不同的，只是听取民主党派的意见，为了体现各政党的法律地位平等，去掉了“共产党领导下”的“下”字。

分析上述这项制度的产生过程我认为，到十三大才把多党合作和政治协商合在一起作为一项基本政治制度确立起来，而且十三大赋予了这项制度新的内容。严格讲，十三大后就不能把多党合作和政治协商制度仅仅看作是政党制度了。因为如果这项制度仅指政党制度，十三大报告稿中原来写的“中国共产党领导下的多党合作制”就已经够用，不必再在其后加上“和政治协商”几个字了。此外从现实看，现在政协也有很大发展，不仅包括各党派团体，还有各界代表人士，在有些地方如西藏等，还存在政协组织中没有民主党派的情况。因此，现在的“中国共产党领导的多党合作和政治协商制度”，应当看作是“中国共产党领导下的多党合作制”的新发展。这个增加了“政治协商”内容的新发展包含了两层新的含义：一层是进一步突出了这项制度的运行机制和特点，突出了其属于协商民主的特点；另一层就是把以人民政协为主体的政治协商制度包括了进来。如果现在还把多党合作和政治协商制度仅仅看作是政党制度，就可能把那些没有民主党派的地方政协排除在宪法和政协章程都规定的这项基本政治制度之外，使这些地方政协的活动失去制度和宪法依据，显然这是不合适的。

1993年宪法修改时把“中国共产党领导的多党合作和政治协商制度将长期存在和发展”写入了宪法序言。就是在这样一个背景下，1991年3月江泽民同志在七届四次“两会”党员负责人会议的讲话中，首次提出了“人民通过选举、投票行使权力与人民内部各方面在选举、投票之前进行充分协商，尽可能就共同性问题取得一致意见，是我国社会主义民主的两种重要形式”。2006年2月，中共中央又颁布《中共中央关于加强人民政协工作的意见》，正式确认并进一步完善了关于我国社会主义民主有两种重要形式的论断，提出发展社会主义民主政治要善于运用人民政协这一民主形式（在论述两种民主形式时，这次文件把江泽民同志讲的“在选举、投票之前进行充分协商”，改为“在重大决策之前进行充分协商”。过去人民政协进行政治协商曾一度比较强调在选举过程中的协商，如1954年毛泽东提出人民政协五项任务中主要的一项就是“协商候选名单”。但随着新时期人民政协提出围绕中心、服务大局的工作方针，党和国家提出推进决策的科学化和民主化，政协虽然还继续对政协的“候选名单”进行协商，但履行政治协商职能的主要工作已转到围绕重大决策进行协商上来。围绕重大决策、重要问题进行协商，适应把促进发展作为第一要务的需要，也更能发挥政协的优势。所以这种修改，是适应形势发展，更好地发挥人民政协作用要求做出的）。2007年11月，国务院发表《中国的政党制度》白皮书，提出在中国“人民代表大会制度与多党合作和政治协商制度有着相辅相成的作用”；“选举民主与协商民主相结合是中国社会主义民主的一大特点”。开始联系多党合作制度提出了协商民主的概念。2011年5月，中共中央办公厅转发《中共政协全国委员会党组关于〈中共中央关于加强人民政协工作的意见〉贯彻落实情况的报告》，进一步明确：“人民政协这种民主形式融协商、监督、合作、参与于一体，极大丰富了我国社会主义民主的内涵，成为协商民主的重要渠道。”胡锦涛同志在主持召开政治局常委会议讨论审议这个文件时也明确指出，我们的社会主义民主制度既有选举民主，又有协商民主，这是与西方民主制度不同的地方，具有中国特色。

可以说，就是在上述新时期以来对协商民主的认识和实践不断深化拓展的基础上，2012年11月召开的中共十八大，提出“健全社会主义协商民主制度”的任务，表明发展协商民主已成为全党的共识；次年十八届三中全会召开，又把推进协商民主广泛多层制度化发展列为政治体制改革的重要内容；今年中共中央颁布《关于加强社会主义协商民主建设的意见》，对此做出全面部署，标志了我国社会主义协商民主制度的正式确立和全面实施。

社会主义协商民主的含义和渠道

这方面，我主要结合习近平总书记在庆祝人民政协成立65周年大会上的讲话，和《中共中央关于加强社会主义协商民主建设的意见》精神，讲两个问题。

（一）关于协商民主的含义

弄清协商民主的含义是加强协商民主建设的前提。对什么是协商民主一直众说纷纭。十八大提出了社会主义协商民主的概念，但没有讲定义。这次中央《意见》给了一个定义，就是："协商民主是在中国共产党领导下，人民内部各方面围绕改革发展稳定重大问题和涉及群众切身利益的实际问题，在决策之前和决策实施之中开展广泛协商，努力形成共识的重要民主形式。"如何理解这个定义？我以为有四个要点需要注意把握：

一是要把握协商民主是我国人民民主的重要形式，是我国社会主义民主政治的特有形式和独特优势。十八大报告提出"社会主义协商民主是我国人民民主的重要形式"。我们为什么要搞协商民主，就是为了实现国家和社会多元共治、有效治理，使人民民主更广泛、更充分、更健全。按习总书记讲话的说法："保证和支持人民当家作主不是一句口号、不是一句空话，必须落实到国家政治生活和社会生活之中，保证人民依法有效行使管理国家事务、管理经济和文化事业、管理社会事务的权力。""社会主义民主不仅需要完整的制度程序，而且需要完整的参与实践。"因此，我们实行协商民主，不是像西方一些学者提出的为了弥补竞选民主的缺陷，而是为了更好地保障人民群众的知情权、参与权、表达权、监督权。这是讲协商民主首先要注意的一点。

协商民主从本质上讲是人民民主，进一步分析协商民主就其本身看，则是比较选举民主讲的，讲的是民主的形式，但不是具体的形式，而是一种民主的类型，具体形式协商民主也有很多。总书记的讲话对选举和协商两种民主形式的关系，也做了精辟阐述：一方面，他阐明了在日常政治生活中“持续参与”和选举投票同样重要，“人民是否享有民主权利，要看人民是否在选举时有投票的权利，也要看人民在日常政治生活中是否有持续参与的权利；要看人民有没有进行民主选举的权利，也要看人民有没有进行民主决策、民主管理、民主监督的权利。”发展协商民主就是为了保障人民能够充分享有“持续参与”的民主权利。另一方面，他又论述了光有选举民主是不够的，指出：“人民只有投票的权利而没有广泛参与的权利，人民只有在投票时被唤醒、投票后就进入休眠期，这样的民主是形式主义的。”（我们说选举体现了主权在民，是人民当家作主的根本保证，不能没有，还要完善。但它确有不足：一选举是非此即彼的零和选择，容易激化矛盾；二是参与的局限性，选举是多数决定，决断一时，容易忽视少数，缺乏持续参与，易被个人或集团利益左右，导致只顾眼前、不顾长远）正是据此，总书记提出了选举与协商两种民主形式“是相互补充、相得益彰的，共同构成了中国社会主义民主政治的制度特点和优势”。这是对建设中国特色社会主义民主政治具有深远意义的一个重要论断。

二是实行协商民主要“在决策之前和决策实施之中开展广泛协商”。讲协商民主为什么要强调这一点，按习近平总书记的说法，就是“民主不是装饰品，不是用来做摆设的，而是要用来解决人民要解决的问题的。”我们推进协商民主也是实实在在的，不是做样子的。“协商就要真协商。”而什么是“真协商”？总书记也说了，不仅是要讲真话、求实效，敢于直言、从善如流；更重要的是，“要协商于决策之前和决策之中，根据各方面的意见和建议来决定和调整我们的决策和工作，从制度上保障协商成果落地，使我们的决策和工作更好顺乎民意、合乎实际。”民主是人民当家作主，之所以要“在决策之前和决策实施之中开展广泛协商”，就是因为协商只有与决策相联系，才具有民主的意义。我们推进协商民主的一个重要目的，就是要促进决策的科学化和民主化。

三是协商民主是一个人民内部各方面广泛参与、多元多层的制度体系。协商民主的主体是“人民内部各方面”；内容包括“改革发展稳定重大问题和涉及群众切身利益的实际问题”，目标是“构建程序合理、环节完整的社会主义协商民主体系”；方法则是坚持“广泛参与、多元多层”，通过多种渠道全方位开展。这方面关于协商民主的主体“人民内部各方面”，最早是江泽民同志在20世纪90年代初提出我国有两种社会主义民主重要形式时提出的，2006年《中共中央关于加强人民政协工作的意见》延续了这一表述。但当时还是联系“两会”提出两种民主形式的，因此其中讲的“人民内部各方面”，也可以理解为组成人大代表、政协委员的“人民内部各方面”。而现在，在推进协商民主广泛多层制度化发展的视野下，其含义就大大扩展了，按习近平总书记的说法，就是协商民主“应该是全方位的、而不是局限在某个方面的，应该是全国上上下下都要做的、而不是局限在某一级的”。“涉及全国各族人民利益的事情，要在全体人民和全社会中广泛商量；涉及一个地方人民群众利益的事情，要在这个地方的人民群众中广泛商量；涉及一部分群众利益、特定群众利益的事情，要在这部分群众中广泛商量；涉及基层群众利益的事情，要在基层群众中广泛商量。”就是据此，十八届三中全会提出了五条协商渠道；总书记讲话进一步拓展，讲了十条渠道；《意见》对此加以归纳，明确了要通过政党协商、人大协商、政府协商、政协协商、人民团体协商、基层协商及社会组织协商七条渠道全面推进协商民主。

四是我国的协商民主是“努力形成共识的民主形式”，必须在中国共产党领导下推进。为什么说协商民主是“努力形成共识的民主形式”？因为选举投票表达的是每个选举人个人的意愿，而协商讨论则是一个相互沟通理解的过程，既可以反映个人意见，又能够增进共识。我们讲的人民民主，是最广大人民的民主，不仅要保证每个公民的民主权利，而且要努力维护和实现广大人民的根本利益。习近平总书记说，“在中国社会主义制度下，有事好商量，众人的事情由众人商量，找到全社会意愿和要求的最大公约数，是人民民主的真谛。”坚持中国共产党的领导就是为了维护和实现广大人民的根本利益，找到这个最大公约数。所以，这次《意见》把坚持求同存异、理性包容作为协商民主的一条重要原则提了出来，并在9个部分中专门作为一部分，讲了要“加强和完善党对协商民主建设的领导”。

关于这个问题，与我国协商民主是“努力形成共识的民主形式”含义相关，还有两个论断需要特别说一说。

一个是协商民主是“中国共产党的群众路线在政治领域的重要体现”。十八届三中全会决定、《意见》及习近平总书记讲话，在讲到协商民主是“我国社会主义民主政治的特有形式和独特优势”后，都接着讲了这一句话。总书记说这句话是中共中央对协商民主的基本定性。如何理解这里说的“基本定性”？我的理解，群众路线是毛泽东思想的精髓，是马克思主义中国化的结晶。群众路线是世界观、认识论，也是工作原则、工作方法，对协商民主而言，它至少有三层意义：首先，群众路线是中国共产党的根本工作路线，是从党的角度提出来的，体现了党的宗旨，因此它本身就包含着加强和改善党的领导的含义。其次，从世界观看，群众路线主张“一切为了群众、一切依靠群众”，体现了唯物史观、马克思主义民主观所强调的，人民是历史的创造者，是国家和社会的主人。因此，贯彻群众路线与发扬民主是一致的，而且群众是一个整体概念，表明了我们主张的民主不是维护少数人，而是维护最广大群众利益的人民民主。最后，从方法论看，“从群众中来、到群众中去”的党的工作路线和方法，体现在国家政治生活、政治制度和政治机制上，就是坚持民主集中制，实行民主基础上的集中、集中指导下的民主。所以，总书记在政协成立65周年讲话中说：作为执政党的中国共产党必须坚持全心全意为人民服务的性质和宗旨，始终代表最广大人民的根本利益，而不能有自己特殊的利益；必须坚持密切联系群众，而不能脱离群众。这是我们实行和发展协商民主的重要前提和基础。实行协商民主，“既坚持了中国共产党的领导，又发挥了各方面的积极作用；既坚持了人民主体地位，又贯彻了民主集中制的领导制度和组织原则；既坚持了人民民主的原则，又贯彻了团结和谐的要求”，体现了坚持党的领导与密切联系群众的统一，坚持党的领导、人民当家作主、依法治国的统一。发展协商民主，“可以广泛达成决策和工作的最大共识，有效克服党派和利益集团为自己的利益相互竞争甚至相互倾轧的弊端；可以广泛畅通各种利益要求和诉求进入决策程序的渠道，有效克服不同政治力量为了维护和争取自己的利益固执己见、排斥异己的弊端；可以广泛形成发现和改正失误和错误的机制，有效克服决策中情况不明、自以为是的弊端；可以广泛形成人民群众参与各层次管理和治理的机制，有效克服人民群众在国家政治生活和社会治理中无法表达、难以参与的弊端；可以广泛凝聚全社会推进改革发展的智慧和力量，有效克服各项政策和工作共识不高、无以落实的弊端。”

再一个论断是，这次中央《意见》提到我国协商民主有深厚的文化基础，习总书记讲话具体论述了这个问题，提出协商民主“源自中华民族长期形成的天下为公、兼容并蓄、求同存异等优秀政治文化”。这也与我国协商民主寻求共识的特点有着密切的关系。据我所知，在中共中央文件中把协商民主与我国传统文化联系起来讲，始自2006年《中共中央关于加强人民政协工作的意见》。但当时还主要是与政协联系，内容也只讲了“体现了中华民族兼容并蓄的优秀文化传统”。总书记这次与协商民主相联系，又加上了“天下为公”“求同存异”，内涵更丰富，特别是加上“天下为公”，我理解其中包含了两个不同于西方的中国传统文化特有理念：一个是“民本”思想，“天”即“民”，“天视自我民视，天听自我民听”；“民惟邦本，本固邦宁”。再一个是强调和而不同、兼容并蓄，其中包含着一种中道和谐、注重整体、集体为先的价值观念、思维方式。西方的文化传统，从古希腊、古罗马到文艺复兴，直至现今经过新教改革的基督教文化，贯穿于其中的是保护张扬个人权利的个人主义，所谓天赋人权、不可侵犯，上帝面前人人平等。而我国则主张天人合一，“修齐治平”，强调个人与集体、社会与国家是联系统一的，并且个人服从集体，整体为先、为大。中华文化讲义利关系，主张义在利先。何谓“义”？“义”就是正义，就是公平，就是集体、整体利益。中国老百姓讲的“义举”就是做善事、公益性的事。这种文化传统同致力于努力形成共识、维护公共利益的协商民主是贯通的。而西方传统把个人自由当作天赋权利，政府只能保护而不能侵犯个人自由，政治上必然要求实行以自由选举为基础的多党轮流执政和相互制衡的“三权鼎立”。我们讲民主政治当然离不开个人自由，共产主义的最终目标就是要实现每个人的自由、全面发展。我国的封建专制影响很深，也特别需要强调推进依法治国、建立权力制约、保障个人权益。但当代世界政治实践特别是最近许多国家发生的政治危机表明，许多冲突矛盾是靠武力难以解决的，靠“刚性”的选举表决也难以化解。因此，现在西方也有人开始提出，要摒弃无约束的个人主义，借鉴整体性领悟世界的东方智慧；一些西方学者作为对竞选民主的超越，也提出协商民主。从人类政治文明的发展看，民主产生于突出个人作用的西方社会，发展与选举民主相补充、相结合的协商民主，则是一种民主新道路、新形态的选择。但我认为，西方的文化传统使其很难真正发展出成气候的协商民主，中国不仅有社会主义制度的保障，还有着适宜协商民主发展的文化传统，更有条件和可能发展出一种选举与协商相结合的，更加广泛、充分、健全的人民民主。所以，总书记讲，协商民主是我们独特的、独有的、独到的民主形式，很可能成为中国对人类政治文明做出的贡献。

（二）关于协商渠道

这次《意见》落实十八届三中全会推进协商民主广泛多层制度化发展的要求，明确了从七条渠道推进协商民主，并且提出要有重点、分层次推进，在七条渠道中“重点加强政党协商、政府协商、政协协商，积极开展人大协商、人民团体协商、基层协商，逐步探索社会组织协商”。以构建环节完整的协商民主体系，确保协商民主有制可依、有规可守、有章可循、有序可遵。那么如何认识《意见》提出的这七条协商渠道，我谈一点自己的理解。

我以为，中央确定这七条协商渠道，并明确三个重点加强、三个积极开展、一个逐步探索，是经过精心选择做出的。首先是着眼我国改革发展稳定大局的需要。就是《意见》讲的“四个面对”“五个有利于”，即：当前我国正处在全面建成小康社会的决定性阶段，面对改革开放进程中利益格局深刻调整的新形势，面对社会新旧矛盾相互交织的新变化，面对市场经济条件下思想观念多元多样的新情况，面对世界范围内不同政治发展道路竞争博弈的新挑战，加强协商民主建设，有利于扩大公民有序政治参与，有利于促进科学民主决策，有利于化解矛盾冲突、促进社会和谐稳定，有利于保持党同人民群众的血肉联系、巩固和扩大党的执政基础，有利于发挥我国政治制度优越性，增强中国特色社会主义道路自信、理论自信、制度自信。

同时，做出这样的部署也是从实际出发，根据各方面实践基础做出的选择。如《意见》首推政党协商，就是因为多党合作有长期的实践基础，也是中国共产党作为领导者在这方面必须率先垂范的需要。为什么要重点加强政府协商？就是因为协商民主要“在决策之前和决策实施之中”进行协商，大量的、具体的决策工作是需要政府来做的。而为什么重点加强政协协商，则因为政协在协商民主方面有深厚的历史传统、丰富的实践经验、完整的组织体系，是我国协商民主的重要渠道和专门协商机构。所以，比较其他方面政协可以说是比较成熟的协商渠道，十八大及十八届三中全会都重点部署了统一战线和人民政协的协商民主。这次中央《意见》讲各条协商渠道的具体内容，其他渠道都是两条或三条，只有政协讲了四条。

七条渠道明确了我国协商民主广泛多层的内涵特点，不同协商渠道主导单位不同，互相之间有区别，但它们也不是彼此隔离、没有联系的。比如，“政党协商”主要是指中国共产党与民主党派、无党派人士、工商联之间的协商，但政协也是多党合作的机构，中国共产党和各民主党派都是政协的参加单位，在政协民主党派可以以党派名义参加活动、发表意见、提出主张。只是《意见》讲的政党协商着眼层次较高，主要是中央层级的。又如，因为人大是立法机关，所以《意见》明确了人大是开展立法协商的主导单位，但立法过程中需要听取方方面面的意见，也包括民主党派、政协委员的意见。这次政协大会就对《立法法》进行了讨论；去年全国政协举行的双周协商会也对《安全生产法》修订进行了讨论。当然我们不是“两院制”，所以不是所有的法都必须拿到政协来讨论，而是有选择的一些重要法律法规，且常是由政府有关部门在制定起草阶段提交人大审议通过前，拿到政协讨论。再如，在“政府协商”中，也有要求“加强与人大代表、政协委员以及民主党派、无党派人士、工商联等的沟通协商”的内容；在“人民团体协商”中也提出，“政协要充分发挥人民团体及其界别委员的作用，积极组织人民团体参与协商、视察、调研等活动，密切各专门委员会和人民团体的联系”。所以，各种协商渠道可以说有区分也有联系，正因此《意见》提出，要“发挥各协商渠道自身优势，做好衔接配合”；强调各级党委“要把协商民主建设纳入总体工作部署和重要议事日程，对职责范围内各类协商民主活动进行统一领导、统一规划、统一部署”。

充分发挥人民政协作为协商民主重要渠道和专门协商机构的作用

这方面我主要讲两个问题。

（一）关于人民政协作为专门协商机构的内涵。

这次中央《意见》对“政协协商”提出的总的要求是，“充分发挥人民政协作为协商民主重要渠道和专门协商机构的作用，坚持团结和民主两大主题，推进政治协商、民主监督、参政议政制度建设，不断提高人民政协协商民主制度化、规范化、程序化水平”。其中，《意见》提出的人民政协是社会主义协商民主的重要渠道和专门协商机构，是关于政协在我国协商民主体系中地位和作用的概括性论断，很重要，所以我专门讲讲。

十八大后明确了我国协商民主是一个广泛多层的制度体系，政协协商是其中的一个重要层次、重要渠道。根据《意见》的这一部署，一方面，政协协商不是我国协商民主的全部，而是其中的一个层次、一个重要方面；另一方面，政协协商又不是一般的协商，而是需要“重点加强”的协商。政协协商不同于国家权力机关的协商，但也不是基层社会组织的协商，而属于国家政治生活中的一种重要协商。不能认为因此政协在协商民主中的地位作用就降低了。因为：从全局看，正是由于明确了要推进协商民主广泛多层制度化发展，中共中央才把协商民主提升到了发展社会主义民主政治战略全局的高度，成为深化政治体制改革的重要内容；具体看，也正因此进一步明确了政协在协商民主中的独特地位和作用。人民政协是社会主义协商民主的重要渠道，“重要”在哪里？就在于它是“专门协商机构”。

这个论断也是习近平总书记在去年政协65周年讲话中第一次提出来的。这次《意见》把这个论断与社会主义协商民主的重要渠道连在一起正式写入中央文件。这是不仅关系政协协商在协商民主体系中的位置，而且涉及政协在国家政治生活、政治体制中地位和作用问题的重要论断。如何理解这一论断的蕴含？我以为可以从两个方面看：

一方面，可以比较其他组织机构，从国家政治制度的层面看。在我国选举和协商广泛地存在于社会各个领域、各个层次，但首先是在国家政治制度上，这就是我国既有人民代表大会制度，又有多党合作和政治协商制度，这两个制度是相辅相成的。在我国四项政治制度中，人民代表大会制度是根本政治制度，其他三项是基本政治制度，只有多党合作和政治协商制度与人民代表大会制度是同一位阶、同处国家层面的，而民族区域自治制度和基层群众自治制度主要是在民族区域和地方及社会基层。所以，国务院关于我国政党制度的白皮书说，这两个制度是相辅相成的，构成我国社会主义民主政治的特点优势。就我国政治制度的特点看，在人民代表大会制度、多党合作和政治协商制度、民族区域自治制度以及基层群众自治制度中都有选举和协商。但人民代表大会制度实行的主要是选举民主，民族区域和基层地方还要实行自治民主，只有多党合作和政治协商制度主要是实行协商民主，政协就是专门实行这一制度的重要机构、组织形式。就我国政治体制中主要机构组织的特点看，中国共产党党委是领导机构，人大是最高权力机关、立法机关，政府是行政机关，法院、检察院是司法机关，党和国家机关都有一些协商民主的工作，但它们还有许多其他重要工作。只有政协是统一战线组织，是国家政治生活中专门听取各党派团体和各界代表人士意见建议的协商机构。

另一方面，从政协本身，政协的性质、职能看，政协作为统一战线组织，统一战线各方面之间就要求相互尊重、平等相待、求同存异、协商议事；政协作为多党合作和政治协商机构，不是权力机关，也不是决策机构，而是各党派团体和各族各界人士发扬民主、参与国是、团结合作的重要平台，在这个平台上政协委员履行政治协商、民主监督、参政议政职能，开展各项工作，就不能采取强制性的、行政命令的方法，而只能采取提出意见建议、进行协商讨论的方法。因此，可以说政协工作就具有协商的特点，必须有协商的理念，协商民主是贯穿于政协履行职能全过程的。政协不是国家权力机关，但也不是社会基层组织，而是载入宪法、有国家政治制度保障的我国政治体制、国家治理体系的重要组成部分；政协委员发表意见建议没有强制性，但有话语权、影响力，在国家政治生活中具有不可替代的作用。

明确政协是专门的协商机构，在理论和实践上都具有重要的意义。就实践意义看，首先它有利于适应全面深化改革形势的需要，贯彻落实总书记提出的“人民政协要在依照宪法法律和政协章程准确定位的基础上，大力推进自身各项工作”的要求，明确政协是国家治理体系的重要组成部分，使政协在推进国家治理体系和治理能力现代化中发挥更大的作用；同时，明确政协是专门的协商机构，也进一步明晰、深化了《中共中央关于加强人民政协工作的意见》中提出的“人民政协是我国政治体制的重要组成部分”论断的内涵，有利于把政协工作纳入中国共产党统揽全局、协调各方的党和国家工作总体布局，进一步明确政协在国家政治体制中的地位，规范人民政协与我国政治体制各个部分的关系，更加完整准确地体现我国政治体制的特点和政协在其中的独特作用。

问题：专门协商机构是从国家角度讲的。习近平总书记政协65周年讲话在谈到政协性质定位时，也体现了这一点。如，他不仅明确提出了“人民政协就是适合中国国情、具有鲜明中国特色的制度安排”；而且在引述政协性质时没有完全照用政协章程，关于政协性质第三句话没有讲“是发扬社会主义民主的重要形式”，而用的是“人民民主的重要实现形式”。这两者应当讲本质上是一致的，但有细微的差别，差别就在“发扬”是有主体的，主体是中国共产党，“发扬社会主义民主”是从统一战线角度讲的；而讲政协“是人民民主的重要实现形式”，则是从国家制度角度讲的，民主首先是国家制度，着眼的是发挥人民政协在国家治理中的作用。明确这一点很重要，从对外宣传讲也有意义。如我们对外介绍政协外国人常常听不懂。一个原因可能就是现在政协性质三句话主要是从与共产党关系角度讲的，而在国际场合介绍应当着眼于国家角度。

（二）关于《意见》提出的“政协协商”的具体要求。

这次《意见》对如何进一步完善政协协商提出了四条具体要求：

一是明确政协协商的主要内容。

《意见》讲的主要内容是：国家和地方的大政方针以及政治、经济、文化和社会生活中的重要问题，各党派参加人民政协工作的共同性事务，政协内部的重要事务，以及有关爱国统一战线的其他重要问题等。

对此我做一点说明。《意见》提出的这些内容与2006年《中共中央关于加强人民政协工作的意见》规定的有关内容是一致的，主要是从面上讲的，具体如何贯彻实施要联系实际。首先要看到政协协商的内容是很广的，各地情况差别很大；而且政协是围绕中心开展工作的，适应形势发展协商内容也不断发展，如从严治党过去就没有；每年协商的重点内容也不尽相同。所以，中央对协商内容的规定不宜太死过细，如何具体细化协商内容要从实际出发，全国政协现在的做法是，每年的重点协商议题通过制订年度协商计划并报中央来确定。

二是完善政协会议及其他协商形式。

《意见》在这方面提出，要“改进政协通过会议进行协商的形式，适当增加专题议政性常委会议和专题协商会次数，完善协商座谈会制度。（这里讲‘完善协商座谈会制度’包含双周协商座谈会，没有明确讲是考虑到中央文件是管各级的，而各地政协具体情况不同，有的不适合搞双周会，所以没有做具体规定。）更加灵活、更为经常地开展专题协商、对口协商、界别协商、提案办理协商，探索网络议政、远程协商等新形式。增加集体提案比重，提高提案质量，建立交办、办理、督办提案协商机制。通过协商会议、建议案、视察、提案、反映社情民意信息等形式提出意见和建议，积极履行民主监督职能”。

对这一条有关政协协商形式的规定我说明两点：

第一，《意见》这里讲的不是政协的全部协商形式，而是侧重需要“完善”的形式。政协叫政治协商会议，主要的协商形式就是会议协商；在会议协商形式中，又有定期举行的全体会议、常委会议、主席会议、秘书长会议，和不定期举行的专门委员会会议以及其他各种协商座谈会等，其中全体会议是政协履行职能的最高形式。但也有一些非会议的书面协商形式，如提案、建议案及视察、调研报告等。近年来，全国政协在协商形式上积极探索，主要体现在创新协商载体、增加协商密度、提高协商实效，形成了我们称为“1420”的协商议政新格局上，具体讲就是开好每年一次的全体会议（为龙头），将过去每年一次的专题议政性常委会议和专题协商会各增加一次（共四次，为重点），创设了每年20次左右的双周协商座谈会，俞正声主席亲自主持，选择有针对性的具体内容深入协商，成为全国政协的经常性协商平台（为常态）。

第二，《意见》讲的四种协商形式，主要是近些年人民政协在协商形式方面探索创新的成果，既可以在政协全体会议、常委会议中间进行，如大会期间通过界别联组、小组会，进行对口、界别协商，召开提案办理协商会等；也可以在政协会议闭会期间、不定期举行。关于如何理解这四种协商形式？其中专题协商、提案办理协商比较好理解，对口协商主要是指政协有关专委会组织委员与党政有关部门之间的协商。界别协商则需要特别说一说。现在不少人写文章讲政协界别，常用社会学意义上的类似功能组别的界别概念，其实我们政协的界别概念与此不完全一样。政协由界别组成，指的是政协的参加单位，有统一战线方面的特殊含义，不一定是社会学意义上的纵向概念，如政协的港澳特邀界，就是指来自大陆外港澳特别行政区的代表；各民主党派、无党派人士和有关团体参加政协，也主要是出于统一战线的需要。另外，从政协内部讲，界别也有广义和狭义之分，广义的界别就是政协章程讲的政协由界别组成，包括政协的各党派团体在内的所有参加单位共34个界别；而狭义的界别则是指不包括党派团体的其他界别。现在我们一般强调开展界别活动，如界别视察、界别提案、界别推举大会发言等，主要是在狭义上讲的，指没有组织依托的界别。需要注意的是，界别特点体现在政协各种协商活动中，不一定要刻意区分，如有些专题协商、对口协商也带有界别协商的意味。四种协商形式有区别，也有交叉联系。双周协商会形式就是一种以界别为基础、以专题为内容、以对口为纽带、以座谈为主要方法的综合协商平台。

三是加强政协协商与党委和政府工作的有效衔接。

《意见》这方面提出的要求包括："规范协商议题提出机制，认真落实由党委、人大、政府、民主党派、人民团体等提出议题的规定，探索由界别和委员联名提出议题。规范年度协商计划的制订，由党委常委会会议专题讨论并列入党委年度工作要点。健全知情明政制度，相关部门定期通报有关情况，为政协委员履职提供便利、创造条件。规范党委和政府领导及部门负责人参加政协协商活动。完善协商成果采纳、落实和反馈机制。"

这方面内容也有两点我想说明一下：

第一，《意见》为什么特别把政协与党委政府工作衔接作为一条提出来？原因就是协商是一个涉及多方相互关系的过程，不仅是政协、民主党派和有关团体的事情，还需要党委、政府等其他部门参加；协商民主制度化、规范化、程序化建设必须协同推进。党委和政府作为决策机关应自觉主动开展协商。所以，《意见》提出这条要求的对象主要是党委和政府，当然政协也要注意加强与党委和政府工作的有效衔接。

第二，具体讲到协商环节，这里我也向大家介绍一点全国政协的做法。从全国政协的经验看，除了政协大会、常委会，具体协商活动一般要注意抓好五个环节：

（1）选好题。这是搞好协商首先需要注意的问题。怎么选？全国政协的做法包括：建立选题机制，通过常委会、专委会会议及座谈会、发函等形式，向委员、各民主党派、人民团体征集议题，探索由界别、委员联名等提出议题；议题可以由党委政府交办，也可以由政协与党委政府及有关部门沟通协商提出；建立政协与党委、政府及有关部门重点协商议题的会商机制；重点议题经主席会、常委会讨论形成年度协商工作计划，报中央讨论后作为中央总体工作部署确定。关于年度协商计划需要注意的一点是，这个计划是全国政协经广泛征求意见提出来的，但经过了中共中央政治局常委会议专门研究讨论，就不仅是政协的，而且是中央的计划了。所以，习近平总书记在65周年讲话中提到这个问题时，不是对政协而是对党委提出了要求，强调：“中国共产党各级党委要重视和支持人民政协事业发展，把人民政协政治协商作为重要环节纳入决策程序，会同政府、政协制订实施协商年度工作计划，对明确规定需要协商的事项必须经协商后提交决策实施。”这次中央《意见》也提出：各级党委要“加强统筹协调，认真研究制订协商计划，解决协商民主建设的重大问题，支持人大、政府、政协、党派团体、基层组织和社会组织依照法律法规和各自章程开展协商，有计划有步骤地推进协商活动”。

（2）搞好调研。首先是调研课题与协商计划、重点工作要衔接；组织调研时要优化调研队伍构成，以专委会为基础，也可以联合有关民主党派、界别委员参加；采取多种多样的方式深入调研，包括最近根据俞正声主席的提议，为了能深入基层、解剖麻雀，更好发挥各地委员的作用，全国政协专委会选择有关题目委托地方政协组织参与调研等。最后还要加强对调研成果的研究论证。最近全国政协专门制定了加强和改进调研的办法文件。

（3）找好参加协商会的人。如全国政协的双周协商会，首先为保证协商质量，要注意选择对协商议题有研究、有经验的委员；同时要注意有代表性，党外为主，平衡结构；为了扩大参与面，要尽可能选择新面孔；（俞正声主席的想法，一次20人，一年20次，5年2000人，差不多囊括全国政协全部委员）为了使协商更深入，还可以邀请两三位专家学者；当然也要请有关部门负责同志参加。

（4）加强互动交流。协商就要交流。过去政协协商，组织发言较多，现在强调加强交流讨论，不仅有利于把问题议透，有助于解决问题；也有利于党和政府与委员之间，以及有不同看法的委员之间，加强沟通、增进理解、扩大共识。中央领导在这方面率先垂范，如王岐山参加政协常委会时，就主动提出讲话后增加互动；专题协商会增加了即席发言；双周协商会更是以自由发言为主，20名参会人员每次只有5人是预约发言；并根据需要注意选择有不同意见的人参加，保证不同观点充分发表。

（5）抓好协商成果的报送、采纳、落实、转化和反馈。为此全国政协将协助党委、政府制定相关办法。成果形式也多种多样，现在全国政协就有视察报告、调研报告、政协信息、大会发言专报、重要提案摘报等；并且强调反映意见要及时、如实、精练、准确，有情况、有分析、有共识、有建议。

四是关于加强人民政协制度建设。

《意见》这方面讲的内容是："政协全国委员会研究制定规范政治协商、民主监督、参政议政的具体意见。深入开展调查研究，在条件成熟时对政协界别适当进行调整。完善委员推荐提名工作机制，优化委员构成。研究制定政协委员管理的指导性意见。在政协建立健全委员联络机构，完善委员联络制度。"

最后对这一条我也简单说明两点。

第一，我国的协商民主是一个制度体系，政协也有很多制度，推进政协协商民主关键也是不断提高制度化、规范化、程序化水平，构建完善政协的制度体系。这方面不仅有《意见》提到的内容，还有其他一些制度。如在去年全国政协制定了《年度协商计划制定办法》《专门委员会联系界别和委员的意见》《双周协商座谈会会议规则》等，今年全国政协除了要制定中央《意见》的实施办法，还要制定全国政协委员履职工作规则、提案办理协商制度，加强和改进调研的办法，专题协商会工作办法，修订专门委员会通则、视察工作条例、反映社情民意工作条例等，以保障政协协商更加规范有序地开展。

第二，政协的制度建设要体现政协的特点，妥善处理加强制度建设与营造良好氛围的关系。政协的组织性质决定了其既是各党派团体和各界代表人士同党和政府协商议事的场所，也是各界代表沟通意见、交流思想、协调关系、化解矛盾的平台。作为这样一个平台，政协应当有比较宽松的环境氛围，政协的制度建设也要有利于“发扬求同存异、体谅包容的优良传统，贯彻民主协商、平等议事的工作原则，尊重和包容不同意见的存在和表达”，“努力营造既畅所欲言、各抒己见，又理性有度、合法依章的良好协商氛围”。

学习贯彻《关于加强和改进人民政协民主监督的意见》

（2017年5月）

今年年初中办印发的这个文件，是全国政协按照党中央的要求，在广泛征求各方面意见的基础上组织起草，经全国政协党组会议审议后上报中共中央同意印发的。这个文件也是中共中央出台的第一个关于政协履行单项职能的文件，是以习近平同志为核心的党中央，着眼完善和发展中国特色社会主义制度、推进国家治理体系和治理能力现代化，推进人民政协民主监督制度化、规范化、程序化，更好发挥人民政协民主监督独特优势的重要举措，表明了中央对发挥政协监督作用的特殊重视。这个文件，既坚持了政协章程以及2006年《中共中央关于加强人民政协工作的意见》中关于政协民主监督的基本精神，又适应新形势新要求，在总结各级政协多年开展民主监督经验的基础上，对推进政协民主监督提出了许多新观点，做出了许多新举措，是人民政协民主监督的一个重大的新发展，需要我们深入领会、贯彻落实。下面，我主要就这次《意见》对人民政协民主监督提出的一个新概括或者说定义，《意见》提出的监督内容、重点和形式，以及完善监督程序、机制、加强党的领导等方面的新内容，分三个问题谈一点认识体会，供大家参考。

关于政协民主监督的定义

这次《意见》对政协民主监督提出了一个新概括，也可以视为定义，即："人民政协民主监督是在坚持中国共产党的领导、坚持中国特色社会主义的基础上，参加人民政协的各党派团体和各族各界人士在政协组织的各种活动中，依据政协章程，以提出意见、批评、建议的方式进行的协商式监督。"

《意见》的这个概括有着重要的新蕴含。其中涉及政协民主监督理论的一些问题。对此，我讲一点个人的认识。认识这个问题可以比较一下对政协民主监督的两个制度规定。一个是政协章程的规定，讲的比较原则：民主监督是对国家宪法、法律和法规的实施，重大方针政策的贯彻执行、国家机关及其工作人员的工作，通过建议和批评进行监督。还有一个是2006年《中共中央关于加强人民政协工作的意见》的规定：政协的民主监督是我国社会主义监督体系的重要组成部分，是在坚持四项基本原则的基础上通过提出意见、批评、建议的方式进行的政治监督。

比较来看，这次《意见》的概括与政协章程和2006年中央5号文件对政协监督的界定，本质内容应当说是相同的，就是都坚持了政协民主监督的性质定位，即政协监督是一种通过提出意见、批评、建议的方式进行的监督，而不是带有强制性的权力监督。但这次《意见》的概括又有新的提法，其中最突出的一点，就是提出了政协监督是"协商式监督"，而没有再强调政协的民主监督是"政治监督"。这个新提法，我认为，虽然在本质内容上与中央5号文件是一致的，但有了新的视角、新的内涵。这个新视角、新内涵就是，强调了政协民主监督与社会主义协商民主的关系，是社会主义协商民主的重要实现形式。

为什么说“协商式监督”与“政治监督”在本质内容上是一致的？因为这两个提法都体现了政协的性质定位。讲政协民主监督是政治监督，主要是从统一战线角度讲的，强调了政协民主监督与中国共产党同各民主党派和无党派人士互相监督的密切关系。这次《意见》也提到，民主监督与互相监督是一脉相承的。从政协的历史看，政协一成立就有民主监督，但刚开始主要强调的就是，在政协这个统一战线组织中，处于领导和执政地位的中国共产党要注意听取民主党派和无党派人士的意见建议；1956年进入社会主义社会后，毛泽东提出“长期共存、相互监督”的八字方针，全国政协专门就此做出决定，要求贯彻这一方针，开始明确了政协有监督任务。而相互监督主要是从中国共产党要接受民主党派和无党派人士的监督角度讲的。直到改革开放初期，担任五届政协主席的邓小平在提出发挥政协在国家政治生活中的监督作用时，仍然讲的是互相监督。由于在我国，多党合作的政党关系属于统一战线关系，而统一战线关系是一种政治关系，中国共产党对统一战线的领导主要是政治领导，体现我国政党关系的互相监督也主要是“政治监督”。作为统一战线组织、多党合作和政治协商机构的人民政协开展的监督，当然也是政治监督。因此，讲政协的民主监督属于“政治监督”是没有错的。这次文件没有提不等于否认政协监督的这一特性。

但是，政协有团结和民主两大主题，政协一成立就既是统一战线组织，又是政治协商机关。十八大后中共中央做出了全面深化改革、推进国家治理体系和治理能力现代化的战略部署，其中政治体制改革的一项重要内容，就是推进协商民主广泛多层制度化发展。正是适应这一新形势，习近平总书记代表中共中央在庆祝人民政协成立65周年的讲话中，进一步明确了人民政协是国家治理体系的重要组成部分，是我国协商民主的重要渠道和专门协商机构。这是在坚持人民政协基本性质的基础上，适应新形势对人民政协提出的新任务。这个新任务就要求，不仅要从政协作为统一战线组织的角度，而且要从推进国家治理体系和治理能力现代化，发挥政协作为协商民主重要渠道和专门协商机构作用的角度，进一步加强和改进人民政协民主监督。这就是提出政协监督是“协商式监督”的理论根据和现实依据。

这里需要注意的一个问题是，要全面准确地理解“协商式监督”的内涵。俞正声主席在今年常委会工作报告中说，“协商”是讲民主监督的方式和原则，监督是手段和途径。因此，不能简单从字面上去理解这里讲的“协商”，像有的人提出的，这是否是说，政协开展民主监督还要事先与监督对象商量一下，问能不能监督。不是这个意思。要注意文件用的是“协商式”，而不是“协商”。（协商式监督也包括提案等书面监督形式。）这里强调“协商式”，我理解是为了进一步明确政协民主监督的性质，即政协的监督主要是依据政协章程，以提出意见、批评、建议的方式进行的监督。政协不是国家权力机关，开展监督不是靠强制约束力，而是靠政治影响力。同时，强调“协商式”也突出了政协民主监督的特点和优势，就是政协的民主监督可以对国家权力的运行发挥制约和监督作用，但监督目的又是协助党和政府解决问题、改进工作、增进团结、凝心聚力，不是也不会导致西方多党制、两院制那种权力争夺、互相掣肘。

明确政协的民主监督是“协商式监督”，不会削弱而只会加强和改进政协的民主监督。因为监督本质上属于民主范畴。健全社会主义协商民主制度，是十八大做出的深化政治体制改革、推进国家治理体系和治理能力现代化的战略举措。因此，将政协民主监督与协商民主相联系提出协商式监督，也要从深化政治体制改革、推进国家治理体系和治理能力现代化的高度来认识。提出这样一个论断意味着，在我国社会主义监督体系中，作为协商民主重要渠道和专门协商机构开展的政协监督，不同于一般的社会监督，而是一种有国家政治制度保障、能够作为我国政治体制重要组成部分在国家治理体系中发挥重要作用的监督。正因此，在不久前制定的首次把政协民主监督写入中国共产党法规的《中国共产党党内监督条例》中，是把支持和保证“人民政协依章程进行民主监督”，与支持和保证人大、政府、监察机关、司法机关等国家机关的监督并列放在一起论述的。而对中国共产党与各民主党派的互相监督，则另外单列了一条。所以，也可以说《意见》的这个概括，进一步明确了作为国家政治体制、治理体系的重要组成部分，政协民主监督在我国社会主义监督体系中的独特地位和作用。

在西方政治学的理论、话语体系中，国家政治体制就是国家政权体系，要么属于公权力，要么就属于非政府的民间组织。从思维方式看，这是一种非此即彼的两分法。而在我国，建国伊始新中国的缔造者就开始探索创立有中国特色的政治体制。早在政协成立不久的1950年，周恩来就在全国政协党组会议讲话中提出，我国的政治体制包括党的系统、政权系统和政协系统三个系统。人民政协虽然不是国家权力机关，却又是国家政治体制的重要组成部分。用一位全国政协老主席的话来形容，叫“亦官亦民”。从文化传承讲，人民政协体现的是中国文化。对于政协这样的组织，用西方的理论思维、话语体系是难于理解的。而这恰是我国政治体制的特点和优势所在，体现了党的领导、人民当家作主和依法治国的有机统一。因此，习近平总书记说，人民政协“体现了中国特色社会主义制度的鲜明特点”。

此外，从理论上看，这次文件对政协民主监督的新概括，除了提出协商式监督这个重要论断，还有一点值得一提，就是明确了政协民主监督的主体是“参加人民政协的各党派团体和各族各界人士”，并且与2006年中央5号文件有所不同，在论述政协民主监督的政治基础时，没有提“在坚持四项基本原则的基础上”，而是改提“在坚持中国共产党的领导、坚持中国特色社会主义的基础上”。这个改变，我认为也十分重要，是针对政协履行民主监督职能的主体讲的，提法更贴切、更精准、更符合实际了。

为什么这样说？鼓励和支持“在四项基本原则的基础上”提出意

见批评建议，最早出自1989年《中共中央关于坚持和完善中国共产党领导的多党合作和政治协商制度的意见》，是就发挥民主党派监督作用的原则讲的。四项基本原则是我国的立国之本。作为我国政治体制重要组成部分的政协组织，从把握政协民主监督的政治方向来讲，坚持四项基本原则当然也是必需的。所以，俞正声主席在这次常委会报告中也明确提出，为了确保政协民主监督的正确政治方向，“对任何违背四项基本原则的言行，都必须态度鲜明、立场坚定地坚决反对”。但是，因为四项基本原则中包括坚持马克思列宁主义。从政协履行民主监督职能的主体——政协各参加单位和政协委员的具体情况来看，其中不仅有各党派团体，还有各族各界人士；在各族各界人士中，不仅有信仰马克思主义的共产党员和无神论者，还有包括不同宗教信仰的民族宗教界人士等。对于这些民族宗教界人士，或者爱国但不信马克思主义、有宗教信仰的政协委员，（如许多来自海外“三胞”的政协委员）就不能强迫要求他们信仰马克思主义，而只能高举社会主义、爱国主义的旗帜，坚持中国共产党的领导——这是中国特色社会主义的最本质特征；坚持中国特色社会主义——这是我国各族人民的共同理想、共同奋斗目标，以此作为开展政协民主监督的基础。因此，从政协履行民主监督职能主体的具体情况讲，不提“在四项基本原则的基础上”，而改提“在坚持中国共产党的领导、坚持中国特色社会主义的基础上”，更贴切、更准确、更有利于所有委员履行好政协民主监督的职能。

关于政协民主监督的内容、重点和形式

这次《意见》首次规定了政协民主监督的主要内容有八个方面：一是国家宪法法律和法规实施情况；二是党和国家大政方针、重大改革举措、重要决策部署贯彻执行情况；三是国民经济和社会发展规划、年度计划落实情况，财政预算执行情况；四是涉及人民群众切身利益的实际

问题解决落实情况；五是国家机关及其工作人员遵纪守法、加强作风建设、密切联系群众、开展反腐倡廉等情况；六是政协提案、建议案和其他重要意见建议办理情况；七是参加政协的单位和个人贯彻统一战线方针政策、遵守政协章程、执行政协决议情况；八是党委交办的其他监督事项。这八个方面的内容十分丰富，明确了一些过去存在不同认识的问题。

在这方面，有三个问题我想特别说一下。

一是关于监督重点。

这次《意见》涉及监督内容的一个特别需要注意的新提法是，首次提出了政协监督是有重点的，监督重点就是“党和国家重大方针政策和重要决策部署的贯彻落实情况”。为什么要专门提出监督重点？这不仅是因为政协的监督内容十分丰富，需要选择重点、有的放矢地来开展；而且因为这是适应当前新形势新任务，为了增强政协民主监督实效，充分发挥政协监督作用提出的一个重要举措。从历史上看，过去政协作为统一战线组织，在发挥监督作用时比较强调提倡广开言路，让委员在各种会议和活动中知无不言、言无不尽地发表意见。应当说，这在当前也仍然是需要的。这次《意见》也继续提出了要坚持平等协商、坦诚相见、各抒己见、畅所欲言。但是，要充分发挥政协作为协商民主重要渠道和专门协商机构的监督作用，就更要注重在国家政治生活中对国家权力的运行和实施加以监督，对“党和国家重大方针政策和重要决策部署的贯彻落实情况”进行监督。习近平总书记在政协成立65周年大会的讲话中提出，协商就要真协商，真协商就是要协商于决策之前和决策实施之中。俞正声主席在今年常委会工作报告中提出，政协监督要“真监督”。贯彻《意见》精神，我认为“真监督”不仅要“敢讲话、讲真话”，而且还要注意围绕“党和国家重大方针政策和重要决策部署的贯彻落实情况”，加大力度、有组织、有重点地进行监督。这是我想讲的第一点。

二是关于监督对象。

过去曾有同志认为，政协监督应当主要是对政府监督。因为实际工作中政协监督涉及政府工作的内容较多，政协章程有关规定也讲的是对“国家机关及其工作人员的工作”进行监督。同时，也有同志提出，政协监督应当包括对中国共产党的监督。政协是多党合作和政治协商机构，互相监督是政协监督的应有之义。不能把在国家政治生活中处于领导地位的中国共产党排除在政协监督之外。

我认为，其实早在1954年毛泽东提出政协五大任务时，就明确指出政协的“提意见”，主要是对党委和政府提意见。现政协章程讲的“民主监督是对国家宪法、法律和法规的实施，重大方针政策的贯彻执行、国家机关及其工作人员的工作”进行监督，也不能视为就是规定政协民主监督的对象不包括党委。因为中国共产党是执政党，大政方针是中国共产党制定的；在国家机关中也有发挥领导核心作用的中共党组；党委及其职能部门在治国理政中也发挥着重要作用。因此，政协民主监督的对象应当包括党委。从政协工作实际看，现政协委员提出提案、组织开展视察、进行会议发言等，也都有涉及党委机构及其工作人员工作的内容。所以，2006年《中共中央关于加强人民政协工作的意见》就提出：“各级党委和政府要认真倾听来自人民政协的批评和建议，自觉接受民主监督。”最近中共十八届六中全会通过的《中国共产党监督条例》明确提出，要支持和保证“人民政协依章程进行民主监督”。所以，这次《意见》也提出，政协监督内容包括“党和国家大政方针、重大改革举措、重要决策部署贯彻执行情况”，而且还进一步明确了这是监督重点。并且需要注意的是，这里《意见》讲的是“党和国家”，比我们一般讲的政府含义更广，包括了司法机关等。

实际上，全面理解《意见》提出的八个方面的监督内容，其涉及的监督对象还要更加广泛。比如，内容第一条讲对“国家宪法法律和法规实施情况”进行监督。宪法是我国的根本大法，是中华人民共和国的一切机构组织、党派团体和公民个人都必须遵守的。因此，也可以说政协监督的对象，包括我国所有机构组织、党派团体和公民的行为。政协是最广泛的统一战线组织，汇聚了方方面面的代表人物。政协民主监督不仅可以有组织、有重点地开展，也要坚持广开言路、畅所欲言，只要是合法依章，委员们就可以对各种社会现象发表批评意见。这也体现了政协民主监督的又一个特点，即监督的广泛性。正是因为有这个特点，所以我们说政协可以发挥政治寒暑表、社会解压阀的作用。这是关于政协监督对象我想讲的第二点。

讲政协监督对象还有一点需要注意，就是这次《意见》继续提出了，政协监督的内容还包括“参加政协的单位和个人贯彻统一战线方针政策、遵守政协章程、执行政协决议情况”。这就是说，政协民主监督不仅是对别人，还包括政协参加单位和政协委员自己。政协有自我教育的传统。政协委员加强民主监督也要严格自律。所以，俞正声主席在这次常委会报告论述民主监督中也强调，政协委员在积极参加民主监督工作的同时，要“坚守真理、坚守正道、坚守原则、坚守规矩”，“在政治上、道德上、言行上严格自律，主动接受各方面监督”。

以上讲的是与监督内容有关的第二个问题监督对象。下面我想再讲一个与此有关的互相监督问题。

三是关于互相监督。

2006年中央5号文件在界定政协民主监督时，还明确了其“也是中国共产党在政协中与各民主党派和无党派人士之间进行的互相监督”。不少政协委员、地方政协在研究讨论政协民主监督问题时，也常讲到这个问题。但这次《意见》没有讲这句话，应当怎么看?

我认为，从政协开展监督的历史看，政协作为统一战线组织、多党合作和政治协商机构，一开始强调的就是互相监督。现在政协章程中，也有要求贯彻“长期共存、互相监督、肝胆相照、荣辱与共”十六字方针的内容。因此我认为，政协的民主监督应当包括有“中国共产党在政协中与各民主党派和无党派人士之间进行互相监督”的内容，这是没有问题的。这次《意见》之所以没有专门讲，我理解，一方面，是因为《意见》讲的监督内容中包含有党委，相互监督主要是中国共产党接受民主党派和无党派人士的监督。因此，可以说其中也含有这方面的内容。另一方面，这次《意见》之所以没有专讲互相监督，我想还与这方面的形势发展有关。改革开放以来，我国多党合作形势有了很大发展。新中国成立初期，政协作为统一战线组织主要以党派团体为基础组成，在政协章程规定的政协组织结构中，除了党派团体外，只有特邀，没有其他界别。因此，当时毛泽东、周恩来曾把政协称为“党派联合组织”“党派性机关”。当时许多关于多党合作的活动都在政协进行，如政协的“双周座谈会”就是由各党派轮流主持。但新时期后情况发生了很大变化。首先，政协已发展到34个界别，政协章程经过修改也明确规定了政协可以“设若干界别”。同时，适应新形势，多党合作也有很大发展。现在除了政协，在国家机关、在一些企事业单位，特别是在中共中央与各民主党派中央之间，多党合作已广泛存在并形成制度。特别是十八大后，中共中央提出要推进协商民主广泛多层制度化发展，在我国七个渠道的协商民主体系中，“政党协商”与“政协协商”已经分列，而“互相监督”主要是政党之间的监督。互相监督的主渠道已不在政协，而是在“政党协商”中。因此，目前政协虽然仍有“互相监督”，但只是其中的一个渠道，不是全部，也不是主渠道。现在政协民主监督的主体包括所有政协参加单位和各界政协委员，对象外延也比互相监督更广泛。而且，这次制定《意见》是为了加强和改进政协的民主监督，不是面面俱到全面论述政协的民主监督。所以，《意见》对这方面的内容也不必专门提。这是我对这个问题的一点理解。

此外，讲到政协的互相监督还有一个问题需要注意的是，中国共产党和各民主党派都是政协的参加单位、重要界别，都是以政党身份参加政协的。但不能简单地说在政协有政党身份的委员发表意见都代表其政党。在政协，各民主党派既可以以组织的名义发表意见、建议，也可以以委员个人的身份提出意见。在政协代表政党的是其组织，而非界别。

政协的界别是政协的参加单位，不等于组织。通常情况下，作为中共和各民主党派界的政协委员发表意见，并不一定代表其政党。周恩来早就说过，在政协，中共党员不能以领导者自居。代表党的领导的主要是党的路线方针政策，是党中央、党的组织，而不是个人；个人之间都是平等的。因此，严格地说，在政协界别之间、个人之间，没有领导与被领导的关系，也没有互相监督的关系。民主党派委员是否代表政党发表政见，需要经其组织授权。如在政协提出提案，进行大会发言，民主党派委员是否代表其政党，都要特别表明。此外，在政协非中共和民主党派的其他界别中，也有许多中共党员和民主党派成员。这些其他界别中的中共党员和各民主党派成员，还有作为本界别代表的身份，其发表意见可以是反映界别诉求，但不能说是代表其政党。当然，对于中国共产党来说，在政协不仅党的组织，而且所有党员，都要认真贯彻党的路线方针政策，包括“长期共存、互相监督、肝胆相照、荣辱与共”的方针政策。因此在政协不仅是党的组织，而且包括政协委员、政协机关中的所有共产党员，都要努力搞好与党外人士的合作共事，自觉倾听来自民主党派和无党派人士的意见、批评和建议。

关于监督形式。

以上讲的是政协监督的内容。下面讲监督形式。这次《意见》对完善监督形式也提出了许多新举措，明确了政协民主监督主要有五类形式：一是会议监督。提出政协有关会议应增加民主监督内容，加大民主监督力度。政协大会发言应增加监督性内容比重，全体会议视情安排界别小组（联组）专题讨论监督性议题。（政协还有常委会议、专题协商会、双周协商座谈会、提案办理协商会、对口协商会等，都可以赋予监督性内容。）二是视察监督。提出对于涉及改革发展稳定重大问题的监督性议题，政协应组织委员视察团，着重发现工作中的问题和不足。三是提案监督。提出政协重点提案中应有民主监督性提案。四是专项监督。提出政协要围绕法律法规实施和党委、政府重要工作落实确立专项监督议题，开展监督性专题调研，必要时应持续跟踪监督。五是其他形式监督。政协可应有关部门邀请，推荐特约监督员或组织民主监督小组。重视发挥政协社情民意信息、委员来信来访、委员举报和民主评议等在民主监督中的作用。《意见》还提出各级政协要结合实际积极探索创新民主监督方式方法。加强人民政协民主监督同党内监督、人大监督、行政监督、司法监督、社会监督、舆论监督等监督形式的协调配合。

把政协的民主监督形式归纳为五类，这是《意见》首次提出。五类监督形式中又包括了许多具体的监督形式。其中，有一些是吸取地方多年开展民主监督的经验，第一次写入中央文件，如专项监督，民主评议等。从《意见》的这些规定看，政协民主监督不仅内容广泛，而且形式多样。要有效开展政协民主监督，用好政协的监督形式，有两个问题需要注意：

一是要注意形式与内容相匹配。为了达到不同的监督目的，可以选择不同的监督形式。比如，进行重点监督，为了保证监督找准问题、深入开展，可以选择会议监督、视察监督、专项监督、调研监督等，并且还可以集成多种监督形式，组织诸多相关政协参加单位和政协委员，共同开展；而有的监督，需要广泛调动各个委员的积极性，坚持广开言路、畅所欲言、求同存异、体谅包容的原则，就可以鼓励委员根据具体情况，选择采用如提案、会议发言、反映社情民意等适合的形式，分别进行。

二是要正确处理民主监督与政治协商、参政议政的关系，看到政协的这三项职能既有区别也有联系。在参与主体、基本原则、主要内容、实现形式等方面，政协的三项职能是一致的，但侧重点有所不同。政治协商侧重于交流看法、沟通思想、献计献策、共商国是，强调协商于决策之前和决策实施之中；民主监督则侧重于聚焦问题、找出缺点、开展批评、督促工作，强调对国家宪法法律和法规的实施情况、重要方针政策和决策部署贯彻执行情况进行监督；而参政议政广义上也可以包括协商监督，但它不像协商监督必须有对象，政协可以经常自主开展，如组织委员开展专题调研、反映社情民意等。这也是新时期全国政协修改章程增加这项职能的原因。所以，政协的三项职能各有不同，但也确有交叉联系。正是因为有这种交叉联系，俞正声主席在这次常委会报告中提出，开展民主监督要“同履行政治协商、参政议政职能相结合，融协商、监督、参与、合作于一体，寓监督于协商会议、视察、提案、专题调研、大会发言、反映社情民意等活动中”。这是加强民主监督时需要注意的一点。

关于规范监督程序，健全监督机制，加强党对政协民主监督的领导

要有组织、有重点地开展好监督，提高监督实效，就必须规范监督程序，健全监督机制，加强党对政协民主监督的领导。这次《意见》在这些方面也做出了许多重要的新规定。比如，《意见》注重突出了政协民主监督工作的程序化和可操作性，从四个环节做出了规定：一是确定监督议题。提出重点监督议题要纳入政协年度协商计划，征求政府意见后，报党委讨论确定。二是组织监督活动。重点监督议题应安排政协主席会议成员牵头负责。三是报送监督意见。重点监督意见根据需要由政协主席会议研究审议后报送。四是办理监督意见。对于政协会议监督意见等报告，党委和政府应专题研究，或交相关部门办理；党政督查部门要加强对办理情况的督查。

在健全监督工作机制方面，《意见》也提出了四条要求：一是知情明政机制。提出开展监督前政协应组织相关委员认真学习党和国家重大决策部署，有关方面应认真做好情况通报，重点通报工作中存在的问题、主要困难和薄弱环节。二是协调落实机制。由党委、政府、政协三家办公厅会商，统筹协调政协民主监督议题、工作安排等重要问题。政协办公厅应及时将重点监督活动具体安排提前告知有关方面，加强协调配合，认真组织实施，积极跟进落实。三是办理反馈机制。办理单位应

及时以书面、会议通报等形式反馈政协民主监督意见办理、采纳和落实情况。政协主席会议或常务委员会会议根据需要，听取重点监督意见办理情况通报。政协应将办理回复情况通报参加监督的有关单位和政协委员。四是权益保障机制。要尊重和保障政协委员在参加民主监督工作中的知情权、参与权、表达权、监督权。

加强和改进政协民主监督，政协自身要努力，但关键是要加强党对政协民主监督工作的领导。中国共产党处在统揽全局、协调各方的领导位置。只有加强党的领导，才能统筹协调完善各方面的工作机制衔接，加强政协监督与我国监督体系中其他监督的相互配合，形成合力充分发挥政协民主监督的作用。俞正声主席在这次报中央政治局常委会审定的政协常委会报告中说："人民政协依章程进行民主监督，关键是坚持党的领导，这是政治原则，也是政治规矩。"在这方面，《意见》也提出了不少新要求。

一是强化党委统一领导。提出各级党委要把加强和改进人民政协民主监督工作纳入党委工作总体部署，完善民主监督的组织领导机制。政协党组向党委汇报工作时，应把开展民主监督情况作为重要内容。全国政协重点监督议题应列入年度协商计划报中央批准实施，确保在中共中央集中统一领导下有力有序有效进行。各级党委和政府负责同志要自觉接受、积极支持和保证人民政协依章程进行民主监督，认真倾听批评和建议，并督促有关方面办理监督意见。二是要发挥政协党组领导核心作用。政协党组负责领导政协重点监督议题的组织实施，坚持正确方向和原则，把握好监督节奏和力度，研究监督工作中的重要事项，及时向党委报告监督工作进展情况和遇到的重大问题，做到开展监督有计划、有题目、有载体、有成效。三是要营造开展政协民主监督的良好环境。提倡热烈而不对立的讨论、真诚而不敷衍的交流、尖锐而不极端的批评，营造畅所欲言、各抒己见、理性有度、合法依章的民主氛围。要加强人民政协民主监督的理论研究和宣传。在教育培训工作中把政协民主监督列为重要内容。把对政协民主监督的宣传列入各级党委宣传部门工作计划，加大对重点监督活动的宣传报道力度，营造良好舆论环境等。

人民政协民主监督是我国社会主义民主政治的独特创造和一项重要制度安排。面对十八大后的新形势，进一步发挥人民政协民主监督的独特优势和重要作用，对于推进党和政府科学决策、民主决策、依法决策，推动党和国家大政方针、重大改革举措和重要决策部署贯彻落实，促进国家机关及其工作人员转变作风、改进工作、反腐倡廉，推动解决人民群众关心的实际问题，加强中国共产党同各民主党派、各人民团体、各族各界人士的团结合作，具有重要意义。

从去年开始，全国政协就已经注意加强民主监督工作，组织了18项重点监督活动。今年进一步加大力度，在共77项视察考察调研活动中，安排的民主监督性视察调研有21项。双周协商座谈会也有监督性议题。特别是今年全国政协还决定，以"实施精准扶贫中存在的问题和建议"为议题，召开一次监督性议政常委会议。俞正声主席专门让杜青林副主席牵头负责，有六位副主席参加，率多个专委会成员组成九个调研小组，赴10个省26个县并深入到乡村镇调研。办公厅为此专门开了协调会，请国家发改委、财政部、农业部、国务院扶贫办等九个部门介绍情况，围绕工作方案、重点任务、调研提纲、调研方式等进行了深入研究。刚刚进行第一轮调研，就走访了104个村、600家农户，召开各类座谈会174场次，发收调查问卷1047份。调研结束不仅要形成调研报告，重要意见建议还要在8月召开的议政性常委会议上讨论提出。这种做法在全国政协历史上是从来没有的，必将对政协发挥民主监督作用产生重要影响。

民主监督一直被视为政协履行三项职能的短板。这次《意见》的出台为改变这个短板提供了良好条件。政协委员是履行民主监督的主体。希望各级政协、各位委员，都能切实担负起自己的责任，不断提高民主监督的能力，我们共同努力，把《意见》的各项要求贯彻落到实处，让政协的民主监督作用真正得到充分有效的发挥。

关于坚持中国共产党对人民政协的领导和人民政协的性质定位问题

（2018年8月）

很高兴来到河北政协，就中国共产党对人民政协的领导和人民政协的性质定位两个专题，给大家做一个学习汇报。

关于中国共产党对人民政协的领导

这个专题我主要想讲三个问题：一是为什么要坚持中国共产党对人民政协的领导，党对政协领导的主要含义；二是如何实现党对人民政协的领导；三是加强政协系统党的建设。

第一个问题，关于为什么要坚持中国共产党对人民政协的领导，党对政协领导的主要含义。

党的十九大报告、最近的宪法修改、政协章程修改，都写入了“中国特色社会主义最本质的特征是中国共产党的领导”。党的领导是中国特色社会主义制度的最大优势。十九大报告强调“党的领导是人民当家作主和依法治国的根本保证”。加强党的集中统一领导，包括“支持人大、政府、政协和法院、检察院依法依章程履行职能、开展工作、发挥作用”。对人民政协来说，中国共产党的领导是由党的先进性决定的，是历史的选择，是包括各民主党派、各团体、各民族、各阶层、各界人士在内的全体中国人民的共同选择，是人民政协事业发展进步的根本保证。

党的领导是涵盖各个领域的，需要全面加强。但坚持党的领导不能停留在一般的原则上，必须与各个领域的具体实际相结合，了解把握党对不同领域领导的不同特点，在此基础上找到不同领域实现党的领导的不同方式，这样才能真正坚持党的领导。那么，党对人民政协的领导有什么特点，有什么需要特别注意把握的含义呢？简单用一句话概括，就是中国共产党对人民政协的领导，主要是政治领导，即政治原则、政治方向、重大方针政策的领导。为什么说党对人民政协的领导主要是政治领导？就是因为政协是统一战线组织，是多党合作和政治协商的机构。统一战线是不同的党派团体、不同的阶级阶层、不同的界别群体、包括生活在不同社会制度、意识形态下的港澳台侨代表人士，在共同利益和目标基础上结成的政治同盟。政协作为中国人民爱国统一战线组织，具有最广泛的代表性和包容性。要使具有不同利益要求、不同价值取向、不同思想观念甚至不同信仰的广大统一战线成员，都能接受中国共产党的领导，这个领导就只能主要是政治领导，即政治原则、政治方向、重大方针政策的领导。只有坚持党对政协的领导主要是政治领导，才能在共同思想政治基础上把各党派团体和各族各界人士都紧密地团结起来，才能保证政协工作沿着正确的方向前进。因此可以讲，中国共产党对人民政协的领导主要是政治领导，是由政协的性质决定的。

讲到这里，有一个相关的理论问题我想说一说。就是现在我们强调，坚持党的领导必须打牢共同思想政治基础，把坚持和发展中国特色社会主义作为巩固共同思想政治基础的主轴。这里讲的基础是思想政治基础，不只是政治基础，应当如何理解？我的理解，这里讲思想政治基础实际包含了人民政协的指导思想和政治基础两方面的内容。这两方面的内容在政协章程中都有规定。政协的指导思想与我们党和国家的指导思想是一致的，其核心是马克思列宁主义，包括毛泽东思想、邓小平理论、“三个代表”重要思想、科学发展观，及最近政协章程修改确立的习近平新时代中国特色社会主义思想。政协的政治基础则是政协所特有的，就是政协章程规定的“热爱中华人民共和国、拥护中国共产党的领导、拥护社会主义事业、共同致力于实现中华民族伟大复兴的中国梦”。应当说，政协的指导思想与政治基础在内容上是相通的，但又不完全相同。从指导思想看，我们讲的统一战线不是一般的统一战线，而是指无产阶级解放运动中共产党领导的统一战线，这个统一战线是有指导思想的。早在新中国成立初期第一次全国统战工作会议上，毛泽东同志就针对一些人产生在中国革命取得胜利后，统一战线还需不需要的疑问说过，统一战线是要长期坚持下去的，统一战线的指导思想就是恩格斯在《共产党宣言》序言中概括的共产党的核心思想，即无产阶级只有解放全人类才能最后解放自己。指导思想事关道路和方向。毛主席讲的这个指导思想包含着共产党人为共产主义而奋斗的远大理想，体现了中国共产党的初心和使命。按照这个指导思想，无产阶级是革命最彻底的阶级，无产阶级如果不能使所有一切阶级都得到解放，就不可能解放自己。所以只要还存在着不同的阶级阶层，无产阶级就要联合广大的同盟者共同奋斗。所以，这个指导思想赋予了中国共产党博大的胸怀，决定了她能够而且必须团结一切可以团结的人共同奋斗。要做好统一战线、人民政协工作，特别是对于处于领导核心地位的中国共产党来说，不能没有这样的指导思想。这是讲的一方面。

另一方面，我们也不能把指导思想等同于政治基础。政协的政治基础是参加政协的统一战线各方面共同拥护、得以结成政治同盟的基础。这个基础就是广大统一战线成员的共同理想、共同奋斗目标。这个共同理想和目标与中国共产党在社会主义初级阶段的奋斗目标是完全一致的，因此它可以成为包括中国共产党在内的参加政协的各党派团体和各族各界人士的共同政治基础。但它又不同于共产党人实现共产主义的远大理想和目标，我们不能简单用共产党人的思想标准去要求党外人士。比如，共产党人是无神论者，但我们不能要求民族宗教界人士放弃宗教信仰，而只能采取政治上团结合作、信仰上互相尊重的态度。所以，人民政协的指导思想和政治基础，是一种既相联系又有区别、辩证统一的关系。在政协工作坚持党的领导，既要牢记毛主席说的党对统一战线的指导思想，当前要坚持以习近平新时代中国特色社会主义思想为指导，不能忘记初心和使命；同时，也不能把党的最高纲领当作现实纲领，超越阶段提出不切实际的要求。否则都会损害党的领导。这是把握政协工作打牢共同思想政治基础，坚持中国共产党的领导需要认识清楚的一个问题。

第二个问题，关于如何实现党对人民政协的领导。

上面我讲到，中国共产党对人民政协的领导主要是政治领导，那么如何才能实现这种领导呢？一般地说，就是要适应政协的性质特点，采取能够保证这种政治领导得到贯彻落实的政协特有的方式去实现。具体来讲，政协有团结和民主两大主题，实现党对政协的领导可以从统一战线、协商民主两个方面去认识把握。我先讲第一个方面。

人民政协是爱国统一战线组织。十九大报告对“巩固和发展爱国统一战线”做了专门部署，指出：“要高举爱国主义、社会主义旗帜，牢牢把握大团结大联合的主题，坚持一致性和多样性统一，找到最大公约数，画出最大同心圆。”这是新时代党对统一战线工作的总方针、总要求，对于政协做好统一战线工作，实现党对人民政协的领导，也具有重要的意义。所谓领导，就是带领引导广大群众共同前进，对于作为统一战线组织的人民政协来说，就是要带领引导广大统一战线成员共同前进。而如何才能带领引导广大统一战线成员共同前进呢？就是要贯彻落实十九大报告的上述要求。这其中作为政策原则需要注意把握的关键一点，就是要坚持一致性和多样性统一。我就着重讲讲这一点。

首先，这里有一个如何认识一致性和多样性的问题。一致性是统一战线中共同的利益和目标，共同的思想政治基础，这比较好理解，在统一战线中一直都是这么提的。关键是多样性。多样性的内涵是指统一战线中不同的利益要求，包括不同的价值取向、思想观念，甚至信仰。这也是清楚的。但多样性这个概念则不是过去就有，而是改革开放新时期才提出来的。过去我们常讲统一战线是同和异的统一体，统一战线要求同存异。求同存异作为统战工作的一个重要原则当然是对的，现在也要坚持，但为什么十九大报告没有讲求同存异，而是讲坚持一致性和多样性统一？这里面有深刻的内涵，特别是提出多样性包含深刻的意义。

我记得提出多样性的大背景，（当时我在中央统战部工作）是20世纪80年代我们开始推进社会主义市场经济的经济体制改革，并且在80年代后期召开的中共十三大会议上，中共中央提出了社会主义初级阶段的理论。社会主义市场经济的发展带来了我国经济社会格局的新变化，新的社会群体不断涌现，多种经济成分、多种利益要求也越来越多；而初级阶段理论则明确了社会主义社会是一个相当长的历史时期，我国还处于社会主义的初级阶段，初级阶段也是一个相当长的历史阶段。这样，根据初级阶段的理论就不能再把市场经济带来的多种经济成分和利益要求看成是一个短暂的现象，如同20世纪50年代实行社会主义改造那样，多种经济成分必然要与公有制一起长期存在。所以，后来我们明确了公有制为主体、多种经济成分共同发展是社会主义初级阶段的基本经济制度。而适应这种形势在统一战线的理论政策上，就要求不能再简单用同和异对此加以概括，而是要用一致性和多样性加以概括。因为同和异是一对矛盾，它们是会经常发生转化的。新中国成立初期毛泽东曾经提出，在统一战线中可以提求同存异，但光提求同存异是不够的，还要提求同克异。民族资产阶级经过社会主义改造变成自食其力的劳动者、爱国者，就是从“存异”到“克异”的过程。比较而言，一致性和多样性更强调的是长期共同发展。因此，讲一致性和多样性，更符合社会主义初级阶段的实际，更能够被包括非公有制经济人士在内的各方面统一战线成员所接受。同时，也正因为有这种多样性的长期存在，更要求我们必须加强凝聚共识的工作。

要正确地认识一致性和多样性，在此基础上还要妥善地处理一致性和多样性。这就是：既要坚持一致性，守住政治底线，筑牢同心圆的圆心，坚持一致性基础上的多样性，不能因为要团结就不讲原则、不讲斗争，放弃或放松打牢共同思想政治基础的工作；同时，也要坚持尊重包容多样性，对来自不同党派、不同阶层、不同群体、不同民族、不同宗教甚至不同社会制度下各方面人士的多种要求，都要尊重包容，不能简单地用要求共产党员的标准，用党内的话语体系和工作方法，去要求党外的政协委员。过去在统一战线的历史上，在关于中国共产党领导权的问题上，正反两方面经验教训都有过。因此，我们讲多样性不是不讲斗争，对危害中国共产党的领导、危害社会主义制度和损害广大人民根本利益的言行，还必须旗帜鲜明进行斗争，不能让其以多样性的名义危害根本，但这种斗争最终还是为了团结。只有坚持一致性和多样性相统一，做到增进一致而不强求一律，包容多样而不丧失主导，才能找到最大公约数，画出最大同心圆。

这是从统一战线方面讲实现党对人民政协的领导。下面我再从协商民主方面讲讲这个问题。关于这个问题需要特别关注的一点，就是要深刻认识十九大报告提出的“协商民主是实现党的领导的重要方式”。这个论断在十九大报告中是放在协商民主“是我国社会主义民主政治的特有形式和独特优势”前面讲的，应当说具有十分重要的意义。但一段时间以来，我们在讲协商民主时，主要强调的是协商民主作为社会主义民主政治特有形式和独特优势的作用，关注的重点主要在如何通过民主协商促进党和政府科学决策。应当说这也是必要的、重要的，今后还要继续加强。但适应新时代新形势，要全面理解贯彻中共中央关于发展社会主义协商民主的精神，就必须看到协商民主不仅是我国特有的一种人民民主重要形式，而且是实现中国共产党领导的重要方式，对于政协来说还是协调统一战线关系的重要方法。政协作为统一战线组织，党外人士占60%以上。从协商民主是实现党的领导的重要方式、协调统一战线关系的重要方法来看，协商是手段，凝聚共识、凝聚力量是目的。政协民主协商的成果，不仅体现在通过协商提出意见建议，完善党和政府的决策上；而且体现在通过协商促进各界形成共识，凝聚人心和力量上。在刚刚闭幕的全国政协常委会通过的政协全体会议和常委会《工作规则》修改中，都专门增写了“凝聚共识”的内容。汪洋主席在闭幕会的讲话中还明确提出，要把凝聚共识作为今后政协的一项突出任务。

汪洋主席上任后就反复强调，政协的协商是“双向”的，不能只讲通过协商开展建言资政的一面，而忽视通过协商进行思想政治引领、打牢共同思想政治基础的一面，要建言资政与学习教育双向发力。在我国中国共产党处在领导核心地位。党的领导在党内主要是通过党内决定来实现，在政府主要是通过行政决策来实现，在政协则主要是通过民主协商促进形成共识去实现。过去在实际工作中，大家往往对建言资政关注度、积极性比较高，形成了比较健全的制度、措施和办法，而对发挥思想政治引领作用、打牢共同思想政治基础，则缺乏深入研究和相应的制度机制保障。共同思想政治基础是在实际工作中间建立和巩固起来的。我们调查研究、建言资政的过程，也应该是一个凝聚共识的过程。在政协的日常履职活动中，培养对中国共产党领导的认同和拥护，把各族各界人士凝聚起来，就是打牢共同思想政治基础的工作。

所以，我们在协商议政中，要像习近平总书记指出的那样，不仅要关注协商于决策之前和决策之中，促进党和政府的科学民主决策；也要积极宣传改革发展的大政方针，引导所联系的群众支持和参与改革发展，正确对待新形势下改革发展带来的利益格局调整，为改革发展添助力、增活力。要积极引导各族群众增强对伟大祖国的认同、对中华民族的认同、对中华文化的认同、对中国特色社会主义道路的认同。政协中的党组织和党员领导干部，更要强化党的领导意识，强化为党做好政协工作的使命感责任感，通过民主协商凝聚共识，积极影响带动广大委员实现党的意图，落实党的大政方针和决策部署。如果做不到这一点，就可能不仅难于完成团结各界人士为实现党的目标而共同奋斗的任务，而且还会出现谁影响谁的问题。这是我们必须注意防止避免的。

第三个问题，关于加强政协系统党的建设。

中国共产党的领导是包括各民主党派和无党派人士在内的中国各族人民的共同选择，当然包括各民主党派和无党派人士在内的广大统一战线成员都要维护。但是，中国共产党处在领导核心地位，在统一战线中贯彻党的方针政策要靠共产党员发挥先锋模范作用。因此，坚持党的领导首先自己要搞好，这就要加强政协系统党的建设。十八大、十九大以来，以习近平同志为核心的党中央强调，在新时代统揽伟大革命、伟大工程、伟大事业、伟大梦想中，起决定性作用的是党的建设新的伟大工程。加强政协系统党的建设是坚持党对政协领导的基础工程。在十三届全国政协成立后，全国政协党组、汪洋主席首先抓了一件大事，就是于今年6月召开了全国政协系统党的建设工作座谈会。

召开政协系统党建工作座谈会，在政协历史上是第一次。这次会议是全面贯彻新时代党的建设总要求、不断提高全国政协系统党的建设质量和水平的集中动员部署；汪洋主席围绕加强政协系统党的建设一系列重大问题，发表了重要讲话。下面，我就择其重点给大家做一些介绍。

比如，关于为什么要加强政协系统党的建设？习近平总书记强调，新时代中国特色社会主义是我们党领导人民进行伟大社会革命的成果，也是我们党领导人民进行伟大社会革命的继续；要把新时代坚持和发展中国特色社会主义这场伟大社会革命进行好，我们党必须勇于进行自我革命，把党建设得更加坚强有力。人民政协事业是党领导人民进行伟大社会革命的重要组成部分，政协系统党的建设是全党进行伟大自我革命的重要组成部分。我们必须从这样的高度来认识加强政协系统党的建设的重要意义。

又比如，要正确认识政协系统在党的建设上的成绩和不足。一方面，要充分肯定成绩。近些年来特别是十八大以来，党的全面领导在人民政协工作各方面各环节不断加强，建立了中央政治局常委会定期研究政协工作制度，每年召开专题会议听取全国政协党组工作汇报，研究并批准政协年度协商计划等事项；理顺了党在政协的领导体制，明确规定全国政协党组在政协发挥领导核心作用，全国政协机关党组接受全国政协党组领导，在全国政协各专门委员会设立分党组并接受全国政协党组领导；强调全国政协党组要认真落实党要管党、从严治党要求，既加强自身建设，又对委员队伍建设、机关党的建设负有领导责任，对地方各级政协党组工作负有指导责任。在以习近平同志为核心的党中央坚强领导下，全国政协全面贯彻落实习近平新时代中国特色社会主义思想和党的十八大、十九大精神，推动政协事业迈上了新台阶。地方各级政协党组织在党中央和当地党委的领导下，也认真加强政协组织党的建设，取得了新的成绩。

另一方面，也要清醒认识政协系统加强和改进党的建设还存在一些问题和不足。如：思想认识有偏差，有的还没有充分认识到政协党组履行全面从严治党主体责任，既包括严格管理政协机关党员干部队伍，更包括委员中的党员队伍建设，并通过发挥党员先锋模范作用影响和带动党外委员；政治引领重视不够，存在重资政建言、轻思想政治引领的现象；组织设置不健全，党建工作只局限于专委会驻会主任、副主任和机关干部，还没有覆盖到全体党员委员；工作覆盖有盲区，主要是对政协委员、党员委员工作的覆盖有限，大部分党员委员的组织关系都在各自单位，无党派人士、宗教界等界别中由于没有党员，在这些界别中更好地落实党的主张和要求还缺乏机制化安排；政协特色不明显，常常简单套用党政机关的一般做法，对于政协党建干什么、怎么干、职责任务是什么，没有清晰定位，对如何在政协提高政治引领力和影响力重视不够、办法不多；党员委员作用发挥不到位，有的党政领导干部委员有“二线”思想，对在政协做好统战工作新的政治使命缺乏深刻认识和应有责任感。

又比如，在关于加强政协系统党的建设的要求和任务上，汪洋主席不仅提出了加强政协系统党的建设的指导思想和总体任务，而且对各方面建设提出了明确具体的要求。如在加强政治建设方面，提出首要任务是牢固树立“四个意识”，坚定“四个自信”，坚决维护习近平总书记的核心地位，坚决维护中共中央权威和集中统一领导。政协组织中的党员要增强政治意识，凡是党中央决定的事情必须坚决执行，重大事项和重要情况要及时报告。要及时了解统一战线和人民政协内部的思想动态，把在一些敏感性、风险点、关切点问题上强化思想政治引领同经常性思想政治工作结合起来，不断增强固守政治底线的定力和寻求最大公约数、画出最大同心圆的能力，引导广大委员不断增强政治认同、思想认同、理论认同、情感认同。在加强思想建设方面，提出最重要的是以习近平新时代中国特色社会主义思想武装头脑、指导实践、推动工作，引导广大委员深刻领会习近平新时代中国特色社会主义思想的重大意义和丰富内涵。在加强组织建设方面，提出要进一步明确政协中各类党组织之间的关系，形成既符合政协特点又能有效覆盖的组织体系，做到哪里有党员哪里就有党的组织，哪里有党的组织哪里就有健全的组织生活和党组织作用的充分发挥，实现党的组织对所有党员的全覆盖，党的工作对所有工作对象的全覆盖。在加强作风建设方面，提出要锲而不舍贯彻落实中央八项规定和实施细则精神，弘扬求真务实的工作作风，坚持与党外同志打交道平等待人、善于协商。在加强纪律建设方面，提出要把对党忠诚、为党分忧、为党尽职、为民造福作为政协组织中共产党员的根本政治担当，强化党的政治纪律约束，在大是大非面前必须旗帜鲜明同错误言行做斗争等。所有这些，对于保证在政协坚持和加强党的领导都具有重要意义。最近，中央已印发了关于新时代加强政协系统党的建设的文件，我们要认真学习好、贯彻好、落实好这个文件。

关于人民政协的性质定位

把政协的性质和定位联系在一起论述，是习近平总书记在纪念人民政协成立65周年的讲话中首次提出来的。在这次讲话中他指出："做好人民政协工作，必须坚持人民政协的性质定位。人民政协是统一战线的组织，是多党合作和政治协商的机构，是人民民主的重要实现形式，体现了中国特色社会主义制度的鲜明特点。"在这个讲话中，总书记还结合推进国家治理体系和治理能力现代化、推进协商民主广泛多层制度化，提出了人民政协是国家治理体系的重要组成部分，是具有鲜明中国特色的制度安排，是社会主义协商民主的重要渠道和专门协商机构等。这些内容，已被吸收到新修改的政协章程中，可以说为政协性质定位注入了新内涵。下面，我就分四点，讲一讲关于人民政协的性质定位。

1. "人民政协是统一战线的组织"。

这是习近平总书记对政协章程规定的政协性质的第一句话，即"人民政协是中国人民爱国统一战线的组织"的概括。人民政协是中国革命统一战线发展的产物。政协一成立，《中国人民政治协商会议共同纲领》就规定，人民政协是人民民主统一战线的组织形式。此后政协章程对政协作为统一战线组织的规定有多种表述，经历了从"人民民主统一战线组织"到"革命统一战线组织""爱国统一战线组织"的发展。这些具体不同的表述，反映了不同历史时期政协所担负的不同历史任务。但不论如何表述，政协作为统一战线组织是贯彻始终的。因此，这里总书记的概括可以看作是一种简述，也可以看作是一种对政协性质本质属性的揭示。

统一战线组织可以说是人民政协的根本属性。为什么说它是根本属性？因为这个属性是政协其他属性的基础和前提，决定了政协的组织构成、工作原则和工作方法等。统一战线是不同社会政治力量在共同利益和目标基础上结成的政治联盟，统一战线的巩固和发展，只能建立在互相尊重和理解、充分讨论和协商的基础上。因此，政协的参加单位和政协委员只能由界别组成、经协商产生，而不能按行政区划构成、由选举产生；政协在国家政治体制中只能是协商机构，而不能是权力机关、决策机关；政协在国家政治生活中所实行的民主只能是协商民主，而不能是选举票决民主；政协有提出意见、批评、建议的话语权，但没有立法、决策和带有法律强制性的监督权；政协组织本身不是工作主体，而只是政协委员履行职能的平台载体；政协中民主党派和无党派人士等非中共委员必须占多数，而不能是少数（全国政协委员占60%、常委65%左右），在政协主席会议、常委会议、专门委员会及秘书长中，也要有民主党派和无党派人士参加，等等，所有这些都是由政协的统一战线组织性质决定的。因此，政协是统一战线组织不仅写在政协章程中，而且是写入宪法序言的。

理解把握人民政协是统一战线组织有两个问题我还想作些解释。一个是我们讲的统一战线是工人阶级（通过中国共产党）领导的，以工农联盟为基础，联合一切爱国进步的阶级阶层、党派团体和各界人士的政治联盟，在新中国成立初期是工人阶级、农民阶级、城市小资产阶级和民族资产阶级四个阶级的联盟，今天则是宪法规定的包括全体社会主义劳动者、社会主义事业的建设者、拥护社会主义的爱国者、拥护祖国统一和致力于中华民族伟大复兴的爱国者的广泛爱国统一战线。统一战线的概念与我们讲的人民的概念，在内涵上是一致的。但统战工作是有重点的，对于中国共产党来说，这个重点就是统战工作对象，即不同时期统一战线各个方面的代表人士。政协作为统一战线组织由各党派团体和各族各界代表人士所组成，其工作重点在党外来讲主要也是各界代表人士。因此，不能说工人农民在我国人口中占大多数，工农联盟是统一战线的基础，政协就应当吸收大量工人农民的代表参加。

还有一个问题需要我们注意把握，就是政协有团结和民主两大主题。统一战线的本质是大团结、大联合。政协作为统一战线组织主要体现了团结主题。并且这个团结不是一般的团结，而主要是以中国共产党为领导核心、与参加政协的各民主党派、人民团体及各族各界代表中党外人士的统一战线的团结。政协的这个团结主题不仅体现在政协的组织构成上，而且体现在其工作中，也是贯穿于政协履行职能始终的。所以，政协开展各项工作，既要注意积极议政建言，又要着眼加强党内外团结合作、凝聚共识，坚持畅所欲言、平等议事、求同存异、体谅包容的原则，在协商议政的过程中鼓励委员讲真话、建真言，准确反映各界诉求，努力寻求最大公约数，画出最大同心圆。

2. 人民政协是多党合作和政治协商的机构。

1994年政协章程修改，在政协是爱国统一战线组织后，增加了一句“是中国共产党领导的多党合作和政治协商的重要机构”。为什么这个时候要增加这一句？其实，人民政协一成立就是以各个党派和团体为基础组成，人民政协作为统一战线组织首先是“党派性”的。1954年毛主席就说，政协是“各党派的协商机关”。政协作为统一战线组织，就包含了各党派是政协的重要参加单位。所以，1982年邓小平主持修订新时期政协章程，只规定了政协是爱国统一战线组织。那么，1994年修章为什么还要专门加上一句“是中国共产党领导的多党合作和政治协商的重要机构”呢？这主要是适应当时推进政治体制改革、发展社会主义民主政治，中共中央做出坚持完善社会主义政党制度重大决策的形势发展需要。

1989年，根据邓小平同志的指示，为了推进政治体制改革，中共中央经与各民主党派协商，在该年底制定颁布了《中共中央关于坚持和完善中国共产党领导的多党合作和政治协商制度的意见》。这个《意见》首次在全面总结我国多党合作历史经验的基础上，进一步明确了中国共产党是执政党、各民主党派是参政党；中国共产党领导的多党合作和政治协商制度，是符合中国国情的社会主义政党制度，是我国的一项基本政治制度。过去很长一个时期，我们讲多党合作侧重的主要是党与党的关系，也就是统一战线关系；而提出执政党与参政党，主要是讲政党与国家政权之间的关系，这就不止于统一战线领域，而已涉及属于国家政治生活的民主范畴。就是为了贯彻和体现这个精神，1993年宪法修正案，写入了“中国共产党领导的多党合作和政治协商制度将长期存在和发展”；1994年政协章程修改，也增加了政协“是中国共产党领导的多党合作和政治协商的重要机构”的内容。确立多党合作和政治协商是我国的一项基本政治制度，同时明确人民政协是实行这一制度的重要机构，进一步明确了人民政协与我国基本政治制度的关系，使发展人民政协事业与国家政治制度建设紧密联系起来，把发挥人民政协作用推向了社会主义民主政治建设的新高度。

这里，关于多党合作和政治协商制度的内涵我再做一点解释。这个制度确立了中国共产党在我国政党格局中的领导地位，确立了我国各政党之间不是在朝在野、互相反对的关系，而是长期合作、执政参政的关系。其中关于党领导的政治协商，包括两种主要方式，一种是中国共产党与各民主党派和无党派人士的协商；一种就是中国共产党在政协与各民主党派和各界代表人士的协商。前一种主要是从政党制度角度讲的，后一种在政协还包括了与各界代表人士的协商，可以说内涵更广泛。需要注意的是，政协作为多党合作和政治协商的机构，在我国新型政党制度建设中也具有不可替代的作用。所以，2006年《中共中央关于加强人民政协工作的意见》就提出：“人民政协是实行中国共产党领导的多党合作和政治协商制度的重要政治形式和组织形式。”最近政协章程修改又把这句话写进了政协章程。从政党制度看，这里讲“政治形式”，就是说在政协必须贯彻中国共产党与各民主党派“长期共存、相互监督、肝胆相照、荣辱与共”的方针，尊重和保障各民主党派在政协履行职能的权利，各民主党派在政协的会议上可以以本党派的名义发表自己的政见主张；这里讲“组织形式”，就是说各党派是政协的重要参加单位，必须保证民主党派和无党派人士在各级政协委员、常务委员和领导成员中占有较大比例，在政协各专门委员会的负责人和委员中以及政协机关中，也要占有一定数量。

3. 人民政协是人民民主的重要实现形式，是社会主义协商民主的重要渠道和专门协商机构。

在政协性质的表述中提出人民政协“是我国政治生活中发扬社会主义民主的重要形式”，是2004年政协章程修改才确立的。习近平总书记在论述政协性质定位的这个内容时，提出人民政协“是人民民主的重要实现形式”。我认为，总书记的论断与政协章程的表述在本质上是一致的，但又不完全一样，有新的内涵。这个新内涵就是，适应十八大后推进国家治理体系和治理能力现代化，发展社会主义协商民主的新形势，强调要发挥人民政协作为协商民主重要渠道和专门协商机构的作用。

政协有团结和民主两大主题，人民民主是人民政协的固有属性。政协一成立就是人民民主统一战线的组织形式，是人民民主与统一战线的有机结合，既是统一战线组织，又是可以向党和国家提出意见建议、进行协商议政的“协商机关”。进入改革开放新时期，在推进政治体制改革的进程中，中共中央逐步明确了我国社会主义民主有选举和协商两种重要形式，政协是协商民主的重要渠道和专门协商机构。从政协的历史看，政协作为协商机构一直是明确的，那么，总书记为什么还要提出政协是专门协商机构呢？对此我讲讲我的理解。

我以为，之所以提出政协是专门协商机构，就是因为十八大进一步把健全社会主义协商民主制度，提到了我国民主政治建设战略全局的高度加以部署，提出要推进协商民主广泛多层制度化发展。这样实施协商民主就不仅是政协一条渠道，而是有多条渠道了（中央有关文件讲了七条渠道，总书记更讲了包括远程协商、网络议政等十条渠道）。为了区别于其他渠道的协商民主，突出政协协商的特点和优势，总书记就提出要发挥政协作为专门协商机构作用的重要论断。这一论断不仅丰富了政协性质定位的内容，也进一步明确了政协协商在我国协商民主体系中的独特地位和作用，进一步明确了政协在国家治理体系中的地位和作用。政协作为专门协商机构的蕴含，可以从两个方面来理解：

一方面，可以比较其他组织机构，从国家政治制度的层面看。在我国人民代表大会制度、多党合作和政治协商制度、民族区域自治制度以及基层群众自治制度中，都有选举和协商。但人民代表大会制度实行的主要是选举民主，民族区域和基层地方还要实行自治民主，只有多党合作和政治协商制度主要是实行协商民主，政协就是实行这一制度的重要机构和形式。就我国政治体制中主要机构组织的特点看，中国共产党党委是领导机关，人大是最高权力机关、立法机关，政府是行政机关，法院、检察院是司法机关，这些党和国家机关都有协商民主的工作，但它们还有许多其他重要工作。只有政协是统一战线组织，是多党合作和政治协商的机构，是国家政治生活中专门听取各党派团体和各界代表人士意见建议的协商机构。

另一方面，从政协本身，政协的性质、职能看，政协作为统一战线组织，是各党派团体和各族各界人士发扬民主、参与国是、团结合作的重要平台。政协履行职能、开展工作，不能采取强制性的、行政命令的方法，而只能采取提出意见建议、进行协商讨论的方法。政协工作主要靠“说得对”而不是“说了算”。政治协商是人民政协的重要政治原则、组织原则和工作原则。做政协工作必须有协商的理念，把协商民主贯穿于履行职能的全过程。当前适应新时代新要求，发挥政协专门协商机构的作用就要进一步完善政协协商议政格局，在不断拓展协商广度和深度的基础上，着重提高协商议政的质量，把提质增效贯穿履职的全过程。

4. 人民政协是国家治理体系的重要组成部分，是具有中国特色的制度安排。

这两句话也是习近平总书记在政协成立65周年讲话中首先提出来的，新修改的政协章程又将其写在关于政协性质的三句话后，进一步丰富了政协性质定位的内容。

国家治理体系是中国共产党领导人民管理国家的一整套制度体系。提出政协是国家治理体系的重要组成部分，进一步从国家治理的宏观角度确立了人民政协的地位和作用。从政协的历史看，政协从成立之日起，就作为具有中国特色的制度安排在国家治理中发挥了重要作用，在全国人大召开以前，一届全国政协全体会议曾代行人大职权，在人大召开后仍可以就国家大政方针向党和政府提出意见建议。所以，早在1950年一届政协二次会议第一次党组会议上，周恩来同志就曾提出，我国政治体系中有党的系统、政权的系统和政协的系统三个系统，党和国家机关加上政协，更能反映各个方面的意见，有利于决议的贯彻执行。改革开放后，随着多党合作和政治协商制度成为我国的一项基本政治制度，中共中央进一步明确了政协与人大和政府互为补充、相辅相成，是我国政治体制的重要组成部分。十八大后，中共中央提出了完善发展中国特色社会主义制度、推进国家治理体系和治理能力现代化的全面深化改革总目标，为了实现这个目标，习近平总书记提出了人民政协是国家治理体系的重要组成部分，要努力在推进国家治理体系和治理能力现代化中发挥更大作用。

国家治理体系是比国家政治体制内涵更广的概念。从总体上看，我国的国家治理体系有三个鲜明特点：一是实行中国共产党领导、人民当家作主和依法治国有机统一；二是实行社会多元参与、多元共治；三就是统一战线、人民政协在其中具有不可替代的重要地位和作用。政协不是国家权力机关，但与国家机关互相补充、相辅相成，构成我国社会主义民主政治的重要一环。十九大报告在论述扩大人民有序政治参与时，第一次在过去每次党代会都说的四个环节中，加入了“民主协商”，指出“扩大人民有序政治参与，保证人民依法实行民主选举、民主协商、民主决策、民主管理、民主监督”。这表明中共中央进一步把协商民主、人民政协纳入了我国民主政治建设的制度链条体系中。人民政协对于实现党的领导、人民当家作主，对于保证我国的和谐稳定和长治久安，对于促进经济社会发展、有效发挥国家治理效能，都具有重要的意义。人民政协作为国家治理体系的重要组成部分，是其他国家所没有的，不仅体现了我国社会主义民主政治的一大特点和优势，而且体现了中华民族以民为本、兼容并蓄、求同存异的优秀文化传统。在新时代推进国家治理体系和治理能力现代化的过程中，人民政协应当也能够发挥更大的作用。

后　记

我在研究生毕业后入职中共中央统战部，后来因工作需要被调入全国政协机关，长期以来一直从事统一战线、人民政协的理论政策研究工作，参与了许多重要文件和文稿的起草工作。在这个过程中，我研究撰写或主持参与研究撰写了许多理论文章、调研报告、专著、教程、讲稿等。多年前，就有全国政协办公厅的领导同志希望我能把多年来所写的文章结集出版。这既是对自己长期研究成果的一个总结，对于有兴趣了解统一战线和人民政协理论实践发展进程的同志也会有所裨益。但因为工作繁忙，一直未能如愿。现在，我已从现职工作岗位上退下来，有时间来实现这个愿望了，终于出版了这个文集。

这个文集选收了我从1985年到2019年所写的关于统一战线、人民政协和协商民主的著作，其中理论文章大多数在报刊上公开发表过，也有一些调研报告、发言稿、讲课稿是第一次发表。需要说明的是，把统一战线和人民政协作为一门科学来研究，是在党中央领导下改革开放新时期以后才确立的。从新时期到新时代，是包括统一战线和人民政协事业在内的我们党和国家各项事业高速发展的时期，统一战线、人民政协和协商民主的理论也经历了一个与时俱进、不断发展的过程。我在不同时期的文章，主要是围绕不同时期的中心任务和重点问题写的，反映了不同时期我的认识水平和理论观点，其中有的文章中有的观点现在看来未必周全妥当，但我想这恰恰能够体现这方面实践不断探索、理论不断深化的过程。因此，对这个文集中所收文章我尽可能保持了原貌，未加修改。希望以此忠实地记录我走过的研究足迹，也一定程度上反映新时期以来这方面理论研究的发展进程。当然，不足不当之处肯定在所难免，诚恳地希望得到读者的批评指正。

这个文集的出版，得到中国文史出版社同志的热忱协助支持，杨志强同志也做了许多帮助整理的工作，在此谨致衷心感谢！

2019 年 11 月

图书在版编目（CIP）数据

从统一战线、人民政协到协商民主：上下 / 陈惠丰著 . -- 北京：中国文史出版社，2019.10
（政协委员文库）
ISBN 978-7-5205-1643-3

Ⅰ . ①从… Ⅱ . ①陈… Ⅲ . ①统一战线工作－中国－文集②中国人民政治协商会议－工作－文集③社会主义民主－民主协商－中国－文集 Ⅳ . ① D613-53 ② D627-53 ③ D621-53

中国版本图书馆 CIP 数据核字（2019）第 261457 号

责任编辑：金 硕 李军政

出版发行：中国文史出版社
社 址：北京市海淀区西八里庄路 69 号 邮编：100142
电 话：010-81136601 81136698 81136648 81136697（联络部）
传 真：010-81136677
印 装：北京新华印刷有限公司
经 销：全国新华书店
开 本：787×1092 1/16
印 张：50. 25
字 数：670 千字
版 次：2020 年 6 月北京第 1 版
印 次：2020 年 6 月第 1 次印刷
定 价：148. 00 元（全 2 册）